개념 완성

사회탐구영역

윤리와 사상

KB190414

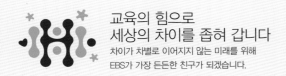

**교육의 힘으로
세상의 차이를 좁혀 갑니다**

차이가 차별로 이어지지 않는 미래를 위해
EBS가 가장 든든한 친구가 되겠습니다.

기획 및 개발

박빛나리 박민 손세리

집필 및 검토

황광욱(경성고등학교)
성균관대 한국철학과 졸업
성균관대 대학원 한국철학과 박사
고등학교 생활과 윤리 교과서 집필
EBS 수능특강, 수능완성 윤리와 사상 집필

강민지(풍문고등학교)
서울대 윤리교육과 졸업
서울대 대학원 윤리교육과 석사
고등학교 생활과 윤리, 윤리와 사상 교과서 집필
EBS 수능특강 생활과 윤리 집필

문일호(과천여자고등학교)
동아대 국민윤리학과 졸업
서울대 대학원 윤리교육과 박사 수료
고등학교 생활과 윤리, 윤리와 사상 교과서 집필
EBS 개념완성 생활과 윤리 집필

이수빈(고양국제고등학교)
서울대 윤리교육과 졸업
중학교 도덕 교과서 집필
고등학교 생활과 윤리, 윤리와 사상 교과서 집필

전광철(전 잠일고등학교)
서울대 윤리교육과 졸업
건국대 대학원 윤리교육과 석사
EBS 수능특강, 수능완성 윤리와 사상 집필

정선우(대인고등학교)
공주대 윤리교육과 졸업
고등학교 생활과 윤리, 윤리와 사상 교과서 집필

검토

김헌영(수주고)
김환승(인천국제고)
문성호(안산동산고)
문종길(전북익산고)
박세호(경동고)
신복숙(인천 국제고)
안인선(한가람고)
이주은(방산고)

본 교재의 강의는 TV와 모바일, EBS*i* 사이트(www.ebs*i*.co.kr)에서 무료로 제공됩니다.

발행일 2020. 1. 5. **9쇄 인쇄일** 2023. 7. 3. **신고번호** 제2017-000193호 **펴낸곳** 한국교육방송공사 경기도 고양시 일산동구 한류월드로 281
표지디자인 디자인싹 **인쇄** ㈜재능인쇄 **내지디자인** ㈜글사랑 **내지조판** ㈜글사랑
인쇄 과정 중 잘못된 교재는 구입하신 곳에서 교환하여 드립니다. **신규 사업 및 교재 광고 문의** pub@ebs.co.kr

개념완성

사회탐구영역

윤리와 사상

차례와 우리 학교 교과서 비교

Contents

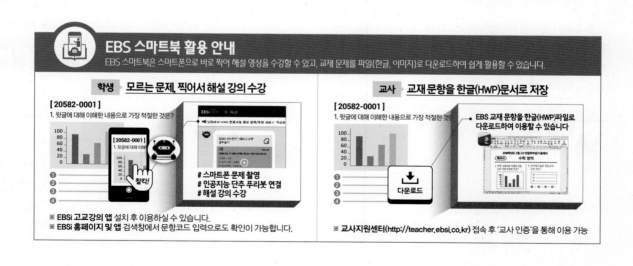

EBS 스마트북 활용 안내

EBS 스마트북은 스마트폰으로 바로 찍어 해설 영상을 수강할 수 있고, 교재 문제를 파일(한글, 이미지)로 다운로드하여 쉽게 활용할 수 있습니다.

학생 **모르는 문제, 찍어서 해설 강의 수강**

[20582-0001]
1. 윗글에 대해 이해한 내용으로 가장 적절한 것은?

스마트폰 문제 촬영
인공지능 단추 푸리봇 연결
해설 강의 수강

※ EBSi 고교강의 앱 설치 후 이용하실 수 있습니다.
※ EBSi 홈페이지 및 앱 검색창에서 문항코드 입력으로도 확인이 가능합니다.

교사 **교재 문항을 한글(HWP)문서로 저장**

[20582-0001]
1. 윗글에 대해 이해한 내용으로 가장 적절한 것은

● EBS 교재 문항을 한글(HWP)파일로 다운로드하여 이용할 수 있습니다

다운로드

※ 교사지원센터(http://teacher.ebsi.co.kr) 접속 후 '교사 인증'을 통해 이용 가능

개념완성 윤리와 사상 사용법

1

단원을 들어가기에 앞서 대단원 한눈에 보기 마인드맵을 보고 해당 단원의 구성을 머릿속에 그려 보세요. 그리고 단원 학습이 끝난 후 이 마인드맵을 통해 학습한 내용들을 다시 한번 정리하세요.

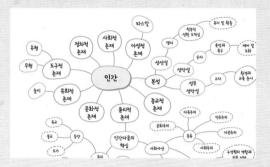

2

수업 전후에 핵심 개념 정리를 읽으면서 중요 내용을 정리해 보세요. 보다 상세한 설명이 필요한 부분에는 색표시하여 친절한 설명을 덧붙였습니다.

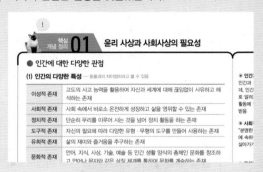

5

단원 학습이 끝나면 대단원 마무리 정리를 통해 학습 내용을 정리해 보세요. 빈칸에 주요 개념을 채워가며 앞서 학습한 내용을 다시 한번 체크하고, 대단원 종합 문제를 풀면서 마무리 하세요.

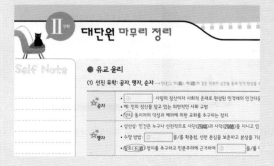

6

내신뿐만 아니라 수능까지도 대비할 수 있도록 신유형·수능열기 코너를 구성하였습니다. 난이도가 다소 높을 수 있지만 실제 수능에서는 어떻게 출제되는지 수능에 대한 감(感)을 잡아 봅시다.

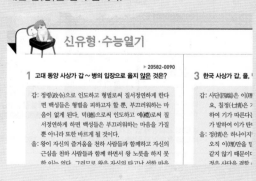

3

중요하고 꼭 알아두어야 할 자료는 자료탐구에 정리하였습니다. 자료 분석을 읽으면서 해당 자료가 어떠한 의미가 있고, 또 자료를 통해 무엇을 알아야 하는지 꼭 확인하세요. 그리고 확인 학습 문제를 통해 마무리 하세요.

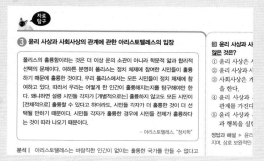

4

이제 개념 정리가 끝났다면 학습이 제대로 이루어졌는지 평가를 할 차례입니다. 첫 번째 평가는 개념 체크를 통해 이루어집니다. 중단원마다 기본 실력을 점검할 수 있도록 개념 체크 문항들을 넣었습니다. 1~3회 반복 체크하다보면 개념들이 머릿속으로 쏙쏙 들어올 겁니다. 두 번째 평가는 기본 문제를 통해 이루어집니다. 틀린 문제가 있다면 꼭 다시 한번 풀어 주세요.

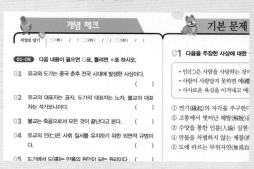

7

1·2학기 중간·기말고사를 준비할 수 있도록 범위별 비법노트와 시험문제를 제공하였습니다. 시험 전에 진지하게 테스트에 임하여 실전 대비력을 강화하도록 합시다.

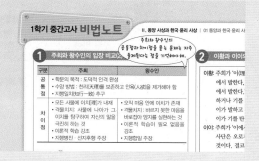

8

마지막으로 정답과 해설에서는 답지별로 친절한 해설을 제공하였고, 틀린 사람을 위한 조언을 넣었습니다. 답지별 해설도 꼼꼼히 읽어서 해당 문항을 완벽한 내 것으로 만들어 보세요.

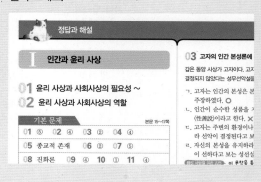

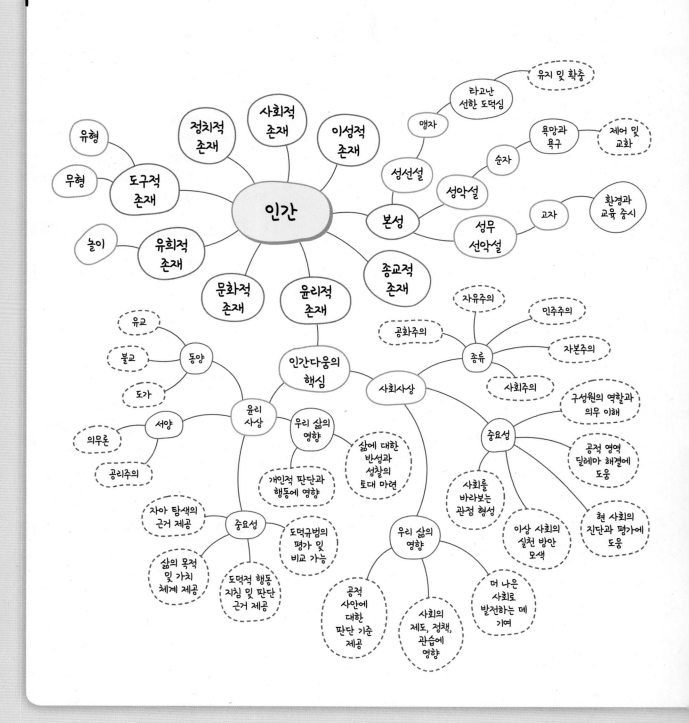

대단원 한눈에 보기

☆01 윤리 사상과 사회사상의 필요성

(1) 인간에 대한 다양한 관점
• 인간은 고도의 사고 능력을 활용하여 자신과 세계에 대해 끊임없이 사유하고 해석하는 ①□□□ □□이다.
• 인간은 보편적으로 타당한 선(善)을 파악하는 능력과 자기 중심성을 벗어나 자신을 반성할 수 있는 능력을 지닌 ②□□□ □□이다.
• 인간의 본성이 선하다는 입장을 ③□□□(이)라고 하고, 악하다는 입장을 ④□□□(이)라고 한다.
• 인간의 본성은 본래 선이나 악으로 결정되지 않았다고 보는 입장을 ⑤□□□□□(이)라고 한다.

(2) 인간 삶에서 윤리 사상과 사회사상의 중요성
• ⑥□□ □□(이)란 인간이 어떻게 사는 것이 올바르고 좋은 삶인지에 대한 논리적이고 체계적인 생각으로서, 바람직한 인간의 삶에 대해 이론적으로 정당화한 것을 의미한다.
• ⑦□□□□(이)란 사회적 삶에서 나타나는 현상에 대한 해석과 사회 체제나 제도의 바람직한 모습 및 그것의 구현에 관한 체계적인 사유를 의미한다.
• 사회사상은 ⑧□□ 사회의 모습을 설계하고 이를 실현하는 방안을 모색하는 데 도움을 줄 수 있다.

☆02 윤리 사상과 사회사상의 역할

(1) 윤리 사상이 우리에게 주는 영향
• 윤리 사상은 삶에 대한 반성과 ⑨□□의 토대를 제공한다.
• 윤리 사상은 개인적 판단과 ⑩□□에 영향을 줌으로써 일상적인 우리의 생활 태도에 큰 영향을 준다.

(2) 사회사상이 우리에게 주는 영향
• 사회사상은 ⑪□□ 사안에 대한 판단 기준을 제공함으로써 공동체의 중요한 일을 판단하고 결정할 때에 큰 영향을 준다.
• 사회사상은 사회의 제도, 정책, ⑫□□ 등에 영향을 줌으로써 사회의 모습을 크게 바꿀 수 있다.

정답 | ① 이성적 존재 ② 윤리적 존재 ③ 성선설 ④ 성악설 ⑤ 성무선악설 ⑥ 윤리 사상 ⑦ 사회사상 ⑧ 이상 ⑨ 성찰 ⑩ 행동 ⑪ 공적 ⑫ 관습

핵심 개념 정리 01 윤리 사상과 사회사상의 필요성

● 인간에 대한 다양한 관점

(1) 인간의 다양한 특성 — 동물과의 차이점이라고 볼 수 있음

이성적 존재	고도의 사고 능력을 활용하여 자신과 세계에 대해 끊임없이 사유하고 해석하는 존재
사회적 존재	사회 속에서 비로소 온전하게 성장하고 삶을 영위할 수 있는 존재
정치적 존재	단순히 무리를 이루어 사는 것을 넘어 정치 활동을 하는 존재
도구적 존재	자신의 필요에 따라 다양한 유형·무형의 도구를 만들어 사용하는 존재
유희적 존재	삶의 재미와 즐거움을 추구하는 존재
문화적 존재	언어, 지식, 사상, 기술, 예술 등 인간 생활 양식의 총체인 문화를 창조하고 언어나 문자와 같은 상징 체계를 통하여 문화를 계승하는 존재
종교적 존재	유한한 세계를 넘어 초월적이고 무한한 것을 추구하는 존재
윤리적 존재	보편적으로 타당한 선(善)을 파악하는 능력과 자기 중심성을 벗어나 자신을 반성할 수 있는 능력을 지닌 존재

└ 윤리적 존재로서의 인간: "검토되지 않은 삶은 살 만한 가치가 없다."(소크라테스),
"인간에게는 마땅한 도리가 있으니, 배불리 먹고 따뜻한 옷을 입고 편안하게 살아
도 그 도리를 배우지 않는다면 짐승과 같다."(맹자)

(2) 인간 본성에 대한 관점

① 성선설(性善說)
- 인간의 본성이 선하다는 입장
- 인간에게 천부적으로 선한 도덕심이 갖추어져 있다고 봄
- 선한 도덕심을 잘 유지하고 확충하기 위해 노력할 것을 강조함

② 성악설(性惡說)
- 인간의 본성이 악하다는 입장
- 인간은 본래 이익을 좋아하고 남을 질투하며 미워하는 존재라고 봄
- 교육과 제도를 통해 인간의 욕망을 적절히 제어하고 교화할 것을 강조함

③ 성무선악설(性無善惡說)
- 인간의 본성은 본래 선이나 악으로 결정되지 않았다고 보는 입장
- 인간다움의 실현을 위해서는 주변 환경과 교육 등의 **후천적**인 요인이 중요하다고 봄
  └ 태어난 이후에 생겨난 것 ↔ 선천적

④ 세 가지 관점의 공통점
- 인간다움의 실현에 관심을 둠
- 선한 삶을 살기 위한 윤리적 노력을 강조함

(3) 인간다움의 실현

① 인간다움의 핵심 : 윤리성(倫理性)
② 인간다움을 실현하기 위한 노력 : 개인과 사회 모두의 노력이 필요함
  → 윤리 사상과 사회사상이 구체적인 지침을 제공할 수 있음

◉ **인간과 동물의 공통점**

인간과 동물은 생물학적으로 유사한 측면이 많은데, 특히 인간과 침팬지의 게놈은 98.77%가 동일한 것으로 알려져 있으며, 인간은 동물과 마찬가지로 생명 활동에 필요한 욕구를 지니고, 자연 법칙의 지배를 받음
  └ 한 생물이 가지는 모든 유전 정보

◉ **사회적 존재로서의 인간**

"분명한 것은 폴리스는 자연적으로 존재하는 것들에 속하며, 인간은 본성적으로 '폴리스를 형성하며 살아가기에 적합한 동물'이라는 것이다."
– 아리스토텔레스 –

◉ **유희(遊戲)**

단순히 '논다'는 뜻이 아니라 육체적·정신적 창조 활동을 의미함(피로를 풀고 생활에 활력을 주며 삶의 기쁨과 슬픔을 표현하는 여러 가지 놀이 활동도 포함됨)

사단: 측은지심(불쌍히 여기는 마음), 수오지심(악을 부끄러워하고 미워하는 마음), 사양지심(사양하는 마음), 시비지심(옳고 그름을 아는 마음)

◉ **인간 본성에 대한 다양한 사상가들의 입장**

맹자	인간에게는 네 가지 선한 도덕 감정인 사단(四端)이 있음
루소	인간이 본래 지니고 있는 자기애와 동료애로 주변 사람들과 조화를 이룰 수 있음
순자	인간은 본래 자기의 이익을 추구하는 욕구를 갖고 있음
홉스	인간은 본래 자기 이익에 따라 행동하는 존재임
고자	인간이 타고나는 것은 식욕과 성욕뿐이며, 인간의 본성은 선하지도 악하지도 않음

◉ **현대의 인간 본성에 관한 탐구**

최근의 뇌 과학이나 심리학 등에서 인간의 마음이나 욕구 등에 대한 탐구를 바탕으로 인간 본성에 대한 여러 논의를 전개하고 있으며, 인간 본성의 근거를 진화론에서 찾으려는 시도도 진행되고 있음
  └ 진화론적 관점에 따르면, 인간의 도덕성은 진화에 따른 선택의 결과라고 봄. 리처드 도킨스는 이타적인 행동의 원인이 생존 경쟁을 위한 유전자의 이기성에 있다고 봄

❶ 인간의 다양한 특성

(가) 생각은 인간을 위대하게 만든다. 팔다리가 없는 인간을 떠올릴 수는 있지만 생각이 없는 인간을 떠올릴 수는 없다. 인간은 자연계에서 가장 연약한 하나의 갈대에 불과하다. 그러나 그는 '생각하는 갈대'이다.

– 파스칼, 『팡세』 –

(나) 증자가 말했다. "나는 하루에 세 가지로 나 자신을 반성한다. 남을 위해 일할 때 충실히 하지 않았는가? 친구와 사귀는데 신의가 없지 않았는가? 스승에게 배운 것을 열심히 익히지 않았는가?"

중국 춘추 시대의 유학자. 공자의 도를 계승하였으며, 그의 가르침은 공자의 손자 자사를 거쳐 맹자에게 전해졌다고 알려짐

– 공자, 『논어』 –

분석 | (가)는 인간이 고도의 사고 능력을 지닌 이성적 존재라는 것을 보여 준다. 인간은 이성을 통해 자신과 세계에 대해 끊임없이 사유하고 해석한다.

(나)는 인간이 윤리적 존재라는 것을 보여 준다. 인간은 이성 능력을 통해 자기 자신을 객관적으로 인식하고 반성함으로써 윤리적 삶을 살려고 노력한다.

❷ 인간 본성에 관한 논쟁

(가) 인간의 본성은 고여서 맴도는 물과 같아서 동쪽으로 터주면 동으로 흐르고, 서쪽으로 터주면 서로 흐른다. 인간의 본성을 선(善)과 불선(不善)으로 나눌 수 없는 것은 고여서 맴도는 물에 동과 서의 구분이 없는 것과 같다.

– 고자 –

(나) 물에 동서의 구분은 없지만, 상하의 구분도 없겠는가? 인간의 본성이 선하다는 것은 물이 아래로 흘러내려가는 것과 같다. 인간의 본성은 선하지 않음이 없으며, 물은 아래로 흘러내려가지 않음이 없다.

– 맹자, 『맹자』 –

분석 | (가)를 주장한 사상가는 고자이다. 그는 여울물 그 자체가 동서의 구분이 없듯이 사람의 본성도 선악의 구분이 없다고 주장하였다. 인간이 타고나는 것은 식욕과 성욕뿐이며, 이는 선하지도 악하지도 않다라고 주장하였다.

(나)를 주장한 사상가는 맹자이다. 그는 사람의 본성에도 선악이 있다고 주장하며 물의 성질이 아래로 흐르듯이 사람의 성품도 선하다고 보았다. 또한 물이 위를 향해 흐르는 것은 바깥에서 힘을 가해서 일어나는 결과이듯 사람도 외부의 영향을 받아 악하게 변할 수 있다고 보았다.

☑ 1 다음에서 추론할 수 있는 인간의 특성으로 가장 적절한 것은?

인간은 어떤 삶이 가치 있는지를 고민하며, 인간답게 살려면 어떻게 해야 하는가를 스스로 묻고 선택할 수 있다. 또한 인간은 자신의 삶과 자신을 둘러싼 세계의 모습을 반성하고 성찰할 수 있으며 더 나은 방향으로 변화시킬 수 있다.

① 도구적 존재　　② 유희적 존재
③ 사회적 존재　　④ 정치적 존재
⑤ 윤리적 존재

정답과 해설 ▶ '인간답다'라는 말의 의미는 결국 윤리적 특성에서 찾을 수 있으며, 반성할 수 있다는 것은 자신을 초월하여 자기 중심성에서 벗어날 수 있다는 것이다. 이는 모두 인간이 윤리적 존재라는 것을 알려준다.　　**답** ⑤

☑ 2 다음 사상가의 입장으로 옳은 것만을 〈보기〉에서 고른 것은?

사람은 태어나면서부터 이익을 좋아한다. 이런 본성을 따르기 때문에 다툼이 일어나고 서로 사양하는 미덕이 사라지는 것이다.

⊣ 보기 ⊢
ㄱ. 인간의 본성은 교화될 수 있다.
ㄴ. 본성을 잘 유지하고 확충시켜야 한다.
ㄷ. 본성을 방치하면 사회적 혼란이 발생한다.
ㄹ. 인간에게는 천부적으로 선한 도덕심이 있다.

① ㄱ, ㄴ　　② ㄱ, ㄷ　　③ ㄴ, ㄷ
④ ㄴ, ㄹ　　⑤ ㄷ, ㄹ

정답과 해설 ▶ 제시문의 사상가는 성악설을 주장한 순자이다. 그는 인간의 본성이 이기적 욕구와 욕망으로 인해 악하기 때문에 이를 방치하면 사회적 혼란을 피할 수 없다고 본다. 따라서 악한 본성을 교육과 제도를 통해 교화해야 한다고 주장한다.

ㄴ, ㄹ. 성선설의 입장이다.　　**답** ②

핵심
개념 정리 **01**   **윤리 사상과 사회사상의 필요성**

● 인간 삶에서 윤리 사상과 사회사상의 중요성

(1) 윤리 사상의 의미와 중요성

┌─ 윤리 사상은 사실 판단보다는 가치 판단을 중시함

의미	인간이 어떻게 사는 것이 올바르고 좋은 삶인지에 대한 논리적이고 체계적인 생각으로서, 바람직한 인간의 삶에 대해 이론적으로 정당화한 것
대표적 예	동양의 유교·불교·도가 사상, 서양의 의무론과 공리주의 등
중요성	• 자아 탐색의 근거를 제공함 • 삶의 목적 및 가치 체계를 제공함 • 도덕적 행동 지침 및 판단 근거를 제공함 • 다양한 도덕규범을 평가하고 비교를 가능하게 함

┌─ 인간이 사회적 존재라는 점을 전제함

(2) 사회사상의 의미와 중요성

의미	사회적 삶에서 나타나는 현상에 대한 해석과 사회 체제나 제도의 바람직한 모습 및 그것의 구현에 관한 체계적인 사유
대표적 예	자유주의, 공화주의, 민주주의, 자본주의, 사회주의 등
중요성	• 각 개인이 사회를 바라보는 일정한 관점을 형성해 줌 • 이상 사회의 모습을 설계하고 이를 실현하는 방안을 모색하는 데 도움을 줌 • 현 사회의 진단과 평가에 도움을 줌 ┐선택 가능한 것 중 어느 쪽을 선택해도 └이상적인 결과를 얻을 수 없는 상황 • 삶의 공적 영역에서 마주치는 윤리 문제와 딜레마를 해결하는 데 도움을 줌 • 바람직한 공동체를 만들기 위해 구성원이 맡아야 할 역할과 의무에 대한 이해를 제공함

└─ 공화국을 실현하려는 정치적 생각이나 이념을 의미함

(3) 윤리 사상과 사회사상의 관계

① 윤리 사상과 사회사상의 비교

구분	윤리 사상	사회사상
차이점	• 도덕적인 삶에 관해 탐구 • '좋은 사람'이 어떤 사람인지를 밝히는 것에 집중	• 바람직한 사회의 모습 탐구 • '좋은 공동체'가 어떤 것인지를 밝히는 것에 집중
공통점	궁극적으로 인간다움과 행복을 실현하고자 함	

② 윤리 사상과 사회사상의 관계

• **불가분의 관계**: 개인의 도덕성 실현과 사회사상의 구현을 분리해서 생각할 수 없음

• **상호 보완적인 관계**: 윤리 사상은 사회사상의 토대가 될 수 있으며, 사회사상은 개인의 윤리적 판단에 중요한 역할을 하기도 함

└─ 사형 제도, 안락사, 인간 배아 복제 허용 여부 등의 결정에서 개인의 윤리적 판단뿐만 아니라 공동체가 추구하는 윤리적 가치도 고려해야 함

◉ **윤리(倫理)**
'윤(倫)'은 '사람[人]'과 '무리[侖]'를 합해서 이루어진 글자로서 인간 집단, 무리, 질서 등을 의미하고, '리(理)'는 이치, 이법, 도리를 뜻함. 따라서 윤리(倫理)는 인간관계의 이법(理法), 즉 사람과 사람 사이에서 지켜야 할 도리를 의미한다고 할 수 있음

◉ **사상(思想)**
인간의 삶과 세계를 이해하는 종합적인 이성의 작용을 통해 형성된 것으로, 그 속에는 세계와 인생에 대한 여러 가지 견해 혹은 사고방식이 포함되며, 때로는 명확하고 체계화된 이론이나 학설을 뜻하는 말로 사용되기도 함

◉ **대표적인 사회사상**

사회사상	특징
자유주의	개인의 자유와 잠재 가능성의 실현을 중시하고 인격의 자유로운 표현을 중시함
민주주의	정치권력은 국민으로부터 나오며, 통치권은 피지배자의 동의에 의해서만 합법적일 수 있다고 봄
자본주의	자유로운 경쟁과 생산 수단의 사적 소유를 기반으로 함
사회주의	생산 수단의 공동 소유와 계획 경제를 통해 경제적인 평등을 실현하고자 함

◉ **윤리 사상과 사회사상의 상호 의존성**

공자	'정치라는 것은 바르게 하는 것[政者正也]'이라고 주장함
맹자	통치자의 '이익'이 아니라 '올바름[義]'을 통해 바람직한 국가가 형성된다고 주장함
플라톤	이상적인 인간과 이상적인 국가의 모습은 서로 닮았다고 주장함
아리스토텔레스	덕을 갖춘 훌륭한 시민에 의해 정의로운 국가가 형성된다고 주장함
니부어	도덕적 인간이라도 비도덕적인 사회에서는 그 도덕성을 온전히 발휘하기 어렵다고 주장함

③ 윤리 사상과 사회사상의 관계에 관한 아리스토텔레스의 입장

> 폴리스의 훌륭함이라는 것은 더 이상 운의 소관이 아니라 학문적 앎과 합리적 선택의 문제이다. 여하튼 분명히 폴리스는 정치 체제에 참여한 시민들이 훌륭하기 때문에 훌륭한 것이다. 우리 폴리스에서는 모든 시민들이 정치 체제에 참여하고 있다. 따라서 우리는 어떻게 한 인간이 훌륭해지는지를 탐구해야만 한다. 왜냐하면 설령 시민들 각자가 (개별적으로는) 훌륭하지 않고도 모든 시민이 (전체적으로) 훌륭할 수 있다고 하더라도, 시민들 각자가 더 훌륭한 것이 더 선택될 만하기 때문이다. 시민들 각자가 훌륭한 경우에 시민들 전체가 훌륭한 것이 따라 나오기 때문이다.
>
> – 아리스토텔레스, 『정치학』 –

분석 | 아리스토텔레스는 바람직한 인간이 없이는 훌륭한 국가를 만들 수 없다고 주장하였다. 그는 국가의 훌륭함이란 시민 모두가 정치적인 일에 참여할 때 가능하다고 보며, 이때 시민들은 훌륭함[덕]을 갖추어야 한다고 보았다. 이는 개인의 도덕성과 공동체의 도덕성이 밀접한 관계에 있다는 점을 보여 주며, 따라서 윤리 사상과 사회사상 역시 불가분의 관계가 있다고 할 수 있다.

④ 개인의 도덕성과 집단의 도덕성에 관한 니부어의 입장

> 개개의 인간은 자신들의 이해관계뿐만 아니라 다른 사람들의 이해관계도 고려하며, 또한 때에 따라서는 행위의 문제를 결정함에 있어 다른 사람들의 이익을 더욱 존중할 수 있다는 의미에서 도덕적(moral)이다. … (중략) … 그러나 이 모든 성과들은 인간 사회와 사회 집단에서는—전혀 불가능한 것은 아니지만—개인들에 비해 훨씬 획득되기 어렵다. 모든 인간의 집단은 개인과 비교할 때 충동을 올바르게 인도하고 때에 따라 억제할 수 있는 이성과 자기 극복 능력, 그리고 다른 사람들의 욕구를 수용하는 능력이 훨씬 결여되어 있다. … (중략) … 왜냐하면 개인들의 이기적 충동은 개별적으로 나타날 때보다는 하나의 공통된 충동으로 결합되어 나타날 때 더욱 생생하게, 그리고 더욱 누적되어 표출되기 때문이다.
>
> └ 니부어는 개인의 도덕성에 비해 집단의 도덕성이 열등하다고 봄
>
> – 니부어, 『도덕적 인간과 비도덕적 사회』 –

분석 | 니부어는 인간이 개인적 차원에서 행위를 결정할 때 자신의 이해관계뿐만 아니라 다른 사람의 이해관계도 고려할 수 있다는 점에서 윤리적이지만, 사회 집단은 비록 그 구성원이 윤리적일지라도 사회 집단의 구성원으로서는 이기적이 될 가능성이 매우 높다고 주장하였다. 따라서 그는 개인의 도덕성과 사회 집단의 도덕성이 서로 밀접한 관련이 있으나, 이를 구분해서 이해해야 한다고 보았다.

❸ 윤리 사상과 사회사상의 관계에 대한 설명으로 옳지 않은 것은?

① 윤리 사상은 사회사상의 토대가 될 수 있다.
② 윤리 사상과 사회사상은 불가분의 관계를 가진다.
③ 사회사상은 개인의 윤리적 판단에 중요한 역할을 한다.
④ 윤리 사상과 사회사상은 독립적이고 배타적인 관계를 가진다.
⑤ 윤리 사상과 사회사상은 궁극적으로 인간다움과 행복을 실현하고자 한다.

정답과 해설 ▶ 윤리 사상과 사회사상은 불가분의 관계를 가지며, 상호 보완적인 측면도 존재한다. **답 ④**

❹ 갑, 을 사상가들에 대한 옳은 입장만을 〈보기〉에서 고른 것은?

> 갑: 국가가 훌륭해지는 것은 행운의 소관이 아니라, 지혜와 윤리적 결단의 산물이다. 훌륭한 국가가 되려면 국정에 참여하는 시민들이 훌륭해야 한다.
> 을: 개인들 간의 정의로운 관계 수립은 쉬운 일이 아니지만 가능하다. 하지만 사회 집단 간의 정의로운 관계 수립은 사실상 불가능하다.

◀ 보기 ▶

ㄱ. 갑: 훌륭한 시민 없이는 훌륭한 국가도 없다.
ㄴ. 갑: 정치 참여 없이도 시민은 행복할 수 있다.
ㄷ. 을: 개인의 도덕성과 집단의 도덕성을 구분해야 한다.
ㄹ. 을: 개인의 도덕성과 집단의 도덕성은 본질적으로 동일하다.

① ㄱ, ㄴ   ② ㄱ, ㄷ   ③ ㄴ, ㄷ
④ ㄴ, ㄹ   ⑤ ㄷ, ㄹ

정답과 해설 ▶ 갑은 아리스토텔레스, 을은 니부어이다. 아리스토텔레스는 시민과 국가의 훌륭함은 불가분의 관계를 가진다고 주장하였고, 니부어는 개인의 도덕성과 집단의 도덕성은 본질적으로 다르기 때문에 양자를 구분해서 보아야 한다고 주장하였다. **답 ②**

● 한국 및 동서양 윤리 사상과 우리 삶

(1) 윤리 사상이 우리 삶에 주는 영향

① 삶에 대한 반성과 성찰의 토대 제공 : 바람직한 가치관을 세우고 자신의 삶을 성찰하게 함

② 개인적 판단과 행동에 영향 : 일상적인 우리의 생활 태도에 큰 영향을 줌

(2) 한국 및 동서양 윤리 사상의 특징과 현대적 의의

구분	특징	현대적 의의
한국 및 동양 윤리 사상	• 유기체적 세계관 : 모든 존재는 다른 존재와의 관계 속에서 존재할 수 있다고 봄 • 공존과 조화의 정신 : 타인 및 만물과 더불어 살아가야 함을 강조함	• 환경 파괴 및 자원 고갈 문제 해결에 도움을 줌 • 인간 소외 문제 해결에 도움을 줌
서양 윤리 사상	• 보편적 가치의 추구 : 모든 인간이 지향해야 하는 가치에 대하여 탐구함 • 이성적 태도 중시 : 이성에 근거한 합리적인 사유와 논의를 전개함	• 인간의 존엄성, 자유, 평등, 사랑 등과 같은 보편적 가치를 확립함 • 보편적 가치를 보호하기 위한 다양한 제도를 만들어 가는데 기여함

● 사회사상과 우리 삶

(1) 사회사상이 우리 삶에 주는 영향

① 공적 사안에 대한 판단 기준 제공 : 공동체의 중요한 일을 판단하고 결정할 때에 큰 영향을 줌

　예 개인의 자율성을 중시하는 사회 : 자유 시장 경제 정책을 확대함

　　공동체의 연대성을 중시하는 사회 : 사회 복지 정책을 확대함

② 사회의 제도, 정책, 관습 등에 영향 : 사회 구성원 사이에 지배적인 사회사상이 무엇이냐에 따라 사회의 모습이 크게 달라짐

　예 유교 사회 : 민본 사상을 통해 백성을 위한 정치를 펼치고자 노력함

　　자유주의 사회 : 개인의 자유를 보장하고 평등을 실현하고자 노력함

③ 보다 나은 사회로 발전하는 데 크게 기여함

　예 현대 복지 자본주의 : 인류 사회의 보다 행복한 삶을 위해 노력함

(2) 사회사상을 추구하는 올바른 자세

① 어떤 사회사상을 추구하느냐에 따라 사회의 모습과 사람들의 삶이 달라질 수 있음을 인식해야 함

　예 나치즘과 같은 극단적인 민족주의 : 인류에게 큰 해악을 끼침 → 추구해서는 안 됨

② 사회사상을 비판적으로 평가할 수 있는 안목을 길러야 함 → 어떤 사회사상을 바라볼 때 인간다움과 행복의 실현에 기여하는지를 판단해야 함

◉ **윤리 사상이 개인의 판단과 행동에 끼치는 영향**
• 선과 악, 옳고 그름에 대한 판단 근거나 기준을 제공함
• 더 나은 삶에 대한 성찰의 기회를 제공함
• 인격 형성에 큰 영향을 줌

◉ **유기체적 세계관**
세계를 모든 존재가 상호 의존적으로 살아가는 하나의 유기체로 보는 입장을 말함. 즉 만물이 부분과 부분, 부분과 전체로서 밀접한 관련을 맺으며 하나의 통일체를 이루고 있다고 보는 관점을 의미함

◉ **동양 윤리의 공존과 조화의 정신**
유교는 개인의 도덕적 수양을 바탕으로 사회적 실천을 강조한 '수기이안인(修己而安人)'을 강조하였고, 불교는 모든 존재와 생명은 서로 연결되어 있다는 생각을 토대로 자비를 추구하였으며, 도가는 자연과 하나가 되는 삶을 강조함

> 자(慈)는 사랑하는 마음을 가지고 중생에게 즐거움을 주는 것이고, 비(悲)는 불쌍히 여기는 마음을 가지고 중생의 고통을 없애주는 것을 의미함

◉ **사회사상과 우리 삶**

사회사상	우리 삶의 영향
자유주의	개인의 자유 신장
민주주의	정치 참여의 기회 확대
자본주의	경제 활동의 활성화로 풍요로운 삶 가능
사회주의	경제적 불평등을 완화시키려는 노력 증가

◉ **민본 사상**
백성을 근본으로 한다는 의미로 유교 사상가들의 정치적 근본이 되는 생각

① 윤리 사상과 우리 삶

맬러무드(Bernard Malamud)라는 작가의 작품 중 『수리공(The Fixer)』이라는 소설이 있다. 이 소설에 등장하는 주인공은 스피노자의 『에티카』를 읽고 나서 다음과 같이 말했다. "나는 그의 책을 인근 도시의 한 골동품상에게서 구입했습니다. 값으로 1코펙을 지불했는데, 벌기 힘든 돈을 그렇게 책 사는데 낭비해 버렸다고 금방 후회했습니다. 얼마 후 몇 쪽을 읽게 되었고, 그 다음에는 마치 돌풍이 등을 밀고 있기라도 하듯 멈출 수가 없었습니다. 당신에게 말씀드리지만, 제가 모든 것을 이해하고 있는 것은 아닙니다. 그러나 그와 같은 생각을 접하게 되자마자 우리는 마치 요술쟁이의 빗자루를 타는 것과 같은 경험을 하게 됩니다. 나는 이제 더 이상 이전과 동일한 인간이 아니었습니다."

– 강신주, 『철학vs철학』 –

분석 | 제시문의 소설 속에 등장하는 주인공은 윤리 사상이 자신의 삶에 큰 영향을 끼쳤다고 말하고 있다. 이처럼 윤리 사상은 우리의 삶과 밀접한 관련이 있다. 구체적으로 윤리 사상은 삶에 대한 반성과 성찰의 토대를 제공함으로써 바람직한 가치관을 세우고 올바른 삶을 살아갈 수 있게 하고, 개인적 판단과 행동에 영향을 줌으로써 일상적인 우리의 생활 태도에 큰 영향을 주기도 한다.

— 천부 인권을 천명하고 로크의 사회 계약설의 영향을 받아
인민 주권과 저항권을 명시하고 있음

② 미국 독립 선언서와 사회사상

우리들은 다음과 같은 것을 자명한 진리라고 생각한다. 즉, 모든 사람은 평등하게 태어났으며, 조물주는 몇 개의 양도할 수 없는 권리를 부여했으며, 그 권리 중에는 생명과 자유와 행복의 추구가 있다. 이 권리를 확보하기 위하여 인류는 정부를 조직했으며, 이 정부의 정당한 권력은 인민의 동의로부터 유래하고 있는 것이다. 또 어떠한 형태의 정부든 이러한 목적을 파괴할 때에는 언제든지 정부를 변혁 내지 폐지하여 인민의 안전과 행복을 가장 효과적으로 가져올 수 있는 – 그러한 원칙에 기초를 두고 그러한 형태로 기구를 갖춘 – 새로운 정부를 조직하는 것은 인민의 권리인 것이다.

– '미국 독립 선언서' –

분석 | 미국 독립 선언서의 내용은 자유주의 사상에서 강조하고 있는 자유와 평등의 가치가 잘 나타나 있다. 자유주의 사상은 근대 이전까지 당연시되었던 신분제의 문제점을 비판하고, 신분제에 따른 차별을 인류 역사에서 철폐하는 데 큰 기여를 하였다. 이처럼 사회사상은 현실 사회의 잘못과 모순을 진단하고 인간의 삶을 개선하기 위한 방안을 제시함으로써 사회의 발전에 기여할 수 있다.

① 윤리 사상이 우리 삶에 끼치는 영향에 대한 설명으로 옳지 않은 것은?

① 윤리 사상은 우리의 삶과 동떨어져 있지 않다.
② 윤리 사상은 바람직한 가치관을 세우는 데 도움을 준다.
③ 윤리 사상은 자신의 가치관과 삶의 목적을 숙고하게 한다.
④ 윤리 사상은 자신의 생각과 행동을 성찰할 수 있도록 돕는다.
⑤ 윤리 사상은 주로 참과 거짓에 대한 사실 판단을 하는 데 도움을 준다.

정답과 해설 ▶ 윤리 사상은 참과 거짓을 판단하는 사실 판단이 아니라 올바른 가치 판단을 하는 데 도움을 준다. **답 ⑤**

② 사회사상과 우리 삶의 관계에 대한 설명으로 옳은 것만을 〈보기〉에서 고른 것은?

┤ 보기 ├
ㄱ. 사회사상은 우리 삶에 긍정적인 영향만 준다.
ㄴ. 사회사상은 더 나은 사회로 나아가는 데 도움을 준다.
ㄷ. 사회사상은 공적 사안에 대한 판단 기준은 제공하지 않는다.
ㄹ. 사회사상은 현실 사회의 문제를 해결할 수 있는 지침을 제공한다.

① ㄱ, ㄴ   ② ㄱ, ㄷ   ③ ㄴ, ㄷ
④ ㄴ, ㄹ   ⑤ ㄷ, ㄹ

정답과 해설 ▶ 사회사상은 인류에게 긍정적인 영향뿐만 아니라 부정적인 영향도 줄 수 있다. 대표적인 예가 독일의 나치즘과 같은 극단적인 민족주의가 있다. 또한 사회사상은 공적 사안에 대한 판단 기준을 제공해 준다. **답 ④**

01~08 다음 내용과 가장 관련이 깊은 인간의 특성을 빈칸에 쓰시오.

	내용	인간의 특성
01	뛰어난 사유 능력을 갖춤	( ) 존재
02	놀이를 즐길 줄 알고 삶의 재미를 찾고자 함	( ) 존재
03	유한한 세계를 넘어 초월적이고 무한한 것을 추구함	( ) 존재
04	옳고 그름을 스스로 판단해 도덕 법칙을 수립하고 실천할 수 있음	( ) 존재
05	삶에 필요한 유·무형의 도구를 만들어 사용함	( ) 존재
06	언어, 지식, 기술, 예술 등을 배워 문화를 창조하고 계승함	( ) 존재
07	사회 속에서 비로소 온전히 성장하고 삶을 영위할 수 있음	( ) 존재
08	단순히 무리를 이루어 사는 것을 넘어 정치 활동을 함	( ) 존재

09~14 다음 빈칸에 알맞은 말을 쓰시오.

09 인간에게 천부적으로 선한 도덕심이 갖추어져 있다는 입장을 ( )(이)라고 한다.

10 인간은 본래 이익을 좋아하고 남을 질투하며 미워하는 존재라는 입장을 ( )(이)라고 한다.

11 ( )은/는 인간의 본성은 본래 선이나 악으로 결정되지 않았다고 보는 입장이다.

12 ( )은/는 "어떻게 사는 것이 바람직하고 좋은 삶인가?"라는 물음에 대한 체계적인 대답이다.

13 ( )은/는 사회적 삶에서 나타나는 현상에 대한 해석과 사회 체제나 제도의 바람직한 모습 및 그것의 구현에 관한 체계적인 사유를 의미한다.

14 미국의 사회 윤리학자 ( )은/는 한 개인이 비록 도덕성을 갖추고 있다고 할지라도 정의롭지 못한 집단 속에서는 이러한 도덕성이 제대로 구현되지 못한다고 주장하였다.

15~20 다음 내용이 옳으면 ○표, 틀리면 ×표 하시오.

15 인간은 자신의 한계를 뛰어넘고 우주의 신비를 모두 알 수 있는 무한한 존재이다. ( )

16 윤리 사상은 바람직한 삶의 목적과 방향을 설정할 수 있도록 도와준다. ( )

17 사회사상은 다양한 사회 문제를 비판하고 개선할 수 있는 기준을 제공한다. ( )

18 윤리 사상과 사회사상은 궁극적으로 우리가 인간다운 삶을 실현하는 데 도움을 준다는 공통점이 있다. ( )

19 윤리 사상은 우리의 삶과 동떨어져 있다. ( )

20 아리스토텔레스는 개인의 도덕성과 공동체의 도덕성이 밀접한 관계에 있다는 점을 주장하였다. ( )

정답 **01** 이성적 **02** 유희적 **03** 종교적 **04** 윤리적 **05** 도구적 **06** 문화적 **07** 사회적 **08** 정치적 **09** 성선설 **10** 성악설 **11** 성무선악설 **12** 윤리 사상 **13** 사회사상 **14** 니부어 **15** × **16** ○ **17** ○ **18** ○ **19** × **20** ○

오답 체크 Tip **15** 인간은 우주의 신비와 자신의 운명을 알고 싶어하지만 결코 그것을 다 알 수 없는 유한한 존재이다.
19 윤리 사상은 우리의 삶과 동떨어져 있지 않고, 일상에서 자신의 생각과 행동을 성찰하도록 도울 수 있다.

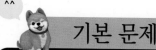
01 다음 사상가가 지지할 주장만을 〈보기〉에서 있는 대로 고른 것은? ▸ 20582-0001

인간은 동물과 달리 결핍된 존재이다. 대부분의 동물은 감각의 예리함에서 인간보다 뛰어나다. 하지만 인간은 이러한 부족함을 깨닫고, 살아남기 위해 자연을 개조해야만 했다. 인간이 자신의 삶에 기여하도록 자연을 개조시킨 총체가 문화이다. 무기와 불이 없고, 음식을 비축하고 식품을 조리할 줄 모르는 인간 사회는 없다.

┤ 보기 ├
ㄱ. 인간은 동물보다 감각 능력이 뛰어난 존재이다.
ㄴ. 인간은 고도의 사유 능력을 지니고 있는 존재이다.
ㄷ. 인간은 고유의 문화를 창조하고 계승하는 존재이다.
ㄹ. 인간은 유한성을 인식하고 자각할 수 있는 존재이다.

① ㄱ, ㄴ ② ㄱ, ㄹ ③ ㄴ, ㄷ
④ ㄱ, ㄴ, ㄷ ⑤ ㄴ, ㄷ, ㄹ

02 다음 내용에서 공통적으로 강조하는 인간의 특성으로 가장 적절한 것은? ▸ 20582-0002

• 검토되지 않은 삶은 살 만한 가치가 없다.
• 인간에게는 마땅한 도리가 있으니, 그 도리를 배우지 않는다면 짐승과 같다.

① 놀이를 통해 삶의 재미와 즐거움을 추구한다.
② 경제 활동을 통해 이익을 극대화하려고 한다.
③ 자신의 필요에 따라 다양한 도구를 만들어 사용한다.
④ 자기 중심성에서 벗어나 바람직한 삶을 살고자 노력한다.
⑤ 절대적 존재에 대한 믿음을 통하여 초월적 삶을 추구한다.

[03~04] 다음을 읽고 물음에 답하시오.

갑: 인간의 본성은 고여서 맴도는 물과 같아서 동쪽으로 터주면 동으로, 서쪽으로 터주면 서로 흐른다. 인간의 본성을 선(善)과 불선(不善)으로 나눌 수 없는 것은 고여서 맴도는 물에 동과 서의 구분이 없는 것과 같다.
을: 물에 동서의 구분은 없지만, 상하의 구분도 없겠는가? 인간의 본성이 선하다는 것은 물이 아래로 흘러내려가는 것과 같다. 인간의 본성은 선하지 않음이 없으며, 물은 아래로 흘러내려가지 않음이 없다.

03 갑이 주장한 인간의 본성에 관한 입장만을 〈보기〉에서 고른 것은? ▸ 20582-0003

┤ 보기 ├
ㄱ. 인간은 순수한 성품을 지니고 태어난다.
ㄴ. 선악은 후천적인 요인에 의해서 결정된다.
ㄷ. 인간의 본성은 선과 악으로 정해져 있지 않다.
ㄹ. 인간은 자신의 본성을 유지하기 위해 노력해야 한다.

① ㄱ, ㄴ ② ㄱ, ㄷ ③ ㄴ, ㄷ
④ ㄴ, ㄹ ⑤ ㄷ, ㄹ

04 을이 부정의 대답을 할 질문으로 가장 적절한 것은? ▸ 20582-0004

① 인간의 본성은 선천적인가?
② 선한 도덕심을 잘 유지하고 확충해야 하는가?
③ 인간은 동물에게는 없는 도덕적 본성을 지녔는가?
④ 인간이 도덕적 행위를 하는 것은 본성 변화의 결과인가?
⑤ 인간은 욕망이나 환경에 따라 악행을 저지를 수 있는가?

단답형

05 다음 내용과 관련이 깊은 인간의 특성을 쓰시오. ▸ 20582-0005

인간은 극도로 곤란한 경우 절대적 존재자에게 도움을 청한다. 특히 가뭄, 폭우, 전염병과 같이 하늘로부터 오는 재난인 경우에 절대적 존재자에게 의존하며 절대적 존재자의 도움을 통해 재난에서 벗어나고자 한다.

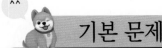

▶ 20582-0006

06 다음 사상가가 지지할 입장으로 옳지 <u>않은</u> 것은?

사람은 태어나면서부터 이익을 좋아한다. 이런 본성을 따르기 때문에 다툼이 일어나고 서로 사양하는 미덕이 사라지는 것이다. 그 때문에 반드시 스승의 교화와 예의로 인도한 뒤에야 세상이 다스려지는 것이다.

① 인간다움의 실현에 관심을 두어야 한다.
② 인간의 도덕적 행동은 본성의 발현에서 비롯된다.
③ 도덕성을 기르기 위해서는 윤리 교육이 필요하다.
④ 교육과 제도를 통해 인간의 욕망을 조절해야 한다.
⑤ 이기적 욕구와 욕망 때문에 인간은 서로 갈등한다.

▶ 20582-0007

07 그림은 한 학생의 필기 내용 중 일부이다. A에 대한 설명으로 옳지 <u>않은</u> 것은?

◎ 학습 주제: A의 의미와 대표적인 예
1. 의미: 인간이 어떻게 사는 것이 올바르고 좋은 삶인지에 대한 논리적이고 체계적인 생각
2. 대표적 예: 동양의 유교 · 불교 · 도가, 서양의 의무론 · 공리주의 등

① 삶의 목적 및 가치 체계를 제공한다.
② 자아를 발견하고 성찰할 수 있도록 도와준다.
③ 도덕적 행동의 지침 및 판단 근거를 제공한다.
④ 어떤 행위가 옳은 행위인지를 이론적으로 정당화한다.
⑤ 가치 판단보다는 사실 판단의 중요성을 자각하게 한다.

단답형

▶ 20582-0008

08 ㉠에 들어갈 적절한 말을 쓰시오.

우리 모두는 같은 종류의 자기 복제자를 위한 생존 기계야. 인간의 정신은 유전자에 의해 만들어졌어.

너는 인간의 본성을 (㉠)적 관점에서 보고 있구나!

▶ 20582-0009

09 다음과 같은 상황에서 윤리 사상이 할 수 있는 역할로 가장 적절한 것은?

철수: 병을 앓고 계신 할머니가 얼마 살지 못한다는 진단을 받았다고 가정해 보자. 이때 할머니에게 진단 사실을 알려야 할까?
영희: 음, 난 사실대로 말씀드려야 한다고 생각해. 거짓말을 하는 행위는 옳지 않은 행위이기 때문이야.

① 단일한 가치를 추구하는 데 도움을 줄 수 있다.
② 자신의 삶을 성찰할 수 있는 기회를 줄 수 있다.
③ 자신이 누구인지 탐색하는 데 도움을 줄 수 있다.
④ 올바른 도덕 판단을 내리는 데 도움을 줄 수 있다.
⑤ 개인의 자아실현과 인격 완성에 도움을 줄 수 있다.

▶ 20582-0010

10 다음 사상가가 부정의 대답을 할 질문만을 〈보기〉에서 고른 것은?

국가가 훌륭해지는 것은 행운의 소관이 아니라 지혜와 윤리적 결단의 산물이다. 훌륭한 국가가 되려면 국정에 참여하는 시민들이 훌륭해야 한다. 시민들은 모두 국정에 참여해야 하며 우리는 어떻게 해야 사람이 훌륭해질 수 있는지 고찰해 봐야 한다.

┤ 보기 ├
ㄱ. 오직 철학자만이 정치에 참여해야 하는가?
ㄴ. 윤리 사상과 사회사상은 대립적인 관계인가?
ㄷ. 바람직한 인간 없이 훌륭한 국가는 불가능한가?
ㄹ. 개인의 도덕성과 집단의 도덕성은 밀접한 관계에 있는가?

① ㄱ, ㄴ　　　② ㄱ, ㄷ　　　③ ㄴ, ㄷ
④ ㄴ, ㄹ　　　⑤ ㄷ, ㄹ

▶ 20582-0011

11 그림은 어떤 개념을 검색한 화면이다. 검색어 A에 대한 설명으로 옳은 것만을 〈보기〉에서 있는 대로 고른 것은?

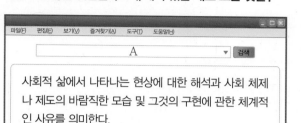

파일(F) 편집(E) 보기(V) 즐겨찾기(A) 도구(T) 도움말(H)

A   ▼ 검색

사회적 삶에서 나타나는 현상에 대한 해석과 사회 체제나 제도의 바람직한 모습 및 그것의 구현에 관한 체계적인 사유를 의미한다.

┤ 보기 ├

ㄱ. 바람직한 사회의 이상을 제시해 준다.
ㄴ. 현 사회의 진단과 평가에 도움을 준다.
ㄷ. 윤리 사상과 상호 대립적인 관계에 있다.
ㄹ. 대표적인 예로 자유주의, 공화주의 등이 있다.

① ㄱ, ㄷ   ② ㄱ, ㄹ   ③ ㄴ, ㄷ
④ ㄱ, ㄴ, ㄹ   ⑤ ㄴ, ㄷ, ㄹ

▶ 20582-0012

12 다음 글을 통해 알 수 있는 윤리 사상이 우리 삶에 미치는 영향으로 가장 적절한 것은?

A는 평소 스마트폰으로 음악, 메신저, 게임 등을 즐긴다. 그런데 최근 들어 A는 잠시라도 스마트폰이 손에 없으면 불안한 마음이 든다. 또한 스마트폰을 하느라 숙제를 하지 못하거나 타려던 버스를 놓치는 일이 잦아졌다. 이러한 이유로 스마트폰 사용을 절제해야겠다고 마음먹었지만 생각대로 되지 않았다. 그때 "정의로운 일들을 행함으로써 우리는 정의로운 사람이 되며, 절제 있는 일들을 행함으로써 절제 있는 사람이 된다."라는 아리스토텔레스의 가르침을 접하면서 자신의 삶을 되돌아보고, 마음먹은 것을 행동에 옮기려고 노력하게 되었다.

① 자신의 삶을 도덕적으로 성찰하게 한다.
② 현실 사회의 잘못과 모순을 진단하게 한다.
③ 다양한 사회 문제를 해결하는 데 도움을 준다.
④ 사회가 나아가야 할 바람직한 방향을 제시해 준다.
⑤ 개인의 가치보다 공동체의 가치를 더 중시하게 해 준다.

▶ 20582-0013

13 다음 사상가의 입장으로 가장 적절한 것은?

개개인의 인간은 자신의 이해관계뿐만 아니라 다른 사람의 이해관계도 고려하며, 때에 따라서는 행위의 문제를 결정하는데 다른 사람의 이익을 더욱 존중할 수도 있다는 의미에서 도덕적이다. 하지만 모든 인간 집단은 개인과 비교할 때 충동을 올바르게 인도하고 때에 따라 억제할 수 있는 이성과 자기 극복 능력, 그리고 다른 사람의 욕구를 수용하는 능력이 훨씬 결여되어 있다.

① 집단의 도덕성은 개인의 도덕성보다 우월하다.
② 사회 문제는 개인의 도덕성만으로 해결할 수 있다.
③ 개인의 도덕성과 집단의 도덕성은 크게 다르지 않다.
④ 집단의 도덕성은 개인의 도덕성보다 타락하기가 쉽다.
⑤ 도덕적인 사회를 위해 사회 구조의 개선보다는 개인의 도덕성 함양이 중요하다.

〔단답형〕

▶ 20582-0014

14 ㉠에 들어갈 적절한 말을 쓰시오.

"모든 사람은 평등하게 태어났고, 창조주는 몇 개의 양도할 수 없는 권리를 부여했으며, 이러한 권리에는 생명, 자유, 그리고 행복 추구가 있다. 이 권리를 확보하기 위하여 인류는 정부를 조직했으며, 이 정부의 정당한 권력은 인민의 동의로부터 유래하고 있다."
— '미국 독립 선언서' —

윗글은 민주주의 사상과 (㉠) 사상이 강조하는 자유와 평등의 가치를 잘 보여 준다.

〔서술형〕

▶ 20582-0015

15 ㉠에 들어갈 말을 조건에 따라 서술하시오.

고대 그리스 철학자 플라톤은 이상적인 인간과 이상적인 국가의 모습은 서로 닮았다고 주장하였고, 중국의 사상가 공자는 '정치하는 것은 백성을 바르게 하는 것이다.'라고 말하였다. 이를 통해서 우리는 바람직한 사회를 만들기 위해서는   ㉠

┤ 조건 ├

1. 한 문장으로 서술할 것
2. '윤리 사상'과 '사회사상'이라는 말을 모두 포함시킬 것

Self Note

01 인간에 대한 다양한 관점

(1) 인간의 다양한 특성

특성	내용
☆ ① 존재	고도의 사고 능력을 활용하여 자신과 세계에 대해 끊임없이 사유하고 해석하는 존재
☆ (사회적 존재)	사회 속에서 비로소 온전하게 성장하고 삶을 영위할 수 있는 존재
정치적 존재	단순히 무리를 이루어 사는 것을 넘어 정치 활동을 하는 존재
도구적 존재	자신의 필요에 따라 다양한 유형·무형의 도구를 만들어 사용하는 존재
② 존재	삶의 재미와 즐거움을 추구하는 존재
문화적 존재	인간 생활 양식의 총체인 문화를 창조하고 상징 체계를 통하여 문화를 계승하는 존재
종교적 존재	유한한 세계를 넘어 초월적이고 무한한 것을 추구하는 존재
☆ ③ 존재	보편적으로 타당한 선(善)을 파악하는 능력과 자신을 반성할 수 있는 능력을 지닌 존재

→ 언어와 문자가 대표적임

(2) 인간 본성에 대한 관점

관점	내용
☆ 성선설	인간에게 천부적으로 선한 도덕심이 갖추어져 있다고 봄
☆ 성악설	인간은 본래 이익을 좋아하고 남을 질투하며 미워하는 존재라고 봄
☆ ④	인간의 본성은 본래 선이나 악으로 결정되어 있지 않다고 보는 입장

공통점: 인간다움의 실현에 관심을 둠

02 인간 삶에서 윤리 사상과 사회사상의 중요성

(1) ⑤   의 의미와 중요성

의미	인간이 어떻게 사는 것이 올바르고 좋은 삶인지에 대한 논리적이고 체계적인 생각
☆ 중요성	• 자아 탐색의 근거를 제공함 • 도덕적 행동 지침 및 판단 근거를 제공함 • 삶의 목적 및 가치 체계를 제공함 • 다양한 도덕규범을 평가하고 비교를 가능하게 함

(2) ⑥   의 의미와 중요성

의미	사회적 삶에서 나타나는 현상에 대한 해석과 사회 체제나 제도의 바람직한 모습 및 그것의 구현에 관한 체계적인 사유
☆ 중요성	• 각 개인이 사회를 바라보는 일정한 관점을 형성해 줌 → 현 사회의 진단과 평가에 도움을 줌 • 공적 삶의 영역에서 마주치는 윤리 문제와 딜레마를 해결하는 데 도움을 줌

(3) 윤리 사상과 사회사상의 비교 및 관계

구분	윤리 사상	사회사상
차이점	도덕적인 삶에 관해 탐구	바람직한 사회의 모습 탐구
공통점	궁극적으로 (인간다움)과 (행복)을 실현하고자 함	

답 ① 이성적
② 유희적
③ 윤리적
④ 성무선악설
⑤ 윤리 사상
⑥ 사회사상

정답과 해설 **5**쪽

01 다음 신문기사의 A의 행위에 나타난 인간의 특성으로 가장 적절한 것은?

▶ 20582-0016

○ ○ 신문   2019년 ○월 ○일

A는 기후 변화에 적극적으로 대처하지 않는 국가를 상대로 소송을 거는 '청소년 기후 소송단' 활동을 하고 있다. A를 포함한 50여 명의 청소년들은 미래를 책임지지 않는 국가에 대한 소송을 준비하며 청소년 기후 행동을 전개하고 있다.

① 모든 욕구를 부정하고 윤리적 삶을 살아간다.
② 유한성을 극복하기 위해 초월자에게 귀의하려 한다.
③ 자연의 법칙을 파악하여 주어진 운명에 따르려 한다.
④ 스스로 창조한 놀이를 통해 즐거움을 추구하려 한다.
⑤ 자신의 신념을 실천하여 가치 있는 삶을 추구하려 한다.

02 다음을 주장한 사상가의 관점에만 모두 '✔'를 표시한 학생은?

▶ 20582-0017

국가는 단순한 생존을 위해 형성되지만 훌륭한 삶을 위해 존속하는 것이다. 동물들 가운데 오직 인간만이 언어 능력을 갖추고 있다. 언어는 무엇이 유익하고 무엇이 유해한지, 그리고 무엇이 옳고 무엇이 그른지 밝히는 데 쓰인다. 옳고 그름의 인식에서 가정과 국가가 생성되는 것이다.

관점 \ 학생	갑	을	병	정	무
인간만이 언어를 통해 옳고 그름을 인식할 수 있다.	✔		✔	✔	
개인의 도덕성과 공동체의 도덕성은 별개이다.		✔	✔		✔
인간은 국가를 생성하고 운영하는 정치적 존재이다.		✔		✔	✔
좋은 국가가 없으면 인간다운 삶이 불가능하다.	✔		✔	✔	✔

① 갑   ② 을   ③ 병   ④ 정   ⑤ 무

03 (가)의 갑, 을 사상가의 입장을 (나) 그림으로 탐구하고자 할 때, A~C에 해당하는 적절한 질문만을 〈보기〉에서 있는 대로 고른 것은?

▶ 20582-0018

(가)	갑: 사람에게는 본래 남의 불행을 차마 그대로 내버려 두지 못하는 마음이 있다. 이 마음을 잘 유지하고 확충하기 위해 노력해야 한다. 을: 사람은 태어나면서부터 이익을 좋아하고 질투하는 마음이 있다. 그대로 내버려 두면 서로 다투고 상처를 주어 어지럽게 된다.
(나)	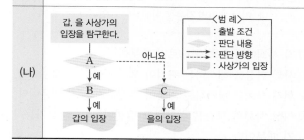

〈범례〉
▨ : 출발 조건
◈ : 판단 내용
┅┅▶ : 판단 방향
▭ : 사상가의 입장

보기

ㄱ. A: 인간의 본성을 잘 유지해야 하는가?
ㄴ. B: 사단(四端)은 교육을 통해 형성되는가?
ㄷ. C: 인간다움의 실현에 관심을 두어야 하는가?
ㄹ. C: 도덕적 삶을 위해 후천적인 노력이 중요한가?

① ㄱ, ㄴ   ② ㄱ, ㄹ   ③ ㄴ, ㄷ
④ ㄱ, ㄷ, ㄹ   ⑤ ㄴ, ㄷ, ㄹ

[04 ~ 05] 다음을 읽고 물음에 답하시오.

(가)	덕을 천하에 밝히려고 하는 사람은 먼저 그 나라를 다스리고, 나라를 다스리려는 사람은 먼저 그 집을 가지런히 하고, 그 집을 가지런히 하는 사람은 먼저 자신을 수양해야 한다.
(나)	(A)은/는 인간이 어떻게 사는 것이 올바른 삶인지에 대한 논리적이고 체계적인 생각이고, (B)은/는 사회적 삶에서 나타난 현상에 대한 해석과 사회 체제나 제도의 바람직한 모습에 관한 체계적인 사유를 의미한다.

단답형

04 (나)의 A와 B에 들어갈 적절한 말을 쓰시오.

▶ 20582-0019

서술형

05 (가)의 입장에서 A와 B의 관계를 서술하시오.

▶ 20582-0020

▶ 20582-0021

06 토론 주제에 대한 두 학생의 견해가 <u>다른</u> 이유로 가장 적절한 것은?

> 선생님: 빈부 격차 해결을 위해 국가가 개입해야 하는가에 대한 자신의 의견을 제시해 보세요.
> 세정: 사회적 약자의 보호를 위해 국가가 적극 개입하여 부자에게 세금을 더 많이 거두어 가난한 사람들을 지원해야 합니다.
> 찬호: 부자에게 더 많은 세금을 부과하는 것은 옳지 않습니다. 이는 개인의 자유를 침해하는 것입니다.

① 각 사회마다 문화가 다르기 때문이다.
② 사회 현상을 해석하는 관점이 오직 하나이기 때문이다.
③ 현재 사회를 평가하는 기준이 존재하지 않기 때문이다.
④ 이상 사회의 모습을 설계하고 실현하는 것은 불가능하기 때문이다.
⑤ 추구하는 사회사상에 따라 각자의 윤리적 판단이 다를 수 있기 때문이다.

▶ 20582-0022

07 그림은 서양 사상가들의 가상 대화이다. 갑, 을의 입장에 대한 설명으로 옳지 <u>않은</u> 것은?

한 집단 안에서 개인들 간의 정의로운 관계 수립은 가능하지만, 사회 집단 간의 정의로운 관계 수립은 사실상 불가능합니다.
갑

정의로운 국가가 정의로운 개인보다 더 크고 알아보기 쉽지요. 그러니 큰 정의와 작은 정의의 닮은 점을 검토해 보면 개인의 정의도 알 수 있습니다.
을

① 갑은 개인의 도덕성과 집단의 도덕성을 구분해야 한다고 보았다.
② 갑은 집단의 도덕성이 개인의 도덕성보다 우월하다고 보았다.
③ 을은 개인과 국가의 정의가 닮았다고 보았다.
④ 을은 개인과 국가가 밀접한 관련이 있다고 보았다.
⑤ 갑, 을은 모두 도덕적인 사회를 지향한다.

▶ 20582-0023

08 ㉠의 적절한 근거만을 〈보기〉에서 있는 대로 고른 것은?

> 윤리 사상은 주로 인간의 본질과 삶의 영역에서 바람직한 인간의 모습을 탐구하고, 사회사상은 주로 사회적·정치적 영역에서 바람직한 공동체의 모습을 탐구한다. 윤리 사상과 사회사상은 완전히 별개의 것은 아니며, ㉠ 윤리 사상과 사회사상은 상호 의존적이고 보완적인 관계로 볼 수 있다.

┤ 보기 ├
ㄱ. 개인과 사회를 분리하여 생각할 수 없다.
ㄴ. 도덕적인 인간은 바람직한 사회 속에서 구현될 수 있다.
ㄷ. 개인과 사회가 추구하는 이상적인 모습은 상호 독립적이다.
ㄹ. 동서양의 사상가들은 개인의 도덕성과 이상 사회가 밀접한 관련이 있다고 주장하였다.

① ㄱ, ㄷ   ② ㄱ, ㄹ   ③ ㄴ, ㄷ
④ ㄱ, ㄴ, ㄹ   ⑤ ㄴ, ㄷ, ㄹ

[09 ~ 10] 다음을 읽고 물음에 답하시오.

> 한국과 동양 윤리 사상은 (㉠) 세계관을 바탕으로 한다. 이 세계를 개체의 단순한 집합이 아니라 통합된 전체로 이해한다. 따라서 세계에는 독립된 존재가 있을 수 없고, 모든 존재는 다른 존재와의 관계 속에서만 존재할 수 있다. 이러한 사고방식은 인간과 자연, 인간과 인간 사이의 구별과 차이보다 상호 연관성과 조화를 중시하게 된다. ㉡ 이러한 특징을 가진 한국과 동양 윤리 사상은 현대 사회에서 어떤 문제 해결에 도움을 줄 수 있을까?

단답형   ▶ 20582-0024
09 ㉠에 들어갈 알맞은 말을 쓰시오.

서술형   ▶ 20582-0025
10 ㉡의 질문에 대한 답을 한 가지 서술하시오.

1 A의 행위를 통해 알 수 있는 인간의 특성만을 〈보기〉에서 고른 것은?
▶ 20582-0026

> A씨는 불행한 가정 환경을 비관하다 스스로 정신 병원에 입원했다. 입원 생활 중 그는 환자들의 문제에 귀 기울여 들어주는 것의 중요함을 배우며 타인을 위해 베푸는 것이 행복의 비결임을 깨닫는다. 그 후 그는 정신 병원을 나와 의학도가 되었다. 훗날 의사가 된 그는 1만 5,000명 이상의 환자를 무료로 진료해 주고 의료 봉사 기관을 세웠다.

┤ 보기 ├
ㄱ. 도구를 사용하여 육체적 한계를 극복한다.
ㄴ. 타인과의 유대를 통해 삶의 의미를 찾는다.
ㄷ. 삶에 대한 숙고와 성찰을 통해 당위를 실천한다.
ㄹ. 세속적 삶에서 벗어나 초월적 존재의 가르침에 따른다.

① ㄱ, ㄴ   ② ㄱ, ㄷ   ③ ㄴ, ㄷ
④ ㄴ, ㄹ   ⑤ ㄷ, ㄹ

---

2 그림은 어느 학생의 형성 평가 답안을 채점한 결과이다. 채점이 바르게 된 번호만을 있는 대로 고른 것은?
▶ 20582-0027

> **형성 평가**
> *다음 내용이 옳으면 ○표, 틀리면 ×표 하시오.
> ① 인간은 윤리적 삶을 지향할 때 인간다움을 가장 잘 드러낼 수 있다. ················ (○)
> ② 윤리 사상은 "나는 어떤 존재인가?"라는 물음에 대한 답을 찾는 데 도움을 준다. ··········· (×)
> ③ 사회사상은 현재 사회에 대한 반성적 성찰의 기회를 제공한다. ················ (○)
> ④ 윤리 사상과 사회사상은 공통적으로 인간의 존엄성 존중과 행복을 추구한다. ··········· (×)

① 1, 2   ② 1, 4   ③ 2, 3
④ 1, 2, 3   ⑤ 2, 3, 4

---

3 (가)의 갑, 을, 병 사상가들의 입장을 (나) 그림으로 표현할 때, A~D에 해당하는 진술로 가장 적절한 것은?
▶ 20582-0028

(가)	갑: 사람은 누구나 선한 마음을 가지고 있다. 만약 한 어린 아이가 우물에 빠지려 하는 것을 본다면, 누구나 깜짝 놀라며 측은하게 여기게 된다. 을: 사람은 태어나면서부터 이익을 좋아하고 남을 질투하며 미워하는 존재이다. 이를 그대로 방치하면 다툼을 피하기 어렵다. 병: 인간의 본성은 고여서 맴도는 물과 같아서 동쪽으로 터주면 동으로 흐르고, 서쪽으로 터주면 서로 흐른다. 인간 본성의 선악 구분이 없는 것은 이와 같다.
(나)	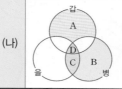 ┤ 범 례 ├ A: 갑만의 입장 B: 병만의 입장 C: 을과 병만의 공통 입장 D: 갑, 을, 병의 공통 입장

① A: 인간의 본성의 선악은 생득적인 특성을 지닌다.
② B: 인간의 본성을 잘 유지하면 도덕적 인간이 된다.
③ C: 도덕적 삶을 위해 선행의 실천을 강조한다.
④ C: 도덕적 행동은 후천적 노력에 의한 산물이다.
⑤ D: 인간은 생존을 위해 도덕적 행동을 실천한다.

---

4 표는 어떤 학생의 보고서이다. ㉠, ㉡에 들어갈 말로 적절하지 **않은** 것은?
▶ 20582-0029

구분	A	B
의미	바람직한 인간의 모습과 삶에 대한 체계적인 사유	사회 현상을 설명하고 해석하는 체계적인 사유
과제	'좋은 사람'이란 어떤 사람인지에 대해 탐구	'좋은 공동체'가 어떤 공동체인지에 대해 탐구
중요성	㉠	㉡

① ㉠: 우리의 삶을 성찰하는 기준이 됨
② ㉠: 삶의 목적 및 가치 체계를 제공함
③ ㉡: 사회에 대한 가치 중립적인 입장을 갖게 함
④ ㉡: 이상 사회를 설계하는 데 중요한 이론적 토대가 됨
⑤ ㉡: 현재 사회에 대한 반성적 성찰이나 비판의 기준이 됨

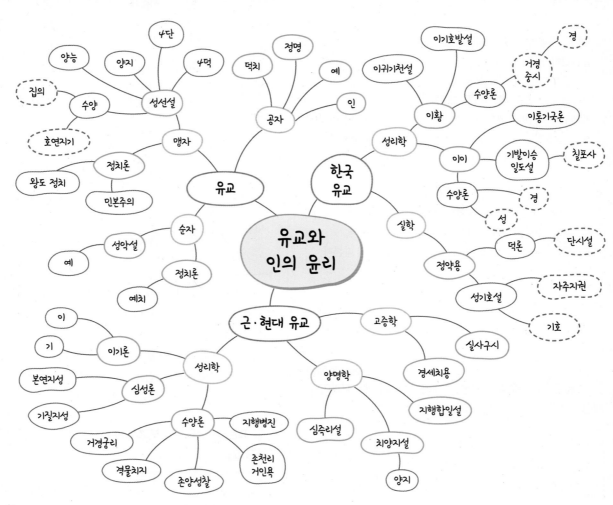

☆ **01 동양과 한국 윤리 사상의 연원**

유교에서 ① ☐☐은/는 인간에게 도덕적인 마음과 도덕적으로 살아가라는 사명[天命(천명)]을 부여하는 존재이다.

☆ **02 유교와 인(仁)의 윤리**

유교를 정립한 공자의 핵심 사상은 인간다움이자 사랑의 정신인 ② ☐이다.

☆ **03 한국 유교와 인간의 도덕적 심성**

이황은 이와 기가 모두 발할 수 있다는 ③ ☐☐☐☐설을 주장하였고, 이이는 기만이 발할 수 있다는 기발이승일도설을 주장하였다.

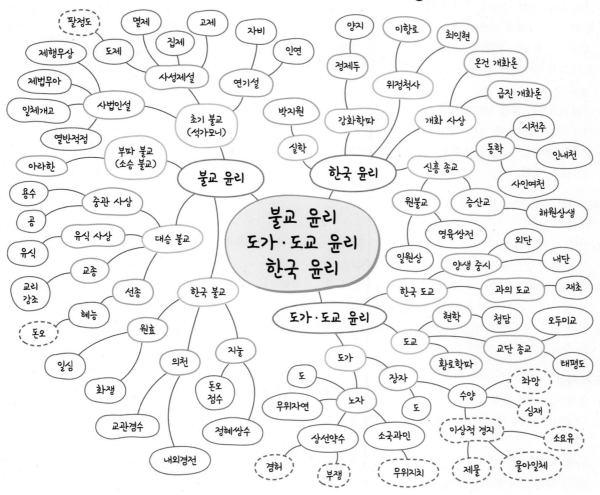

☆ **04 불교와 자비의 윤리**

불교는 선정[定(정)]과 지혜[慧(혜)]를 닦아서 괴로움이 소멸된 경지인 ④ ☐☐을/를 실현하고자 한다.

☆ **05 분쟁과 화합**

원효는 대립하는 논쟁들을 조화시키기 위해 ⑤ ☐☐을/를 근거로 하여 화쟁 사상을 제시하였다.

☆ **06 도가 사상과 무위자연의 윤리**

도가는 인위(人爲)를 버리고 자연에 따르는 ⑥ ☐☐의 삶을 통해 정신적 자유를 누리고자 하였다.

☆ **07 한국과 동양 윤리 사상의 현대적 의의**

근대에 나타난 신흥 종교인 동학은 사람이 곧 하늘이라는 ⑦ ☐☐☐ 사상을 제시하였다.

정답 | ① 하늘 ② 인 ③ 이기호발 ④ 열반 ⑤ 일심 ⑥ 무위 ⑦ 인내천

● 동양 윤리 사상의 연원

(1) 동양의 윤리 사상

① 유교, 도가

- 중국 춘추 전국 시대에 발생한 사상
- 춘추 전국 시대에 이르러 주나라의 정치, 사회 질서가 무너지고 갈등이 고조되는 문제를 해결하고자 다양한 사상이 대두되었고, 이 중 유교와 도가가 후대에까지 큰 영향을 미침 └ 제자백가라고 함

② 불교

- 기원전 6세기 무렵 인도에서 발생한 사상
- 현세의 삶은 전생에 지은 행위에 의한 것임을 강조함
- 현재의 행위가 미래의 고통과 쾌락을 결정한다는 인도 전통 사상을 배경으로 탄생함

(2) 유교 사상 ─ 중시하는 면: 인륜(人倫)과 같은 사회적 가치

① 대표자: 공자

② 인(仁): 인간이 지니는 본질적 '사랑', '인간다움' → 나와 상대방의 관계가 사랑과 인간다움으로 채워져야 함을 의미함

③ 예(禮): 사회 질서를 유지하기 위한 규범 → 국가 제도로부터 개인의 행동 방식에 이르기까지 모든 방면에서의 합리적인 체계와 대응 방식

④ 인과 예를 실천하여 인간다운 인간이 되고, 질서 있는 사회를 만들 것을 주장함

(3) 도가 사상 ─ 중시하는 면: 자연의 질서

① 대표자: 노자, 장자

② 도(道): 만물의 원인이 되는 원리 → 만물은 도에서 나오고, 도에 의해 운행됨

③ 도에 따르는 삶: 무위자연(無爲自然)에 따라 제물(齊物)을 실천하고 소요(逍遙)의 경지에 이르는 삶

(4) 불교 사상

① 대표자: 석가모니

② 연기(緣起): 세계의 모든 존재는 서로 인과적으로 의존하고 있음 → 연기를 모르는 중생(衆生)은 모든 것에 집착하여 괴로움에 빠짐. 연기를 깨달아 해탈(解脫)을 추구하고 자비를 실천해야 함

③ 윤회설(輪廻說): 수레바퀴가 구르듯 삶과 죽음이 반복되고, 중생이 이 세상에서 어떻게 행위 하느냐에 따라 다음 삶이 결정됨

◉ **제자백가**
중국 춘추 시대 말기부터 전국 시대에 걸친 여러 학자 및 여러 학파를 통틀어 이르는 말

◉ **무위자연**
인위적으로 강제하지 않고 자연스러움을 따름

◉ **제물**
도의 관점에서 사람과 만물을 차별하지 않고 평등하게 바라봄

◉ **소요**
어떤 것에 얽매이지 않고 자유로움

◉ **중생**
깨달음을 얻지 못한 사람이나 생명을 지닌 모든 존재를 통틀어 이르는 말

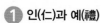

① 인(仁)과 예(禮)

• 인(仁)은 사람을 사랑하는 것이다.
• 사람이 사람답지 못하면[不仁(불인)] 예(禮)를 어찌하겠는가?
• 사사로운 욕심을 이겨내고 예로 돌아가는 것이 인이다.
• 예가 아니면 보지도, 듣지도, 말하지도, 움직이지도 마라.

— 공자, 『논어』 —

분석 | 인과 예는 유교의 핵심 사상이다. 인은 다양하게 설명되어 한마디로 단정할 수 없지만, 대체적으로 사랑, 인간다움의 의미라고 할 수 있다. 예는 인의 정신을 담고 있는 외면적 사회 규범을 의미한다.

② 도가의 도(道)와 불교의 연기(緣起)

• 도(道)는 만물을 낳고 덕(德)은 만물을 기른다.
• 도는 하나를 낳고, 하나는 둘을 낳고, 둘은 셋을 낳고, 셋은 만물을 낳는다.
• 사람은 땅을 본받고, 땅은 하늘을 본받고, 하늘은 도를 본받고, 도는 자연을 본받는다.
• 큰 도가 모든 곳에 넘실대니 여기저기에 있도다. 만물은 그것을 의지하여 발생한다.

— 노자, 『도덕경』 —

• 이것이 있기 때문에 저것이 있고, 이것이 생기기 때문에 저것이 생긴다. 이것이 없기 때문에 저것이 없고, 이것이 사라지기 때문에 저것이 사라진다. 비유하면 세 개의 갈대가 아무것도 없는 땅 위에 서려고 할 때 서로 의지해야 설 수 있는 것과 같다. 만일 그 가운데 한 개를 제거해 버리면 두 개의 갈대는 서지 못하고, 그 가운데 두 개의 갈대를 제거해 버리면 나머지 한 개도 역시 서지 못한다. 세 개의 갈대는 서로 의지해야 설 수 있는 것이다.

— 『잡아함경』 —

분석 | 도가의 도는 형체가 없고, 언어로 한정지을 수 없는 우주 만물의 근원이자 변화의 법칙이라고 할 수 있다. 불교의 연기(설)는 모든 존재와 현상은 무수한 원인[因(인)]과 조건[緣(연)]에 의해 생겨나며, 그 원인과 조건이 없으면 결과도 없다는 이론이다.

---

1 다음 사상의 입장으로 옳은 것은?

백성들을 정령(政令)으로 인도하고 형벌로 다스리면, 백성은 형벌을 면하고도 부끄러워함이 없다. 그러나 덕(德)으로 인도하고 예(禮)로 다스리면, 백성은 부끄러워할 줄 알고 또 스스로 잘못을 바로잡는다.

① 삶과 죽음은 고통임을 깨달아야 한다.
② 외물(外物)에 얽매이지 않는 자유를 누려야 한다.
③ 도(道)의 관점에서 만물을 차별하지 말아야 한다.
④ 인간다운 인간이 되기 위해 인(仁)을 실천해야 한다.
⑤ 우리 집과 남의 집을 구분 없이 똑같이 사랑해야 한다.

정답과 해설 ▶ 유교에서는 인과 예를 실천하여 인간다운 인간이 되고, 질서 있는 사회를 만들 것을 주장한다. ①은 불교, ②와 ③은 도가이다. **답 ④**

2 (가)~(다) 사상에 대한 설명으로 옳은 것은?

(가)	하늘이 명한 것을 성(性)이라고 하고, 성을 따르는 것을 도(道)라 하고, 도를 닦는 것을 교(教)라고 한다.
(나)	사람은 땅을 본받고, 땅은 하늘을 본받고, 하늘은 도를 본받고, 도는 자연을 본받는다.
(다)	세 개의 갈대가 땅에 서려고 할 때 서로 의지해야 설 수 있다. 만일 하나를 버리면 두 개는 서지 못하고, 두 개를 버리면 나머지 한 개도 서지 못한다.

① (가)는 세속을 버리고 개인의 자유를 추구한다.
② (나)는 사회 규범을 지키기 위한 노력을 중시한다.
③ (다)는 내세를 부정하고 현세에 충실할 것을 강조한다.
④ (나), (다)는 (가)에 비해 도덕의 실천을 강조한다.
⑤ (가), (나), (다)는 스스로의 노력으로 이상적 인간이 될 것을 주장한다.

정답과 해설 ▶ (가)는 유교, (나)는 도가, (다)는 불교의 주장이다. ⑤ 유교, 도가, 불교 모두 스스로의 노력으로 이상적 인간이 될 것을 주장한다. **답 ⑤**

● 한국 윤리 사상의 연원

(1) 한국의 윤리 사상

① 고유 사상: 우리에게 연원을 두고 발전해 온 사상 → 한국 윤리 사상의 뿌리가 됨

② 외래 사상: 다른 나라로부터 받아들였지만 한국적 특성을 지닌 사상으로 발전한 것

(2) 고유 사상의 원형으로서의 건국 신화

① 민족의 기원과 건국에 관한 이야기: 자연에 대한 인식, 인간에 관한 자각, 사회의 구성 원리 등이 담겨 있음

② 대표적 건국 신화: 단군 신화, 주몽 신화, 박혁거세 신화 등

(3) 건국 신화의 사상적 특징

① 하늘 공경[敬天(경천)]과 사람 사랑[愛人(애인)]: 단군은 하늘의 신인 환웅의 아들. 주몽과 박혁거세의 출생도 하늘과 연관을 맺음 ─ 하늘은 우리의 근원이고, 사람 안에는 하늘이 있음

② 조화 정신: 단군은 하늘을 대표하는 환웅과 땅을 상징하는 웅녀의 결합으로 탄생한 인간. 하늘[환웅]+땅[웅녀]=인간[단군] ─ 단군: 영혼을 지닌 신적인 특성[하늘]과 욕망을 지닌 동물적 특성[땅]을 함께 갖춘 현실적 존재

③ 인본주의: 하늘의 환웅은 인간 세상에 내려오고자 했고, 땅의 웅녀는 인간의 몸을 얻고자 함

④ 자연 친화, 평화 애호: 자연과 동물은 인간과 갈등하거나 인간에게 지배받지 않음 → 생명 공동체 속에서 조화를 이루며 살아감

⑤ 이상적 공동체

• 정의 추구, 도덕 중시: 환웅을 정점으로 풍백, 우사, 운사 등의 신이 운명과 질병, 형벌과 선악의 문제 등 다양한 일을 맡아 다스림

• 인간 세상을 널리 이롭게 하고자 하는 홍익인간(弘益人間)의 정신은 재세이화(在世理化), 이도여치(以道與治), 광명이세(光明理世)로 이어짐

(4) 한국 윤리 사상의 계승과 전개

조화 정신의 계승	풍류 사상, 화랑도, 원효의 화쟁(和諍), 이이의 이기지묘(理氣之妙), 신흥 종교의 유·불·도 종합 등
인본주의의 계승	조선 성리학의 인간 본성에 대한 탐구, 동학의 사인여천(事人如天) 등 ─ 인성론이라고 함

(5) 한국 윤리 사상의 의의

① 시대와 상황에 따라 여러 가지 모습으로 변용됨

② 우리 민족의 삶을 지탱해 온 정신적 뿌리가 됨

③ 각 시대의 현실 문제에 대한 해결 방안을 제시함

◉ **주몽**
고구려의 건국 시조. 동명성왕이라고도 함

◉ **박혁거세**
신라의 1대 왕. 알에서 태어남

◉ **인본주의**
인간을 세상의 중심에 놓고자 하는 사상이나 관점

◉ **재세이화**
힘이나 법이 아니라 교화로 세상을 다스림

◉ **이도여치**
도로써 세상을 다스린다는 고구려의 정신

◉ **광명이세**
세상을 밝게 다스린다는 신라의 정신

◉ **화쟁**
대립·갈등하는 여러 사상도 높은 차원에서 하나로 아우를 수 있다는 사상

◉ **이기지묘**
원리로서의 이(理)와 재료로서의 기(氣)가 현실 속에서 어우러져 있다는 사상

◉ **사인여천**
사람을 하늘처럼 섬기라는 동학의 주장

③ 풍류 사상

— 그윽하고 오묘함. 헤아릴 수 없이 미묘함

우리나라에는 예부터 현묘한 도가 있었으니 이것을 풍류(風流)라고 한다. 가르침의 근원은 선사(仙史)에 기록되어 있다. 이 풍류 사상은 삼교를 포함하고 있으며, 모든 생명체들을 교화하였다. 예를 들면 집에 들어가 효도하고 나와서는 나라에 충성하는 것은 공자의 가르침이고, 무위의 일에 처하며 말 없는 가르침을 실천하는 것은 노자의 가르침이며, 모든 악을 짓지 않으며 모든 선을 받들어 행하는 것은 석가모니의 가르침이다.

— 최치원, '난랑비서(鸞郎碑序)' —

분석 | 풍류는 우리 조상이 생활 지침으로 삼아왔던 사상이다. 최치원은 유·불·도 가르침의 핵심이 풍류에 포함되어 있다고 주장한다.

④ 한국 고유 사상의 전개 양상

한국 고유 사상의 사상적 키워드는 인본주의, 조화 그리고 생명으로 제시될 수 있다. 그런데 어느 사상이건 간에 고립적으로 존재할 수 없다. 만약 고립된 사상이라면 이미 현실성을 상실하였기에 생생한 사상이랄 수 없다. 따라서 한국의 고유 사상 또한 시대와 상황에 따라 여러 가지 모습으로 변용되며 때로는 역사의 표면에 등장하기도 했고, 우리의 심성에 깊이 잠기기도 했다. 그럼에도 한국 고유 사상의 일관된 특징이 있으니 그것이 바로 인본주의와 조화, 그리고 생명의 세계관이라 할 수 있다

— 한국 철학 사상 연구회, 『한국 철학 사상사』 —

분석 | 한국 고유 사상은 시대와 상황에 따라 여러 가지 모습으로 변용되어 왔다. 하지만 그 가운데에서 인본주의, 조화, 생명을 중시하는 경향은 면면이 계승되어 왔다.

③ ㉠에 대한 설명으로 옳지 않은 것은?

우리나라에 현묘한 도가 있으니 (㉠)(이)라고 한다. 가르침을 세운 근원은 선사에 자세하게 설명되어 있다. 삼교를 포함하고 있으며 뭇 생명과 접하여서 교화시킨다. 예를 들면 집에 들어가 효도하고 나와서는 나라에 충성하는 것은 공자의 가르침이다. 무위의 일에 처하며 말 없는 가르침을 실천하는 것은 노자의 가르침이다. 모든 악을 짓지 않으며 모든 선을 받들어 행하는 것은 석가모니의 가르침이다.

① 유교 사상적 요소가 포함되어 있다.
② 불교 사상적 요소가 포함되어 있다.
③ 도가 사상적 요소가 포함되어 있다.
④ 유교, 불교, 도가 사상이 조화되어 있다.
⑤ 유교, 불교, 도가 사상의 유입과 동시에 소멸되었다.

정답과 해설 ▶ 자료는 신라의 대표적 학자인 최치원의 난랑비서이다. ㉠에 들어갈 말은 '풍류'이다. 최치원은 신라 고유의 사상인 풍류에 대해 말하면서, 유·불·도의 사상적 요소가 포함되어 있다고 주장한다.
⑤ 풍류는 유·불·도의 사상적 요소를 포용하며, 유·불·도의 유입과 동시에 소멸된 것은 아니다. **답 ⑤**

④ 다음 빈칸에 알맞은 말을 쓰시오.
① 한국 사상의 뿌리가 되는 사상은 외래 사상보다는 ( ) 사상이라고 보아야 한다.
② 우리의 대표적 건국 신화는 고조선의 ( ), 고구려의 주몽 신화, 신라의 ( )이다.
③ 단군 신화에서 환웅은 ( ), 영혼을 상징하고, 웅녀는 땅, ( )을/를 상징한다고 볼 수 있다.
④ 한국 고유 사상의 조화 정신은 풍류 사상, 원효의 ( ), 이이의 이기지묘 등으로 계승된다.
⑤ 한국 고유 사상의 인본주의는 조선 성리학의 인간 본성에 관한 탐구, 동학의 ( ) 등으로 계승된다.

답 ① 고유 ② 단군 신화, 박혁거세 신화 ③ 하늘, 육체(물질) ④ 화쟁 ⑤ 사인여천(인내천, 시천주)

01~09 다음 내용이 옳으면 ○표, 틀리면 ×표 하시오.

01 유교와 도가는 중국 춘추 전국 시대에 발생한 사상이다.
(　　)

02 유교의 대표자는 공자, 도가의 대표자는 노자, 불교의 대표자는 석가모니이다. (　　)

03 불교는 죽음으로서 모든 것이 끝난다고 본다. (　　)

04 유교의 인(仁)은 사회 질서를 유지하기 위한 외면적 규범이다. (　　)

05 도가에서 도(道)는 만물의 원인이 되는 원리이다. (　　)

06 도가에서는 식물보다는 동물, 동물보다는 인간이 귀한 존재라고 본다. (　　)

07 불교에서는 세계의 모든 존재는 서로 인과적으로 의존하고 있다고 본다. (　　)

08 유교는 죽음에 대한 관심보다 지금의 삶에 대해 더 관심이 있다. (　　)

09 유교, 불교, 도가는 절대자에 의존하기보다는 스스로의 수양과 노력을 통해 이상적 인격에 도달하고자 한다. (　　)

정답　01 ○　02 ○　03 ×　04 ×　05 ○
　　　　　06 ×　07 ○　08 ○　09 ○

오답 체크 Tip

03 불교에서는 깨닫지 못하면 수레바퀴가 구르듯 삶과 죽음은 반복된다고 본다.

04 유교에서 사회 질서를 유지하기 위한 외면적 규범은 인이 아니라 예(禮)이다.

06 도가에서는 만물을 차별하여 보지 말 것을 주장한다.

▶ 20582-0030

01 다음을 주장한 사상에 대한 설명으로 옳은 것은?

- 인(仁)은 사람을 사랑하는 것이다.
- 사람이 사람답지 못하면 예(禮)를 어찌하겠는가?
- 사사로운 욕심을 이겨내고 예로 돌아가는 것이 인이다.

① 연기(緣起)의 자각을 추구한다.
② 고통에서 벗어난 해탈(解脫)을 추구한다.
③ 수양을 통한 인륜(人倫) 실현을 추구한다.
④ 만물을 차별하지 않는 제물(齊物)을 추구한다.
⑤ 도에 따르는 무위자연(無爲自然)의 삶을 추구한다.

▶ 20582-0031

02 다음 사상의 입장만을 〈보기〉에서 고른 것은?

하늘이 명한 것을 성(性)이라고 하고, 성을 따르는 것을 도(道)라 하고, 도를 닦는 것을 교(敎)라고 한다.

보기
ㄱ. 인륜과 같은 사회적 가치가 중요하다.
ㄴ. 사람 사이는 사랑으로 채워져야 한다.
ㄷ. 현세의 삶은 전생에 지은 행위의 결과이다.
ㄹ. 자유로운 삶을 위해 인위 규범을 폐지해야 한다.

① ㄱ, ㄴ　　　② ㄱ, ㄷ　　　③ ㄴ, ㄷ
④ ㄴ, ㄹ　　　⑤ ㄷ, ㄹ

03 동양 사상가 갑, 을의 입장으로 옳은 것은?

▶ 20582-0032

> 갑: 모든 존재는 원인[因(인)]과 조건[緣(연)]에 의해 생겨
> 나고, 그 원인과 조건이 소멸하면 존재도 사라진다.
> 을: 도(道)는 말해질 수 없으니 말하면 이미 도가 아니다.
> 무(無)는 이 세계의 시작이고, 유(有)는 만물의 어미
> 이다.

① 갑: 인간다움으로서의 인(仁)을 실현해야 한다.
② 갑: 깨달음을 추구하면서 자비를 실천해야 한다.
③ 을: 연기(緣起)를 자각하여 고통에서 벗어나야 한다.
④ 을: 도덕 사회 실현을 위해 인위 규범을 따라야 한다.
⑤ 갑, 을: 절대자에 의지하여 인격을 닦아야 한다.

05 그림의 수업 장면에서 교사의 질문에 대해 학생들이 대답한 ㉠~㉤ 중 옳지 **않은** 것은?

▶ 20582-0034

① ㉠   ② ㉡   ③ ㉢   ④ ㉣   ⑤ ㉤

04 다음 사상이 강조하는 내용으로 가장 적절한 것은?

▶ 20582-0033

> 색(色)에 대해 알지 못하고 탐욕을 떠나지 못하면 고통에
> 서 벗어나지 못한다. 마찬가지로 수(受), 상(想), 행(行),
> 식(識)에 대해서 알지 못하면 인간은 생로병사(生老病死)
> 의 고통을 초월할 수 없다.

① 연기를 깨닫고 고통에서 벗어나야 한다.
② 인간의 본질이 사랑[仁]임을 자각해야 한다.
③ 사회 규범으로서의 예(禮)를 실천해야 한다.
④ 세속적인 가치에서 벗어나 자연에 따라 살아야 한다.
⑤ 죽으면 다시 태어나지 못함을 알고 현세에 충실해야 한다.

06 ㉠~㉢에 대한 설명으로 옳지 **않은** 것은?

▶ 20582-0035

> 한국 고유 사상의 사상적 키워드는 인본주의, 조화 정신
> 그리고 생명 중시로 제시될 수 있다. 한국의 고유 사상은
> 시대와 상황에 따라 여러 가지 모습으로 변용되며 때로는
> 역사의 표면에 등장하기도 했고, 우리의 심성에 깊이 잠
> 기기도 했다. ㉠ 한국 고유 사상의 일관된 특징이 있으니
> 그것이 바로 ㉡ 인본주의와 ㉢ 조화 정신, 그리고 생명 중
> 시의 세계관이라 할 수 있다.

① ㉠에는 유교와 도가가 포함된다.
② ㉡의 예로 단군의 탄생 과정을 들 수 있다.
③ ㉢을 추구한 사상가로 원효를 들 수 있다.
④ 건국 신화에서 ㉠의 원형을 유추할 수 있다.
⑤ 동학 사상에서 ㉡과 ㉢의 계승을 확인할 수 있다.

● **도덕의 성립 근거: 공자, 맹자, 순자의 사상**

(1) 공자의 사상

① 유교의 토대 정립: 춘추 시대에 하·은·주 삼대(三代)의 문화를 종합하여 유교 사상을 정립함

② 인: 사랑의 정신이자 사회적 존재로 완성된 인격체의 인간다움 → 효제(孝悌), 충서(忠恕) 등을 통해 표현되는 도덕적인 마음

③ 예: 인의 정신을 담고 있는 외면적 사회 규범

• 극기복례위인(克己復禮爲仁): 사욕을 극복하고 예를 회복해야 인을 할 수 있음 → 예는 인을 실현하기 위해 반드시 필요한 규범
└ 자기 자신의 개인적인 이익이나 만족만을 탐하는 욕심

④ 정명: 명분을 바로잡는 것
└ 신분이나 이름에 걸맞게 지켜야 할 도리

• 군군신신부부자자(君君臣臣父父子子): 임금은 임금답고 신하는 신하답고 부모는 부모답고 자식은 자식다운 것 → 사회 성원 각자가 자신의 신분과 지위에 알맞은 역할을 다해야 함

⑤ 덕치: 통치자의 덕성과 예의에 의한 교화를 추구하는 정치

• 수기치인(修己治人): 통치자가 먼저 군자다운 인격을 닦고 다스려야 함

⑥ 분배의 형평성 강조: 통치자는 재화의 적음보다 분배가 고르지 못함을 걱정해야 함

⑦ 이상적 인간과 사회: 군자와 대동 사회

(2) 맹자의 사상

① 성선설(性善說): 사람은 태어날 때부터 착한 본성을 부여받음

• 사단(四端): 누구나 선천적으로 지니고 있는 네 가지 선한 마음

• 양지(良知): 선천적 도덕 자각 능력 → 생각하지 않고도 알 수 있는 것

• 양능(良能): 선천적 도덕 실천 능력 → 배우지 않고도 할 수 있는 것

② 수양 방법

구방심(求放心)	잃어버린 본심을 되찾음
과욕(寡欲)	욕심을 적게 가짐
존심양성(存心養性)	선한 본심을 보존하고 착한 본성을 기름

③ 정치 사상

왕도 정치 (王道政治)	힘으로 다스리는 것이 아니라 통치자가 인의(仁義)의 덕으로 다스림 └ 패도 정치(覇道政治)
역성혁명 (易姓革命)	백성을 고통에 빠뜨리고 나라를 위태롭게 하는 통치자는 바꿀 수 있음
유항산 유항심 (有恒産有恒心)	백성들은 일정한 생업이 있어야만 변치 않는 도덕심을 지닐 수 있음

④ 이상적 인간: 대인 또는 대장부 → 집의(集義)를 통해 길러지는 호연지기를 갖춘 인간

◉ **효제와 충서**
• 효(孝): 자식이 부모를 공경함
• 제(悌): 형제가 서로 아끼고 사랑함
• 충(忠): 조금의 꾸밈도 없이 자신의 정성을 다함
• 서(恕): 자신의 마음을 미루어 남의 마음을 헤아림

◉ **공자의 분배의 형평성 강조**
나라와 집안을 다스리는 자는 재화가 적음을 걱정할 것이 아니라 고르게 나누어지지 않음을 걱정하고, 가난을 걱정할 것이 아니라 안정되지 못함을 걱정해야 한다. 고르게 나누어지면 가난이 없고, 서로가 화합하면 적음이 없을 것이며, 안정되면 한쪽으로 치우치지 않게 될 것이다.
─『논어』 ─

◉ **사단**

측은지심 (惻隱之心)	수오지심 (羞惡之心)	사양지심 (辭讓之心)	시비지심 (是非之心)
불쌍하고 가엾게 여기는 마음 ← 인의 단	불의를 부끄러워하고 미워하는 마음 ← 의의 단	양보하고 공경하는 마음 ← 예의 단	옳고 그름을 분별하는 마음 ← 지의 단

자료 탐구

1 공자의 인(仁)과 예(禮)의 의미

인(仁)의 근본적 의미는 "내가 서려고 하면 남도 세워 주고, 내가 도달하려고 하면 남도 도달시켜 준다."라는 것이다. 근본적으로 말하면 '다른 사람을 사랑하는' 원칙을 드러낸 것이다. 제자가 인의 내용을 물었을 때 공자는 애인(愛人)이란 두 글자를 일러 주었다. 곧 인은 타인에 대하여 동정심을 가지며, 타인의 진심에 대해 관심을 갖는 것이다. 그렇지만 인은 옳고 그름의 분별이 없는 무원칙적인 사랑이 결코 아니다. '덕으로써 사람을 사랑하는[愛人以德(애인이덕)]' 것이다. 그래서 어진 사람은 때때로 다른 사람을 미워할 수도 있다. 바로 이것을 공자는 "오직 어진 자라야 사람을 좋아하고 사람을 미워할 수 있다."라고 말한다. 타인에 대한 애정과 혐오에는 일정한 준칙이 있으니, 이것은 바로 '예(禮)'이다. 예는 사회생활에 관한 구체적인 규범 · 준칙 · 의식이다. 공자는 "자기를 이기고 예로 되돌아감이 인이다."라고 말하여, 사회생활의 공공 준칙으로 자신의 욕망을 제약할 때 인을 실현할 수 있다고 강조했다.

— 싫어하고 미워함

– 장대년, 『중국의 지혜』 –

분석 | 인과 예는 공자 사상의 핵심이다. 공자에 따르면 이기적인 욕심을 극복하고 예를 따르는 것이 인이다. 그러므로 예는 인을 실현하기 위한 필수 조건이라고 할 수 있다.

2 맹자의 사단(四端)

어린아이가 우물로 기어가 빠지려는 위험에 처하면 사람들은 모두 측은지심이 생겨서 아이를 구하려고 한다. 이는 어린아이의 부모와 교제하려는 생각에서나 고향의 친구들에게 명예를 구하거나 비난하는 소리가 듣기 싫어서가 아니다. 이로 말미암아 보면 측은지심이 없으면 사람이 아니며, 수오지심이 없으면 사람이 아니며, 사양지심이 없으면 사람이 아니며, 시비지심이 없으면 사람이 아니다. 측은지심은 인의 단(端), 수오지심은 의의 단, 사양지심은 예의 단, 시비지심은 지의 단이다. 사람이 이러한 사단을 가지고 있는 것은 몸에 사지가 있는 것과 같다.

– 맹자, 『맹자』 –

분석 | 맹자는 인간의 본성이 선함을 주장하는 근거로 사단(四端)을 제시한다. 성별의 차이, 지식의 많고 적음, 배움의 유무와 관계없이 사람은 누구나 착한 마음인 사단을 지니고 있다는 것이다.

확인학습

1 다음을 주장한 사상가에 대한 설명으로 옳지 않은 것은?

- 군자는 근본에 힘쓰나니, 근본이 서면 도(道)가 생긴다. 효제(孝悌)가 바로 인(仁)의 근본이 된다.
- 사람이면서 인(仁)하지 않는다면 예(禮)는 어떻게 하겠으며, 악(樂)은 어떻게 할 수 있겠는가?

① 인의 실현을 위해 예의 실천을 강조한다.
② 통치자는 재화를 공정하게 분배해야 함을 강조한다.
③ 하·은·주의 삼대 문화를 종합하여 유교 사상을 정립한다.
④ 사회 안정을 위해 통치자의 덕보다 공정한 법을 중시한다.
⑤ 사회 구성원이 각자의 지위에 알맞은 역할을 할 것을 주장한다.

정답과 해설 ▶ 제시문을 주장한 사상가는 공자이다. ④ 공자는 통치자의 덕성과 예의에 의한 교화를 추구하는 덕치(德治)를 강조한다.

답 ④

2 다음 사상가의 수양법으로 옳은 것만을 〈보기〉에서 있는 대로 고른 것은?

측은지심, 수오지심, 사양지심, 시비지심이 없으면 사람이 아니다. 측은지심은 인의 단(端)이요, 수오지심은 의의 단이요, 사양지심은 예의 단이요, 시비지심은 지의 단이다. 사람이 이러한 사단을 가지고 있는 것은 몸에 사지가 있는 것과 같다.

◁ 보기 ▷
ㄱ. 욕심을 적게 갖도록 노력한다.
ㄴ. 놓아버린 본심을 되찾고자 한다.
ㄷ. 악한 성정을 선하게 변화시킨다.
ㄹ. 선한 마음을 보존하고 착한 본성을 기른다.

① ㄱ, ㄴ ② ㄱ, ㄷ ③ ㄷ, ㄹ
④ ㄱ, ㄴ, ㄹ ⑤ ㄴ, ㄷ, ㄹ

정답과 해설 ▶ 제시문을 주장한 사상가는 맹자이다. 맹자는 선한 본심을 보존하고 착한 본성을 기르는 존심양성(存心養性)을 수양법으로 제시한다.
ㄷ. 순자의 주장이다.

답 ④

(3) 순자의 사상

① 성악설(性惡說): 인간의 타고난 성정(性情)은 악함 → 사람이 선하게 되는 것은 인위적인 노력[僞(위)]의 결과임

② 예(禮) 중시

- 고대의 성왕(聖王)이 제정한 외면적인 사회 규범
- 도덕 생활과 통치의 표준 → 사람들의 악한 성정을 선하게 변화시키고 재화를 공정하게 분배하기 위한 사회 규범 └ 화성기위(化性起僞)

③ 정치 사상

- 예치(禮治): 고대의 성왕이 제정한 예로써 다스려야 함
- 덕을 헤아려서 지위를 정하고, 능력을 헤아려서 관직을 맡겨야 함

④ 자연관: 공자, 맹자와 달리 하늘을 물리적인 자연 현상으로 보았으며, 자연 현상과 인간의 일은 독립적인 것[天人分二(천인분이)]이라고 주장함

● 도덕 법칙의 탐구 방법: 성리학과 양명학 사상

(1) 유교 사상의 전개

┌ 진나라의 시황제가 유학자들의 정치적 비판을 막기 위해 유교 서적을 불태우고 유학자들을 생매장한 사건

진(秦)나라 시대	법가의 부국 강병책이 중시되었고, 분서갱유(焚書坑儒)가 발생함
한(漢)나라 시대	유학이 국학으로 인정됨에 따라 교육 정책의 중심이 되고, 분서갱유로 인해 소실된 유교 경서를┐복원하는 경학과 그 내용에 대한 주석을 하는 훈고학이 발달함 └ 나라에서 공식적으로 인정한 학문
송(宋)나라 시대	공자와 맹자의 유교 사상을 재해석하고 불교와 도가 사상을 비판적으로 수용한 성리학이 등장함

┌ 사물의 이치[理] 규명을 강조하였고, 성리학을 집대성함

(2) 주희의 성리학 사상

① 이기론(理氣論)

- 만물은 이(理)와 기(氣)가 결합함으로써 이루어짐
- 이는 만물을 낳는 근본 원리이고, 기는 만물을 이루는 재료임
- 이기불상잡(理氣不相雜), 이기불상리(理氣不相離): 이와 기는 논리적으로는 분명하게 구분되지만, 사물에서는 별개로 분리될 수 없음

② 심성론(心性論)

- 성즉리(性卽理): 인간의 본성은 하늘이 부여한 이치이며, 성에는 인의예지가 모두 갖추어져 있음
- 본연지성(本然之性)과 기질지성(氣質之性): 본연지성은 순선하나 기질지성은 기질의 맑고 흐린 정도에 따라 천차만별의 차이가 있음 → 올바른 사람이 되려면 기질을 맑게 변화시켜야 함

└ 기질 변화론(氣質變化論)

③ 수양론

- 거경궁리(居敬窮理): 경건한 자세를 유지하면서 사물의 이치를 탐구함

◉ **순자의 천인분이(天人分二)**
하늘[天]과 인간[人]은 엄연히 분리된[分] 두 가지[二]일 뿐이라는 사유. 순자의 하늘은 인간에게 도덕규범을 부여하는 실체가 아니며, 인간의 선악에 감응하는 것도 아님

◉ **법가(法家)**
중국 고대의 한 학파로 오직 국가의 강력한 통제와 권위에 대한 절대 복종을 통해서만 사회적 화합을 이룰 수 있다고 주장함. 법가는 특정한 행동에 대해 엄격하게 상벌을 내리는 법률 체계를 강조함

◉ **훈고학(訓詁學)**
경전의 자구가 뜻하는 바를 풀이하고, 문자가 어디에서 비롯되었는가를 밝히는 학문

◉ **이기론**
이(理)와 기(氣)라는 개념을 통해 우주와 인간의 존재 구조와 그 생성 근원을 유기적으로 해명하는 이론

◉ **심성론**
이기론을 기초로 하여 심(心)·성(性)·정(情)을 중심으로 인간 존재의 양상을 설명하는 이론

◉ **주희의 지행(知行)**
지(知)와 행(行)은 항상 서로를 의지한다. 이는 마치 눈은 발이 없으면 가지 못하고 발은 눈이 없으면 보지 못하는 것과 같다. 굳이 선후를 논하면 지가 먼저이고 경중을 논하면 행이 중요하다.
– 「주자어류」–

③ 순자의 성악설

> • 사람들은 배고프면 먹으려 하고 추우면 따뜻하게 하려고 하며 수고로우면 쉬려고 하는데, 이것이 바로 사람의 성정(性情)이다. 자식이 아버지에게 사양하고 아우가 형에게 양보하는 것은 모두 성정에 어긋나는 것이다.
>
> ― 순자, 「순자」 ―
>
> • 군자를 귀하게 여기는 것은 그가 성을 교화하고 인위(人爲)를 일으킬 수 있기 때문이다. 소인을 천하게 여기는 것은 그가 성을 따르고 정에 순응해서 멋대로 성내고 이익을 탐하며 다투고 빼앗기 때문이다.
>
> ― 순자, 「순자」 ―

분석 | 순자에 의하면 본성은 악하지만 노력을 통해 본성을 교화할 수 있다. 본성을 교화하여 선행을 하기 위해서는 스승과 법도에 의한 교화(敎化)와 예의에 의한 교도(敎導)가 필요하다.
└ 가르쳐서 이끎

④ 성리학의 이(理)

> 성리학을 접할 때면 늘 문제 하나와 부딪친다. 바로 '이(理)란 무엇인가?'라는 문제이다. 성리학에서 말하는 '이'는 사실 신비한 것이 아니다. 그것은 오늘날 우리들이 일상생활에서 말하는 물리(物理), 도리(道理)와 그 의미가 상통한다. 우리는 일상생활에서 "그런 법이 어디 있어?", "막무가내로군!", "제멋대로야!", "이치대로 말하자면" 등의 말을 듣거나 말하곤 한다. 이러한 말들 속에서 일반적으로 '이'는 한 사회의 구성원들이 공통으로 인정하는 도덕 법칙, 교제 원칙, 행위 규칙, 추리 원리 등을 의미한다. '이'는 때때로 사물이 지니고 있는 성질이나 규율, 그리고 법칙을 지칭하기도 했다. 즉 성리학에서의 '이'의 가장 중요한 의미는 사물의 규율과 도덕 원칙이라는 두 가지 점이다. '이'가 이처럼 두 가지로 분석될지라도 두 의미는 본질적으로 통일적인 것이다.
>
> ― 진래, 「송명 성리학」 ―

분석 | 성리학에서 '이(理)'는 천지 만물의 존재 원인이면서 동시에 하나의 사물이 그 사물로서 지녀야 하는 마땅한 모습을 의미한다.

③ 다음을 주장한 사상가에 대한 설명으로 옳지 않은 것은?

> 사람들은 배고프면 먹으려 하고 추우면 따뜻하게 하려고 하며 수고로우면 쉬려고 하는데, 이것이 바로 사람의 성정(性情)이다. 자식이 아버지에게 사양하고 아우가 형에게 양보하는 것은 모두 성정에 어긋나는 것이다.

① 도덕적 사회를 이루고자 하였다.
② 지도자의 솔선수범을 중시하였다.
③ 본성을 변화시켜야 함을 강조하였다.
④ 잃어버린 본심을 찾아야 함을 주장하였다.
⑤ 예(禮)를 통해 다스려야 함을 강조하였다.

정답과 해설 ▶ 제시문을 주장한 사상가는 순자이다. 순자는 유교 사상가로서 도덕 사회를 이루고자 하였다. 순자는 지도자의 솔선수범을 강조했고, 본성이 악하다고 보아 변화시킬 것을 주장했다. 또한 선왕들이 제정한 예로써 다스려야 한다는 예치(禮治)를 주장했다.
④ 맹자의 주장이다. **답** ④

④ 다음을 주장한 중국 유교 사상가의 옳은 입장만을 〈보기〉에서 고른 것은?

> 성(性)은 곧 이(理)이다. 이는 형이상학적인 도(道)이고, 기(氣)는 사물을 생성하는 도구이다. 사람과 사물이 생성될 때 이를 부여받아 성(性)이 생기고, 기를 부여받아 형체를 이룬다.

◁ 보기 ▷
ㄱ. 지(知)와 행(行)은 본래 하나이다.
ㄴ. 인간의 마음이 곧 하늘의 이치이다.
ㄷ. 만물은 이와 기의 결합으로 이루어진다.
ㄹ. 인간의 본성은 하늘이 부여한 이치이다.

① ㄱ, ㄴ ② ㄱ, ㄷ ③ ㄴ, ㄷ
④ ㄴ, ㄹ ⑤ ㄷ, ㄹ

정답과 해설 ▶ 제시문을 주장한 사상가는 주희이다. 주희는 만물은 이와 기의 결합이라고 보았으며, 인간의 본성이 곧 하늘의 이치라는 성즉리(性卽理)를 주장한다.
ㄱ, ㄴ. 왕수인의 주장이다. **답** ⑤

- 격물치지(格物致知): 사물의 이치를 탐구하여 앎을 지극히 함
- 존양성찰(存養省察): 양심을 보존하고 본성을 함양하며 반성하고 살핌
- 존천리거인욕(存天理去人欲): 천리를 보존하고 인욕을 제거함
  └ 사람의 육체적, 물질적 욕망. 여기서는 사사로운 욕심을 이름

(3) 왕수인의 양명학 사상
① 특징: 주희의 성즉리설, 격물치지설 등을 비판하고 유교 경전을 새롭게 해석함 ── 도덕 주체인 인간의 마음을 중심으로 도덕 원리의 인식과 실천의 문제를 이해하고자 함
② 핵심 사상

심즉리(心卽理)	인간의 마음[心(심)]이 곧 하늘의 이치[理(이)]임
심외무리 심외무물 (心外無理 心外無物)	마음 밖에는 이치가 없고, 마음 밖에는 사물도 없음
치양지(致良知)	사욕을 극복하고 양지를 적극적이고 구체적으로 발휘하면 이론적 학습 과정을 거치지 않아도 누구나 성인(聖人)이 될 수 있음
지행합일(知行合一)	앎[知(지)]은 행함[行(행)]의 시작이고, 행함은 앎의 완성임 → 인식으로서의 지와 실천으로서의 행은 본래 하나임

(4) 청대(淸代)의 고증학
┌ 성리학과 양명학의 형이상학적 지향성에 반대하여 생겨난 청나라 때의 대표적 학풍. 우리나라 실학의 성립과 발전에 영향을 미침
① 등장 배경: 구체적인 현실 문제보다 인간의 도덕 문제에 치우친 경향을 보인 성리학과 양명학에 대한 반성과 비판의 분위기 대두
② 특징
┌ 경세는 국가 사회를 질서 있게 영위하는 정치·경제·사회의 활동을 가리킴. 치용은 현실의 문제를 효과적으로 해결하기 위해 적절한 제도와 방법을 갖추고 실천적으로 활용하는 것을 뜻함
- 실생활에 도움이 되는 경세치용(經世致用)의 학문을 추구함
- 실제적인 일에서 옳음을 구하는 실사구시(實事求是)의 방법론을 중시함

◉ **왕수인의 지행(知行)**
지(知)는 행(行)의 시작이고 행은 지의 완성이다. 지의 진절독실(眞切篤實, 진지하고 독실함)한 면이 바로 행(行)이고, 행의 명각정찰(明覺精察, 밝게 깨닫고 정밀하게 살핌)한 면이 바로 지이다. 지와 행은 원래 하나의 공부일 뿐이다. ─ 『양명전서』 ─

◉ **실사구시**
실제에 근거하여 사실을 구함. 사실에 토대를 두고 진리를 탐구하는 태도 또는 정확한 고증을 바탕으로 하는 과학적·객관적인 태도를 말함

⑤ 왕수인의 치양지(致良知)

모든 사물의 이치는 내 마음에서 벗어나 있지 않다. 그럼에도 천하의 이치를 궁구한다고 주장한다면 이는 내 마음의 양지(良知)가 충분하지 못하다고 여기고 밖에서 구하여 그것을 보충하고 더하려는 것이다. 배우고 묻고 사색하고 변별하고 돈독히 행하는 공부는 내 마음의 양지(良知)를 지극한 데까지 확충하는 것에 불과할 따름이다. 양지 이외에 어찌 다시 터럭만큼이라도 보탤 것이 있겠는가?
─ 왕수인, 『전습록』 ─

분석 | 왕수인이 말하는 이치는 도덕에 관한 원리이다. 도덕에 관한 원리는 사물에 있는 것이 아니라 사람의 마음에 있다. 따라서 내 마음의 본체인 양지(良知)가 곧 하늘의 이치이며, 진정한 공부는 양지를 구체적이고 적극적으로 발휘하는 것이다.

⑤ 다음을 주장한 중국 유학 사상가의 입장만을 〈보기〉에서 고르시오.

모든 사물의 이치는 내 마음에서 벗어나 있지 않다. 그럼에도 천하의 이치를 궁구한다고 한다면 이는 내 마음의 양지가 충분하지 못하다고 여기고 밖에서 구하여 그것을 더하려는 것이다.

◀ 보기 ▶
ㄱ. 앎이 먼저이고 행함은 나중이다.
ㄴ. 마음 밖에는 이치도 사물도 없다.
ㄷ. 인간의 마음이 곧 하늘의 이치이다.
ㄹ. 성인이 되는데 이론적 학습이 필수이다.

정답과 해설 ▶ 왕수인은 마음 밖에는 이치도 사물도 없다고 보며, 마음이 곧 천리라는 심즉리를 주장했다. ㄱ과 ㄹ은 주희의 주장이다. **답** ㄴ, ㄷ

01~09 다음 내용이 옳으면 ○표, 틀리면 ×표 하시오.

01 공자는 춘추 시대에 하·은·주 삼대(三代)의 문화를 종합하여 유교 사상을 정립하였다. ( )

02 인(仁)은 예(禮)를 실현하기 위한 외면적 규범이다. ( )

03 공자는 분배가 고르지 못함보다 재화가 적음을 걱정해야 한다고 하였다. ( )

04 맹자의 사단(四端)은 누구나 선천적으로 지니고 있는 네 가지 선한 마음을 뜻한다. ( )

05 맹자에 의하면, 통치자는 백성들에게 생업을 마련해 주는 것이 왕도 정치의 완성이다. ( )

06 순자는 인간의 본성은 악하기 때문에 인간은 선행을 할 수 없다고 보았다. ( )

07 주희에 의하면 기(氣)는 만물을 낳는 근본 원리이고, 이(理)는 만물을 이루는 재료이다. ( )

08 주희는 천리를 보존하고 인욕을 제거할 것을 주장하였다. ( )

09 왕수인은 이론적 학습 과정을 거치지 않아도 양지(良知)를 발휘하면 누구나 성인(聖人)이 될 수 있다고 보았다. ( )

10~16 다음 빈칸에 알맞은 말을 쓰시오.

10 ( )은/는 사랑의 정신이자 사회적 존재로 완성된 인격체의 아름다움이다.

11 공자는 임금은 임금답고 신하는 신하답고 부모는 부모답고 자식은 자식다워야 한다는 ( )을/를 강조하였다.

12 맹자에 의하면 선천적 도덕 자각 능력을 ( ), 선천적 도덕 실행 능력을 ( )(이)라고 한다.

13 맹자는 힘에 의한 정치인 패도(覇道)를 비판하고, 통치자의 인의(仁義)의 덕으로 다스리는 ( ) 정치를 주장하였다.

14 순자의 ( )은/는 고대 성왕이 제정한 예(禮)로써 다스려야 함을 뜻한다.

15 ( )은/는 인간의 본성이 곧 하늘이 부여한 이치라는 성리학의 주장이다.

16 왕수인은 앎[知(지)]은 행(行)의 시작이고, 행함은 앎의 완성이라는 ( )을/를 주장하였다.

정답 **01** ○ **02** × **03** × **04** ○ **05** × **06** × **07** × **08** ○ **09** ○ **10** 인(仁) **11** 정명 **12** 양지, 양능
13 왕도 **14** 예치 **15** 성즉리 **16** 지행합일

오답 체크 Tip **02** 인(仁)이 아니라 예(禮)가 외면적 규범이다.
05 맹자는 백성들의 생업 안정을 왕도 정치의 시작이라고 본다.
06 순자는 인간의 본성은 악하지만 인위적 노력을 통해 선행을 할 수 있다고 보았다.

▶ 20582-0036

01 다음 고대 동양 사상가의 입장에 대한 옳은 설명만을 〈보기〉에서 고른 것은?

> 이름[名(명)]이 바르지 못하면 말이 제대로 이루어지지 않고, 말이 제대로 이루어지지 않으면 일[事(사)]이 이루어지지 않으며, 일이 이루어지지 않으면 예악(禮樂)이 바로 서지 못하고, 예악이 바로 서지 못하면 형벌이 공정하지 못하게 되고, 형벌이 공정하지 못하면 백성들은 손발을 둘 곳조차 없게 된다.

◀ 보기 ▶

ㄱ. 나라의 통치에 효(孝)가 필요한 것은 아니라고 본다.
ㄴ. 인(仁)의 실현을 위해 충서의 실천이 중요하다고 본다.
ㄷ. 이로움[利]을 위해서는 명분도 포기해야 한다고 본다.
ㄹ. 인(仁)의 실현을 위해 예(禮)가 반드시 필요하다고 본다.

① ㄱ, ㄴ   ② ㄱ, ㄷ   ③ ㄴ, ㄷ
④ ㄴ, ㄹ   ⑤ ㄷ, ㄹ

▶ 20582-0037

02 다음을 주장한 사상가의 입장으로 가장 적절한 것은?

> • 인의(仁義)의 덕으로써 다스리는 정치가 이상적인 정치이다. 백성이 가장 귀하고 사직(社稷)이 그 다음이며 군주는 가벼운 존재이다.
> • 백성은 일정한 생업[恒産(항산)]이 없으면 변치 않는 도덕심[恒心(항심)]도 없기 마련이다.

① 군주가 인의의 덕을 버려야만 백성의 생업이 보장된다.
② 이상 사회 실현을 위해서는 백성의 생업 보장이 중요하다.
③ 백성들의 이기적 본성을 변화시켜야만 좋은 군주가 된다.
④ 군주의 권위는 백성의 생산 활동보다 우선되어야만 한다.
⑤ 백성은 영토와 군주를 위해 언제나 목숨을 바쳐야만 한다.

▶ 20582-0038

03 다음을 주장한 사상가의 입장에서 볼 때, ㉠에 대한 설명으로 가장 적절한 것은?

> • 사람의 수명은 하늘에 달려 있으며, 한 나라의 운명은 ㉠ 예(禮)에 달려 있다. 군주가 예를 높이고 현자를 높이면 왕자(王者)가 되고, 법만 중시하면 패자(霸者)가 된다.
> • 길거리의 백성이라고 하더라도 선을 쌓기를 온전하게 하면 성인(聖人)이다. 그러나 성정(性情)을 따라 행하고 학문을 하지 않으면 소인이 된다.

① 사람의 욕망을 제거하기 위한 사회 제도이다.
② 사람의 본성 발현을 보장하기 위한 사회 규범이다.
③ 사람의 이기적 욕망과 착한 본성을 구별하는 기준이다.
④ 사람의 타고난 성정의 발현을 조절하는 인위 규범이다.
⑤ 사람의 자연스러운 본성을 함양하기 위한 법적 장치이다.

▶ 20582-0039

04 고대 동양 사상가 갑, 을의 공통된 입장으로 옳은 것은?

> 갑: 물에 동서의 구분은 없지만, 상하의 구분도 없겠는가? 인간의 본성이 선하다는 것은 물이 아래로 흘러내려가는 것과 같다. 인간의 본성은 선하지 않음이 없으며, 물은 아래로 흘러내려가지 않음이 없다.
> 을: 나면서부터 지니는 본능적 욕구가 성(性)이며, 성은 배울 수 없고 일삼을 수 없지만 예(禮)는 배워서 능히 행할 수 있는 것이다.

① 도덕적 인간이 되려면 수양이 필요하다.
② 성은 선 또는 악으로 정해져 있는 것이 아니다.
③ 인성을 거스르지 않아야 예를 행할 수 있게 된다.
④ 선한 본성 때문에 사람은 성인(聖人)이 될 수 있다.
⑤ 노력을 하면 누구나 악한 본성을 선하게 변화시킬 수 있다.

[05～06] 갑, 을은 고대 동양 사상가들이다. 물음에 답하시오.

> 갑: 정치란 식량을 넉넉히 하고, 병력을 충분히 하며, 서로 간에 믿을 수 있도록 해야 한다. 임금은 임금답고 신하는 신하답고 부모는 부모답고 자식은 자식다워야 한다.
>
> 을: 사람은 누구나 차마 어찌하지 못하는 마음[不忍人之心(불인인지심)]을 가지고 있다. 그 마음을 가지고 남에게 차마 어찌하지 못하는 정치를 하면 천하를 손바닥 위에 올려놓고 움직일 수 있을 것이다.

▶ 20582-0040

05 갑, 을의 공통된 입장으로 가장 적절한 것은?

① 군주는 법보다는 덕을 우선하여 통치해야 한다.
② 군주가 군주답지 못해도 교체하여서는 안 된다.
③ 군주는 백성의 본마음을 선하게 바꾸어야 한다.
④ 군주는 정치에 어떤 감정도 개입해서는 안 된다.
⑤ 군주의 권위보다 백성의 생업이 우선되어서는 안 된다.

▶ 20582-0041

06 다음 사상가가 을에게 제기할 반론으로 가장 적절한 것은?

> 군자를 귀하게 여기는 것은 그가 성을 교화하고 인위(人爲)를 일으킬 수 있기 때문이다. 소인을 천하게 여기는 것은 그가 성을 따르고 정에 순응해서 멋대로 성내고 이익을 탐하며 다투고 빼앗기 때문이다.

① 사람이 선한 것은 본성이 변화된 결과임을 모르고 있다.
② 선행을 위해서는 후천적 수양이 필요함을 부정하고 있다.
③ 본성을 거스르지 않는 다스림이 좋은 통치임을 경시하고 있다.
④ 백성을 고통에 빠뜨리는 군주는 교체해야 함을 부정하고 있다.
⑤ 힘에 의한 통치보다 도덕적 교화가 중요함을 간과하고 있다.

▶ 20582-0042

07 다음 중국 유교 사상가의 입장으로 옳은 것은?

> 천지 간에는 이(理)도 있고 기(氣)도 있다. 이는 만물의 도(道)이며, 기는 만물의 기(器)이다. 만물은 이를 부여받아 성(性)이 생기고, 기를 부여받아 형체를 이룬다. 그러므로 사람과 만물은 각기 이를 지니고 있다.

① 모든 사물에는 이와 기가 언제나 함께 있다.
② 사물이 아닌 인간에게만 이가 내재되어 있다.
③ 사물은 형체는 있지만 이치는 없다고 할 수 있다.
④ 인의예지로서의 성은 사람에 따라 다르게 부여받는다.
⑤ 부여받은 모든 성을 변화시키는 것이 수양의 핵심이다.

▶ 20582-0043

08 다음 중국 유교 사상가의 입장으로 옳은 것만을 〈보기〉에서 고른 것은?

> 마음이 곧 이치이다. 측은히 여기는 것으로 말하면 인(仁)이고, 마땅함을 얻는 것으로 말하면 의(義)라 한다. 마음 밖에는 이치가 없다.

┤ 보기 ├
ㄱ. 마음을 벗어난 사물은 없다.
ㄴ. 앎과 행은 본래부터 하나이다.
ㄷ. 사물의 이치 탐구는 필수 수양 방법이다.
ㄹ. 이론적 학습 과정을 거쳐야 성인이 될 수 있다.

① ㄱ, ㄴ ② ㄱ, ㄷ ③ ㄴ, ㄷ
④ ㄴ, ㄹ ⑤ ㄷ, ㄹ

● **한국 성리학의 도덕 감정: 이황과 이이의 사상**

(1) 한국 유교의 전개와 특징

① 유교 사상의 수용과 전개

• 삼국 시대: 선진(先秦) 유교를 주체적으로 수용 → 정치와 생활 원리로
서 폭넓게 활용됨
└─ 진나라 이전, 즉 공자·맹자·순자로 대표되는 고대 유학

• 고려 말: 성리학 수용 → 정치적, 사회적 개혁의 이론적 기초로 활용됨

• 조선 초·중기: 성리학의 발달

② 조선 성리학의 특징

• 국가의 통치 이념으로 자리 잡았고, 개인의 도덕적 완성과 이상 사회의
실현을 위한 실천적 방안을 제공함

• 중국 성리학의 심성론과 관련된 탐구를 심화시킴

• 사단칠정(四端七情) 논쟁을 비롯한 다양한 이론적 논쟁을 전개함

(2) 이황의 성리학 사상

① 특징

• 순수한 도덕 본성의 실현을 강조함

• 주희의 이기론을 재해석하고 사단칠정론을 체계화함

• 도덕적 본성인 이(理)의 순수성과 절대성을 강조하고 도덕적 실천을 중
시함

② 이기론

이귀기천설 (理貴氣賤說)	순선(純善)한 원리적 개념인 이는 존귀하고, 선악의 가능성을 함께 지니고 있는 현상적 개념으로서의 기는 비천함
이기호발설 (理氣互發說)	이와 기는 모두 발할 수 있음 → 기는 물론이고 이도 운동성을 지 니고 있음

③ 사단 칠정론

• 주희의 "이와 기가 서로 섞일 수 없다[이기불상잡(理氣不相雜)]."라는 주
장에 주목하여 사단과 칠정의 연원이 각기 다르다고 봄 → 도덕 원리인
이의 순수성과 절대성을 확보하려고 함

• 사단은 이가 발하고 기가 그것을 따른 것[理發而氣隨之(이발이기수지)]
이며, 칠정은 기가 발하고 이가 그것을 탄 것[氣發而理乘之(기발이이승
지)]이라고 주장함 → 사단과 칠정의 연원이 다르다고 보고, 양자를 엄
격히 구분함으로써 도덕적 기준과 인간의 욕망을 혼동하는 오류를 방지
하고자 함
└─ 사물이나 일 따위의 근원

④ 수양론

• 거경(居敬)과 궁리(窮理)의 병행을 강조함 → "거경과 궁리는 새의 두 날
개와 같다."

• 경(敬)의 실천을 특히 강조함

◉ **칠정**
칠정은 기쁨[喜], 성냄[怒], 슬픔[哀], 두려움[懼], 좋
아함[愛], 미워함[惡], 욕망[欲]의 일곱 가지 감정을
말함

◉ **순선**
조금의 불순함이 없이 그 자체로 온전한 선

◉ **발(發)**
움직이다, 발동하다, 작동하다, 드러내다 등의 의미

◉ **거경궁리**
언제나 경을 실천하고, 마음과 사물의 이치를 탐구함

◉ **경의 주된 실천 방법**
• 주일무적(主一無適): 마음을 한 군데 집중하여
잡념이 들지 않게 함
• 정제엄숙(整齊嚴肅): 몸가짐을 단정히하고 엄숙
한 태도를 유지함
• 상성성(常惺惺): 항상 깨어 있는 정신 상태를 유
지함

❶ 한국 유학 사상의 특징

한국 유학 사상은 중국의 유학에 비하여 한국적 정신 풍토와 사회적 여건, 민족 사의 발전 과정이 다르므로 그 발전 양상도 다르게 나타났다. 그 사상적 동이 (同異)를 말하면 중국의 유학은 합리적, 윤리적 경향이 강하게 드러나지만 한국 의 유학 사상은 한민족의 전통적 기질인 신비성이 체질적으로 가미되어 있음을 알 수 있다. 단순한 논리적 합리성으로서의 법[理(이)]을 넘어서 영감적 신묘(神 妙)의 경지에 이르려고 한다. 중국의 유학은 우주론적, 원심적 방향으로 발전한 데 비하여, 한국 유학은 구심적, 내향적인 인간학적 방향으로 집약되었다. 중국 성리학이 주로 이기론을 주제로 하였다면, 한국 성리학은 사단 칠정론이 그 주 제를 이룬다고 하겠다.

– 류승국, 「한국 유학사」 –

분석 | 성리학은 중국 송나라에서 발흥하여 주희에 의해 집대성되었지만, 그것을 수용한 우리나라는 중국의 성리학을 그대로 답습한 것이 아니라 우리나라만 의 특징과 독창성이 발휘되었다. 특히 인간의 심성을 밝히는 심성론이 발전 하였다.

> ┌ 어떤 일이나 현상 따위가 일어나 흥함
> └ 전부터 전해 내려오거나 있던 방식이나 수법을 비판적으로 검토하지 않고 있는 그대로 받아들이거나 따름

❷ 이황의 이기호발

> ┌ 쓸모 있게 쓰임

사람의 몸은 이와 기가 합하여 생겨난 까닭에 두 가지가 서로 발하여[互發(호 발)] 작용하고, 발할 적에 서로 소용되는 것이다. 서로 발하는 것이고 보면 각각 주가 되는 바가 있음을 알 수 있고, 서로 소용되는 것이고 보면 서로 그 속에 있 는 것을 알 수 있다. 서로 그 속에 있으므로 실로 혼합하여 말할 수도 있고, 각 각 주가 되는 바가 있으므로 분별하여 말해도 안 될 것이 없다.

– 이황, 「퇴계집」 –

분석 | 이황은 형체를 지니고 있는 기(氣)가 발하는 것은 당연하다고 본다. 그리고 이(理)는 비록 형체는 없지만 죽은 이치가 아니라 생생하게 활동하는 이치이 기 때문에 이도 발할 수 있다고 본다.

---

1 다음을 주장한 한국 유교 사상가의 입장으로 옳지 않은 것은?

> 사람의 몸은 이와 기가 합하여 생겨난 까닭에 두 가지가 서로 발하여[互發(호발)] 작용하고, 발할 적 에 서로 소용되는 것이다. 서로 발하는 것이고 보 면 각각 주가 되는 바가 있음을 알 수 있고, 서로 소용되는 것이고 보면 서로 그 속에 있는 것을 알 수 있다. 서로 그 속에 있으므로 실로 혼합하여 말 할 수도 있고, 각각 주가 되는 바가 있으므로 분별 하여 말해도 안 될 것이 없다.

① 순수한 도덕 본성의 발현을 강조한다.
② 이는 존귀하고 기는 비천하다고 본다.
③ 기는 물론이고 이도 발할 수 있다고 본다.
④ 사단과 칠정의 연원이 다르지 않다고 본다.
⑤ 이와 기는 서로 섞일 수 없다는 것을 중시한다.

정답과 해설 ▶ 제시문은 이황의 주장이다. 이황은 순수한 도 덕 본성의 발현을 강조하고, 이는 존귀하고 기는 비천하다는 이귀기천설(理貴氣賤說)을 주장한다. 또한 기는 물론이고 이 도 발한다는 이기호발설(理氣互發說)을 주장하고, 이와 기는 서로 섞일 수 없다는 이기불상잡(理氣不相雜)을 중시한다.
④ 이황은 사단과 칠정의 연원이 다르다고 본다. **답** ④

2 다음 중 이황이 제시한 수양법이 아닌 것은?
① 상성성(常惺惺)
② 주일무적(主一無適)
③ 정제엄숙(整齊嚴肅)
④ 무위자연(無爲自然)
⑤ 거경궁리(居敬窮理)

정답과 해설 ▶ 이황은 거경(居敬)과 궁리(窮理)를 함께 강조 한다. 상성성은 항상 깨어 있는 정신 상태를 유지하는 것이고, 주일무적은 마음을 한군데 집중하여 잡념이 들지 않게 하는 것이고, 정제엄숙은 몸가짐을 단정히하고 엄숙한 태도를 유지 하는 것이다.
④ 무위자연은 도가 사상의 주장이다. **답** ④

(3) 이이의 성리학 사상

① 특징 ─ 칠정을 의미함

- 일반 감정의 조절과 기질의 변화 강조
- 이황의 입장에 대해 비판적인 자세를 취하면서 대안적인 이론을 제시함
- 인간의 도덕 문제와 함께 현실 개혁에도 깊은 관심을 기울임

② 이기론

어떤 사물이나 일, 현상 등의 범위를 일정한 부분이나 측면으로 제한하거나 한정함

이통기국론 (理通氣局論)	형태가 없는 이는 통하고 형태가 있는 기는 국한됨
기발이승일도설 (氣發理乘一途說)	작용이 없는 이는 발하는 까닭이고, 작용이 있는 기는 발하는 것이므로 "기가 발하고 이가 기를 탄다."라는 한 가지 길만이 옳음

③ 사단 칠정론

- 주희의 "이와 기가 서로 떨어져 있을 수 없다[理氣不相離(이기불상리)]."라는 주장에 주목하여 사단과 칠정이 분리될 수 없다고 봄
- 사단과 칠정을 모두 기가 발하고 이가 탄 것으로 파악함
- 사단은 칠정을 포함할 수 없지만 칠정은 사단을 포함하는 것이며[七包四(칠포사)], 사단은 칠정의 선한 측면일 뿐이라고 주장함

④ 수양론

- 이의 본연인 선의 실현을 위해 기질(氣質)을 바로잡을 것을 강조함
- 경(敬)을 통해 성(誠)에 이를 것을 강조함

⑤ 사회 경장론: 정치 · 경제 · 교육 · 국방 등과 관련된 개혁을 주장함
  → 실학 사상의 형성에 영향을 줌

● 성(誠)
진실, 성실, 참됨 등의 의미를 지님. 성은 하늘이 가는 길[天道]이면서 동시에 사람이 가야 할 길[人道]이다. 즉 성은 천인합일(天人合一)을 가능하게 하는 근거이다. 이이는 "성은 하늘의 실리(實理)이며, 사람 마음의 본체이다."라고 한다.

● 경장(更張)
정치적 · 사회적으로 해묵은 제도를 개혁하여 새롭게 함

● 한국 실학과 도덕 본성: 정약용의 사상

(1) 실학의 등장

① 등장 배경

- 임진왜란과 병자호란을 거치면서 현실 문제의 해결에 도움을 줄 수 있는 학문을 해야 한다는 사회적 분위기가 대두함
- 청나라의 고증학과 서구 문물이 유입됨

② 특징

- 민생의 구제와 국부의 증대를 추구하는 사회 개혁론을 제시함
- 성리학과 구별되는 인간관과 도덕론을 제시함

(2) 정약용의 실학 사상

① 특징 ─ 원리와 법칙, 도리와 예법

- 이법적 실체에 대한 비판과 마음의 기호(嗜好) 강조
- 학문의 실용성을 강조하고 실학을 집대성함

● 기호
무엇을 즐기고 좋아하는 것 또는 그런 경향성

3 이이의 이기론

> 이(理)와 기(氣)는 원래 서로 떨어질 수 없는 까닭에 마치 하나의 사물인 것 같다. 그러나 이와 기는 서로 다른 것이다. 이는 무형(無形)이고 기는 유형(有形)이며 이는 무위(無爲)이고 기는 유위(有爲)이기 때문이다. 무형 무위이면서 유형 유위인 것의 주재가 되는 것은 이요, 유형 유위이면서 무형 무위인 것의 그릇이 되는 것은 기이다. 이는 무형이고 기는 유형이므로 이는 통(通)하고 기는 국한[局(국)]된다. 이는 무위이고 기는 유위이므로 기가 발하면 이가 타게 된다.
> └─ 중심이 되어 맡아 처리함
>
> — 이이, 『율곡집』 —

분석 | 이이는 이는 형태와 작용이 없고 기는 형태와 작용이 있다고 보고 '이통기국론'과 '기발이승일도설'을 제시하였다. 그리고 물과 그릇의 비유를 통해 이황의 이기호발설을 비판하였다.

4 이이의 칠포사

> 정(情)은 하나이지만 사단이다 칠정이다 말하는 것은 오직 이만을 말할 때와 기를 겸하여 말할 때가 같지 않기 때문이다. …(중략)… 사단과 칠정의 관계는 바로 본연지성(本然之性)과 기질지성(氣質之性)의 관계와 같다. 본연지성은 기질을 겸하지 않고 말한 것이요, 기질지성은 본연지성을 겸한 것이다. 그러므로 사단은 칠정을 겸할 수 없으나 칠정은 사단을 겸하는 것이다.
>
> — 이이, 『율곡집』 —

분석 | 이이는 칠정(七情) 외에 별도의 정이 없다고 본다. 따라서 사단이라는 선한 감정은 칠정 가운데 선한 측면을 이르는 것이다. 즉 사단은 칠정과 근원을 달리하는 감정이 아니라 칠정에 포함되어 있는 감정이다.

---

3 다음은 한국 유교 사상가의 주장이다. ㉠, ㉡에 들어갈 말을 옳게 짝지은 것은?

> 이(理)와 기(氣)는 원래 서로 떨어질 수 없는 까닭에 마치 하나의 사물인 것 같다. 그러나 이와 기는 서로 다른 것이다. 이는 무형(無形)이고 기는 유형(有形)이며 이는 무위(無爲)이고 기는 유위(有爲)이기 때문이다. 무형 무위이면서 유형 유위인 것의 주재가 되는 것은 이요, 유형 유위이면서 무형 무위인 것의 그릇이 되는 것은 기이다. 이는 무형이고 기는 유형이므로 이는 (㉠), 기는 (㉡). 이는 무위이고 기는 유위이므로 기가 발하면 이가 타게 된다.

	㉠	㉡
①	통하고	국한된다
②	발할 수 있고	발할 수 없다
③	감정이고	본성이다
④	따르고	탄다
⑤	비천하고	존귀하다

정답과 해설 ▶ 제시문은 이이의 주장이다. 이이는 형태가 없는 이는 통(通)하고, 형태가 있는 기는 국한[국(局)]된다는 이통기국(理通氣局)을 주장한다. **답** ①

4 다음은 한국 유교 사상가의 주장이다. 밑줄 친 부분을 나타내는 말로 가장 적절한 것은?

> 정(情)은 하나이지만 사단이다 칠정이다 말하는 것은 오직 이만을 말할 때와 기를 겸하여 말할 때가 같지 않기 때문이다. …(중략)… 본연지성은 기질을 겸하지 않고 말한 것이요, 기질지성은 본연지성을 겸한 것이다. 그러므로 <u>사단은 칠정을 겸할 수 없으나 칠정은 사단을 겸하는 것이다.</u>

① 칠포사(七包四) ② 기발이승(氣發理乘)
③ 이통기국(理通氣局) ④ 기질변화(氣質變化)
⑤ 이기불상리(理氣不相離)

정답과 해설 ▶ 제시문은 이이의 주장이다. 이이는 사단은 칠정을 포함할 수 없지만 칠정은 사단을 포함할 수 있다는 칠포사(七包四)를 주장한다. **답** ①

- 성리학에 대해 비판적인 입장을 취하고 선진 유학을 재해석하여 새로운 심성론과 덕론을 제시함

② 심성론

— 정약용은 사단으로 인해 사덕이 형성된다는 '단시설'을 주장함

성기호설 (性嗜好說)	인간의 성은 선을 좋아하고 악을 싫어하는 마음의 기호임
인간의 도덕적 자율성 강조	인간은 선이나 악을 스스로 선택할 수 있는 자주지권(自主之權)을 부여받음
인간의 욕구[欲] 긍정	인간의 욕구는 생존과 도덕적 삶을 위해서 필요함

③ 덕론

- 인의예지라는 덕은 인간의 본성에 내재하는 것이 아니라 실천을 통해 형성되는 것임
- 인의예지는 일상생활에서 사단을 확충함으로써 형성되는 것임

└ 늘이고 넓혀 충실하게 함

◉ **자주지권(自主之權)**

하늘이 생명을 부여하실 때 성(性)을 함께 내리시어, 그것을 따르고 실천하여 도(道)에 이르라 하셨다. 만일 이 성이 없다면 사람은 티끌 같은 선이라도 죽을 때까지 짓지 못할 것이다. 하늘이 이 성을 내려주셨기에 시시각각 각성하고 깨우칠 수 있는 것이다. 매번 악을 짓게 될 때마다 한편으론 하고자 하고 한편으론 저지하니 이때 저지하는 것이 분명코 본성이 받은 천명이다. 하늘은 사람에게 자유로운 선택권[자주지권(自主之權)]을 주어 그 선을 하고자 하면 선을 하고 그 악을 하고자 하면 악을 하도록 선택의 가능성을 열어놓았다. 선택의 권능(權能)이 나에게 있어 금수와 같지 않으므로 선을 하면 내 공(功)이고 악을 행하면 내 죄(罪)가 되니 이것이 마음의 권능이다. — 정약용, 『맹자요의』 —

---

⑤ 정약용의 덕론

- 사단이란 인성(人性)이 본래 가지고 있는 것이며, 사덕은 사단을 확충한 것이다. 확충하는 데에 이르지 못하면 인의예지라는 이름은 끝내 성립될 수가 없다.
  — 정약용, 『여유당전서』 —

- 사람의 성(性)은 단지 선을 좋아하고 악을 싫어하는 것이니, 선을 좋아함으로 해서 측은(惻隱)과 사양(辭讓)의 마음이 있게 되고, 악을 싫어함으로 해서 수오(羞惡)와 시비(是非)의 마음이 있게 되며, 그 사심(四心)이 있음으로 해서 인의예지의 덕을 이룰 수 있다.
  — 정약용, 『여유당전서』 —

분석│ 정약용은 사단을 인간이 타고난 선한 마음이라고 보았다. 인의예지라는 사덕은 선천적인 것이 아니라 사단을 확충함으로써, 다시 말해 일상생활에서 사단을 실천함으로써 형성되는 것이라고 주장하였다.

---

⑤ 다음 한국 유교 사상가의 주장으로 옳지 <u>않은</u> 것은?

> 사람의 성(性)은 단지 선을 좋아하고 악을 싫어하는 것이니, 선을 좋아함으로 해서 측은(惻隱)과 사양(辭讓)의 마음이 있게 되고, 악을 싫어함으로 해서 수오(羞惡)와 시비(是非)의 마음이 있게 되며, 그 사심(四心)이 있음으로 해서 인의예지의 덕을 이룰 수 있다.

① 인간의 성은 마음의 기호이다.
② 측은과 사양의 마음은 선천적인 것이다.
③ 덕은 모든 인간의 본성에 내재하는 것이다.
④ 인간은 선악을 선택할 수 있는 능력이 있다.
⑤ 욕구가 없으면 생존과 도덕 실현이 불가능하다.

정답과 해설 ▶ 제시문은 정약용의 주장이다. 정약용은 인간의 성은 마음의 기호라는 성기호설을 주장한다.
③ 정약용은 덕은 사단을 실천함으로써 형성되는 것이라고 본다. **답 ③**

01~09 다음 내용이 옳으면 ○표, 틀리면 ×표 하시오.

01 우리나라는 삼국 시대에 선진 유교를 주체적으로 수용하여 정치와 생활 원리로서 폭넓게 활용하였다. ( )

02 이황은 기(氣)는 물론이고 이(理)도 발(發)할 수 있다고 보았다. ( )

03 이황은 사단(四端)과 칠정(七情)의 연원이 다르다고 보았다. ( )

04 이이는 이는 형체가 없지만 사물에 국한되고, 기는 형체가 있지만 모든 것에 통한다고 보았다. ( )

05 이이는 이(理)의 본연인 선의 실현을 위해 기질을 바로잡을 것을 주장하였다. ( )

06 우리나라의 실학은 청나라의 고증학과 서구 문물의 영향을 받아 등장하게 되었다. ( )

07 정약용은 인간의 본성이 곧 이치[理(이)]라고 보지 않았다. ( )

08 정약용은 생존과 도덕적 삶을 위해 욕구가 필요하다고 보았다. ( )

09 정약용은 사단과 사덕 모두 선천적인 것이라고 보았다. ( )

10~16 다음 빈칸에 알맞은 말을 쓰시오.

10 고려 말에 수용된 ( )은/는 조선의 통치 이념으로 자리 잡았다.

11 이황은 이(理)는 존귀하고 기(氣)는 비천하다는 ( )을/를 주장하였다.

12 이황은 ( )은/는 이(理)가 발(發)하고 기(氣)가 이를 따른 것이며, ( )은/는 기가 발하고 이가 기를 탄 것이라고 보았다.

13 이이는 기가 발(發)하고 이가 타는(乘) 한 가지 길만 있다는 ( )을/를 주장한다.

14 이이의 ( )은/는 정치 · 경제 · 교육 · 국방 등과 관련된 개혁을 주장한 것이다.

15 정약용은 인간의 성은 선을 좋아하고 악을 싫어하는 마음의 경향성이라는 ( )을/를 주장한다.

16 정약용은 인의예지라는 덕은 인간의 본성에 내재하는 것이 아니라 ( )을/를 통해 형성되는 것이라고 보았다.

정답 01 ○ 02 ○ 03 ○ 04 × 05 ○ 06 ○ 07 ○ 08 ○ 09 × 10 성리학 11 이귀기천 12 사단, 칠정 13 기발이승일도 14 사회 경장론 15 성기호설 16 실천

오답 체크 Tip
04 이이는 형태가 없는 이는 통하고, 형태가 있는 기는 국한된다는 이통기국을 주장한다.
09 정약용은 사단은 선천적인 것이지만, 사덕은 사단의 실천을 통해 형성되는 것이라고 보았다.

▶ 20582-0044

01 다음을 주장한 한국 유교 사상가의 입장만을 〈보기〉에서 있는 대로 고른 것은?

> 성(性)을 이(理)와 기(氣)로 나누어 말할 수 있듯이 정(情) 또한 이와 기로 나누어 말할 수 있다. 사단(四端)은 성(性)에서 발하고, 칠정(七情)은 외물(外物)에 접촉하여 마음이 움직여 나오는 것이다.

┤ 보기 ├
ㄱ. 사단은 본래 선한 것이다.
ㄴ. 칠정은 사단의 악한 측면이다.
ㄷ. 칠정과 사단의 연원은 구분된다.
ㄹ. 칠정에는 선과 악의 가능성이 모두 있다.

① ㄱ, ㄴ   ② ㄱ, ㄷ   ③ ㄴ, ㄹ
④ ㄱ, ㄷ, ㄹ   ⑤ ㄴ, ㄷ, ㄹ

▶ 20582-0045

02 다음을 주장한 한국 유교 사상가의 입장으로 옳은 것은?

> 태극(太極)에 동정(動靜)이 있다고 함은 태극이 스스로 동정하는 것이며, 천명(天命)의 유행은 천명이 스스로 유행하는 것이지 별도로 시키는 것이 있지 않다. 이(理)는 지극히 높아 상대가 없어 무엇에 명령은 하지만 무엇에도 명령받지 않는다.

① 이는 기를 포함하고 있다.
② 기는 이의 활동을 명령한다.
③ 이는 존귀하고 기는 비천하다.
④ 이는 사물을 형성하는 재료이다.
⑤ 기가 없이도 사물은 존재할 수 있다.

▶ 20582-0046

03 다음을 주장한 한국 유교 사상가의 입장으로 가장 적절한 것은?

> • 정(情)에 사단과 칠정의 구분이 있는 것은 성(性)에 본연(本然)과 기품(氣稟)의 차이가 있는 것과 같다.
> • 천하에 이(理) 없는 기(氣), 기 없는 이는 없다. 기가 따르지 않는 이는 나올 수가 없고, 이가 타지 않는 기는 이욕(利慾)에 빠져 금수(禽獸)가 된다.

① 이는 기에 의해 선하거나 악하게 된다.
② 이와 기는 개념적으로 구분되지 않는다.
③ 성에는 선악이 있지만 정에는 선악이 없다.
④ 기는 발하는 것이고 이는 발하는 까닭일 뿐이다.
⑤ 성뿐만 아니라 정도 이와 기로 구별할 수 있다.

▶ 20582-0047

04 다음은 한국 유교 사상가의 주장이다. ㉠에 들어갈 말로 적절한 것은?

> 이(理)와 기(氣)는 본래 서로 떨어질 수 없기 때문에 마치 하나의 사물인 것 같다. 그러나 이와 기는 서로 다른 것이다. 이는 무형(無形)이고 기는 유형(有形)이며 이는 무위(無爲)이고 기는 유위(有爲)이기 때문이다. 무형 무위이면서 유형 유위인 것의 주재가 되는 것은 이요, 유형 유위이면서 무형 무위인 것의 그릇이 되는 것은 기이다. 이는 무형이고 기는 유형이므로 이는 통하고 기는 국한된다. 이는 무위이고 기는 유위이므로 (㉠)이다.

① 기발이승(氣發理乘)
② 이기호발(理氣互發)
③ 기질변화(氣質變化)
④ 주일무적(主一無適)
⑤ 거경궁리(居敬窮理)

05 다음을 주장한 한국 유교 사상가의 입장만을 〈보기〉에서 고른 것은?

▶ 20582-0048

> 정(情)이 선하게 되는 것은 맑은 기(氣)를 타고 천리(天理)가 바로 나와서 그 적절함을 잃지 않은 것이기 때문에 인의예지(仁義禮智)의 단서가 될 수 있다. 정이 선하지 못한 것은 천리가 탁한 기에 가려 인의예지를 해치기 때문에 사단이라고 할 수 없다. 하지만 사람은 부여받은 기질이 다르지만 그것을 변화시킬 수 있다.

┤보기├
ㄱ. 기질을 바로잡는 수양을 해야 한다.
ㄴ. 선한 정과 악한 정의 연원은 같지 않다.
ㄷ. 정으로 인해 인이 실현되지 않을 수 있다.
ㄹ. 기질이 탁한 사람은 선행의 가능성이 없다.

① ㄱ, ㄴ   ② ㄱ, ㄷ   ③ ㄴ, ㄷ
④ ㄴ, ㄹ   ⑤ ㄷ, ㄹ

06 한국 유교 사상가 갑, 을의 입장으로 옳은 것은?

▶ 20582-0049

> 갑: 사단과 칠정이 다 같은 정(情)이지만 이름을 달리한 까닭이 없겠는가. 그 가리켜 말한 것이 다르면 양자의 구별이 있게 된다.
> 을: 사단은 칠정을 겸할 수 없으나 칠정은 사단을 겸할 수 있다. 사단은 전체를 아우르는 면에서는 칠정만 못하고, 칠정은 순수한 면에서는 사단만 못하다.

① 갑: 사단은 칠정의 선한 측면일 뿐이다.
② 갑: 사단은 칠정과 구별하여 성이라고 해야 한다.
③ 을: 칠정을 없애야만 사단을 실천할 수 있다.
④ 을: 칠정과 사단은 모두 기가 발하고 이가 탄 것이다.
⑤ 갑, 을: 사단은 이가 발하고 기가 그것을 따른 정이다.

07 다음을 주장한 한국 유교 사상가가 긍정의 대답을 할 질문으로 옳은 것은?

▶ 20582-0050

> 인의예지를 본심의 온전한 덕이라고 한다면 다만 벽을 향해 고요히 앉아 마음을 들여다보고 내면을 비추어 마음의 본체를 통철하게 만들려고 할 것이다. 마치 마음 안에 인의예지의 네 알갱이가 있는 것처럼 여기면 성인들이 힘쓰던 바가 있었겠는가. 인의예지란 실천을 통해 이룰 수 있다는 것을 알게 되면 그 덕을 이루기 위해 열심히 노력하게 될 것이다.

① 인성 안에는 인의예지가 포함되어 있는가?
② 마음의 본체만 보면 덕행을 할 수 있는가?
③ 인간의 본성은 하늘이 명령한 이치[理]인가?
④ 인의예지는 후천적 노력으로 획득되는 것인가?
⑤ 사람은 누구나 태어날 때부터 덕을 부여받는가?

08 한국 유교 사상가 갑, 을의 입장으로 옳은 것은?

▶ 20582-0051

> 갑: 인성(人性)은 선을 좋아하고 악을 싫어하는 것이다. 선을 좋아하여 측은(惻隱), 사양(辭讓)의 마음이 있는 것이고, 악을 싫어하여 수오(羞惡), 시비(是非)의 마음이 있는 것이다. 이 네 가지 마음이 있어서 인의예지를 이룰 수 있다.
> 을: 성에는 인의예지가 있고, 정에는 칠정이 있다. 인의예지를 벗어나 성이 없고, 칠정 이외의 다른 정은 없다. 칠정 가운데 인욕(人欲)이 섞이지 않은 순수한 것이 사단(四端)이다.

① 갑: 사단은 선을 좋아하는 마음을 실천해야 형성된다.
② 갑: 사단과 달리 사덕은 노력을 통해 획득되는 것이다.
③ 을: 사단은 도덕적 본성이고 칠정은 일반적 감정이다.
④ 을: 사단은 후천적 감정이고 사덕은 선천적 본성이다.
⑤ 갑, 을: 사단을 확충해야 본성인 사덕을 실현할 수 있다.

● **불교 윤리의 목표**

(1) 불교의 특징

① 삼학(三學: 계, 정, 혜)을 실천 항목으로 하여 체계적인 수행을 강조함

계(戒)	계율을 지킴으로써 몸과 마음을 다스려 좋은 습관을 들이는 것
정(定)	어지럽게 흐트러진 마음을 한곳에 모아 선정에 드는 것
혜(慧)	사물의 실상을 있는 그대로 통찰하는 지혜[반야(般若)]를 얻는 것

② 사성제(四聖諦)를 통찰하기 위해 팔정도(八正道)의 실천을 강조함

일반적으로 석가모니가 깨달음을 얻은 후 열반에 이를 때까지 제자들에게 가르친 내용[(法)법]을 의미함

(2) 초기 불교의 가르침
석가모니는 연기설에 근거하여 원인과 조건에 의해 괴로움이 생겨나는 과정과 원인과 조건에 의해 괴로움이 소멸하는 과정을 설명하였음

① 연기설(緣起說): 모든 존재와 현상은 무수한 원인[인(因)]과 조건[연(緣)]에 의해 생겨나며, 그 원인과 조건이 없으면 결과도 없다는 이론

• 연기의 법을 올바르게 이해할 때 윤회의 고통에서 벗어나 해탈할 수 있음
• '나'와 '자연 만물'의 연계성과 상호 의존성을 자각하게 해 줌
• 세상의 모든 생명에 대한 경외심을 북돋워 주고, 자비를 일깨워 줌

② 사성제(四聖諦)와 팔정도(八正道)

• 사성제: 석가모니가 수행을 통하여 깨달은 '네 가지 성스러운 진리'

고제(苦諦)	• 인간의 삶은 본질적으로 고통일 수밖에 없음 • 대표적인 괴로움: 생로병사(生老病死)
집제(集諦)	인간이 겪는 고통은 무명(無明)과 애욕(愛慾)으로 인해 생겨남
멸제(滅諦)	고통의 원인인 무명과 애욕을 없애면 더 이상 고통이 없는 열반에 이르게 됨
도제(道諦)	• 무명과 애욕을 없애기 위해서는 중도(中道)를 닦아야 함 • 중도의 구체적 내용: 여덟 가지 올바른 길[八正道(팔정도)]

• 팔정도: 깨달음을 얻기 위해 실천해야 할 여덟 가지 바른 수행 방법

> • 정어(正語): 올바른 말을 함
> • 정명(正命): 올바른 생업에 종사함
> • 정념(正念): 올바른 마음 챙김을 함
> • 정견(正見): 올바른 견해를 가짐
> • 정업(正業): 올바른 행위를 함
> • 정정진(正精進): 올바르게 노력함
> • 정정(正定): 올바르게 마음을 집중함
> • 정사(正思): 올바른 생각을 함

③ 삼법인설(三法印說) 또는 사법인설(四法印說): 인생과 세상의 실상이 무상(無常), 무아(無我), 고(苦)임을 아는 것과 '열반적정'을 말함

• 제행무상(諸行無常): 세상의 모든 것은 끊임없이 생멸하고 변화함
• 제법무아(諸法無我): '나'라고 주장할 불변하는 실체는 존재하지 않음
• 일체개고(一切皆苦): 끊임없이 변화하는 모든 것은 고통일 수밖에 없음
• 열반적정(涅槃寂靜): 열반은 절대적으로 평화롭고 고요한 경지임

법은 주로 '진리', '부처의 가르침', '궁극적 실재'를 의미하는 개념으로 활용되기 때문에 문맥에 따라서 다르게 의미를 파악해야 함

◉ **삼학(三學)**
깨달음을 얻기 위해 실천해야 하는 세 가지 공부

◉ **정(定)**
마음을 한 곳에 집중하는 것을 말함

◉ **선정(禪定)**
마음이 완전히 하나의 대상에 몰입된 상태를 말함

◉ **연기(緣起)**
인연생기의 준말로 모든 존재와 현상이 원인과 조건에 의해 생겨난다는 원리

◉ **자비(慈悲)**
남을 깊이 사랑하고 불쌍한 사람을 가엾게 여김

◉ **연기설과 사성제**

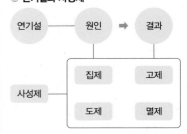

◉ **무명(無明)**
근원적인 무지(無知)를 말하며, 구체적으로는 사성제를 알지 못하는 무지를 말함

◉ **중도(中道)**
쾌락과 고행의 양극단에 치우치지 않는 것을 말함

◉ **무상(無常)**
변하지 않고 항상 존재하는 것은 없음

◉ **열반(涅槃)**
번뇌의 불이 꺼진 상태, 더 이상 괴로움이 없는 상태를 말함

① 초기 불교의 연기설(緣起說)

석가모니는 원인과 조건에 의해 괴로움이 생겨나는 과정을 12가지 과정으로 설명하고, 괴로움이 소멸하는 과정도 12가지 과정으로 설명하였는데, 이를 12연기라고 함

> 두 개의 갈대 다발이 서로 의지하여 서 있는 것처럼 의식[識(식)]을 조건으로 하여 정신 · 물질[名色(명색)]이 생겨나고, 정신 · 물질을 조건으로 하여 여섯 감각 장소[六入(육입)]가 생겨나고, 여섯 감각 장소를 조건으로 하여 감각 접촉[觸(촉)]이 생겨나고, 감각 접촉을 조건으로 하여 느낌[受(수)]이 생겨나고, 느낌을 조건으로 하여 갈애[愛(애)]가 생겨나고 …(중략)… 이와 같이 전체 괴로움의 무더기[五蘊(오온)]가 생겨납니다. 만일 이 두 개의 갈대 다발 가운데 하나를 빼면 다른 갈대 다발이 쓰러질 것입니다. 이와 같이 의식이 소멸하기 때문에 정신 · 물질이 소멸하고, 정신 · 물질이 소멸하기 때문에 여섯 감각 장소가 소멸하고, 여섯 감각 장소가 소멸하기 때문에 감각 접촉이 소멸하고, …(중략)… 이와 같이 전체 괴로움의 무더기가 소멸합니다.
>
> – 『상응부경』 –

분석 | 연기(緣起)는 '인연생기(因緣生起)'의 줄임말로 우주와 인생의 모든 존재와 현상은 원인[인(因)]과 조건[연(緣)]의 상호 관계에 의해서 생겨난다는 것이다. 연기설에 따르면 우주의 모든 사물과 현상이 원인과 결과로 연결되어 있기 때문에 어떤 존재와 현상도 독립적으로 존재할 수 없게 된다. 석가모니는 이런 연기설을 통하여 중생들이 겪는 괴로움이 어떻게 발생하고, 이런 괴로움이 어떻게 소멸하는지 알려주고자 하였다.

② 초기 불교의 사성제설(四聖諦說)

무명은 깨달음을 얻지 못한 중생들이 끝을 알 수 없는 과거로부터 쌓아 온 '사성제에 대한 무지'를 말하며, 갈애는 현재 중생들이 무엇인가에 대하여 애착을 일으키는 마음의 상태를 말함

> 중생들은 무명(無明)에 덮이고 갈애(渴愛)에 묶여서 치달리고 윤회하면서 어떤 때는 이 세상에서 저 세상으로 가기도 하고, 어떤 때는 저 세상에서 이 세상으로 오기도 한다. 그것은 무슨 이유 때문인가? 네 가지 성스러운 진리를 보지 못했기 때문이다. 무엇이 네 가지 성스러운 진리인가? 괴로움이란 성스러운 진리, 괴로움이 일어남의 성스러운 진리, 괴로움 소멸의 성스러운 진리, 괴로움의 소멸로 인도하는 도(道) 닦음의 성스러운 진리이다. 그러므로 '이것이 괴로움이다.'라고 수행해야 한다. '이것이 괴로움의 일어남이다.'라고 수행해야 한다. '이것이 괴로움의 소멸이다.'라고 수행해야 한다. '이것이 괴로움의 소멸로 인도하는 도 닦음이다.'라고 수행해야 한다.
>
> – 『상응부경』 –

분석 | 사성제는 석가모니가 깨달은 네 가지 성스러운 진리를 말한다. 석가모니는 인간이 겪는 괴로움은 반드시 그 원인이 있고, 그 원인을 없애면 해탈에 이를 수 있다고 본다. 인간은 무명(無明)과 애욕(愛慾)을 조건으로 하여 고통을 겪게 되며, 여덟 가지 올바른 길[八正道(팔정도)]를 닦으면 이런 무명과 애욕을 없앨 수 있고, 그 결과 해탈에 이르게 된다고 보았다.

---

1 다음을 주장한 사상가의 입장으로 옳지 <u>않은</u> 것은?

> 이것이 있을 때 저것이 있다. 이것이 일어날 때 저것이 일어난다. 이것이 없을 때 저것이 없다. 이것이 소멸할 때 저것이 소멸한다. 이와 같이 무명(無明)을 조건으로 의도적 행위[行(행)]들이, 의도적 행위들을 조건으로 의식[識(식)]이 발생한다.

① 인간이 겪는 괴로움에는 반드시 그 원인이 있다.
② 모든 현상은 서로 의존하여 생겨나며 일시적이다.
③ 연기를 알아야 고정된 실체를 찾을 수 있게 된다.
④ 모든 존재는 반드시 원인과 조건의 영향을 받는다.
⑤ 인간은 태어난 이상 반드시 죽음에 이를 수밖에 없다.

정답과 해설 ▶ 자료는 석가모니가 주장한 연기설의 내용이다. 연기는 모든 존재와 현상이 원인과 조건에 의해 생겨난다는 것이다. 이런 연기설에 따르면 모든 존재와 현상은 서로 의존적이며 일시적이다. 그러므로 연기설에 의하면, 고정된 실체는 존재하지 않는다. **답** ③

2 ㉠에 대한 옳은 설명만을 〈보기〉에서 고른 것은?

> 무엇이 (㉠)인가? 괴로움이란 성스러운 진리, 괴로움이 일어남의 성스러운 진리, 괴로움 소멸의 성스러운 진리, 괴로움의 소멸로 인도하는 도(道) 닦음의 성스러운 진리이다. 그러므로 '이것이 괴로움이다.'라고 수행해야 한다. '이것이 괴로움의 일어남이다.'라고 수행해야 한다. '이것이 괴로움의 소멸이다.'라고 수행해야 한다. '이것이 괴로움의 소멸로 인도하는 도 닦음이다.'라고 수행해야 한다.

〈 보기 〉
ㄱ. 괴로움이 생기는 원인을 알려준다.
ㄴ. 괴로움에 대한 체념적 수용을 강조한다.
ㄷ. 괴로움이 없는 경지의 실현을 중시한다.
ㄹ. 무명의 실천이 깨달음의 길이라고 본다.

① ㄱ, ㄴ   ② ㄱ, ㄷ   ③ ㄴ, ㄷ
④ ㄴ, ㄹ   ⑤ ㄷ, ㄹ

정답과 해설 ▶ ㉠은 사성제이다. 사성제는 괴로움이 생기는 원인과 그것을 없애는 길을 제시한다. 사성제에 따르면, ㄱ. 인간이 겪는 괴로움에는 반드시 그 원인이 있다. ㄷ. 무명과 애욕을 없애면 괴로움이 없는 경지, 즉 열반을 실현할 수 있다. **답** ②

(3) 대승 불교 — "반야경"과 용수의 '공' 사상을 바탕으로 하여 형성된 불교로 '공'과 '보살행'의 이해와 실천을 강조함

부파 불교 (소승 불교)	• 부처의 입멸 후 제자들은 경전 체계를 확립하고, 석가모니의 가르침을 철학적으로 이론화하고자 함
대승 불교	• 대중과 멀어진 부파 불교를 소승 불교로 규정함 • 보살을 이상적인 인간상으로 제시하고 수행 덕목으로 육바라밀(六波羅密)을 제시함 – 공(空) 사상을 중시함

① 중관(中觀) 사상
- 공(空)의 원리를 근거로 부파 불교에서 나타난 자성(自性) 개념을 비판함
- 대표적 사상가: 용수
  - 초기 불교의 연기설(緣起說)을 바탕으로 공 사상을 제시하면서 모든 현상은 일시적으로 존재한다고 봄
  - 중도(中道)를 강조: 유(有)에 집착하는 관점과 무(無)에 집착하는 관점에서 벗어나 중간을 지향해야 한다고 주장함
  - 중관(中觀): 중도에 따라 모든 현상을 있는 그대로 관찰하는 것을 말함

② 유식(唯識) 사상
- 공의 원리에 따라 사물의 실체는 부정하면서도 마음 작용인 의식[識(식)]은 존재한다고 봄
- 유식: 의식을 떠나서는 어떠한 실재도 없음을 강조
- 모든 것은 마음이 만들어낸 것이라는 일체유심조(一切唯心造)를 강조
- 요가 수행: 의식을 변화시켜 분별이 없는 마음을 얻는 수행

(4) 깨달음의 길: 경전 이해와 본성의 자각 — 석가모니는 사물의 실상이 무상(無常), 고(苦), 무아(無我) 임을 이해하고 수행을 통해 사물의 이러한 실상을 꿰뚫어 아는 지혜[반야]를 얻어야 한다고 강조하였다.

① 교종(敎宗)
- 교종의 특징
  - 부처의 말씀인 경전을 근본으로 하는 종파로, 해탈에 이르기 위해 삼법인, 사성제, 팔정도, 십이연기 등과 같은 교리의 체득을 강조함
  - 교리에 대한 깊은 이해, 계율의 실천과 수행을 통한 성불(成佛)을 중시함
- 교종의 다양한 분파

— 지는 마음을 한 곳에 집중하는 훈련을 말하고 관은 변화하는 사물의 실상을 통찰하여 지혜를 얻는 수행을 말함

천태종	• 『법화경』을 주요 경전으로 삼음 • 깨달음을 얻기 위해 마음의 집중인 지(止)와 통찰의 수행인 관(觀)을 닦아야 한다고 주장함
화엄종	• 『화엄경』을 주요 경전으로 삼음 • 모든 존재가 서로 원인이 되어 융합하고 있으므로, 분별과 대립이 극복되고 지양되어야 한다고 봄
정토종	• 『아미타경』 『무량수경』 등을 주요 경전으로 삼음 • 아미타불의 도움으로 정토(淨土)에 태어나 성불하기를 바라며, 아미타불의 이름을 부르면 정토에 극락왕생할 수 있다고 믿음

◉ **입멸(入滅)**
불교에서 죽음을 표현하는 말

◉ **육바라밀(六波羅密)**
보살이 열반에 이르기 위해 실천해야 할 여섯 가지 덕목으로, 보시(布施), 지계(持戒), 인욕(忍辱), 정진(精進), 선정(禪定), 지혜(智慧)를 말함

◉ **자성(自性)**
고정 불변하는 독자적인 성질을 말함

◉ **공(空)**
고정불변의 실체성이 없다는 의미로, 무자성(無自性)이라고도 함

◉ **요가**
자세와 호흡을 가다듬고 정신을 통일, 순화시켜 심신을 단련하는 수행을 말함

◉ **중관과 유식 사상**

중관	유식
모든 것은 고정불변의 실체로 존재하는 것이 아니고, 인연에 따라 임시로 존재함	모든 것은 마음이 만든 허상이지만, 진리를 깨닫는 마음은 존재함
연기설, 공 사상	

◉ **성불(成佛)**
깨달음을 얻어 부처가 됨을 말함

◉ **정토(淨土)**
정토는 대승 불교에서의 종교적 이상향을 가리키는 말로 아미타 부처가 거주하는 깨끗한 곳이라는 의미

❸ 중관 사상과 유식 사상 ── 업은 의도를 가지고 한 모든 행위, 즉 몸으로 짓는 행위와 말로 짓는 행위 그리고 생각으로 짓는 행위를 포괄하여 말함

- 모든 업(業)은 본래 생겨나지 않는다. 결정된 자성이 없기 때문에. 모든 업은 없어지지도 않는다. 업에 자성이 있다고 하면 항상한 것이라 할 것이니, 업을 짓지 않아도 업이라 할 것이며, 항상 업으로 있다면 새로 업을 지을 수도 없다. 짓지도 않는 업이 있다고 하면 짓지 않고도 죄가 있게 되므로, 청정한 수행을 계속해도 청정하지 않은 허물이 있게 된다.

  – 용수, 『중론』 –

- 오식(五識)은 연(緣)에 따라 일어난다. 어느 때는 함께하고 어느 때는 함께하지 않는다. 마치 파도가 물에 의지하는 것과 같다. 의식[식(識)]은 항상 일어난다. 잠잘 때와 기절할 때는 제외된다. 이 모든 의식이 전변해서 분별과 분별되는 것으로 나뉜다. 분별과 분별되는 것에 의지해서 보면 모든 것은 다 무(無)이다. 그러므로 일체는 오직 의식일 뿐이다.

  ── 안식(眼識), 이식(耳識), 비식(鼻識), 설식(舌識), 신식(身識)을 말함 – 세친, 『육식삼십송 강의』 –

분석 | 중관은 극단에 치우친 잘못된 견해를 바로잡고 중도의 진리로 바르게 관찰한다는 의미이다. 중관 사상은 모든 것이 인연에 의해 생겨나므로 독자적인 속성을 지닐 수 없어 실체로서 있는 것이 아님을 강조하였다. 유식 사상은 모든 것을 실체가 없는 공(空)으로 보는 중관 사상이 극단적인 허무론이라고 비판하면서, 모든 현상은 오직 마음의 작용으로만 존재하고 마음을 떠나서는 존재할 수 없다고 주장하였다.

❹ 교종과 선종의 비교 ── 교종은 부처님의 가르침을 이해하고 그 가르침에 따라 수행해야 한다는 입장인 반면 선종은 자신에 내재된 본성을 직관하는 수행만으로도 깨달음을 얻을 수 있다는 입장임

- 경전에서 말하는 진리 외에 다시 무슨 진리가 있는가? 경전에서 훌륭한 보살이 보여 준 점진적인 수행 외에 다시 무슨 수행에 대한 가르침이 있는가? 만약 당신이 주장하는 대로 경전 속 가르침이 무의미하다면 누가 보살의 길을 따라 수행하여 부처가 되려 하겠으며, 보살의 점진적 수행을 통해 무엇을 얻을 수 있단 말인가?

- 훌륭한 스승의 가르침 속 핵심은 자기 마음의 참된 본성을 정확히 지적하여 보여 준다. 따라서 경전 가르침과 별도로 참된 본성의 깨달음에 대한 훌륭한 스승의 가르침이 전해 내려온다. 아무리 많은 경전을 오래 읽는다고 하더라도 그것은 참된 본성의 깨달음에 대한 가르침을 이해하고 깨닫는데 아무런 도움이 되지 못한다.

  – 『선문보장록』 –

분석 | 교종은 경전을 통해 부처의 가르침을 올바르게 이해하고 그에 따라 수행할 수 있다고 본다. 그러면서 점진적 수행인 점수(漸修)의 과정을 중시한다. 반면 선종은 경전이나 복잡한 수행 체계, 의례보다는 참선을 통한 본성의 자각을 중시한다. 그러면서 누구나 자신의 본성을 직관하면 부처가 될 수 있다는 돈오(頓悟)를 중시한다.

확인학습

❸ 동양 사상 (가), (나)에 대한 설명으로 옳지 <u>않은</u> 것은?

> (가) 업(業)은 본래 생겨나지 않는다. 결정된 자성이 없기 때문에 업은 없어지지도 않는다. 업에 자성이 있다고 하면 항상한 것이라 할 것이니, 업을 짓지 않아도 업이라 할 것이며, 항상 업으로 있다면 새로 업을 지을 수도 없다. 그러므로 모든 것은 공하다.
>
> (나) 오식(五識)은 연(緣)에 따라 일어난다. 어느 때는 함께하고 어느 때는 함께하지 않는다. 이 모든 의식이 전변해서 분별과 분별되는 것으로 나뉜다. 분별과 분별되는 것에 의지해서 보면 모든 것은 다 무(無)이다. 그러므로 일체는 의식일 뿐이다.

① (가)는 모든 존재에 자성(自性)은 없다고 본다.
② (가)는 중도를 관찰하는 중관(中觀)을 중시한다.
③ (나)는 마음을 떠나 어떤 실체도 없다고 본다.
④ (나)는 마음이 원인과 조건의 영향을 받지 않는다고 본다.
⑤ (가), (나)는 모든 것이 연기에 의해 발생한다고 본다.

정답과 해설 ▶ (가)는 중관 사상이고, (나)는 유식 사상이다. ④ 유식 사상은 모든 것이 연기의 지배를 받는다고 본다.

답 ④

❹ 동양 사상 (가), (나)의 입장만을 〈보기〉에서 고른 것은?

> (가) 경전에서 말하는 진리 외에 다시 무슨 진리가 있는가? 경전에서 훌륭한 보살이 보여 준 점진적인 수행 외에 다시 무슨 수행에 대한 가르침이 있는가?
>
> (나) 훌륭한 스승의 가르침 속 핵심은 자기 마음의 참된 본성을 정확히 보여 준다. 따라서 경전의 가르침 외에서 참된 본성의 깨달음에 대한 훌륭한 스승의 가르침이 별도로 전해 내려온다.

◁ 보기 ▷
ㄱ. (가): 마음으로 전해지는 가르침만이 중요하다.
ㄴ. (가): 경전에 기초한 체계적 수행을 해야 한다.
ㄷ. (나): 점진적 수행을 통해서만 깨달을 수 있다.
ㄹ. (나): 참선을 통해 불성(佛性)을 직관해야 한다.

① ㄱ, ㄴ   ② ㄱ, ㄷ   ③ ㄴ, ㄷ
④ ㄴ, ㄹ   ⑤ ㄷ, ㄹ

정답과 해설 ▶ (가)는 교종이고, (나)는 선종이다. ㄴ. 교종은 경전의 가르침을 중시한다. ㄹ. 선종은 참선을 통해 불성을 직관해야 한다고 본다.

답 ④

② 선종(禪宗)

• 선종의 연원
 – 남북조 시대 달마 대사에 의해 형성되고 혜능에 의해 정립됨
 – 우리가 본래 완성된 부처라는 것을 직관해야 한다는 돈오(頓悟)를 주장함
 – 직관적 종교 체험인 선(禪)의 수행을 강조함

• 선종의 특징 ── 선종은 경전을 부정하는 것이 아니라, 자신의 본성을 직관하여 깨달음을 얻을 수 있다고 보고 이런 수행을 중시하였음
 – 깨달음의 주체인 불성, 즉 진리가 모든 사람의 마음속에 있다고 보고 스스로의 수행을 통한 주체적인 자아의 완성과 해탈을 강조함
 – 자신의 마음을 직접 보고[直指人心(직지인심)], 자신의 본성이 곧 불성임을 깨달으면 부처가 될 수 있음[見性成佛(견성성불)]을 강조함
 – 경전에 얽매이는 것을 비판하면서[不立文字(불립문자)], 문자 밖에서 깨닫는 것[敎外別傳(교외별전)]을 중시함
 – 스승과 제자 사이에 마음으로 주고받는 가르침[以心傳心(이심전심)]이 중요하다고 생각함
 – 언어를 부정한 것이 아니라 언어에 대한 집착을 경계함

◉ **돈오(頓悟)**
자신의 본성을 직관하여 단박에 깨달음을 얻는 것을 말함

◉ **불성(佛性)**
부처에 이를 수 있는 근본 성품을 말하며, 미혹이나 깨달음에 의하여 변하는 일 없이 본래부터 중생에게 갖추어져 있는 근본 성품이라고도 함

◉ **교외별전(敎外別傳)**
경전으로 전해지는 부처의 가르침과는 별도로 전해지는 깨달음의 길이 있다는 의미

 자료 탐구

5 **혜능과 돈오(頓悟)** ── 혜능은 자신의 본성을 직관하여 깨달음을 얻으면 곧바로 부처가 된다고 주장하였기 때문에 일반적으로 혜능의 주장을 돈오돈수(頓悟頓修)로 보는 경향이 있음

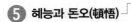

• 선정(禪定)이란 무엇인가? 밖으로 드러난 형상에 집착하지 않는 것이 선(禪)이요, 안으로 마음이 어지럽지 않은 것이 정(定)이다. 밖으로 드러난 형상에 집착하면 안으로 마음이 어지러워지고, 밖에 드러난 모습에 집착하지 않으면 안에 있는 마음이 어지러워지지 않는다. 본디 성품은 그 자체가 맑고 고요하고, 그 자체가 바르게 되어 있으나, 형상만 보고 생각하기 때문에 마음이 어지러워진다. 형상을 보되 마음이 어지럽지 않은 것, 이것이 참된 선정이다.
• 진정 올바른 반야(지혜)를 일으켜 살펴보면 찰나 간에 잘못된 생각은 모조리 사라지며, 자신의 내면에 있는 본성을 인식하여 한 번 깨달으면 곧장 부처의 경지에 이른다.
 – 「육조단경」 –

분석 | 혜능은 깨달음에 이르기 위해 사람은 누구나 자신의 본성을 직관해야 한다고 주장하면서, 그런 직관을 통해 단박에 깨달음을 얻는 돈오(頓悟)를 강조하였다. 혜능은 깨달음을 얻는 수행으로 참선을 중시하였으며, 이런 참선을 통하여 깨달음을 얻으면 단박에 부처가 될 수 있다고 주장하였다. 혜능의 영향을 받은 선종은 깨달음이 일상의 삶과 무관하지 않다는 것을 깨우쳐 주었으며, 외적인 형식보다 내면의 자각이 중요하다는 것을 인식시켜 주었다.

 확인학습

5 다음을 주장한 사상가의 입장으로 옳지 **않은** 것은?

> 성품은 그 자체가 맑고 고요하고, 그 자체가 바르게 되어 있으나, 형상만 보고 생각하기 때문에 마음이 어지러워진다. 형상을 보되 마음이 어지럽지 않은 것, 이것이 참된 선정이다.

① 진리는 마음에서 마음으로 전해지는 것이다.
② 자신의 마음속에 있는 불성을 직관해야 한다.
③ 경전의 가르침과 별도로 전해진 가르침이 있다.
④ 누구나 본성을 직관하면 단박에 깨달을 수 있다.
⑤ 교리의 공부가 선정과 지혜의 실천보다 중요하다.

정답과 해설 ▶ 자료는 혜능의 주장이다. 혜능은 참선을 통해 자신의 불성을 직관해야 하며, 불성의 직관을 통해 단박에 깨달음을 얻을 수 있다고 주장하였다. ⑤ 혜능은 교리의 공부보다 선정과 지혜와 같은 실천이 더 중요하다고 주장하였다. **답** ⑤

01~09 다음 내용이 옳으면 ○표, 틀리면 ×표 하시오.

01 연기(緣起)란 우주와 인생의 모든 존재와 현상은 원인과 조건의 상호 관계에 의해 생겨난다는 것이다. (　　)

02 사성제(四聖諦)는 괴로움이 생기는 원인과 그것을 멸하는 방법을 밝힌 것이다. (　　)

03 제법무아(諸法無我)는 나라고 주장할만한 고정된 실체는 없다는 의미이다. (　　)

04 대승 불교는 위로는 깨달음을 구하고 아래로는 중생을 구제하는 아라한을 이상적 인간으로 제시하였다. (　　)

05 도덕적 생활인 계(戒), 마음을 하나의 대상에 집중하는 정(定), 사물의 본성을 통찰하는 지혜[慧(혜)]를 삼학이라고 한다. (　　)

06 중도(中道)에 따라 사물을 있는 그대로 관찰해야 한다는 것을 강조하므로 용수의 사상을 중관 사상이라고 한다. (　　)

07 유식 사상은 의식[識(식)]도 자성을 갖고 있지 않고 실체가 없기 때문에 공(空)하다고 본다. (　　)

08 선종(禪宗)은 깨달음에 이르는 방법으로 교리 공부를 강조하기보다 선(禪) 수행을 중시한다. (　　)

09 참선은 다른 사람의 고통을 함께 슬퍼하고, 행복은 함께 기뻐하는 마음을 말한다. (　　)

10~17 다음 빈칸에 알맞은 말을 쓰시오.

10 (　　　)은/는 석가모니가 깨달은 네 가지 진리로 연기설에 기초하고 있다.

11 석가모니가 제시한 사성제에 따르면, (　　　)와/과 애욕(愛慾)으로 인해 집착이 생겨나고 그 결과 고통을 겪는다.

12 석가모니는 극단적 쾌락과 고행의 양극단에 치우지지 않는 (　　　)의 수행법을 제시하였다.

13 삼법인설 중 (　　　)은/는 세상의 모든 것은 인연에 의해 생성된 일시적인 것으로 영원하지 않다는 의미이다.

14 대승 불교에서 강조하는 (　　　) 사상은 모든 현상과 존재가 고정불변의 독자적인 실체를 지니지 않는다고 보는 사상이다.

15 (　　　) 사상은 모든 현상은 오직 마음[識(식)]의 작용으로만 존재하고, 마음을 떠나서는 존재할 수 없다는 것을 강조한다.

16 중국에서 나타난 (　　　)은/는 붓다의 가르침이 담긴 경전 공부를 중요시하고 깨달음을 얻기 위해 점진적 수행을 해야 한다고 본다.

17 혜능은 자신의 본성을 직관하면 단박에 깨달음을 얻을 수 있다는 (　　　)을/를 중시하였다.

정답　01 ○　02 ○　03 ○　04 ×　05 ○　06 ○　07 ×　08 ○　09 ×　10 사성제　11 무명　12 중도
13 제행무상　14 공　15 유식　16 교종　17 돈오

오답 체크　04 대승 불교에서 제시하는 이상적 인간상은 보살이다.
07 유식 사상은 모든 현상은 마음의 작용으로만 존재하지만, 식(識)은 존재한다고 본다.
09 참선이 아니라 자비이다. 자비는 다른 사람의 고통을 함께 슬퍼하고 행복은 함께 기뻐하는 마음이다.

▶ 20582-0052

01 ⊙~ⓒ에 대한 옳은 설명만을 〈보기〉에서 고른 것은?

> 석가모니는 생로병사를 비롯한 모든 인간의 삶은 본질적
> 으로 (⊙)일 수밖에 없다고 주장하였다. 그는 인간이
> 끊임없이 무언가를 갈망하는 (ⓒ)와/과 이에 따른 집
> 착으로 (⊙)이/가 생겨난다고 보았다. 그리고 이러한
> 이치를 깨닫지 못하는 근원적 무지인 (ⓒ) 때문에 인
> 간이 윤회의 고통에서 벗어나지 못한다고 보았다.

◀ 보기 ▶
> ㄱ. 불교는 ⊙이 소멸된 경지를 추구한다.
> ㄴ. ⓒ이 소멸되면 모든 것이 무(無)가 된다.
> ㄷ. ⓒ은 사성제를 바르게 알지 못하는 무지이다.
> ㄹ. ⊙이 원인이 되어 결과 ⓒ과 ⓒ이 생겨난다.

① ㄱ, ㄴ   ② ㄱ, ㄷ   ③ ㄴ, ㄷ
④ ㄴ, ㄹ   ⑤ ㄷ, ㄹ

▶ 20582-0053

02 다음의 강연자가 부정의 대답을 할 질문은?

> 사람은 인연에 따라 죄와 복을 일으킵니다. 어진
> 이를 가까이 하면 도덕과 의리가 높아가고, 어리석
> 은 이를 가까이 하면 재앙과 죄가 이룹니다. 종이
> 와 새끼줄로 비유하자면, 종이는 향을 가까이 해서
> 향내가 나고 새끼줄은 생선을 꿰어 비린내가 나는
> 것과 같지요. 이처럼 모든 것은 인연에 따라 생기
> 고 사라집니다.

① 괴로움의 발생에는 반드시 원인이 존재하는가?
② 모든 것은 상호 의존적인 관계로 이루어져 있는가?
③ 사람은 자신의 말이나 행동의 영향을 받게 되는가?
④ 변하지 않는 실체를 바르게 알 때 열반이 실현되는가?
⑤ 모든 것이 항상 존재할 가능성은 없다고 보아야 하는가?

▶ 20582-0054

03 ⊙, ⓒ에 대한 설명으로 옳지 <u>않은</u> 것은?

집성제(集聖諦) 원인: 애욕과 무명	→	고성제(苦聖諦) 결과: 괴로움
도성제(道聖諦) 원인: (⊙)	→	멸성제(減聖諦) 결과: (ⓒ)

① ⊙은 계율과 선정, 지혜를 완성시키는 수행이다.
② ⊙은 쾌락과 고행의 양극단에 치우치지 않는 수행이다.
③ ⓒ은 일시적이며 변하는 세속적 진리의 경지이다.
④ ⓒ은 모든 번뇌와 고통이 사라진 평화로운 경지이다.
⑤ ⊙을 바르게 알고 수행할 때 ⓒ이 실현될 수 있다.

▶ 20582-0055

04 불교 사상가 갑, 을에 대한 설명으로 적절하지 <u>않은</u> 것은?

> 모든 것이 변하지 않는 실체
> 로서 존재하는 것은 아닙니다.
> 그러므로 모든 것이 공(空)하
> 다는 것을 알아야 합니다.

> 모든 현상은 마음이 만들어
> 낸 허상에 불과하지만, 그것
> 을 만들어 낸 마음은 존재합
> 니다. 모든 현상은 다만 마
> 음에 지나지 않습니다.

갑   을

① 갑은 중도의 진리를 바르게 통찰해야 한다고 본다.
② 갑은 모든 것은 인연(因緣)에 의해 발생한다고 본다.
③ 을은 자기에 집착하는 의식을 없애야 한다고 본다.
④ 을은 모든 것은 고정된 실체가 없는 무(無)라고 본다.
⑤ 갑, 을은 공 사상에 근거하여 집착에서 벗어나야 한다
   고 본다.

05 ㉠에 들어갈 내용으로 가장 적절한 것은?

▶ 20582-0056

선종(禪宗)에서는 진리가 모든 사람의 마음속에 있음을 주장하며, 깨달음 역시 바깥에서 구할 것이 아니라 자기 마음속에서 구할 것을 주장한다. 반면 교종에서는 경전을 바탕으로 하여 교리를 깊이 이해하고 계율을 실천하여 성불(成佛)하는 것을 중시한다. 선종에서는 교종이 깨달음의 도구에 지나지 않는 경전의 해석에 집착하면서 정작 마음을 돌보고 수행하는 일에는 소홀히 하여 깨달음과 멀어지게 되었다고 비판한다. 하지만 교종에서는 선종이 [㉠   ]

① 말이나 문자를 중시하면서 참선을 경시한다고 비판한다.
② 경전과는 별도로 전해진 가르침을 부정한다고 비판한다.
③ 선정과 지혜를 닦는 수행을 철저히 부정한다고 비판한다.
④ 마음에서 마음으로 전하는 가르침을 부정한다고 비판한다.
⑤ 교리를 경시하면서 본성의 직관만을 강조한다고 비판한다.

06 ㉠, ㉡에 대한 설명으로 옳지 <u>않은</u> 것은?

▶ 20582-0057

〈사법인설〉

세간(世間) - 괴로움의 세계	출세간(出世間) - 괴로움이 소멸된 경지
제행무상(諸行無常)	
일체개고(一切皆苦)	㉡
㉠	

① ㉠은 연기의 영향을 받지 않는 이상 세계의 특징이다.
② ㉠은 '나'라고 주장할만한 고정된 실체는 없다는 의미이다.
③ ㉠은 인간이 생멸하는 오온(五蘊)에 지나지 않는다는 의미이다.
④ ㉡은 열반이 고통 없이 고요하고 평화롭다는 의미이다.
⑤ ㉠을 바르게 이해하고 수행할 때 ㉡이 실현될 수 있다.

07 동양 사상 (가)는 부정, (나)는 긍정의 대답을 할 질문으로 옳은 것은?

▶ 20582-0058

(가) 모든 의혹을 건너고 탐욕을 떠나 열반(涅槃)을 즐기며, 신들을 비롯한 세계를 안내하는 사람을 아라한이라고 한다. 그는 언제나 계를 지키고, 삼매에 들고, 지혜가 있고 성찰할 줄 알아 건너기 어려운 거센 윤회의 흐름을 건넌 사람이다.
(나) 보살 마하살은 일체 인식[想(상)]을 버리고 위없는 정등각에 마음을 내어야 한다. 형상, 소리, 냄새, 맛, 감촉, 마음이 대상에 머무르는 마음을 내지 않아야 한다.

① 열반을 실현하기 위해 삼독에 따라야 하는가?
② 일체는 인연에 의해 생기는 일시적인 현상인가?
③ 일체가 공함을 깨닫고 불성을 직관해야 하는가?
④ 불변의 실체가 있다고 생각하지 않아야 하는가?
⑤ 집착과 탐욕에서 벗어나 깨달음을 얻어야 하는가?

08 ㉠, ㉡에 대한 옳은 설명만을 〈보기〉에서 고른 것은?

▶ 20582-0059

부처가 열반에 든 후에 제자들은 결집을 통하여 경전을 만들었다. 경전과 계율에 대한 해석을 둘러싸고 다양한 부파(部派)로 분열되었다. 이 시기의 불교를 (㉠)(이)라고 한다. (㉠)은/는 초기 불교의 가르침을 체계화하려는 과정에서 복잡한 교리 연구에 매진하여 대중과 멀어지게 되었다. 이런 (㉠)을/를 소승 불교로 규정하면서 (㉡)이/가 등장하였다. (㉡)은/는 자신을 큰 수레로 자처하며 위로는 깨달음을 구하고 아래로는 중생을 구제하려는 보살을 이상적 인간상으로 제시하였다.

〈보기〉
ㄱ. ㉠은 번뇌를 소멸한 아라한을 추구하였다.
ㄴ. ㉠은 보살행만이 깨달음을 얻는 길이라고 보았다.
ㄷ. ㉡은 공(空)의 체득과 자비의 실천을 중시하였다.
ㄹ. ㉡은 모든 교리를 부정하고 참선만을 중시하였다.

① ㄱ, ㄴ ② ㄱ, ㄷ ③ ㄴ, ㄷ ④ ㄴ, ㄹ ⑤ ㄷ, ㄹ

● 한국 불교 사상

(1) 불교의 수용 — 우리나라는 소승 불교라 하는 남방 불교를 수용한 기록이 거의 없어서 일반적으로 대승 불교를 수용한 것으로 보고 있음

① 삼국 시대에 왕권 강화 및 중앙 집권화, 민심 안정을 위해 국가적 차원에서 불교를 수용

② 불교의 전래 과정

고구려	불교를 받아들인 뒤 신라에 전함
백제	남중국 동진으로부터 불교를 받아들인 뒤 일본에 전함
신라	교종을 먼저 받아들인 후 통일 신라 시대에 선종을 수용하였고, 통일 신라 말기에 선종이 지방 호족들의 지지를 받음으로써 교종과 함께 양대 세력으로 자리 잡음
고려	교종과 선종 간의 조화와 균형을 이루기 위한 노력이 전개됨

(2) 원효의 사상

① 종합적인 불교 이론의 전개: 어떤 경전을 중시하는가를 따지는 중국 불교와 달리 일심(一心)을 근거로 불교 사상을 이해하면서 다양한 이론을 종합하고자 함

② 일심(一心) 사상: 일심은 깨끗함과 더러움, 참과 거짓, 나와 너 등 일체의 이원적 대립을 초월하는 절대불이(絶對不二)한 것 → 인간답게 사는 길은 존재의 원천인 일심으로 돌아가는 것임

③ 화쟁(和諍) 사상: 당시 대립·갈등하는 여러 불교 종파의 주장들을 높은 차원에서 하나로 아우르려는 사상

> "모든 경계가 무한하지만 다 일심(一心) 안에 들어간다. 부처님의 지혜는 모양을 떠나 마음의 원천으로 돌아가고, 지혜와 일심은 완전히 같아서 둘이 없다."
> – 원효, 『무량수경종요』 –

④ 일심으로 돌아가면 이웃을 내 몸처럼 사랑하고 모든 생명을 이롭게 할 수 있다고 봄

⑤ 왕실 중심의 불교를 민중 불교로 전환하려고 노력하였으며, 불교의 대중화에 크게 기여함 — 원효는 '나무 아미타불'의 지극한 독송을 중시하는 정토종을 바탕으로 하여 불교를 일반 대중들에게 전파하고자 하였음

(3) 의천의 사상 — 의천은 중국에서 천태종을 공부하고 나서, 중국의 천태종에 바탕을 두고 '해동 천태종'을 창시함

① 중국의 천태종을 받아들이면서 해동 천태종을 창시함

② 교종을 중심으로 선종과의 조화를 추구함

③ 교관겸수(教觀兼修): 깨달음을 얻기 위해서는 경전을 읽는 교학 수행과 참선을 하는 지관(止觀) 수행을 함께해야 함

④ 내외겸전(內外兼全): 내적인 공부[선종]와 외적인 공부[교종]를 같이 온전히 해야 함

◉ **일심(一心)**
일심의 일(一)은 양적인 개념이 아니라 조화로운 전체를 의미함. 일심의 관점에서 보면 연기법에 따라 변화하는 현실과 변화하지 않는 진리는 실상 다르지 않으며, 모든 것은 마음에 달려 있을 뿐임

◉ **원융회통(圓融會通)**
원만하고 막힘이 없어 모든 것이 하나로 통한다는 의미

◉ **불이(不二)**
현실 세계는 여러 가지 것들이 서로 대립되어 존재하는 것처럼 보여도, 사실은 모두 고정되고 독립된 어떤 실체가 있는 것이 아니고 근본은 하나라는 것

◉ **원효의 일심**
일심(一心)이란 무엇인가? 더러움과 깨끗함은 그 본래 성품이 둘이 아니고, 참과 거짓 또한 서로 다르지 않다. 그러므로 하나라고 한다. 이 둘이 없는 곳에서 불법은 진실하여 허공과 다르므로, 스스로 신령스럽게 아는 성품이 있으니 이를 마음이라고 한다. – 원효, 『대승기신론소』 –

◉ **교관겸수(教觀兼修)**
진리를 깨닫기 위해서 경전의 교리를 이해하는 교(教)와 참선 수행을 하는 관(觀)을 함께 닦아야 함

◉ **내외겸전(內外兼全)**
깨달음을 얻으려면 안과 밖을 함께 추구하여 완전하게 해야 함을 의미함(안은 선종, 밖은 교종을 말함)

① 원효의 화쟁(和諍) 사상

'불교의 이치', '불교의 도리'를 의미함

> 불도(佛道)는 넓고 탕탕하여 걸림이 없고 범주가 없다. 영원히 의지하는 바가 없기에 타당하지 않음이 없다. 이 때문에 일체의 다른 교의가 모두 다 불교의 뜻이요, 백가의 설(說)이 옳지 않음이 없으며, 팔만의 법문이 모두 이치에 들어간다. 그런데 자기가 조금 들은 바 좁은 견해만을 내세워 그 견해에 동조하면 좋아하고 그 견해에 반대하면 잘못이라고 하는 사람이 있다. 마치 갈대 구멍으로 하늘을 보는 사람이 갈대 구멍으로 하늘을 보지 않는 사람은 모두 하늘을 보지 못하는 자라고 하는 것과도 같다. 이런 것을 일컬어 식견이 적은 데도 많다고 믿어서 식견이 많은 사람을 도리어 헐뜯는 어리석음이라고 한다.
>
> – 원효, 『보살계본지법요기』 –

분석 | 원효는 다양한 불교 쟁론이 일어나는 원인을 자기 이론에만 집착하기 때문이라고 보고, 일심(一心)을 바탕으로 다양한 논쟁을 조화시키고자 하였다. 그는 서로 다른 쟁론들은 하나의 마음인 일심을 다른 시각에서 본 것이므로 다시 일심으로 종합될 수 있다고 보았다.

② 의천의 교종과 선종의 조화

의천은 『법화경』을 중시하는 천태종의 입장에 있었기 때문에 기본적으로 교종을 중시하는 입장으로 볼 수 있음. 그는 이런 교종의 입장에서 선종을 받아들여 종합하고자 하였음

> • 세상에는 완전한 재능을 갖춘 이가 드물고 교(敎)와 선(禪)의 아름다움을 모두 갖추기 어렵기 때문에 교를 배우는 사람은 대다수 내적인 것을 버리고 외적인 것을 구하며, 선을 익히는 사람은 외적 경계를 잊고 내적인 것을 밝히기를 좋아한다. 그렇지만 이는 한쪽에 치우친 태도로, 양자의 대립은 마치 토끼 뿔이 긴가 짧은가, 신기루로 나타난 꽃의 빛깔이 진한가 옅은가를 놓고서 싸우는 것과 같다.
>
> – 의천, 『대각국사 문집』 –
>
> • 명상 속에서 진리를 통찰하는 수행[禪(선)]을 배우지 않고 경전만을 공부[敎(교)]한다면, 비록 윤회와 해탈의 원인과 결과에 대한 가르침을 듣더라도 진리를 통찰하는 명상법은 잘 알지 못할 것이다. 또한 경전을 공부하지 않고 오직 진리를 통찰하는 명상법만을 배운다면, 설령 진리를 통찰하는 명상법을 알게 되더라도 윤회와 해탈의 원인과 결과에 대한 가르침을 제대로 이해할 수 없을 것이다.
>
> – 의천, 『대각국사 문집』 –

분석 | 의천은 교종과 선종의 갈등을 화해시키고자 노력하면서 교종을 중심으로 하여 선종을 조화시키고자 하였다. 그는 교종과 선종을 종합하면서 내외겸전과 교관겸수를 주장하였다. 교관겸수는 경전 공부와 참선 수행 간의 균형을 유지해야 하는 것으로, 이때 교(敎)는 경전 속에 있는 부처님의 가르침을 말하며, 관(觀)은 진리를 통찰하는 수행을 말한다. 내외겸전은 선종과 교종의 수행을 겸해서 함께 닦아야 한다는 의미이다.

확인학습

① 다음을 주장한 사상가의 입장으로 옳지 않은 것은?

> • 일심(一心)이란 무엇인가? 더러움과 깨끗함은 그 본래 성품이 둘이 아니고, 참과 거짓 또한 서로 다르지 않다. 그러므로 하나라고 한다.
> • 모든 경계가 무한하지만 일심 안에 들어간다. 부처님의 지혜는 모양을 떠나 마음의 원천으로 돌아가고, 지혜와 일심은 완전히 같아서 둘이 없다.

① 분별로부터 벗어나 본래의 마음으로 돌아가야 한다.
② 수행을 통해 일심을 극복할 때 깨달음을 얻게 된다.
③ 다양한 쟁론들은 일심의 다른 측면에 지나지 않는다.
④ 다양한 쟁론들은 보다 높은 차원에서 종합할 수 있다.
⑤ 중생이 무지에서 벗어나면 본래의 마음으로 돌아간다.

정답과 해설 ▶ 원효는 일심을 근거로 하여 다양한 논쟁들을 화합하고자 하였다.
② 원효에 따르면 일심은 극복의 대상이 아니라, 인간이 돌아가야 할 근원이라고 볼 수 있다. **답** ②

② 다음을 주장한 사상가의 입장만을 〈보기〉에서 고른 것은?

> 세상에는 교(敎)와 선(禪)의 아름다움을 모두 갖추기 어렵기 때문에 교를 배우는 사람은 대다수 내적인 것을 버리고 외적인 것을 구하며, 선을 익히는 사람은 외적 경계를 잊고 내적인 것을 밝히기를 좋아한다. 그렇지만 이는 한쪽에 치우친 태도로, 양자의 대립은 마치 토끼 뿔이 긴가 짧은가를 놓고서 싸우는 것과 같다.

◀ 보기 ▶
ㄱ. 본성을 직관하기만 하면 단박에 부처가 된다.
ㄴ. 교리 공부 없이 참선만 해도 깨달을 수 있다.
ㄷ. 마음 수양과 교리 공부는 모두 실천되어야 한다.
ㄹ. 교종이나 선종의 어느 한쪽으로 치우쳐 수행해서는 안 된다.

① ㄱ, ㄴ   ② ㄱ, ㄷ   ③ ㄴ, ㄷ
④ ㄴ, ㄹ   ⑤ ㄷ, ㄹ

정답과 해설 ▶ ㄷ. 의천은 마음 수양과 교리 공부를 함께 닦아야 한다고 주장하였다. ㄹ. 의천은 교종과 선종이 조화될 수 있다고 보면서 어느 한쪽으로 치우쳐서는 안 된다고 주장하였다. **답** ⑤

(4) 지눌의 사상 — 지눌은 혜능의 선(禪) 사상을 받아들이면서 조계종을 창시하였음

① 선종을 중심으로 교종과의 조화를 추구함

② 돈오점수(頓悟漸修): 단박에 진리를 깨친 뒤에도 나쁜 습기(習氣)를 차차 소멸시켜 나가는 수행이 필요함

> "모든 중생이 불성(佛性)을 가지고 있다는 것을 깨달아 참다운 '나'를 보는 것이 돈오이다. 하지만 돈오하더라도 오랫동안 누적된 그릇된 인식과 습기(習氣)는 바로 제거되지 않는다. 따라서 이를 제거하기 위해서는 점진적이고 지속적인 수행이 필요하다." – 지눌, 『수심결』 –

③ 정혜쌍수(定慧雙修): 선정(禪定)과 지혜(知慧)를 함께 닦아 나가는 것 → 선정은 마음의 본체이고 지혜는 마음의 인식 작용을 가리킨다고 보면서 체용(體用)으로 선정과 지혜를 설명하고자 함

④ 선교일원(禪敎一元): "부처가 입으로 설한 것이 교(敎)이고, 조사가 마음으로 전한 것이 선(禪)이다."라고 주장하면서 선종과 교종에서 제시하는 궁극의 진리는 서로 같다고 봄
   - '몸과 작용'의 의미로 하나이지만 하는 일이 서로 다르다는 의미로 사용됨

⑤ 한국적인 선(禪) 체계 제시: 깨달음에 이르는 선 수행의 한 부분으로 교학을 받아들임으로써 선종과 교종의 공존을 꾀함

⑥ 간화선(看話禪)이라는 수행법을 사용하면서 한국 불교만의 독특한 수행 방법을 정립하고자 함

(5) 한국 불교의 특징과 현대적 의의

① 한국 불교의 특징 — 한국 불교는 여러 종파들의 주장이나 다른 사상들을 수용하면서 종합하는 특징을 지님

• 개인의 해탈과 타인의 구제에 관심을 기울이며 자비의 실천을 강조함 → 이론적 측면과 더불어 실천적 측면에서 불교의 정신에 충실하고자 하면서 자비를 강조함

• 여러 종파를 통합하려는 성향을 지니고 있음(조화 정신 지향) → 무속 신앙이나 산악 신앙 등을 수용하기도 하고 유교 사상과도 접촉하면서 변화를 모색함
   - 산이 지닌 위용, 신비감, 하늘을 향해 치솟은 정서적 모양 등을 숭배하는 것

• 민족과 국가를 수호하고자 하는 성격이 강함(호국 불교적 성향) → 불국토(佛國土) 사상

② 한국 불교의 현대적 의의

• 인간과 인간, 인간과 자연 사이의 건강한 관계 모색을 위한 가르침을 줌

• 원효, 의천, 지눌이 종파의 갈등을 해결하고자 노력한 점을 통해 볼 때, 한국 불교는 사상적·종교적·지역적·계층적 갈등 해결의 사상적 기반이 될 수 있음

• 중생의 구제에 힘썼던 한국 불교의 전통은 다른 사람과 공동체 전체를 이롭게 하고 나눔의 가치를 되살리는 데 기여할 수 있음

◉ **돈오(頓悟)**
자신의 본성을 직관하여 단박에 깨달음을 얻는 것

◉ **습기(習氣)**
오랫동안 반복되어 몸에 배어 있는 기운이나 습성을 말함

◉ **지혜(智慧)**
지혜는 사물의 실상을 있는 그대로 통찰하는 통찰지를 말하며, 불교에서는 이런 통찰지를 반야(般若)라고 함

◉ **체용(體用)**
사물의 본체와 작용을 말함

◉ **간화선(看話禪)**
대승 불교에서의 선(禪) 수행 방법 중의 하나로, 화두(話頭)를 들고 수행하는 참선법을 말함, 화두는 언어 이전의 내 마음을 찾는 방법을 말함

◉ **의천과 지눌의 사상 비교**

의천	지눌
교종을 중심으로 선종을 통합하고자 함	선종을 중심으로 교종을 통합하고자 함
교관겸수, 내외겸전	돈오점수, 정혜쌍수
해동 천태종 창시	조계종 창시

◉ **불국토(佛國土)**
대승불교의 전개와 더불어 나타난 개념으로, 부처님이 계시는 국토 또는 부처님이 교화하는 국토를 의미함

❸ 지눌의 돈오점수(頓悟漸修) 사상 ⌐지눌은 자신의 본성을 직관하여 깨달음을 얻었다
고 해도 완성된 존재인 부처가 될 수 없다고 보고,
선정과 지혜를 닦아 오랫동안 쌓아 온 습기를 완전
히 제거해야만 부처가 될 수 있다고 보았음

> 범부가 마음 밖에서 부처를 찾아 이리저리 헤매다가 스승의 가르침을 받고 바
> 른 길에 들어 한 생각에 문득 마음의 빛을 돌이켜 자기 본성을 본다. …(중략)…
> 이것을 '돈오(頓悟)'라고 한다. 본성이 부처와 다름이 없음을 깨닫기는 했지만,
> 끝없이 익혀 온 버릇[習氣(습기)]은 갑자기 없애기 어렵다. 그러므로 깨달음에
> 의지해 닦고 차츰 익혀서 공(功)을 들이고 성인의 모태 기르기를 오래하면 성
> (聖)이 이루어지게 되니, 이를 '점수(漸修)'라고 한다. 마치 어린애가 갓 태어났
> 을 때 모든 감관이 갖추어져 있음은 어른과 조금도 다름이 없지만, 그 힘이 아
> 직 충실하지 못하기 때문에 어느 정도 시간이 흐른 뒤에야 비로소 사람 구실
> 을 하는 것과 같다.
>
> – 지눌, 「수심결」 –

분석 | 혜능은 누구나 자신의 본성을 직관하면 단박에 부처가 될 수 있다는 돈오(頓
悟)를 주장하였다. 지눌도 이런 혜능의 주장을 수용하면서 돈오를 중시하였
다. 그러나 지눌은 돈오 이후에도 남아 있는 습기를 제거하려면 지속적인 수
행을 해야 한다고 주장하였다. 그러면서 지속적인 수행으로 선정과 지혜를
함께 닦는 정혜쌍수를 제시하였다.

❸ 다음을 주장한 사상가가 부정의 대답을 할 질문은?

> 본성이 부처와 다름이 없음을 깨닫기는 했지만, 끝
> 없이 익혀 온 버릇[習氣(습기)]은 갑자기 없애기 어
> 렵다. 하여 깨달음에 의지해 닦고 차츰 익혀서 공이
> 이루어지고 성인의 모태 기르기를 오래하면 성(聖)
> 이 이루어지게 되니, 이를 '점수(漸修)'라고 한다.

① 부처의 진리는 마음에서 마음으로 전해지는 것
인가?
② 경전의 가르침과 별도로 따로 전하는 가르침이
있는가?
③ 자신의 본성을 직관하면 누구나 깨달음을 얻게
되는가?
④ 이상적인 삶을 위한 선정과 지혜를 함께 닦아야
하는가?
⑤ 반드시 교리를 공부한 이후에 선정을 닦아야만
하는가?

정답과 해설 ▶ 지눌은 자신의 본성을 직관하면 단박에 깨달
을 수 있다는 돈오를 인정하면서도 습기를 제거하기 위하여
선정과 지혜를 닦아야 한다고 주장하였다. ⑤ 지눌은 반드시
교리를 공부한 이후에 선정을 닦아야 한다고 주장하지는 않
았다.   답 ⑤

❹ 지눌의 점수(漸修)에 대한 입장 ⌐지눌은 선정과 지혜에 대한 혜능의 입장을 수용하면서
선정과 지혜를 체용(體用)의 관계로 설명하고자 하였음

> • 무릇 도(道)에 들어가는 문은 많지만 요체를 말하자면 돈오(頓悟)와 점수(漸
> 修) 두 가지에 지나지 않는다. 비록 돈오와 점수는 최상의 근기(根機)를 가진
> 사람이 들어갈 수 있는 것이라고 하지만, 만약 과거를 미루어 볼 것 같으면
> 이미 여러 생에 걸쳐 깨달음에 의지하여 수행을 하면서 점차 익혀 오다가 금
> 생(今生)에 이르러 듣는 즉시 깨달아 일시에 모든 것을 마친 것이니 실제를
> 논한다면 이 또한 먼저 깨닫고 뒤에 닦은 것이다.
> • 선정은 본체(本體)요, 지혜는 작용(作用)이다. 본체에 즉(卽)한 작용이므로 지
> 혜는 선정을 떠나지 않고, 작용에 즉한 본체이므로 선정은 지혜를 떠나지 않
> 는다. 선정이 곧 지혜이므로 고요한 가운데 항상 지혜가 빛을 발하고, 지혜가
> 곧 선정이므로 지혜가 빛을 발하는 가운데 항상 고요하다.
>
> – 지눌, 「수심결」 –

분석 | 지눌은 점수(漸修)의 방법으로 선정과 지혜를 함께 닦아야 한다는 정혜쌍수
(定慧雙修)를 제시하였다. 그는 혜능의 주장을 받아들여 선정은 본체요, 지혜
는 작용이라고 주장하면서 선정과 지혜를 체용(體用)의 관계로 보았다. 또한
지눌은 선정을 중시하는 선종을 바탕으로 교리를 중시하는 교종을 포용하고
자 하였다.

❹ 다음을 주장한 사상가의 입장만을 〈보기〉에서 있는
대로 고르시오.

> 무릇 도(道)에 들어가는 문은 많지만 요체를 말하
> 자면 돈오(頓悟)와 점수(漸修) 두 가지에 지나지 않
> 는다. 비록 돈오와 점수는 최상의 근기(根機)를 가
> 진 사람이 들어갈 수 있는 것이라고 하지만, …(중
> 략)… 수행을 하면서 점차 익혀 오다가 금생(今生)
> 에 이르러 듣는 즉시 깨달아 일시에 모든 것을 마
> 친 것이니 이 또한 먼저 깨닫고 뒤에 닦은 것이다.

◁ 보기 ▷
ㄱ. 자신의 본성을 직관하면 곧바로 부처가 된다.
ㄴ. 돈오한 이후에 점진적 수행이 필요하다.
ㄷ. 선종과 교종은 다른 것이 아니라 본래 하나이다.
ㄹ. 습기를 없애려면 선정과 지혜를 함께 닦아야
한다.

정답과 해설 ▶ ㄴ. 지눌의 돈오점수이다. ㄷ. 지눌은 교종과
선종이 본래 하나라고 주장하였다. ㄹ. 깨달은 후에도 선정과
지혜를 함께 닦아야 한다고 주장하였다.
ㄱ. 혜능의 주장이다.   답 ㄴ, ㄷ, ㄹ

01~08 다음 내용이 옳으면 ○표, 틀리면 ×표 하시오.

01 원효는 일체의 모든 이론은 하나인 마음의 진리를 다른 시각에서 본 것일 뿐이라고 보았다. (   )

02 원효는 모든 종파와 사상을 분리하여 보려고 고집하지 말고 보다 높은 차원에서 종합해야 한다는 연기설을 주장하였다. (   )

03 의천은 선종과 교종의 갈등을 화해시키는 것을 중시하면서 원효의 화쟁(和諍)을 높이 평가하였다. (   )

04 경전의 가르침인 교(教)와 마음을 바라보는 관(觀)을 함께 닦아야 한다는 주장을 정혜쌍수라고 한다. (   )

05 지눌은 단박에 깨친 후에는 습기를 없애기 위해 점진적인 닦음이 필요 없다고 주장하였다. (   )

06 지눌은 선정을 중시하는 선종을 바탕으로 하여 교리를 중시하는 교종을 포용하고자 하였다. (   )

07 한국 불교의 특징인 호국 불교의 전통은 부처의 나라임을 표방한 신라의 불국토 사상에서 찾아볼 수 있다. (   )

08 한국 불교는 자신의 깨달음과 함께 다른 사람을 구제하는 보살행을 중시한다. (   )

정답 01 ○ 02 × 03 ○ 04 × 05 ×
06 ○ 07 ○ 08 ○

오답 체크 Tip
02 연기설이 아니라 화쟁 사상이다.
04 교와 관을 함께 닦아야 한다는 주장은 교관겸수이다.
05 지눌은 단박에 깨친 후에도 남아 있는 습기를 제거하기 위해 점진적 닦음이 필요하다고 보았다.

▶ 20582-0060

01 갑에 대한 옳은 설명만을 〈보기〉에서 고른 것은?

한국 불교의 독자성은 갑에 의해 구체화되었다. 특정한 경전을 중심으로 다른 경전과 사상을 해석하는 중국 불교와 달리, 그는 다양한 경전과 부처의 사상을 통합적으로 해석하고 이해하여 독창적인 사상 체계를 정립하였다.

┤보기├
ㄱ. 종파들의 다양성을 인정하고 종합하고자 하였다.
ㄴ. 왕실과 귀족 중심의 불교를 고수해야 한다고 보았다.
ㄷ. 일심으로 돌아가 모든 생명을 이롭게 해야 한다고 보았다.
ㄹ. 문자에 의존하지 말고 참선에만 전념해야 한다고 보았다.

① ㄱ, ㄴ   ② ㄱ, ㄷ   ③ ㄴ, ㄷ
④ ㄴ, ㄹ   ⑤ ㄷ, ㄹ

▶ 20582-0061

02 다음을 주장한 사상가의 입장으로 가장 적절한 것은?

불도(佛道)는 넓고 탕탕하여 걸림이 없고 범주가 없다. 영원히 의지하는 바가 없기에 타당하지 않음이 없다. 이 때문에 일체의 다른 교의가 모두 다 불교의 뜻이요, 백가의 설이 옳지 않음이 없으며, 팔만의 법문이 모두 이치에 들어간다. 그런데 자기가 조금 들은 바 좁은 견해만을 내세워 그 견해에 동조하면 좋아하고, 그 견해에 반대하면 잘못이라고 한다. 이는 마치 갈대 구멍으로 하늘을 보는 사람과 같다.

① 보살행을 버려야 더 이상 괴로움을 겪지 않는다.
② 선정과 지혜를 닦아야 사물과 하나가 될 수 있다.
③ 불교의 다양한 논쟁들은 일심으로 화해될 수 있다.
④ 인의(仁義)를 바르게 실천하면 깨달음을 얻게 된다.
⑤ 교리 공부를 버리고 본성을 직관하면 깨달음을 얻는다.

03 ▶ 20582-0062

⊙, ⓒ에 대한 옳은 설명만을 〈보기〉에서 고른 것은?

〈깨달음에 대한 혜능과 지눌의 입장 비교〉

혜능: ⊙ → 부처의 실현

지눌: ⊙ → ⓒ → 부처의 실현

〈보기〉

ㄱ. ⊙: 경전의 공부를 통하여 깨달음을 얻는다.
ㄴ. ⊙: 본성을 직관하여 단박에 깨달음을 얻는다.
ㄷ. ⓒ: 선정과 지혜를 지속적으로 닦아 나간다.
ㄹ. ⓒ: 참선을 버리고 교리의 공부에 전념한다.

① ㄱ, ㄴ   ② ㄱ, ㄷ   ③ ㄴ, ㄷ
④ ㄴ, ㄹ   ⑤ ㄷ, ㄹ

04 ▶ 20582-0063

⊙, ⓒ에 대한 설명으로 옳은 것은?

의천은 깨달음을 얻기 위한 방법으로 교관겸수(敎觀兼修)를 주장하였다. 교관겸수에서의 (⊙)은/는 교종에서 중시하는 수행 방법이고, (ⓒ)은/는 선종에서 중시하는 수행 방법이다. 의천은 이처럼 교종과 선종의 방법을 모두 수용하여 깨달음을 추구하면서 두 종파의 대립을 극복하려고 노력하였다.

① ⊙은 명상을 통하여 본성을 보는 수행이다.
② ⊙은 혜능이 강조한 돈오의 유일한 수단이다.
③ ⓒ은 현상을 있는 그대로 통찰하는 수행이다.
④ ⓒ은 사성제와 십이연기의 지적인 이해를 의미한다.
⑤ ⊙은 실천적인 측면에, ⓒ은 지적인 측면에 해당한다.

05 ▶ 20582-0064

다음은 고려 시대 사상가의 주장이다. ⊙, ⓒ에 대한 설명으로 옳은 것은?

마음 밖에서 부처를 찾아 헤매다가 스승의 가르침을 받고 바른 길에 들어 한 생각에 문득 마음의 빛을 돌이켜 자성을 본다. 이것을 (⊙)(이)라고 한다. 본성이 부처와 다름이 없음을 깨닫기는 했지만, 끝없이 익혀 온 버릇[習氣(습기)]을 없애기가 어렵다. 그러므로 깨달음에 의지해 닦고 차츰 익혀서 공이 이루어지고 성인의 모태 기르기를 오래 하면 성(聖)을 이루게 되니, 이를 (ⓒ)(이)라고 한다.

① ⊙은 경전의 연구가 반드시 뒷받침되어야 한다.
② ⊙은 내면을 보는 선(禪)을 통해 실현될 수 있다.
③ ⓒ은 높은 근기를 가진 사람들에게만 필요하다.
④ ⊙은 ⓒ에 비하여 교리 연구의 노력을 요구한다.
⑤ ⓒ은 ⊙과 달리 선정과 지혜를 필요로 하지 않는다.

06 ▶ 20582-0065

⊙, ⓒ에 대한 옳은 설명만을 〈보기〉에서 고른 것은?

종파 간의 통합을 추구하는 한국 불교는 다른 성격을 지닌 도교나 민간 신앙도 배척하지 않고 수용하면서 성장해 왔다. 이러한 한국 불교의 (⊙)은/는 사찰에 세워진 산신각이나 신선과 호랑이를 그리는 불교 미술에서도 쉽게 찾아볼 수 있다. 또한 한국 불교는 자신의 깨달음과 함께 다른 사람을 구제하는 (ⓒ)을/를 강조한다. 이것은 마음의 깨달음과 함께 바라밀의 실천을 중요하게 여기는 대승 불교와 맥락이 닿아 있다.

〈보기〉

ㄱ. ⊙은 원효의 화쟁 사상에 찾아볼 수 있다.
ㄴ. ⊙은 교리보다 참선을 중시하는 전통과 관련 있다.
ㄷ. ⓒ은 공(空) 사상에 근거한 실천과 관련이 있다.
ㄹ. ⓒ은 오직 자신의 깨달음만을 위하여 수행한다.

① ㄱ, ㄴ   ② ㄱ, ㄷ   ③ ㄴ, ㄷ
④ ㄴ, ㄹ   ⑤ ㄷ, ㄹ

● **도가 · 도교 사상**

(1) 도가 사상의 출현

① 노장(老莊)사상: 중국의 춘추 전국 시대에 나타난 노자와 장자의 사상

② 유교와 도가의 비교 ── 유교는 인의(仁義)와 같은 도덕 덕목을 실천하면 도덕적 사회가 실현될 수
있다고 보지만 도가는 인의를 인위(人爲)로 규정하면서 인의가 사회 혼란
을 초래할 수 있다고 봄

유교	도가
• 인간의 도덕성과 이에 바탕을 둔 도덕적 질서에 주목함 • 대표자: 공자, 맹자, 순자	• 개인의 삶을 중시하고 생명 보존과 자유로운 삶을 추구함 • 대표자: 노자, 장자

(2) 노자의 윤리 사상

① 사회 혼란의 원인과 극복 방안

원인	• 인간의 그릇된 인식과 가치관 • 인위적인 규범과 사회 제도
극복 방안	• 소박하고 순수한 도(道)와 자연스러운 덕(德)을 실현함 • 억지로 하지 않고 의도적으로 조작하지 않는 무위(無爲)의 정치를 추구함 → 인위가 없을 때[無爲] 자연이 왜곡되거나 변형되지 않고 발휘될 수 있기에 오히려 모든 것이 이루어지게 됨[無不爲]

② 도(道)의 의미와 특징

의미	우주 만물의 근원이자 변화의 법칙
특징	• 형체가 없고 인간의 감각 경험으로는 파악할 수 없는 것 • 인간의 언어로 한정할 수 없고, 이름 지을 수도 없는 것

③ 이상적인 삶과 이상 사회

• 삶의 원리
　　　　　　　　　┌ 선악, 시비, 자타 등을 구별하는
　　　　　　　　　 분별지를 없애야 한다는 의미임
　– 무위자연(無爲自然): 사람의 힘이 더해지지 않은 자연 그대로의 상태

　– 무위의 삶을 위해 무사(無私), 무지(無知), 무욕(無欲)의 덕을 갖추어
　　야 함 ┌ 물은 낮은 곳에 머물면서 만물을 이롭게 하고 남들과
　　　　　　다투지 않기 때문에 도에 가장 가까운 것임

　– 상선약수(上善若水): 으뜸이 되는 선(善)은 물과 같음 → 물이 갖고
　　있는 겸허(謙虛)와 부쟁(不爭)의 덕을 중시함

　– 성인(聖人): 겸허와 부쟁 등의 덕을 지니고 무위자연의 삶을 사는 이
　　상적 인간

• 이상적인 사회의 모습과 이상적인 정치

　– 소국과민(小國寡民): 영토가 작고 인구가 적은 나라, 인위적 문명의
　　발달이 없는 무위와 무욕의 사회

　– 무위의 다스림[無爲之治(무위지치)]: 인위적인 다스림이 없는 정치
　　→ 통치자의 인위적인 조작이 없으면 백성은 스스로 자신의 일을 해
　　나갈 수 있음

◉ **춘추 전국 시대**
중국의 춘추 시대와 그다음의 전국 시대를 아울러 이르는 말

◉ **인위(人爲)**
자연의 힘이 아닌 사람의 힘으로 이루어지는, 즉 인간이 의도적으로 조작하거나 왜곡하는 것을 말함

◉ **무위(無爲)**
자연에 따라 행하고 인위(人爲)를 가하지 않는 것을 말함

◉ **상선약수**
최상의 선(善)은 물과 같다. 물의 선함은 만물을 이롭게 하지만 다투지 아니하며[不爭(부쟁)], 여러 사람이 싫어하는 낮은 위치에 처한다[謙虛(겸허)]. 그러므로 도에 가깝다. ─ 『도덕경』 ─

◉ **무사(無私)**
사사로이 자신만을 위하지 않음

◉ **겸허(謙虛)**
잘난 체하지 않고 자신을 낮춤

◉ **소국과민(小國寡民)**
노자는 자연에 순응하며 소박한 삶을 살아가는 촌락 공동체로서 전쟁과 굶주림, 군주의 가혹한 통치가 없는 소국과민의 사회를 이상 사회로 보았음

① 노자의 도(道)와 자연(自然)

노자는 도(道)가 '우주 자연의 근원이자 변화의 법칙'이라는 의미로 사용하였지만, 그것을 정확하게 표현할 이름이 없어 '도'라고 말하였을 뿐이며, 그것을 '도'라고 규정하는 순간 진정한 이름에서 멀어지게 된다고 보았음

> • 혼합하여 이루어진 것이 있는데, 천지보다 먼저 생겼다. 고요히 소리도 없고 형체도 없다. 짝도 없이 홀로 있다. 언제나 변함이 없다. 어디나 안 가는 곳이 없지만 깨어지거나 손상될 위험이 없다. 그것은 천하 만물의 어머니가 될 만하다. 나는 그 이름을 알지 못한다. 그래서 그저 부르는 이름이 도(道)이다.
> • 대도(大道)가 무너지자 인의(仁義)가 생겨났고, 크나큰 인위가 있기 때문에 지혜가 나타나고, 육친(六親)이 화목하지 못하자 효와 자애가 생겨났고, 나라가 혼란에 빠지자 충신(忠臣)이 나타났다.
>
> — 노자, 『도덕경』 —

분석 | 노자에 따르면 도는 천지 만물의 근원으로서, 인간의 경험과 상식으로는 파악할 수 없는 절대적이고 근원적인 것이다. 도는 언어로 한정할 수도 없고, 이름조차 붙일 수 없는 것이다. 노자는 인간은 본래 소박하고 순수한 덕(德)을 가지고 있으나, 사물의 겉모습에 이끌려 사물의 본질이나 가치를 바르게 인식하지 못한다고 보았다. 그래서 도에 따라야 이런 문제를 극복할 수 있다고 보았다.

② 노자의 소국과민(小國寡民)

노자는 인위적 문명이 거의 없이 자연의 순리에 따라 사는 작은 공동체를 이상적 사회로 보았음

> • 성인(聖人)의 정치는 백성들의 마음을 비우게 해 주고, 그 배를 채워 주며, 그 뜻을 약하게 해 주고, 그 뼈를 튼튼하게 해 주는 것이다. 항상 백성들로 하여금 앎이 없고[無知(무지)], 욕심이 없게 하여[無欲(무욕)], 저 아는 자로 하여금 감히 손댈 수 없게 하는 것이다. 이와 같이 무위를 행하기만 하면 다스려지지 않는 경우가 없게 된다.
> • 나라는 작고 백성은 적다. 열 가지 백 가지 기계가 있으나 쓰이지 않도록 한다. 백성들로 하여금 죽음을 무겁게 여기도록 하여 멀리 옮겨가지 않도록 한다. 비록 배와 수레가 있어도 탈 일이 없으며 갑옷과 병기가 있어도 펼칠 일이 없다. 백성들이 다시 노끈을 매어 쓰도록 하고, 자기가 먹는 음식을 달게 여기며, 그 옷을 아름답게 여기고, 그 거처를 편안히 여기며, 그 풍속을 즐기게 한다. 또한 이웃 나라가 서로 바라보이고 닭이 울고 개가 짖는 소리가 서로 들려도 백성들이 늙어 죽을 때까지 서로 왕래할 일이 없다.
>
> — 노자, 『도덕경』 —

분석 | 노자는 성인(聖人)이 무위의 다스림[無爲之治(무위지치)]를 통해 백성들이 평화롭고 소박하게 살아가도록 만들어야 한다고 보았다. 그러기 위해 성인은 백성들을 무지(無知)하고 무욕(無欲)하게 만들어야 한다. 그는 이러한 다스림이 실현된 사회를 소국과민의 사회로 보았다. 소국과민은 작은 영토에 적은 백성이 모여 사는 사회를 말한다.

1 다음을 주장한 사상가의 입장으로 옳지 **않은** 것은?

> 혼합하여 이루어진 것이 있는데, 천지보다 먼저 생겼다. 고요히 소리도 없고 형체도 없다. 짝도 없이 홀로 있다. 그것은 천하 만물의 어머니가 될 만하다. 나는 그 이름을 알지 못한다. 그래서 그저 부르는 이름이 도(道)이다.

① 말로 표현될 수 있는 도는 참다운 도가 아니다.
② 도에 따르는 것은 자연을 본받는 것이라 할 수 있다.
③ 인간이 도덕성을 상실하게 되면서 사회가 혼란해졌다.
④ 인간은 제멋대로 행하지 말고 도에 따라 살아야 한다.
⑤ 선악, 미추, 시비 등의 분별은 상대적인 것에 불과하다.

정답과 해설 ▶ 노자는 도는 세계가 운행하는 자연스러운 법칙으로, 도는 자연을 본받는다고 주장하였다. ③ 노자는 도덕성을 상실하면서 사회가 혼란해졌다고 주장하지는 않았다. **답** ③

2 다음을 주장한 사상가의 입장만을 〈보기〉에서 고른 것은?

> 나라는 작고 백성은 적다. 열 가지 백 가지 기계가 있으나 쓰이지 않도록 한다. 백성들로 하여금 죽음을 무겁게 여기도록 하여 멀리 옮겨가지 않도록 한다. 비록 배와 수레가 있어도 탈 일이 없으며 갑옷과 병기가 있어도 펼칠 일이 없다.

┌ **보기** ┐
ㄱ. 통치자는 백성들을 인의(仁義)로 인도해야 한다.
ㄴ. 통치자는 법(法)을 활용해 백성을 다스려야 한다.
ㄷ. 통치자는 백성들을 무지하고 무욕하게 만들어야 한다.
ㄹ. 통치자는 인위적인 제도로 백성을 다스려서는 안 된다.

① ㄱ, ㄴ   ② ㄱ, ㄷ   ③ ㄴ, ㄷ
④ ㄴ, ㄹ   ⑤ ㄷ, ㄹ

정답과 해설 ▶ 노자는 소국과민을 이상적인 국가 형태로 보았다. ㄱ, ㄴ. 노자는 인의(仁義)나 법을 인위(人爲)로 규정하였다. **답** ⑤

(3) 장자의 윤리 사상

① 특징: 도(道)의 관점에서 만물의 평등함과 정신의 자유로움을 강조함

② 도(道): 천지 만물의 근원이며 천지 만물에 내재하는 것임

③ 이상적인 삶과 이상적 인간상

┌ 좌망은 '앉아서 자신을 구속하는 모든 것들을 잊어버리는 것'으로 불교의 좌선(坐禪)과 구별하여 알아두어야 함. 좌선은 '앉아서 정신을 하나의 대상에 집중하는 수양'을 말함

이상적인 삶	외물(外物)에 본심을 어지럽히지 않고 도(道)와 일치하는 삶
수양 방법	• 좌망(坐忘): 조용히 앉아서 우리를 구속하는 일체의 것들을 잊어 버림 • 심재(心齋): 마음을 비워서 깨끗이 함 – 마음을 비운 허(虛)의 상태에서 도가 드러나게 됨
이상적 인간상	• 수양을 통해 절대적 자유의 경지에 오른 인간 • 지인(至人), 진인(眞人), 신인(神人), 성인(聖人) 등

④ 장자가 바라보는 이상적인 경지

• 소요유(逍遙遊): 세속을 초월하여 무엇에도 얽매이지 않는 정신적 자유의 경지, 일체의 분별과 차별을 없앰으로써 도달하게 되는 경지

• 제물(齊物): 도의 관점에서 만물을 평등하게 인식함

(4) 도교 사상의 성립과 전개

① 황로학파(黃老學派): 전한(前漢) 시대에 등장한 사상으로 전설상의 제왕인 황제(黃帝)와 도가의 창시자인 노자(老子)를 숭상하고, 무위(無爲)로써 백성을 다스리는 제왕의 통치술을 주장함

② 교단 종교: 후한 시대 ┌ 교리 체계를 갖추고 이런 믿음을 공유하는 종교 집단을 갖춘 종교 집단을 말함

• 태평도(太平道): 천하태평의 이상 사회를 현실에 실현시키고자 함 → 죄를 고백하고 참회하게 하면서 포교 활동을 함

• 오두미교(五斗米敎): "도덕경"을 경전으로 삼으면서 도덕적 선행을 권장하고 삼관수서(三官手書)를 행함

③ 현학(玄學): 위・진(魏晉) 시대 ┌ 현학(玄學)은 신비하고 오묘한 학문이라는 의미임

• 노장 사상을 철학적으로 계승하면서 청담(淸談)을 통해 인간의 고정 관념을 초월한 무(無)의 세계를 진실한 세계로 보고 정신적 자유를 추구함

• 죽림칠현(竹林七賢): 당시의 정치적 혼란 속에서 세속적 주제와 거리를 두고 형이상학적이고 예술적인 논의, 즉 청담을 중시하던 사상가들

(5) 도교 사상의 특징

┌ 장생불사하게 하고 신선이 되게 하는 단약을 말함

① 생명 중시 및 불로장생: 신선(神仙)을 추구하며, 이를 위해 외단(外丹)과 내단(內丹)을 통한 양생(養生)을 중시함

② 예술 정신: 자연스럽고 소박한 아름다움인 천진(天眞), 소박(素朴) 등을 중시하거나 이상적인 경지에 대한 동경을 담은 예술이 나타남

◎ **외물(外物)**
자기를 자유롭지 못하게 구속하는 모든 것을 의미함

◎ **좌망과 심재**
"자기의 신체나 손발의 존재를 잊어버리고, 눈이나 귀의 움직임을 멈추고, 형체가 있는 육체를 떠나 분별 작용을 버린다면 도와 한 몸을 이루어 두루 통하게 된다. 이것을 좌망(坐忘)이라고 한다. 도는 오로지 텅 비우는 곳에 모이는 법이다. 이처럼 텅 비우는 경지에 이르는 것을 심재(心齋)라고 한다."
– 『장자』 –

◎ **소요유(逍遙遊)**
'이리저리 거닐면서 노님'이란 의미임. 인간을 구속하는 인위적인 삶에서 벗어나, 선악의 구분과 도덕에 대한 집착을 넘어선 경지를 상징함

◎ **장자의 이상적 인간상**
"지인(至人)은 자신에 집착하지 않고, 신인(神人)은 공적에 얽매이지 않으며, 성인(聖人)은 명예를 탐내지 않는다." – 『장자』 –

◎ **삼관수서(三官手書)**
천지수(天地水) 삼관(三官)에게 자신의 죄를 고백하고 다시 죄를 짓지 않을 것을 맹세하는 글을 써서 바치게 한 것을 말함

◎ **청담(淸談)**
세속적 가치를 넘어서는 철학적이고 예술적인 사유와 가치를 중시하는 논의를 말함

◎ **양생**
불로장생을 위해 몸과 마음을 편안히 하고 병에 걸리지 않게 노력하는 것을 의미함

❸ 장자의 사상 ── 장자는 자신을 자유롭지 못하게 하는 외물(外物)의 구속에서
벗어나 정신적 자유를 누리는 삶을 중시하였음

- 옛사람들은 지혜가 지극한 데가 있었다. …(중략)… 사물이 있다고 생각하지만 처음부터 '너와 나'의 경계가 있다고 생각하지 않았다. 그 다음은 경계가 있다고는 생각하지만 처음부터 시비가 존재한다고는 생각하지 않았다. 시비가 밝아짐으로써 도가 훼손되었고, 도가 훼손됨으로써 인의(仁義)가 생긴 것이다.

- 오리의 다리가 짧다고 하여 길게 늘여 주어도 괴로움이 따르고, 학의 다리가 길다고 하여 잘라 주어도 아픔이 따른다. 그러므로 본래 긴 것은 자를 것이 아니며, 본래 짧은 것은 늘일 것이 아니다. 두려워하거나 괴로워할 까닭이 없다. 인의(仁義)가 사람들의 본래적 특성일 수 있는가? 인(仁)을 갖춘 사람들, 괴로움이 얼마나 많겠는가?

- 자기의 신체나 손발의 존재를 잊어버리고, 눈이나 귀의 움직임을 멈추고, 형체가 있는 육체를 떠나 분별 작용을 버린다면 도와 한 몸을 이루어 두루 통하게 된다. 이것을 좌망(坐忘)이라고 한다. 도는 오로지 텅 비우는 곳에 모이는 법이다. 이처럼 텅 비우는 경지에 이르는 것을 심재(心齋)라고 한다.

— 장자, 『장자』 —

분석 | 장자는 자기중심적인 관점에서 벗어나 도(道)의 관점에서 만물을 인식해야 한다고 보았다. 그는 도의 관점에서 사물을 인식할 때, 만물의 소중함과 평등함을 깨우치고 자유롭고 평화로운 삶을 살아갈 수 있다고 보았다. 장자는 도를 따르는 삶을 살기 위해서 조용히 앉아서 자신을 잊는 좌망과 마음을 비워 깨끗이 하는 심재를 실천해야 한다고 주장하였다.

❹ 태평도 ── 태평도는 한나라 말기에 천하태평의 이상 사회를 구현하고자 한 도교 분파임

사람이 지상에서 선(善)을 행하면 천상에서 그에 응하여 선을 행한다. 사람이 지상에서 악(惡)을 행하면 천상에서 그에 응하여 악을 행하니, 그 기(氣)가 위로 통한다. 오기(五氣)가 서로 이어져 위아래가 같고, 육갑(六甲)이 서로 속하여 위아래가 같으며, 열두 아들이 위아래로 합하는 것은 서로 통하기 때문이다. 그 아래가 선하면 그 위가 밝다. 그 아래가 악하면 그 위가 흉하다. 그러므로 오행(五行)이 아래에서 흥하면 오성(五星)이 위에서 밝아진다.

— 『태평경』 —

분석 | 도교는 교단과 교리를 갖추고 현세적인 길(吉)함과 복(福)을 추구하면서 불로장생과 신선술을 믿은 종교이다. 그런 도교의 한 분파인 태평도는 한나라 말기에 등장한 도교로, 교단을 갖추고 만인이 부유하고 영화로운 태평(太平) 시대를 현실 사회에 실현한다는 종교적 이상을 제시하였다. 태평도는 사람들에게 선을 권장하면서 복을 추구하고자 하였다.

---

③ 다음을 주장한 사상가의 입장으로 옳지 <u>않은</u> 것은?

오리의 다리가 짧다고 하여 길게 늘여 주어도 괴로움이 따르고, 학의 다리가 길다고 하여 잘라 주어도 아픔이 따른다. 그러므로 본래 긴 것은 자를 것이 아니며, 본래 짧은 것은 늘일 것이 아니다. 두려워하거나 괴로워할 까닭이 없다. 인의(仁義)가 사람들의 본래적 특성일 수 있는가? 인(仁)을 갖춘 사람들, 괴로움이 얼마나 많겠는가?

① 도의 관점에서 보면 만물은 소중하고 평등하다.
② 만물의 상대적 가치를 인정하고 존중해야 한다.
③ 외물에서 벗어나 진정한 자유를 실현해야 한다.
④ 도덕규범에 따라 선한 도덕적 삶을 살아야 한다.
⑤ 도의 자연스러움에 따라 정신적 자유를 실현해야 한다.

정답과 해설 ▶ 장자는 만물은 상대적 가치를 가지고 있지만, 도의 관점에서 보면 이런 만물은 모두 평등하다고 주장하였다. ④ 장자는 노자와 마찬가지로 도덕규범을 인위로 규정하고, 이런 인위가 사회를 혼란하게 만든다고 보았다. **답** ④

④ 다음 사상의 입장만을 〈보기〉에서 고른 것은?

사람이 지상에서 선(善)을 행하면 천상에서 그에 응하여 선을 행한다. 사람이 지상에서 악(惡)을 행하면 천상에서 그에 응하여 악을 행하니, 그 기(氣)가 위로 통한다. 오기(五氣)가 서로 이어져 위아래가 같고, 육갑(六甲)이 서로 속하여 위아래가 같으며, 열두 아들이 위아래로 합하는 것은 서로 통하기 때문이다.

◀ 보기 ▶

ㄱ. 선정을 닦아서 열반(涅槃)을 실현해야 한다.
ㄴ. 세속적 가치를 중시하는 청담을 중시해야 한다.
ㄷ. 도덕적인 선행을 실천하여 신선이 되어야 한다.
ㄹ. 생명을 보존하고 발휘하기 위해 노력해야 한다.

① ㄱ, ㄴ   ② ㄱ, ㄷ   ③ ㄴ, ㄷ
④ ㄴ, ㄹ   ⑤ ㄷ, ㄹ

정답과 해설 ▶ 자료는 도교의 한 분파인 태평도의 주장이다. ㄷ, ㄹ. 태평도는 도덕적 선행을 권장하고, 생명을 보존하고 발휘하는 양생을 중시하였다. ㄱ. 불교의 주장이다. ㄴ. 청담은 세속적 가치를 벗어난 철학적, 예술적 가치를 담은 담론이다. **답** ⑤

(6) 한국의 도가 · 도교 사상 — 각종 의식을 중심으로 이루어진 도교

① 도교의 국가적 수용과 과의(科儀) 도교의 발달
- 도교의 원류를 찾을 수 있는 한국 고유 사상: 우리나라의 산신 신앙과 신선설, 최치원의 '난랑비서(鸞郞碑序)'에 기록된 풍류도(風流道) 등
- 도교의 수용: 국가 차원의 신앙 체계를 갖출 필요성 때문에 수용됨
- 과의 도교의 발달: 재초는 삼국 시대부터 시작되어 고려 시대에 성행하였으며, 조선 중기까지 거행되었음

② 한국의 도가 · 도교의 발전 — 마음이나 기(氣)의 수련을 통하여 신선이 되고자 하는 도교의 형태를 말함
- 수련 도교의 수용: 불로장생을 추구하는 신선 사상의 영향에 따라 수련 도교의 전통이 자리 잡았음 → 마음의 수련과 기의 단련을 함께 수행함
- 도가 · 도교와 다른 사상의 융합
  - 민간 신앙에서의 도교 수용: 옥황상제, 성황, 칠성, 조왕 등 숭배
  - 유교 · 불교 사상의 흡수: 유교의 인의(仁義)나 충효(忠孝) 사상, 불교의 인과응보(因果應報) 사상을 수용함 → "공과격"을 제시함
  - 풍수지리(風水地理) 사상 수용: 땅이 지닌 생기를 찾아 사람이 거주하는 공간을 정함으로써 자연과 조화를 이루려는 신앙의 측면을 보임

◉ **과의(科儀)**
도교 도사가 재앙을 물리치고 복을 빌기 위하여 행하는 의식을 중시하는 도교의 한 형태

◉ **재초(齋醮)**
도사(道士)가 하늘을 비롯한 여러 신에게 재앙을 물리치고 복을 내리도록 비는 도교 제례(祭禮)를 말함

◉ **제천(祭天) 행사**
하늘에 제사를 지내는 행사를 말함

◉ **공과격(功過格)**
공덕과 과오의 기준을 제시하여 선(善)을 행하도록 권장하기 위해 만든 책

◉ **성황, 칠성, 조왕**
성황은 신수(神樹)에 잡석을 쌓아 놓은 마을의 수호신이고, 칠성은 북두칠성을 신격화한 것이며, 조왕은 불을 다루며 부엌을 관장하는 신을 말함

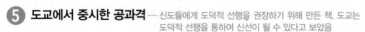

5 도교에서 중시한 공과격 — 신도들에게 도덕적 선행을 권장하기 위해 만든 책. 도교는 도덕적 선행을 통하여 신선이 될 수 있다고 보았음

『역경(易經)』에서 말하기를, 선(善)을 쌓은 집안은 반드시 기쁜 일이 있으며, 악(惡)을 쌓은 집안은 자손에게 재앙이 미친다고 한다. 『도과(道科)』에서 말하기를 선을 쌓으면 좋은 징조가 보이고, 악을 쌓으면 재앙을 초래한다고 한다. 그래서 유교와 도교의 가르침은 다른 점이 하나도 없다. 옛날 성인군자와 도가 높은 사람은 모두 계율을 만들어 안으로 마음을 가다듬고 수양했을 뿐만 아니라, 밖으로는 다른 사람들을 훈계하고 타일러 공덕을 쌓았다. 나는 꿈속에서 태미선군을 찾아뵙고 '공과격'을 받아 신심이 돈독한 자에게 전하라는 명령을 받았다.

– 『태미선군 공과격』 –

분석 | 조선 후기에는 민간에서 권선징악(勸善懲惡)을 지향하는 권선서가 유행하였다. 그중에서 자신의 선행과 악행을 공(功)과 과(過)로 분류해 기록하는 『공과격(功過格)』이 널리 보급되었다. 도교에서 중시한 '공과격'은 소박한 기복적 취지와 실천 가능한 규율을 담은 권선서이다.

5 밑줄 친 '㉠'에 해당하는 내용으로 옳은 것은?

도과(道科)에서 말하기를 선을 쌓으면 좋은 징조가 보이고, 악을 쌓으면 재앙을 초래한다고 한다. 그래서 유교와 도교의 가르침은 다른 점이 하나도 없다. …(중략)… 나는 꿈속에서 태미선군을 찾아뵙고 ㉠'공과격'을 받아 신심이 돈독한 자에게 전하라는 명령을 받았다.

① 도교에서 선행을 권장하기 위해 만든 책이다.
② 불교에서 공덕을 계산하기 위해 만든 책이다.
③ 유교에서 도덕 덕목을 자세히 기록한 책이다.
④ 도교에서 여러 신선들의 이름을 열거한 책이다.
⑤ 유교에서 도덕적 생활을 안내하기 위한 책이다.

정답과 해설 ▶ 『공과격』은 도교에서 도덕적 선행을 권장하기 위해서 만든 책이다. 도교는 도덕적 선행을 통하여 신선이 될 수 있다고 믿었다. **답** ①

개념 체크

01~09 다음 내용이 옳으면 ○표, 틀리면 ×표 하시오.

01 노자는 인간이 본래 소박하고 순수한 덕을 가지고 있으나, 사물의 겉모습에 이끌려 사물의 본질이나 가치를 바르게 인식하지 못한다고 보았다. (   )

02 노자는 천지 만물은 절대적인 가치만을 지닐 뿐이라고 보았다. (   )

03 노자는 정치에 있어서 무위(無爲)의 다스림을 통해 백성들의 평화롭고 소박한 삶을 실현할 수 있다고 보았다. (   )

04 장자는 도가 천지 만물의 근원이며, 인간을 비롯하여 천지 만물 어디에나 내재하는 것이라고 보았다. (   )

05 장자는 절대적인 시비의 기준이 존재하지 않는다고 보아 시비에 얽매이지 않는 자유를 추구해야 한다고 보았다. (   )

06 장자는 도의 관점에서 보면 자연 만물이 절대적으로 평등하다고 보고 제물의 경지를 추구하였다. (   )

07 오두미교는 노자의 사상에 기초를 두고 통치 방법으로 무위를 강조한 한나라 초기의 사상이다. (   )

08 위진 시대의 현학자들은 도덕경을 암송하고 삼관수서를 행하면 불로장생할 수 있다고 주장하였다. (   )

09 도교에서 권장한 『공과격』은 자신의 선행과 악행을 공과 과로 분류해 기록한 책이었다. (   )

10~16 다음 빈칸에 알맞은 말을 쓰시오.

10 노자가 말하는 (   )은/는 천지 만물의 근원이자 변화 법칙으로 인간의 경험과 상식으로는 파악할 수 없는 절대적인 근원이다.

11 노자는 작은 영토에 적은 백성이 모여 살아가는 (   )이/가 이상적인 사회라고 보았다.

12 장자는 제물과 소요의 경지에 도달하기 위한 방법으로 (   )와/과 심재를 제시하였다. (   )은/는 조용히 앉아서 자신을 구속하는 일체의 것들을 버리는 것이다.

13 한대에 이르러 전설상의 황제와 노자를 숭상하는 (   )이/가 등장하였다. 이들은 무위(無爲)로써 다스리는 제왕의 통치술을 주장하였다.

14 한나라 말기에 (   )은/는 교단을 갖추고 만인이 부유하고 영화로운 태평(太平) 시대를 실현한다는 종교적 이상을 제시하였다.

15 위진 시대의 현학자들은 형이상학적이고 예술적인 논의인 (   )을/를 즐겼다.

16 고려 시대에는 (   )(이)라는 도교 의례가 중시되었는데, 이는 하늘을 비롯한 여러 신에게 재앙을 물리치고 복을 내리도록 비는 국가적 차원의 도교 의례였다.

정답   **01** ○   **02** ×   **03** ○   **04** ○   **05** ○   **06** ○   **07** ×   **08** ×   **09** ○   **10** 도   **11** 소국과민   **12** 좌망   **13** 황로학파
14 태평도   **15** 청담   **16** 재초

오답 체크 Tip   **02** 노자는 천지 만물은 상대적 가치를 지닌다고 보았다.
07 노자의 사상에 기초를 두고 통치 방법으로 무위를 강조한 한나라 초기의 사상은 황로학파이다.
08 도덕경을 암송하고 삼관수서를 하면 불로장생할 수 있다고 본 사상은 한나라 후기의 오두미교이다.

► 20582-0066

01 동양 사상 ㉠, ㉡의 입장으로 옳은 것만을 〈보기〉에서 고른 것은?

춘추 전국 시대의 혼란 속에서 (㉠) 사상이 도덕성과 이에 바탕을 둔 공동체의 도덕적 질서에 주목하였던 것에 비해, (㉡) 사상은 개인의 삶을 중시하고 생명 보존과 자유로운 삶을 추구하는 경향을 보였다. (㉠)은/는 인의(仁義)와 같은 도덕적 덕목을 통해 도덕적 사회를 건설하고자 하였고, (㉡)은/는 무위자연(無爲自然)을 중시하면서, 영토는 작고 백성은 적은 나라를 추구하였다.

┥보기┝
ㄱ. ㉠: 사람들의 도덕성 상실로 사회가 혼란해졌다.
ㄴ. ㉠: 인위에서 벗어나야 정신적 자유가 실현된다.
ㄷ. ㉡: 사람은 자연의 순리에 따라 살아야 한다.
ㄹ. ㉡: 도덕적 성찰로 인격 완성을 추구해야 한다.

① ㄱ, ㄴ   ② ㄱ, ㄷ   ③ ㄴ, ㄷ
④ ㄴ, ㄹ   ⑤ ㄷ, ㄹ

► 20582-0067

02 다음을 주장한 사상가의 입장으로 옳은 것은?

사람은 가축의 고기를 좋아하고 사슴은 풀을 좋아하고, 지네는 뱀을 좋아하고, 까마귀는 쥐의 고기를 좋아한다. 이 넷 가운데 누가 제대로 된 음식을 먹는 것인가? 여희는 모든 사람이 인정하는 미녀이다. 그런데 물고기는 그녀를 보면 물속으로 들어가 버리고, 새가 그녀를 보면 멀리 날아가 버린다. 사슴이 그녀를 보면 재빠르게 도망간다. 누가 진정한 아름다움을 알고 있는가?

① 만물은 도의 관점에서 볼 때 높고 낮음이 존재한다.
② 인간과 자연이 공유해야 하는 가치는 인위(人爲)이다.
③ 만물의 상대적 가치가 인간이 추구할 궁극적 가치이다.
④ 인간은 인간 중심적 관점에 서서 사물을 평가해야 한다.
⑤ 자유롭게 살려면 만물의 평등함과 소중함을 깨달아야 한다.

► 20582-0068

03 갑 사상가의 입장으로 옳은 것만을 〈보기〉에서 고른 것은?

중국 춘추 전국 시대의 사상가인 갑은 인간을 위해서 만든 인위적인 법이나 도덕규범, 사회 제도 등이 오히려 인간의 자유를 구속한다고 보았다. 아울러 부귀와 명예 등의 외물(外物)을 좇으면 결국에는 자신의 자연스러운 본성을 해쳐서 자신을 제약하게 된다고 보았다. 그래서 도(道)에 따라 정신적 자유의 경지인 소요유(逍遙遊)를 실현해야 한다고 주장하였다.

┥보기┝
ㄱ. 인간은 분별적 지식을 추구해야만 한다.
ㄴ. 제물의 경지에 들려면 선정을 닦아야 한다.
ㄷ. 외물에 얽매이지 않는 절대 자유를 추구해야 한다.
ㄹ. 자연의 순리에 따라 물아일체의 삶을 살아야 한다.

① ㄱ, ㄴ   ② ㄱ, ㄷ   ③ ㄴ, ㄷ
④ ㄴ, ㄹ   ⑤ ㄷ, ㄹ

► 20582-0069

04 다음을 주장한 사상가의 입장으로 옳지 <u>않은</u> 것은?

성인(聖人)의 정치는 백성들의 마음을 비우게 해 주고, 그 배를 채워 주며, 그 뜻을 약하게 해 주고, 그 뼈를 튼튼하게 해 준다. 항상 백성들로 하여금 분별적 앎이 없고[無知(무지)], 욕심이 없게 하여[無欲(무욕)], 저 아는 자로 하여금 감히 손댈 수 없게 한다. 이와 같이 무위(無爲)를 행하기만 하면 다스려지지 않는 일이 없게 된다.

① 도(道)에 따르면 사회 혼란을 극복할 수 있다.
② 자신을 낮추면서 남과 다투지 않고 살아가야 한다.
③ 자연의 순리에 따르면서 생명을 잘 보존해야 한다.
④ 수련을 통해 태어남이 없는 경지를 추구해야 한다.
⑤ 자신의 욕망을 절제하면서 소박하게 살아가야 한다.

05 ㉠, ㉡에 대한 설명으로 옳지 <u>않은</u> 것은?

▶ 20582-0070

구분	내용
황로 학파	전설상의 제왕인 황제(黃帝)와 도가의 창시자인 노자(老子)를 숭상하고, 무위(無爲)로써 백성을 다스리는 제왕의 통치술을 주장함
㉠	• 『도덕경』을 경전으로 삼았으며, 도덕적 선행을 권장하면서 삼관수서(三官手書)를 행하도록 권장함 • 교단에 가입하려는 사람들에게 쌀 다섯 말을 받음
㉡	위진 시대에 노장 사상을 철학적으로 계승하면서 청담을 통해 인간의 고정 관념을 초월한 무(無)의 세계를 진실한 세계로 보고 정신적 자유를 추구함

① ㉠은 교단과 교리 체계를 갖추고 양생을 중시하였다.
② ㉠은 도덕적 선행을 통해 신선이 되어야 한다고 보았다.
③ ㉡은 법과 술로써 백성을 통치하고자 노력하였다.
④ ㉡은 현실에서 벗어나 은둔하는 생활을 중시하였다.
⑤ ㉠, ㉡은 도가 사상을 계승하면서 발전을 추구하였다.

06 다음은 고대 동양 사상가의 주장이다. ㉠에 대한 설명으로 옳은 것은?

▶ 20582-0071

(㉠)은/는 신령스럽다. 큰 늪지가 타올라도 뜨거운 줄을 모르고, 황하와 한수가 얼어붙어도 추운 줄을 모르고, 사나운 벼락이 산을 쪼개고 바람이 불어 바다를 뒤흔들어도 놀라지 않는다. 이런 사람은 구름을 타고 해와 달에 올라 사해(四海) 밖에 노닌다. 그에게는 삶과 죽음마저 상관이 없는데, 하물며 이로움이나 해로움이니 하는 것들이 무슨 소용이 있겠는가?

① 만물과 하나가 되는 경지에 도달한 사람이다.
② 도덕규범을 실천하여 인격을 완성한 사람이다.
③ 소요와 심재를 실천하여 열반에 이른 사람이다.
④ 소요유를 실천하면서 인위를 추구하는 사람이다.
⑤ 내면적 자유보다 외적인 성공을 중시하는 사람이다.

07 다음 사상의 입장만을 〈보기〉에서 고른 것은?

▶ 20582-0072

사람들 중에 덕행(德行)이 있는 사람은 선인(善人)이 될 수 있다. 선인으로서 배우기를 좋아하면 현인(賢人)이 될 수 있고, 현인으로서 배우기를 좋아해서 그치지 아니하면 성인(聖人)이 될 수 있다. 성인이 계속해서 배우기를 그치지 않으면 천도(天道)의 문을 알게 된다. 도에 들어가 멈추지 않으면 불사(不死)의 경지에 이를 것이고, 선인(仙人)이 된다. 선인으로 멈추지 않으면 참된 경지에 이르게 된다.

┤보기├

ㄱ. 도(道)를 극복해야 올바른 양생이 실현된다.
ㄴ. 신선이 되려면 도덕적 선행을 실천해야 한다.
ㄷ. 올바른 수련을 통해 불사의 경지에 이를 수 있다.
ㄹ. 신선이 되려면 계율을 지키고 선정을 닦아야 한다.

① ㄱ, ㄴ   ② ㄱ, ㄷ   ③ ㄴ, ㄷ
④ ㄴ, ㄹ   ⑤ ㄷ, ㄹ

08 동양 사상 (가), (나)의 입장으로 옳지 <u>않은</u> 것은?

▶ 20582-0073

(가) 너는 다만 무위(無爲)에 따라 살라. 그러면 만물은 저절로 변화할 것이다. 또한 밖의 사물에 대한 생각을 잊는다면 자연과 크게 하나가 될 것이다. 만물은 자기 근본으로 되돌아가고, 그러면서 아무것도 모르고 혼돈 상태에서 떠나지 않을 것이다.

(나) 대개 장생(長生)을 해 도를 얻은 사람은 모두 약을 복용하고 기(氣)를 마심으로써 선도(仙道)에 도달하지 못하는 사람이 없었으며 망령되지도 않았다. 약을 복용하고 단곡(斷穀)을 하는 자는 먼저 약을 복용하고 나서 단곡을 해야 한다.

① (가): 인위적 규범에서 벗어나 자유를 누려야 한다.
② (가): 심재를 통해 도덕 덕목의 내면화를 추구해야 한다.
③ (나): 외단(外丹)을 통하여 불로(不老)를 추구해야 한다.
④ (나): 인간은 자연의 순리(順理)에 따라서 살아가야 한다.
⑤ (가), (나): 자연에 따라 주어진 생명을 잘 보존해야 한다.

● **한국 전통 윤리 사상의 근대적 지향성: 조선 후기의 사상**

(1) 조선 후기의 유교 사상

① 실학

• 공리공론(空理空論)이나 허학(虛學)을 반대하면서 실용적인 학문을 추구함
　　└ 실용성이 없는 공허한 학문

• 청나라의 고증학과 서양의 과학 및 종교 사상을 비판적으로 수용하여 성리학과 다른 세계관과 인간관 및 도덕관을 제시함

• 우리의 역사, 지리, 풍속 등에 대한 독자적인 탐구를 전개함

• 실학의 학문적 경향성
　– 경세치용(經世致用): 세상을 다스리는 일과 실제 생활에 도움이 되는 학문을 추구함
　– 이용후생(利用厚生): 생활에 이롭게 쓰이고 삶을 풍요롭게 하는 학문을 추구함
　– 실사구시(實事求是): 사실에 입각해서 옳음을 구함

② 강화학파

• 17세기 정제두에 의해 독자적인 조선 양명학 체계가 수립되었으며, 하나의 학파[江華學派(강화학파)]를 이루게 됨

• 왕수인의 양명학을 새롭게 해석하고 발전시킴 → 인간이 도덕적 주체임을 자각하고 사욕을 극복하여 양지를 실천할 것을 강조함

• 불교, 도교에도 관심을 갖는 등 개방적인 학문 태도를 취하였으며, 일제 강점기의 국학 운동과 애국 계몽 운동에 영향을 줌

(2) 근대 격변기의 사상과 신흥 민족 종교

① 위정척사 사상 ── 대표적 사상가: 이항로, 기정진, 최익현

• 위정척사(衛正斥邪): 올바른 것[正(정), 유교적 가치 체계와 질서]은 지키고 거짓된 것[邪(사), 서양과 일본의 문물]은 배척해야 함

• 주체성을 지키고자 하는 의식과 절의(節義)를 강조하는 선비 정신의 표출로 볼 수 있음 → 훗날 항일 의병 운동으로 이어지기도 함

② 개화 사상

• 개화(開化): 개발하여 변화시키고, 새로운 것에 나아가 자립하며, 장점을 기르고 단점을 버림
　　　　　　　　└ 유교적 가치관을 지키고자 함　└ 유교적 가치관을 개혁하고자 함

• 유교 사상에 대한 태도에 따라 온건 개화론과 급진 개화론으로 나뉨

• 급변하는 국제 사회의 현실을 직시하고 서구 문명을 능동적으로 수용하여 부국강병과 사회 개혁을 도모하려는 근대 지향적인 사상의 면모를 보여줌 → 훗날 애국 계몽 운동으로 이어짐

◉ **공리공론**
아무 소용이 없는 헛된 이론이나 논의

◉ **실학의 특징**
• 비판 정신: 주자학의 세계에 매몰되지 않고 새로운 차원을 지향하여 자유로운 학문 탐구의 기풍을 추구함
• 실용에 대한 관심: 학문의 중심을 관념적인 것에서 현실적이고 구체적인 것으로 전환함
• 실증적인 연구: 사변 철학적 경향에서 벗어나 경험적이고 실증적인 연구 방법을 추구함
• 주체적 태도: 정치, 경제는 물론이고 역사, 지리, 언어, 풍속 등 각 방면에 걸친 연구의 열기를 고조시켰으며, 여기에서 민족 주체 의식 내지 자존 의식이 구체화될 수 있는 계기가 마련됨

◉ **절의**
절개와 의리

1 정제두의 양명학

> 사람의 마음에서 생생하게 활동하는 이치[生理(생리)]는 능히 밝게 깨달을 수 있으며 만사에 두루 통하여 어둡지 않다. 그렇기 때문에 측은(惻隱)·수오(羞惡)·사양(辭讓)·시비(是非) 어느 것이나 능히 못하는 것이 없게 된다. 이것이 그 고유한 덕(德)으로써 이른바 양지(良知)란 것이고 또 인(仁)이란 것이다.
>
> – 정제두, 『하곡집』 –

분석 | 정제두는 왕수인의 심즉리설, 치양지설 등을 새롭게 해석하고 발전시켜 조선 양명학을 수립하였다. 특히 그는 양지를 마음에서 생생하게 활동하는 참된 이치로 보았다.

2 이항로의 위정척사 사상

└ 선과 악, 좋고 나쁨을 달리 이르는 말

> 정학(正學)과 이단(異端)이 서로 성(盛)하고 쇠(衰)함은 그 근원이 실상 사람의 한 마음에서 연유하고, 천리와 인욕이 서로 성장하고 소멸함은 그 흐름이 실상 천운의 음양숙특(陰陽淑慝)과 세도의 승강치란(升降治亂)에 관련되니 천하의 만물은 다만 하나의 이(理)일 뿐이다. 그러므로 난세를 구하는 것이 이단을 물리치는 것보다 먼저 할 것이 없으며, 이단을 물리침이 정학을 밝히는 것보다 급한 것이 없으니, 정학을 밝히는 것은 다만 한 마음 가운데에 천리와 인욕을 구별하는 데 있을 뿐이다.
>
> └ 잘 다스려지는 세상과 어지러운 세상
>
> – 이항로, 『화서집』 –

분석 | 이항로는 서학을 막고 양물(洋物)을 금하기 위해서는 근본적으로 유학을 밝히고 민생을 안정시켜야 한다고 주장한다. 이항로가 밝히려는 것은 당연히 성리학이며, 그것은 천리와 인욕을 분별하는 것이다.

---

1 다음은 한국 유교 사상가의 주장이다. ㉠에 들어갈 말로 가장 적절한 것은?

> 사람의 마음에서 생생하게 활동하는 이치[生理(생리)]는 능히 밝게 깨달을 수 있으며 만사에 두루 통하여 어둡지 않다. 그렇기 때문에 측은(惻隱)·수오(羞惡)·사양(辭讓)·시비(是非) 어느 것이나 능히 못하는 것이 없게 된다. 이것이 그 고유한 덕(德)으로써 이른바 (㉠)이고 또 인(仁)이란 것이다.

① 이기(理氣)
② 양지(良知)
③ 실학(實學)
④ 경세치용(經世致用)
⑤ 공리공론(空理空論)

정답과 해설 ▶ 제시문은 정제두의 주장이다. 정제두는 독자적인 조선 양명학 체계를 수립하여 강화학파의 선구가 되었다. ㉠에 들어갈 말은 양지(良知)이다. **답** ②

2 다음을 주장한 사상가에 대한 옳은 설명만을 〈보기〉에서 고른 것은?

> 정학(正學)과 이단(異端)이 서로 성(盛)하고 쇠(衰)함은 그 근원이 실상 사람의 한 마음에서 연유한다. 그러므로 난세를 구하는 것이 이단을 물리치는 것보다 먼저 할 것이 없으며, 이단을 물리침이 정학을 밝히는 것보다 급한 것이 없으니, 정학을 밝히는 것은 다만 한 마음 가운데에 천리와 인욕을 구별하는 데 있을 뿐이다.

┤보기├
ㄱ. 유교적 가치관을 개혁하고자 했다.
ㄴ. 절개(節槪)와 의리(義利)를 중시했다.
ㄷ. 서양과 일본의 문물을 배척하고자 했다.
ㄹ. 선천 세계는 가고 후천 세계가 온다고 주장했다.

① ㄱ, ㄴ
② ㄱ, ㄷ
③ ㄴ, ㄷ
④ ㄴ, ㄹ
⑤ ㄷ, ㄹ

정답과 해설 ▶ 제시문은 위정척사 사상가인 이항로의 주장이다. 위정척사 사상은 절개와 의리를 중시하고, 유교적 가치를 지키고자 서양과 일본의 문물을 배척하였다. ㄱ. 급진 개화론의 주장이다. ㄹ. 신흥 민족 종교의 주장이다. **답** ③

- 동도서기론(東道西器論): 유교적 가치와 질서[東道(동도)]를 지키면서 서양의 우수한 과학 기술과 군사 제도[西器(서기)]를 수용하자는 입장 → 유교를 중심으로 삼고 근대화된 서양 문물을 주체적으로 수용하여 시대적 과제를 해결하고자 함
- 변법적 개화론: 유교적 질서를 근본적으로 변혁해야 한다는 입장 → 전통적 정치 체제를 혁파하고 서구식 정부를 수립할 것을 주장함

③ 신흥 민족 종교 사상
- 등장 배경
  - 대내적 배경: 신분 차별, 지배 계층의 수탈, 유교 사상의 지배력 상실, 내부적 모순의 심화
    └─ 재물 따위를 강제로 빼앗음
  - 대외적 배경: 서학(천주교)의 침투, 서양의 통상 요구로 인한 위기의식의 고조
- 사상적 특징
  - 우리나라의 고유 사상을 바탕으로 유·불·도 사상을 주체적으로 수용함
  - 후천 개벽(後天開闢): 사회 변혁을 주장하며 혼란을 극복하고 새로운 세계를 열고자 하는 백성의 열망을 반영함
  - 내세보다 현세에서 이상 세계를 이룰 수 있다고 봄
    └─ 죽은 뒤의 세상
- 대표적 신흥 종교

신흥 종교	특징	중심 사상
동학	• 최제우가 제창한 민족 종교 • 서구 열강의 침략에 대항하여 '보국안민(輔國安民)'을 주장함 • 인본주의, 사해 평등주의를 표방함 • 신분 차별, 남녀 차별, 노소 차별이 심했던 당시의 사회 질서를 거부하는 운동을 전개함	• 시천주(侍天主): 모든 사람은 자기 안에 한울님을 모시고 있음 • 인내천(人乃天): 사람이 곧 하늘임 • 오심즉여심(吾心卽汝心): 내 마음이 곧 네 마음임 • 사인여천(事人如天): 사람 대하기를 하늘 섬기듯 함 • 성(誠), 경(敬), 신(信)의 수양을 강조함
증산교	• 강일순에 의하여 만들어진 민족 종교 • 고유 사상을 바탕으로 무속과 도가의 사상을 나름대로 해석하여 사상적 기초를 닦음 　└─ 무당을 중심으로 하여 민간에 전승되고 있는 풍속	• 해원상생(解寃相生): 원한을 풀고 서로 살리며 함께 살아감 • 현세에서의 지상 낙원 실현을 주장함 • 사랑과 정의가 넘쳐흐르는 사회를 실현하고자 함
원불교	• 박중빈이 창립한 민족 종교 • 기존의 불교 사상을 개혁하여 한국형 생활 불교를 표방함 → 일상생활 속에서 수행할 수 있는 여러 방법을 제시함	• 일원상(一圓相)의 진리: 우주의 근본 원리를 일원상으로 표현 • 영육쌍전(靈肉雙全): 정신과 육체를 균형 있게 발전시켜 나감

◉ **변법**
법을 고침. 근본이 되는 제도를 바꿈

◉ **후천개벽**
세상의 변화에 따라 어두운 선천 세계는 끝나고 후천의 밝은 문명 세계가 돌아온다는 한국 민족 종교의 대표적인 사상

◉ **보국안민**
나라 일을 돕고 백성을 편안하게 함

◉ **사해(四海)**
온 세상

3 동도서기론

└ 동양과 서양, 옛날과 지금이라는 뜻으로, 사람이 살아온 모든 시대와 장소를 아울러 이르는 말

> 동서고금을 막론하고 바꿀 수 없는 것은 도(道)이고 수시로 바뀌어 고정적일 수 없는 것은 기(器)이다. 무엇을 도라고 하는가? 삼강(三綱), 오상(五常), 효제충신(孝悌忠信)이 이것이다. 무엇을 기라고 하는가? 예악(禮樂), 형정(刑政), 복식(服飾), 기용(器用)이 이것이다. 대개 동양인들은 형이상(形而上)에 밝기 때문에 그 도가 천하에 홀로 우뚝하며, 서양인들은 형이하(形而下)에 밝기 때문에 그 기는 천하에 대적할 자가 없다. 동양의 도로써 서양의 기를 행한다면 지구의 오대주는 평정할 것도 없다. 진실로 때에 맞고 백성에게 이로운 것이라면 비록 오랑캐의 법이라도 행할 수 있다.
>
> – 신기선, 「농정신편」 –

분석 | 동도서기론은 동양의 도[東道(동도)], 즉 유교적 가치와 질서를 기반으로 서양의 기[西器(서기)], 즉 서양의 발달된 과학 기술과 군사 제도를 수용하자는 입장이다.

4 한국 근대 전통 사상의 의의와 한계

사상	의의	한계
실학	백성이 살기 좋은 사회 건설을 위한 사상적 모색, 근대 지향적	사회적 영향력 미미, 현실에 반영되지 못함
강화학파	인간 주체성 강조, 사상의 다양화	지역적, 가학(家學)적 한계
위정척사	외세의 침략 의도 간파, 의리 정신, 자존 의식	배타적 태도, 국제적 흐름 거부 등
개화 사상	실력 양성의 기반 제공	외세의 침략성 간과
신흥 종교	민족 정체성 고취, 시대 변화에 부응	종교 운동에 그침, 사회 구조 개혁에 미흡

└ 집안에 대대로 전해 내려오는 학문

분석 | 각 사상은 나름대로의 의의와 한계를 지니고 있다. 우리나라의 근대 사상도 각각의 의의와 한계가 있다. 하지만 당시의 현실 문제를 해결하고 민족과 나라의 살길을 도모하고자 했다는 면에서 공통점이 있다.

3 다음을 주장한 사상가의 입장으로 옳은 것은?

> 동양인들은 형이상(形而上)에 밝기 때문에 그 도가 천하에 홀로 우뚝하며, 서양인들은 형이하(形而下)에 밝기 때문에 그 기는 천하에 대적할 자가 없다. 진실로 때에 맞고 백성에게 이로운 것이라면 비록 오랑캐의 법이라도 행할 수 있다.

① 모든 사람은 자기 안에 한울님을 모시고 있다.
② 부국강병을 위해서는 전통사상을 포기해야만 한다.
③ 유교를 중심으로 삼아 서양 문물을 수용해야 한다.
④ 고유 사상을 바탕으로 유·불·도 사상을 해석해야 한다.
⑤ 유교적 가치의 고수를 위해 서양 문물을 배척해야 한다.

정답과 해설 ▶ 제시문은 동도서기론인 신기선의 주장이다. 동도서기론은 유교적 가치와 질서인 동도(東道)는 지키면서 서양의 우수한 과학 기술인 서기(西器)는 수용하자는 주장이다. ③

4 ㉠, ㉡에 들어갈 말로 적절한 것은?

사상	의의	한계
	백성이 살기 좋은 사회 건설을 위한 사상적 모색, 근대 지향적	사회적 영향력 미미, 현실에 반영되지 못함
	인간 주체성 강조, 사상의 다양화	지역적, 가학적 한계
㉠	외세의 침략 의도 간파, 의리 정신, 자존 의식	배타적 태도, 국제적 흐름 거부 등
㉡	실력 양성의 기반 제공	외세의 침략성 간과
	민족 정체성 고취, 시대 변화에 부응	종교 운동에 그침, 사회 구조 개혁에 미흡

	㉠	㉡
①	실학	강화학파
②	강화학파	위정척사
③	위정척사	개화 사상
④	개화 사상	신흥 종교
⑤	신흥 종교	실학

정답과 해설 ▶ 첫째에 들어갈 사상은 실학, 두 번째는 강화학파, 세 번째는 위정척사, 네 번째는 개화 사상, 다섯 번째는 신흥 종교이다. ③

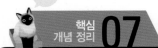
● **동양의 이상적 인간상: 유·불·도 사상에서 추구한 이상적 인간상**

(1) 유교의 이상적 인간상과 그 의의
① 군자의 특징 : 인의(仁義)를 실현하기 위해 지속적인 노력을 기울임 → 인격 완성을 위해 도덕적 수양에 힘쓰고 사회적 책무를 충실히 이행함
② 군자의 현대적 의의 : 사랑의 정신과 정의감을 갖추고 자신의 역할을 충실히 수행하는 시민의 모범이 될 수 있음

(2) 대승 불교의 이상적 인간상과 그 의의
① 보살의 특징 : 위로는 깨달음을 구하고[上求菩提(상구보리)] 아래로는 중생 구제에 힘씀[下化衆生(하화중생)]
② 보살의 현대적 의의 : 모든 사람과 생명에게 조건 없는 사랑을 베풀면서 함께 잘 사는 공동체를 만들고자 하는 시민의 모범이 될 수 있음

(3) 도교의 이상적 인간상과 그 의의
① 지인, 진인(또는 신인, 천인, 성인)의 특징 : 겸허한 자세로 자연의 흐름에 따라 살아가며, 만물을 평등하게 보면서 정신적 자유를 누림
② 지인, 진인의 현대적 의의 : 자연을 존중하고 만물을 차별하지 않으며 소박하고 자유롭게 살아가는 시민의 모범이 될 수 있음

◉ **유 · 불 · 도의 이상적 인간상의 공통점**
· 높은 이상 추구
· 자아 완성을 위한 수양
· 보다 나은 공동체 지향

자료 탐구

5 군자, 진인, 보살

· 군자는 의(義)에 밝고 소인은 이(利)에 밝다.
－「논어」－

· 군자는 사람들과 조화롭게 지내지만 부화뇌동하지 않고, 소인은 부화뇌동하면서도 조화롭게 지내지 못한다.
－「논어」－

· 진인(眞人)은 작은 일도 거스르지 않고, 성공을 뽐내지 않고, 일을 꾀하지도 않고 실패해도 후회하지 않고, 잘 되어도 득의양양하지 않는다.
－「장자」－

· 보살의 맹세 : 중생이 한없어도 건지고야 말리./ 번뇌가 끝없어도 끊고야 말리./ 법문이 한없어도 배우고야 말리./ 불도가 위없어도 이루고야 말리.
－「사홍서원」－

분석 | 유교의 군자는 인간의 선한 본성을 현실화하는 도덕적 수양과 실천을 하는 사람이다. 도가의 진인은 마음을 비우고 본래의 마음을 되찾아 소박하게 살아가는 사람이다. 대승 불교의 보살은 위로는 지혜(진리)를 찾고, 아래로는 고통에 빠져 있는 중생을 구하고자 한다.

확인학습

5 다음이 상징하는 이상적 인간의 특징으로 가장 적절한 것은?

중생이 한없어도 건지고야 말리. / 번뇌가 끝없어도 끊고야 말리. / 법문이 한없어도 배우고야 말리. / 불도가 위없어도 이루고야 말리.

① 자연의 흐름에 따라 겸허한 자세로 살아간다.
② 위로는 깨달음을, 아래로는 중생 구제에 힘쓴다.
③ 인의(仁義)의 실현을 위해 도덕적 수양에 힘쓴다.
④ 자신의 실체를 찾아 정신적 자유를 누리고자 한다.
⑤ 자신을 수양함으로써 타인을 편안하게 하고자 한다.

정답과 해설 ▶ 제시문은 대승 불교의 이상적 인간인 보살이 되기 위한 수도자들의 맹세이다. ② 보살은 위로는 진리를 구하고 아래로는 고통에 빠져 있는 중생을 구제하고자 한다. **답 ②**

개념 체크

01~09 다음 내용이 옳으면 ○표, 틀리면 ×표 하시오.

01 실학은 우리의 역사, 지리, 풍속 등에 대한 독자적인 탐구를 했다. ( )

02 강화학파는 양명학을 고수하고 불교와 도교를 적극 배척하였다. ( )

03 위정척사 사상은 훗날 항일 의병 운동으로 이어지기도 했다. ( )

04 개화 사상은 서구의 발달된 문명을 받아들이고자 했다. ( )

05 동학은 남녀의 차별은 반대했지만, 전통적 신분 제도는 유지하고자 했다. ( )

06 증산교는 원한을 풀고 함께 살아갈 것을 주장했다. ( )

07 원불교는 정신과 육체를 균형 있게 발전시켜 나가야 한다고 주장했다. ( )

08 유교의 이상적 인간상은 선한 본성을 실현하고자 하는 사람이다. ( )

09 도가의 이상적 인간상은 사회 규범과 제도를 준수하고자 하는 사람이다. ( )

10~16 다음 빈칸에 알맞은 말을 쓰시오.

10 '세상을 다스리는 일과 실제 생활에 도움이 되는 학문을 추구'하는 실학의 경향성을 ( )(이)라고 한다.

11 ( )은/는 유교적 가치와 질서를 지키면서 서양의 우수한 과학 기술과 군사 제도는 수용하자는 주장을 말한다.

12 어두운 선천 세계는 끝나고 후천의 밝은 문명 세계가 도래한다는 주장을 ( )(이)라고 한다.

13 동학에서는 '모든 사람은 자기 안에 한울님을 모시고 있다.'는 ( )을/를 주장한다.

14 ( )은/는 고유 사상을 바탕으로 무속과 도가의 사상을 나름대로 해석하여 사상적 기초를 다진 신흥 민족 종교 사상이다.

15 원불교에서는 진리의 상징을 ( )(으)로 표시한다.

16 대승 불교의 ( )은/는 위로는 진리를 추구하고, 아래로는 중생을 구제하고자 한다.

정답 01 ○ 02 × 03 ○ 04 ○ 05 × 06 ○ 07 ○ 08 ○ 09 × 10 경세치용 11 동도서기 12 후천개벽
13 시천주 14 증산교 15 일원상 16 보살

오답 체크 Tip
02 강화학파는 성리학에 비해 불교, 도교에도 관심을 갖는다.
05 동학은 남녀의 차별뿐만 아니라 신분 차별도 반대했다.
09 도가의 이상적 인간상은 인위적 사회 제도에서 벗어나 자연의 흐름에 따라 사는 것을 지향한다.

▶ 20582-0074

01 ⊙에 대한 옳은 설명만을 〈보기〉에서 있는 대로 고른 것은?

조선 중기 임진왜란과 병자호란을 겪으면서 백성들의 삶은 매우 힘들어졌다. 이러한 가운데 청나라의 고증학과 서양의 과학 및 종교 사상을 비판적으로 수용하여 성리학과 구별되는 세계관과 도덕관을 제시하면서 ⊙ 새로운 사상이 등장하게 되었다.

〈보기〉

ㄱ. 삶을 풍요롭게 하는 학문을 추구하였다.
ㄴ. 실증성보다는 주관적 관념을 중시하였다.
ㄷ. 실용성이 없는 공허한 학문을 반대하였다.
ㄹ. 우리의 역사에 대한 독자적 탐구를 하였다.

① ㄱ, ㄴ   ② ㄱ, ㄷ   ③ ㄴ, ㄹ
④ ㄱ, ㄷ, ㄹ   ⑤ ㄴ, ㄷ, ㄹ

▶ 20582-0075

02 다음을 주장한 한국 유교 사상가의 입장으로 옳은 것은?

• 글을 읽고서 실용을 모르는 것은 학문 연구가 아니다. 고상하게 성명(性命)이나 이야기하고 이기(理氣)나 논변하여 각기 자기 견해만을 옳다고 한다면 이는 학문 연구의 해독이다.
• 이용(利用)을 이룬 뒤라야 후생(厚生)할 수 있고 후생을 이룬 뒤라야 덕이 바르게 된다. 기물(器物)의 사용을 편리하게 하지 않고서 생활을 윤택하게 하는 것은 드물 것이니, 생활이 윤택하지 못하다면 어찌 덕을 바르게 할 수 있겠는가?

① 덕을 바르게 하려면 경제적 풍요가 필요하다.
② 성명을 밝히면 생활의 윤택은 저절로 이루어진다.
③ 성리학을 중심으로 다른 학문을 모두 배척해야 한다.
④ 이기의 관계를 규명해야만 실용적 학문을 할 수 있다.
⑤ 사물에 대한 탐구를 버리고 인간의 본성을 규명해야 한다.

▶ 20582-0076

03 다음을 주장한 근대 한국 사상가가 중시한 학문으로 가장 적절한 것은?

개별 사물의 이(理)와 내 마음[心(심)]을 안과 밖, 이것과 저것으로 나눌 수 없다. 내 마음 속의 이와 만사의 이는 하나이다. 내 마음의 양지(良知)는 마음의 본체이며, 양지의 사랑하고 측은해하는 그것이 바로 인(仁)이다.

① 불교   ② 도가   ③ 성리학
④ 양명학   ⑤ 고증학

▶ 20582-0077

04 다음은 조선 후기 학문적 경향의 일부이다. (가), (나)의 학문적 경향의 명칭을 바르게 짝지은 것은?

(가) 양적(洋賊)을 공격하자는 자는 우리 쪽 사람이요 화평(和平)하자는 자는 양적 쪽이다. 우리 편에 서면 풍속을 보존할 것이고, 저쪽 편에 서면 금수가 될 것이다.
(나) 우리의 도(道)는 정덕(正德)에 근원한 것이요, 서기(西器)를 배우는 것은 이용후생에 근원한 것이다. 이 둘은 병행하여도 도리에 어긋나지 않는다.

	(가)	(나)
①	실학	고증학
②	북학	개화 사상
③	양명학	동도서기
④	개화 사상	위정척사
⑤	위정척사	동도서기

[05~06] 갑, 을은 근대 한국 사상가들이다. 물음에 답하시오.

> 갑: 양지(良知)가 지닌 사리(事理)의 지극한 선(善)은 때에 따라서 바뀌니, 모두가 이 마음의 근본에서 나오는 것이므로 실로 저울이 물(物)에 따라 바뀌는 것이나 깨끗한 거울이 물건에 따라 비추어 주는 것과 같다.
>
> 을: 동서고금을 막론하고 바꿀 수 없는 것은 도(道)이고 수시로 바뀌어 고정적일 수 없는 것은 기(器)이다. 무엇을 도라고 하는가? 삼강(三綱), 오상(五常), 효제충신(孝悌忠信)이 이것이다. 무엇을 기라고 하는가? 예악(禮樂), 형정(刑政), 복식(服飾), 기용(器用)이 이것이다. 서양의 기를 배우는 것은 우리의 도를 잘 시행하기 위함이다.

▶ 20582-0078

05 갑, 을 사상가에 대한 설명으로 옳지 <u>않은</u> 것은?

① 갑은 인간이 도덕적 주체임을 자각해야 한다고 강조한다.
② 갑은 사욕을 극복하고 양지를 실천해야 한다고 주장한다.
③ 갑은 독자적 학문 체계를 수립하여 강화학파의 선구가 된다.
④ 을의 사상은 훗날 항일 의병의 밑거름이 된다.
⑤ 을은 서양의 우수한 과학 기술의 수용을 주장한다.

▶ 20582-0079

06 다음을 주장한 근대 한국 사상가와 을 모두가 긍정의 대답을 할 질문으로 옳은 것은?

> 난세를 이기려면 지극히 올바른 우리의 도(道)를 밝혀서 백성을 교화하고 인애(仁愛)의 정신을 넓혀 가야 한다. 우리의 것[正]이 융성하게 되면 저들의 것[邪]이 사라질 것이다.

① 유교적 가치 체계는 지켜져야 하는가?
② 성리학보다 양명학이 현실 대응에 적절한가?
③ 서양의 사상을 수용해야 국난을 극복할 수 있는가?
④ 고유 사상을 중심으로 서양의 종교를 수용해야 하는가?
⑤ 성리학의 공리공론을 극복하고 실학으로 바꾸어야 하는가?

▶ 20582-0080

07 다음은 근대 한국 사상가의 주장이다. ㉠의 특징에 대한 설명으로 옳지 <u>않은</u> 것은?

> 내가 동(東)에서 나서 동에서 받았으니, 도(道)는 비록 천도(天道)이지만 학(學)은 (㉠)(이)다. 하물며 땅이 동서로 나뉘었는데 서(西)가 어찌 동이 되며 동을 어찌 서라고 말하겠는가. 공자는 노나라에서 태어나 추나라에서 도를 폈기 때문에 추노의 풍(風)이 세상에 전해온 것이거늘, 우리 도는 이 땅에서 받아 이 땅에서 폈으니 어찌 서학(西學)이라고 이르겠는가?

① 서구 열강의 침략에 대항하고자 했다.
② 나라를 돕고 백성을 편안하게 하고자 했다.
③ 차별이 심했던 사회 질서를 거부하고자 했다.
④ 모든 사람은 한울님을 모시고 있다고 주장했다.
⑤ 서양의 종교로 유교적 가치를 대체하고자 했다.

▶ 20582-0081

08 근대 한국 사상가 갑, 을에 대한 옳은 설명만을 〈보기〉에서 고른 것은?

> 갑: 일원(一圓)은 우주 만유의 근본 자리이며, 모든 부처와 성인의 심인(心印)이며, 일체 중생의 본성이다.
>
> 을: 선천(先天)에는 원한이 쌓여 상극(相剋)이 지배하였지만, 내가 천지(天地)의 도수(度數)를 뜯어고쳐 상생(相生)케 하리라.

〈 보기 〉

ㄱ. 갑은 정신과 육체를 균형 있게 발전시켜야 한다고 본다.
ㄴ. 갑은 고유 사상을 바탕으로 도가 사상을 해석하여 사상적 기초를 닦았다.
ㄷ. 을은 현세에서 지상 낙원을 실현할 수 있다고 주장한다.
ㄹ. 을은 일상생활 속에서 수행할 수 있는 한국형 생활 불교를 표방하였다.

① ㄱ, ㄴ ② ㄱ, ㄷ ③ ㄴ, ㄷ
④ ㄴ, ㄹ ⑤ ㄷ, ㄹ

01 유교 윤리

(1) 공자, 맹자, 순자 → 인(仁), 의(義), 예(禮)와 같은 덕목의 실천을 통해 인격 완성을 추구해야 한다고 봄

☆ **공자**	• ① [ ] : 사랑의 정신이자 사회적 존재로 완성된 인격체의 인간다움 • 예: "인의 정신을 담고 있는 외면적인 사회 규범 • 덕치: 통치자의 덕성과 예의에 의한 교화를 추구하는 정치
☆ **맹자**	• 성선설: 인간은 누구나 선천적으로 사단(四端)과 사덕(四德)을 지니고 있음 • 수양 방법: ② [ ] 을/를 확충함, 선한 본심을 보존하고 본성을 기름 • 왕도(王道) 정치를 추구하고 민본주의에 근거하여 ③ [ ] 을/를 인정함
순자	• 성악설: 인간의 성정(性情)은 악하며, 선하게 되는 것은 인위적 노력의 결과 → 예를 배워 악한 본성을 변화시킬 것[化性起僞(화성기위)]을 강조함 　　→ 인간의 악한 본성을 변화시키기 위해 성왕이 인위(人爲) 즉, 예(禮)를 만듦. • ④ [ ] 사상: 고대의 성왕이 제정한 예로써 백성을 다스려야 함

(2) 성리학과 양명학 → 주희는 사물에 이(理)가 객관적으로 존재한다고 본 반면 왕수인은 이가 마음 밖에 있는 것이 아니라, 욕심에 가리지 않은 본래의 마음 이라고 보았음

☆ **성리학**	• ⑤ [ ] : 만물은 이(理)와 기(氣)가 결합함으로써 이루어짐, 이는 만물을 낳는 근본 원리이고 기는 만물을 이루는 재료임 • 심성론: 성(性)은 하늘이 부여한 이치이며, 성에는 인의예지가 갖추어져 있음 • 수양론: 거경궁리, 격물치지, 존양성찰. 존천리거인욕 등
양명학	• ⑥ [ ] : 인간의 마음[心]이 곧 하늘의 이치[理]임, 마음 밖에는 이치가 없고, 마음 밖에는 사물도 없음 • 치양지설: 사람은 양지를 지니고 있으며, 이 양지를 자각하고 실천할 수 있음 • 지행합일설: 앎[知]은 행함[行]의 시작이고, 행함은 앎의 완성임

(3) 조선의 성리학 → 도덕을 실현할 수 있는 근거와 방법을 고민하면서 인간 행위의 주체인 마음[心], 도덕의 근원인 성(性), 그리고 감정[情]을 심도 있게 논의하고자 함

☆ **이황**	• 이귀기천설(理貴氣賤說): 이는 존귀하고 기는 비천한 것임 • ⑦ [ ] : 사단(四端)은 이(理)가 발하고 기(氣)가 이를 따른 것이며, 칠정(七情)은 기가 발하고 이가 기를 탄 것이라고 주장함
☆ **이이**	• ⑧ [ ] : 형태가 없는 이는 통하고 형태가 있는 기는 국한됨 • 기발이승일도설(氣發理乘一途說): 이(理)는 발하는 까닭이고, 작용이 있는 기(氣)는 발하는 것이므로 "기가 발하고 이가 기를 탄다.'라는 한 가지 길만이 옳음
☆ **정약용**	• ⑨ [ ] : 인간의 성(性)은 선을 좋아하고 악을 싫어하는 마음의 기호임 • 인간의 도덕적 자율성 강조: 인간은 선이나 악을 스스로 선택할 수 있는 자주지권(自主之權)을 부여받음 　　→ 선하고자 하면 선할 수 있고, 악하고자 하면 악할 수 있는 인간의 자유 의지를 말함 • 덕(德)은 인간의 본성에 내재하는 것이 아니라 실천을 통해 형성되는 것임

답 ① 인
② 사단
③ 역성혁명(易姓革命)
④ 예치(禮治)
⑤ 이기론
⑥ 심즉리설
⑦ 이기호발설(理氣互發說)
⑧ 이통기국론(理通氣局論)
⑨ 성기호설

02 불교 윤리

(1) 초기 불교(석가모니 사상) →석가모니는 괴로움에서 벗어나 절대 평화의 경지인 열반에 도달해야 한다고 주장함

①	모든 존재와 현상은 무수한 원인[因]과 조건[緣]에 의해 생겨나며, 그 원인과 조건이 없으면 결과도 없다는 이론
사성제설	석가모니가 수행을 통하여 깨달은 '네 가지 성스러운 진리' → 고제(苦諦), 집제(集諦), 멸제(滅諦), 도제(道諦)
②	인생과 세상의 실상이 무상(無常), 무아(無我), 고(苦)임을 아는 것

(2) 한국 불교 →한국 불교는 대승 불교의 전통을 계승하면서도 조화와 화합을 중시하는 특징을 지님

원효	• 일심(一心) 사상: 일심은 이원적 대립을 초월하는 절대불이(絕對不二)한 것 • ③ 사상: 여러 종파의 주장들을 높은 차원에서 하나로 아우르려 함
의천	④ : 교학 수행과 지관(止觀) 수행을 함께해야 함
지눌	• ⑤ : 단박에 진리를 깨친 뒤에도 나쁜 습기(習氣)를 차차 소멸시켜 나가는 수행이 필요함 • 정혜쌍수(定慧雙修): 선정(禪定)과 지혜(知慧)를 함께 닦아 나가야 함

03 도가, 도교 윤리 →인간을 제약하는 인위(人爲)에서 벗어나 정신적 자유를 추구함

노자	• 무위자연(無爲自然): 사람의 힘이 더해지지 않은 자연 그대로의 상태 • ⑥ : 물이 지닌 겸허와 부쟁의 덕을 중시 • ⑦ : 인위적 문명의 발달이 없는 영토가 작고 인구가 적은 나라
장자	• 이상적 삶: 외물(外物)에 본심을 어지럽히지 않고 도(道)와 일치하는 삶 • 수양 방법: 일체의 것들을 잊어버리는 좌망과 마음을 깨끗이 하는 심재 • 이상적 경지: ⑧ – 외물에 얽매이지 않는 정신적 자유의 경지
도교	도가 사상에 민간 신앙 등의 요소가 결합되어 종교화한 것 → 황로학파, 교단 종교(태평도, 오두미교), 현학 등

04 한국 사상

(1) 근대의 대표적 사상

⑨	정제두에 의해 왕수인의 양명학을 새롭게 해석하고 발전시킨 학문
위정척사 사상	올바른 것[유교적 가치]은 지키고 거짓된 것[서양의 문물]은 배척함
개화 사상	유교 사상에 대한 태도에 따라 온건 개화론과 급진 개화론으로 나뉨

(2) 근대의 대표적 신흥 종교 →우리의 고유 사상을 바탕으로 외래 사상을 수용하면서 새로운 세계를 희망하는 백성에게 후천개벽의 가능성을 제시함

동학	최제우가 제창한 민족 종교 - 시천주, 인내천, 오심즉여심, 사인여천 등
증산교	강일순에 의하여 만들어진 민족 종교 - 해원상생(解冤相生)
원불교	박중빈이 창립한 민족 종교 - 일원상(一圓相)의 진리, 영육쌍전(靈肉雙全)

답 ① 연기설(緣起說)
② 삼법인설
③ 화쟁(和諍)
④ 교관겸수(敎觀兼修)
⑤ 돈오점수(頓悟漸修)
⑥ 상선약수(上善若水)
⑦ 소국과민
⑧ 소요유(逍遙遊)
⑨ 강화학파

대단원 종합 문제

▶ 20582-0082

01 이상적 인간상 ㉠의 현대적 의의에 대한 설명으로 가장 적절한 것은?

- (㉠)은/는 의(義)에 밝고, 소인은 이(利)에 밝다.
- (㉠)은/는 사람들과 조화롭게 지내지만 부화뇌동하지 않는다.

① 자신의 역할을 충실히 수행하고자 하는 사람의 본보기가 될 수 있다.

② 모든 생명에게 조건 없는 사랑을 베풀고자 하는 사람의 본보기가 될 수 있다.

③ 삶과 죽음이 고통임을 깨닫고 열반에 이르고자 하는 사람의 본보기가 될 수 있다.

④ 자연을 존중하고 만물을 차별하지 않으며 소박하게 살아가고자 하는 사람의 본보기가 될 수 있다.

⑤ 언제나 논리적으로 판단하며 현실을 넘어서 있는 진리를 찾고자 하는 사람의 본보기가 될 수 있다.

▶ 20582-0083

02 고대 동양 사상가 갑, 을의 입장으로 옳지 <u>않은</u> 것은?

갑: 덕(德)으로써 인(仁)을 행하는 것이 왕도(王道)이다. 그러나 패도(霸道)로 정치를 하면 백성들이 진심으로 복종하지 않는다.

을: 천지(天地)는 생명의 시작이고, 예의(禮義)는 다스림의 시작이며, 군자는 예의의 시작이다. 예의는 본성을 변화시킨다.

① 갑: 법으로만 다스려야 왕도가 실현된다.

② 갑: 인을 행하지 않는 군주는 교체할 수 있다.

③ 을: 사람이 선하게 되는 것은 인위적 노력의 결과이다.

④ 을: 고대 성왕이 제정한 예로써 다스리는 것이 좋은 정치이다.

⑤ 갑, 을: 통치자는 백성들에게 도덕적 모범을 보여야 한다.

▶ 20582-0084

03 다음을 주장한 중국 사상가의 입장만을 〈보기〉에서 고른 것은?

성(性)이 곧 이(理)이다. 하늘의 이치가 사람 마음에 있으면 성이라고 하고 사물이나 사건에 있으면 이라고 한다. 사단(四端)은 정(情)이고, 사덕(四德)은 성이며, 마음은 성과 정을 통괄한다.

┤보기├

ㄱ. 마음 밖에는 어떤 이치도 없다.

ㄴ. 이는 만물을 낳는 근본 원리이다.

ㄷ. 이와 기는 사물 속에서 언제나 함께 있다.

ㄹ. 성은 본래 선하기 때문에 함양할 필요가 없다.

① ㄱ, ㄴ   ② ㄱ, ㄷ   ③ ㄴ, ㄷ
④ ㄴ, ㄹ   ⑤ ㄷ, ㄹ

^{서술형}

▶ 20582-0085

04 다음을 주장한 사상가는 누구이며, 사단과 칠정의 연원에 대한 이 사상가의 입장을 서술하시오.

사단(四端)은 이(理)가 발하고 기(氣)가 이를 따른 것이며, 칠정(七情)은 기가 발하고 이가 이를 탄 것이다. 이가 발하여 기가 따른다는 것은 이를 위주로 말한 것일 뿐, 기 밖에서 이를 말하는 것이 아니니 사단이 이것이다. 기가 발하여 이가 탄다는 것은 기를 위주로 말한 것일 뿐, 이 밖에서 기를 말하는 것이 아니니 칠정이 이것이다.

▶ 20582-0086

05 다음을 주장한 한국 사상가가 긍정의 대답을 할 질문으로 옳은 것은?

> 인성(人性)을 논해보면, 사람은 선을 좋아하고 악을 부끄럽게 여기지 않음이 없으므로 하나의 선을 행하면 그 마음이 매우 기쁘고, 하나의 악을 행하면 그 마음이 시름에 겨워 기가 꺾인다. 이런 것들은 모두 사람의 기호(嗜好)가 드러난 것이다.

① 모든 사람에게 사덕이 똑같이 주어지는가?
② 사람의 본성은 선악을 모두 갖추고 있는가?
③ 예(禮)로 사람의 본성을 변화시킬 수 있는가?
④ 사람에게 선을 행할 수 있는 능력이 있는가?
⑤ 인간은 선한 행위를 하도록 결정되어 있는가?

▶ 20582-0087

06 다음을 주장한 한국 사상가의 관점만을 〈보기〉에서 고른 것은?

> 단박에 깨닫기는 했으나, 번뇌가 두텁고 습기(習氣)가 견고하고 무거워 생각마다 망령된 감정이 생겨나고 마음마다 욕망을 일으켜 혼미함에 빠지게 된다. 선정과 지혜로써 혼미함을 제거하여 마땅히 무위의 경지에 들어가야 한다.

■ 보기 ■
ㄱ. 깨닫는 즉시 온전한 부처가 된다.
ㄴ. 돈오 이후에도 수행을 해야 한다.
ㄷ. 깨닫지 않으면 부처가 될 수 없다.
ㄹ. 점수하고 난 이후에야 돈오가 가능하다.

① ㄱ, ㄴ   ② ㄱ, ㄷ   ③ ㄴ, ㄷ
④ ㄴ, ㄹ   ⑤ ㄷ, ㄹ

▶ 20582-0088

07 다음을 주장한 고대 동양 사상가의 입장으로 가장 적절한 것은?

> 성인은 말한다. 내가 억지로 행하지 않으니 백성은 스스로 감화되고, 내가 고요히 있는 것을 좋아하니 백성이 스스로 바르게 되며, 내가 일부러 행하지 않으니 백성은 저절로 부유해지고, 내가 욕심을 내지 않으니 백성은 저절로 다듬어지지 않은 통나무처럼 순박하게 된다.

① 법과 제도를 갖추어야만 사회가 안정된다.
② 무위로 다스리는 것이 가장 좋은 정치이다.
③ 인(仁)을 통치의 근본으로 삼아야 백성이 편안하다.
④ 예(禮)를 가르쳐 백성들이 분별적 지혜를 갖추도록 한다.
⑤ 악한 본성을 선하게 변화시키는 것이 성인의 임무이다.

서술형
▶ 20582-0089

08 근대 한국 사상가 갑, 을이 제시하는 국난 극복 방법에 대해 서술하시오.

> 갑: 서양과 강화 조약을 맺으면 사학(邪學)의 서적과 천주의 초상화가 교역 과정에서 들어올 것이다. 그렇게 되면 얼마 안 가서 사학이 온 나라에 퍼질 것이다. 이를 그냥 내버려 두고 죄를 묻지 않는다면 예의는 시궁창에 빠지고 인간들은 변하여 짐승이 될 것이다.
> 을: 동서고금을 막론하고 바꿀 수 없는 것은 도(道)이고 수시로 바뀌어 고정적일 수 없는 것은 기(器)이다. 동양인들은 형이상에 밝기 때문에 그 도가 천하에 우뚝하며, 서양인들은 형이하에 밝기 때문에 그 기는 천하에 대적할 자가 없다. 동양의 도로써 서양의 기를 행한다면 지구의 오대주는 평정할 것도 없다.

1 고대 동양 사상가 갑 ~ 병의 입장으로 옳지 <u>않은</u> 것은?

▶ 20582-0090

> 갑: 정령(政令)으로 인도하고 형벌로써 질서정연하게 한다면 백성들은 형벌을 피하고자 할 뿐, 부끄러워하는 마음이 없게 된다. 덕(德)으로써 인도하고 예(禮)로써 질서정연하게 하면 백성들은 부끄러워하는 마음을 가질 뿐 아니라 또한 바르게 될 것이다.
> 을: 왕이 자신의 즐거움을 천하 사람들과 함께하고 자신의 근심을 천하 사람들과 함께하면서 왕 노릇을 하지 못한 이는 없다. 그러므로 왕은 자신의 타고난 선한 마음을 미루어 백성들을 다스려야 한다.
> 병: 성인이 사람들의 본성을 교화시키려 작위를 일으키고, 작위를 일으켜서 예(禮)를 만들어 내고, 예를 만들어 법도를 제정하였다. 예와 법도는 성인이 만든 것이므로 예를 통해 백성들을 다스려야 한다.

① 갑: 군주는 예와 법을 적절히 통치에 활용해야 한다.
② 을: 군주는 즐거움을 백성들과 함께 나누어야 한다.
③ 병: 군주는 법과 술(術)로써 백성들을 교화해야 한다.
④ 갑, 을: 군주는 어진 마음으로 백성을 다스려야 한다.
⑤ 을, 병: 군주는 백성들로 하여금 도덕적 삶을 살게 해야 한다.

2 다음을 주장한 사상가의 입장으로 옳은 것은?

▶ 20582-0091

> 이 도(道)는 유일한 길이니 중생들의 청정을 위하고 근심과 탄식을 건너기 위한 것이며, 육체적·정신적 고통을 사라지게 하고, 옳은 방법을 터득하고, 열반을 실현하기 위한 것이다. 그것은 바로 네 가지 마음챙김[念(념)]을 확립하는 것이다. 세상에 대한 욕심과 싫어하는 마음을 버리면서, 근면하게 분명히 알아차리고 마음을 챙기면서 머물러야 한다.

① 열반에 이르려면 좌망과 심재를 닦아야 한다.
② 인연에 따라 생성하는 모든 것은 무(無)이다.
③ 괴로움을 소멸하기 위해 삼학을 완성해야 한다.
④ 사물과 하나가 되기 위해 팔정도를 닦아야 한다.
⑤ 정신적 즐거움을 위해 선정과 지혜를 닦아야 한다.

3 한국 사상가 갑 ~ 병의 입장으로 옳지 <u>않은</u> 것은?

▶ 20582-0092

> 갑: 사단(四端)은 이(理)가 발하여 기(氣)가 이를 따른 것이요, 칠정(七情)은 기가 발하여 이가 탄 것이다. 이가 발하여 기가 따른다는 말은 이를 위주로 말한 것이고, 기가 발하여 이가 탄다는 것은 기를 위주로 말한 것이다.
> 을: 정(情)은 하나이지만 사단이다. 칠정이다 말하는 것은 오직 이(理)만을 말할 때와 기(氣)를 겸하여 말할 때가 같지 않기 때문이다. 사단은 칠정을 겸할 수 없으나 칠정은 사단을 겸할 수 있다.
> 병: 사단은 인성(人性)이 본래 가지고 있는 것이며, 사덕(四德)은 사단을 확충한 것이다. 확충하는 데에 이르지 못하면 인의예지라는 이름은 끝내 성립될 수 없다.

① 갑: 이와 기는 서로 발할 수 있다.
② 을: 이는 형태도 없고 발할 수도 없다.
③ 병: 인간의 성(性)은 마음의 경향성이다.
④ 갑, 을: 사람은 사단과 사덕을 타고난다.
⑤ 을, 병: 사덕은 후천적 노력을 통해 형성된다.

4 중국 사상가 갑, 을에 대한 설명으로 옳지 <u>않은</u> 것은?

▶ 20582-0093

> 갑: 사람의 마음은 신령스러워 지(知)를 지니고 있고 천하 사물에는 그 이(理)가 있지만, 이를 다 궁구하지 못함으로 해서 그 지에 다하지 못함이 있게 된다. 그러므로 천하의 사물에 나아가 이미 알고 있는 이로부터 궁구해서 극진한 데에 이르러야 한다.
> 을: 내 마음의 양지인 천리를 사물 하나하나에서 온전히 실현하면 사물 하나하나는 그 이를 얻게 된다. 내 마음의 양지를 실현하는 것이 치지(致知)이고, 사물 하나하나가 그 이를 얻는 것이 격물(格物)이다.

① 갑은 본성을 함양하기 위해 노력해야 한다고 본다.
② 갑은 사람의 다양한 감정은 본성이 아니라고 본다.
③ 을은 마음 밖에는 이치가 존재하지 않는다고 본다.
④ 을은 외부의 사물을 철저히 탐구해야 한다고 본다.
⑤ 갑, 을은 욕구를 절제하고 인격을 닦아야 한다고 본다.

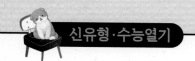

▶ 20582-0094

5 한국 사상가 갑, 을의 입장만을 〈보기〉에서 있는 대로 고른 것은?

> 갑: 교(敎)와 선(禪)의 아름다움을 모두 갖추기 어렵기 때문에 교를 배우는 사람은 내적인 것을 버리고 외적인 것을 구하는 경향이 있고, 선을 익히는 사람은 외적 경계를 잊고 내적인 것을 밝히기를 좋아한다. 그러나 안과 밖을 온전히 닦아야 한다.
>
> 을: 부처가 입으로 설하면 교(敎)이고 부처의 마음이 바로 선(禪)이다. 부처의 마음과 입은 결코 서로 어긋나지 않는다. 근원을 궁구하지 않고 자기가 익숙한 데에만 안주하여 쓸데없이 쟁론을 일으켜서는 안 된다.

┌─〈보기〉─────────────────────
ㄱ. 갑: 깨닫기 위해 교와 관(觀)을 닦아야 한다.
ㄴ. 을: 교리의 공부는 참선 수행에 도움이 된다.
ㄷ. 을: 정은 마음의 본체이고 혜는 마음의 작용이다.
ㄹ. 갑, 을: 본성을 직관하면 곧바로 부처가 된다.
└──────────────────────────

① ㄱ, ㄴ   ② ㄱ, ㄹ   ③ ㄷ, ㄹ
④ ㄱ, ㄴ, ㄷ   ⑤ ㄴ, ㄷ, ㄹ

▶ 20582-0095

6 동양 사상 (가)는 부정, (나)는 긍정의 대답을 할 질문으로 옳은 것은?

> (가) 음양이 나에게 죽음을 요구하는데도 내가 따르지 않는다면 나는 난폭자가 될 것이지만 음양에게 무슨 죄가 있겠는가? 대지가 나에게 형체를 부여하여 살게 함으로써 나를 수고롭게 하고, 늙음으로써 나를 편안하게 하고 죽음으로써 나를 쉬게 한다.
>
> (나) 한 번 음이 되고 한 번 양이 되는 것은 도의 작용이다. 적절하게 수련하면 번창하고, 올바른 수련을 잃으면 혼란에 빠진다. 적절하게 수련하면 신선의 경지에 들지만, 올바른 수련을 잃으면 도를 행할 수 없게 된다.

① 도(道)와 자연에 따라 살아야 하는가?
② 도덕적 덕목을 적극 실천해야 하는가?
③ 단약의 복용을 통해서만 지인이 되는가?
④ 바르게 수련하여 열반을 실현해야 하는가?
⑤ 주어진 자신의 수명을 잘 보존해야 하는가?

▶ 20582-0096

7 (가)의 한국 사상가 갑, 을의 입장을 (나) 그림으로 탐구할 때, A~C에 들어갈 질문으로 옳은 것은?

> (가)
> 갑: 서양과 화친은 내 나라 사람의 주장이 아니고, 적국 사람의 주장이다. 서양과의 화친을 도모하지 않으면 옛 문물과 제도를 보전할 수 있지만, 서양과 화친하면 금수의 나라가 될 것이다.
>
> 을: 바꿀 수 없는 것은 도(道)이고 수시로 바뀌어 고정적일 수 없는 것은 기(器)이다. 동양인들은 형이상의 도에 밝은 반면, 서양인들은 형이하의 기에 밝다. 동양의 도로써 서양의 기를 행해야 한다.

> (나)

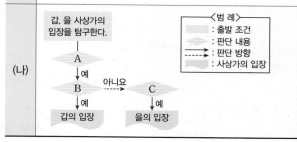

① A: 사회 발전을 위해 유교적 질서를 변혁해야 하는가?
② A: 백성의 권리 보장을 위해 군주의 권한을 축소해야 하는가?
③ B: 유교적 질서를 지키려면 문호를 개방해야 하는가?
④ B: 성리학적 질서를 지키며 외국의 문물을 수용해야 하는가?
⑤ C: 민족 자립을 위해 외국의 문물을 수용해야 하는가?

▶ 20582-0097

(서술형)
8 한국 근대 신흥 종교 사상 (가), (나)의 사회적 차별에 대한 공통된 입장을 서술하시오.

> (가) 사람은 한울이라 평등하고, 차별이 없나니 사람이 인위로써 귀천을 분별함은 곧 한울의 뜻을 어기는 것이니, 제군은 일체의 귀천의 차별을 철폐하여 선사(先師)의 뜻을 잇기로 맹세하라.
>
> (나) 이 시대는 여성 해원(解冤) 시대이다. 수천 년 동안 여자의 깊고 깊은 한을 풀어 건곤의 예법을 꾸며서 앞으로는 여자의 말을 듣지 않고는 남자의 권리를 행하지 못하도록 내가 세상을 꾸밀 것이다.

III 서양 윤리 사상

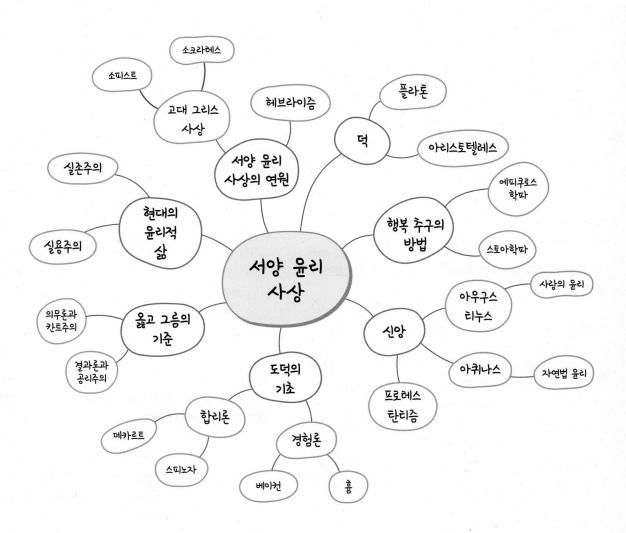

서양 윤리 사상

- 서양 윤리 사상의 연원
  - 고대 그리스 사상
    - 소피스트
    - 소크라테스
  - 헤브라이즘
- 덕
  - 플라톤
  - 아리스토텔레스
- 행복 추구의 방법
  - 에피쿠로스 학파
  - 스토아학파
- 신앙
  - 아우구스티누스
    - 사랑의 윤리
  - 아퀴나스
    - 자연법 윤리
  - 프로테스탄티즘
- 도덕의 기초
  - 합리론
    - 데카르트
    - 스피노자
  - 경험론
    - 베이컨
    - 흄
- 옳고 그름의 기준
  - 의무론과 칸트주의
  - 결과론과 공리주의
- 현대의 윤리적 삶
  - 실존주의
  - 실용주의

☆ 01 서양 윤리 사상의 연원

• 고대 그리스의 자연 철학자들은 세계의 기원과 자연의 변화를 ① □□적이고 논리적인 방식으로 설명하기 위해 노력하였다.

• 소크라테스는 참된 앎을 지닌 사람은 덕 있는 사람이 되고 덕, 있는 사람은 행복한 삶을 살게 된다는 ② □□□□□□을/를 주장하였다.

☆ 02 덕 있는 삶

• 플라톤에 따르면 ③ □□□은/는 사물의 불변하는 본질이자 참된 실재로서 완전한 것이다.

• 아리스토텔레스는 세상의 모든 것은 ④ □□이/가 있다고 보았다.

☆ 03 행복 추구의 방법

• 에피쿠로스는 몸의 고통과 마음의 불안이 모두 소멸된 상태가 평정심, 즉 ⑤ □□□□□(이)라고 보았다.

• 스토아학파는 어떤 상황에도 동요하지 않는 부동심, 즉 ⑥ □□□□□을/를 추구하였다.

☆ 04 신앙과 윤리

• 그리스도교의 전통에 따라 아우구스티누스는 원죄로부터의 구원은 ⑦ □□ □□에 의해서만 가능하다고 보았다.

• 아퀴나스에 따르면 세계는 신에 의해 창조되었고 신의 영원한 법칙인 ⑧ □□□에 의해 다스려진다.

• 칼뱅은 직업이 ⑨ □□이자 이 땅에서 신의 영광과 이웃 사랑을 실현하는 통로이므로 근면하고 성실하게 생활해야 한다고 강조하였다.

☆ 05 도덕적 판단과 행동의 근거

• 데카르트는 이성적 추론의 토대가 되는 확실한 원리를 찾기 위해 ⑩ □□□ □□을/를 활용하였다.

• 흄은 우리가 사회적이고 보편적으로 시인의 감정을 느끼는 이유는 ⑪ □□ 능력 때문이라고 보았다.

☆ 06 옳고 그름의 기준

• 칸트는 '무조건 ~~하라.'와 같은 절대적인 명령의 형식을 취하는 ⑫ □□ □□을/를 제시하였다.

• 벤담은 인간의 모든 행위는 고통과 ⑬ □□에 의해 결정된다고 주장하였다.

☆ 07 현대의 윤리적 삶

• 하이데거는 인간을 ⑭ □□□로 규정하는데, 이는 '여기에 있음'이라는 의미로 인간의 현실적인 모습을 말한다.

• 듀이는 진화론적 관점에서 지식을 인간이 환경에 적응하기 위한 수단, 즉 ⑮ □□(이)라고 보았다.

정답 | ① 이성 ② 지덕복합일설 ③ 이데아 ④ 목적 ⑤ 아타락시아 ⑥ 아파테이아 ⑦ 신의 은총 ⑧ 영원법 ⑨ 소명 ⑩ 방법적 회의 ⑪ 공감 ⑫ 정언 명령 ⑬ 쾌락 ⑭ 현존재 ⑮ 도구

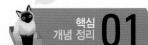
● 고대 그리스 사상과 헤브라이즘

(1) 고대 그리스 사상의 특징과 영향

① 문화적 · 사상적 배경

> 고대 그리스 · 로마의 도시 국가에 있었던 정기적인 시민 총회

아테네의 민주주의 발전	• 시민들은 누구나 민회(民會)에 참여할 수 있었고, 평생 한 번은 관직을 수행해야 할 의무를 지님 • 활발한 정치 참여 과정에서 바람직한 삶에 관심을 갖고 토론하였고 자신의 생각을 논리적으로 전달하는 일에 관심을 두었음
자연 철학자들의 등장	• "세상은 무엇으로 이루어졌는가?"라는 물음에 대해 물, 불, 흙, 공기 등과 같은 요소로 설명하였음 • 세계의 기원과 자연의 변화를 이성적이고 논리적인 방식으로 설명하기 위해 노력하였음

② 특징

• 인간의 경험과 이성을 바탕으로 세계를 탐구하고 설명하려는 철학자들이 나타나면서 인본주의적 성격을 띠게 되었음

• 이성적이고 합리적인 사고와 논변을 중시하고, 사물과 인간의 본질에 큰 관심을 보이게 되었음

③ 영향

• 인간 이성에 대한 깊은 관심, 행복과 같이 우리 삶에 있어서 추구해야 할 좋은 것 등이 서양 윤리 사상의 중요한 탐구 주제가 되었음

• 옳은 것은 무엇이며 어떻게 알 수 있는지를 탐구하고 윤리의 보편성 및 다양성을 둘러싼 수많은 논쟁이 펼쳐졌음

(2) 헤브라이즘의 특징과 영향

① 의미: 유대교와 그리스도교의 사상과 문화를 일컫는 말

② 특징과 영향

특징	• 유일무이(唯一無二)한 절대자로서의 신에 대한 믿음 • 신에 대한 절대적인 믿음은 누구나 지켜야 하는 규율로 제시함 • 신에게서 받은 계명에 따라 세속적 욕망에서 벗어난 경건한 삶을 살며, 이웃 사랑과 사회 정의를 실천 • 살인과 절도에 대한 금지, 부모에 대한 공경 등 보편적인 윤리적 행동 지침을 신의 명령이자 인간 삶의 규율로 제시함
영향	• 인간과 세계의 근원으로서의 신, 신과 인간의 관계, 이에 바탕한 인간 삶의 본질과 원리 등에 대한 탐구가 이루어짐 • 인간 존재의 존엄성과 그 근거, 그리고 인간이라면 누구나 따라야 할 절대적인 규칙 등에 대한 깊이 있는 탐구가 이루어짐

◉ 민회

• 민회는 아테네에서 직접 민주 정치가 실현되는 밑받침이 되었음

• 민회에서는 시민권을 가진 성인 남자들이 전쟁이나 전염병에 대한 대비, 정치 문제 등 국가의 중요한 정책들을 투표를 통해 다수결의 원리로 결정하였음

◉ 자연 철학

> • 탈레스: 물(水)
> • 헤라클레이토스: 불(火), 만물은 변화함
> • 엠페도클레스: 흙, 물, 불, 공기
> • 데모크리토스: 원자

자연 철학은 신화적 세계관을 비판하고 합리적 세계관을 제창함으로써 서양 철학의 출발점을 형성하고, 자연 과학의 선구적 역할을 했다고 볼 수 있음

◉ 헤브라이즘

구약 시대에 나타난 인생관을 기초로 하여 발전된 기독교 사상의 전통을 일컫는 것으로서, 개인의 내적 자아가 그 절대자, 신의 뜻에 합당한 도덕적 존재가 되도록 부단히 노력해야 한다고 믿는 경향이 있음

◉ 유대교

유일신(야훼)을 신봉하면서 스스로 신의 선민(選民)임을 자처하며 구세주의 도래 및 그의 지상 천국 건설을 믿는 유대인의 종교

◉ 그리스도교

그리스도교의 근거는 예수 그리스도로서, 예수를 하느님의 아들이며 인류의 구원자로 믿는 것을 신앙의 근본 교의로 삼음

1 자연 철학

고대 그리스의 철학 학파. B. C. 6세기경부터 소아시아 서해안 이오니아 지방의
그리스 식민 도시를 중심으로 발전함

> 기원전 6세기에 밀레투스를 중심으로 한 이오니아 지방에서 발전한 학문이다. 이오니아 학파 철학자들의 주된 관심은 만물의 근원을 추구하는 데 있었다. 탈레스는 만물의 근원을 물이라고 하였으며, 아낙시만드로스는 무한정한 것이라고 하였다. 피타고라스는 수(數)를, 헤라크레이토스는 불과 '만물의 유전'을 근원이라 하였다. 이에 대하여 파르메니데스는 실재는 완전하고 불가분의 거대한 전체라고 주장하였다. 자연 철학은 데모크리토스의 원자론적 유물론에 이르러 절정에 달하였다. 데모크리토스는 더 이상 나누고 쪼갤 수 없는 물질의 근원을 원자(atom)라 하면서, 우주는 무한한 다수의 원자로 이루어져 있다고 주장하였다.
>
> – 강상원, 『Basic 고교생을 위한 세계사 용어 사전』 –

분석 | 자연을 초자연적인 힘으로 설명하려고 했던 신화의 시대와는 달리 자연 철학은 인간 자신의 이성으로 우주 세계의 근원을 탐구하고자 하였다. 이처럼 우주의 근원적인 요소 또는 생성 원리를 인간 자신의 능력에 기초해서 탐구하려고 함으로써 자연 철학이 시작되었다.

2 고대 자연 철학과 헤브라이즘의 차이

조물주에 의하여 만들어진 모든 것.
삼라만상을 이름

> 헤브라이즘에서는 세상이 신에 의해 창조되었다고 설명한다. 창조주인 신이 세상을 창조하였으며, 세상 만물은 모두 신의 피조물이라는 것이다. 그리고 세상의 모든 변화는 신의 뜻에 따른 것이라고 설명한다. 반면, 고대 그리스의 자연 철학에서는 신에 대한 언급 없이 세상의 기원을 설명하려고 노력한다. 예를 들어 기원전 6세기에 활동한 철학자 탈레스(Thales, B. C. 624?~B. C. 545?)는 세상 만물의 구성 요소를 탐구하는 데 힘을 기울였다. 이 과정에서 그는 다양한 사물 간에는 차이점이 존재하지만, 그것들 모두에는 어떤 근본적인 유사점이 존재한다는 생각, 즉 다자(the Many)는 일자(the One)와 연관되어 있다는 생각을 제시하였다. 모든 물질적 실재의 근저에는 몇 개의 단일 요소, 즉 그 자체의 행동이나 변화의 원칙을 내포하는 어떤 재료가 존재한다는 것이다. 그는 그 일자가 물[水(수)]이라고 결론 내린다.
>
> – 새뮤얼 이녹 스텀프 외, 『소크라테스에서 포스트모더니즘까지』 –

분석 | 고대 자연 철학은 세상 만물이 어떤 요소들에 의해 생겨나고 변한다고 본 반면, 헤브라이즘에서는 신이 세상을 창조했으며 세상 만물은 신의 뜻에 따라 변한다고 보았다.

확인학습

1 ㉠의 특징으로 옳지 않은 것은?

> 고대 그리스 철학은 처음에는 만물의 본질을 탐구하는 데에서 시작되었던 것으로 보인다. 탐구의 영역은 우주의 원소부터, 천문학·기상학·생물학·의학 등 많은 영역을 아우르는 것이었다. 이렇게 고대 그리스 철학에서 자연을 연구하였던 철학의 한 부문을 일컬어 (㉠)(이)라고 칭한다.

① 자연을 초자연적인 힘으로 설명하였다.
② 서양의 합리적 세계관에 영향을 주었다.
③ 서양 철학과 자연 과학의 형성에 영향을 주었다.
④ 세계의 기원과 자연의 변화를 이성적으로 설명하였다.
⑤ 자연의 다양한 현상을 보편적 원리에 의해 설명하고자 하였다.

정답과 해설 ▶ ㉠은 자연 철학이다. 자연 철학은 자연을 초자연적인 힘으로 설명하지 않고 이성적이고 논리적인 방식으로 설명하였다. **답** ①

2 밑줄 친 ㉠, ㉡에 대한 옳은 설명만을 〈보기〉에서 고른 것은?

> 서양 윤리 사상의 큰 뿌리는 ㉠ 고대 그리스의 윤리 사상과 ㉡ 헤브라이즘의 윤리 사상이다. 전자는 이성과 경험을 바탕으로 바람직한 삶이 무엇인지 탐구했고, 인간 중심 윤리 사상의 전통을 확립하였다. 후자는 신에 대한 믿음과 사랑을 중심으로 하는 윤리 사상의 전통을 확립하였다.

┤보기├
ㄱ. ㉠은 이성적이고 합리적인 사고와 논변을 중시하였다.
ㄴ. ㉠은 인본주의적 세계관이 아닌 신화적 세계관을 중시하였다.
ㄷ. ㉡은 유일무이한 절대적 신에 대한 믿음을 중시하였다.
ㄹ. ㉡은 유일신을 신봉하였지만, 구세주의 도래를 부정하였다.

① ㄱ, ㄴ　　② ㄱ, ㄷ　　③ ㄴ, ㄷ
④ ㄴ, ㄹ　　⑤ ㄷ, ㄹ

정답과 해설 ▶ 고대 그리스의 윤리 사상은 이성적이고 합리적인 사고와 논변을 중시하고 사물과 인간의 본질에 큰 관심을 보였고, 헤브라이즘은 유일무이한 절대적인 신에 대한 믿음을 중시하였다. **답** ②

● 규범의 다양성과 보편 도덕

(1) 윤리적 상대주의와 소피스트

① 윤리적 상대주의: 도덕규범은 시대, 사회, 사람에 따라 다르기 때문에 보편적 도덕규범이 없다고 봄 → 소피스트가 대표적임

② 소피스트

대표적 사상가	• 프로타고라스: "인간은 만물의 척도이다."라고 하였음 → 보편타당한 절대적인 진리와 도덕규범은 존재하지 않는다고 봄 • 고르기아스: 회의주의적 관점에서 보편적이고 절대적인 존재와 진리, 그에 관한 객관적 인식을 부정함 • 트라시마코스: 정의는 강자의 이익에 불과하다고 주장함
세속적 성공관	• 사회적 성공, 특히 정치적 성공을 중시함 • 실용적인 지식과 수사학을 가르치는 데 치중함
영향	상대주의와 더불어 그들의 경험주의적 탐구 방법이나 실용주의적 가치관은 이후 서양 윤리 사상에 많은 영향을 주었음

(2) 윤리적 보편주의와 소크라테스

① 윤리적 보편주의: 모든 시대, 사회, 사람을 관통하는 도덕 판단의 기준과 도덕규범이 있고, 이를 따르는 행위는 항상 정당하다고 봄

② 소크라테스

• 현실 삶에서의 세속적 성공보다는 선하고 도덕적인 삶을 추구할 것을 강조함

• 참된 앎, 즉 보편타당한 절대적 진리와 도덕규범은 존재하며 참된 앎을 지닌 사람은 도덕적인 삶을 살아가게 된다고 봄 → 주지주의(主知主義)

• 무지(無知)의 자각: 악행의 원인을 무지로 보며, 보편 도덕을 추구하는 과정에서 사람들이 숙고와 반성을 통해 자신의 무지를 깨닫고, 영혼의 덕을 갖출 수 있다고 보았음

• 지덕복합일설: 참된 앎을 지닌 사람은 덕 있는 사람이 되고, 덕이 있는 사람은 행복한 삶을 살게 된다는 입장

• 참된 앎을 추구하기 위해 상대가 제시하는 의견에 논리적이고 이성적인 물음을 계속 제기하는 문답법(산파술)을 사용하였음

• "검토되지 않은 삶은 살 만한 가치가 없다."라고 주장하며 성찰하는 삶을 중시하였음

(3) 윤리적 상대주의와 윤리적 보편주의 비교

구분	윤리적 상대주의	윤리적 보편주의
장점	다양한 개인과 사회의 상이한 도덕규범을 이해하고 관용하는 데 도움을 줌	다원화된 사회에서 발생할 수 있는 가치관의 혼란을 극복하는 데 도움을 줌
단점	가치관의 혼란을 가져올 수 있고, 윤리적 회의주의에 빠질 위험이 있음	개인의 자유를 침해하고 사회를 획일화할 수 있음

◉ **소피스트**
'지혜(sophia)를 지닌 사람'이라는 뜻으로, 고대 그리스에서 교양이나 학예 특히 수사학을 가르치는 일을 직업으로 삼던 사람을 가리키는 말

◉ **트라시마코스**

확실히 정체는 통치 권력을 행사하므로 올바르게 추론하는 자라면 '정의는 모든 곳에서 똑같고 그것은 더 강한 자의 이익'이라는 결론을 얻게 된다.

– 트라시마코스 –

트라시마코스는 통치자와 같은 강자들은 오직 자신의 이익을 추구하기 위하여 법률과 같은 것들을 제정한다고 보았음

◉ **수사학**
문장 · 사상 · 감정을 효과적으로 표현할 수 있는 언어 수단을 선택하고 그것을 이용하는 수법을 연구하는 학문. 서구에서 '수사(rhetoric)'는 본래 청중을 앞에 둔 사람의 웅변술을 뜻하는 것으로, 어떤 생각을 특별한 방식으로 전달하는 기술을 의미함

◉ **주지주의**
삶과 행동에서 앎을 중요시하는 태도로, 알면 행하며, 행하지 못하는 이유는 알지 못하기 때문이라는 지행합일설(知行合一說)과 통함

◉ **소크라테스의 문답법**
• 소크라테스의 교육 방법은 질문과 응답을 통한 대화로 진행되었는데, 처음에는 단순한 문제부터 시작해서 점점 심오한 문제로 파고들어 감
• 문답법(대화법)은 대화를 이끌어감으로써 결국 상대방이 자기의 무지를 인정하고 더 깊은 진리를 깨닫도록 하는 방법으로 '소크라테스적 반어법' 또는 산파술(産婆術)이라고도 함

❸ 소피스트의 윤리적 상대주의 프로타고라스가 주장한 인간 척도설. 인간 척도설은 개개인이 지위 판단과 가치 판단의 기준이라는 입장임

> 인간은 만물의 척도이다. 존재하는 것에 대해서는 그것이 존재한다는 것의 척도이며, 존재하지 않는 것에 대해서는 그것이 존재하지 않는다는 것의 척도이다. 실재를 판단하는 것은, 즉 어떤 것이 존재하며 다른 것이 존재하지 않는다는 판단을 내리는 것은 각 개인이다. 그리고 이 개인이 존재함과 존재하지 않음에 대한 척도, 즉 기준이나 표준이다. 따라서 개인적인 경험과 신념은 그것을 결정하는 기준이 된다. 자신의 경험이나 신념과는 전혀 무관하게 어떤 것이 존재함과 존재하지 않음을 결정할 수 있는 방법을 알고 있는 사람은 아무도 없다. 이러한 기준에 의해서 측정된 것이 아닌, 다른 어떤 실재를 인식할 수 있는 사람 또한 아무도 없다. 결국 어떤 것들이 나에게 나타나는 대로 그것들은 나에게는 그렇게 존재하며, 어떤 것들이 당신에게 나타나는 대로 그것들은 당신에게는 그렇게 존재하는 것이다.
>
> – 프로타고라스 –

분석 │ 소피스트들은 바람직한 삶의 태도와 방식에 관해 사람마다 의견이 다르며, 공동체의 법과 관습, 윤리적 원칙도 사회나 시대마다 달라서 모두 상대적일 뿐이며 절대적이고 보편적인 것은 없다는 윤리적 상대주의를 주장하였다.

❸ 다음을 주장한 서양 사상가의 입장으로 옳은 것은?

> 아무것도 존재하지 않는다. 비록 존재한다고 하더라도 우리는 그것을 인식할 수 없다. 비록 인식한다고 하더라도 우리는 그것을 전달할 수 없다.

① 절대적 진리를 추구해야 한다.
② 상대적인 진리관에서 벗어나야 한다.
③ 바람직한 삶의 태도는 사람마다 다를 수 있다.
④ 누구나 따를 수 있는 보편적 진리가 존재한다.
⑤ 인간 소외를 극복하기 위해 주체적인 결단을 해야 한다.

정답과 해설 ▶ 제시문은 소피스트인 고르기아스의 입장이다. 소피스트 사상가들은 바람직한 삶의 태도는 사람마다 다를 수 있다고 보았다.   답 ③

❹ 소크라테스의 '너 자신을 알라' 너 자신의 무지를 자각하라는 의미임

> 소크라테스가 말했다. "유티데무스! 내게 말하라. 그대는 델피 신전에 간 적이 있는가?", "두 번 간 일이 있습니다."라고 그는 대답했다. "그렇다면 그대는 신전의 벽 한쪽에 새겨진 '너 자신을 알라.'는 말을 보았는가?", "네, 보았습니다.", "그대는 그 말의 의미가 무엇인지 주의 깊게 생각해 보지 않았는가? 아니면 주의 깊게 생각하면서 너 자신을 반성해 보았는가?" … (중략) … "솔직히 나는 관심을 두지 않았습니다. 왜냐하면 나는 이미 그 말을 너무나 잘 알고 있다고 생각했기 때문입니다.", "너에게 자신을 안다는 것은 단지 자신의 이름만 아는 것을 말하는 것으로 보이는가, 아니면 자신이 인류를 위한 봉사에 스스로 적합한지를 확인하고 자신의 능력이 있는지 여부를 아는 것을 뜻하는 것으로 보이는가?" … (중략) … "왜냐하면 자신을 아는 사람들은 그들 스스로에게 적합한 일이 무엇인지를 아는 것이며, 그들이 할 수 있는 일과 할 수 없는 일을 구별할 수 있기 때문일세. 그리고 그들이 어떻게 해야 하는지 알고 있는 것을 행함으로써 그들에게 필요한 것을 획득할 수 있으며, 그들이 모르는 것을 하지 않음으로써 비난받지 않고 살 수 있으며 또 불행을 미연에 방지할 수 있는 것일세."
>
> – 크세노폰, 「소크라테스 회상」 –

분석 │ 소크라테스는 "너 자신을 알라."와 같은 말을 통해 자신의 무지를 자각할 것을 강조하였다. 무지의 자각을 통해 참된 앎을 추구할 수 있으며 참된 앎은 도덕적인 삶의 바탕이 된다는 것이다.

❹ 다음을 주장한 사상가가 강조한 삶의 자세로 가장 적절한 것은?

> 앎이란 단순한 지식이 아니라 영혼의 수련을 통해서 얻어진 깨달음이다. 사람들은 이 앎을 통해 덕을 행하게 되고 궁극적으로 행복을 얻을 수 있다.

① 자신의 무지를 깨닫고 도덕적인 삶을 살아야 한다.
② 욕구 충족을 통해서 육체적 쾌락을 추구해야 한다.
③ 불안과 고통이 없는 지속적인 쾌락을 추구해야 한다.
④ 선천적인 앎의 실천을 통해 참된 쾌락을 얻어야 한다.
⑤ 악한 행위를 하지 않기 위해서 실천 의지를 길러야 한다.

정답과 해설 ▶ 제시문은 소크라테스의 입장이다. 소크라테스는 주지주의자로서 참된 앎을 알고 도덕적인 삶을 살아야 한다고 보았다.   답 ①

개념 체크

저절로 암기 ^{Tip} □ 1회 (/) □ 2회 (/) □ 3회 (/)

01~08 다음 내용이 옳으면 ○표, 틀리면 ×표 하시오.

01 아테네에서는 시민이 정치에 직접 참여하는 민주 정치를 실현하여 자신들의 국가를 운영하였다. (   )

02 고대 그리스 윤리 사상은 이성적이고 합리적인 사고와 논변을 중시하였다. (   )

03 헤브라이즘은 인간을 윤리의 궁극적 근거로 삼는 인간 중심의 윤리 사상을 전개하였다. (   )

04 프로타고라스는 각 개인의 지각만이 진리 판단 및 도덕 판단의 기준이 될 수 있다고 보았다. (   )

05 소피스트들은 사회적 성공에 필요한 실용적 지식에 몰두하기보다는 보편적 진리와 도덕을 탐구하는데 몰두하였다. (   )

06 소크라테스는 비도덕적인 행동의 원인을 무지에서 찾았다. (   )

07 소크라테스는 참된 앎을 지닌 사람은 덕 있는 사람이 되고, 덕이 있는 사람은 행복한 삶을 살게 된다고 보았다. (   )

08 소피스트와 소크라테스는 모두 인간 삶의 문제에 관심이 없고 자연을 학문의 관심 대상으로 보았다. (   )

정답	
	01 ○ **02** ○ **03** × **04** ○ **05** ×
	06 ○ **07** ○ **08** ×

오답 체크 ^{Tip}

03 헤브라이즘은 신 중심의 윤리 사상을 전개하였다.

05 소피스트들은 실용적인 지식과 수사학을 가르치는 데 치중하였다.

08 소피스트와 소크라테스는 모두 인간 삶의 문제에 관심을 가진 사상가들이다.

기본 문제

▶ 20582-0098

01 다음 서양 사상에 대한 옳은 설명만을 〈보기〉에서 있는 대로 고른 것은?

이 사상은 고대 이스라엘의 민족 종교인 유대교에서 시작했고, 예수와 그 제자들을 거쳐 그리스도교로 발전하였다. 세상은 신에 의해 창조되었으며 세상의 모든 변화는 신의 뜻에 따른 것으로 본다.

┤ 보기 ├
ㄱ. 유일신을 믿고 따라야 한다고 본다.
ㄴ. 신을 완전한 존재이자 최고의 선이라고 본다.
ㄷ. 인간이 따라야 할 윤리적 행동 지침을 신의 명령으로 본다.
ㄹ. 인간은 신앙 생활을 통해 현세에서 구원을 완성해야 한다고 본다.

① ㄱ, ㄴ   ② ㄱ, ㄹ   ③ ㄷ, ㄹ
④ ㄱ, ㄴ, ㄷ   ⑤ ㄴ, ㄷ, ㄹ

서술형   ▶ 20582-0099

02 다음을 주장한 고대 서양 사상가의 진리관에 대해 서술하시오.

실재를 판단하는 것, 즉 어떤 것이 존재하며 다른 것이 존재하지 않는다는 판단을 내리는 것은 각 개인이다. 그리고 이 개인이 존재함과 존재하지 않음에 대한 척도, 즉 기준이나 표준이다. 따라서 개인적 경험과 신념은 그것을 결정하는 기준이 된다.

▶ 20582-0100

03 고대 서양 사상가 갑, 을의 입장으로 옳지 <u>않은</u> 것은?

> 갑: 자신이 모르면서도 알고 있다고 믿는 것이 인간이 가진 무지 중에서 가장 큰 무지이다. 내가 대다수 시민들과 다른 점이 있다면, 그것은 바로 나는 내가 무지하다는 것을 알고 있다는 것이다.
> 을: 법률을 제정할 때 정권은 자신들의 이익을 목적으로 삼는다. 법 제정을 마친 다음에는 그것을 피치자에게 공표하고 이를 위반하는 자를 범법자로 처벌한다. 결국 수립된 정권의 이익이 곧 정의이다.

① 갑: 참된 앎과 덕이 있는 사람은 진정한 행복을 얻을 수 있다.
② 갑: 객관적인 진리를 탐구하기 위해 자신의 무지를 자각해야 한다.
③ 을: 정의는 강자의 이익에 봉사하는 수단일 뿐이다.
④ 을: 인간이 따라야 할 절대적 진리와 보편타당한 윤리는 존재한다.
⑤ 갑, 을: 학문은 인간 삶의 문제에 대한 탐구이어야 한다.

▶ 20582-0101

04 다음은 고대 서양 사상가의 입장이다. ㉠에 들어갈 진술로 가장 적절한 것은?

> 아무도 자발적으로 악한 행위를 하지 않는다. 아름다운 것과 좋은 것을 아는 사람은 결코 그 반대의 것을 택하지 않을 것이다. 만약 어떤 사람이 악한 행위를 한다면 그것은 [㉠   ]

① 악행을 하지 않으려는 의지가 부족하기 때문이다.
② 선한 행위를 하는 것이 습관화되어 있지 않기 때문이다.
③ 선한 행위에 대한 앎과 실천 의지를 결합시키지 못했기 때문이다.
④ 악한 행위가 자신에게 나쁜 영향을 준다는 것을 알지 못했기 때문이다.
⑤ 선한 행위가 무엇인지 알면서도 육체적 욕망을 극복하지 못했기 때문이다.

▶ 20582-0102

05 다음을 주장한 서양 사상가가 긍정의 대답을 할 질문으로 옳은 것은?

> 무엇이 옳고 그른지를 제대로 모르기 때문에 사람들은 악을 행하며, 그렇기 때문에 앎이 그 무엇보다도 중요하다. 이처럼 앎이란 단순한 지식이 아니라 영혼의 수련을 통해서 얻어진 깨달음이다.

① 악행은 의지의 나약함에서 나오는 것인가?
② 선악의 가치 판단은 유용성에서 나오는가?
③ 절대적 진리는 이성을 통해 추구되어야 하는가?
④ 덕은 좋은 행동의 실천과 습관화를 통해 형성되는가?
⑤ 감각적 경험을 통해 진정한 행복에 도달할 수 있는가?

▶ 20582-0103

06 (가)의 갑, 을 사상가의 입장을 (나) 그림으로 탐구하고자 할 때, A~C에 들어갈 옳은 질문만을 〈보기〉에서 있는 대로 고른 것은?

(가)	갑: 자신의 무지를 자각하고, 정신의 탁월한 상태인 덕(德)을 실천함으로써 참된 지식에 이를 수 있다. 을: 인간은 만물의 척도이다. 각자가 어떤 것을 인식하고 판단한 것이 각자에게는 참이 된다.
(나)	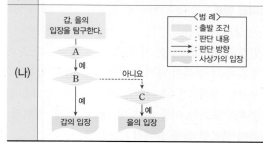

◀ 보기 ▶

ㄱ. A: 무지의 자각은 진리 탐구를 위한 조건인가?
ㄴ. B: 보편타당한 진리와 도덕규범은 존재하는가?
ㄷ. B: 각 개인이 모든 가치 판단의 기준이며 척도인가?
ㄹ. C: 인간의 경험과 유용성이 가치 판단의 기준인가?

① ㄱ, ㄴ   ② ㄱ, ㄷ   ③ ㄴ, ㄹ
④ ㄱ, ㄷ, ㄹ   ⑤ ㄴ, ㄷ, ㄹ

● 영혼의 정의와 행복

(1) 플라톤의 세계관

① 소크라테스의 사상 계승

• 소크라테스의 '영혼을 돌보라'라는 가르침을 계승하여 인간의 영혼에 있어 정의(正義)의 덕을 실현하는 방안을 탐구함

• 국가적 차원에서 정의의 덕을 실현하는 방안도 탐구하여 개인과 국가 모두 행복에 이르는 길을 밝히고자 하였음

② 이데아론 — 플라톤은 이데아를 감각 경험을 초월하여 이성을 통해 파악할 수 있는 참된 존재라는 의미로 사용함

이데아 세계	• 참된 실재가 존재하는 완전한 세계이고, 감각 경험이 아닌 이성을 통해 탐구되고 파악됨[可知界(가지계)] • 이데아란 어떤 것의 본질, 즉 완전하고 이상적인 원형을 뜻함 • 현실 세계에는 수많은 다른 꽃이 있는데, 그것들이 꽃일 수 있는 이유는 꽃의 본질인 꽃의 이데아가 있기 때문임
현실 세계	• 생성과 소멸을 끊임없이 반복하는 불완전한 세계로 감각 경험을 통해 파악됨[可視界(가시계)] • 예 현실에 있는 아름다운 사람, 아름다운 노을, 아름다운 그림 또는 수많은 삼각형 등

③ 동굴의 비유

• 현실 세계는 동굴 안 그림자의 세계이며, 태양이 비추는 동굴 밖의 세계는 이데아 세계임 → 최고의 이데아는 선의 이데아

• 동굴 밖으로 나가 선의 이데아를 본 사람들이 철학자이며, 선의 이데아에 관한 지혜를 갖춘 철학자가 통치할 때, 정의로운 국가가 실현됨

(2) 정의와 행복 — 플라톤은 지혜, 용기, 절제의 덕이 조화를 이룰 때, 정의의 덕이 실현된다고 봄

① 이상적인 인간

• 인간의 영혼은 이성, 기개, 욕구의 세 부분으로 이루어져 있음

• 영혼의 각 부분이 자기의 맡은 일을 잘 수행하는 것이 중요함

• 욕구는 절제, 기개는 용기, 이성은 지혜의 덕을 갖추어야 한다고 봄

• 영혼이 조화를 이룰 때 지혜, 용기, 절제, 정의의 사주덕(四主德)을 실현하며 행복한 삶을 살아갈 수 있음

② 이상적인 국가

• 인간의 영혼이 세 부분으로 구성되는 것처럼 국가도 구성원의 타고난 재능에 따라 생산자, 방위자(수호자), 통치자 계층으로 구성됨

• 철인 통치론: 오랜 교육과 엄격한 훈련을 통해 '선의 이데아'라고 하는 도덕적 선에 관한 절대적 지식을 성취한 철학자가 통치하는 것

• 정의로운 국가는 통치자가 지혜의 덕을, 방위자가 용기의 덕을, 생산자가 절제의 덕을 발휘하면서 다른 계층의 일에 간섭하지 않고 조화를 이룰 때 실현됨

◉ **이데아**
그리스어로 본래 '보이는 것', '알려진 것'을 뜻하는 말로 '형상'이라고도 함

◉ **선의 이데아**
선의 이데아는 태양에 비유되며, 태양이 빛으로 사물을 비추어 우리로 하여금 사물을 볼 수 있게 하듯이, 선의 이데아는 다른 이데아들을 볼 수 있게 함. 또한 태양이 지구의 동식물을 키우듯이, 선의 이데아는 다른 이데아들을 존재하게 만드는 원인이 됨

◉ **절제**
지배하는 부분과 지배받는 두 부분들 사이에 반목하지 않는 덕으로, 세 부분이 모두 갖추어야 할 덕임

◉ **철인 통치론**
플라톤에 따르면 이상 국가의 통치자 계층은 이데아에 대한 지혜를 갖춘 철학자들로 구성되며 선의 이데아에 대한 지식과 지혜의 덕을 갖춘 철학자들이 나라를 통치해야 한다는 그의 사상을 철인 통치론이라고 함

◉ **수호자**
수호자는 플라톤이 장차 군인이나 통치자가 될 사람들을 아울러서 표현한 말임 → 수호자는 엄격한 선발 과정을 거쳐 통치자가 될 수 있음

① 플라톤의 동굴의 비유

동굴 모양을 한 거처에서 태어날 때부터 온몸이 묶인 채로 살아가는 죄수들을 상상해 보게. 이들은 이곳에서 앞만 볼 수 있고 머리를 돌릴 수도 없다네. 이들의 뒤쪽에서는 불이 타오르고 있네. 또한 이 불과 사람들 사이에는 담이 세워져 있고 담 위로 사람들과 여러 동물상이 지나가면, 죄수들은 벽면의 그림자 외에는 어떤 것도 보지 못하게 되네. 이처럼 그림자 외에는 아무것도 보지 못하고 그림자가 비치게 되는 이유를 알지 못하는 죄수들은 벽면의 그림자가 진정한 사람이나 동물이라고 믿을 걸세. … (중략) … 동굴 밖에는 실제 사람들과 동물 등이 살고 있고, 그들이 지금까지 보고 들은 것은 그것들을 본떠서 만든 인형의 그림자에 불과하다는 것을 알게 될 걸세. 그리고 모든 것의 원인이 태양이라는 사실도 알게 될 걸세.

└ 선(善)의 이데아를 상징함

– 플라톤, 「국가」 수정 인용 –

분석 | 플라톤이 동굴의 비유를 통해 말하고자 하는 것은 우리가 감각으로 파악한 것은 사물의 진면목이 아니라 그림자일 뿐이라는 것이다. 따라서 죄수가 결박에서 풀려나듯 우리도 우리의 감각에만 의존하는 버릇에서 풀려나야 한다. 동굴 바깥에서 태양 아래 빛나는 사물의 모습은 그 사물의 이데아이며, 이런 이데아의 인식에 도달하자면, 죄수의 눈이 아프듯 고통스러운 작업이 필요하다.

② 플라톤의 이상 국가론

─ 각 부분이 자신의 역할을 다하여 조화를 이루는 것이라고 함

• 우리들 각자의 경우에 자신 안에 있는 영혼의 세 부분이 각각 자기 일을 하면 정의로운 사람이 될 것이다. 다시 말해 이성, 기개, 욕망이라는 영혼의 세 부분 모두가 다른 부분의 역할에 간섭하지 않고 각자의 일을 충실히 수행하여 전체적으로 음계의 세 음정처럼 조화를 이루면 정의로운 인간이 되는 것이다. 한 국가가 정의롭게 되는 것도 성향이 다른 세 계층의 사람들 모두가 남의 일에 간섭하지 않고 자기 일을 충실히 수행했을 때이며, 지혜와 용기와 절제가 조화를 이루었을 때이다.

• 절제는 일종의 화성(和聲)을 닮았다. 용기나 지혜가 국가의 어느 한 부분에만 있어도 용기 있는 국가나 지혜 있는 국가가 될 수 있지만, 절제는 그렇지 않다. 따라서 절제는 국가 전체에 걸쳐 있어야 한다. 마치 화음처럼 가장 낮은 소리를 내는 사람과 가장 높은 소리를 내는 사람, 그리고 중간 소리를 내는 사람이 같은 노래를 합창함으로써 모든 음정이 서로 통하는 것과 같다.

– 플라톤, 「국가」 –

분석 | 플라톤에 따르면 국가를 구성하는 세 가지 계층, 즉 생산자, 방위자(수호자), 통치자가 각각 절제, 용기, 지혜의 덕을 갖추고 조화를 이룰 때 정의의 덕이 실현되며 이상적인 국가를 이룰 수 있다고 보았다. 특히 플라톤은 절제가 모든 계층에게 요구되는 것이라고 주장하였다.

1 다음을 주장한 고대 서양 윤리 사상가의 입장으로 옳은 것은?

현실적인 세계는 개별적인 것의 세계이고 이상적 존재의 세계는 이데아의 세계이다. 현실적 세계에서 존재하는 덕은 덕의 구체적인 예에 불과하다.

① 개별 인간이 모든 가치 판단의 기준이다.
② 참된 진리는 감각적 경험을 통해 얻어지는 것이다.
③ 참된 앎을 인식하기 위해서는 실천 의지가 꼭 필요하다.
④ 모든 진리는 상대적이며, 보편적인 윤리는 존재하지 않는다.
⑤ 이상적 인간이 되기 위해서는 이성을 통해 욕망을 잘 조절해야 한다.

정답과 해설 ▶ 플라톤은 기개와 욕구가 이성의 다스림을 통해 영혼 전체가 조화를 이룰 때 인간의 영혼은 비로소 정의의 덕을 갖게 된다고 보았다. **답** ⑤

2 다음을 주장한 고대 서양 사상가의 입장만을 〈보기〉에서 고른 것은?

철학자들이 나라의 왕이 되지 않거나 현재 왕이나 다스리는 자가 참된 지혜를 사랑하지 않는 한, 모든 나라나 인류에게 나쁜 것들이 완전히 사라지는 일은 없다.

┤ 보기 ├
ㄱ. 가치 판단의 근거는 감각적인 쾌락이다.
ㄴ. 윤리적으로 살기 위해서는 먼저 참된 앎을 갖추어야 한다.
ㄷ. 감각적 경험으로 이데아의 세계를 인식할 수 있다.
ㄹ. 철인이 다스릴 때 이상적인 국가가 실현될 수 있다.

① ㄱ, ㄴ ② ㄱ, ㄷ ③ ㄴ, ㄷ
④ ㄴ, ㄹ ⑤ ㄷ, ㄹ

정답과 해설 ▶ 플라톤은 소크라테스의 사상을 계승하여 주지주의를 주장하였으며, 4주덕을 갖춘 이상적 인간인 철학자가 나라를 다스려야 한다고 보았다. **답** ④

핵심 개념 정리 **02** 덕 있는 삶

● 이론과 실천의 탁월성과 행복

(1) 아리스토텔레스의 세계관

① 플라톤의 사상을 계승하면서도 독자적 사상 추구
- 플라톤의 아카데미아에서 공부하면서 그의 사상에 영향을 받음
- 인간의 이성을 강조하는 윤리 사상을 전개하였으며, 인간과 사회의 본질에 대해 깊은 관심을 보였음

② 현실주의적 세계관과 목적론적 세계관

> 플라톤은 실재가 단지 우리가 현실 세계에서 발견하는 어떤 것이 아니라 우리가 도달하려고 애쓰는 이상을 포함하고 있다고 봄

현실주의적 세계관	• 플라톤의 이상주의적 이데아론에 비해 현실적인 관점을 주장함 • 세계는 개별적인 실체들로 이루어진 하나의 세계이며, 선(善)은 이데아의 세계가 아닌 현실 세계에 존재한다고 주장함 • 변화하는 상황과 삶의 관점에 따라 좋음이 다양하게 해석될 수 있음
목적론적 세계관	• 세상의 모든 것에는 목적이 있으며, 따라서 인간의 모든 행위에도 목적이 있음 • 인간의 모든 행위는 어떤 '선'을 목적으로 함 → 각각의 선은 또 다른 상위의 선에 이바지함(예 피아노는 좋은 소리를 내기 위해 만들어지며, 좋은 소리는 좋은 연주를 목적으로 함) • 각각의 선이 보다 상위의 목적으로 계속 올라가다 보면 더는 올라갈 수 없는 최종적인 목적, 즉 최고선(最高善)에 도달하게 됨 • 인간의 궁극적인 목적이자 최고선은 행복임

(2) 행복과 탁월성

① 행복
- 경제적 부, 쾌락, 명예 등은 일시적이며 완전하지 못하므로 진정한 행복이 아니라고 주장함
- 진정한 행복은 탁월성으로서의 덕(德)을 갖춘 삶을 통해 얻을 수 있다고 보았으며, 행복을 덕에 따른 영혼의 활동이라고 정의하였음

② 탁월성으로서의 덕

품성적인 덕(= 도덕적인 덕)	• 감각과 욕구의 기능이 이성에 귀를 기울이고 이성의 명령에 따를 때 얻을 수 있는 덕 • 인간의 감정이나 행위가 중용을 따르는 품성 상태를 뜻함 • 중용은 양극단 사이의 산술적 중간이 아니라, 감정과 행위가 상황에 따라 지나치지도 모자라지도 않은 '알맞은' 상태를 뜻함 • 중용은 사람이나 때와 장소에 따라 또는 목적이나 방법에 따라 다를 수 있음 • 품성적인 덕의 실천과 관련하여 의지의 중요성 강조 → 무엇이 중용의 상태인지 알더라도 의지가 나약하여 실천하지 못하는 경우가 있음
지적인 덕(=지성적인 덕)	• 영혼의 이성적인 기능이 탁월하게 작용할 때 얻을 수 있는 덕 → 철학적 지혜, 실천적 지혜, 논리적 추론 등 • 주로 교육을 통해 길러지며, 품성적인 덕의 형성에 영향을 끼침 → 실천적 지혜는 각 상황에서 어떤 행동이 중용의 상태인지를 알려줌

◉ 아카데미아

플라톤이 아테네 서쪽 교외에 개설한 교육 기관으로, 그 입구에는 "기하학을 모르는 자는 이 문을 들어올 수 없다."라는 글귀가 적혀 있었다고 전해짐. 이를 통해 이성적 사고를 중시한 플라톤의 사상적 경향을 엿볼 수 있음

◉ 플라톤의 이상주의
- 플라톤의 이데아는 첫 번째로 각 개인과 국가로 하여금 목적을 추구하는 행위를 하도록 만드는 궁극적 목적의 역할을 함
- 두 번째로 우리가 일상적인 세계에서 접하는 모든 현실적인 것들, 모든 사실들을 측정하고 평가하는 기준이 됨

◉ 중용의 구체적인 예

부족함	중용	과도함
무감각	절제	방종
비굴	긍지	오만
무기력	온화	성급함
거짓 겸손	진실	허풍
무뚝뚝함	재치	익살
심술궂음	친절	아첨

◉ 의지의 나약함

자제력이 없거나 의지가 부족하여 도덕적으로 옳다고 판단한 것을 실천하지 못함을 뜻함. 아리스토텔레스는 도덕적 실천에서 앎과 함께 의지도 중시하였음

◉ 실천적 지혜
- 지적인 덕에는 실천적 지혜 이외에도 논리적 추론, 수학, 신학, 시학, 자연학 등 인간의 의지와 관련 없는 지성이나 철학적 지혜 등이 포함됨
- 실천적 지혜는 이러한 것들과 달리 품성적인 덕의 형성에 직접적인 영향을 미쳐 인간의 감정과 행위를 변화시킬 수 있다는 특성이 있음

③ 아리스토텔레스의 목적론과 행복

모든 기예와 탐구, 그리고 그와 마찬가지로 모든 행동과 선택은 어떤 좋음을 목표로 한다고 생각된다. 그리고 이러한 이유에서 좋음은 모든 사물이 목표로 하는 것이라고 말할 수 있다. 그러나 목적들 사이에는 어떤 차이가 있다. …(중략) … 그렇다면 만약 우리가 그 자체를 위해 욕구하고 (다른 모든 것이 그것을 위해 욕구되는) 우리의 행동에 어떤 목적이 있다면, 그리고 만약 우리가 다른 어떤 것을 위해 모든 것을 선택하는 것이 아니라면 …(중략)… 분명히 이것은 좋음이며 또한 최상의 좋음임에 틀림없다. …(중략)… 행복은 모든 것 가운데 가장 바람직한 것이요, 여러 선들 중에서 최고의 선이다. 따라서 행복은 모든 행동의 궁극적인 목적이라고 할 수 있으며, 행복은 덕에 따르는 영혼의 활동이다.

└ 인간의 궁극적 목적은 행복이라는
　목적론적 세계관임　　　　　　　 ─ 아리스토텔레스, 『니코마코스 윤리학』 ─

분석 | 아리스토텔레스는 인간의 모든 행위는 어떤 목적을 추구하는데, 그 목적에 해당하는 것이 선(善)이라고 보았다. 또한 각각의 선이 추구하는 상위의 목적으로 점점 올라가다 보면 더 이상 올라갈 수 없는 최종적인 목적에 도달하게 되는데, 이를 최고선이라고 보았으며 인간 행위의 최고선을 행복이라고 보았다.

④ 아리스토텔레스의 덕론

덕이란 우리가 어떤 행위를 할 때 마땅히 지켜야 하는 규범이다. 그런데 덕에는 지적인 덕과 도덕적인 덕 두 종류가 있다. 지적인 덕은 대체로 교육에 의해 생기고 발전하며, 많은 경험과 시간을 필요로 한다. 반면에 도덕적인 덕은 습관의 결과로 생긴다. 도덕적인 덕은 본성에 의해 저절로 생기지 않는다. 만약 본성에 따라 생기는 것이라면, 그것과 반대되는 습관은 아예 생기지 않을 것이기 때문이다. …(중략)… 시각이나 청각은 우리가 자주 보고 들어서 생긴 것이 아니라 그전부터 이미 있었던 감각이다. 그러나 도덕적인 덕은 본성적으로 생기는 것도 아니고, 본성과 반대로 생기는 것도 아니다. 오히려 우리가 본성적으로 그것을 받아들이고 습관을 통해 완전하게 얻는 것이다. 즉 도덕적인 덕은 실천해 보고 나서 비로소 배워 알게 된다.

└ 후천적 노력을 통해 덕이 완성됨　　 ─ 아리스토텔레스, 『니코마코스 윤리학』 ─

분석 | 아리스토텔레스는 인간의 영혼을 순수하게 이성적인 부분, 감각이나 욕구와 같이 이성의 영향을 받을 수 있는 부분, 영양이나 성장과 같이 이성과 관련 없는 부분의 세 가지로 구분하였다. 그리고 이에 따라 덕(탁월성)을 품성적인 덕과 지적인 덕으로 구분하였다.

---

3 다음을 주장한 고대 서양 사상가의 입장만을 〈보기〉에서 고른 것은?

사물에게 있어서 목적은 그것이 무엇을 산출하는지 또는 자신을 넘어선 그 이상의 어떤 것을 획득하는 데 도움이 되는지에 따라 가치가 규정된다. 이처럼 인간의 행위에도 목적이 있으며, 최종적인 목적으로서의 최고선이 존재하는 것이다.

◀ 보기 ▶
ㄱ. 인간의 모든 행위만이 목적이 있다.
ㄴ. 선(善)은 이데아의 세계에만 존재하는 것이다.
ㄷ. 인간의 궁극적인 목적이자 최고선은 행복이다.
ㄹ. 개별적인 실체들로 이루어진 하나의 세계만이 존재한다.

① ㄱ, ㄴ　　② ㄱ, ㄷ　　③ ㄴ, ㄷ
④ ㄴ, ㄹ　　⑤ ㄷ, ㄹ

정답과 해설 ▶ 제시문은 아리스토텔레스의 글이다. 아리스토텔레스는 세상의 모든 것에는 목적이 있다고 보았으며, 선은 이데아의 세계가 아니라 현실 세계에 존재한다고 보았다.　　　**답 ⑤**

4 다음을 주장한 고대 서양 사상가의 입장으로 옳은 것은?

어떤 사람이 무슨 일에서나 뒷걸음치며 두려워하고 자신의 설자리를 확고하게 지키지 않는다면 그는 비겁한 자가 될 것이다. 반면에 아무것도 두려워하지 않으며 모든 것과 정면으로 대결하려는 사람은 무모한 자가 될 것이다. 따라서 용기는 과도함과 부족함에 의해서 파괴되며 중용에 의해서 유지된다.

① 모든 행위와 감정에는 중용이 존재한다.
② 품성적인 덕과 지적인 덕은 상호 무관한 것이다.
③ 참된 앎을 실천하려는 실천 의지를 길러야 한다.
④ 무엇이 옳고 그른지를 제대로 알면 그대로 행한다.
⑤ 인간의 궁극적 목적은 정신적이고 지속적인 쾌락이다.

정답과 해설 ▶ 제시문은 아리스토텔레스의 글이다. 아리스토텔레스는 참된 앎을 알아도 의지가 나약하면 실천하지 못할 수 있다고 보았다.　　　**답 ③**

③ 덕의 실현과 행복
• 품성적 덕을 통해 얻을 수 있는 행복과 함께, 지적인 덕을 발휘하는 지적인 관조의 삶을 통해 얻을 수 있는 행복도 있다고 보았음
• 인간은 사회적 존재이며 따라서 덕이 있는 사람이 되려면 공동체 구성원으로서 사회적 책무에 충실해야 한다고 주장함
④ 현대 덕 윤리로의 계승(대표적 사상가 – 매킨타이어)
• 좋은 품성의 중요성을 강조하며, 도덕적 품성을 바탕으로 한 자발적인 도덕적 실천을 강조함
• 행위 중심이 아닌 행위자 중심의 윤리 사상을 전개함

(3) 플라톤과 아리스토텔레스의 사상 비교

구분	플라톤	아리스토텔레스
공통점	• 덕 있는 삶을 살 때 행복한 삶을 살 수 있다고 봄 • 이성이 욕망을 적절히 통제해야 덕 있는 인간이 될 수 있다고 봄 • 그리스도교 윤리를 정립하고 교리를 체계화하는 데 활용됨	
차이점	참된 진리는 이데아의 세계에 있음	현실 세계에 진리가 있다고 봄
영향	데카르트, 칸트와 같은 이성을 중시하는 사상가들에게 영향을 줌	행위자의 도덕적 품성을 중시한 현대 덕 윤리에 영향을 줌

◉ **덕 윤리**
• 덕은 도덕적 선을 습관적으로 행할 수 있는 훈련된 행동 성향을 말함
• 덕과 반대되는 정신적 특성은 악덕(vice)으로, 악덕은 도덕적 악을 습관적으로 행할 수 있는 훈련된 행동 성향임
• 덕 이론(virtue theory) 혹은 덕 윤리(virtue ethics)라고 불리는 윤리학의 전반적인 체계는 이러한 개념에 토대를 두고 있으며, 그것의 주요한 논제는 도덕성이 훌륭한 사람을 만들어 내는 것과 관련이 있는데, 훌륭한 사람들은 덕의 연마에 의해 형성된 성향에 따라 선하게 행위하고 타인에게 도덕적 영감을 주는 모범이 됨

---

⑤ 매킨타이어의 덕 윤리

> 나는 누군가의 아들이거나 딸이고, 누군가의 사촌이거나 삼촌이다. 나는 이 도시 또는 저 도시의 시민이며, 이 조합 또는 저 조합의 구성원이다. 나는 이 친족에 속하고, 저 부족에 속하며, 이 민족에 속한다. 따라서 나에게 좋은 것은 이러한 역할들을 담당하는 사람에게도 좋아야 한다. 이러한 역할들을 맡은 사람으로서, 나는 나의 가족, 나의 도시, 나의 부족, 나의 민족으로부터 다양한 빚과 유산, 정당한 기대와 의무를 물려받는다. 이것들은 내 삶의 주어진 바와 나의 도덕적 출발점을 구성한다.
>
> – 매킨타이어, 『덕의 상실』 –

분석 | 현대 덕 윤리학자들은 개인의 행위를 그 자체로 평가할 것이 아니라, 행위가 이루어진 공동체에서 형성되어 온 구체적인 맥락 안에서 평가해야 한다고 강조한다. 그들의 주장에 따르면, 공동체가 공유하는 덕은 사회적 권위를 가지고 개인의 행동을 지도하고 판단하는 기준이 되고, 나아가 공동선을 실현하는 윤리적 방편이 된다고 본다.

⑤ 다음 서양 윤리 사상가에 대한 설명으로 옳은 것은?

> 나는 내 가족, 내 도시, 내 나라의 과거에서 다양한 빚, 유산, 적절한 기대와 의무를 물려받는다. 이는 내 삶에서 도덕의 출발점이다. 또한 내 삶에 도덕적 특수성을 부여하는 것이다.

① 공동체의 도덕적 전통과 관습을 경시한다.
② 감정보다 도덕적 의무를 도덕적 행위의 동기로 인정한다.
③ 도덕 원리를 제시하는 행위 중심의 윤리를 강조한다.
④ 도덕 판단을 내리는 행위자의 욕구나 감정을 경시한다.
⑤ 도덕적 인간을 특징짓는 덕목은 공동체적 삶에서 비롯된 것임을 강조한다.

정답과 해설 ▶ 매킨타이어는 도덕은 공동체의 전통과 삶의 양식, 관습 등에서 나온 것이며, 도덕적 인간을 특징짓는 덕목도 공동체적 삶에서 비롯된 것이라고 보았다. 🔁 ⑤

개념 체크

01~08 다음 내용이 옳으면 ○표, 틀리면 ×표 하시오.

01 플라톤은 이데아는 사물의 불변하는 본질이자 참된 실재로서 완전한 것이라고 보았다. ( )

02 플라톤은 이데아에 대한 지식은 이성뿐만 아니라 감각에 의해서도 얻을 수 있다고 보았다. ( )

03 플라톤은 이성적인 부분이 욕구와 기개를 잘 다스려야 하고 욕구와 기개는 이성을 잘 따라야 한다고 보았다. ( )

04 플라톤은 생산자는 절제, 방위자는 용기, 통치자는 지혜의 덕을 갖추어야 한다고 보았다. ( )

05 아리스토텔레스는 참된 진리가 이데아의 세계에 있다고 보았다. ( )

06 아리스토텔레스는 진정한 행복은 탁월성으로서의 덕을 갖춘 삶을 통해 얻을 수 있다고 주장하였다. ( )

07 아리스토텔레스는 중용은 산술적인 중간 상태이며, 각자가 처한 상황마다 중용에 따른 적절한 선택과 행동은 달라진다고 보았다. ( )

08 아리스토텔레스는 지적인 덕은 주로 교육을 통해 길러지며, 품성적인 덕의 형성에 영향을 끼친다고 보았다. ( )

09~16 다음 빈칸에 알맞은 말을 쓰시오.

09 플라톤에 따르면 현실에 존재하는 것들은 ( )을/를 모방한 것으로서 변화하며 불완전한 것이다.

10 플라톤은 ( )의 비유를 통해 이데아와 현실의 관계를 구체적으로 설명하였다.

11 플라톤은 만물을 비추는 태양처럼 각각의 이데아를 이데아이게 하는 최고의 이데아를 ( )(이)라고 설명하였다.

12 플라톤은 국가의 통치자는 선의 이데아에 대한 인식과 실천이 가능한 ( )이/가 되어야 한다고 주장하였다.

13 아리스토텔레스는 각각의 선이 보다 상위의 목적으로 계속 올라가다 보면 더 이상 올라갈 수 없는 최종적인 목적, 즉 ( )에 도달하게 된다고 보았다.

14 아리스토텔레스에 따르면 ( )은/는 감각과 욕구의 기능이 이성에 귀를 기울이고 이성의 명령에 따를 때 얻을 수 있는 덕이다.

15 아리스토텔레스는 품성적인 덕의 실천과 관련하여 ( )의 중요성을 강조하였다.

16 ( )은/는 영혼의 이성적인 기능이 탁월하게 작용할 때 얻을 수 있는 덕이다.

정답
01 ○ **02** × **03** ○ **04** ○ **05** × **06** ○ **07** × **08** ○ **09** 이데아 **10** 동굴 **11** 선의 이데아 **12** 철인
13 최고선 **14** 품성적인 덕 **15** 의지 **16** 지적인 덕

오답 체크 ^{Tip}
02 이데아는 이성을 통해서만 인식될 수 있다.
05 아리스토텔레스는 플라톤과 달리 세계는 하나라고 주장하였으며, 현실 세계에 참된 진리가 존재한다고 하였다.
07 아리스토텔레스는 중용은 산술적 중간의 상태가 아니라고 보았다.

▶ 20582-0104

01 다음을 주장한 고대 서양 사상가의 입장에 대한 설명으로 옳지 <u>않은</u> 것은?

> 인간의 영혼이 이성, 기개, 욕구의 세 부분으로 구성되어 있듯이 국가도 각각 지혜, 용기, 절제의 덕을 필요로 하는 계층으로 이루어져야 한다. 이상 국가는 각자가 타고난 기질을 바탕으로 이러한 덕을 충분히 발휘하고 거기에 맞는 역할을 잘 수행해 나가며, 인격과 지혜를 갖춘 철학자가 통치할 때 달성될 수 있다.

① 이성적인 부분이 욕구와 기개를 잘 다스려야 한다고 본다.
② 가장 지혜롭고 현명한 철학자가 나라를 다스려야 한다고 본다.
③ 모든 사람이 평등하게 정치에 참여할 수 있는 권리가 있다고 본다.
④ 각 계층의 사람들은 다른 계층의 일에 간섭하지 말아야 한다고 본다.
⑤ 영혼의 각 부분이 자기의 할 일을 하면서 조화를 이루어야 한다고 본다.

▶ 20582-0105

02 다음은 노트 필기의 일부이다. ㉠~㉤ 중 옳지 <u>않은</u> 것은?

> **주제: 아리스토텔레스의 세계관**
>
> 1. 현실주의
> • 이데아의 세계와 현실의 세계를 구분하는 플라톤의 사상을 비판함 ·························㉠
> • 변화하는 상황과 삶의 관점과 무관하게 좋음의 해석은 절대적임 ·····················㉡
> • 세계는 개별적인 실체로 이루어진 하나의 세계라고 봄 ·······························㉢
>
> 2. 목적론
> • 세상의 모든 것에는 목적이 있다고 봄 ·········㉣
> • 모든 인간은 행복 자체를 목적으로 추구함 ····㉤

① ㉠   ② ㉡   ③ ㉢   ④ ㉣   ⑤ ㉤

▶ 20582-0106

03 (가)를 주장한 사상가의 입장에서 볼 때, (나)의 ㉠에 들어갈 내용으로 적절한 것만을 〈보기〉에서 있는 대로 고른 것은?

(가)	철학자가 나라를 통치하지 않는 한, 또는 현재의 최고 권력자들이 진실로 그리고 충분히 철학을 하지 않는 한, 그리하여 철학과 정치권력이 하나로 결합하지 않는 한 나쁜 것들은 끝나지 않는다.
(나)	 어떻게 하면 이상적인 국가를 이룰 수 있나요? ㉠

보기
ㄱ. 계층 간의 이동이 자유롭게 이루어져야 합니다.
ㄴ. 선의 이데아를 인식한 철학자가 나라를 다스려야 합니다.
ㄷ. 모든 계층의 구성원들이 절제의 덕을 갖추어야 합니다.
ㄹ. 다수결의 원칙을 따르는 민주 정치를 바탕으로 국가를 운영해야 합니다.

① ㄱ, ㄴ   ② ㄱ, ㄷ   ③ ㄴ, ㄷ
④ ㄱ, ㄴ, ㄹ   ⑤ ㄴ, ㄷ, ㄹ

▶ 20582-0107

04 다음을 주장한 고대 서양 사상가가 긍정의 대답을 할 질문으로 가장 적절한 것은?

> 신은 여러분들을 만들면서 능히 통치할 수 있는 사람들에게는 금을 섞었는데 이들이 가장 존경받는 것은 바로 이 때문입니다. 또한 신은 군인들에게는 은을 섞었고 농부나 다른 장인들에게는 철과 청동을 섞었습니다.

① 절제는 생산에 종사할 사람들만 갖추어야 할 덕인가?
② 감정과 욕구를 제거한 이성적 삶은 정의로운 삶인가?
③ 영혼과 관련된 덕은 국가에서 요청되는 덕과 다른가?
④ 현실의 세계 내에 변화하지 않는 참된 존재가 있는가?
⑤ 시민들의 동의와 관계없이 객관적인 도덕 기준이 있는가?

▶ 20582-0108

05 (가)의 고대 서양 사상가 갑, 을의 입장을 (나) 그림으로 표현할 때, A~C에 들어갈 옳은 진술만을 〈보기〉에서 있는 대로 고른 것은?

(가)	갑: 모든 존재 가운데 다른 모든 이데아를 넘어선 궁극적인 이데아가 존재의 원리를 규정한다. 선의 이데아는 다른 이데아보다 더 숭고한 것이다. 을: 알맞은 때, 알맞은 것을, 알맞은 사람들에게, 알맞은 목적을 위해, 알맞은 방식으로 하는 것이 중용이자 최선이고, 이것이 곧 덕의 특징이다.
(나)	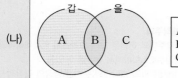〈범례〉 A: 갑만의 입장 B: 갑, 을의 공통 입장 C: 을만의 입장

◀보기▶

ㄱ. A: 모든 악은 무지로부터 나오는 것이다.
ㄴ. B: 인간의 덕은 지적인 덕과 품성적인 덕으로 구분된다.
ㄷ. B: 인간은 육체적 쾌락이 아니라 참된 앎을 추구해야 한다.
ㄹ. C: 참된 앎을 지녀도 의지가 나약하면 악행을 저지를 수 있다.

① ㄱ, ㄴ   ② ㄱ, ㄹ   ③ ㄴ, ㄷ
④ ㄱ, ㄷ, ㄹ   ⑤ ㄴ, ㄷ, ㄹ

〈서술형〉
▶ 20582-0109

06 다음을 주장한 고대 서양 사상가가 제시하는 덕의 형성 방법에 대해 서술하시오.

> 온갖 쾌락을 탐닉하고 어떤 것도 삼가지 않는 사람은 방탕하게 되며 마치 촌뜨기처럼 모든 쾌락을 피하려고만 하는 사람은 무감각하게 된다. 따라서 절제는 과도함과 부족함에 의해서 파괴되며 중용에 의해서 유지된다.

▶ 20582-0110

07 (가)의 고대 서양 사상가 갑, 을의 입장을 (나) 그림으로 탐구하고자 할 때, A~C에 들어갈 옳은 질문만을 〈보기〉에서 있는 대로 고른 것은?

(가)	갑: 최고 권력자들이 진정으로 철학을 하게 되지 않는 한, 그리하여 정치권력과 철학이 하나로 합쳐지지 않는 한, 모든 나라에 있어서 악은 종식되지 않을 것이다. 을: 이 세상은 수많은 개별적인 실체들로 이루어진 하나의 세계이다. 따라서 선(善) 또한 이데아의 세계가 아닌 우리가 사는 현실 세계에 존재한다.
(나)	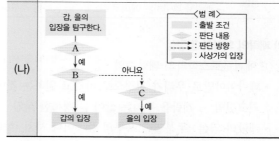

◀보기▶

ㄱ. A: 덕을 지닌 삶과 행복한 삶은 일치하는가?
ㄴ. B: 참된 실재는 이데아의 세계에만 존재하는가?
ㄷ. B: 덕의 실천을 위해 반드시 이성의 역할이 필요한가?
ㄹ. C: 선에 대한 참된 기준은 현실 속에 존재하는가?

① ㄱ, ㄷ   ② ㄴ, ㄷ   ③ ㄴ, ㄹ
④ ㄱ, ㄴ, ㄹ   ⑤ ㄱ, ㄷ, ㄹ

▶ 20582-0111

08 다음을 주장한 고대 서양 사상가가 부정의 대답을 할 질문으로 가장 적절한 것은?

> 도덕적인 덕은 중용의 상태를 말한다. 즉 그것은 한쪽의 부족함과 다른 쪽의 지나침 사이에 중도적인 상태에 위치하는 것을 말한다.

① 각 개체들은 나름의 목적을 추구하는가?
② 이성적 사고를 통해 쾌락을 추구해야 하는가?
③ 유덕한 인간이 되기 위해서 무지의 자각이 필요한가?
④ 덕을 갖추기 위해 의지의 나약함에서 벗어나야 하는가?
⑤ 이성을 탁월하게 발휘함으로써 지적인 덕과 품성적인 덕을 획득할 수 있는가?

● 쾌락의 추구와 평정심

(1) 헬레니즘 시대의 특징

시대적 상황	• 도시 국가 체제의 붕괴와 거대한 제국의 출현은 사람들의 정체성과 가치관에 큰 변화를 가져왔음 • 한편으로는 공동체의 일원이라는 소속감이 약해지면서 개인주의가 등장하기도 하고 또 다른 한편으로는 거대한 제국의 신민이라는 동질성을 강조하는 세계 시민주의가 등장하기도 함 • 알렉산드로스 대왕이 죽은 후 전쟁과 정치적 불안이 지속됨
사상의 경향	• 사람들은 더 나은 국가의 실현보다는 어떻게 해야 개인의 평온한 삶을 유지할 수 있는지에 관심을 기울이게 되었음 • 쾌락을 추구하는 에피쿠로스학파와 금욕을 추구하는 스토아학파가 등장함

(2) 쾌락의 의미와 평정심

① 에피쿠로스학파의 쾌락주의 — 쾌락을 인간 행위의 궁극적 목적이자 도덕의 기준으로 삼는 윤리학

• 쾌락이야말로 우리가 진정으로 바라고 원하는 것이자 가장 좋은 것, 즉 최고선임 → 쾌락을 누리는 삶이 곧 행복한 삶임

• 쾌락의 역설: 무분별한 욕구의 충족이나 사치, 향락 등으로부터 주어지는 쾌락은 더 높은 강도의 쾌감을 탐닉하도록 부추겨 결국 더 많은 고통을 낳는다는 것

• 적극적인 욕망의 충족에 따른 쾌락이 아니라 고통을 제거함으로써 주어지는 쾌락을 추구하였으며, 궁극적으로 모든 고통이 제거된 상태가 지속됨으로써 주어지는 쾌락을 통해 참된 행복에 이를 수 있다고 보았음

• 진정한 쾌락을 추구하기 위해서는 이성과 이성의 덕인 지혜가 필요함

② 평정심(平靜心)의 추구: 몸의 고통과 마음의 불안이 모두 소멸한 상태가 지속됨으로써 주어지는 정신적 쾌락(아타락시아)을 추구함

└ 고통과 불안이 없는 영혼의 절대적 평온함을 가리키는 말로 평정심이라고도 함

(3) 평정심에 이르는 길

① 욕망의 절제와 검소한 삶

• 검소한 삶을 살아야 건강을 유지하고, 고통을 가져오는 욕망도 거부할 수 있다고 보았음

• 자연적이고 필수적인 욕망을 충족하는 소박한 삶을 살아야 고통에서 벗어날 수 있다는 것임

② 죽음, 운명, 신에 대한 잘못된 믿음의 제거: 인간에게 죽음은 아무것도 아니며, 이를 제대로 알게 된다면 죽음으로 인한 고통과 두려움에서 벗어나 평온한 상태에 이를 수 있다고 보았음

③ 공적인 삶에서 벗어난 은둔 생활

• 공적으로 맺은 인간관계가 고통과 불안을 일으킬 수 있다고 봄

• 공적인 삶을 멀리하는 대신 사적인 공간에서 친구들과 우정을 나누며 정의롭게 사는 삶을 권장함

◉ **헬레니즘 시대**
유럽, 아시아, 아프리카에 이르는 대제국을 건설한 알렉산드로스 대왕이 죽은 기원전 323년 이후부터 기원전 30년 로마가 이집트를 지배하기 전까지의 약 300여 년간의 시기를 말함

◉ **쾌락주의**
• 쾌락주의의 전형은 고대 그리스의 키레네학파와 에피쿠로스학파에서 찾아볼 수 있음
• 키레네학파의 쾌락주의는 지금 당장의 감각적·육체적 쾌락을 강조하였는데, 이러한 입장은 '쾌락주의의 역설'에 빠질 위험성을 지니고 있음
→ 쾌락을 추구하다 보면 쾌락을 얻기보다 오히려 고통에 빠질 수 있다는 것이며 에피쿠로스학파는 순간적·감각적 쾌락보다는 지속적·정신적 쾌락을 추구함

◉ **아타락시아**
• 아타락시아는 고통과 불안이 지속적으로 부재한 상태를 일컬음
• 에피쿠로스는 이러한 평정심에 이르기 위해서는 욕망을 절제하고 검소한 삶을 살아야 한다고 강조하였음
• 자연적이고 필수적인 욕망을 충족하는 소박한 삶을 살아야 고통에서 벗어날 수 있다고 보았음

◉ **신에 대한 에피쿠로스의 관점**
• 에피쿠로스는 인간의 세계에서 모든 신을 추방해 버림으로써 미신으로 인한 불안을 원천적으로 제거하고자 함
• 에피쿠로스는 신의 존재를 부인하지는 않음. 그러나 그는 신이란 자족적이고 최고로 행복한 존재이므로 인간의 일에 관심을 가질 아무런 이유가 없다고 봄

◉ **에피쿠로스의 죽음관**
• 인간의 근원적 불안인 죽음의 공포에 대해 "우리가 존재하는 한 죽음이 존재하지 않고, 죽음이 찾아오면 우리가 더 이상 존재하지 않는다."라고 하였음
• 죽음이 산 자와도 무관하고 죽은 자와도 무관하다는 것을 알면, 죽음을 두려워할 이유가 없다고 보았음

❶ 에피쿠로스의 쾌락주의

아타락시아의 경지, 에피쿠로스학파가 추구하는 이상적 상태임

우리가 '쾌락이 목적이다.'라고 할 때의 쾌락은 방탕한 자들의 쾌락이나 육체적인 쾌락이 아니다. 내가 말하는 쾌락은 몸의 고통과 마음의 불안으로부터의 자유이다. 왜냐하면 넘칠 만큼의 음식이나 맛있는 생선 요리와 같이 풍성하게 차려진 식탁에 있는 것들이 쾌락적인 삶을 만들어 주는 것은 아니기 때문이다. 오히려 모든 욕구와 회피의 근거를 파악하고 영혼을 회오리바람처럼 뒤흔드는 광기를 몰아내는 명료한 사고만이 쾌락적인 삶을 만들어 주기 때문이다.

– 에피쿠로스, 『쾌락』 –

분석 | 에피쿠로스가 추구한 쾌락은 정신적이고 지속적인 쾌락이다. 그리고 욕구를 적극적으로 충족하는 것이 아니라 불필요한 욕구를 갖지 않음으로써 '몸에 고통이 없고 마음에 불안이 없는 평온함'을 유지하는 것이다. 이러한 쾌락을 누리기 위해서는 사려 깊고 고상하며 정의롭게 살아야 하며, 죽음의 두려움을 극복해야 한다.

❷ 에피쿠로스학파의 욕구 분류

에피쿠로스학파는 자연적이고 필연적인 욕구도 최소한으로 충족해야 한다고 주장함

에피쿠로스에 의하면 "욕구들 가운데 어떤 것은 자연적이고 필연적이며, 어떤 것은 자연적이나 필연적이지 않고, 어떤 것은 자연적이지도 필연적이지도 않으며 단지 공허한 망상에서 파생된 것"이다. 음식이나 주거에 대한 욕구와 같이 자연적이고 필연적인 욕구는 그것이 충족되지 않으면 고통을 일으킨다. 하지만 성적 욕구나 식도락에 대한 욕구와 같이 자연적이지만 필연적이지 않은 욕구나 부, 명예, 권력에 대한 욕구와 같이 자연적이지도 필연적이지도 않은 욕구는 충족되지 않아도 아무런 고통을 일으키지 않는다. 그러므로 고통에서 벗어나기 위해서 자연적이고 필연적인 욕구는 반드시 충족해야 하지만, 자연적이지 않거나 필연적이지 않은 욕구는 충족하지 않아도 된다. 오히려 불필요한 욕구를 충족하려는 시도는 우리의 평정을 해칠 수 있으므로 조심해야 하며, 비자연적인 욕구는 채워질 수 없기 때문에 그것들에 지나치게 탐닉하는 것은 해로울 수 있다.

– 류지한, 『고대의 쾌락주의』 철학 논총 제50집 –

분석 | 에피쿠로스학파는 참된 쾌락을 누리려면 우선 고통과 불안의 원인을 알아야 한다고 본다. 이들에 따르면, 고통과 불안은 우리가 자연적이고 필수적인 욕구를 충족하지 못하거나, 필수적이지 않은 욕구를 충족하려는 데에서 나온다. 그러므로 참된 쾌락을 누리려면 필수적이지 않은 헛된 욕구를 자제하고, 자연적이고 필수적인 욕구를 최소한으로 충족하는 소박한 삶을 살아야 한다.

---

❶ 다음을 주장한 서양 사상가가 강조한 삶의 자세만을 〈보기〉에서 고른 것은?

> 욕구들 가운데 어떤 것은 자연적이고 필수적이며, 어떤 것은 자연적이지만 필수적이지 않고, 어떤 것은 자연적이지도 필수적이지도 않고 단지 공허한 망상에서 파생된 것이다.

◀ 보기 ▶
ㄱ. 자연적이고 필수적인 욕구를 추구한다.
ㄴ. 이성을 가진 모든 인간을 평등하게 대한다.
ㄷ. 행복에 도달하기 위해 공적인 삶을 중시한다.
ㄹ. 감각적인 쾌락이 아니라 정신적인 쾌락을 추구한다.

① ㄱ, ㄴ   ② ㄱ, ㄹ   ③ ㄴ, ㄷ
④ ㄴ, ㄹ   ⑤ ㄷ, ㄹ

정답과 해설 ▶ 에피쿠로스학파는 자연적이고 필수적인 욕구를 추구해야 한다고 보았다. 또한 에피쿠로스학파가 추구하는 쾌락은 정신적이고 지속적인 쾌락이다. **답 ②**

❷ 다음을 주장한 고대 서양 사상가의 입장으로 옳은 것은?

> 쾌락은 우리 인간의 최초의, 또한 공통적인 선이다. 쾌락은 우리의 모든 선택과 혐오가 시작되는 출발점이다.

① 자연적이고 필수적인 욕구를 최대한 충족해야 한다.
② 모든 쾌락의 제거를 통해 진정한 행복을 얻어야 한다.
③ 자연의 법칙을 파악하기 위해 보편적 이성을 따라야 한다.
④ 공동체에 대한 헌신을 윤리적 이상으로 삼고 실천해야 한다.
⑤ 쾌락은 다른 모든 가치를 평가하는 최고선임을 알아야 한다.

정답과 해설 ▶ 에피쿠로스학파는 진정한 쾌락은 육체에 고통이 없고 마음에 불안이 없는 평온한 상태, 즉 아타락시아라고 하였다. 이러한 쾌락은 에피쿠로스학파에게는 최고선인 것이다. **답 ⑤**

● 금욕과 부동심

(1) 금욕의 추구와 부동심

① 스토아학파의 금욕주의

- 삶의 목적은 행복에 있고, 행복한 삶은 이성을 따르는 덕 있는 삶이라고 보았으며, 자연에 따르는 삶이 행복한 삶이라고 주장함
- 사람들은 선이나 덕, 행복과 무관한 것들에 마음을 빼앗겨 동요하게 되는데, 이는 정념이 이성(logos)을 가리기 때문임
- 온갖 욕망과 감정으로부터 벗어날 것을 강조한다는 측면에서 스토아학파의 사상은 금욕주의라고 불림

② 부동심의 추구

- 어떤 상황에서도 동요하지 않는 정신 상태, 즉 정념으로부터 해방된 상태를 의미함 → 아파테이아(apatheia)라고 함
- 욕망, 공포, 쾌감, 슬픔 등과 같은 비자연적인 정념은 우리의 판단을 흐리게 하고 우리를 잘못된 행위로 이끌 수 있음
- 자신의 건강을 돌보려는 마음, 부모를 사랑하는 마음 등 자연적인 정념은 인정함 → 평온한 삶을 위해 모든 정념을 제거할 필요는 없으며 다만 정념에 대해 초연해야 한다고 주장함

(2) 부동심에 이르는 길

① 이성과 자연법 — 실정법이나 역사적 제도를 비판하는 원리나 기준이 되는 경우가 많지만, 그 정당성을 제공하는 역할을 하기도 함

이성에 따르는 삶	• 이성은 만물의 본질이자 만물의 생성과 변화를 이끌어 가는 힘으로 신, 자연 등으로 표현되기도 함 • 이성에 따른 삶이란 자연의 필연적 질서와 법칙에 순응하는 삶이자 신의 섭리와 예정에 따른 삶을 의미함 • 자연 안에서 일어나는 모든 일은 이미 신에 의해 운명지어져 있음 • 자신에게 주어진 상황과 조건을 변화시키기보다는 그것을 자신의 운명으로 받아들임으로써 부동심에 이르러야 한다고 주장함
자연법에 순응하는 삶	• 자연법이란 우주를 지배하는 이성의 명령이자 자연 법칙을 의미함 • 이성은 인간의 본성이며, 이는 인간에게 자연의 질서를 이해하고 그에 따라 행위할 수 있는 능력이 있음을 보여 줌 • 인간에게 행위의 결과와 무관하게 해야만 하는 행위가 있다고 보았으며 그것을 '의무'라고 하였음

② 세계 시민주의에 기초한 공동체적 삶

- 자연법의 구체적인 내용으로 가족, 친구, 동료, 시민, 나아가 인류 전체에 대한 사랑을 제시하였음
- 이성을 가진 이들은 모두 평등하다는 세계 시민주의 사상이 깔려 있음
- 각 개인은 사회적 역할을 수행해야 할 뿐만 아니라 인류의 공동선을 실현하기 위한 의무도 다해야 한다고 강조함

◉ **스토아학파**
기원전 3세기 초, 그리스 사상가 제논이 창시하였음. 이후 스토아학파는 에픽테토스와 같은 노예 출신부터 아우렐리우스와 같은 로마 제국의 황제에 이르기까지 다양한 배경을 가진 사상가들에 의해 발전하였음

◉ **정념**
이성에 복종하지 않는 과도한 충동 또는 비이성적이고 부자연스러운 영혼 안의 움직임으로, 정념은 우리의 이성적 판단을 방해하고 우리가 잘못된 행동을 하도록 이끎

◉ **스토아학파의 이성(logos)**
고대 그리스 철학의 핵심 개념으로, 사물이 존재하도록 해 주는 보편적인 법칙이나 행위가 따라야 할 준칙을 의미하며, 동시에 이 법칙과 준칙을 인식하고 따르는 분별력을 뜻함

◉ **아파테이아**
'파토스(pathos)'가 '부재한' 상태, 즉 정념에서 벗어난 상태를 말함. 외부의 그 어떤 것에도 비이성적인 쾌락, 두려움, 욕구 등과 같은 정념을 겪지 않는 순수하게 이성적인 마음의 상태

◉ **자연법**
우주·자연이나 인간·사회를 지배하는 보편적이고 영구적인 정의(正義)의 법

◉ **세계 시민주의**
- 인종이나 민족, 국민이나 국가에 관계없이 전 인류를 그 본성이나 신의 아래에서 공평하다고 보는 입장이나 태도
- 알렉산드로스 대왕이 그리스의 폴리스를 붕괴시키면서 세계 통일을 추진해 가고 있었던 무렵, 키니코스 학파의 일파가 국가나 폴리스에 소속되는 것을 부정하고 자신들을 '세계의 시민'이라고 선언한 것에서 비롯되었음

③ 스토아학파의 세계관

> 기억하라. 너는 작가가 원하는 대로 정해진 연극의 배우이다. 그가 짧기를 원하면 연극은 짧고 그가 긴 것을 원하면 연극은 길다. 네가 거지의 배역을 맡을 것을 작가가 원한다면, 이 역시 성실하게 수행하라. 그가 장애자의 배역을 원하거나, 지배자의 배역을 원하거나, 평범한 사람의 배역을 원하거나 모두 마찬가지이다. 오직 주어지는 배역을 훌륭하게 수행하는 것만이 너의 임무이다. 그러나 배역을 정하는 것은 다른 이의 일이다.
> └ 세계의 모든 사건은 신의 이성에 따라 발생하므로 이에 순응하는 삶을 살 것을 강조함
> — 에픽테토스, 『엥케이리디온』 —

분석 | 스토아학파는 이성의 명령에 따라 자연의 필연성을 기꺼이 받아들이는 것이 덕의 본질이라고 하였다. 그리고 덕 있는 삶을 살아갈 때, 즉 모든 것이 순리대로 되었음을 이성으로 통찰하고 운명에 따를 때, 우리는 마음의 안정과 행복에 이를 수 있다고 하였다.

④ 에픽테토스의 부동심

> 에픽테토스(Epiktetos, 55?~135?)가 노예였던 시절, 하루는 주인이 몹시 화가 나서 그의 팔을 비틀기 시작하였다. 주인은 오랫동안 계속해서 그의 팔을 비틀었지만 그는 아무런 반응도 보이지 않다가 마침내 평온하게 "주인님, 그렇게 계속하신다면 저의 팔이 부러질 것입니다."라고 말하였다. 그러나 이 말은 주인의 화를 더욱 돋우게 되었고, 결국 주인은 실제로 에픽테토스의 팔을 부러뜨려 버렸다. 그 순간에도 그는 평온함을 잃지 않고 "제가 그렇게 될 것이라고 말씀드리지 않았습니까?"라고 말하였다.
> — 애링턴, 『서양 윤리학사』 —

분석 | 에픽테토스의 사례를 통해 알 수 있듯이 스토아학파의 사상가들은 외부에서 가해지는 나쁜 조건들에 대해서 동요하지 않고 태연하게 대응할 수 있는 마음의 평화를 가질 것을 강조하였다.

---

❸ 다음을 주장한 고대 서양 사상가가 강조한 삶의 태도만을 〈보기〉에서 고른 것은?

> 고통스럽더라도 이 세상에서 일어나는 모든 일을 받아들여야 한다. 이러한 일들은 우주의 건강과 번영, 지복(至福)으로 이끌어주는 것이기 때문이다. 우주는 전체를 위해 필요한 경우가 아니면, 어떤 사람에게도 그러한 일들을 일으키지 않는다.

◁보기▷
ㄱ. 이성의 힘으로 욕망과 감정에 초연한다.
ㄴ. 각자의 본분과 의무를 충실히 수행한다.
ㄷ. 쾌락의 적극적 추구보다 고통의 원인을 제거한다.
ㄹ. 행복에 도달하기 위해 필연적인 자연 법칙을 극복해야 한다.

① ㄱ, ㄴ   ② ㄱ, ㄷ   ③ ㄴ, ㄷ
④ ㄴ, ㄹ   ⑤ ㄷ, ㄹ

정답과 해설 ▶ 제시문은 스토아 사상가인 아우렐리우스의 글이다. 스토아 사상가는 모든 욕망과 감정을 제거하는 것이 아니라 초연할 것을 강조한다. **답** ①

❹ 다음을 주장한 고대 서양 사상가의 입장으로 옳은 것은?

> 세상에서 일어나는 일들이 네가 바라는 대로 일어나기를 요구하지 말고, 오히려 일어나는 일들이 실제로 일어나는 대로 일어나기를 원하라. 그러면 모든 것이 잘되어 갈 것이다.

① 평온한 삶을 위해 세계의 본성을 파악해야 한다.
② 이성적 관조를 통해 자연 법칙에서 벗어나야 한다.
③ 이성적 자각을 통해 스스로 운명을 개척해야 한다.
④ 실천적 지혜로 자신의 주변 상황을 제어해야 한다.
⑤ 육체적 쾌락을 억제하고 정신적 쾌락을 추구해야 한다.

정답과 해설 ▶ 제시문은 에픽테토스의 글이다. 에픽테토스는 평온한 삶을 위해 세계의 본성, 즉 자연의 법칙을 파악해야 한다고 보았다. **답** ①

(3) 에피쿠로스학파와 스토아학파의 사상 비교

구분	에피쿠로스학파	스토아학파
공통점	• 마음이 평온한 삶을 추구함 • 검소하고 절제하는 삶을 중시함 • 진정한 행복의 의미와 중요성을 성찰해야 한다고 강조함	
차이점	쾌락을 추구하고 공적인 삶을 멀리함	금욕적인 생활과 공동선의 실현을 중시함
한계	사적인 생활만을 중시함으로써 이타적인 공공생활을 경시함	• 도덕적 행위에 있어 인간의 의지와 정서의 역할을 간과함 • 자연의 전개가 필연적이라는 세계관과 인간 내면의 자유를 인정한 관점은 양립하기 어렵다는 비판
영향	• 감각적 경험을 중시했던 점은 근대의 경험론에 영향을 줌 • 쾌락을 최고선으로 보고 옳고 그름의 판단 기준으로 삼았던 점은 벤담과 밀의 공리주의로 계승됨	• 정념으로부터의 자유를 추구하는 것은 스피노자의 사상에 영향을 줌 • 이성에 부합하는 삶과 의무에 대한 강조는 칸트의 사상에 영향을 줌 • 세계 시민주의의 인류애에 대한 강조는 로마의 만민법으로 계승되었음 • 자연법 사상은 중세의 아퀴나스와 근대의 자연법 사상가들에게 이어짐

◉ **로마의 만민법**
• 도시 국가 로마가 세계적인 대제국으로 발전하는 과정, 특히 여러 도시, 여러 민족과의 교섭·거래에서 신의·성실을 중시하는 입장을 유지하기 위하여 생겨난 법질서
• 로마의 정치가이며 철학자인 키케로는 특히 다른 도시의 시민에게도 적용되는 만민법을 공통법(共通法)이라 하고 이와 같은 만민법을 자연법(自然法)과 결부시키는 이론을 수립하였음

자료 탐구

5 사회생활에 대한 입장

에피쿠로스는 사회로부터 벗어나 서로 마음이 통하는 사람들끼리 소규모 집단을 이루어 살아갈 것을 권하면서 정치적인 삶을 감옥에 비유하였다. 그러나 스토아학파는 "어떤 현명한 사람도 결코 고독하게 혼자 살지 않는다. 왜냐하면 인간은 본성상 사회를 만들고 그 안에서 행위하도록 되어 있기 때문이다."라고 주장한다. 이처럼 스토아학파에서는 인간을 사회적인 존재로 보면서, 누구나 인류의 구성원이라는 점을 강조하였다.
└─ 이성을 가지고 있는 세계의 모든 인간은 평등하다는 세계 시민주의를 말함
— 애링턴, 『서양 윤리학사』 —

분석 | 에피쿠로스학파는 대중과 속세에서 벗어날 것을 주장한다. 사회 구성원으로 살아가는 공적인 삶은 집착, 좌절, 다툼, 분노 등을 불러일으켜 육체적·정신적 고통을 가져오기 때문이다. 반면 스토아학파는 전체가 먼저 있고 개체는 전체의 부분으로서 존재하는 것처럼 개인은 세계 전체의 한 부분으로서 존재하며 공동체의 일원으로서 살아간다고 본다.

확인학습

5 다음을 주장한 고대 서양 윤리 사상가의 입장으로 옳지 <u>않은</u> 것은?

> 자연은 살아 있는 전체이며 모든 것을 포괄하는 이성을 갖춘 생명체이다. 이성이 자연의 모든 부분을 속속들이 파고 들어가 있기에 자연 자체가 이성적이고 영혼적이며 이해 가능한 것이다. 즉 자연은 그 자체가 신적인 것이다.

① 인간은 자연의 한 구성 요소이다.
② 모든 욕망과 정념을 제거해야 한다.
③ 바람직한 삶을 위해 자연의 본성을 따라야 한다.
④ 공동선의 실현을 위해 사회적 책무를 다해야 한다.
⑤ 자연의 질서를 이해하고 세계 시민 의식을 가져야 한다.

정답과 해설 ▶ 제시문은 스토아 사상가인 에픽테토스의 글이다. 스토아 사상가들은 모든 욕망과 정념을 제거해야 한다고 보는 것이 아니라 초연할 것을 주장하였다. 📋 ②

개념 체크

01~08 다음 내용이 옳으면 ○표, 틀리면 ×표 하시오.

01 알렉산드로스 대왕이 죽은 후 사람들은 더 나은 국가의 실현보다는 어떻게 해야 개인의 평온한 삶을 유지할 수 있는지에 관심을 기울이게 되었다. ( )

02 에피쿠로스는 쾌락은 유일한 선이며, 고통은 유일한 악이라고 보았다. ( )

03 에피쿠로스가 추구한 쾌락은 감각적이며 순간적인 만족감을 주는 것이다. ( )

04 에피쿠로스는 평정심에 이르기 위해 공적인 삶을 멀리할 것을 강조하였다. ( )

05 스토아학파의 주된 관심은 정신적 쾌락의 추구를 통해 행복을 얻는 것이었다. ( )

06 스토아학파가 주장하는 이성은 만물의 본질이자 만물의 생성과 변화를 이끌어 가는 힘으로 신, 자연 등으로 표현되기도 한다. ( )

07 스토아학파는 자신에 주어진 상황과 조건을 변화시키기 위해 적극적으로 노력해야 한다고 보았다. ( )

08 정념으로부터의 자유를 추구하는 스토아학파의 사상은 스피노자에게 영향을 주었다. ( )

09~16 다음 빈칸에 알맞은 말을 쓰시오.

09 헬레니즘 시대의 사상가들은 어떻게 해야 ( )에 이를 수 있는지를 주요한 탐구 주제로 삼았다.

10 에피쿠로스는 감각적이고 순간적인 쾌락을 추구하는 삶은 우리를 이른바 ( )에 빠지게 하여 오히려 더 많은 고통을 안겨준다고 보았다.

11 에피쿠로스는 몸의 고통과 마음의 불안이 모두 소멸한 상태가 평정심, 즉 ( )(이)라고 보았다.

12 에피쿠로스학파는 쾌락을 최고선으로 보고 옳고 그름의 판단 기준으로 삼았던 벤담과 밀의 ( )(으)로 계승되었다.

13 스토아학파는 어떤 상황에서도 동요하지 않는 정신 상태를 부동심, 즉 ( )(이)라고 보았다.

14 스토아학파에서는 이성에 따른 삶이란 ( )의 필연적 질서와 법칙에 순응하는 삶이자 신의 섭리와 예정에 따르는 삶을 의미한다.

15 스토아학파에서 ( )(이)란 우주를 지배하는 이성의 명령이자 자연 법칙을 의미한다.

16 스토아학파의 자연법 사상은 그 밑바탕에 이성을 가진 모든 이들은 누구나 평등하다는 ( ) 사상이 깔려 있다.

정답 01 ○ 02 ○ 03 × 04 ○ 05 × 06 ○ 07 × 08 ○ 09 행복 10 쾌락의 역설 11 아타락시아 12 공리주의 13 아파테이아 14 자연 15 자연법 16 세계 시민주의

오답 체크 Tip 03 에피쿠로스는 감각적 쾌락은 순간적 만족을 주지만 지속적이지 않기 때문에 추구해야 할 쾌락으로 적절하지 않다고 보았다.
05 스토아학파의 주된 관심은 평온한 삶으로서의 행복을 얻는 것이다.
07 스토아학파는 자신에게 주어진 운명을 받아들여야 한다고 보았다.

▶ 20582-0112

01 다음 고대 서양 사상가의 입장만을 〈보기〉에서 고른 것은?

쾌락은 축복받은 삶의 시작과 끝이다. 그리고 쾌락은 우리 인간의 공통적인 선이다. 쾌락은 우리의 모든 선택과 혐오가 시작되는 출발점이다. 모든 살아 있는 것들은 태어나자마자 쾌락을 얻으면 만족하고 고통을 혐오한다. 이는 이성과는 무관하게 본성에 이끌려 그렇게 되는 것이다.

┤ 보기 ├
ㄱ. 감각적 쾌락보다는 정신적 쾌락을 추구해야 한다.
ㄴ. 이성을 가진 한 모든 인간은 평등하다고 보아야 한다.
ㄷ. 진정한 쾌락을 얻기 위해 공적인 삶을 중시해야 한다.
ㄹ. 자연적이고 필수적인 욕구를 최소한으로 충족해야 한다.

① ㄱ, ㄴ　　　② ㄱ, ㄹ　　　③ ㄴ, ㄷ
④ ㄴ, ㄹ　　　⑤ ㄷ, ㄹ

▶ 20582-0113

02 다음 고대 서양 사상가의 입장에만 모두 '✔'를 표시한 학생은?

사려 깊고 고상하며 정의롭게 살지 않고서는 즐겁게 사는 것은 불가능하며, 반대로 즐겁게 살지 않고서 사려 깊고 고상하며 정의롭게 사는 것도 불가능하다. 덕은 본성적으로 즐거운 삶과 연결되어 있으며, 즐거운 삶은 덕과 분리될 수 없다.

입장 ＼ 학생	갑	을	병	정	무
진정한 쾌락은 아타락시아의 경지이다.	✔	✔		✔	
헛된 욕심을 버리고 금욕적 삶을 추구해야 한다.	✔		✔		✔
자연적이지만 필수적이지 않은 욕구는 극복해야 할 대상이다.		✔		✔	✔
죽음, 미신, 운명 등에 대한 잘못된 믿음이 고통을 일으키는 것이다.			✔	✔	✔

① 갑　　② 을　　③ 병　　④ 정　　⑤ 무

▶ 20582-0114

03 (가)를 주장한 사상가의 입장에서 대답할 때, (나)의 ㉠에 들어갈 내용으로 적절한 것만을 〈보기〉에서 있는 대로 고른 것은?

(가)	세상에서 일어나는 일들이 네가 바라는 대로 일어나기를 요구하지 말고, 오히려 일어나는 일들이 실제로 일어나는 대로 일어나기를 원하라. 그러면 모든 것이 잘되어 갈 것이다.
(나)	

(나) 말풍선: 이상적인 삶을 살기 위해 어떻게 살아가야 한다고 생각하시나요? / ㉠

┤ 보기 ├
ㄱ. 이성과 자연의 법칙을 따르는 삶을 살아야 한다네.
ㄴ. 자연의 필연적 질서에 순응하는 삶을 살아야 한다네.
ㄷ. 정념으로부터 해방되고 초연한 태도로 살아야 한다네.
ㄹ. 주어진 운명을 개척하며 사회적 역할을 충실히 수행해야 한다네.

① ㄱ, ㄴ　　　② ㄱ, ㄹ　　　③ ㄷ, ㄹ
④ ㄱ, ㄴ, ㄷ　　⑤ ㄴ, ㄷ, ㄹ

▶ 20582-0115

04 다음 고대 서양 사상가가 부정의 대답을 할 질문으로 가장 적절한 것은?

죽음은 우리에게 아무것도 아니다. 우리가 존재하는 한 죽음은 우리와 함께 있지 않으며, 죽음이 존재하면 우리는 더 이상 존재하지 않기 때문이다.

① 사려 깊고 고상하며 정의로운 삶을 살아야 하는가?
② 지속적인 쾌락을 위해 공적인 삶에 헌신해야 하는가?
③ 순간적 쾌락보다는 지속적인 쾌락을 추구해야 하는가?
④ 고통과 불안의 제거를 통해 평온함을 추구해야 하는가?
⑤ 즐거운 삶을 살기 위해서 절제 있는 생활을 해야 하는가?

▶ 20582-0116

05 (가)의 고대 서양 사상가 갑, 을의 입장을 (나) 그림으로 표현할 때, A~C에 들어갈 옳은 진술만을 〈보기〉에서 있는 대로 고른 것은?

(가)	갑: 인간은 그릇된 욕망과 감정을 극복하고 이성적 판단과 행동을 할 때 자유롭게 되며 어떠한 상황에서도 동요하지 않는 정신 상태를 갖게 된다. 을: 쾌락은 유일한 선(善)이며, 고통은 유일한 악(惡)이다. 참된 쾌락이란 마음에 불안이 없고 몸에 고통이 없는 평온한 상태를 의미한다.
(나)	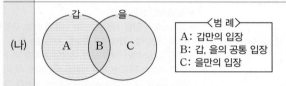 〈범례〉 A: 갑만의 입장 B: 갑, 을의 공통 입장 C: 을만의 입장

〈보기〉

ㄱ. A: 자연과 인간의 본성인 이성에 따라야 한다.
ㄴ. B: 세계 시민으로서 부여된 공적인 책임을 수행해야 한다.
ㄷ. B: 감각적 욕구를 최대한 충족시키는 외부적 조건에서 진정한 행복을 찾아서는 안 된다.
ㄹ. C: 모든 욕망의 충족을 통해 참된 쾌락을 얻어야 한다.

① ㄱ, ㄴ ② ㄱ, ㄷ ③ ㄴ, ㄹ
④ ㄱ, ㄷ, ㄹ ⑤ ㄴ, ㄷ, ㄹ

▶ 20582-0117

06 다음을 주장한 고대 서양 사상가의 입장으로 옳은 것은?

> 우주가 원자의 집합이든, 질서 있는 체계이든 우선 나는 자연이 지배하는 만유(萬有)의 한 부분이라고 확신한다. 그 다음에 나는 나와 같은 종류의 것들인 다른 부분과 밀접한 관계를 맺고 있다고 확신한다.

① 인간의 모든 정념이나 욕구를 제거해야 한다.
② 자연 법칙보다는 이성을 따르는 삶을 살아야 한다.
③ 자아실현을 위해서는 은둔자적인 삶을 살아야 한다.
④ 사회의 혼란 속에서도 마음의 평정을 추구해야 한다.
⑤ 세계 내의 모든 일을 자유 의지를 통해 극복해야 한다.

▶ 20582-0118

07 (가)의 고대 서양 사상가 갑, 을의 입장을 (나) 그림으로 탐구하고자 할 때, A~C에 들어갈 옳은 질문만을 〈보기〉에서 있는 대로 고른 것은?

(가)	갑: 고상한 쾌락이나 정신적인 가치는 육체적인 만족보다 우월한 것이다. 우리들은 정신적인 쾌락에 의존할 때 현재의 불행을 극복할 수 있다. 을: 인간의 본성에 맞지 않는 사건은 인간에게 일어날 수 없다. 소의 본성에 맞지 않는 사건이 소에게 일어날 수 없고, 포도나무의 본성에 맞지 않는 사건이 포도나무에게 일어날 수 없는 것이다.
(나)	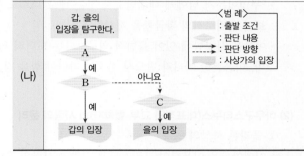 〈범례〉 ◇ : 출발 조건 ◇ : 판단 내용 → : 판단 방향 --→ : 사상가의 입장

〈보기〉

ㄱ. A: 인간은 마음의 평온한 상태를 추구해야 하는가?
ㄴ. B: 쾌락을 위해 고통도 받아들일 수 있는가?
ㄷ. B: 불필요한 욕망을 버리고 검소한 삶을 살아야 하는가?
ㄹ. C: 이성의 법칙이 곧 자연의 법칙인가?

① ㄱ, ㄷ ② ㄴ, ㄷ ③ ㄴ, ㄹ
④ ㄱ, ㄴ, ㄹ ⑤ ㄱ, ㄷ, ㄹ

서술형 ▶ 20582-0119

08 다음 고대 서양 사상가가 추구하는 이상적 삶에 대해 서술하시오.

> 우주적 인과 관계와 자연 법칙을 제대로 깨닫는다면, 우리 개개인의 이성은 보편적인 이성과 하나가 된다.

● 그리스도교와 사랑의 윤리

(1) 그리스도교의 기원과 전개

① 기원 ─ '기름 부음을 받은 자'라는 뜻으로, 그리스어로는 크리스토스(christos),
히브리어로는 메시아(messiah)로 구세주라는 뜻을 지님

- 그리스도교는 이스라엘의 민족 종교인 유대교에 뿌리를 두고 있음
- 예수는 유대교의 선민 사상과 형식에 치우친 율법주의를 비판하면서 보편적인 사랑의 윤리를 제시하였음

② 예수의 가르침

- 인류가 무조건적이고 절대적인 신의 사랑을 받았으므로 이웃에 대한 차별 없는 사랑을 실천해야 함
- "무엇이든지 남에게 대접받고자 하는 대로 너희도 남을 대접하라."라는 보편 윤리로서의 황금률을 제시하였음
- 이웃을 사랑함에 있어 율법적 의무보다는 도덕적 의무를 우선시해야 하며, 마음뿐만 아니라 반드시 실천이 따라야 함을 강조함

(2) 아우구스티누스(대표적인 교부 철학자)의 사랑의 윤리

① 플라톤 사상의 영향

- 이데아론을 이용하여 그리스도교 신앙과 사랑의 윤리를 체계화하였음
- 영원한 천상의 나라와 유한한 지상의 나라를 구분하고, 영원하고 완전한 존재인 신을 사랑해야 한다고 주장함

② 신(神)

- 신은 이성적 인식의 대상을 넘어선 실존을 통해 만나야 할 인격적 존재임
- 신은 최고선이며, 신을 사랑하는 사람은 악에 빠지지 않고 선을 실현하며 참된 행복에 이를 수 있음
- 믿음, 소망, 사랑이라는 종교적 덕 중 사랑을 최고의 덕으로 보았으며, 플라톤이 강조한 4주덕(절제, 용기, 정의, 지혜)도 모두 신에 대한 사랑의 다른 표현으로 해석함
- 악은 최고선인 신이 창조한 것이 아니라 인간이 자유 의지를 남용하여 생겨난 것으로 봄 ─ 원죄는 『성경』의 『창세기』에 등장하는 아담과 하와가 신의 계율을 어기고 선악과를 따먹으면서 생겨난 죄로, 그리스도교에서는 모든 인간이 태어날 때부터 가진 것으로 봄

③ 원죄론과 참된 행복

원죄론	• 인간의 노력만으로는 신을 온전히 사랑할 수 없다고 보았음 → 자유 의지를 남용함으로써 원죄를 갖게 되었기 때문임 • 원죄로부터의 구원은 신의 은총에 의해서만 가능하다고 봄
참된 행복	• 신에 대한 사랑을 기반으로 하지 않는 행위는 결코 옳은 행위가 될 수 없으며, 올바른 신앙이 없이는 진정으로 사랑할 수 없음 → 사랑은 행복을 실현하기 위한 필수 조건임 • 신을 사랑하고 이웃을 진정으로 사랑할 수 있는 길은 오직 신앙을 통해 온전히 신과 하나가 될 때 완전한 행복을 누릴 수 있다고 봄

◉ 메시아
보통 구세주라고 번역되며, 메시아란 원래 히브리어로 성유(聖油)를 받은 사람이라는 의미로서, 특히 왕을 가리키는 말로 사용되었음

◉ 절대적인 신의 사랑
- 그리스도가 말한 사랑은 신의 인류에 대한 무조건적·일방적·절대적인 사랑을 가리키는 말
- 같은 그리스어인 '에로스'가 대상의 가치를 추구하는 이른바 자기 본위의 사랑을 의미하는 데 비하여, 대상 그 자체를 사랑하는 타인 본위의 그리스도교적 사랑을 나타내는 말

◉ 황금률
그리스도교의 윤리관을 가장 정확하게 표현한 말, 원래 예수 그리스도의 산상수훈(山上垂訓) 속에 있는 것으로, 신약성서 마태복음 7장 12절에 나오는 "그러므로 무엇이든지 남에게 대접을 받고자 하는 대로 너희도 남을 대접하라. 이것이 율법이요, 선지자니라"와 누가복음 6장 31절 "남에게 대접을 받고자 하는 대로 너희도 남에게 대접하라"라는 예수의 가르침을 말함

① 착한 사마리아인의 비유

어느 날, 유대교의 율법학자가 예수를 찾아왔다. 율법학자는 예수에게 율법에서 "네 마음과 목숨을 다 바쳐 신과 이웃을 사랑하라."라고 하는데, 여기에서 말하는 이웃이 누구냐고 물었다. 예수는 강도를 만난 사람 곁을 지나가던 세 사람 이야기를 해 주었다. 먼저 유대교의 제사장이, 그 다음에는 레위인이 지나갔다. 제사장과 레위인은 당시 사람들에게 존경받던 이들이었다. 그러나 그들은 쓰러져 있던 사람을 피해 갔다. 마지막으로 유대인이 깔보고 무시하던 사마리아인이 강도를 만난 사람의 곁을 지나갔다. 그는 모든 일을 제쳐 두고 그 사람을 치료하고 끝까지 돌보아 주었다. 예수가 물었다. "이 세 사람 가운데 누가 강도를 만난 사람의 이웃이라고 생각합니까?" 율법학자는 "사마리아인입니다."라고 대답하였다. 그러자 예수는 "가서 똑같이 하십시오."라고 말하였다.
— 이웃을 조건 없이
사랑하라는 의미임
– 『신약 성서』, 누가복음 –

분석 | 당시 사마리아인들은 유대인들로부터 천대받던 부족이었다. 그러나 착한 사마리아인은 강도 당한 사람이 어떤 종파, 어떤 부족인지 상관하지 않고 기꺼이 도움의 손길을 내밀었다. 이와 같은 예화를 통해 예수는 엄격하고 형식적인 유대교의 율법을 넘어 신과 이웃에 대한 사랑을 역설하였다.

② 아우구스티누스의 조명론

아우구스티누스에 따르면 신은 내적인 스승이다. 그렇다면 어떻게 신이 우리에게 그 자신을 이해하도록 하는가? 이를 설명하기 위해 아우구스티누스는 조명론을 제시하였다. 여기에서 아우구스티누스는 어떤 대상이 지각되기 전에 빛에 의해서 눈에 보여야 하는 것처럼 학문적 진리도 정신에 의해 파악되기 전에 빛에 의해 인식 가능한 것이 되어야 한다고 전제하였다. 그리고 태양이 사물을 보이게 만드는 물리적인 빛의 원천인 것처럼 신은 지성적인 지식을 정신에 인식 가능한 것으로 만드는 정신적인 빛의 원천이라고 강조하였다. 즉 태양이 빛의 원천인 것처럼 신은 진리의 원천이라는 것이다.
– 질송, 『아우구스티누스 사상의 이해』 –

분석 | 플라톤을 비롯한 고대 그리스 사상가들은 이성으로써 진리를 인식할 수 있다고 보았지만, 아우구스티누스는 유한한 인간이 영원한 진리 그 자체를 온전히 인식하는 것은 불가능하다고 보았다. 따라서 사물을 지각하기 위해 태양이 비추어야 하듯 진리를 인식하기 위해서는 우리의 영혼에 신의 조명이 비추어져야 한다고 주장하였다.

1 밑줄 친 '그'의 가르침으로 옳지 <u>않은</u> 것은?

스스로 메시아임을 선포한 <u>그</u>는 유대교의 전통 율법을 존중하면서도 형식적으로 규율을 준수하는 것은 옳지 않다고 비판한다. 그는 인간이 본성을 회복하고 신에게 가까이 가려면 율법보다는 사랑과 믿음이 더 중요하다고 강조한다.

① 인류의 보편적 형제애를 실천하라.
② 용서와 희생의 윤리적 가치를 실천하라.
③ 형식적이고 엄격한 율법주의를 실천하라.
④ 이웃에 대한 차별 없는 사랑을 실천하라.
⑤ 온 마음을 다해 신에 대한 사랑을 실천하라.

정답과 해설 ▶ 밑줄 친 '그'는 예수이다. 예수는 형식적이고 엄격한 율법주의를 비판하였다. **답** ③

2 다음을 주장한 중세 서양 사상가의 입장만을 〈보기〉에서 고른 것은?

인간은 원죄로 말미암아 하느님의 은혜로부터 떨어져 나왔으므로 태어날 때부터 죄인이며, 손발이 결박되어 있어 도저히 풀려날 수 없는 존재이다.

◀ 보기 ▶
ㄱ. 신은 실존을 통해 만나야 할 인격적 존재이다.
ㄴ. 악은 하나의 실체가 아니며 선이 결여된 상태이다.
ㄷ. 사랑은 행복을 실현하기 위한 조건과 무관한 것이다.
ㄹ. 참된 행복은 인간의 노력만으로 얻을 수 있는 것이다.

① ㄱ, ㄴ   ② ㄱ, ㄷ   ③ ㄴ, ㄷ
④ ㄴ, ㄹ   ⑤ ㄷ, ㄹ

정답과 해설 ▶ 제시문은 아우구스티누스의 글이다. 아우구스티누스는 악은 신이 창조한 것이 아니라 인간의 자유 의지 남용의 결과로 나타나는 것이라고 보았다. **답** ①

● 그리스도교와 자연법 윤리

(1) 아퀴나스(대표적인 스콜라 학파 철학자)의 자연법 윤리

① 아퀴나스의 덕론
- 아리스토텔레스의 사상을 이용하여 그리스도교의 교리를 철학적으로 논증하고자 하였음
- 아리스토텔레스가 추구한 행복은 완전한 행복으로 나아가는 예비적인 단계에 불과함
- 완전한 행복: 이성적 활동을 통해 지적인 덕과 품성적인 덕을 형성하는 것뿐만 아니라 신의 은총 아래 믿음, 소망, 사랑이라는 종교적 덕(=신학적 덕)을 실천하여 신과 하나가 되어야 한다고 주장하였음

② 자연법 윤리

> 영원법은 인간의 자연적 성향에 반영되어 있으며, 인간은 이성을 통해 자연적 성향을 인식하고 따름으로써 영원법에 참여할 수 있음

- 세계는 신에 의해 창조되었고 신의 영원한 법칙인 영원법에 의해 다스려진다고 보았음
- 자연법은 이성을 지닌 인간이라면 누구나 동의할 수밖에 없고 언제 어디서나 지켜야 하는 도덕 법칙임
- 우리가 이성에 의해 인식된 자연적 성향을 성찰하고 실현함으로써 신이 무엇을 원하는지를 깨달을 수 있으며 행복에 이를 수 있다고 보았음
- 인간이 제정한 실정법은 자연법에 기초해야 한다고 강조함 → 실정법이 자연법을 위반할 경우, 그 실정법은 정당성을 상실함

③ 이성적 논증을 통한 신 존재 증명
- 신앙의 영역과 이성의 영역을 구분하면서도 신앙과 이성이 상호 보완적인 역할을 한다고 보았음
- 신앙과 이성 모두 신으로부터 주어진 것이며, 결국 하나의 진리인 신에게로 귀결된다고 보았음 → 이성적인 논증을 통해 신의 존재를 증명하기도 했음

(2) 그리스도교 윤리와 현대인의 삶

① 종교 개혁과 프로테스탄티즘의 등장
- 루터: 참된 진리는 교회나 교황이 아니라 성서에 있으며, 누구나 신과 직접 대화할 수 있다고 주장하면서 기존 교회의 권위와 부패를 비판함
- 칼뱅: 구원이 신에 의해 예정되어 있다고 주장하며, 직업이 소명이자 이 땅에서 신의 영광과 이웃 사랑을 실현하는 통로라고 보았음

> 칼뱅은 소명을 통해 신의 뜻이 현실에서 실현되어야 한다고 강조했음

② 현대인의 삶에 끼친 영향
- 주변 사람들과 사회적 약자에 대한 관심과 돌봄을 이끌어 냄
- 신의 은총에 의한 영원한 행복의 추구는 정신적인 가치를 추구하게 함
- 그리스도교의 자연법 사상은 성별, 빈부, 인종의 차이를 넘어 모든 사람의 인권을 보장하고 향상하는 데 기여함

◉ **스콜라 철학**
스콜라(schola)는 '학교'라는 의미로, 'school'의 어원. 스콜라 철학은 중세의 수도원에 소속된 학교에서 이성을 통해 그리스도교 교리를 정당화하고자 했던 일련의 철학 체계를 말함

◉ **아퀴나스의 덕 구분**

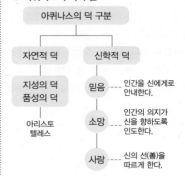

◉ **아퀴나스의 네 가지 법**
- 영원법: 신의 섭리로서, 신의 예지와 의지로 창조 및 정립된 영원불변하는 존재의 질서에 관한 법
- 신법: 인간이 신의 계시를 통해 부여받은 법
- 자연법: 인간의 이성에 의해 인식된 영원법. 영원법에 참여할 수 있는 능력으로, 선악을 구별할 수 있는 이성을 통해 파악되는 도덕 법칙을 말함
- 인간법: 인간의 합리적인 숙고를 통해 자연법에서 도출된 구체적인 실정법

◉ **프로테스탄티즘**
프로테스탄트(Protestant)는 영어로 항의자 또는 반항자라는 뜻으로 사용되지만, 이는 기존의 타락한 가톨릭에 대한 저항의 뜻이며, 본래의 뜻은 '신 앞에 바로 선다'라는 의미로, 초기 교회의 순수한 믿음으로 돌아가 그리스도의 정신을 따르자는 뜻이 내포되어 있음

◉ **칼뱅의 직업 소명설**
- 소명은 신이 인간에 요청하는 것으로 인간은 일상 속에서 소명에 대한 믿음을 갖고 그것을 실현하기 위해 자신의 직업에 성실히 종사해야 함
- 칼뱅의 주장은 직업에 대한 책임과 성실의 의무로 이어졌으며, 당시 많은 노동력이 필요했던 근대 산업 사회의 윤리적 근거를 제공하였음

③ 아퀴나스의 신 존재 증명

— 신의 존재에 대한 이성적 증명이 가능함을 주장함

신이 존재한다는 것은 다섯 가지 길로 논증될 수 있다. 그중 첫째 길은 운동 변화에서 취해지는 길이다. 이 세계 안에는 어떤 것이 움직이고 있는 것이 확실하며, 또 그것은 감각적으로 확인되는 것이다. 그런데 움직여지는 모든 것은 다른 것한테서 움직여져야 한다. … (중략) … 그런데 무한히 소급해 갈 수는 없다. 만일 움직이는 것의 무한한 소급이 인정된다면 어떤 처음 움직이는 자가 없게 될 것이며, 따라서 어떠한 다른 것을 움직여 주는 자도 없게 될 것이기 때문이다. 그것은 마치 지팡이는 손에 의해 움직여지지 않으면 다른 것을 움직여 주지 못하는 것과 같다. 그러므로 우리는 다른 어떤 것한테도 움직여지지 않는 어떤 제1운동자(第一運動者)에 필연적으로 도달하게 된다. 모든 사람은 이런 존재를 신으로 이해한다.

— 아퀴나스, 『신학 대전』 —

분석 | 아퀴나스는 운동의 최초의 원인, 곧 그 어떤 것으로부터도 비롯되지 않은 제1운동 원인이 있어야 하는데, 그것이 바로 신이라고 주장하였다. 이러한 아퀴나스의 신 존재에 대한 이성적 논증은 신앙과 이성이 서로 모순되지 않으며 상호 보완적임을 보여 준다.

④ 칼뱅의 프로테스탄티즘 윤리

세계는 오직 신의 영광에 봉사해야 하며, 그리스도교는 오직 신의 율법을 집행하여 신의 영광을 각자의 몫만큼 세계에 증대하도록 해야 한다. 신은 그리스도교의 사회적 실행을 요구한다. 왜냐하면 신은 사회적 활동이 자신의 율법에 맞게 이루어져 자신의 목적에 일치하기를 요구하기 때문이다. 세상에서 칼뱅파의 사회적 활동은 오직 '신의 영광을 더하기 위한 활동'일 뿐이다. 그러므로 모든 이의 현세적 삶에 봉사하는 직업 노동 역시 그러한 성격을 갖는다.

— 베버, 『프로테스탄티즘의 윤리와 자본주의 정신』 —
— 신의 소명이 직업에서 성공하는 것임

분석 | 프로테스탄티즘 윤리 사상은 근대 사회에서 노동의 가치를 새롭게 인식하는 데 영향을 주었다. 또한 '소명'을 세속적인 직업에까지 확장함으로써 직업도 신의 축복을 받은 신성한 것으로 여기게 하였다.

---

③ 다음을 주장한 중세 서양 사상가의 입장만을 〈보기〉에서 고른 것은?

우리의 궁극 목적은 창조되지 않은 선, 곧 신이다. 신은 무한한 선이므로 오직 신만이 우리의 의지를 넘칠 만큼 가득 채울 수 있다.

〈보기〉
ㄱ. 신앙과 이성을 철저히 분리해야 한다.
ㄴ. 자연법은 인간의 이성에 의해 인식될 수 있다.
ㄷ. 신 존재는 이성적 논증을 통해 증명할 수 있다.
ㄹ. 인간 사회의 자연법은 실정법에 근거해야 한다.

① ㄱ, ㄴ   ② ㄱ, ㄷ   ③ ㄴ, ㄷ
④ ㄴ, ㄹ   ⑤ ㄷ, ㄹ

정답과 해설 ▶ 제시문은 아퀴나스의 글이다. 아퀴나스는 자연법은 인간 본성에 기초하고 있으며, 인간의 이성에 의해 인식될 수 있고, 모든 인간에게 보편적으로 적용된다고 보았다.

달 ③

④ 다음을 주장한 서양 사상가의 입장으로 옳은 것은?

모든 사람이 같은 상태로 창조된 것은 아니며, 어떤 사람에게는 영원한 삶이, 또 어떤 사람에게는 영원한 벌이 예정되어 있다.

① 직업은 지상에서 신의 영광을 실현하는 수단이다.
② 구원은 오로지 성직자를 통해서만 가능한 것이다.
③ 인간의 권리와 의무는 실정법에만 근거하는 것이다.
④ 신앙생활은 성서가 아니라 교회를 중심으로 이루어져야 한다.
⑤ 구원을 위해 개인의 신앙보다 교회의 예배 의식이 더 중요하다.

정답과 해설 ▶ 제시문은 칼뱅의 글이다. 칼뱅은 직업은 신의 소명이며, 인간의 직업 노동은 지상에서 신의 영광을 실현하는 수단이라고 보았다.

달 ①

01~08 다음 내용이 옳으면 ○표, 틀리면 ×표 하시오.

01 그리스도교는 예수의 가르침을 기초로 성립된 종교로서 유대교에 뿌리를 두고 있다. ( )

02 아우구스티누스는 플라톤의 사상을 이용하여 그리스도교 신앙과 사랑의 윤리를 체계화하였다. ( )

03 아우구스티누스는 신은 실존적으로 만나야 할 인격적 존재가 아니라 이성적 인식의 대상이라고 보았다. ( )

04 아우구스티누스는 인간만의 노력만으로는 신을 온전히 사랑할 수 없다고 보았다. ( )

05 아퀴나스는 아리스토텔레스가 추구한 행복을 완전한 행복이라고 보았다. ( )

06 아퀴나스는 세계는 신에 의해 창조되었고 신의 영원한 법칙인 영원법에 의해 다스려진다고 보았다. ( )

07 아퀴나스는 영원법이 자연법의 기초가 되듯 인간이 제정한 실정법은 자연법에 기초해야 한다고 보았다. ( )

08 칼뱅은 구원이 인간의 노력에 의해 결정될 수 있다고 주장하며 기존 교회의 권위를 부정하였다. ( )

정답
01 ○ 02 ○ 03 × 04 ○ 05 ×
06 ○ 07 ○ 08 ×

오답 체크 Tip
03 아우구스티누스는 신은 실존적으로 만나야 할 인격적 존재라고 보았다.
05 아퀴나스는 아리스토텔레스가 추구한 행복은 완전한 행복으로 나아가는 예비적인 단계에 불과하다고 보았다.
08 칼뱅은 구원은 신에 의해 예정되었다고 주장하였다.

▶ 20582-0120

01 다음 중세 서양 사상가의 입장에만 모두 '✔'를 표시한 학생은?

> 이데아는 유일하고 불변하는 신의 정신 안에 존재한다. 만일 신이 인간의 최고선이라 한다면, 그 최고선을 구하는 것이 잘 사는 일이므로, 잘 산다는 것은 분명히 마음을 다하고 목숨을 다하고 뜻을 다하여 신을 사랑하는 것에 다름 아니다.

입장 \ 학생	갑	을	병	정	무
신을 사랑하는 사람은 악에 빠지지 않는다.	✔	✔		✔	
사랑의 대상에 따라 천상의 나라와 지상의 나라가 구분된다.			✔	✔	✔
신은 신앙의 대상이 아니라 이성적 인식의 대상이다.	✔		✔		✔
원죄로부터의 구원은 신의 은총에 의해서만 가능한 것이다.		✔		✔	✔

① 갑   ② 을   ③ 병   ④ 정   ⑤ 무

▶ 20582-0121

02 다음 중세 서양 사상가의 입장에서 부정의 대답을 할 질문으로 옳은 것은?

> 인간은 자신의 자연적 능력의 한계를 초월하는 영원한 행복이라는 목적 아래 질서 지어 있으므로, 마땅히 자연법이나 실정법을 초월하여 신에 의하여 주어진 법에 의해서 자신의 목적을 향해 나아갈 필요가 있다.

① 지혜는 종교적인 덕의 최상인가?
② 신은 이성적 사고를 통해 증명될 수 있는가?
③ 신학과 철학은 구분되지만 조화를 이룰 수 있는가?
④ 자연법을 위반한 실정법은 정당성을 상실하게 되는가?
⑤ 완전한 행복은 믿음, 소망, 사랑의 덕을 필요로 하는가?

▶ 20582-0122

03 (가)의 중세 서양 사상가 갑, 을의 입장을 (나) 그림으로 표현할 때, A~C에 들어갈 옳은 진술만을 〈보기〉에서 있는 대로 고른 것은?

(가)	갑: 이성적 피조물은 영원한 이성 안에 참여한다. 이를 통해 이성적 피조물은 적절한 행동과 목적에 대한 자연적 성향을 지닌다. 이성적 피조물 안에서 영원법의 참여가 바로 자연법이다. 을: 절제란 자신을 완전히 신에게 바치는 사랑이고, 용기란 신을 위해 모든 고통을 참아내는 사랑이며, 지혜란 신을 지향하는 데 필요한 것이 무엇인지를 분별할 줄 아는 사랑이고, 정의란 오직 신만을 섬기며 인간이 지배할 수 있는 것들을 잘 통치하는 사랑이다.
(나)	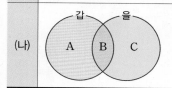 〈범례〉 A: 갑만의 입장 B: 갑, 을의 공통 입장 C: 을만의 입장

〈보기〉
ㄱ. A: 신은 믿음의 대상이며 신의 존재는 증명될 수 있다.
ㄴ. B: 신과의 합일은 인간이 지향해야 할 이상적 경지이다.
ㄷ. B: 악은 신이 아니라 인간의 자유 의지로부터 비롯된 것이다.
ㄹ. C: 신앙을 통한 진리는 철학적 진리보다 우월한 것이다.

① ㄱ, ㄴ   ② ㄱ, ㄹ   ③ ㄴ, ㄷ
④ ㄱ, ㄷ, ㄹ   ⑤ ㄴ, ㄷ, ㄹ

서술형
▶ 20582-0123

04 다음을 주장한 중세 서양 사상가의 완전한 행복에 관한 입장을 서술하시오.

완전한 행복에 도달하기 위해서는 도덕적 덕만으로는 불완전하고 신학적 덕이 있어야 한다.

▶ 20582-0124

05 (가)의 갑, 을 사상가의 입장을 (나) 그림으로 탐구하고자 할 때, A~C에 들어갈 옳은 질문만을 〈보기〉에서 있는 대로 고른 것은?

(가)	갑: 나는 플라톤 학파의 책을 읽고 무형의 진리를 탐구하였고, 신이 만든 눈에 보이는 만물을 통해 보이지 않는 진리를 이해할 수 있었다. 그리고 내 영혼의 어둠 때문에 볼 수 없었던 것을 가까스로 느끼고 알게 되었다. 을: 인간의 구원을 위해 철학 외에 신의 계시에 따른 어떤 가르침이 필요하다. 인간은 이성을 넘어서는 어떤 목적, 즉 신을 지향하도록 정해져 있기 때문이다.
(나)	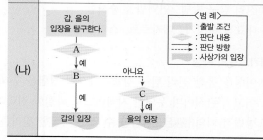

〈보기〉
ㄱ. A: 신은 만물을 창조한 초월적 존재인가?
ㄴ. B: 인간은 자유 의지를 지니고 있는 존재인가?
ㄷ. C: 신앙과 이성은 하나의 진리인 신으로 귀결되는가?
ㄹ. C: 신법은 인간이 신의 계시를 통해 부여받은 법인가?

① ㄱ, ㄴ   ② ㄱ, ㄷ   ③ ㄴ, ㄹ
④ ㄱ, ㄷ, ㄹ   ⑤ ㄴ, ㄷ, ㄹ

▶ 20582-0125

06 다음을 주장한 서양 사상가가 긍정의 대답을 할 질문으로 옳은 것은?

인간은 신을 믿음으로써 직접 구원을 청하는 것이고, 이는 교회와 성직자라는 연결고리 없이 인간과 신이 직접 소통할 수 있다는 전제가 필요한 것이다. 그것은 오로지 성서를 통해 신의 말씀을 이해함으로써 가능한 것이다.

① 모든 신앙인이 곧 성직자인가?
② 직업적 성공은 구원의 현세적 징표인가?
③ 진리를 전하는 최고의 권위자는 교황인가?
④ 교황의 면벌부를 통해 구원받을 수 있는가?
⑤ 각 개인은 사제를 통해서만 신과 소통해야 하는가?

● 도덕적인 삶과 이성

(1) 근대 윤리 사상 ┌ 근대 윤리 사상은 중세 사상과 달리 인간의 합리적 사고와 경험을 중시
하게 되었고, 진리와 도덕의 근거를 신이 아닌 인간에게서 찾게 됨

① 등장 배경: 르네상스, 종교 개혁, 자연 과학의 발달

② 특징: 인간 중심적 사고 → 중세의 신 중심적 사고에서 벗어남

③ 근대 윤리 사상의 전개: 합리주의와 경험주의로 전개됨

(2) 합리주의의 특징

① 의미: 지식과 사유의 원천을 이성으로 보고, 도덕적 판단과 행동의 근
거가 이성에 있다고 보는 입장임 ┌ 이성의 능력을 발휘해 감정이나 욕구를 다
스리거나 올바른 방향으로 인도할 때 도덕

② 진리 탐구 방법: 연역법을 중시함   적인 삶을 살 수 있다고 봄

③ 대표적 사상가: 데카르트, 스피노자

(3) 데카르트의 사상

① 이성을 통한 진리 탐구 강조: 감각적 경험을 통해 얻은 지식은 단편적
이고 주관적이며 우연한 지식이므로 확실한 진리가 될 수 없음

② 방법적 회의(懷疑): 의심할 수 없는 확실한 진리를 찾기 위해 모든 것을
의심해보는 방법임

③ 철학의 제1원리: "나는 생각한다. 그러므로 나는 존재한다." → 다른
모든 것들은 의심할 수 있지만 '의심하는 내가 존재한다'는 것은 의심할
수 없음

(4) 스피노자의 사상 ┌ 이성의 능력을 최대한 발휘하여 감정이나 욕구를 다스려
올바른 방향으로 인도해야 도덕적인 삶을 살 수 있음

① 특징: 도덕의 판단과 행동의 근거는 이성임

② 스피노자의 윤리 사상

범신론	• 신은 세계 자체이자 자연이며, 자연은 필연적 질서와 인과 법칙에 따라 움직이는 거대한 기계임 ┌ 스피노자가 말하는 신은 자연을 창조한 인격신이 아니라, └ 스스로 자신의 존재 원인인 자연 그 자체임 • 신, 즉 자연은 존재하는 유일한 실체(實體)이며, 자연의 개별 사물은 하나의 실체가 보여 주는 여러 가지 모습인 양태(樣態)임
필연론	• 자연에서 일어나는 모든 일은 원인과 결과의 필연적인 관계로 연결되어 있음 → 자연에 속한 존재인 인간도 필연성을 벗어날 수 없음 • 인간이 필연성에서 벗어나 자유 의지를 갖는 것은 불가능함
인간관	• 인간은 자연 법칙에 따라 살고 있고 자기 보존을 위해 노력하는 존재임 • 능동적 감정: 자기 보존이 증대하는 경우 느끼는 감정임 ┐ 코나투스라고도 함 • 수동적인 감정(=정념): 자기 보존이 감소하는 경우 느끼는 감정임
올바른 삶	이성적 관조를 통해 자연의 필연적 질서를 인식하는 삶 → 정념에서 벗어나 진정한 자유와 행복을 누릴 수 있음

③ 의의 ┌ 스피노자는 정념에 예속된 사람은 외부 원인에 휘둘리는 수동적인 삶을 살게
되며, 자신에게 좋은 것을 알더라도 그것을 하지 못할 수도 있다고 봄

• 정념에 예속된 삶을 경계함 → 이성을 통해 필연성을 인식하고 수동적
감정인 정념을 올바르게 조절할 것을 강조함

• 칸트 윤리 사상에 큰 영향을 줌 ┌ 스피노자는 인간이 감정을 느낄 수밖에 없는 존재라고
보고 인간의 감정 자체를 배제하지는 않음

◉ 근대 윤리 사상의 등장 배경

르네상스	개성을 존중하고 현실을 중시하며, 합리적 사고와 경험을 중시하는 사고방식을 확산시킴
종교 개혁	그리스도교의 혁신 운동으로, 근대 자유주의와 개인주의 사상의 형성에 영향을 줌
자연 과학의 발달	신 중심의 사고에서 벗어나 인간 스스로 진리를 찾고자 함

◉ 근대 윤리 사상의 전개

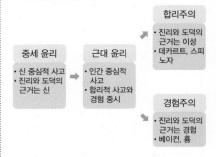

◉ 연역법

이성에 기초한 자명한 원리로부터 추론을 통해 개별적인 지식을 얻어내는 방법으로 삼단논법이 대표적임

• 대전제: 모든 사람은 죽는다.
• 소전제: 소크라테스는 사람이다.
• 결론: 소크라테스는 죽는다.

◉ 스피노자의 '자유 의지'와 '자유'

• 스피노자는 '자유 의지'를 부정하지만 '자유'를 누릴 수는 있다고 봄
• 스피노자는 인간이 자연의 필연성을 벗어날 수 없다고 보기 때문에 인간의 자유 의지를 부정함
• 스피노자는 인간이 자연의 필연성을 인식할 때 마음의 안정과 평화를 얻을 수 있는데, 이것을 자유라고 보았음

◉ 이성적 관조

이성을 통해 모든 사물과 현상의 궁극적인 원인과 질서를 인식하는 것

◉ 근대 합리주의의 전개

① 데카르트의 방법적 회의

나는 진리 탐구를 위해 조금이라도 의심의 여지가 있다고 생각되는 것을 모두 버림으로써 전혀 의심할 수 없는 어떤 것이 내 생각 속에 남아 있을 수 있는지를 보기로 했다. … (중략) … 그러나 이 모든 것이 거짓이라고 생각하고 있는 바로 그 순간에도, 그렇게 의심하기 위해서는 의심하고 있는 나 자신이 있어야 한다는 것을 깨달았다. '나는 생각한다. 그러므로 나는 존재한다.'라는 진리는 아주 확고부동하기 때문에 회의론자들의 모든 가정들에 의해서도 흔들릴 수 없는 것임을 인식하고 나는 주저 없이 그것을 내가 찾고 있던 철학의 제1원리로 받아들일 수 있다고 판단하였다. └ 의심하고 있는 나의 존재의 확실성

– 데카르트, 『방법 서설』 –

분석 | 데카르트의 '방법적 회의'는 의심의 여지가 없는 확실한 지식을 찾기 위해 모든 것을 의심하는 것이다. 그 결과 데카르트는 더 이상 의심할 수 없는 것을 찾게 되었는데, 모든 것이 의심스럽더라도 '의심(생각)하고 있는 나는 존재한다'는 것이다. 이와 같은 데카르트의 방법적 회의는 회의(의심)를 수단(방법)으로 삼아 진리를 찾으려고 했다는 점에서 '명백한 진리란 존재하지 않는다'고 주장하는 회의론과 구별된다.

② 스피노자가 말하는 행복과 최고선

• 사물의 본성에는 어떤 것도 우연적으로 주어진 것이 없으며, 모든 것은 일정한 방식으로 존재하고 작용할 수 있도록 신적 본성의 필연성에 의해 결정되어 있다.
┌ 필연성을 인식하지 못하여 정념에 예속된 삶
• 무지한 자는 외부의 원인들 때문에 이리저리 동요하고 결코 정신의 참된 만족을 누리지 못하며 자기 자신과 신과 사물을 의식하지 못하는 것처럼 산다. 이에 반해 현명한 자는 정신이 거의 동요하지 않고 자신과 신과 사물을 영원의 필연성에 따라 인식한다. 그리고 그는 존재하는 것을 멈추지 않고 언제나 정신의 참다운 만족을 누린다.
• 삶에서 무엇보다 유익한 것은 가능한 한 이성을 완전하게 하는 것이며, 오로지 이것에 인간의 최상의 행복이 존재한다. 행복이란 신의 직관적 인식에서 생기는 정신의 만족이다. 그리고 이성을 완전하게 하는 것은 신의 본성의 필연성에서 생기는 활동을 파악하는 것이다. └ 필연성에 대한 이성적 관조

– 스피노자, 『에티카』 –

분석 | 스피노자에 따르면 자연은 필연적 질서에 따라 움직이는 거대한 기계이며, 필연성을 인식하지 못하는 인간은 정념에 예속된 노예와 같은 삶을 살아가게 된다. 스피노자는 자연의 필연성을 이성적 관조를 통해 인식함으로써 얻을 수 있는 마음의 평정과 진정한 자유가 곧 행복이며 최고선임을 강조하였다.

---

1 데카르트의 입장에 대한 옳은 설명만을 〈보기〉에서 고른 것은?

┌ 보기 ┐
ㄱ. 명백한 진리란 존재하지 않는다고 본다.
ㄴ. 경험과 관찰을 통해 얻은 지식만을 진리라고 본다.
ㄷ. 이성적 사고를 통해 진리를 파악해야 한다고 본다.
ㄹ. '의심하고 있는 나의 존재'는 의심할 수 없다고 본다.

① ㄱ, ㄴ 　② ㄱ, ㄷ 　③ ㄴ, ㄷ
④ ㄴ, ㄹ 　⑤ ㄷ, ㄹ

정답과 해설 ▶ 데카르트는 합리주의의 기초를 닦은 사상가이다. 합리주의는 지식과 사유의 토대가 인간의 이성에 있다고 본다.
ㄱ. 진리는 존재하지 않는다는 회의론의 입장이다. ㄴ. 경험주의의 입장이다. **답 ⑤**

2 다음을 주장한 서양 사상가의 입장에 대한 설명으로 옳지 않은 것은?

행복이란 신의 직관적 인식에서 생기는 정신의 만족이다. 그리고 이성을 완전하게 하는 것은 신의 본성의 필연성에서 생기는 활동을 파악하는 것이다. 모든 것은 일정한 방식으로 존재하고 작용하게끔 신적 본성의 필연성에 의해 결정되어 있다.

① 신의 속성을 필연성이라고 본다.
② 모든 것은 우연의 산물이라고 본다.
③ 참된 행복은 이성을 통해 실현된다고 본다.
④ 자연은 인과 법칙에 따라 움직이는 거대한 기계라고 본다.
⑤ 정념에 예속된 인간은 노예와 같은 삶을 살아가게 된다고 본다.

정답과 해설 ▶ 제시문을 주장한 사상가는 스피노자이다. 그는 이성적 관조를 통해 필연성을 인식할 때 진정한 자유와 행복을 누릴 수 있다고 보았다.
② 스피노자는 자연에서 일어나는 모든 일은 원인과 결과의 필연적인 관계로 연결되어 있다고 본다. **답 ②**

● **도덕적인 삶과 감정**

(1) 경험주의의 특징

① 의미: 지식과 사유의 원천을 감각적 경험에 두고, 관찰이나 실험과 같은 경험적 지식을 중시함 → 도덕적 삶의 근거를 인간의 경험적 요소에서 찾음

② 진리 탐구 방법: 귀납법을 중시함

③ 대표적인 사상가: 베이컨, 흄

(2) 베이컨의 사상

① 경험을 통한 진리 탐구 강조: 자연 과학의 실험 정신에 근거하여 관찰과 경험을 통해 얻은 지식만이 참된 지식임 → 귀납법을 제시함

② 자연 과학적 지식의 유용성 강조: 자연 과학적 지식을 올바른 지식으로 보고, 그러한 지식을 이용하여 자연을 지배하고 인간의 생활 방식을 개선할 수 있다고 봄 → "아는 것이 힘이다."

③ 우상론: 자연에 대한 올바른 인식을 방해하는 인간의 선입견과 편견을 우상(偶像)이라고 칭하고, 우상을 제거하고 자연을 있는 그대로 관찰할 것을 강조함 ─ 베이컨에 따르면 인간의 정신에 내재한 선입견과 편견은 마치 표면이 고르지 못한 거울과 같아서 자연을 있는 그대로 비추지 못하게 함

④ 베이컨의 네 가지 우상

종족의 우상	모든 것을 인간의 관점에서 보는 편견 **예** 새가 슬피 운다.
동굴의 우상	개인의 특수한 경험이나 환경 등에서 비롯된 편견 **예** 내가 보건대 장미꽃이 제일 예쁘다.
시장의 우상	언어에 대한 잘못된 인식이나 그릇된 사용에서 비롯된 편견 **예** 인어가 실제로 있으니 인어라는 말도 있겠지.
극장의 우상	전통이나 권위의 무비판적 수용에서 비롯된 편견 **예** ○○박사님의 말씀이니 사실이겠지.

(3) 흄의 사상

① 특징

• 도덕의 판단과 행동의 근거는 감정임 → 타인의 상황에 공감(共感)할 수 있는 감정을 도덕적 삶의 토대로 봄

• 도덕적 행위의 동기는 이성이 아닌 감정임을 강조함

이성	감정
• 이성은 도덕적 행위를 위한 어떠한 의욕도 불러일으키지 못함 • 이성은 사실의 참이나 거짓을 밝히는 역할과 도덕적 행위를 수행하기 위한 방법이나 절차를 가르쳐 줄 뿐임	• 감정은 도덕적 행위를 위한 의욕을 일으키며 도덕적 행위의 동기가 될 수 있음 • 도덕은 이성으로 판단하는 것이 아니라 감정으로 느끼는 것임 → 인간은 감정을 통해 선악을 구별하는 것이라고 봄 ─ 흄에 따르면 인간은 이성을 통해서가 아니라 감정을 통해 선악을 구별한다고 봄

◉ **귀납법**
개별적 사실에 대한 경험과 관찰로부터 일반적인 원리나 법칙을 찾아내는 방법
• 사례1: 갑은 죽는다.
• 사례2: 을은 죽는다.
• 사례3: 병은 죽는다.
⇩
• 결론: 모든 사람은 죽는다.

◉ **우상**
맹목적으로 추종하는 것

◉ **공감(共感)**
남의 감정·의견·주장 등에 대하여 자기도 그렇다고 느끼는 것

◉ **도덕적 행위에서 감정의 역할**
흄에 따르면 길가에 쓰러진 사람을 도우려는 도덕적 행동을 불러일으키는 동기는 그에 대한 동정이나 연민과 같은 감정이며, 이성은 도덕적 행위에 직접적인 영향을 끼치지 않음. 이성은 단지 동기를 수행하기 위한 수단을 가르쳐 줄 뿐임

❸ 베이컨의 진리 탐구 방법론

> ┌─ 자연에 대한 지식을 통한 인간의 자연 지배 정당화
> • 자연의 사용자로서 또는 자연의 해석자로서 인간은 자연의 질서를 직접 관찰하고 고찰한 그만큼만 자연에 대해 무엇인가를 이해하고 또한 무엇인가를 할 수 있다.
> • 우리가 당면한 고난의 원인은 독단과 연역법에 있다. 존경할만하지만 의심스러운 명제를 의심의 여지가 없는 출발점으로 삼고, 이러한 전제 자체를 관찰 또는 실험에 의해 검토하려고 하지 않기 때문에, 우리는 새로운 진리를 찾아내지 못한다. 신이 부여한 권리이자 의무인 자연에 대한 온전한 지배를 위해서는 계획된 실험을 통해 얻은 원리를 토대로 또 다른 실험을 전개하여 새로운 지식을 얻어내야 한다.
> ┌─ 선입견과 편견
> • 인간의 지성을 사로잡고 있는 우상은 인간의 정신을 혼미하게 만들 뿐만 아니라, 우리가 얻을 수 있는 진리조차도 얻지 못하게 만든다. … (중략) … 우상들을 몰아낼 수 있는 유일한 대책은 참된 귀납법으로 개념과 공리를 형성하는 것이다.
>
> — 베이컨, 『신기관』 —

분석 | 베이컨은 자연에 대한 지식을 얻기 위한 올바른 방법은 관찰과 실험, 즉 경험임을 강조하고 연역적 방법을 비판한다. 그에 따르면 진리나 지식은 귀납적 방법을 통해 얻을 수 있으며, 이러한 지식은 인간이 자연을 지배하고 정복하는 데 도움이 될 수 있다. 그래서 그는 자연에 대한 탐구 과정에서 선입견과 편견인 우상을 경계할 것을 주장하였다.

❹ 흄의 감정 중심 윤리

> ┌─ 이성은 도덕적 행위의 동기가 될 수 없음
> • 도덕은 이성에서 유래될 수 없다. 우리가 이미 입증했듯이 이성은 홀로 그와 같은 영향력을 전혀 가질 수 없기 때문이다. 도덕은 어떤 행동을 일으키거나 억제한다. 바로 이런 점에서 이성은 전혀 힘이 없다. 따라서 도덕성의 규칙은 결코 우리 이성의 산물이 아니다. …… 도덕성은 판단된다기보다는 느껴진다는 것이 더욱 적절하다. ─ 이성이 아니라 감정이 선악의 구별 기준임
> • 이성은 감정의 노예일 뿐이고, 감정에 복종하는 것 외의 다른 어떤 직무를 탐해서도 안 된다. 이성은 행위를 가능하게 하는 도덕적 신념의 근원이 될 수 없다. 이성은 우리가 고통과 좌절을 피할 수 있도록 인도하는 정보들을 우리에게 전해 줄 수 있을 뿐이다. 반면에 감정은 행위에 직접적인 영향을 미친다.
>
> — 흄, 『인간 본성에 관한 논고』 —

분석 | 흄에 따르면 도덕적 행위는 실천이 중요한데 이성은 도덕적 행위의 동기가 될 수 없으며 오로지 감정이 도덕적 행위의 동기가 된다. 즉 이성은 단지 행위를 수행하기 위한 방법을 알려줄 수 있을 뿐이라는 것이다.

---

❸ 베이컨의 입장만을 〈보기〉에서 고른 것은?

〈보기〉
ㄱ. 선입견과 편견인 우상을 타파해야 한다.
ㄴ. 관찰과 실험을 통해 얻은 지식이 참된 지식이다.
ㄷ. 인간은 자연을 연역적 방법으로 탐구해야 한다.
ㄹ. 자명한 원리로부터 추론을 통해 지식을 얻어내야 한다.

① ㄱ, ㄴ   ② ㄱ, ㄷ   ③ ㄴ, ㄷ
④ ㄴ, ㄹ   ⑤ ㄷ, ㄹ

정답과 해설 ▶ 베이컨은 경험주의의 선구자로, 관찰과 실험, 즉 귀납적 방법을 통해 얻은 지식의 중요성을 강조하였다. ㄱ, ㄴ. 베이컨은 관찰과 실험을 통해 얻은 지식이 참된 지식이며 그 과정에서 우상을 타파해야 정확한 지식을 얻을 수 있다고 본다.
ㄷ. 베이컨은 자연을 귀납적 방법으로 탐구해야 한다고 본다.
ㄹ. 연역법에 대한 설명이다. **답 ①**

❹ 흄의 입장에 대한 설명으로 옳지 않은 것은?

① 도덕성의 기초는 공감 능력이라고 본다.
② 도덕적 행위의 직접적인 동기는 이성이라고 본다.
③ 선(善)이란 공감을 통해 쾌감이 느껴지는 행위라고 본다.
④ 도덕성은 판단되는 것이 아니라 느껴지는 것이라고 본다.
⑤ 악(惡)이란 부인(否認)의 불쾌한 감정을 느끼게 하는 행위라고 본다.

정답과 해설 ▶ 흄은 도덕 판단과 행동의 근거는 감정이라고 보았으며, 타인의 상황에 공감할 수 있는 감정을 도덕적 삶의 토대로 보았다.
② 흄은 도덕적 행위의 직접적인 동기는 감정이라고 보았으며, 이성은 도덕적 행위를 수행하기 위한 방법이나 절차를 알려줄 뿐이라고 본다. **답 ②**

- 도덕적 판단의 기준은 시인(是認)과 부인(否認)의 도덕 감정임

선	시인(是認)의 즐거운 감정[快感(쾌감)]을 느끼게 하는 행위 → 사회적으로, 보편적으로 유용한 행위에 대해 느껴지는 도덕 감정
악	부인(否認)의 불쾌한 감정을 느끼게 하는 행위 → 사회적으로, 보편적으로 유용하지 않거나 해악을 끼치는 행위에 대해 느껴지는 도덕 감정

- 도덕 감정은 개인이 주관적으로 느끼는 감정이 아니라 사람들이 보편적으로 느끼는 감정임 — 흄에 따르면 특정한 개인만이 느끼는 감정은 도덕적 판단 기준이 될 수 없음
- 도덕성의 기초: 다른 사람의 행복과 불행을 함께 느낄 수 있는 공감(共感) 능력이 도덕성의 기초임 → 사회적으로 유익한 것에 대해 사회적인 시인의 감정을 느끼는 것은 공감 능력 때문임
- 회의주의: 인과 관계는 우리가 반복적으로 관찰하여 파악한 것일 뿐, 우리는 원인과 결과가 어떻게 작동하는지를 완벽하게 알 수 없음 ⎯
  ② 의의   자아에 대한 지식도 오직 감각적인 지각을 통해 알 수 있을 뿐, 자아 그 자체를 파악할 수 없음
- 도덕적 행동의 직접적인 동기는 감정임을 밝히고, 이성을 감정을 위한 도구적 역할로 한정함
- 사회의 행복에 유용한 행위를 강조하여 공리주의의 모태가 되었으며, 지식의 유용성을 강조하는 실용주의 윤리 사상의 형성에 영향을 줌

◉ **시인(是認)**
어떤 내용이나 사실이 옳다고 인정하고 수용함

◉ **부인(否認)**
어떤 내용이나 사실을 인정하지 않고 거부함

◉ **공감에 대한 흄의 입장**
흄에 따르면 공감이란 우리가 감정을 교류하고, 서로를 이해하며, 편협하고 개인적인 관점을 극복하도록 해 주는 자연적 성향임

◉ **도덕적인 삶에 대한 흄의 주장**
인간이 도덕적인 삶을 살기 위해서는 공감을 통해 사람들에게 쾌감을 불러일으키는 행동을 실천해야 함

◉ **근대 경험주의의 전개**

---

5 흄의 공감론(共感論) ⎯ 흄에 따르면 도덕적 행위는 사회적 유용성을 산출한다고 느껴 시인의 도덕적 감정을 불러일으키는 행위임

- 유용성이 도덕 감정의 근원이고, 이 유용성이 항상 개인 자신만을 챙기는 어떤 것이 아니라면, 이로부터 다음과 같은 사실이 도출된다. 즉 사회의 행복에 기여하는 모든 것은 곧바로 우리의 시인의 감정을 불러일으킨다.
- 모든 사람의 정신은 그 느낌이나 작용에서 비슷하며, 어떤 사람도 느낄 수 없는 그런 정념에 의해 자극받는 사람은 아무도 없다. 똑같이 조율된 현(絃)들 가운데 하나의 운동이 나머지 현들에게 전달되듯이 모든 정념은 한 사람에게서 다른 사람으로 쉽게 옮아가며 모든 사람들 속에 상응하는 운동을 불러일으킨다. 어떤 사람의 목소리나 몸짓에서 내가 그의 고통의 결과를 볼 때, 나의 마음은 즉시 이런 결과로부터 그것의 원인으로 옮아가서, 그 자리에서 고통의 정념 그 자체로 전환될 정도로 생생한 고통의 관념을 형성한다. → 인간은 타인의 행복과 불행을 함께 느끼는 공감 능력이 있음
  – 흄, 「인간 본성에 관한 논고」 –

분석 | 흄은 도덕 판단의 기준은 이성이 아니라 감정이라고 본다. 그가 말하는 감정은 개인의 주관적 감정이 아니라, 사회 구성원이 공통적으로 느끼는 사회적 시인과 부인의 감정이다. 흄은 인간이 지닌 공감 능력을 강조하고 사회적으로 유용한 행위에 대해 시인의 감정을 느끼게 만드는 행위가 도덕적 행위라고 본다.

5 흄의 입장만을 〈보기〉에서 고른 것은?

◀ 보기 ▶
ㄱ. 이성은 감정의 노예일 뿐이라고 본다.
ㄴ. 도덕 판단과 도덕적 행위의 원천을 감정이라고 본다.
ㄷ. 도덕적인 삶에서 정서의 역할을 배제해야 한다고 본다.
ㄹ. 사회적 유용성을 배제한 행위만이 도덕적 행위라고 본다.

① ㄱ, ㄴ ② ㄱ, ㄷ ③ ㄴ, ㄷ
④ ㄴ, ㄹ ⑤ ㄷ, ㄹ

정답과 해설 ▶ 흄은 도덕적 행위의 동기는 이성이 아닌 감정이라고 보았다.
ㄷ. 흄은 도덕적 삶에서 감정과 같은 정서의 역할을 중시한다. ㄹ. 흄은 사회에 유용한 행위를 강조하여 공리주의의 모태가 되었다. **답** ①

개념 체크

저절로 암기 Tip ☐ 1회 (/   ) ☐ 2회 (/   ) ☐ 3회 (/   )

01~04 사상가와 그들의 주장을 바르게 연결하시오.

01 데카르트 •　　　• ㉠ 이성은 감정의 노예이다.

02 스피노자 •　　　• ㉡ 아는 것이 힘이다.

03 베이컨 •　　　• ㉢ 나는 생각한다. 그러므로 나는 존재한다.

04 흄 •　　　• ㉣ 이성을 통해 필연성을 인식하라.

05 다음은 근대 합리주의와 경험주의를 비교한 도표이다. 빈칸에 알맞은 말을 쓰시오.

	합리주의	경험주의
지식과 사유의 원천	(㉠)	(㉡)
진리 탐구 방법	(㉢)	(㉣)

06 다음은 베이컨의 네 가지 우상을 정리한 도표이다. ㉠~㉣에 알맞은 말을 쓰시오.

우상	의미
(㉠)의 우상	개인의 특수한 경험이나 환경 등에서 비롯된 편견
(㉡)의 우상	언어에 대한 잘못된 인식이나 그릇된 사용에서 비롯된 편견
(㉢)의 우상	모든 것을 인간의 관점에서 보는 편견
(㉣)의 우상	전통이나 권위의 무비판적 수용에서 비롯된 편견

07~12 다음 설명이 맞으면 ○표, 틀리면 ×표 하시오.

07 데카르트의 방법적 회의란 의심할 수 없는 진리를 찾기 위해 모든 것을 의심하는 방법을 말한다. (　　　)

08 스피노자가 말하는 진정한 행복이란 자연의 필연성을 인식하는 삶이다. (　　　)

09 스피노자는 이성이 정념에 예속된 삶을 지향하였다. (　　　)

10 베이컨은 자연에 대한 연역적 추론을 통해 얻은 지식이 참된 지식이라고 본다. (　　　)

11 흄은 도덕 판단과 행위의 근거는 이성이라고 본다. (　　　)

12 흄은 도덕적 행위의 과정에서 이성은 아무런 역할도 하지 못한다고 본다. (　　　)

13~15 빈칸에 알맞은 말을 쓰시오.

13 일체의 자연은 곧 신이며, 신은 곧 일체의 자연이라고 여기는 사상을 (　　　)(이)라고 한다.

14 스피노자는 (　　　)을/를 통해 자연의 (　　　)을/를 인식하는 것을 올바른 삶이라고 본다.

15 흄에 따르면 인간은 타인의 행복과 불행을 함께 느낄 수 있는 (　　　) 능력이 있다.

정답　01 ㉢　02 ㉣　03 ㉡　04 ㉠　05 ㉠ 이성, ㉡ 경험, ㉢ 연역법, ㉣ 귀납법　06 ㉠ 동굴, ㉡ 시장, ㉢ 종족, ㉣ 극장　07 ○
08 ○　09 ×　10 ×　11 ×　12 ×　13 범신론　14 이성적 관조, 필연성　15 공감

오답 체크 Tip
09 스피노자는 정념이 이성에 예속되어야 한다고 본다.
10 베이컨은 귀납법을 강조한다.
11 흄은 도덕 판단과 행위의 근거는 감정이라고 본다.
12 흄에 따르면 이성은 도덕적 행위를 위한 방법을 알려준다.

▶ 20582-0126

01 다음 근대 서양 사상가의 입장에 대한 옳은 설명만을 〈보기〉에서 고른 것은?

> 나는 진리 탐구를 위해 조금이라도 의심의 여지가 있다고 생각되는 것을 모두 버림으로써 전혀 의심할 수 없는 어떤 것이 내 생각 속에 남아 있을 수 있는지를 보기로 했다. 그러나 이 모든 것이 거짓이라고 생각하고 있는 바로 그 순간에도, 그렇게 의심하기 위해서는 의심하고 있는 나 자신은 있어야 한다는 것을 깨달았다.

┤ 보기 ├

ㄱ. 지식과 사유의 원천을 이성(理性)으로 본다.
ㄴ. 귀납법이 진리를 파악하는 올바른 방법이라고 본다.
ㄷ. 진리 탐구를 위해 방법적 회의가 필요하다고 본다.
ㄹ. 관찰과 실험을 통해 참된 지식을 얻을 수 있다고 본다.

① ㄱ, ㄴ   ② ㄱ, ㄷ   ③ ㄴ, ㄷ
④ ㄴ, ㄹ   ⑤ ㄷ, ㄹ

▶ 20582-0127

02 다음 근대 서양 사상가의 입장으로 옳은 것은?

> 삶에서 무엇보다 유익한 것은 가능한 한 지성이나 이성을 완전하게 하는 것이며, 오로지 이것에 인간의 최고의 행복, 즉 지복(至福)이 있다. 지복은 다름 아니라 신에 대한 직관적 인식으로부터 나오는 정신의 만족일 뿐이다. 그러므로 이성에 의해 인도되는 사람의 궁극적 목적, 즉 그로 하여금 다른 모든 욕망들을 통솔하게 하는 최고의 욕망은 그 자신과 그의 인식에 속할 수 있는 모든 것을 충분하게 파악하게 하는 욕망이다.

① 도덕적 판단과 행동의 근거는 경험이다.
② 인격신의 은총을 통해 참된 삶을 살 수 있다.
③ 관찰과 실험만이 진리를 파악하는 올바른 방법이다.
④ 인간은 자유 의지를 발휘해 행복한 삶을 실현해야 한다.
⑤ 이성적 관조를 통해 만물의 필연적 질서를 인식해야 한다.

▶ 20582-0128

03 갑, 을은 근대 서양 사상가들이다. 물음에 답하시오.

> 갑: '나는 생각한다. 그러므로 나는 존재한다.'라는 진리는 아주 확고부동하기 때문에 나는 주저 없이 그것을 철학의 제1원리로 받아들였다.
> 을: 행복이란 신의 직관적 인식에서 생기는 정신의 만족이다. 그리고 이성을 완전하게 하는 것은 신의 본성의 필연성에서 생기는 활동을 파악하는 것이다.

〔단답형〕
(1) 갑이 제시하는 올바른 진리 탐구 방법론을 쓰시오.

〔서술형〕
(2) 갑, 을 사상가의 공통점을 서술하시오.

▶ 20582-0129

04 다음 근대 서양 사상가의 입장에서, ㉠을 실현하기 위해 제시할 방안으로 옳은 것은?

> • 존재하는 모든 것은 유일한 실체인 신 안에 있으며, 사물의 본성에는 우연적으로 주어진 것이라고는 아무것도 없다.
> • 무지한 자는 외부의 원인들 때문에 이리저리 동요하고 결코 정신의 참된 만족을 누리지 못하며 자기 자신과 신과 사물을 의식하지 못하는 것처럼 산다. 이에 반해 현명한 자는 ㉠ 언제나 정신의 참다운 만족을 누린다.

① 자연에 대한 지식을 확충하여 자연을 지배해야 한다.
② 자연의 모든 일은 우연적으로 발생한다는 것을 깨달아야 한다.
③ 타인에게 즐거운 감정이 공감될 수 있는 행위를 실천해야 한다.
④ 방법적 회의를 통해 더 이상 의심할 수 없는 진리를 찾아야 한다.
⑤ 정념에 예속된 삶을 경계하고 이성을 통해 필연성을 인식해야 한다.

05 다음 근대 서양 사상가의 입장에서 긍정의 대답을 할 질문만을 〈보기〉에서 고른 것은?

▶ 20582-0130

> 인간의 지성을 사로잡고 있는 우상은 인간의 정신을 혼미하게 만들 뿐만 아니라, 우리가 얻을 수 있는 진리조차도 얻지 못하게 만든다. 우상들을 몰아낼 수 있는 유일한 대책은 참된 귀납법으로 개념과 공리를 형성하는 것이다.

◀ 보기 ▶
ㄱ. 위대한 학자의 주장은 비판 없이 수용해야 하는가?
ㄴ. 관찰과 실험을 통해 참된 지식을 얻을 수 있는가?
ㄷ. 자연을 인간을 위한 도구로 여기는 것은 잘못인가?
ㄹ. 참된 지식을 방해하는 선입견과 편견을 버려야 하는가?

① ㄱ, ㄴ   ② ㄱ, ㄷ   ③ ㄴ, ㄷ
④ ㄴ, ㄹ   ⑤ ㄷ, ㄹ

06 다음 근대 서양 사상가의 입장만을 〈보기〉에서 고른 것은?

▶ 20582-0131

> • 이성은 감정의 노예일 뿐이고, 감정에 봉사하고 복종하는 것 이외의 다른 어떤 직무를 탐해서도 안 된다.
> • 도덕은 판단된다기보다는 오히려 느껴지는 것이다. 어떤 행위나 성품은 그것을 바라보는 사람에게 시인(是認)의 감정을 가져다준다면 선이고, 그 반대라면 악이다.

◀ 보기 ▶
ㄱ. 인간은 감정 자체를 통해 선악을 구별한다.
ㄴ. 개인의 주관적 감정이 도덕의 판단 기준이다.
ㄷ. 도덕적 행위의 동기는 이성이 아닌 감정이다.
ㄹ. 이성은 도덕 실천에 어떤 역할도 하지 않는다.

① ㄱ, ㄴ   ② ㄱ, ㄷ   ③ ㄴ, ㄷ
④ ㄴ, ㄹ   ⑤ ㄷ, ㄹ

07 다음은 근대 서양 사상가의 주장이다. 물음에 답하시오.

▶ 20582-0132

> • 똑같이 조율된 현(絃)들 가운데 하나의 운동이 나머지 현들에게 전달되듯이 모든 감정은 한 사람에게서 다른 사람으로 쉽게 옮아가며 모든 사람들 속에 상응하는 운동을 불러일으킨다.
> • 도덕성의 기초는 (㉠)이다. 그러므로 (㉠)을/를 통해 쾌감을 주는 행위가 선이다.

단답형
(1) ㉠에 공통으로 들어갈 말을 쓰시오.

서술형
(2) 위 사상가의 입장에서 도덕적 행위에서 이성(理性)과 감정(憾情)의 역할에 대해 서술하시오.

08 근대 서양 사상가 갑, 을의 입장에 대한 설명으로 옳은 것은?

▶ 20582-0133

> 갑: 우리의 감정을 다스리는 가장 탁월한 방법은 감정을 이성적으로 인식하는 것이다. 모든 것은 신, 즉 자연의 본성으로부터 필연적으로 산출되며 우리가 인식할 수 없는 감정은 없다.
> 을: 이성은 인간이 야수에 비해 우월하다는 주된 근거이고 이를 통해 참이나 거짓을 발견한다. 그러나 이성은 어떤 행동이나 감정도 직접적으로 유발하지 않으며, 단지 감정에 봉사하고 복종할 뿐이다.

① 갑은 이성이 정념에 예속될 때 행복이 실현된다고 본다.
② 갑은 경험적 방법을 통해 참된 지식을 얻을 수 있다고 본다.
③ 을은 도덕 판단과 행동의 근거를 감정이라고 본다.
④ 을은 자연에 대한 이성적 관조가 올바른 삶이라고 본다.
⑤ 갑, 을은 도덕적인 삶에서 공감과 같은 정서의 역할을 강조한다.

● 의무론과 칸트주의

(1) 의무론의 의미와 특징

> 의무론에서는 인간이 마땅히 지켜야 할 보편적인 도덕 법칙이나 원리가 있다고 봄

① 의미: 인간이 마땅히 지켜야 할 의무의 준수 여부에 따라 행위의 옳고 그름을 판단해야 한다는 이론

② 특징
- 행위의 결과가 아니라 행위의 동기를 중시함
- 행위의 가치가 본래 정해져 있다고 봄 ⓔ 진실을 말하는 행위는 본래 옳고, 거짓말을 하는 행위는 본래 그름
- 좋은 결과의 산출이라는 목적이 수단을 정당화할 수 없다고 봄 ⓔ 좋은 목적을 위해서라도 거짓말을 해서는 안 됨

(2) 칸트의 윤리 사상

① 도덕 법칙
- 의미: 인간이라면 누구나 반드시 지키고 따라야 할 절대적이고 보편타당한 법칙
- 도덕 법칙은 실천 이성이 우리 스스로에게 부과한 자율적 명령이며, 도덕 법칙은 정언 명령의 형식으로 나타남
- 대표적인 도덕 법칙

| "네 의지의 준칙이 언제나 동시에 보편적 입법의 원리가 될 수 있도록 행위하라." ── 개인의 주관적 행위 원리, 격률(格律)이라고도 함 | ⇨ | 보편주의 |

| "너 자신과 다른 모든 사람의 인격을 결코 단순히 수단으로만 대하지 말고 언제나 동시에 목적으로 대우하도록 행위하라." | ⇨ | 인격주의 |

② 선의지

의미	어떤 행위가 옳다는 바로 그 이유 때문에 행위를 선택하려는 의지
특징	• 선의지는 그 자체로 선한 유일한 것임 • 행위의 선악을 결정하는 기준은 행위의 결과가 아닌 행위의 동기인 의지임 → 도덕적 행위의 판단 기준은 행위의 동기임 • 선의지에 따른 행위는 의무로부터 비롯된 행위이며 그 자체로 도덕적 가치를 지님 → 자연적 경향성에서 비롯된 행위는 도덕적 가치가 있는 행위가 아님

③ 칸트 윤리 사상에 대한 평가

긍정적 평가	• 도덕의 중요성을 강조함: 도덕을 인간다움의 핵심적인 요소로 보았으며, 자연적 경향성을 극복하고 보편타당한 도덕을 준수할 것을 강조함 • 인간 존엄성의 토대를 제공함: 인간을 단지 수단이 아닌 목적으로 대우해야 함을 강조함
부정적 평가	• 지나치게 엄격함: 도덕 법칙의 예외를 인정하지 않으며, 행위의 결과나 행복을 고려하지 말아야 한다고 봄 • 형식적임: 정언 명령은 단지 형식이기 때문에 도덕적 결정을 내려야 하는 사람에게 구체적인 지침을 제공하지 못함

◉ **정언 명령과 가언 명령**

정언 명령	• 무조건적이고 절대적인 명령 → 도덕 법칙이 될 수 있음 • '무조건 ○○하라'와 같은 형식을 지님 "약속을 지켜라.", "진실을 말하라."
가언 명령	• 조건적인 명령 → 도덕 법칙이 될 수 없음 • '만일 ○○하려면 ○○하라'와 같은 형식을 지님 ⓔ "돈을 많이 벌려면, 손님과의 약속을 지켜라."

◉ **실천 이성**

의미	마땅히 해야 할 바를 생각하고 그것을 스스로의 의지로 결단하는 능력
의의	실천 이성의 명령을 따를 수 있기 때문에 인간은 자율적 존재임 → 인간 존엄성의 근거

◉ **'의무에 따르는 행위'와 '의무에 일치하는 행위'**

- [사례 1] 상인 A는 마땅히 그래야만 하기 때문에 가격을 속이지 않고 누구에게나 똑같은 가격으로 물건을 판매하고 있다.
- [사례 2] 상인 B는 손님들에게 신용을 얻어 장기적으로 이익을 도모하기 위해 가격을 속이지 않고 누구에게나 똑같은 가격으로 판매하고 있다.

칸트에 따르면 [사례 1]의 상인 A의 행위는 '정직하라'라는 '의무에서 비롯된 행위'를 하고 있으므로 도덕적 행위이다. 그러나 [사례 2]의 상인 B의 행위는 의무가 아닌 이익을 목적에 둔 행위이므로 의무에 일치한다고 하더라도 도덕적 가치를 갖지 않는다.

◉ **자연적 경향성**
인간이 자연스럽게 갖게 되는 충동으로, 자신의 이익을 추구하려는 욕구나 두려움, 동정심과 같은 감정적 충동을 말함

◉ **칸트가 주장하는 도덕적 행위와 특징**

도덕적 행위		특징
• 의무에서 비롯된 행위 • 정언 명령을 따르는 행위 • 선의지의 지배를 받는 행위 • 의무 의식이 동기가 된 행위 • 실천 이성의 명령을 따르는 행위 • 도덕 법칙에 대한 자발적 존중에서 비롯된 행위	⇨	행위의 동기를 중시함

1 칸트의 선의지 ── 선의지는 유한한 인간에게 의무의 형태를 지니게 됨. 인간은 한편으로
── 선의지를, 다른 한편으로 경향성을 지니고 있는데, 경향성의 유혹이
있더라도 선의지를 따라야 한다는 의식이 의무임

> 이 세계에서 또는 이 세계 밖에서까지라도 아무런 제한 없이 선하다고 생각될
> 수 있는 것은 선의지뿐이다. 지성, 기지, 판단력 같은 정신적 재능들 또는 용기,
> 결단성, 초지일관성 같은 기질상의 성질은 의심할 여지 없이 많은 의도에서 선
> 하고 바람직하다. 그러나 이러한 천부적 재능이나 기질조차 그것을 사용하는
> 의지가 선하지 않다면, 극도로 악하고 해가 될 수도 있다. … (중략) … 선의지는
> 그것이 실현하거나 성취한 것 때문에, 또는 이미 주어진 어떤 목적을 달성하는
> 데 쓸모가 있기 때문에 선한 것이 아니라, 오로지 그렇게 하기로 마음먹는 일
> 자체로 선한 것이다.
> ── 칸트, 『윤리 형이상학 정초』 ──

분석 | 칸트에 따르면 지성, 기지, 용기 뿐만 아니라 재산, 명예, 건강, 행복 등이 아
무리 좋더라도 그것이 선의지에 의한 것이 아닐 경우 그 자체로 선하다고 할
수 없다. 그 자체로 무제한적으로 선하다고 말할 수 있는 것은 선의지 외에
는 아무것도 없다는 것이다.

2 칸트의 도덕 법칙

> • 도덕 법칙은 가장 완전한 존재자의 의지에 대해서는 신성(神性)의 법칙이지
> 만, 모든 유한한 이성적 존재자에 대해서는 의무의 법칙이며, 이 법칙에 대한
> 존경심에 의해서 그리고 자신의 의무에 대한 외경에서 행위를 규정하는 도덕
> 적 강제의 법칙이다.
> • 내가 그것을 거듭 또 오랫동안 생각하면 생각할수록 더욱 새롭고 더욱 높아
> 지는 감탄과 경외로 나의 마음을 가득 채우는 것이 두 가지 있다. 그것은 내
> 위에 있는 별이 빛나는 하늘과 내 마음속에 있는 도덕 법칙이다.
> ── 칸트, 『실천 이성 비판』 ──

분석 | 칸트에 따르면 도덕 법칙은 어떠한 상황에서도 무조건적으로 따라야 할 정
언 명령이다. 그에 따르면 도덕 법칙을 준수하기 위해서 인간은 본능적 욕구,
즉 자연적 경향성을 극복해야 한다.
└─ 도덕 법칙은 실천 이성이 스스로에게 부과한 도덕적
명령이기 때문에 인간은 이 명령을 무조건 따라야 함

3 행복에 대한 칸트의 입장

> 행복의 원리와 도덕의 원리를 구별한다고 해서 이것이 곧 양자의 대립을 의미
> 하는 것은 아니다. 순수한 실천 이성은 우리가 행복에 대한 요구를 포기하고자
> 하는 것이 아니다. 단지 의무가 문제가 될 때는 행복을 전혀 고려하지 않으려
> 하는 것이다. … (중략) … 자기의 행복만을 촉진하는 것은 결코 직접적인 의무
> 일 수 없다.
> ── 칸트, 『실천 이성 비판』 ──
> └─ 칸트는 행복이 도덕적 행위의 동기가 될 수 없다고 봄.
> 이는 행복을 삶의 궁극적 목적이라고 본 공리주의와 구별됨

분석 | 칸트에 따르면 행복은 결코 도덕의 목적이 아니다. 따라서 칸트는 자신의 행
복을 증진하는 것은 우리의 직접적인 의무가 될 수 없다고 본다.

---

1 칸트의 입장만을 〈보기〉에서 고르시오.

◀ 보기 ▶
ㄱ. 옳고 그름의 기준은 행위의 결과이다.
ㄴ. 유일하게 그 자체로 선한 것은 선의지이다.
ㄷ. 의무를 실천할 때는 반드시 행복을 고려해야
한다.
ㄹ. 도덕 법칙에 대한 자발적 존중에서 비롯된 행
위가 도덕적이다.

정답과 해설 ▶ ㄱ. 칸트에 따르면 옳고 그름의 기준은 행위
의 동기이다. ㄷ. 칸트에 따르면 의무를 실천할 때 행복은 전
혀 고려하지 말아야 한다. **답** ㄴ, ㄹ

2 칸트의 입장에 대한 설명으로 옳지 않은 것은?

① 선의지는 그 자체로 선한 유일한 것이라고 본다.
② 자연적 경향성에 따른 행위가 도덕적 행위라고
본다.
③ 행위의 결과는 도덕 판단의 기준이 될 수 없다
고 본다.
④ 행위의 옳고 그름은 행위자의 의지에 의해 결
정된다고 본다.
⑤ 자신의 행복을 증진하는 것은 직접적인 의무가
될 수 없다고 본다.

정답과 해설 ▶ 칸트는 인간이라면 누구나 마땅히 따라야 할
절대적이고 보편타당한 도덕 법칙의 준수를 강조하였으며, 도
덕적 행위 여부는 행위의 결과가 아닌 동기를 기준으로 판단
해야 한다고 보았다.
② 칸트는 동정심 등 자연적 경향성에 따르는 행위는 도덕적
행위가 될 수 없다고 보았다. **답** ②

3 칸트의 입장만을 〈보기〉에서 고르시오.

◀ 보기 ▶
ㄱ. 행위의 동기가 도덕 판단의 기준이다.
ㄴ. 행복은 도덕의 궁극적인 목적이 될 수 있다.
ㄷ. 자연적 경향성에 따른 행위는 도덕적 행위가
아니다.
ㄹ. 도덕 법칙은 다른 목적을 위해 따라야 하는 절
대적 명령이다.

정답과 해설 ▶ ㄴ. 행복은 도덕의 궁극적인 목적이 될 수 없
다. ㄹ. 도덕 법칙은 무조건적으로 따라야 하는 명령이다.
답 ㄱ, ㄷ

(3) 현대 칸트주의

① 등장 배경: 칸트의 의무론을 계승하면서도 한계를 극복하고자 함

② 로스의 조건부 의무론

> 칸트의 의무론은 의무끼리 충돌하는 상황에
> 대해 구체적인 대안을 제시하지 않음

조건부 의무	특별한 상황이 발생할 경우 예외가 인정되는 의무 → 두 가지 의무가 상충할 경우 직관에 따라 어떤 의무가 더 우선하는지를 판단할 수 있음
의무 간 충돌 해결 방안	두 가지 의무 사이에 갈등이 발생한다면, 그중 더 중요한 의무를 따라야 하며, 다른 의무는 유보됨 → 도덕 원칙도 인간의 직관과 상식에 따라 유보될 수 있음
의의	정언 명령보다 느슨한 의무인 조건부 의무를 제시하여 칸트 윤리 사상의 문제점인 의무 간의 충돌 문제를 해결하고자 함 → 도덕의 확고한 토대를 마련하였으며, 인권 사상의 형성 및 민주주의 발전에 기여함

└ 칸트 의무론의 핵심인 보편주의에 대한 신념을 공유하면서도
　현실에 더 적합한 칸트의 의무론을 계승함

● 결과론과 공리주의

(1) 결과론의 의미와 특징

① 의미: 행위의 옳고 그름이 그 행위를 수행함으로써 발생하는 결과에 의존하며, 올바른 행위란 최선의 결과를 가져오는 행위라고 주장하는 이론

② 특징

• 행위의 가치는 각 행위의 결과에 의해 결정됨 → 의무론과 달리 행위의 동기나 행위 자체의 가치를 고려하지 않음

• 좋은 결과의 산출이라는 목적에 도움이 되는 수단은 도덕적으로 정당화될 수 있음

(2) 고전적 공리주의

• 벤담과 밀의 사상

벤담의 양적 공리주의	• 의미: 쾌락에는 오로지 양적인 차이만 있으며 질적인 차이는 없음 • 행위의 옳고 그름을 판단하는 기준: 행위의 결과인 쾌락(행복)과 고통의 양임 → 최대 다수의 최대 행복(공리의 원리)을 도덕과 입법의 원리로 제시했으며, 쾌락의 양을 계산하는 구체적인 기준을 제시함 • 관련된 사람들의 행복을 공평하게 고려할 것을 요구함 • 개인적 차원의 행복주의를 사회적 차원으로 확대시킴 → 행위의 옳고 그름을 판단할 때 관련된 사람들에게 최대 행복을 가져오는 행위를 중시함
밀의 질적 공리주의	• 의미: 쾌락에는 질적인 차이가 있으며 쾌락의 양뿐만 아니라 질적인 차이도 고려해야 함 • 정상적이고 합리적인 인간이라면 누구나 질적으로 높고 고상한 쾌락을 추구할 것임 → 어떤 쾌락이 더 우월한지 판단하려면 두 가지 쾌락을 모두 경험해보았고 어떤 쾌락이 더 우월한지 판단할 수 있는 사람, 즉 쾌락의 전문가의 선택을 존중해야 함 • 다른 사람의 행복에 대해서 느끼는 쾌락도 질적으로 높은 쾌락에 포함됨 → 이타심을 중요하게 여겼으며, 이를 토대로 공익을 실현하고자 함

└ 밀은 벤담의 양적 공리주의를 계승하고 이를 수정하면서 공리주의를 발전시킴

◉ 조건부 의무(prima facie duty)의 어원

조건부(prima facie)라는 말은 라틴어로 '얼핏 보기에'라는 의미로, 조건부 의무는 직관에 따라 판단할 수 있음을 의미함

◉ 로스의 조건부 의무

종류	약속 지키기, 성실, 호의에 대한 감사, 선행, 정의, 자기 계발, 악행 금지
사례	친구와 만나기 위해 약속 장소로 가는 도중 물에 빠진 아이를 발견한 경우 → 우리는 직관적으로 생명 구하기가 약속 지키기보다 더 중요하다는 것을 알 수 있기 때문에 '약속 지키기'의 의무는 '선행'의 의무에 의해 유보됨
특징	칸트는 의무의 정언적 성격을 강조했지만, 로스는 언제 어디서나 지켜야 하는 절대적 의무는 없다고 봄

◉ 공리주의의 기본 입장

인간관	• 인간은 고통을 피하고 쾌락을 추구하는 존재임 • 인간 행위의 목적은 고통을 회피하고 쾌락을 추구하는 것임
윤리관	쾌락은 선이고 고통은 악임 → 쾌락주의

◉ 공리의 원리

공리의 원리는 '유용성의 원리' 또는 '최대 다수의 최대 행복의 원리'로도 불린다. 그런데 벤담은 다수의 행복보다는 최대 행복을 더 중요하게 여긴다. 즉 행동의 영향을 받는 모든 사람의 이익을 고려하여 그 이익을 극대화하는 행동이 옳다는 것이다.

◉ 벤담의 쾌락 계산의 기준

강도, 지속성, 확실성, 신속성, 다산성, 순수성, 범위

벤담은 어떠한 행위가 산출하는 쾌락이 강도가 강할수록(강도), 지속성이 길수록(지속성), 확실성이 높을수록(확실성), 가까운 시일 안에 경험할 수 있을수록(신속성), 다른 쾌락으로 이어질 수 있을수록(다산성), 고통이 덜 섞여 있을수록(순수성), 그리고 그 쾌락을 느끼는 사람의 수가 많을수록(범위) 좋은 것이라고 주장함

◉ 밀의 쾌락의 질 구분

질적으로 높은 쾌락	내적 교양이 뒷받침된 정신적 쾌락 예 지성, 과학적 지식, 창조성 등을 통한 쾌락
질적으로 낮은 쾌락	단순한 감각적 쾌락 예 먹는 것, 성(性), 휴식 등을 통한 쾌락

④ 벤담의 양적 공리주의

• 자연은 인류를 고통과 쾌락이라는 최고의 두 주인이 지배하도록 하였다. 우리가 무엇을 행할까를 결정할 뿐만 아니라 우리가 무엇을 해야 하는지를 지시해 주는 것은 오직 고통과 쾌락뿐이다. 한편으로는 옳음과 그름의 기준이, 또 한편으로는 원인과 결과의 사슬이 두 주인의 왕좌에 고정되어 있다. 이들은 우리가 행하는 모든 행위에서, 우리가 말하는 모든 말에서, 그리고 우리가 생각하는 모든 사고에서 우리를 지배한다. _{양적 공리주의를 주장한 벤담에게 선(善) 이란 쾌락의 총량을 증가시키는 행위임}
• 한 행위가 가져다주는 쾌락의 총량과 고통의 총량을 계산해 보라. 이 둘을 비교하여 차감했을 때 쾌락 쪽이 남는다면 그 행위는 관련자 전체 또는 개인들이 모인 사회와 관련해서 일반적으로 좋은 성향을 지닌 것이라고 할 수 있다. 그러나 만일 고통 쪽이 남는다면 일반적으로 나쁜 성향을 지닌 것이라고 할 수 있다.
• 공리의 원리는 이해관계가 걸려 있는 당사자들의 행복을 증가시키거나 감소시키는, 또는 촉진시키거나 억누르는 경향에 따라서 각각의 행위를 승인하거나 부인하는 원리를 의미한다. 여기서 내가 말하는 각각의 행위란 개인의 사적인 모든 행위뿐만 아니라 정부의 모든 정책까지 포함한다.

– 벤담, 『도덕과 입법의 원리 서설』 –

분석 | 벤담에 따르면 쾌락은 선이며, 고통은 악이다. 그는 사회가 개인의 집합체라는 관점에서 개개인의 행복은 사회 전체의 행복과 연결되며 더 많은 사람이 행복을 누리는 일은 그 만큼 더 좋은 일임을 강조하였다. 즉 옳고 그름의 판단 기준은 최대 다수의 최대 행복임을 강조하고 이를 도덕과 입법의 원리로 제시하였다.

⑤ 밀의 질적 공리주의

• 공리의 원리는 다음과 같은 사실, 즉 어떤 종류의 쾌락은 다른 쾌락보다 훨씬 더 바람직하고, 한층 더 가치 있다는 점을 인정한다. 다른 모든 것을 평가할 때는 양과 마찬가지로 질도 고려하는 것이 보통인데, 유독 쾌락을 평가할 때만 반드시 양에 의존하라는 것은 불합리하지 않은가?
• 배부른 돼지가 되기보다는 불만족한 인간이 되는 편이 낫다. 만족한 바보이기보다는 불만족한 소크라테스가 되는 편이 낫다. _{질적으로 높은 정신적 쾌락을 추구하는 사람을 상징함}
• 두 가지 쾌락을 모두 경험한 모든 사람들 또는 거의 모든 사람들이 그 둘 중 특정한 쾌락을 선호해야 한다는 도덕적 의무감과 상관없이 어느 한 쾌락을 확실히 선호한다면 그 쾌락이 더 바람직한 쾌락이다. _{식욕과 같은 감각적 쾌락만을 추구하는 사람을 상징함}

– 밀, 『공리주의』 –

분석 | 밀은 벤담의 양적 공리주의를 수용하면서도 쾌락은 양뿐만 아니라 질적인 차이도 있음을 강조하는 질적 공리주의를 주장하였다. 그는 감각적 쾌락과 정신적 쾌락을 모두 경험한 사람은 정신적 쾌락의 우월함을 알 수 있으므로 배부른 돼지보다는 불만족한 소크라테스가 되고자 할 것이라고 보았다. 합리적이고 정상적인 인간이라면 누구나 질적으로 높고 고상한 쾌락을 추구한다는 것이다.

---

4 서양 사상가 갑, 을의 입장에 대한 옳은 설명만을 〈보기〉에서 고른 것은?

> 갑: 한 행위가 가져다주는 쾌락의 총량과 고통의 총량을 계산해 보라. 이 둘을 비교하여 차감했을 때 쾌락 쪽이 남는다면 좋은 성향을 지닌 것이라고 할 수 있다.
> 을: 두 가지 쾌락을 모두 경험한 모든 사람들이 특정한 쾌락을 선호해야 한다는 도덕적 의무감과 상관없이 어느 한 쾌락을 확실히 선호한다면 그 쾌락이 더 바람직한 쾌락이다.

┌ 보기 ┐
ㄱ. 갑은 모든 쾌락은 양적인 차이만 있다고 본다.
ㄴ. 갑은 행위의 가치는 행위의 동기에 의해 결정된다고 본다.
ㄷ. 을은 질적으로 높고 고상한 쾌락을 추구해야 한다고 본다.
ㄹ. 갑, 을은 행위의 가치가 본래 정해져 있다고 본다.

① ㄱ, ㄴ　　② ㄱ, ㄷ　　③ ㄴ, ㄷ
④ ㄴ, ㄹ　　⑤ ㄷ, ㄹ

정답과 해설 ▶ 갑은 양적 공리주의를 주장한 벤담. 을은 질적 공리주의를 주장한 밀이다.
ㄴ. 벤담은 행위의 가치는 행위의 결과에 의해 결정된다고 본다. ㄹ. 벤담과 밀은 행위 자체의 가치보다는 행위의 결과를 중시한다.　　**답 ②**

5 다음을 주장한 서양 사상가가 부정의 대답을 할 질문으로 옳은 것은?

> 배부른 돼지가 되기보다는 불만족한 인간이 되는 편이 낫다. 만족한 바보이기보다는 불만족한 소크라테스가 되는 편이 낫다.

① 행위의 가치는 행위의 결과에 의해 결정되는가?
② 질적으로 높고 고상한 쾌락을 추구해야 하는가?
③ 정신적 쾌락보다는 감각적 쾌락을 추구해야 하는가?
④ 인간의 존엄성에 바탕을 둔 쾌락을 추구해야 하는가?
⑤ 쾌락의 양뿐만 아니라 질적인 차이도 고려해야 하는가?

정답과 해설 ▶ 밀은 쾌락에는 양적인 차이뿐 아니라 질적인 차이도 존재한다고 보았다.
③ 밀은 감각적 쾌락은 질적으로 낮은 것이라고 보고, 내적 교양이 뒷받침된 정신적 쾌락을 추구해야 한다고 본다.　　**답 ③**

(3) 현대 공리주의

① 현대 공리주의의 등장 배경: 고전적 공리주의의 원리를 계승하면서도 한계를 극복하고자 함

② 선호 공리주의

- 의미: 선택할 수 있는 행위 중 그 행위에 영향을 받을 모든 당사자의 선호를 가장 많이 만족하게 해 주는 행위가 옳다고 주장하는 이론
- 싱어의 사상: 감각을 가진 개체의 선호를 동등하게 고려해야 함 → 고통과 쾌락을 느낄 수 있는 감각을 가진 개체가 자신의 선호를 추구하는 것은 개체의 기본적인 권리임 └ 이익 평등 고려의 원칙이라고 함
- 의의: 인간의 행복뿐만 아니라 감각을 지닌 동물의 행복까지도 도덕적으로 고려하고자 함

③ 규칙 공리주의 ┌ 일반적으로 고전적 공리주의는 행위 공리주의적인 특징을 지님

- 의미: 좋은 결과를 가져다줄 가능성이 큰 규칙을 따름으로써 공리를 극대화할 수 있다는 이론 → 행위 공리주의의 문제점을 보완함
- 의의: 우리 사회의 전통이나 직관과 상충하지 않을 가능성이 높으며, 개별 행위의 결과를 계산하는 것보다 효율적임

④ 현대 공리주의의 의의: 공리주의의 원리를 구현하려는 다양한 노력을 통해 개인의 윤리적 판단과 사회의 정책 결정에 영향을 끼치고 있음

◉ 선호(選好)
여럿 가운데서 특별히 가려 좋아함

◉ 행위 공리주의와 규칙 공리주의

행위 공리주의	규칙 공리주의
공리의 원리를 개별적 행위에 직접 적용하여 각각의 행위의 결과를 토대로 옳고 그름을 판단함 ⑩ 진실을 말한 결과가 좋으면 진실을 말한 행위는 옳음	공리의 원리에 부합하는 규칙을 따르는 행위를 옳은 행위라고 판단함 ⑩ '진실을 말하라'와 같은 규칙이 공리의 원리에 비추어 옳다고 판단되면 이 규칙을 따라야 함

◉ 행위 공리주의의 문제점
- 개별 행위의 결과를 정확하게 계산하기 어려움
- 도덕적 상식에 어긋나는 행위를 정당화할 수 있음 ⑩ 특정한 상황에서 거짓말이 더 큰 유용성을 지닌다는 이유로 정당화될 수 있음

6 행위 공리주의와 규칙 공리주의

행위 공리주의는 각각의 개별적인 행위가 그들이 산출하는 쾌락과 고통의 전체 값에 따라 평가되어야 한다고 생각하는 도덕 이론이다. 따라서 옳은 행위는 어떤 사람이 할 수 있는 모든 행위 중 최대한의 유용성을 지닌 행위이다. 반면에 규칙 공리주의는 유용성의 평가 대상이 되는 것은 개별적인 행위들이 아니라 어떤 종류의 행위를 요구하는 규칙이나 관행이라고 주장한다. 이에 따르면 우리는 어떤 규칙이나 관행이 정당화될 수 있는지를 결정해야 하는데, 그런 규칙이나 관행에 따랐을 경우 생기는 결과를 검토함으로써 이러한 결정을 내릴 수 있다는 것이다. 만일 그 관행 또는 규칙에 따르는 것이 그런 관행이나 규칙이 없는 경우보다 더욱 큰 쾌락과 행복을 산출한다면, 또는 다른 규칙을 따르는 것보다 더욱 큰 행복을 산출한다면 그 관행 또는 규칙은 도덕적으로 정당화될 수 있다는 것이다.
– 로버트 애링턴, 「서양 윤리학사」 –

분석| 행위 공리주의는 개별 행위의 결과가 산출하는 쾌락과 고통을 중시한다. 그러나 규칙 공리주의는 최대의 쾌락과 행복을 가져올 규칙을 세우고 그 규칙을 따라야 한다고 본다.

6 규칙 공리주의의 입장만을 〈보기〉에서 고른 것은?

◀ 보기 ▶
ㄱ. 옳고 그름의 기준은 유용성이다.
ㄴ. 행위의 동기가 도덕 판단의 기준이다.
ㄷ. 더 큰 행복을 산출하는 규칙을 따라야 한다.
ㄹ. 선의지에서 비롯된 행위가 도덕적 행위이다.

① ㄱ, ㄴ ② ㄱ, ㄷ ③ ㄴ, ㄷ
④ ㄴ, ㄹ ⑤ ㄷ, ㄹ

정답과 해설 ▶ ㄴ. 모든 공리주의는 결과론의 입장이다. ㄹ. 칸트의 입장이다. **탑** ②

┌ 규칙 공리주의에서는 거짓말을 하는 것이 그렇지 않은 것보다 유용한 결과를 가져오는 경우가 종종 있지만, 길게 볼 경우 거짓말을 하지 않는 것이 더 많은 유용성을 지니고 있으므로 '거짓말을 해서는 안 된다.'라는 행위 규칙을 따르는 것이 바람직하다고 봄

01~04 사상가와 그들의 관점을 바르게 연결하시오.

01 칸트 •
• ㉠ 행위가 가져다 줄 쾌락의 총량만이 옳고 그름의 기준이다.

02 벤담 •
• ㉡ 도덕 법칙은 누구나 따라야 할 절대적인 법칙이다.

03 밀 •
• ㉢ 두 개의 의무가 충돌할 때 직관을 통해 파악된 우선적 의무를 실천해야 한다.

04 로스 •
• ㉣ 배부른 돼지보다는 불만족한 소크라테스가 되는 것이 낫다.

05 다음은 의무론과 결과론의 특징을 비교한 도표이다. ㉠~㉤에 알맞은 말을 쓰시오.

의무론	결과론
• 행위의 (㉠)을/를 중시함 • 행위의 (㉡)이/가 본래 정해져 있다고 봄 • 목적이 (㉢)을/를 정당화할 수 없다고 봄	• 행위의 가치는 각 행위의 (㉣)에 의해 결정됨 • 좋은 결과의 산출이라는 목적에 도움이 되는 (㉤)은/는 도덕적으로 정당화될 수 있음

06~10 다음 내용이 옳으면 ○표, 틀리면 ×표 하시오.

06 벤담은 쾌락에는 오로지 양적인 차이만 있다고 본다. ( )

07 벤담은 옳고 그름을 판단하는 기준이 행위의 동기라고 본다.
( )

08 밀은 감각적 쾌락보다 정신적 쾌락이 더 우월하다고 본다.
( )

09 공리주의는 도덕에서 사회적 유용성을 중시한다. ( )

10 칸트는 의무에서 비롯된 행위, 도덕 법칙에 대한 자발적 존중에서 비롯된 행위를 도덕적 행위로 보았다. ( )

11~14 사상과 관점을 바르게 연결하시오.

11 행위 공리주의 •
• ㉠ 의무가 서로 충돌할 때 더 중요한 의무를 따라야 함

12 규칙 공리주의 •
• ㉡ 개별 행위의 결과가 산출하는 쾌락과 고통을 중시함

13 선호 공리주의 •
• ㉢ 최대의 유용성을 산출하는 규칙을 따라야 함

14 조건부 의무론 •
• ㉣ 행위의 영향을 받을 모든 당사자의 선호를 가장 많이 만족시켜야 함

15 다음은 칸트가 제시한 도덕 법칙이다. 빈칸에 알맞은 말을 쓰시오.

> • "네 의지의 준칙이 언제나 동시에 [㉠]의 원리가 될 수 있도록 행위하라."
> • "너 자신과 다른 모든 사람의 인격을 결코 단순히 수단으로만 대하지 말고 언제나 동시에 [㉡]으로 대하도록 행위하라."

정답 **01** ㉡ **02** ㉠ **03** ㉣ **04** ㉢ **05** ㉠ 동기, ㉡ 가치, ㉢ 수단, ㉣ 결과, ㉤ 수단 **06** ○ **07** × **08** ○ **09** ○ **10** ○
11 ㉡ **12** ㉢ **13** ㉣ **14** ㉠ **15** ㉠ 보편적 입법, ㉡ 목적

오답 체크 **Tip** **07** 벤담은 옳고 그름을 판단하는 기준이 행위의 결과라고 본다.

▶ 20582-0134

01 다음 근대 서양 사상가의 입장에 대한 옳은 설명만을 〈보기〉에서 고른 것은?

- "네 의지의 준칙이 언제나 동시에 보편적 입법의 원리가 될 수 있도록 행위하라."
- "너 자신과 다른 모든 사람의 인격을 결코 단순히 수단으로만 대하지 말고 언제나 동시에 목적으로 대하도록 행위하라."

┤ 보기 ├
ㄱ. 인간의 존엄성을 존중해야 한다고 본다.
ㄴ. 보편적인 도덕 법칙을 준수해야 한다고 본다.
ㄷ. 행위의 동기보다 행의의 결과가 중요하다고 본다.
ㄹ. 행복이 도덕적 행위의 동기가 될 수 있다고 본다.

① ㄱ, ㄴ   ② ㄱ, ㄷ   ③ ㄴ, ㄷ
④ ㄴ, ㄹ   ⑤ ㄷ, ㄹ

▶ 20582-0135

02 다음은 근대 서양 사상가의 주장이다. 물음에 답하시오.

- 이 세계에서 또는 이 세계 밖에서까지라도 아무런 제한 없이 선하다고 생각될 수 있는 것은 (㉠)뿐이다.
- 내가 그것을 거듭 또 오랫동안 생각하면 생각할수록 더욱 새롭고 더욱 높아지는 감탄과 경외로 나의 마음을 가득 채우는 것이 두 가지 있다. 그것은 내 위에 있는 별이 빛나는 하늘과 내 마음 속에 있는 (㉡)이다.

(단답형)
(1) ㉠, ㉡에 들어갈 말을 쓰시오.

(서술형)
(2) 위 사상가의 입장에서 다음과 같은 주장에 대한 반론을 서술하시오.

행위의 옳고 그름은 그 행위를 수행함으로써 발생하는 결과에 따라 평가된다. 즉 올바른 행위란 최선의 결과를 가져오는 행위이다.

[03~04] 다음을 읽고 물음에 답하시오.

| (가) | 우리가 마땅히 지켜야 할 의무에 따라 행위의 옳고 그름을 판단해야 한다는 이론을 (㉠)(이)라고 한다. |
| (나) | 올바른 행위란 최선의 결과를 가져오는 행위라고 주장하는 이론을 (㉡)(이)라고 한다. |

(단답형)

▶ 20582-0136

03 ㉠, ㉡에 들어갈 말을 쓰시오.

▶ 20582-0137

04 (가), (나)의 입장에 대한 설명으로 옳지 않은 것은?

① (가)는 목적이 수단을 정당화할 수 있다고 본다.
② (가)는 행위의 가치가 본래 정해져 있다고 본다.
③ (나)는 행위의 동기보다 결과가 중요하다고 본다.
④ (나)는 행위의 가치가 결정되어 있지 않다고 본다.
⑤ 대표적인 사상가로 (가)는 칸트, (나)는 벤담과 밀이 있다.

▶ 20582-0138

05 근대 서양 사상가 갑, 현대 서양 사상가 을의 입장에 대한 설명으로 옳은 것은?

갑: 어떤 행위의 동기가 도덕 법칙이 부여한 의무에 따른 것이라면 옳은 행위이며, 도덕 법칙은 무조건적이며 절대적인 법칙이다.
을: 우리는 직관적으로 약속 지키기, 성실, 호의에 대한 감사, 선행, 정의, 자기 계발, 악행 금지 등이 옳고 명백한 의무임을 알 수 있다. 그러나 이는 조건부 의무이다.

① 갑은 쾌락을 산출하는 행위를 도덕적 행위라고 본다.
② 갑은 인간이 최선의 결과를 추구해야 할 의무가 있다고 본다.
③ 을은 언제 어디서나 따라야 할 절대적 의무가 있다고 본다.
④ 을은 어떠한 의무를 유보하는 행위는 비도덕적 행위라고 본다.
⑤ 을은 갑과 달리 의무 간에 갈등이 발생하면 더 중요한 의무를 따라야 한다고 본다.

▶ 20582-0139

06 다음 서양 근대 사상가의 입장에서 긍정의 대답을 할 질문만을 〈보기〉에서 고른 것은?

> 행위의 좋고 나쁨을 판단하려면 그 행위가 가져다주는 쾌락의 총량과 고통의 총량을 계산해 보라. 만일 쾌락 쪽이 남는다면 그 행위는 관련된 개인 또는 사회에 좋은 것이다.

┤보기├
ㄱ. 행위의 가치가 본래 정해져 있는가?
ㄴ. 옳고 그름의 기준은 행위의 동기인가?
ㄷ. 쾌락에는 오로지 양적인 차이만 있는가?
ㄹ. 최대 다수의 최대 행복이 도덕과 입법의 원리인가?

① ㄱ, ㄴ   ② ㄱ, ㄷ   ③ ㄴ, ㄷ
④ ㄴ, ㄹ   ⑤ ㄷ, ㄹ

[07~08] 갑, 을은 근대 서양 사상가이다. 물음에 답하시오.

> 갑: 배부른 돼지가 되기보다는 불만족한 인간이 되는 편이 낫다. 또한 만족한 바보이기보다는 불만족한 소크라테스가 되는 편이 낫다.
> 을: 공리의 원리를 실제 상황에 적용하기 위해서는 어떤 행동의 결과인 쾌락과 고통의 양을 정확하게 측정할 수 있어야 한다. 쾌락과 고통을 계산하는 기준은 강도, 지속성, 확실성, 신속성, 다산성, 순수성, 범위가 있다.

▶ 20582-0140

07 갑 사상가의 입장으로 옳지 않은 것은?

① 쾌락은 선이며, 고통은 악이다.
② 목적은 수단을 정당화할 수 있다.
③ 행복은 도덕의 목적이 될 수 있다.
④ 옳고 그름의 기준은 행위의 결과이다.
⑤ 모든 쾌락은 오로지 양적인 차이만 있다.

서술형
▶ 20582-0141

08 갑이 을에게 제기할 수 있는 반론을 서술하시오.

▶ 20582-0142

09 (가), (나)에 대한 설명으로 옳은 것은?

(가)	각각의 행위가 산출하는 쾌락과 고통의 전체 값에 따라 그 행위는 평가되어야 한다. 옳은 행위는 어떤 사람이 할 수 있는 모든 행위 중 최대한의 유용성을 지닌 행위이다.
(나)	옳은 행위는 좋은 결과를 가져다 줄 가능성이 가장 큰 규칙을 따르는 것이다. 유용성의 평가 대상이 되는 것은 개별 행위가 아니라 행위가 따르는 규칙이다.

① (가)는 행위의 유용성을 간과한다.
② (가)는 행위의 결과가 중요함을 간과한다.
③ (나)는 행위의 동기를 강조한다.
④ (나)는 유용성이 검증된 규칙의 준수를 강조한다.
⑤ (가), (나)는 행복이 도덕의 목적임을 간과한다.

▶ 20582-0143

10 근대 서양 사상가 갑, 을의 입장에 대한 설명으로 옳은 것은?

> 갑: 공리의 원리는 이해관계가 걸려 있는 당사자들의 행복을 증가시키거나 감소시키는 경향에 따라서 각각의 행위를 승인하거나 부인하는 원리를 의미한다.
> 을: 순수한 실천 이성은 우리가 행복에 대한 요구를 포기하고자 하는 것이 아니다. 단지 의무가 문제가 될 때는 행복을 전혀 고려하지 않으려 하는 것이다.

① 갑은 사익과 공익의 조화가 실현되어야 한다고 본다.
② 갑은 감각적 쾌락이 아닌 정신적 쾌락을 추구해야 한다고 본다.
③ 을은 동정심이 동기가 된 행위는 도덕적 행위라고 본다.
④ 을은 행복 실현 여부가 행위의 도덕적 가치를 결정한다고 본다.
⑤ 갑, 을은 다수의 고통을 감소시키는 행위가 도덕적 행위라고 본다.

● 주체적 결단과 실존

(1) 실존주의의 등장 배경

① 근대 이성주의의 한계

- 객관적이고 보편적인 지식이나 도덕을 강조하여 개인이 겪는 구체적인 삶의 문제를 도외시함 ┌ 근대 서양인들은 인간의 이성을 도구로 삼아 자연을 정복하고 사회를 무한히 진보시킬 수 있다고 믿었음
- 물질적 풍요와 편리함을 위해 이성의 도구적 기능만을 강조함으로써 비인간화, 인간 소외, 물질 만능주의와 같은 사회 문제를 초래함

② 20세기 세계 대전의 영향: 심각한 불안과 이성에 대한 불신을 초래함

(2) 실존주의의 특징

① 실존의 의미: 지금 여기에 있는 구체적이고 개별적이며 현실적 존재인 개인을 의미함 ┌ '실존'은 '본질'과 대비되는 개념임

② 실존주의의 특징

- 과학 기술 문명과 전쟁 속에서 비인간화되어 가는 인간의 현실을 고발함
- 개인적이고 현실적이며 상대화할 수 없는 인간의 실존 문제를 중시함
- 보편적이고 합리적인 것보다는 개인의 주체성을 중시함
- 인간의 불안과 고통을 극복하고 참된 실존을 회복하는 방법을 제시함

(3) 키르케고르

① 실존: '이것이냐 저것이냐'를 선택해야 하는 구체적 상황에 처한 개인

② 선택 앞에 놓인 개인은 늘 불안을 느끼며 주체적 결정을 회피하면서 '죽음에 이르는 병', 즉 절망에 빠지게 됨

③ 주체성이 진리: 실존적 상황에서 객관적이고 보편적인 지식이 아닌 오직 주체성만이 답을 줄 수 있음 → 진리는 주관적임을 강조함

④ 불안과 절망에서 벗어나 참된 실존을 회복하기 위해서는 '신 앞에 선 단독자'로서 생각하고 행동해야 함을 강조함 → 유신론적 실존주의

⑤ 절망에서 벗어나 참된 실존에 이르는 세 단계

심미적 실존		윤리적 실존		종교적 실존
(감각적 쾌락 추구)	⇨	(보편적 윤리 추구)	⇨	(신 앞에 선 단독자)

└ 자신의 모든 삶을 신의 뜻에 맡기는 것을 말함

(4) 야스퍼스

① 한계 상황: 죽음, 고통 등 이성이나 과학의 힘 등 어떤 방법으로도 결코 해결할 수 없고, 피할 수도 변화시킬 수도 없는 상황 → 한계 상황에서 겪는 절망과 좌절은 인간이 자신의 실존을 자각하는 계기가 됨

② 인간은 자신의 유한성을 자각하는 한계 상황에서 스스로의 결단을 통해 초월자의 존재를 수용하고 참된 실존을 회복할 수 있음

③ 개인은 현실에서 타인과 더불어 존재하므로 다른 사람과의 연대를 통하여 자신만이 아니라 다른 사람의 실존적 삶을 위해서도 노력해야 함

◉ 근대 이성주의의 특징과 영향

특징	・이성을 신뢰하고 합리적인 것을 중시함 ・이성에 기초한 객관적이고 보편적인 도덕 법칙이나 원리를 중시함 예 보편적 도덕 법칙의 준수를 강조한 칸트의 사상
영향	・사회의 무한한 진보와 발전을 기대하게 함 ・과학 기술의 발전에 영향을 줌 → 사회 발전과 물질적 풍요로 이어짐

◉ 인간 소외
인간의 물질적, 정신적 활동으로써 만들어진 것, 예를 들어 사회 구조나 기계 등에 의해 오히려 인간이 지배당하면서 존엄성과 개성을 가진 인간의 본질이 상실되는 것을 말함

◉ 물질 만능주의
경제적이고 물질적인 가치만을 중시하여 인간이 가져야 할 본연의 가치를 상실하고 인간을 경시하게 되는 풍조를 말함

◉ 주체성
어떤 일을 실천할 때 나타내는 자유롭고 자주적인 성질

◉ 단독자
홀로인 사람

◉ 유한성
일정한 한도나 한계가 있음

① 키르케고르의 참된 실존에 이르는 세 단계

1단계	심미적 실존	• 끝없이 감각적 쾌락을 추구하는 단계 • 쾌락을 추구하면서 허망함을 느끼고 절망함
⇩ 주체적 결단		
2단계	윤리적 실존	• 보편적 윤리에 따라 선하게 살고자 노력함 • 윤리 규범을 어기면서 죄책감을 느끼고 인간의 유한성 앞에 또다시 절망함
⇩ 주체적 결단		
3단계	종교적 실존	• 모든 것을 신에게 맡기고 살아감 → 신 앞에 선 단독자의 삶 • 신의 사랑에 의해 불안과 절망에서 벗어나 참된 실존을 회복함

분석 | 키르케고르에 따르면 심미적 단계에서 인간은 쾌락을 즐기지만 허망함을 느끼고 절망에 이르게 된다. 윤리적 단계에서 인간은 보편적인 윤리규범에 따라 살아가지만 자신의 유한성을 자각하고 또 다시 절망하게 된다. 그는 종교적 단계에 이르러서야 인간은 '신 앞에 선 단독자'로서 주체적 결단을 내림으로써 불안과 절망을 극복하고 참된 실존에 이르게 된다고 보았다.

└─ 키르케고르는 절망을 죽음에 이르는 병이라고 봄

② 야스퍼스의 한계 상황

> • 나는 투쟁이나 고통 없이는 살아갈 수 없다는 사실, … (중략) … 나는 죽지 않으면 안 된다는 사실, 이러한 사실을 나는 한계 상황이라고 한다.
> • 한계 상황은 내가 더 이상 앞으로 나아가지 못하고 좌절하는 하나의 벽과 같은 것이다. 그것은 우리가 변경할 수 있는 것이 아니다. 그것은 다른 어떤 것으로부터 설명되거나 연역되지 않고도 나에게 명백하게 나타난다.
>
> 야스퍼스는 초월자가 전달하는 가장 중요한 뜻을 담은 암호가 ─ 야스퍼스, 「철학 Ⅱ」 ─
> 좌절이라 보고 인간은 좌절 속에서 스스로의 상태를 자각하고
> 동시에 이를 이겨 나가면서 참된 실존을 깨우칠 수 있다고 봄

분석 | 야스퍼스에 따르면 인간은 이성에 기반을 둔 객관성과 보편성을 통해서는 한계 상황을 해결하거나 변화시킬 수 없음을 알게 되면서 절망과 좌절을 경험하게 된다. 그러나 그는 인간이 이러한 절망과 좌절을 직시하고 주체적 결단을 함으로써 참된 실존에 이를 수 있고 초월자에 대한 경험도 할 수 있다고 보았다.

1 키르케고르의 입장에 대한 설명으로 옳지 않은 것은?

① 심미적 실존 단계에서 인간은 쾌락을 추구한다고 본다.
② 주체적 결정을 회피할 때 인간은 절망에 빠지게 된다고 본다.
③ 실존적 상황에서 객관성이 아니라 오직 주체성만이 답을 줄 수 있다고 본다.
④ 종교적 실존 단계에서 인간은 신이 없음을 깨닫고 참된 실존을 회복한다고 본다.
⑤ 윤리적 실존 단계에서 인간은 양심에 따라 보편적인 윤리 규범을 따라 살아간다고 본다.

정답과 해설 ▶ 실존주의 사상가 키르케고르는 인간이 주체적 결단을 통해 심미적 실존 단계, 윤리적 실존 단계를 거쳐 종교적 실존 단계에 이르러 참된 실존을 회복한다고 보았다.
④ 키르케고르에 따르면 인간은 신 앞에 홀로 서서 모든 것을 초월적인 신에게 맡기고 살아가기로 주체적으로 결단할 때 신의 사랑에 의해 불안과 절망에서 벗어나 참된 실존을 회복할 수 있다.
답 ④

2 야스퍼스의 입장에 대한 설명으로 옳지 않은 것은?

① 한계 상황은 인간의 이성과 과학으로 극복할 수 있다고 본다.
② 한계 상황에서 겪는 좌절은 실존을 되찾는 계기가 될 수 있다고 본다.
③ 인간은 한계 상황에서 주체적 결단을 통해 참된 실존에 이를 수 있다고 본다.
④ 인간은 한계 상황에서 주체적 결단을 통해 초월자에 대한 경험을 할 수 있다고 본다.
⑤ 인간의 절망과 좌절은 이성에 바탕을 둔 객관성과 보편성을 통해서는 해결할 수 없다고 본다.

정답과 해설 ▶ 야스퍼스는 죽음, 고통, 투쟁, 책임 등 인간이 어떠한 수단을 동원해도 피하거나 변화시킬 수 없는 상황을 한계 상황이라고 본다. ① 야스퍼스에 따르면 한계 상황은 인간의 이성과 과학으로는 극복할 수 없다.
답 ①

(5) 하이데거

① 현존재의 삶의 모습
- 인간은 다른 사람의 시선을 의식하며 타인이 규정한 삶의 방식에 자신을 끼워 맞추며 살아감 → 주체성을 상실한 채 불안 속에 살아감
- 인간은 죽음에 대한 불안과 염려를 안고 살아감

② 참된 실존의 회복 ┌─ 하이데거는 인간만이 자신의 죽음을 예견하고 존재의 의미를 물을 수 있다고 봄
- 인간이 '죽음에 이르는 존재'임을 자각해야 함
- 죽음의 자각을 통해 삶의 소중함을 깨달아야 참된 실존을 회복할 수 있음

(6) 사르트르 ─ 사르트르에 따르면 인간은 '선택할 수 있는 자유'는 있지만 '자유' 그 자체는 주어진 것임

① 인간은 '내던져진 존재': 인간은 본질이나 목적이 계획되거나 창조된 존재가 아님 → 인간의 본질을 정해 줄 신은 존재하지 않음
② '실존은 본질에 앞선다': 인간은 미리 정해진 목적이나 본질 없이 먼저 실존하는 존재임
③ 참된 실존의 회복: 인간에게 주어진 자유를 바탕으로 자신의 주체적인 선택과 결단에 따라 자신을 스스로 만들어 나가고 그 결과에 대하여 책임질 때 참된 실존을 회복할 수 있음

● 실용주의와 문제 해결의 유용성

(1) 실용주의의 등장 배경과 특징

① 등장 배경: 산업화와 도시화로 인해 다양한 사회 문제와 갈등에 직면함
② 특징 ┌─ 실용주의 사상가들은 옳고 그름과 선악의 절대적인 기준을 강조하는 기존의 사상으로는 혼란을 해결할 수 없다고 봄
- 영국의 경험론 및 다윈의 진화론의 영향을 받음 → 경험적이고 과학적인 방법을 바탕으로 문제 해결을 위한 유용한 지식을 강조함
- 산업 사회에서 요구되는 개척 정신과 실험 정신을 담고 있음
- 도덕은 인간의 문제를 개선하는 데 기여해야 한다고 봄

(2) 퍼스 ─ 실용주의의 선구자

① 실용주의의 격률: 어떤 것이 옳으려면 그것이 반드시 쓸모 있는 실제적 성과를 만들어 내야 한다는 원칙
② 과학적 탐구의 방법을 거친 지식의 중요성을 강조함
└─ 퍼스는 탐구 활동이란 어떤 불만으로부터 시작하여 불안정한 마음을 없애기 위한 실제적 활동이라고 봄

(3) 제임스

① 지식과 신념의 현금 가치를 중시함
② 현금 가치: 지식과 신념은 우리의 삶에 실제적으로 이롭고 유용할 때 비로소 가치를 지님 → 지식과 신념의 유용성을 중시함
③ 이로운 것과 옳은 것을 같은 맥락으로 보며, 고정적이고 절대적인 진리를 거부함

◉ **현존재**
지금 여기에 있는 현실적인 인간 존재를 말함. 인간은 논리적이고 추상적인 존재가 아니라 현실적이고 구체적인 존재임을 나타냄

◉ **키르케고르vs사르트르**
- 키르케고르: 유신론적 실존주의
- 사르트르: 무신론적 실존주의

◉ **실존은 본질에 앞선다**
가위는 '무엇을 자른다'라는 목적이나 본질이 먼저 존재하고 장인에 의해 가위가 만들어진다. 즉 본질이 실존에 앞선다. 그러나 인간은 미리 정해진 목적이나 본질 없이 먼저 존재하며, 인간 스스로 자신의 본질이나 목적을 만들어 나간다. ─ 사르트르 ─

◉ **실존주의의 현대적 의의 및 문제점**

현대적 의의	• 인간의 개성을 긍정적으로 봄 → 인간의 보편적 본질이나 목적이 아닌 각 개인이 가지고 있는 구체적인 개성의 실현을 강조함 • 현대인의 주체적인 삶을 강조함 → 타인의 삶의 방식을 따르는 것이 아니라 자신의 결단과 선택에 따라 살아야 함을 강조함
문제점	도덕 문제를 각 개인의 자유로운 선택에 맡긴다면 보편적인 도덕규범을 부정할 우려가 있음 → 개인의 주관적 의견이나 판단을 도덕의 기준으로 삼을 가능성이 존재함

◉ **실용주의(Pragmatism)의 어원**
'실제', '실천' 등의 의미를 갖는 그리스어 프라그마(pragma)에서 유래함. 실용주의라는 말은 퍼스가 자신의 논문에서 처음 사용함

◉ **진화론과 실용주의**
실용주의는 다윈의 진화론적 관점을 수용하여 인간을 자연에 적응해 나가는 생물종의 하나로 파악했으며, 환경 적응에 도움이 되는 지식을 추구하였음

❸ 하이데거의 사상

> 삶의 유한성과 일회성을 깨달음으로써 일상적이고 획일화된 삶에서 벗어나 자신이 누구인지 스스로 묻고 답하면서 진정한 실존을 성찰하게 된다고 봄

> 그의 모든 가능성들 가운데 가장 고유한 죽음이라는 가능성 앞에서 현존재는 자기의 존재 가능성 자체를 문제시하게 된다. 죽음을 자기의 가장 고유한 오직 자기만의 가능성으로 보게 된 현존재는 이제 자기에게 잠재해 있던 능력, 즉 일상적 인간의 모습을 버리고 본래적인 자기로 실존할 수 있는 능력을 새삼 자각하게 된다. 그리고 이러한 의식과 각성이 이루어질 때에야 비로소 자기가 그동안 얼마나 비본래적이었던지를 알게 된다.
>
> – 하이데거, 『존재와 시간』 –

분석 | 하이데거에 따르면 인간은 '죽음에 이르는 존재'로서 인간만이 자신의 죽음을 예견하고 존재의 의미를 물을 수 있다. 그는 죽음의 불안과 공포를 회피하기보다는 수용하는 주체적 결단을 통해 자신의 가능성을 인식하고 삶의 의미와 소중함을 깨달아 참된 실존을 회복하게 된다고 보았다.
> 하이데거는 죽음에 대한 불안과 공포를 부정적인 것으로만 보지 않고 존재의 본질을 경험하기 위해 필수적인 것으로 봄

❹ 사르트르의 사상

> 실존이 본질에 앞선다는 말은 무엇을 의미하는 것인가? 그것은 인간이 먼저 세상에 실존하고, 인간이 정의되는 것은 그 이후의 일이라는 것을 의미한다. 실존주의자가 생각하는 인간은 정의될 수 없다. 인간은 처음에는 아무것도 아니기 때문이다. 인간은 나중에야 스스로 만들어 내는 것이 될 것이다. 이처럼 인간의 본성이란 본래부터 있는 것이 아니다. 왜냐하면 그것을 구상할 신(神)이 없기 때문이다. 인간은 스스로 구상하는 무엇이며, 스스로 원하는 무엇일 뿐이다. 결국 인간은 스스로 만들어 가는 것 이외에 아무것도 아니다. 이것이 바로 실존주의의 제1원리이다. 사람들은 이것을 주체성이라고 부른다. 주체성이 인간을 돌이나 탁자보다 더 존엄한 것으로 만든다.
>
> – 사르트르, 『실존주의는 휴머니즘이다』 –

분석 | 사르트르에 따르면 인간의 본질이나 목적을 정해줄 신은 존재하지 않는다. '내던져진 존재'인 인간은 자기 스스로 자신의 목적이나 본질을 만들어나가는 존재이다. 그래서 그는 '실존은 본질에 앞선다'라고 주장하였으며, 주체적인 결단을 내림으로써 자신의 선택에 책임지는 삶을 살 것을 강조하였다.
> 사르트르는 인간의 주체성과 그에 따른 책임을 강조하였으며, 불안에 빠진 인간이 자유로운 선택으로부터 도망치는 것을 '불성실'이라고 하였음

---

❸ 하이데거의 입장에 대한 옳은 설명만을 〈보기〉에서 고른 것은?

〈보기〉
ㄱ. 인간만이 죽음을 예견할 수 있다고 본다.
ㄴ. 인간에게 죽음은 가장 근원적인 불안이라고 본다.
ㄷ. 죽음에 대한 망각을 통해 참된 실존을 회복할 수 있다고 본다.
ㄹ. 인간이 죽음에 대해 갖는 공포는 삶에 대한 위협이 될 뿐이라고 본다.

① ㄱ, ㄴ   ② ㄱ, ㄷ   ③ ㄴ, ㄷ
④ ㄴ, ㄹ   ⑤ ㄷ, ㄹ

정답과 해설 ▶ 하이데거는 인간을 '죽음에 이르는 존재'로 규정한다. 인간만이 자신의 죽음을 예견하고 존재의 의미를 물을 수 있다는 것이다. 그래서 그는 죽음을 회피하기보다는 수용하는 주체적 결단을 내림으로써 참된 실존을 회복할 수 있다고 보았다.
ㄷ. 하이데거에 따르면 인간은 죽음에 대한 자각을 통해 삶의 의미와 소중함을 깨달아 참된 실존을 회복할 수 있다. ㄹ. 하이데거는 인간이 죽음에 대해 갖는 공포가 삶의 유한성과 일회성을 깨달아 진정한 실존을 회복하는 계기가 될 수 있다고 보았다.   답 ①

---

❹ 다음 서양 사상가의 입장만을 〈보기〉에서 고른 것은?

> 인간은 실존이 본질에 앞서는 존재이며 자유롭도록 선고받은 존재이다. 인간은 누구의 도움도 없이 자신을 발명해야 하며 자유가 주어진 이상 자신이 하는 모든 것에 대해 책임이 있다.

〈보기〉
ㄱ. 신 앞에 선 단독자로 살아가야 한다.
ㄴ. 신이 인간의 삶의 목적을 정해 준다.
ㄷ. 인간은 이 세상에 홀로 내던져진 존재이다.
ㄹ. 인간은 스스로 본질을 만들어 나가야 한다.

① ㄱ, ㄴ   ② ㄱ, ㄷ   ③ ㄴ, ㄷ
④ ㄴ, ㄹ   ⑤ ㄷ, ㄹ

정답과 해설 ▶ 제시문을 주장한 사상가는 사르트르이다. ㄷ. 사르트르에 따르면 인간은 인격신이 창조한 것이 아니며 세상에 내던져진 존재이다. ㄹ. 사르트르에 따르면 인간을 제외한 사물은 본질이 먼저 존재하지만, 인간은 자신의 본질이나 목적을 스스로 만들어 나가야 한다.
ㄱ. 키르케고르의 입장이다. ㄴ. 사르트르에 따르면 인간의 목적이나 본질을 정해줄 신은 존재하지 않는다.   답 ⑤

(4) 듀이

> 듀이에 따르면 인간은 환경과 상호작용하는 과정에서 끊임없이 문제 상황에 직면하며, 문제 상황을 해결하는 과정에서 습득한 경험이 축적되어 이론, 학문 등의 지식이 형성됨

도구주의	• 지식을 인간이 환경에 적응하고 삶과 세계를 개선하기 위한 도구로 봄 • 지식은 그 자체가 목적이거나 가치가 있는 것이 아니라 인간이 직면한 문제를 해결하는 과정에서 유용성이 있을 때 가치가 있음
지성적 탐구	• 문제 상황에 대한 답을 얻기 위해 지성을 통한 탐구를 강조함 • 지성적 탐구를 통해 문제 상황을 개선할 수 있으며 사회의 성장과 진보가 가능함 → 창조적 지성을 강조함
민주주의와 교육	• 지성적인 방식의 문제 해결을 보장하는 정치 제도로서 민주주의를 강조함 • 창조적 지성을 갖춘 민주적 시민을 양성하는 것이 교육의 역할이라고 봄
윤리 사상	• 도덕이나 윤리는 고정된 것이 아니라 성장하고 변화하는 것이라고 봄 • 고정적이고 절대적인 가치는 존재하지 않는다고 봄 • 도덕적 인간: 도덕적으로 성장하는 과정에 있는 사람이며, 도덕적 문제 상황에서 지성을 발휘하여 옳은 선택을 하려고 노력하는 사람임

(5) 실용주의의 문제점과 현대적 의의

① 문제점: 보편적인 도덕을 거부하여 윤리 상대주의에 빠질 수 있으며, 유용성의 관점에서 자칫 비도덕적 행위를 정당화할 수 있음

② 현대적 의의
- 지성적인 방식으로 우리 삶을 개선하는 데 도움을 줌 → 도덕의 진보와 사회 발전을 이룰 수 있음
- 다원주의 사회가 정착하는 데 도움을 줄 수 있음

◉ **창조적 지성**
여러 가능성을 탐구하면서 미래를 전망하고 창조하는 지성

◉ **듀이가 말하는 도덕적 인간**

> 어떤 개인이나 집단도 그들이 어떤 고정된 결과에 접근하는지 하지 못하는지에 따라 판단될 것이 아니라, 그들이 어떤 방향으로 나아가고 있는지에 따라 판단되어야 할 것이다. 악한 사람이란, 그가 지금까지 아무리 선했다 하더라도 현재 타락하기 시작하고, 점점 덜 선해지기 시작하는 사람이다. 선한 사람이란, 그가 지금까지 아무리 도덕적으로 무가치했었다 하더라도, 현재 더 선해지기 시작하는 사람이다.
> – 듀이, 「철학의 재구성」 –

◉ **윤리 상대주의**
도덕의 상대성을 강조하며 절대적이고 보편적인 진리나 도덕은 존재하지 않는다는 입장으로, 윤리 상대주의가 심화되면 극심한 도덕적 혼란이 초래될 가능성이 있음

◉ **다원주의 사회와 실용주의**
실용주의는 문제 해결에 도움이 되는 모든 것들을 수용하고자 함. 이러한 태도는 가치의 다양성을 긍정하는 관용적 태도와 연결되어 다양한 가치가 공존하는 다원주의 사회를 만드는 데 기여할 수 있음

 자료 탐구

⑤ 듀이의 실용주의

> 정적인 성과와 결과보다는, 성장과 개선과 진보의 과정이 중요한 것이 된다. 단번에 절대적으로 고정되어 버린 목적으로서의 건강이 목적이나 선이 아니라, 필요한 건강의 증진 – 계속적인 과정 – 이 목적이요 선이다. 목적이란 이미 도달되어야 할 종착점이나 한계가 아니다. 그것은 현재의 상황을 바꾸어 가는 능동적인 과정이다. 종국적 목표로서의 완성이 아니라, 완성해가고 성숙시켜가고 개량해가는 부단한 과정이야말로 곧 살아 있는 목적이다. 정직, 근면, 절제, 정의도 건강, 부, 학식과 마찬가지로 도달해야 할 고정된 목적이라고 표현되었던 때와는 달리, 소유해야 할 선(善)이 아니다. 이러한 것들은 경험의 질에 있어서의 변화의 방향이다. 성장 그 자체만이 유일한 도덕적 목적인 것이다.
> – 듀이, 「철학의 재구성」 –

분석 | 듀이는 고정적이고 절대적인 진리나 도덕을 거부하고 도덕이나 윤리는 고정된 것이 아니라 성장하고 변화하는 것이라고 보았다. 지식을 도구로 규정한 듀이는 지식은 그 자체가 목적이거나 가치가 있는 것이 아니라 인간이 직면한 문제를 해결하는 과정에서 유용성이 있을 때 가치가 있음을 강조하였다.

 확인학습

⑤ 듀이의 입장에 대한 설명으로 옳지 않은 것은?

① 지식은 문제를 해결하기 위한 도구라고 본다.
② 문제 상황마다 옳은 선택이 존재한다고 본다.
③ 고정적이고 절대적인 진리가 존재한다고 본다.
④ 지성적인 방식으로 문제를 해결해야 한다고 본다.
⑤ 도덕이나 윤리는 성장하고 변화하는 것이라고 본다.

정답과 해설 ▶ 실용주의 사상가 듀이에 따르면 지식은 그 자체가 목적이 아니라 인간이 직면한 문제를 해결하여 환경 적응을 돕는 유용한 수단이나 도구이다. ③ 듀이는 도덕이나 윤리도 시대나 상황에 따라 변화하고 성장하기 때문에, 고정적이고 절대적인 가치는 존재하지 않는다고 본다.
답 ③

> 듀이는 도덕적 지식이나 가치는 유용한 결과가 예상되는 일종의 가설이므로 언제든지 수정되고 재구성될 수 있다고 봄

저절로 암기 **Tip** ☐1회 (/) ☐2회 (/) ☐3회 (/)

01~05 다음 내용이 옳으면 ○표, 틀리면 ×표하시오.

01 키르케고르는 주체성이 진리라고 본다. ( )

02 야스퍼스는 주체적으로 한계 상황을 해결할 수 있다고 본다. ( )

03 하이데거는 죽음의 자각을 통해 참된 실존을 회복할 수 있다고 본다. ( )

04 사르트르는 인간에게 선천적으로 주어진 본질과 목적을 실현하기 위한 주체적인 삶의 자세를 강조한다. ( )

05 실존주의는 인간의 개성을 긍정적으로 보며 주체적인 삶의 자세를 강조한다. ( )

06 키르케고르가 주장한 실존의 세 단계에 들어갈 말을 쓰시오.

(㉠) 실존 단계	⇨	(㉡) 실존 단계	⇨	(㉢) 실존 단계
감각적 쾌락 추구		보편적 윤리 추구		신 앞에 선 단독자

07~09 사상가와 핵심 개념을 바르게 연결하시오.

07 퍼스 • • ㉠ 도구주의

08 제임스 • • ㉡ 현금 가치

09 듀이 • • ㉢ 실용주의의 격률

10~17 다음 내용이 옳으면 ○표, 틀리면 ×표하시오.

10 실용주의가 등장하게 된 이론적 배경으로는 경험론과 진화론을 들 수 있다. ( )

11 실용주의는 유용성을 가치 판단의 기준으로 여긴다. ( )

12 퍼스는 과학적 탐구를 거친 지식의 중요성을 강조하였다. ( )

13 제임스는 유용성과 무관한 절대적인 지식을 추구할 것을 강조하였다. ( )

14 듀이에 따르면 지식은 유용성이 있을 때만 가치가 있다. ( )

15 듀이는 보편적이며 고정적인 도덕과 윤리가 존재한다고 본다. ( )

16 실용주의는 윤리 상대주의로 빠질 수 있다는 문제점이 있다. ( )

17 실용주의는 지성적인 방식으로 우리 삶을 개선하는 데 도움을 줄 수 있다. ( )

정답 **01** ○ **02** × **03** ○ **04** × **05** ○ **06** ㉠ 심미적, ㉡ 윤리적, ㉢ 종교적 **07** ㉢ **08** ㉡ **09** ㉠ **10** ○ **11** ○
12 ○ **13** × **14** ○ **15** × **16** ○ **17** ○

오답 체크 **Tip**
02 야스퍼스에 따르면 한계 상황은 이성이나 과학의 힘 등 어떠한 방법으로도 해결할 수 없다.
04 사르트르는 인간에게 선천적으로 주어진 본질이나 목적은 존재하지 않는다고 본다.
13 제임스는 유용한 지식을 강조한다.
15 듀이에 따르면 도덕이나 윤리는 고정된 것이 아니라 성장하고 변화하는 것이다.

▶ 20582-0144

01 다음 사상가의 입장만을 〈보기〉에서 고른 것은?

> 한계 상황은 내가 더 이상 앞으로 나아가지 못하고 좌절하는 하나의 벽과 같은 것이다. 그것은 우리가 변경할 수 있는 것이 아니다. 그것은 다른 어떤 것으로부터 설명되거나 연역되지 않고도 나에게 명백하게 나타난다.

〖보기〗
ㄱ. 객관적이고 보편적인 진리를 추구해야 한다.
ㄴ. 이성의 명령에 따를 때 참된 실존을 회복할 수 있다.
ㄷ. 한계 상황에서 인간은 절망과 좌절을 경험하게 된다.
ㄹ. 스스로의 결단을 통해 초월자의 존재를 수용해야 한다.

① ㄱ, ㄴ   ② ㄱ, ㄷ   ③ ㄴ, ㄷ
④ ㄴ, ㄹ   ⑤ ㄷ, ㄹ

▶ 20582-0145

02 다음 서양 사상가의 입장으로 가장 적절한 것은?

> 절망에서 벗어나 참된 실존을 향해 나아가는 세 단계가 있다. 그중 1단계는 심미적 실존 단계이며, 2단계는 윤리적 실존 단계이며, 3단계는 종교적 실존 단계이다.

① 신은 곧 자연이며 인격신은 존재하지 않는다.
② 감각적 쾌락을 추구하는 삶을 통해 참된 나를 찾을 수 있다.
③ 참된 실존을 위해 객관적이고 보편적인 진리를 추구해야 한다.
④ 보편적 윤리에 따라 살아갈 때 절망을 완전히 극복할 수 있다.
⑤ 절망과 불안에서 벗어나기 위해서는 신 앞에 선 단독자로 살아가야 한다.

[03~04] 다음은 어느 서양 사상가의 주장이다. 물음에 답하시오.

> 나는 모든 가능성들 가운데 가장 고유한 (㉠)(이)라는 가능성 앞에서 현존재는 자기의 존재 가능성 자체를 문제시하게 된다고 본다. (㉠)을/를 자기의 가장 고유한 오직 자기만의 가능성으로 보게 된 현존재는 이제 자기에게 잠재해 있던 능력, 즉 일상적 인간의 모습을 버리고 본래적인 자기로 실존할 수 있는 능력을 새삼 자각하게 된다.

〖단답형〗 ▶ 20582-0146

03 ㉠에 공통으로 들어갈 말을 쓰시오.

▶ 20582-0147

04 위 사상가의 입장만을 〈보기〉에서 고른 것은?

〖보기〗
ㄱ. 죽음의 자각을 통해 참된 실존을 회복할 수 있다.
ㄴ. 인간만이 자신의 죽음을 예견할 수 있는 존재이다.
ㄷ. 이성의 도구적 기능을 발휘하는 삶을 살아야 한다.
ㄹ. 보편적 도덕 원리에 따를 때 실존을 회복할 수 있다.

① ㄱ, ㄴ   ② ㄱ, ㄷ   ③ ㄴ, ㄷ
④ ㄴ, ㄹ   ⑤ ㄷ, ㄹ

▶ 20582-0148

05 다음은 어느 서양 사상가의 주장이다. 물음에 답하시오.

> 컵과 같은 사물은 '물을 담는다'라는 목적이나 본질이 먼저 존재하고 컵이 만들어지지만, 인간은 미리 정해진 목적이나 본질 없이 먼저 (㉠)한다. 즉 인간은 신에 의해 본질이나 목적이 계획되거나 창조된 존재가 아니라 우연히 내던져진 존재이다. (㉠)은/는 본질에 앞선다.

〖단답형〗
(1) ㉠에 공통으로 들어갈 말을 쓰시오.

〖서술형〗
(2) 위 사상가가 제시하는 참된 실존의 회복 방안을 서술하시오.

▶ 20582-0149

06 다음 사상의 입장에 대한 옳은 설명만을 〈보기〉에서 고른 것은?

- '실제', '실천' 등의 의미를 갖는 그리스어인 프라그마(pragma)에서 명칭이 유래하였다.
- 인간의 지식이나 도덕의 유용성을 강조하는 사상으로 산업 사회에서 요구되는 개척 정신과 실험 정신을 담고 있다.

┤보기├
ㄱ. 고정적이고 절대적인 지식이나 도덕을 추구해야 한다고 본다.
ㄴ. 문제 해결에 도움이 되는 사고와 지식을 중시해야 한다고 본다.
ㄷ. 실험과 관찰보다 논리적 추론을 통한 지식을 중시해야 한다고 본다.
ㄹ. 도덕은 인간의 문제를 개선하는 데 도움이 되어야 한다고 본다.

① ㄱ, ㄴ ② ㄱ, ㄷ ③ ㄴ, ㄷ ④ ㄴ, ㄹ ⑤ ㄷ, ㄹ

▶ 20582-0150

07 다음 서양 사상가의 입장만을 〈보기〉에서 고른 것은?

진리를 소유한다는 일은 그 자체가 목적일 수 없고 중요한 다른 만족을 취하기 위한 수단이다. 진리란 신념으로서 좋다는 것이 입증된 것들에 대한 이름이다. 따라서 어떤 신념이 참이라고 한다면 실천적 경험에 있어 그 신념의 현금 가치(cash value)가 무엇인지 물을 수 있어야 한다. '신', '이성', '절대자' 등과 같은 형이상학적 용어나 개념도 마찬가지로 현금 가치를 지녀야 한다.

┤보기├
ㄱ. 지식은 그 자체로 의미 있는 것이다.
ㄴ. 지식과 신념은 실생활에 쓸모가 있어야 한다.
ㄷ. 고정적이고 절대적인 진리는 존재하지 않는다.
ㄹ. 경제적 가치를 산출하는 지식만이 도덕적이다.

① ㄱ, ㄴ ② ㄱ, ㄷ ③ ㄴ, ㄷ ④ ㄴ, ㄹ ⑤ ㄷ, ㄹ

▶ 20582-0151

08 다음 서양 사상가의 입장만을 〈보기〉에서 고른 것은?

목적이란 이미 도달되어야 할 종착점이나 한계가 아니라 능동적인 과정이다. 완성해가고 성숙시켜가고 개량해가는 부단한 과정이야말로 곧 살아 있는 목적이다. 정직, 근면, 절제, 정의, 건강도 고정된 목적이 아니라 변화의 방향일 뿐이다. 성장 그 자체만이 유일한 도덕적 목적인 것이다.

┤보기├
ㄱ. 보편적 도덕 원리를 준수하는 삶이 가치 있는 삶이다.
ㄴ. 지식은 인간이 직면한 삶의 문제 해결을 위한 도구이다.
ㄷ. 옳고 그름의 판단 기준은 행위의 결과가 아닌 동기이다.
ㄹ. 도덕이나 윤리는 고정된 것이 아니라 성장하고 변화한다.

① ㄱ, ㄴ ② ㄱ, ㄷ ③ ㄴ, ㄷ
④ ㄴ, ㄹ ⑤ ㄷ, ㄹ

▶ 20582-0152

09 다음을 읽고 물음에 답하시오.

객관적이고 보편적인 도덕 원리나 법칙을 강조하는 근대 윤리학은 현대 사회에서 발생하는 다양한 문제에 대한 구체적인 해결책을 제시하지 못하는 한계를 드러냈다. 이에 키르케고르, 사르트르 등이 (㉠) 사상을 전개했으며, 제임스와 듀이 등은 (㉡) 사상을 전개하였다.

〔단답형〕
(1) ㉠, ㉡에 들어갈 말을 쓰시오.

〔서술형〕
(2) ㉠의 현대적 의의를 두 가지 서술하시오.

〔서술형〕
(3) ㉡의 현대적 의의를 두 가지 서술하시오.

01 서양 윤리 사상의 연원

(1) 고대 그리스 사상과 헤브라이즘

① 고대 그리스 사상: 이성적인 사고와 논변을 중시함 → 인본주의적 윤리 사상의 흐름 형성

② 헤브라이즘: 신에 대한 믿음을 강조함 → 신 중심적 윤리 사상의 흐름 형성

(2) 소피스트와 소크라테스

소피스트	• 프로타고라스: "인간은 만물의 척도이다."→ 각 개인이 진리 판단의 기준임
	• 특징: 규범의 다양성을 강조함 → ①
소크라테스 ☆	• ② : 지식이 덕과 행복의 원천이며, 무지는 악행의 원인임
	• 지덕복합일설 참된 앎[지] ⇨ 덕 있는 사람[덕] ⇨ 행복한 삶[복]
	• 특징: 규범의 보편성을 강조함 → ③

02 덕 있는 삶 →플라톤과 아리스토텔레스의 공통점: 덕 있는 삶을 살 때 행복한 삶이 실현됨

플라톤	• 이데아론: 현실 세계보다 이데아 세계를 강조함 → ④
	• 이상 국가: 통치자(지혜), 수호자(용기), 생산자(절제)의 조화를 통해 정의를 실현한 국가
	• 행복한 삶: 영혼이 지혜, 용기, 절제의 덕을 갖추고 서로 조화를 이룰 때 실현됨
아리스토 텔레스 ☆	• 선은 이데아 세계가 아닌 현실에 존재 → ⑤
	• 행복: 인간의 궁극적인 목적이며 덕에 따르는 영혼의 활동임
	• 덕론: 지적인 덕과 품성적인 덕을 갖추어야 함 → 품성적 덕의 실천은 ⑥ 이/가 중요함
	• ⑦ : 지나침과 모자람 사이의 적절한 상태

*지적인 덕: 교육을 통해 길러짐 → 실천적 지혜
*품성적인 덕: 올바른 행동의 습관화를 통해 갖춰짐 → 중용의 덕

03 행복 추구의 방법

에피쿠로스 학파 ☆	• ⑧ 쾌락은 선, 고통은 악임 → 쾌락의 역설을 경계할 것을 강조함
	• ⑨ : 몸의 고통과 마음의 불안이 모두 소멸된 정신적 쾌락의 상태 → 평정심
	• 평정심에 이르는 길: 욕망을 절제하고 검소한 삶을 살아야 함

→ex) 공적인 삶을 멀리하고 우정을 나누는 삶

스토아학파 ☆	• ⑩ : 욕망이나 정념으로부터 벗어날 것을 강조함
	↳ 이성적 판단을 방해하고 잘못된 행동을 하도록 함
	• ⑪ : 어떤 상황에서도 동요하지 않는 부동심의 경지
	• 부동심에 이르는 길: 이성에 따르는 삶 → 자연의 필연적 질서와 법칙에 순응하는 삶

→ex) 모든 것을 자신의 운명으로 받아들이는 것

04 신앙과 윤리

| 아우구스 티누스 | • ⑫ 의 사상을 이용하여 그리스도교 교리를 체계화함 |
| | • 신은 실존적으로 만나야 할 인격적 존재 → 신의 은총을 통해 행복이 실현됨 |

→ 구원은 신에게 귀의할 때만 가능함

아퀴나스	• ⑬ 의 사상을 이용하여 신학과 철학, 신앙과 이성의 조화를 추구함
	• 그리스도교 교리를 철학적으로 논증하고 합리적으로 설명하고자 함 → 아퀴나스는 신의 존재를 이성적으로 증명 가능하다고 봄
	• 완전한 행복은 내세에 신과 하나가 될 때 가능하다고 봄

답 ① 상대주의
② 주지주의
③ 보편주의
④ 이상주의
⑤ 현실주의
⑥ 실천 의지
⑦ 중용
⑧ 쾌락주의
⑨ 아타락시아
⑩ 금욕주의
⑪ 아파테이아
⑫ 플라톤
⑬ 아리스토텔레스

Self Note

05 도덕적 판단과 행동의 근거

(1) 합리주의 도덕 판단과 행동의 근거는 이성임을 강조함

데카르트	• ① ○○○○○ : 확실한 진리를 찾기 위해 모든 것을 의심하는 방법 • 철학의 제1원리: "나는 생각한다. 그러므로 나는 존재한다."
☆ 스피노자	• ② ○○○○○ : 신은 곧 자연이며, 자연은 필연적 질서에 따라 움직이는 거대한 기계임 　　　　　　　　　　　　　　　　　→ 정념에서 벗어나 진정한 자유와 행복을 누리는 삶 • 올바른 삶: ③ ○○○○○ 을/를 통해 자연의 필연적 질서를 인식하는 삶

(2) 경험주의 도덕 판단과 행동의 근거는 경험과 감정임을 강조함

베이컨	• 경험론: 관찰, 실험 등의 경험을 통한 진리 탐구 강조 • 우상론: ④ ○○○○○ 의 타파를 강조함 종족의 우상, 동굴의 우상, 시장의 우상, 극장의 우상
☆ 흄	• 도덕적 행위의 동기: ⑤ ○○○○○ 이성은 도덕적 행위의 동기가 아니며, 도덕적 행위를 위한 수단을 　　　　　　　　　　　　　　　 알려주는 보조적인 역할만을 함 • 올바른 삶: ⑥ ○○○○○ 을/를 통해 쾌감을 불러일으키는 행동을 실천하는 삶

06 옳고 그름의 기준

→ 인간이 마땅히 지켜야 할 의무를 강조하며, 옳고 그름은 행위의
(1) 의무론과 칸트주의 동기에 따라 판단해야 함을 강조함

☆ 칸트	• ⑦ ○○○○○ : 절대적이며 보편타당한 법칙 → 보편주의와 인격주의 법칙 준수를 강조함 • 도덕적 행위: 의무, 선의지, 실천 이성, 정언 명령, 도덕 법칙에서 비롯된 행위
로스	⑧ ○○○○○ 을/를 통해 직관적으로 알 수 있는 의무도 상황에 따라 유보될 수 있음을 주장함

→ 옳고 그름은 행위의 동기가 아닌 결과에 따라
(2) 결과론과 공리주의 판단해야 함을 강조함

☆ 고전적 공리주의	• 벤담: ⑨ ○○○○○ 공리주의 → 쾌락의 계산법 제시 　　　　　　　　　　　　　　　　　　→ 감각적 쾌락보다 정신적 쾌락을 추구해야 함 • 밀: ⑩ ○○○○○ 공리주의 → 쾌락의 양뿐 아니라 질적 측면도 고려해야 함
현대 공리주의	• ⑪ ○○○○○ 공리주의: 선호를 가장 많이 만족하게 해 주는 행위가 옳은 행위임 • ⑫ ○○○○○ 공리주의: 유용한 결과를 가져다 줄 규칙을 따르는 행위가 옳은 행위임

07 현대의 윤리적 삶

☆ 실존주의	• 키르케고르: ⑬ ○○○○○ 로서 살아갈 때 참된 실존을 회복할 수 있음 • 야스퍼스: ⑭ ○○○○○ 에서 주체적 결단을 통해 참된 실존을 회복해야 함 • 하이데거: 현존재인 인간은 ⑮ ○○○○○ 을/를 통해 참된 실존을 회복해야 함 • 사르트르: ⑯ ○○○○○ 은/는 본질에 앞선다고 주장함
실용주의	⑰ ○○○○○ 을/를 가치 판단의 기준으로 여김 듀이: 지식과 도덕은 문제 해결을 위한 도구임

답 ① 방법적 회의
② 범신론
③ 이성적 관조
④ 선입견과 편견
⑤ 감정
⑥ 공감
⑦ 도덕 법칙
⑧ 조건부 의무론
⑨ 양적
⑩ 질적
⑪ 선호
⑫ 규칙
⑬ 신 앞에 선 단독자
⑭ 한계 상황
⑮ 죽음의 자각
⑯ 실존
⑰ 유용성

▶ 20582-0153

01 고대 서양 사상가 갑, 을의 입장만을 〈보기〉에서 고른 것은?

> 갑: 인간은 존재하는 것에 대해서는 그것이 존재한다는 것의 척도이며, 존재하지 않는 것에 대해서는 그것이 존재하지 않는다는 것의 척도이다.
> 을: 덕은 곧 지식이다. 지식이 인도할 때 영혼의 모든 시도와 인내가 결국 행복에 이르지만, 무지가 인도할 때는 결국 그 반대에 이르게 된다.

◀ 보기 ▶
> ㄱ. 갑: 개인이 모든 가치 판단의 기준이다.
> ㄴ. 갑: 감각보다 이성이 진리 인식의 근원이 된다.
> ㄷ. 을: 영혼의 수련을 통해 참된 앎을 추구해야 한다.
> ㄹ. 을: 절대적 진리가 있다고 믿는 사고에서 벗어나야 한다.

① ㄱ, ㄴ   ② ㄱ, ㄷ   ③ ㄴ, ㄷ
④ ㄴ, ㄹ   ⑤ ㄷ, ㄹ

▶ 20582-0154

02 갑, 을은 고대 서양 사상가들이다. 갑은 긍정, 을은 부정의 대답을 할 질문으로 옳은 것은?

> 갑: 자제력 없는 사람은 자기가 하는 행위가 나쁘다는 것을 알면서도 감정 때문에 그것을 하는데, 이에 반하여 자제할 줄 아는 사람은 자신의 욕구들이 나쁘다는 것을 알면 이성 때문에 그것을 따르지 않는다.
> 을: 덕은 마땅히 지식이다. 왜냐하면 영혼의 모든 성질들은 그 자체만으로는 유익하지도 해롭지도 않지만 지식을 동반하는가 아니면 어리석음을 동반하는가에 따라 해롭게도 유익하게도 되기 때문이다.

① 감각적 경험이 지식과 도덕의 근원인가?
② 덕에 대한 지식은 도덕적 삶을 위해 필요한가?
③ 선(善)을 알고도 실천하지 않을 수 있는가?
④ 이성의 능력을 발휘할 때 행복한 삶이 실현되는가?
⑤ 절대적인 진리와 보편타당한 윤리는 존재하는가?

▶ 20582-0155

03 다음을 주장한 고대 서양 사상가의 입장에만 모두 '✔'를 표시한 학생은?

> 인간은 각자가 지닌 영혼의 세 부분이 각각 자기 일을 하면 정의로운 사람이 된다. 다시 말해 이성, 기개, 욕망이라는 영혼의 세 부분 모두가 다른 부분의 역할에 간섭하지 않고 각자의 일을 충실히 수행하여 정의로운 인간이 되는 것이다. 한 국가가 정의롭게 되는 것도 개인이 정의롭게 되는 방식과 같다.

입장 \ 학생	갑	을	병	정	무
모든 계층의 사유 재산은 허용되지 않는다.	✔			✔	✔
절제는 국가 구성원 모두가 갖추어야 할 덕이다.		✔	✔	✔	
국가 구성원 각자가 자신의 역할에 충실해야 한다.	✔	✔			✔
정의로운 국가에서는 모든 시민이 통치에 참여한다.			✔	✔	✔

① 갑   ② 을   ③ 병   ④ 정   ⑤ 무

▶ 20582-0156

04 다음은 헬레니즘 시대의 사상이 등장하게 된 배경을 설명한 글이다. 읽고 물음에 답하시오.

> 헬레니즘 시대는 도시 국가가 붕괴되고 전쟁이 일상화 되는 등 혼란이 극심한 시기였다. 이 시기에는 금욕을 추구한 (㉠)학파와 쾌락을 추구한 (㉡)학파가 등장하여 개인의 마음의 평온과 자유를 윤리적 이상으로 삼고 각각의 윤리 사상을 전개하였다.

[단답형]
(1) ㉠, ㉡에 들어갈 말을 쓰시오.

[서술형]
(2) ㉠학파와 ㉡학파가 제시한 이상적 경지에 대해 각각 서술하시오.

▶ 20582-0157

05 (가)의 갑, 을 사상가들의 입장에서 볼 때, (나)의 ㉠에 들어갈 내용으로 가장 적절한 것은?

(가)	갑: 자연의 사용자로서 또는 자연의 해석자로서 인간은 자연의 질서를 직접 관찰하고 고찰한 그만큼만 자연에 대해 무엇인가를 이해하고 또한 무엇인가를 할 수 있다. 을: 나는 의심의 여지가 있는 것을 버림으로써 의심할 수 없는 것을 찾기로 했다. 그 결과 의심하기 위해서는 의심하고 있는 나 자신이 있어야 한다는 것을 깨달았다.
(나)	참된 지식을 얻으려면 ㉠

① 갑: 연역법을 통해 개념과 공리를 형성해야 한다.
② 갑: 올바른 인식을 방해하는 선입견과 편견을 타파해야 한다.
③ 을: 자연의 본질에 대한 귀납적인 탐구에 전념해야 한다.
④ 을: 관찰과 실험을 통한 탐구만으로 참된 진리를 인식해야 한다.
⑤ 갑, 을: 자연의 필연성에 대한 이성적 관조가 필요하다.

〔단답형〕
▶ 20582-0158
06 다음은 어느 근대 서양 사상가의 주장이다. 물음에 답하시오.

- 너 자신과 다른 모든 사람의 인격을 결코 단순히 수단으로만 대하지 말고 언제나 동시에 (㉠)(으)로 대우하도록 행위 하라.
- 이 세상에서 또는 이 세계 밖까지라도 아무런 제한 없이 선하다고 생각될 수 있는 것은 오직 (㉡)뿐이다.

〔단답형〕
(1) ㉠, ㉡에 들어갈 말을 쓰시오.

〔서술형〕
(2) 위 사상가가 A의 행위에 대해 내릴 수 있는 평가를 서술하시오. (조건: ㉡의 개념을 포함하여 서술할 것)

○○그룹 회장 A는 회사의 홍보와 자신의 명예를 위해 방송국에 거액의 불우 이웃 돕기 성금을 기탁하여 많은 사람들이 도움을 받았다.

▶ 20582-0159
07 근대 서양 사상가 갑, 을의 입장에 대한 옳은 설명만을 〈보기〉에서 고른 것은?

갑: 사회 전체의 행복에 기여하는 모든 것은 그 자체로 곧바로 우리의 시인(是認)을 받으며 선한 의지가 그것을 추천한다는 사실이 도출된다.
을: 우리가 사물을 신의 본성의 필연성에 따라서 생겨나는 것으로 인식할 때 신에 대한 지적인 사랑이 생겨난다.

〔보기〕
ㄱ. 갑은 감정이 도덕적 행위의 동기라고 본다.
ㄴ. 갑은 도덕에서 이성의 역할은 없다고 본다.
ㄷ. 을은 인간이 자유 의지가 없는 존재라고 본다.
ㄹ. 갑, 을: 유용성을 선악 판단의 기준이라고 본다.

① ㄱ, ㄴ ② ㄱ, ㄷ ③ ㄴ, ㄷ ④ ㄴ, ㄹ ⑤ ㄷ, ㄹ

▶ 20582-0160
08 (가)의 갑, 을 사상가들의 입장을 (나) 그림으로 표현할 때, A~C에 해당하는 옳은 진술만을 〈보기〉에서 고른 것은?

(가)	갑: 쾌락은 하나의 종류밖에 없으며, 어떤 행위가 공동체의 행복의 총량을 증진시키는 경향이 감소시키는 경향보다 더 클 때 그 행위는 공리의 원리에 일치한다. 을: 목적이란 도달해야 할 종착점이 아니다. 그것은 현재의 상황을 개선해가는 능동적인 과정이다. 성장 그 자체만이 도덕의 유일한 목적이다.
(나)	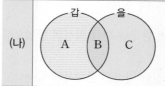 〈범 례〉 A: 갑만의 입장 B: 갑, 을의 공통 입장 C: 을만의 입장

〔보기〕
ㄱ. A: 쾌락에는 질적인 차이가 존재한다.
ㄴ. B: 행위의 결과가 도덕 판단의 기준이다.
ㄷ. B: 유용성이 행위의 옳고 그름의 기준이다.
ㄹ. C: 고정적이고 절대적인 윤리를 추구해야 한다.

① ㄱ, ㄴ ② ㄱ, ㄷ ③ ㄴ, ㄷ ④ ㄴ, ㄹ ⑤ ㄷ, ㄹ

▶ 20582-0161

1 그림의 강연자가 강조하는 삶의 태도로 가장 적절한 것은?

> 인간은 유일한 실체인 신, 즉 자연의 유한한 양태입니다. 우리가 추구해야 할 최고의 덕은 모든 것의 내재적 원인인 신을 인식하는 것입니다. 최고의 덕을 갖춘 사람은 어떤 영원한 필연성에 의해 자신과 신과 사물을 파악하며, 항상 마음의 평화를 누립니다.

① 인격신이 부여한 계율을 철저히 따르기 위해 노력한다.
② 모든 감정과 욕망을 버리고 신의 명령에 복종하기 위해 노력한다.
③ 신의 존재를 부정하고 자유롭게 삶의 목적을 택하기 위해 노력한다.
④ 신이 부여한 자유 의지를 발휘하여 삶의 필연성을 극복하기 위해 노력한다.
⑤ 모든 것의 내재적 원인인 신을 이성을 통해 철저하게 인식하기 위해 노력한다.

▶ 20582-0162

2 근대 서양 사상가 갑, 을의 입장에 대한 설명으로 옳은 것은?

> 갑: 나는 확실한 지식을 얻기 위해 모든 것을 의심해 보았다. 이를 통해 나는 확고부동한 하나의 진리를 찾았는데, 그것은 '나는 생각한다. 그러므로 나는 존재한다.'이다.
> 을: 인간의 지성을 고질적으로 사로잡고 있는 우상은 인간의 정신을 혼미하게 하고 진리를 얻을 수 없게 한다. 인간은 우상들로부터 자신을 지켜야 학문을 혁신할 수 있다.

① 갑은 관찰과 실험을 진리 탐구를 위한 최선의 방법으로 본다.
② 갑은 의심할 수 없는 확실한 지식은 존재하지 않는다고 본다.
③ 을은 진리 탐구의 과정에서 지성이 활용되어야 한다고 본다.
④ 을은 감각적 경험은 객관적 지식의 토대가 될 수 없다고 본다.
⑤ 갑과 을은 실제적 유용성을 지닌 지식만을 참된 지식으로 본다.

▶ 20582-0163

3 (가)의 갑, 을, 병의 사상가들의 입장에서 서로에게 제기할 수 있는 비판을 (나) 그림으로 표현할 때, A~F에 해당하는 내용으로 가장 적절한 것은?

(가)	갑: 이성적 존재자들은 자기 자신과 다른 모든 이들을 결코 한낱 수단으로서가 아니라 항상 동시에 목적으로서 대우해야만 한다. 을: 쾌락이 곧 행복이며 삶의 목적이다. 쾌락의 양을 계산하여 최대 행복을 산출하는 것이 선(善)이다. 병: 성장 그 자체가 도덕의 목적이다. 현실에 맞게 최선의 도구를 찾아 문제를 해결하는 것이 선이다.
(나)	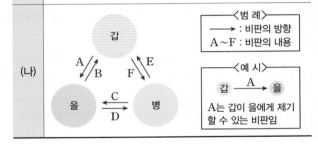

① B: 행복은 결코 도덕의 목적이 될 수 없음을 간과한다.
② C: 행위의 결과에 비추어 도덕 판단을 내려서는 안 됨을 간과한다.
③ D: 유용성은 가치 판단의 기준이 될 수 없음을 간과한다.
④ A, F: 행위의 동기에 비추어 도덕 판단을 내려야 함을 간과한다.
⑤ B, E: 결과와 관계없이 그 자체로 도덕적인 행위가 있음을 간과한다.

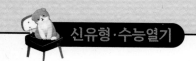

4 고대 서양 사상가 갑, 을의 입장으로 옳지 <u>않은</u> 것은?
▶ 20582-0164

> 갑: 인간 본성이 지금 자신에게 요구하는 것을 행하라. 자신의 본성을 알기 위해서는 자연과 우주 전체의 본성이 무엇인지 알아야 한다.
> 을: 덕이 무엇인지 알지 못하면 유덕한 사람이 될 수 없다. 유덕한 사람은 지혜롭고 올바른 삶을 살아간다. 지혜와 덕과 행복은 일치한다.

① 갑: 자신에게 부여된 사회적 역할과 의무에 충실해야 한다.
② 갑: 사건 자체보다 사건에 대한 자신의 생각이 정념의 원인이다.
③ 을: 모든 사회에 보편타당한 객관적 가치는 존재하지 않는다.
④ 을: 선이 무엇인지 알면서도 의도적으로 악을 행할 수는 없다.
⑤ 갑, 을: 진정한 행복을 위해 이성에 부합하는 삶을 살아야 한다.

5 다음 중세 서양 사상가의 입장만을 〈보기〉에서 고른 것은?
▶ 20582-0165

> 선한 신은 인간을 포함한 모든 것을 창조했다. 선하고 아름다운 신이 만든 만물은 아름답고 선하다. 신은 선으로서 선한 것을 창조했기 때문이다. 인간 삶의 모든 역사는 인간의 국가에 대한 신의 국가의 승리로 귀결된다.

┤ 보기 ├
ㄱ. 인간의 완전한 행복은 신과 합일을 이루는 것이다.
ㄴ. 선과 악을 포함하여 모든 존재는 신의 피조물이다.
ㄷ. 신은 이성적 인식의 대상을 넘어선 신앙적 체험의 대상이다.
ㄹ. 인간은 자신의 자유 의지만으로 원죄로부터 구원받을 수 있다.

① ㄱ, ㄴ   ② ㄱ, ㄷ   ③ ㄴ, ㄷ
④ ㄴ, ㄹ   ⑤ ㄷ, ㄹ

6 다음은 '사상가 맞추기 게임'의 일부이다. ㉠에 들어갈 내용으로 옳은 것은?
▶ 20582-0166

첫 번째 힌트	그리스도교 교리를 철학적으로 논증하고자 한 중세 서양 사상가입니다.
두 번째 힌트	신앙과 이성은 모두 신에게서 나온 것으로 서로 대립하지 않는다고 주장하였습니다.
세 번째 힌트	㉠ 고 보았습니다.
네 번째 힌트	아리스토텔레스 사상의 영향을 받았으며, "신학대전"을 저술하였습니다.

① 이성은 신앙보다 우월한 지위를 가진다
② 신의 존재는 이성적으로 증명될 수 있다
③ 영원법은 이성의 명령인 자연법에 근거한다
④ 신의 피조물인 인간에게는 자유 의지가 없다
⑤ 완전한 행복은 이성적 활동을 통해 현세에 실현된다

7 현대 서양 사상가 갑, 을의 입장으로 옳은 것은?
▶ 20582-0167

> 갑: 선택 앞에서 결정을 회피하는 인간은 불안과 절망에 빠지게 된다. 이러한 상황에서 벗어나기 위해서는 종교적 실존으로의 도약이 필요하다.
> 을: 인간은 먼저 세상에 실존하고, 인간이 정의되는 것은 그 후의 일이다. 세상에 내던져진 인간은 자유롭도록 선고받은 존재이다.

① 갑: 신의 존재를 거부하고 주체적으로 살아야 한다.
② 갑: 감각적 쾌락만이 절망에서 벗어나는 유일한 길이다.
③ 을: 인간은 타고난 본질의 실현을 위해 노력해야 한다.
④ 을: 인간은 자신에게 주어진 자유를 통해 스스로를 만들어 나가야 한다.
⑤ 갑, 을: 객관적이고 보편적인 윤리 규범에 따라 살아야 한다.

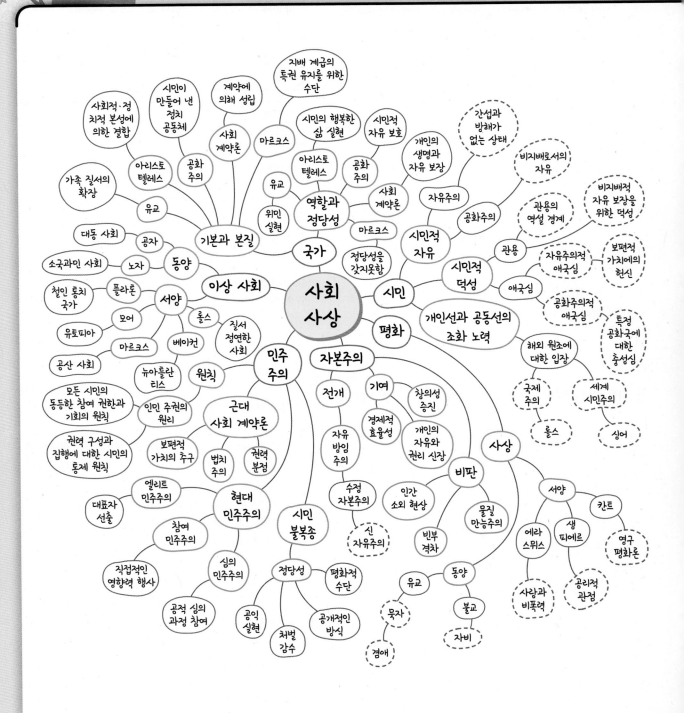

지배 계급의 특권 유지를 위한 수단

시민이 만들어 낸 정치 공동체

계약에 의해 성립

사회적·정치적 본성에 의한 결합

시민의 행복한 삶 실현

시민적 자유 보호

간섭과 방해가 없는 상태

비지배로서의 자유

사회 계약론

마르크스

아리스토텔레스

공화주의

유교

위민 실현

아리스토텔레스

공화주의

사회 계약론

개인의 생명과 자유 보장

자유주의

공화주의

관용의 역설 경계

비지배적 자유 보장을 위한 덕성

가족 질서의 확장

기본과 본질

역할과 정당성

마르크스

시민적 자유

관용

자유주의적 애국심

보편적 가치에의 헌신

대동 사회

유교

공자

국가

정당성을 갖지못함

시민적 덕성

애국심

소국과민 사회

노자

동양

사회 사상

시민

공화주의적 애국심

철인 통치 국가

플라톤

서양

이상 사회

개인선과 공동선의 조화 노력

특정 공화국에 대한 충성심

유토피아

모어

롤스

평화

해외 원조에 대한 입장

마르크스

베이컨

질서 정연한 사회

자본주의

국제 주의

세계 시민주의

공산 사회

뉴아틀란티스

민주주의

전개

기여

창의성 증진

롤스

싱어

모든 시민의 동등한 참여 권한과 기회의 원칙

원칙

인민 주권의 원리

근대 사회 계약론

경제적 효율성

개인의 자유와 권리 신장

사상

권력 구성과 집행에 대한 시민의 통제 원칙

보편적 가치의 추구

법치주의

권력 분점

자유 방임 주의

비판

서양

엘리트 민주주의

현대 민주주의

수정 자본주의

인간 소외 현상

물질 만능주의

에라스뮈스

생 피에르

칸트

대표자 선출

참여 민주주의

심의 민주주의

시민 불복종

신 자유주의

빈부 격차

동양

영구 평화론

직접적인 영향력 행사

공적 심의 과정 참여

정당성

평화적 수단

유교

불교

사랑과 비폭력

공리적 관점

공익 실현

처벌 감수

공개적인 방식

묵자

자비

겸애

✩ 01 사회사상과 이상 사회

• 공자가 꿈꾸었던 이상 사회를 ① □□ □□(이)라고 하고, 노자는 ② □□□□ 사회를 이상 사회로 주장하였다.

• 플라톤은 이상 사회로 ③ □□이/가 다스리는 국가를, 토머스 모어는 ④ □□□□을/를 제시하였다.

✩ 02 국가와 윤리

• 유교에서는 국가를 백성들의 ⑤ □□□을/를 구현하는 데 그 목적이 있다고 보았다.

• 아리스토텔레스는 국가를 인간의 사회적 · 정치적 ⑥ □□에 의해 생겨난 인간 간의 결합으로 보았다.

• 사회 계약론에서는 국가를 개인이 동의한 ⑦ □□에 의해 성립된다고 보았다.

• 마르크스는 국가란 ⑧ □□ 계급의 특권을 유지하기 위한 수단으로 인식하였다.

✩ 03 시민과 윤리

• ⑨ □□□□(이)란 개인의 자유가 무엇보다 소중한 가치라고 보는 사상을 의미한다.

• ⑩ □□□□에서 강조하는 자유는 권력자의 자의적 지배가 없는 상태를 말한다.

• ⑪ □□□ □□(이)란 시민들이 공동의 이익에 관심을 가지고 그것에 복무하는 마음가짐과 자세를 의미한다.

✩ 04 민주주의의 이상 실현

• 민주주의는 지배하는 자와 지배받는 자가 같은 ⑫ □□□ □□의 원리를 바탕으로 한다.

• ⑬ □□ 민주주의는 다수의 시민이 의사 결정 과정에 자발적으로 참여하는 민주주의 형태를 의미한다.

• ⑭ □□ 민주주의는 시민이 직접 심의 과정에 참여해 정책을 결정하는 형태의 민주주의를 뜻한다.

• 롤스에 의하면 ⑮ □□ □□□(이)란 공공적이고 비폭력적이며 양심적이긴 하지만 법에 반하는 정치적 행위를 말한다.

✩ 05 자본주의의 원리와 한계

• 고전적 자본주의는 국가의 간섭을 최대한 배제하려는 ⑯ □□□□□□을/를 말한다.

• 고전적 자본주의에서 벗어나 정부가 경제 활동에 적극적으로 개입해야 한다는 주장을 ⑰ □□ 자본주의라고 한다.

✩ 06 평화와 세계 시민

• 묵자는 모든 사람을 똑같이 사랑해야 한다는 ⑱ □□을/를 주장하였다.

• 불교는 연기와 ⑲ □□을/를 바탕으로 생명 존중의 평화 사상을 제시하였다.

• ⑳ □□은/는 국제주의적 관점에서 해외 원조의 의무를 역설하였고, ㉑ □□은/는 세계 시민주의적 관점에서 주장하였다.

정답 | ① 대동 사회 ② 소국과민 ③ 철인 ④ 유토피아 ⑤ 도덕성 ⑥ 본성 ⑦ 계약 ⑧ 지배 ⑨ 자유주의 ⑩ 공화주의 ⑪ 시민적 덕성 ⑫ 인민 주권(국민 주권) ⑬ 참여 ⑭ 심의 ⑮ 시민 불복종 ⑯ 자유방임주의 ⑰ 수정 ⑱ 겸애 ⑲ 자비 ⑳ 롤스 ㉑ 싱어

● 인간의 삶과 사회사상의 지향

(1) 인간 삶의 특징과 지향 목표

특징	• 개체적 존재임과 동시에 사회적 존재임 • 사회적 욕구를 지닌 존재 ┌ 인간은 다른 사람과의 사회적 관계에서 서로 신뢰하고 사랑과 애정을 주고받을 때, 행복감과 안정감을 느낌
지향 목표	• 사회적 인간관계를 통해 자신의 정체성을 형성하면서 타인과 친밀하고 협동적인 인간관계를 형성하는 것 • 풍요롭고 행복한 삶을 영위하는 것 → 보편적 가치의 실현 필요

(2) 사회사상의 의미와 역할

의미	인간의 사회적 삶에서 나타나는 현상에 대한 체계적인 사유와 해석
역할	• 사회를 설명하고 평가할 수 있는 일정한 기준이나 사상적 틀 제공 • 인간의 사회적 삶에서 어떤 가치가 중요한지에 대한 다양한 관점 제시 • 현실의 부조리가 개선된 더 나은 사회의 모습 제공 • 사회를 변화시키는 실천 지침을 제공 • 바람직한 사회를 이루기 위한 사회 구성원들의 역할과 의무 안내

└ 예를 들어 공자는 인의(仁義)의 정치가 구현된 사회를 추구하였고, 플라톤은 정의로운 국가를 이루고자 함

(3) 이상 사회의 의미와 추구하는 이유

① 의미: 인간이 사회를 구성하고 생활하면서 바람직하다고 생각하고 실현되기를 꿈꾸는 사회의 모습

② 추구하는 이유: 미래 사회에 대한 전망을 제시해 주고, 현실을 개혁하는 데 필요한 기준과 목표를 제시하기 때문

┌ 인간에게 더 나은 사회를 만들고자 하는 신념과 실천 의지 부여

● 동서양 이상 사회론의 현대적 의의

(1) 동양의 이상 사회론

① 공자의 대동(大同) 사회

• 의미: 사회적 약자를 보호하는 화평(和平)한 세상

• 특징

- 이상적인 성인(聖人)이 나라를 다스림

- 모든 사회 구성원들이 가족과 같이 친밀한 관계를 맺음

- 누구나 현명하고 유능하다면 등용됨

- 사회적 재화가 고르게 분배되고 사회적 약자를 보호함

② 노자의 소국과민(小國寡民) 사회

• 의미: 나라의 영토가 작고 백성이 적은 사회

• 특징

┌ 인위적이지 않고 자연 그대로의 질서를 따르는 것을 의미함

- 인간의 자연적 본성에 따라 무위자연(無爲自然)의 삶이 실현됨

- 백성들은 인위적인 분별과 차별에서 벗어나 소박한 삶을 살아감

- 온갖 문명의 이기(利器)에 무관심하고 자연의 순리에 따라 살아감

- 생명을 소중하게 여기고 평화롭게 살아감

◎ **인간의 개체성과 사회성**

• 인간은 자기 삶을 살아가는 개체적 존재임과 동시에 사회 속에서 다른 사람들과 다양한 관계를 맺으며 살아가는 사회적 존재임

• 인간은 사회적 욕구를 지닌 존재임. 사회적 욕구란 소속감과 애정에 대한 욕구, 어른이나 동료로부터 인정받고 싶어하는 욕구 등을 들 수 있음

◎ **인간의 삶과 사회사상의 관계**

인간은 행복한 삶을 지향하는데, 이를 실현하기 위해서는 인간의 존엄성, 자유, 평등, 책임 등 인류의 보편적 가치의 실현을 필요로 함. 이러한 보편적 가치들은 사회사상에서 다루는 주요 내용이기도 함

◎ **사회사상의 특징**

• 사회를 탐구 대상으로 삼음 → 사회의 변화에 따라 사회사상도 끊임없이 변화함

• 실천적인 성격이 강함

◎ **이상 사회 추구의 필요성**

"인간이 때때로 불가능한 것을 달성하려고 노력하지 않았다면, 현재 가능한 것마저도 성취하지 못하였을 것이다."   – 막스 베버 –

◎ **노자의 소국과민(小國寡民)**

영토가 작고 인구가 적은 작은 나라라는 의미

"열 가지 백 가지 기계가 있으나 쓰지 않도록 하고, 백성이 죽음을 중히 여겨 멀리 옮겨 가는 일이 없게 하면, 배와 수레가 있어도 타는 일이 없고, 갑옷과 무기가 있어도 내보일 일이 없다."   – 노자, 「도덕경」 –

1 사회사상의 특징

특정한 시대에 있어서도 서로 대립하는 여러 가지 사상들이 나타나는 것은 무엇 때문인가? … (중략) … 한 시대, 한 사회에서도 모든 사람들의 사회적·경제적 이해가 완전히 조화될 수는 없다. 어떤 집단의 사람들은 현존하는 사회 경제 체제가 매우 이상적이라고 생각할 수 있지만, 다른 집단의 사람들은 그것을 못 견딜 정도로 고통스럽게 생각할 수도 있는 것이다. 따라서 각각의 입장을 대변하는 사상들은 서로 상이할 뿐만 아니라 대립하는 내용을 갖지 않을 수 없게 된다. 나아가 기존의 사회 경제 질서가 자신에게 유리하다고 판단하는 쪽에서는 그 질서를 유지하고 강화하는 데 관심을 두게 될 것이고 이들의 이해를 대변하는 사상은 필연적으로 현상 유지적이고 보수적이기 마련인 반면, 기존의 질서를 변화시키는 데 이해를 가지는 사람들은 현존 질서를 비판하는 진보적인 사상을 갖게 된다.

– 경제 교육 연구회, 「근대 사회 경제 사상의 탐구」 –

분석 | 제시문은 사회사상이 다양한 이유를 두 가지로 제시하고 있다. 첫 번째로 같은 시대와 같은 사회에 살고 있는 모든 사람들의 사회적·경제적 이해가 완전히 조화될 수 없기 때문이고, 두 번째는 기존의 사회 경제 질서의 유불리에 따라 입장이 달라질 수 있기 때문이라는 것이다. 이처럼 사회사상은 사회적 삶에 대해 다양한 관점을 제시하고, 사회의 변화에 따라 끊임없이 변화한다는 특징이 있다.

2 공자의 대동(大同) 사회

> 공자의 대동 사회에서는 자기 부모만 돌보는 가족 이기주의에서 벗어나 타인을 배려하는 도덕적 공동체를 추구함

큰 도(道)가 행해지고 천하가 모두의 것이다. 현명하고 유능한 자를 뽑아 다스리게 하니, 사람들은 자기 부모만 부모로 여기지 않고 자기 자식만 자식으로 여기지 않는다. 노인들은 여생을 잘 마치게 하며, 장년은 일자리가 있으며, 어린이는 잘 양육되고, 홀로된 자와 병든 자들은 모두 보살핌을 받는다. 남녀가 따로 직분이 있고, 재화가 낭비되는 것을 싫어하지만 그것을 결코 자신의 이익만을 위해 사용하지 않는다. …(중략)… 그러므로 음모가 생기지 않고 도적과 난적이 생기지 않기 때문에 바깥문을 닫을 필요가 없다. 이런 상태를 대동(大同)이라고 한다.

– 「예기」 –

분석 | 공자가 말한 대동(大同) 사회란 모든 사람들이 서로를 돌보는 사회이다. 이 사회에서 구성원은 개인의 이익만이 아닌 공공의 이익을 위해 일을 하여 사회적 재화가 고르게 분배된다. 또한 사회 보장이 잘 갖추어져 있어 사회적 약자를 보호하며, 누구나 현명하다면 등용될 수 있고 신의와 화목이 이루어지는 사회이다.

---

1 사회사상에 대한 설명으로 옳지 않은 것은?

① 실천적인 성격이 강하다.
② 사회적 삶에 대해 다양한 관점을 제시한다.
③ 사회의 변화에 따라 변화하는 경향을 보인다.
④ 사회 현상을 평가하는 규범적 기준을 제시한다.
⑤ 사회 현상에 대한 동일한 평가만 가능하게 한다.

정답과 해설 ▶ 각 개인이 지닌 사회사상에 따라 같은 사회 현상에 대해서도 사람마다 다르게 이해하거나 평가할 수 있다. 나아가 바람직한 사회의 모습도 어떤 사회사상을 따르느냐에 따라 달라질 수 있다. **답 ⑤**

2 공자의 대동 사회에 대한 설명으로 옳은 것만을 〈보기〉에서 고른 것은?

〈보기〉
ㄱ. 사회적 약자를 보호하는 사회이다.
ㄴ. 타인을 배려하는 도덕적 공동체이다.
ㄷ. 어질고 능력 있는 사람이 홀대받는 사회이다.
ㄹ. 예(禮)와 같은 규범을 거부하고 소박한 삶을 사는 사회이다.

① ㄱ, ㄴ ② ㄱ, ㄷ ③ ㄴ, ㄷ
④ ㄴ, ㄹ ⑤ ㄷ, ㄹ

정답과 해설 ▶ 공자가 이상적 사회로 주장하는 대동 사회는 누구나 현명하고 유능하다면 등용되는 사회이며, 사회적 재화가 고르게 분배되고 사회적 약자를 보호하는 사회이다. 또한 자기 부모나 자식만을 돌보는 가족 이기주의에서 벗어나 타인을 배려하는 도덕적인 공동체이다.
ㄷ. 어질고 능력 있는 사람이 중요한 일을 맡는 사회이다. ㄹ. 노자가 추구한 소국과민의 모습이다. **답 ①**

(2) 서양의 이상 사회론

① 플라톤의 철인 통치 국가

• 의미 : 선의 이데아(idea)에 관한 인식과 실현이 가능한 철학자가 다스리
는 국가
└─ 선의 이데아를 인식한 철학자를 의미함

• 특징
  – 국가의 구성원을 통치자, 방위자, 생산자 계층으로 구분함
  – 국가의 모든 구성원이 각자에게 합당한 덕을 잘 발휘하고, 자신의 역
    할을 충실히 수행함

② 토머스 모어의 유토피아

• 의미 : 경제적으로 풍요롭고 소유와 생산에서 평등을 이루며 도덕적으로
  타락하지 않은 사회

• 특징
  – 사유 재산을 인정하지 않음
  – 잉여 생산에 대한 욕망이 없고, 필요 이상의 노동을 하지 않음
  – 정신적 자유와 문화 생활을 누림

③ 마르크스의 공산 사회

• 의미 : 사유 재산과 계급이 없는 사회
  └─ 마르크스는 물질 만능주의, 각종 범죄, 차별 등과 같은 사회 문제들이 사유 재산 제도 때문에 발생한다고 봄

• 특징
  – 생산 수단을 공유함
  – 생산력이 고도로 발전되어 경제적으로 안정됨
  – 능력에 따라 일하고 필요에 따라 분배받아 평등이 실현됨
  – 억압과 착취가 사라지고 자아를 실현하며 살아감

④ 롤스의 질서 정연한 사회

• 의미 : 각 성원의 선을 증진해 줄 뿐만 아니라 공적 정의관에 의해 효율
  적으로 규제되는 사회

• 특징 : 구성원의 기본적 자유와 권리를 보장하면서 동시에 사회적 약자
  나 소수자의 이익이 극대화되도록 배려하는 사회

(3) 이상 사회의 지향과 현대적 의의

① 이상 사회의 공통적 지향

• 인간의 존엄성이 존중되는 사회 • 다툼이 없는 평화로운 사회 • 경제적으로 평등한 사회 • 도덕적인 사회	⇒	모든 사람이 인간답고 행복하게 살 수 있는 사회

② 이상 사회론의 현대적 의의 : 누구나 존중받으며 살아갈 수 있는 관용적
  이고 다원적인 사회 실현의 중요성을 일깨워 줌
  └─ 사회는 여러 독립적인 이익 집단이나 결사체로 이루어져 있으므로 각 집단 간의 경쟁·
     갈등·협력 등에 의하여 사회가 민주적으로 운영되는 것이 다원화 사회임

◉ **유토피아(Utopia)**
• 유토피아라는 말은 영국의 사상가 토머스 모어의 『유토피아』라는 책의 제목에서 유래하였음
• 유토피아(Utopia)는 'u'와 'topia(장소)'의 합성어로 그리스어에서 'u'는 '없다(ou)'는 뜻과 '좋다(eu)'는 뜻을 함께 가지고 있음. 따라서 유토피아도 '없는 곳'이라는 의미와 '좋은 곳'이라는 이중적 의미를 지니고 있음

◉ **마르크스의 공산 사회**
"공산 사회에서는, 노동 분업에 예속된 개인의 노예 상태가 사라지고, 노동이 생활을 위한 수단일 뿐 아니라 삶의 기본적 욕구가 된다. 생산력 또한 인간의 전면적 발전과 함께 증가되고, 집단적 부가 풍요로워진다. … (중략) … 각자는 자신의 능력에 따라 일하고, 자신의 필요에 따라 분배받는다."
– 마르크스, 『고타 강령 비판』 –

◉ **베이컨의 뉴 아틀란티스**
• 베이컨은 그의 책 『뉴 아틀란티스』에서 과학 기술자가 지배하는 신비의 섬을 배경으로, 과학 기술의 발전을 바탕으로 이루어진 이상 사회의 모습을 제시함

> 우리가 만든 물을 마시면 건강이 증진되고 생명이 연장됩니다. 우리는 유성의 체계와 운동을 모방한 거대한 건물도 만들었습니다. 여기에서 눈, 비, 우박 등을 인공적으로 내리게 하며, 천둥과 번개를 만들 수도 있습니다. …(중략)… 한 번 먹고 나면 오랫동안 먹지 않아도 살 수 있는 고기, 빵, 음료수도 개발하였습니다. – 베이컨, 『뉴 아틀란티스』 –

• 베이컨에 따르면, 뉴 아틀란티스는 과학 기술이 발달하여 인간생활이 풍요로워지고 복지가 증진되는 사회임

③ 토머스 모어의 유토피아(Utopia)

초승달 모양의 섬 유토피아(Utopia)에는 같은 말과 비슷한 풍습, 제도, 법률을 가진 54개의 큰 도시가 있다. 그곳의 시민들에게는 빈곤도 없고 사치나 낭비도 없다. 이 섬의 성인들은 남녀를 가리지 않고 생산적 노동에 종사한다. 노동은 매일 6시간으로 제한되고 8시간 잠자고 남은 시간은 자기가 원하는 대로 활용할 수 있는데, 일반적으로는 지적인 활동에 주력한다. 집집마다 열쇠를 채우거나 빗장을 거는 일이 절대로 없다. 왜냐하면 집 안에 들어간들 어느 개인의 소유물이란 없기 때문이다. 그리고 그곳의 시민들은 10년마다 제비를 뽑아 집을 교환한다. └─ 모어가 제시한 유토피아에서는 사유 재산을 인정하지 않는다.

– 모어, 「유토피아」 –

분석| 「유토피아」는 모어의 정치적 상상을 담은 이야기 형식의 저서이다. 가공의 인물 히슬로다에우스가 신세계에서 보고 들은 여러 이야기들, 특히 유토피아에 관해서 모어와 서로 대화하는 형식으로 되어 있다. 모어의 유토피아는 구성원들이 공동으로 일하고 생산한 물건을 필요한 만큼 가져다 사용하여 생산과 소유의 평등이 실현된 사회로 묘사되어 있다. 또한 그는 경제적으로 풍요롭고 도덕적으로 타락하지 않은 이상적인 사회의 모습을 그리고 있다.

롤스의 정의의 두 원칙
• 제1원칙: 평등한 자유의 원칙: 모든 사람은 기본적 자유를 최대한 누려야 함
• 제2원칙
 – 차등의 원칙: 사회적 · 경제적 불평등은 최소 수혜자에게 최대의 이익이 되도록 편성될 때 정당화됨
 – 공정한 기회 균등의 원칙: 사회적 · 경제적 불평등의 계기 가 되는 직위와 직책은 모든 사람에게 열려 있어야 함 ─┐

④ 롤스의 질서 정연한 사회

어떤 사회가 그 성원들의 선을 증진해 줄 뿐만 아니라 공공적 정의관에 의해 효율적으로 규제되는 경우, 그 사회를 질서 정연한(well-ordered) 사회라 해 보자. 즉 그것은 다른 사람도 모두 동일한 정의의 원칙을 받아들인다는 것을 인정하고 있고, 사회의 기본 제도가 일반적으로 이러한 원칙을 충족시키고 있으며, 그 사실 또한 널리 주지되어 있는 그러한 사회를 말한다. 이런 경우에 사람들은 상호 간에 비록 과도한 요구를 하게 될지도 모르나, 그 요구를 판정하게 될 공동의 입장을 인정하게 된다. 인간의 이기적인 경향성이 서로 간의 경계를 불가피하게 한다면 이러한 공공적인 정의감은 그들의 굳건한 결합을 가능하게 해 준다.

– 롤스, 「정의론」 –

분석| 현대의 사상가 롤스는 이상 사회의 모습으로 '질서 정연한 사회'를 제시하고 있다. 제시문에 언급되어 있듯이, 롤스는 질서 정연한 사회를 '각 성원의 선을 증진해 줄 뿐만 아니라 공공적 정의관에 따라 효율적으로 규제되는 사회'로 규정하고 있다. 그는 질서 정연한 사회의 조건으로 모두가 동일한 정의의 원칙을 받아들이고, 사회의 기본 제도가 일반적으로 이러한 원칙을 충족하고 있으며, 그 사실이 널리 알려져 있어야 한다는 점을 제시하였다.

③ 모어가 제시한 유토피아의 모습으로 옳은 것만을 〈보기〉에서 고른 것은?

┌─ 보기 ┐
ㄱ. 사유 재산이 인정되는 사회이다.
ㄴ. 생산과 소유의 평등이 실현된 사회이다.
ㄷ. 경제적으로 풍요롭고 도덕적으로 타락하지 않은 사회이다.
ㄹ. 도덕적 선에 관한 절대적 지식을 성취한 철학자들이 다스리는 사회이다.
└───────┘

① ㄱ, ㄴ ② ㄱ, ㄷ ③ ㄴ, ㄷ
④ ㄴ, ㄹ ⑤ ㄷ, ㄹ

정답과 해설 ▶ 모어가 이상 사회로 제시한 유토피아는 생산과 소유의 평등이 실현되고 경제적으로 풍요로우며 도덕적으로 타락하지 않은 사회이다.
ㄱ. 사유 재산이 인정되지 않는다. ㄹ. 플라톤의 철인 통치 국가에 대한 설명이다. **답 ③**

④ 롤스가 제시한 질서 정연한 사회에 대한 설명으로 가장 적절한 것은?

① 공공적 정의관에 의해 규제되는 사회이다.
② 모든 사람이 가족과 같은 관계를 맺으며 살아가는 사회이다.
③ 프롤레타리아 혁명에 의해 계급과 사유 재산이 철폐된 사회이다.
④ 고도의 과학 기술 문명을 바탕으로 과학 기술자들이 지배하는 사회이다.
⑤ 인위적인 제도와 규범에서 벗어나 인간 본연의 본성에 따라 살아가고자 하는 사회이다.

정답과 해설 ▶ 롤스가 주장한 질서 정연한 사회는 구성원들의 선(善)을 증진해 주면서도 공공적 정의관에 의해 효율적으로 규제되는 사회이다.
② 공자의 대동 사회에 해당하는 설명이다.
③ 마르크스의 공산 사회에 해당하는 설명이다.
④ 베이컨의 뉴 아틀란티스에 해당하는 설명이다.
⑤ 노자의 소국과민에 해당하는 설명이다. **답 ①**

^^

저절로 암기 □1회 (/) □2회 (/) □3회 (/)

01~05 다음 내용이 옳으면 ○표, 틀리면 ×표 하시오.

01 사회사상은 변화하는 사회를 설명하고 평가할 수 있는 규범적 기준을 제공한다.   (   )

02 인간이 지향하는 행복한 삶과 사회사상은 무관하다. (   )

03 이상 사회론은 미래 사회에 대한 전망을 제시한다. (   )

04 동서양 사상가들이 제시하는 이상 사회의 공통점은 모든 사람이 행복하게 살 수 있는 사회라는 것이다.   (   )

05 이상 사회를 건설하기 위한 노력은 대부분 실패에 그쳤기 때문에 현대 사회에 주는 시사점은 없다.   (   )

06~12 다음 이상 사회를 제시한 사상가의 이름을 쓰시오.

구분	사상가 이름	이상 사회
동양	**06** ( )	대동(大同) 사회
	07 ( )	소국과민 사회
서양	**08** ( )	철인 통치 국가
	09 ( )	유토피아
	10 ( )	공산 사회
	11 ( )	뉴 아틀란티스
	12 ( )	질서 정연한 사회

정답 **01** ○ **02** × **03** ○ **04** ○ **05** ×
06 공자 **07** 노자 **08** 플라톤 **09** 모어
10 마르크스 **11** 베이컨 **12** 롤스

오답 체크 Tip
02 행복한 삶은 인류의 보편적 가치의 실현을 필요로 하고, 이러한 가치는 사회사상에서 다루는 내용이기 때문에 행복한 삶과 사회사상은 밀접한 관련이 있다.
05 이상 사회론은 현대 사회의 문제점을 분석하고 미래 사회를 전망하는 등의 다양한 역할을 할 수 있다.

▶ 20582-0168

01 ㉠에 들어갈 진술로 가장 적절한 것은?

> 사회사상은 [㉠   ]
> 예를 들면 공자는 인의(仁義)의 정치가 구현된 사회를 추구하였고, 플라톤은 정의로운 국가를 이루고자 하였다. 롤스는 질서 정연한 사회를 실현하고자 하였다.

① 사회 현상을 평가하는 사실적 기준을 제시한다.
② 사회적 삶과 관련된 개념을 정의하고 분석한다.
③ 개인적 삶에서 중요한 가치가 무엇인지 제시한다.
④ 사회 현상을 설명하고 이해하는 이론적 틀을 제공한다.
⑤ 인간이 추구해야 하는 바람직한 사회의 모습을 제시한다.

▶ 20582-0169

02 그림은 서술형 평가 문제와 학생 답안이다. 학생 답안의 ㉠~㉤ 중 옳지 <u>않은</u> 것은?

> ◎ 문제: 이상 사회를 추구하는 이유를 서술하시오.
>
> ◎ 학생 답안
>   이상 사회를 추구하는 이유는 ㉠ 이상 사회가 현실을 개혁하는 데 필요한 기준과 목표를 제시하기 때문이고, ㉡ 이러한 기준과 목표는 더 나은 사회로 나아갈 수 있는 원동력이 될 수 있기 때문이다. 그리고 이상 사회는 ㉢ 인간에게 더 나은 사회를 만들고자 하는 신념과 실천 의지를 부여한다. 또한 이상 사회는 ㉣ 새로운 사회를 추구하려는 변혁 의식과 활력을 고취하며, ㉤ 사회적 존재로서의 삶에서 벗어나는 데 도움을 준다.

① ㉠   ② ㉡   ③ ㉢   ④ ㉣   ⑤ ㉤

▶ 20582-0170

03 다음의 입장을 지닌 사상가가 중시하는 바람직한 삶의 자세로 가장 적절한 것은?

> 나라를 작게 하고 백성의 수는 적어야 한다. 비록 배와 수레가 있더라도 탈 일이 없고, 갑옷과 무기가 있어도 사용할 필요가 없다.

① 과학 기술에 대한 무한한 신뢰를 갖는다.
② 정신적 가치보다 물질적 가치를 추구한다.
③ 도덕적 선에 관한 분별적 지식을 추구한다.
④ 인위적인 규범에서 벗어나 자연의 순리대로 살아간다.
⑤ 예를 바탕으로 내면적 도덕성을 실현하려고 노력한다.

▶ 20582-0171

04 다음 사상가가 부정의 대답을 할 질문만을 〈보기〉에서 고른 것은?

> 큰 도(道)가 행해지고 천하가 모두의 것이다. 현명하고 유능한 자를 뽑아 다스리게 하니, 사람들은 자기 부모만 부모로 여기지 않고 자기 자식만 자식으로 여기지 않는다. 노인은 여생을 잘 마치게 하며, 장년은 일자리가 있으며, 어린이는 잘 양육되고, 홀로된 자와 병든 자도 부양받는다.

◀ 보기 ▶
ㄱ. 사회적 약자를 보호해야 하는가?
ㄴ. 도덕적 옳음보다 경제적 이익을 추구하는가?
ㄷ. 어질고 능력 있는 사람이 중요한 일을 맡아야 하는가?
ㄹ. 재화의 공정한 분배보다 생산의 효율성을 중시하는가?

① ㄱ, ㄴ ② ㄱ, ㄷ ③ ㄴ, ㄷ ④ ㄴ, ㄹ ⑤ ㄷ, ㄹ

단답형
▶ 20582-0172

05 ㉠, ㉡에 들어갈 알맞은 말을 쓰시오.

> (㉠)은/는 그리스어인 '없는(ou)'과 '장소(topos)'의 합성어로 '아무 데도 없는 곳'이라는 뜻을 지닌다. 한편, 17세기 영국 사상가 베이컨은 과학 기술의 문명을 통해 이룩되는 (㉡)을/를 이상 사회로 제시하였다.

[06~07] 다음을 읽고 물음에 답하시오.

> 갑: 이상 사회에서는 성인들은 남녀를 가리지 않고 노동에 종사한다. 노동은 매일 6시간으로 제한되고, 8시간 잠자고 남은 시간은 자기가 원하는 대로 활용한다.
> 을: 공산 사회에서는 노동 분업에 예속된 개인의 노예 상태가 사라지고, 각자는 자신의 능력에 따라 일하고, 자신의 필요에 따라 분배받는다.
> 병: 이상 국가에서는 좋음의 이데아에 관한 지식을 얻은 철학자들이 통치하며, 방위자와 생산자는 각각의 계층에 맞는 덕을 갖추고 실천한다.

▶ 20582-0173

06 갑, 을, 병 사상가 중 적어도 두 명 이상이 부정의 대답을 할 질문으로 가장 적절한 것은?

① 이상 사회에서 사유 재산을 인정하는가?
② 생산과 소유에 있어서 평등을 강조하는가?
③ 모든 구성원들이 빈곤하지 않은 사회를 지향하는가?
④ 모든 사람들이 인간답게 살 수 있는 사회를 추구하는가?
⑤ 모든 사람들이 행복하게 살 수 있는 사회를 추구하는가?

▶ 20582-0174

07 을의 사상적 입장에서 지지할 진술로 가장 적절한 것은?

① 생산 수단을 공유화해야 한다.
② 개인의 사적 재산권을 강화해야 한다.
③ 성과나 업적에 따라 재화를 분배해야 한다.
④ 개인의 경제적 자유를 최대한 보장해야 한다.
⑤ 과학 기술을 비롯한 문명의 이기(利器)에서 벗어나야 한다.

서술형
▶ 20582-0175

08 ㉠에 들어갈 적절한 말을 한 문장으로 서술하시오.

> 현대 사상가 롤스는 이상적인 사회의 모습으로 질서 정연한 사회를 제시하였다. 그가 제시한 질서 정연한 사회란 _____ ㉠ _____ 롤스는 이러한 사회 속에서 구성원들은 기본적 자유와 평등한 권리를 보장받을 수 있다고 주장하였다.

● 국가의 기원과 본질에 대한 관점

(1) 유교

> 유교에서 말하는 가족은 혈연관계에 근거한 집단일 뿐만 아니라 때로는 일정 규모의 정치 공동체를 의미하는 말로도 사용함

① 국가를 가족의 질서가 확장된 공동체로 봄
- 가족 윤리가 정치 원리와 서로 통한다고 봄
- 효제(孝悌)와 같은 가족 윤리가 국가를 다스리는 토대가 됨

② 백성이 국가의 근본이 됨
- 인륜을 강조한 민본주의 사상을 바탕으로 국가관이 형성됨
- 국가는 백성들의 도덕성을 구현하는 데 그 목적이 있음

(2) 아리스토텔레스

① 국가를 인간의 사회 · 정치적 본성에 의해 생겨난 인간 간의 결합으로 봄
② 국가는 구성원의 인간다운 삶을 실현할 수 있는 최고의 공동체임
- 국가는 단순한 생존뿐만 아니라 구성원의 훌륭한 삶을 실현하여 구성원이 행복한 삶을 살 수 있도록 함
- 국가는 다른 모든 공동체를 포괄하면서 행복의 실현이라는 최고선을 추구하는 도덕 공동체임

(3) 공화주의

① 국가를 공동선에 합의하고 이를 구현하는 시민이 모인 공동체로 봄
- 키케로: 공화국은 공동의 이익을 구현하는 '공공의 것'이며, '인민의 것'이라고 규정함

> 공화주의에서는 간섭이 없는 상태가 아닌 자기 마음대로 권력을 휘두르는 권력자의 자의적 지배로부터 벗어날 수 있는 자유를 강조함

- 국가를 시민의 자유를 지키기 위한 수단으로 인식함
② 국가는 시민들이 공공의 일에 관심을 가지고 법을 지키며 정치에 참여할 때 유지될 수 있음

> 공화주의에서는 공동선을 이루기 위하여 시민의 헌신과 자발적 참여라는 시민적 덕성을 중시함

(4) 사회 계약론 — 국가를 개인이 동의한 계약에 의해 성립된 것으로 봄

홉스	만인에 대한 만인의 투쟁 상태인 자연 상태에서 벗어나기 위해 사회 계약을 맺으면서 국가가 발생한다고 봄 (국가가 성립되기 이전의 상태)
로크	자연 상태에서 비교적 평화로운 삶을 누리지만 개인의 기본권을 더 확실하게 보장받기 위해 사회 계약을 통해 국가를 구성한다고 봄
루소	자연 상태에서 누리던 자유를 보장받고, 공동선을 추구하는 일반 의지를 실현하기 위해 국가를 형성한다고 봄

(5) 마르크스

① 국가를 지배 계급의 특권을 유지하기 위한 수단으로 봄: 국가는 소수의 지배 계급이 다수의 피지배 계급을 억압하고 착취하기 위한 수단으로 발생했다고 봄
② 역사의 필연적인 발전 단계에 따라 국가가 소멸할 것으로 봄: 혁명을 거쳐 계급과 국가가 사라져 모두가 평등한 공산주의 사회가 도래할 것으로 봄

◉ 국가

일반적으로 일정한 영토와 국민으로 구성되며, 주권에 의해 통치되는 사회 집단

◉ 국가의 기원에 대한 다양한 관점

자연 발생설	인간은 사회적 존재로 태어났기 때문에 국가는 사람들이 상호 작용하려는 자연적인 경향의 결과임
정복설	국가는 정복 관계에서 필연적으로 생기는 불평등한 관계를 규율하기 위해 생성된 통치 조직임
왕권 신수설	모든 권력은 신으로부터 나오며, 신이 특별히 왕을 선택하여 그에게 절대적인 권력을 부여함
사회 계약설	국가는 개인들의 이익 추구를 위한 결사체이며, 개인들이 자신들의 권리와 이익을 보호하기 위해 서로 간에 계약을 맺어 국가를 형성함
마르크스주의	국가는 사회를 주도하는 지배 계급이 자신들이 이익을 위해 만든 계급 지배의 도구임

◉ 공화주의(共和主義, Republicanism)

공화주의는 '공공의 것'을 뜻하는 라틴어 '레스 푸블리카(res publica)'에서 기원하여, 공화국을 실현하려는 정치적 생각이나 이념을 뜻함

◉ 마르크스의 역사 발전 단계설

원시 공산 사회 (무계급)
↓
지배 계급 · 피지배 계급 생성
고대 노예 사회 (자유민 ⇔ 노예)
↓
중세 봉건 사회 (영주 · 귀족 ⇔ 농노)
↓
근대 자본주의 사회 (자본가 ⇔ 노동자)
↓ 사회주의(과도기)
공산주의 사회 (무계급)

① 아리스토텔레스의 국가 기원에 대한 입장

일상의 필요를 충족하기 위해 자연적으로 형성된 결합체는 가정이고, 나날의 필요 이상을 충족하기 위해서 여러 가정들로 구성된 첫 번째 공동체는 마을이다. 여러 마을로부터 이루어진 완전한 공동체는 폴리스인데, 폴리스는 한 마디로 말해서 이미 전적인 자족의 한계에 도달해 있는 것이다. 그런데 그것은 삶을 위해서 존재하는 것이지만, 좋은 삶을 위해서 존재하는 것이다. 이런 까닭에 모든 폴리스는 자연적으로(본성적으로) 존재하는 것인데, 최초의 공동체들도 또한 그렇기 때문이다. 따라서 인간은 본성적으로 '폴리스를 형성하며 살아가기에 적합한 동물'이라는 것이다. ─ 이를 통해 인간은 "사회적·정치적 동물"이라는 명제가 성립됨

– 아리스토텔레스, 「정치학」 –

분석 | 아리스토텔레스는 인간이 지닌 사회적·정치적 본성 때문에 국가가 발생하였다고 본다. 즉 인간은 가정을 이루고, 가정이 모여 마을이 되고, 마을이 모여 자연스럽게 국가를 이룬다고 주장하였다. 아리스토텔레스에 의하면, 국가는 개인의 자아실현과 도덕적 능력 계발을 가능하게 하는 최상의 도덕 공동체로서, 개인이 행복한 삶(좋은 삶)을 살아가기 위해서는 국가가 필요하다.

② 루소의 사회 계약론

나는, '사람들은 자연 상태에서 생존하는 일을 방해하는 여러 가지 장해가 그 저항력에 의해, 각 개인이 자연 상태에 머무르기 위하여 사용할 수 있는 힘을 넘어서는 지점에까지 도달했다.'고 상정한다. 그때에는 이 자연 상태는 이미 존속할 수 없게 된다. … (중략) … "각 구성원의 몸과 재산을 공동의 힘으로 지키고 보호하는 결합의 한 형식을 찾아낼 것. 이전과 마찬가지로 자유로울 것" 이것이야말로 근본적인 문제이고, 사회 계약이 그것에 일종의 해결책을 준다. … (중략) … "우리들 각자는 몸과 모든 힘을 공동의 것으로 일반 의지의 최고의 지도하에 둔다. 그리고 우리는 각 구성원을 전체의 불가분의 일부로서, 일괄로서 받아들이는 것이다."

– 루소, 「사회 계약론」 –

분석 | 루소는 사유 재산이 발생하면서 인간의 불평등이 발생했다고 주장하였다. 그는 자연 상태에서 누리던 자유를 보장받기 위해서는 사회 계약을 통해 국가를 형성해야 한다고 보았고, 이를 위해서는 구성원들의 힘과 의지를 하나로 모아야 한다고 주장하였다. 이를 루소는 '일반 의지'라고 불렀고, 그 내용은 각자가 신체와 능력과 힘 등 자신의 모든 것을 도덕적·집합적 단체에 공동의 것으로 내어놓는 것이다. 즉 각자가 자신의 모든 것을 계약에 의해 구성되는 결합체인 공적 인격에 양도하는 것이 계약의 기본적인 내용이다. 따라서 주권은 분할되거나 양도될 수 없는 것이다.

1 아리스토텔레스의 국가에 관한 입장으로 옳은 것만을 〈보기〉에서 고른 것은?

┤ 보기 ├
ㄱ. 국가는 인간의 자연적 본성에 의해 발생되었다.
ㄴ. 국가는 구성원의 사익을 추구하기 위한 수단이다.
ㄷ. 국가는 지배 계급의 특권을 유지하기 위한 수단이다.
ㄹ. 국가는 구성원이 인간다운 삶을 실현할 수 있는 최선의 공동체이다.

① ㄱ, ㄷ   ② ㄱ, ㄹ   ③ ㄴ, ㄷ
④ ㄴ, ㄹ   ⑤ ㄷ, ㄹ

정답과 해설 ▶ 아리스토텔레스는 국가를 사회적·정치적 본성에 의해 생겨난 인간 간의 결합으로 보며, 구성원은 국가 안에서 훌륭한 삶을 실현할 수 있어 행복한 삶을 살 수 있다고 본다.
ㄴ. 아리스토텔레스는 국가를 구성원의 사익을 추구하기 위한 수단으로 보지 않는다. ㄷ. 마르크스의 입장이다. **답 ②**

2 루소의 사회 계약론에 대한 설명으로 옳지 않은 것은?
① 자연 상태에서 인간은 평등하다고 보았다.
② 주권은 분할되거나 양도될 수 없다고 보았다.
③ 일반 의지보다 특수 의지를 중요하게 생각하였다.
④ 각 개인의 동의에 의해 국가가 성립되었다고 보았다.
⑤ 국가를 개인의 자유와 권리를 보장하기 위한 수단으로 인식하였다.

정답과 해설 ▶ 루소에 따르면, 사회 계약은 개인적인 이익만을 추구하는 특수 의지가 아니라 공선을 추구하려는 일반 의지에 복종되도록 이루어져야 한다. **답 ③**

● 국가의 역할과 정당성에 대한 동서양 사상

(1) 동서양의 사상에 나타난 국가의 역할과 정당성

유교	• 국가가 해야 할 일 = 군주가 해야 하는 일 • 군주의 역할 　– 민본 정치를 통해 위민(爲民)을 실현하고, 국가를 인륜이 실현되는 도덕 공동체로 만드는 것 　– 형벌보다는 덕(德)으로 다스려야 함 　– 백성들이 도덕적인 삶을 살 수 있도록 경제적 안정을 도모해야 함 ┌ 맹자는 "백성은 항산(恒産)이 있어야 항심(恒心)이 있을 수 있다."라고 하여 백성의 경제적 안정을 강조함 　– 방위력을 길러 백성의 생명과 재산을 보호해야 함 • 역성(易姓)혁명의 가능성 인정(맹자): 군주의 역할을 다하지 못하면 통치 권력의 정당성을 잃게 됨
아리스토텔레스	• 국가는 시민이 행복한 삶을 살도록 이끌어야 함 → 시민의 행복은 영혼의 탁월성을 발휘할 때 실현됨 • 국가는 시민들이 양질의 교육을 받고 좋은 습관을 길러 영혼의 탁월성을 온전히 발휘할 수 있도록 해야 함 • 국가는 시민이 정치에 참여할 수 있는 제도를 마련해 영혼의 탁월성을 발휘할 수 있도록 해야 함
공화주의	• 국가는 모든 시민이 예속되지 않을 자유를 누릴 수 있도록 적극적인 역할을 해야 함 ┌ 공적인 일에 관한 관심과 지식, 공동체의 구성원으로서 가지는 소속감 등을 의미함 　– 시민적 덕성을 기르도록 해야 함 　– 시민의 정치 참여를 활성화해야 함 　– 법치를 보장함으로써 소수의 독재를 방지해야 함 • 한 사람이나 다수의 자의에 모든 시민이 종속될 때, 그 정당성을 잃게 됨
사회 계약론	• 국가는 개인의 생명과 자유 등을 보장해야 함 • 정부 해체의 가능성 인정(로크) 　– 정부가 개인의 권리를 심각하게 침해하거나 공동선을 해칠 경우, 시민들이 정치적 저항권을 행사하여 국가를 해체할 수 있다고 봄
마르크스	• 자본주의 사회에서 국가는 정당성을 가지지 못함 　– 자본주의 사회에서 국가는 자본가 계급을 보호할 뿐, 경제적 약자인 노동자에 대한 자본가의 착취를 방임함 　– 사람들이 기존의 계급 구조를 정당한 것으로 받아들이도록 국가는 각종 사회 구조와 제도를 만들어 내고 있음 • 국가의 긍정적인 역할을 무시 → 설득력을 얻기 어려움

◉ **유교의 천명(天命) 사상**
"하늘이 듣고 보는 것은 백성이 듣고 보는 것이다. 하늘이 밝히고 두렵게 하는 것 또한 백성을 통하여 밝히고 두렵게 하는 것이다. 이처럼 하늘과 백성은 서로 통하는 것이니, 땅을 다스리는 사람은 백성을 공경해야 한다."
– 『서경』 –

◉ **역성혁명(易姓革命) 사상**
군주가 부덕하여 민심을 잃으면, 덕이 있는 다른 사람이 천명을 받아 성(姓)이 다른 새로운 왕조를 세울 수 있다는 사상

◉ **홉스의 국가, 리바이어던**
• 리바이어던(Leviathan)은 구약성서 욥기에 나오는 바닷속 괴물의 이름으로, 홉스는 이것이 국가의 상징이 될 수 있다고 봄
• 리바이어던은 사회 질서를 보장할 수 있는 막강한 권력의 소유자이자 신의 대리자로서, 인간을 복종시킬 수 있는 강력한 존재로 묘사됨

◉ **홉스와 로크의 사회 계약론 비교**

홉스	로크
국가 권력의 절대성과 절대 군주제 옹호	국가 권력의 분립성과 의회 중심주의 옹호
• 정치적 저항 불가능 • 개별적 반발 인정: 자기 보존이 위협당하는 경우	정치적 저항권 인정

(2) 현대 국가의 역할과 정당성

　　　　　　　┌ 국가는 사회 보험, 공공 부조, 공공재 공급 등을 통해 국민의 기본적인 생활을 보장할 수 있음
① 국가는 국민의 생명, 재산, 자유 등을 보장해야 함
② 국가는 국민의 복지와 행복을 실현하기 위해 노력해야 함
③ 국가는 국민의 도덕성과 시민성을 함양하기 위해 노력해야 함 → 국가가 역할을 다할 때, 국가의 정당성을 인정받을 수 있음

❸ 유교의 위민(爲民) 사상

> • 백성이 귀중하고, 사직이 그 다음이며, 임금은 가장 가벼운 존재이다. 그러므로 백성의 마음을 얻은 사람은 천자가 되고, 천자의 마음을 얻은 사람은 제후가 되고, 제후의 마음을 얻은 사람은 대부가 된다. 제후가 사직을 위태롭게 하면 다른 제후로 바꾸어 놓는다.
>
> – 맹자, 『맹자』 –
>
> • 현명한 군주는 백성들의 생업을 마련해 주는데, 반드시 위로는 부모를 섬기기에 충분하게 하고 아래로는 처자를 먹여 살릴만하게 하여, 풍년에는 언제나 배부르고 흉년에는 죽음을 면하게 한다. 그렇게 한 후에 백성들을 선(善)한 데로 유도하므로 백성들이 따르기 쉽다.
>
> – 맹자, 『맹자』 –

분석 | 유교에서는 국가의 정당성을 민의(民意)에 기초한 천명(天命)의 관점에서 찾는다. 군주의 통치권을 하늘로부터 주어진 것으로 보며, 하늘이 듣고 보는 것은 백성을 통하여 듣고 보는 것이므로 군주의 통치는 백성을 위한 것이어야 한다고 주장한다. 따라서 군주는 경제적 안정을 도모하여, 백성들이 도덕적인 삶을 살 수 있도록 도와야 한다. 유교의 대표적 사상가인 맹자는 군주의 역할을 제대로 수행하지 못하면 왕권을 교체할 수 있다고 보았다.

❹ 홉스의 국가관

> 태어날 때부터 자유를 사랑하고 타인을 지배하기를 좋아하는 인간이 국가 속에서 스스로를 구속하고 억압하는 궁극적 원인과 목적 그리고 의도는 무엇일까? 그것은 자기 보존과 그것을 통해 좀 더 만족스런 삶을 통찰하는 데 있다. 즉 이러한 통찰은 비참한 전쟁 상태로부터 벗어나는 데 대한 것이다. 전쟁이란 인간 본래의 정념들로부터 필연적으로 일어나는 것이다. 그리하여 인간이 보이지 않는 어떤 힘을 두려워하고, 처벌이 두려워 저마다 맺은 신약들을 이행하고 여러 자연법들을 지키지 않는 한, 전쟁은 피할 수 없다.
> └ 홉스는 자연 상태를 "만인의 만인에 대한 전쟁(투쟁) 상태"로 묘사함
>
> – 홉스, 『리바이어던』 –

분석 | 홉스는 국가 이전의 상태인 자연 상태 속에서 인간은 자기 자신을 보존하려는 이기적인 본성을 가지고 있고, 이 때문에 자연 상태는 '만인의 만인에 대한 투쟁' 상태가 된다고 주장하였다. 그는 이러한 혼란과 갈등 상태에서 벗어나기 위해서 인간은 자신의 권리를 국가에 양도하는 사회 계약에 동의하여 국가가 성립되었다고 주장하면서 국가는 리바이어던과 같은 절대적 통치자가 다스려야 한다고 보았다. 따라서 국가의 가장 중요한 역할은 개인의 안전을 보장하여 사회 질서와 평화를 유지하는 것이다.

---

❸ 다음 사상적 입장으로 옳지 않은 것은?

> 하늘이 듣고 보는 것은 백성이 듣고 보는 것이다. 하늘이 밝히고 두렵게 하는 것 또한 백성을 통하여 밝히고 두렵게 하는 것이다. 이처럼 하늘과 백성은 서로 통하는 것이니, 땅을 다스리는 사람은 백성을 공경해야 한다.

① 민본 정치를 실시해야 한다.
② 국가의 정당성을 천명(天命)에서 찾는다.
③ 인의(仁義)보다는 형벌로 다스려야 한다.
④ 민생을 안정시키는 일에 주력해야 한다.
⑤ 인륜이 실현되는 도덕 공동체를 만들어야 한다.

정답과 해설 ▶ 제시문은 유교의 입장이다. 유교에서는 국가의 정당성을 민의(民意)에 기초한 천명(天命)에서 찾는다. 따라서 군주는 민본(民本) 정치를 실시해야 하고, 이를 위해서는 백성들의 경제적 안정을 도모해야 한다. 또한 형벌보다는 인의(仁義)와 같은 덕으로 다스려야 한다고 본다. **달 ③**

❹ 홉스의 국가관에 대한 설명으로 옳은 것은?

① 국가의 주된 목적은 인륜의 실현이다.
② 혁명을 통해 국가의 소멸을 추구하였다.
③ 국가는 인간의 사회적 본성에 의해 형성되었다.
④ 국가는 권력자의 자의적 지배를 권장해야 한다.
⑤ 국가는 개인의 생명을 보존하고 평화를 유지하는 역할을 해야 한다.

정답과 해설 ▶ 홉스에 따르면, 국가는 인간이 전쟁과 같은 자연 상태에서 벗어나 자기 생명을 보존하기 위해 계약을 통해 형성되었다. 따라서 국가의 역할은 개인의 생명을 보존하고 평화를 유지하는 것이다.
① 유교의 국가관이다. ② 마르크스 입장이다. ③ 아리스토텔레스의 국가관이다. ④ 홉스는 권력자의 자의적 지배를 권장하지 않는다. **달 ⑤**

저절로 암기 ᵀⁱᵖ ☐1회 (/) ☐2회 (/) ☐3회 (/)

01~05 다음 입장에 해당하는 사상가의 이름을 쓰시오.

사상가 이름	입장
01 ( )	국가는 인간의 사회적 · 정치적 본성에 의해 생겨난 인간 간의 결합임
02 ( )	국가는 전쟁과 같은 자연 상태에서 벗어나 자기 생명을 보존하고 평화를 획득하기 위해 형성됨
03 ( )	국가는 개인의 생명권뿐만 아니라 재산권 · 자유권과 같은 권리를 보장하기 위해 계약을 통해 형성됨
04 ( )	자연 상태에서 누리던 자유를 보장받고 공동선을 추구하는 일반 의지를 실현하기 위해 국가를 형성한다고 봄
05 ( )	국가는 지배 계급의 특권을 유지하기 위한 수단에 불과함

06~09 다음 내용이 옳으면 ○표, 틀리면 ×표 하시오.

06 유교는 가족 윤리와 국가의 정치 원리가 서로 통한다고 보았다. ( )

07 공화주의에서 말하는 시민의 자유란 단순히 간섭이 없는 상태를 의미한다. ( )

08 사회 계약론은 개인의 생명과 자유 등을 보장하는 것이 국가의 역할이라고 본다. ( )

09 아리스토텔레스는 개인의 행복한 삶과 정치 참여는 무관하다고 보았다. ( )

정답
01 아리스토텔레스 **02** 홉스 **03** 로크
04 루소 **05** 마르크스 **06** ○ **07** ×
08 ○ **09** ×

오답 체크 ᵀⁱᵖ
07 공화주의에서 말하는 자유는 자기 마음대로 권력을 휘두르는 권력자의 자의적 지배로부터 벗어날 수 있는 자유이다.
09 아리스토텔레스는 영혼의 탁월성을 온전히 발휘하려면 정치 참여가 중요하다고 보았다.

▶ 20582-0176

01 다음 대화의 스승이 지지할 입장으로 옳지 <u>않은</u> 것은?

① 군주의 통치는 민본주의를 바탕으로 한다.
② 가족 윤리는 국가의 정치 원리의 바탕이 된다.
③ 국가의 목적은 백성들의 도덕성을 구현하는 것이다.
④ 국가의 본질은 통치자에게 이익을 제공하는 데 있다.
⑤ 효제(孝悌)를 바탕으로 인의(仁義)를 실현하고자 한다.

▶ 20582-0177

02 다음을 주장한 사상가의 입장만을 〈보기〉에서 있는 대로 고른 것은?

모든 공동체는 어떤 선을 실현하기 위해 구성된다. 이렇듯 모든 공동체가 어떤 선을 추구하는 것이라면, 모든 공동체 중에서도 으뜸가며 다른 공동체를 모두 포괄하는 공동체야말로 분명 으뜸가는 선을 가장 훌륭하게 추구할 것이다. 이것이 이른바 국가 또는 국가 공동체이다.

┤ 보기 ├
ㄱ. 국가는 구성원들의 행복을 목적으로 삼는다.
ㄴ. 국가는 개인들의 자발적 동의에 의해 형성된다.
ㄷ. 국가는 인간의 본성에 따라 자연스럽게 형성된다.
ㄹ. 국가는 구성원들의 영혼의 탁월성 함양에 관심을 가져야 한다.

① ㄱ, ㄴ   ② ㄴ, ㄹ   ③ ㄷ, ㄹ
④ ㄱ, ㄴ, ㄷ   ⑤ ㄱ, ㄷ, ㄹ

▶ 20582-0178

03 (가)를 주장한 사상가가 (나)의 질문에 대해 제시할 옳은 답변만을 〈보기〉에서 있는 대로 고른 것은?

(가)	공화국은 인민의 일들이다. 그러나 인민은 아무렇게나 모인 한 무리의 사람을 뜻하는 것이 아니라 법을 존중하고 공동의 이익을 인정하고 동의한 사람들의 모임이다.
(나)	국가의 역할은 무엇인가?

◀ 보기 ▶

ㄱ. 시민의 정치 참여를 활성화한다.
ㄴ. 시민적 덕성을 기르도록 돕는다.
ㄷ. 법치를 보장하여 소수의 독재를 방지한다.
ㄹ. 효제(孝悌)의 가족 윤리를 국가 차원에서 실현하고자 한다.

① ㄱ, ㄴ   ② ㄴ, ㄹ   ③ ㄷ, ㄹ
④ ㄱ, ㄴ, ㄷ   ⑤ ㄱ, ㄷ, ㄹ

▶ 20582-0179

04 근대 서양 사상가 갑, 을에 대한 설명으로 옳은 것은?

갑: 인간은 자연 상태, 즉 비참한 전쟁 상태로부터 빠져나오기 위하여 계약을 한다. 원래 자유를 사랑하고 타인을 지배하기를 좋아하는 존재인 인간이 국가의 틀 안에서 살기로 한 궁극적 이유는 자기 보존이다.
을: 사람들은 사회에 들어갈 때 그들이 자연 상태에서 가졌던 평등, 자유 및 집행권을 사회의 선이 요구하는 바에 따라 입법부가 처리할 수 있도록 사회의 수중에 양도한다.

① 갑은 시민들의 정치적 저항권을 인정한다.
② 갑은 국가권력이 분할되어야 함을 주장한다.
③ 을은 국가가 절대적 권력을 갖고 통치해야 한다고 본다.
④ 을은 국가를 최고선을 추구하는 도덕 공동체로 인식한다.
⑤ 갑, 을은 국가의 기원을 개인이 동의한 계약에서 찾는다.

▶ 20582-0180

05 다음을 주장한 사상가의 관점에만 모두 '✔'를 표시한 학생은?

자연 상태에서 인간은 자유롭고 평등하지만 사유 재산의 발생과 더불어 불평등과 예속의 상태에 빠진다. 그러한 상태에서 벗어나기 위해서 각자는 신체와 모든 힘을 공동의 것으로 삼아 일반 의지의 최고 지도하에 두어야 한다.

관점 \ 학생	갑	을	병	정	무
국가는 인간의 사회적 본성에 의해 발생되었다.	✔	✔			
국가의 기원은 개인이 동의한 계약에 있다.	✔		✔		✔
국가는 개개인 의지의 총합을 실현해야 한다.		✔		✔	✔
국가는 시민의 자유를 보장받기 위한 수단이다.			✔	✔	✔

① 갑   ② 을   ③ 병   ④ 정   ⑤ 무

[06~07] 다음을 읽고 물음에 답하시오.

(가)	본래 인류는 자급자족하며 계급이 없는 원시 공산 사회에서 살았다. 그런데 기술의 발전 등으로 생산력이 높아지자 사유 재산과 소유 관계가 나타나기 시작했고, 이로 인하여 지배 계급과 피지배 계급이 생성되었다.

(나)

	(A)	(C)	
		(B)	

[가로 열쇠] (A): 자기가 태어난 나라, 해외 동포의 ○○방문
(B): 유교의 입장에서는 혈연관계에 근거한 집단이며, 때로는 일정 규모의 정치 공동체를 의미하기도 함
[세로 열쇠] (C): …… 개념

단답형 ▶ 20582-0181

06 (나)의 세로 열쇠 (C)에 들어갈 말을 쓰시오.

서술형 ▶ 20582-0182

07 (가) 사상가의 입장에서 (나)의 세로 열쇠 (C) 개념의 본질을 한 문장으로 서술하시오.

● 시민적 자유와 권리의 근거

(1) 자유주의 관점에서 본 시민적 자유

① 자유주의의 의미와 사상적 근원
- 의미: 개인의 자유가 무엇보다 소중한 가치라고 보는 사상
- 사상적 근원: 자연권 사상
  - ┌─ 인간이 태어나면서부터 가지는 자연적이고 본래적인 권리로서, 천부 인권이라고도 함
  - 모든 인간은 타인에게 양도할 수 없는 자유와 생명, 재산에 대한 권리를 가지고 있다고 봄 → 자연권
  - 근대의 사회 계약 사상가들에 의해 계승 및 발전

홉스	• 자연 상태에서 인간에게 가장 중요한 것은 생명 보존 • 자연 상태에서 각자는 자신의 생명을 지키기 위해 어떤 행위도 할 수 있음
로크	자신의 생명과 자유에 대한 자연권뿐만 아니라 정당한 노동을 통해 획득한 재산에 대해 침해받지 않을 자연권을 갖고 있음

  - 의의: 근대 시민 혁명의 사상적 지도 이념이 됨. 근대 입헌 민주주의의 기본적 권리로 확립되는 데 기여함
    - ┌─ 국민의 기본적 인권을 보장하기 위하여 민주주의 국가의 모든 생활이 헌법에 따라 영위되어야 한다는 정치 원리를 의미함

② 자유주의에서 바라본 시민의 자유와 권리
- 개인의 자유를 위협하는 체제와 제도 반대 → 자유를 최상의 정치적·사회적 가치로 삼음
- 국가의 존립 목적: 구성원들이 스스로 선택한 신념에 따라 자유로운 삶을 영위할 수 있도록 하는 것
- 다른 시민의 자유와 권리를 침해할 때 외에는 공권력과 법이 개인의 행동을 제약할 수 없다고 봄 → 법의 간섭은 최소한으로 이루어져야 함

(2) 공화주의 관점에서 본 시민적 자유

① 공화주의의 등장
  - ┌─ 자유주의의 문제점: 개인의 자유를 극대화함으로써 공동체적 삶을 소홀히 할 수 있음
- 자유주의가 지닌 문제점을 보완할 수 있는 사상으로 새롭게 조명 받음
- 자유주의의 문제점에 대한 공화주의의 해결 방향: 개인은 정치 공동체의 일에 참여하는 시민이 됨으로써 자신의 정체성을 형성하고 자유를 실현할 수 있음

② 공화주의에서 바라본 시민의 자유와 권리
- 자유: 권력자의 자의적 지배가 없는 상태 → 누구도 자의적으로 간섭할 수 있는 우월한 위치에 있지 않을 때 가능
- 자유가 위협될 수 있는 상황: 모든 구성원에게 보편적으로 적용되는 법이 존재하지 않거나, 법이 아니라 사람이 지배하는 상황
- 자유의 보호
  - ┌─ 공화주의에서는 법치(法治)를 매우 중요하게 생각함
  - 법이 자의적 권력의 지배로부터 시민을 보호해 줌
  - 시민의 권리가 공동체 구성원들 사이의 심의를 통해 구성된다고 봄

◉ **시민**
도시의 거주자 혹은 합법적으로 국가나 공동체를 구성하는 개인으로서 권리와 의무를 지니고 공공 정책 결정에 참여하는 사람

◉ **시민 개념의 변천**

고대 그리스	정치 공동체의 일원으로서 도시나 국가의 공적인 일에 참여하는 제한된 범위의 특권 계급을 의미함
중세	도시를 중심으로 무역, 정치, 사법 등의 각 분야에서 특권을 소유한 자유로운 사람을 의미함
근대	합리적인 개인 → 시민 혁명과 산업 혁명 이후 자유와 권리를 누리는 시민의 범위가 확대됨
현대	기본적 자유와 정치·경제적 자유를 행사하는 주체

◉ **자유주의와 공화주의에서 바라본 자유의 비교**

자유주의	공화주의
• 간섭과 방해가 없는 소극적 의미의 자유 • 자유와 권리를 천부 인권으로 봄	• 정치에 참여하여 스스로 통치할 수 있는 비지배로서의 자유 • 자유와 권리를 시민들이 만들어 내고 향유하는 정치적·사회적 권리로 봄

◉ **법치에 대한 자유주의와 공화주의의 관점 비교**

자유주의	공화주의
• 개인의 행동을 제약하지 않기 위한 최소한의 법의 지배 강조 • 국가는 개인의 삶에 대해 가치 중립적인 입장을 견지해야 함	• 법에 의한 지배가 개인의 자유와 권리를 증진한다고 봄 • 법치가 이루어질 수 있도록 시민의 참여 강조

❶ 밀의 자유론

> 밀에 의하면, 개인의 자유를 간섭할 수 있는 유일한 판단 근거는 '다른 사람에게 해악을 끼쳤느냐'임

인류가 개인적으로나 집단적으로 어느 한 개인의 자유에 정당하게 간섭을 하는 유일한 목적은 자기 방어이다. 권력이 문명 사회의 한 구성원에게 본인의 의사에 반해서 정당한 제재를 가할 수 있는 유일한 목적은 타인에게 가해지는 해악을 방지하는 것이다. 그 사람 자신의 행복이 물리적이든 도덕적이든 간에, 다른 개인의 자유에 간섭하는 것을 정당화하는 충분한 조건이 아니다. 그렇게 행하는 것이 자신에게 유리하다든지, 그것이 자신을 더욱 행복하게 만들 것이라든지, 다른 사람의 의견에 의하면 그렇게 하는 것이 현명하거나 심지어 정당하다고 한다든지 하는 등의 이유로 인해서, 어떤 행동을 하거나 자제하는 것을 강제하는 것이 정당화될 수는 없다.

– 밀, 「자유론」 –

분석 | 대표적인 자유주의자 밀은 그의 저서 「자유론」에서 각 개인은 폭넓은 활동 영역에서 자유를 누릴 수 있어야 하며 자유를 제한할 수 있는 유일한 경우는 개인의 자유의 행사가 다른 사람들의 이익을 침해하는 경우일 뿐이라고 주장하였다. 그는 개인의 자유가 스스로를 제외한 어떤 사람의 이익과도 관련되지 않는 한 사회적으로 제재를 받지 않아야 한다고 본다.

❷ 법과 자유에 대한 공화주의의 관점

"법의 목적은 자유를 폐지하거나 제한하는 데 있는 것이 아니라 자유를 지키고 확대하는 데 있다. 즉 법을 만들 수 있는 사람들이 함께 모여 사는 모든 상황에서 법이 없으면 자유도 없다. 왜냐하면 자유란 타인이 가하는 제한이나 폭력으로부터 벗어나는 것을 의미하는데, 이것은 법이 없다면 불가능하기 때문이다. 하지만 자유란 사람들이 말하듯이 모든 사람이 자기 하고 싶은 대로 하는 자유를 의미하는 것이 아니라(모든 다른 사람들의 기분이 그들을 지배한다면 도대체 누가 자유로울 수 있겠는가?), 법이 허용하는 범위 내에서 자신의 신체, 행동, 소유, 즉 그가 가진 모든 것을 처분하거나 움직일 수 있는 자유, 따라서 타인의 자의적 의지에 종속되지 않고 자신의 의지를 따르는 자유를 의미한다."

– 비롤리, 「공화주의」 –

분석 | 공화주의에서 말하는 자유는 권력자의 자의적 지배가 없는 상태이다. 공화주의에서는 법이 개인들에게 가하는 속박은 특정 개인이 타인들에게 자의적으로 가하는 속박과는 다르다고 주장한다. 또한 법이 자의적 권력의 지배로부터 시민을 보호해주는 방패 역할을 담당한다고 본다. 따라서 공화주의에서는 법에 의한 지배가 정당한 지배이고 개인의 자유와 권리를 침해하는 것이 아니라 오히려 증진한다고 주장한다.

---

❶ 다음 사상가의 입장으로 옳지 않은 것은?

> 인류가 어느 한 개인의 자유에 정당하게 간섭을 하는 유일한 목적은 자기 방어이다. 권력이 문명 사회의 한 구성원에게 본인의 의사에 반해서 정당한 제재를 가할 수 있는 유일한 목적은 타인에게 가해지는 해악을 방지하는 것이다.

① 간섭과 방해가 없는 자유를 추구한다.
② 법의 간섭은 최대한으로 이루어져야 한다.
③ 개인의 삶에 대한 국가의 간섭은 바람직하지 않다.
④ 개인의 행위가 타인에게 해를 끼친다면 법적 처벌을 가할 수 있다.
⑤ 개인의 행동이 다른 사람의 이익과 관련되지 않는 한 제재를 가할 수 없다.

정답과 해설 ▶ 제시문의 사상가는 밀이다. 밀은 개인의 자유가 최대한 보장되어야 함을 역설하였다. 그는 개인의 자유를 제한할 수 있는 경우는 타인의 이익에 해가 되는 경우뿐이라고 주장하였다.
② 밀은 법의 간섭은 최소한으로 이루어져야 한다고 보았다.

답 ②

❷ 다음의 사상적 관점에 대한 설명으로 가장 적절한 것은?

> 우리가 주장하는 자유는 비지배의 자유이다. 즉 자의적 통치나 폭정으로부터 시민들을 보호한다는 의미의 자유이다. 이를 위해 시민들이 공적이고 정치적인 삶에 적극적으로 참여해야 한다고 본다.

① 간섭의 부재로서의 자유를 중시한다.
② 법이 시민의 자유를 제한한다고 본다.
③ 법의 간섭은 최대한으로 이루어져야 한다고 본다.
④ 자유를 '~로부터의 자유'로 표현해야 한다고 본다.
⑤ 소극적 자유만으로는 진정한 자유를 누릴 수 없다고 본다.

정답과 해설 ▶ 제시문은 공화주의 입장이다. 공화주의에서 주장하는 자유는 비지배로서의 자유이다. 공화주의에서는 자유주의가 추구하는 외부의 간섭과 방해가 없는 '소극적 자유'만으로는 진정한 자유를 누릴 수 없다고 보고 자의적 지배가 없는 '비지배로서의 자유'를 강조한다.
①, ②, ④ 자유주의 입장에 해당한다.

답 ⑤

● 공동체와 공동선 및 시민적 덕성

(1) 자유주의적 관점

① 공동선보다는 개인선의 추구를 중시함 → 자신의 삶을 스스로 계획하고 결정할 수 있는 자율적인 존재로서의 인간을 강조함

② 법치의 목적: 국가가 개인에게 과도하게 간섭하거나 자유를 침해하는 것을 방지하는 것 → 국가는 중립을 지키며 법과 제도를 모든 시민에게 동등하게 적용해야 함
└─ 어느 편에도 치우치지 아니하고 공정하게 처신함

③ 타인이나 집단, 국가의 간섭을 배제하고 개인의 가치관과 취향을 존중하는 관용을 중시함 → 개인의 가치관과 생각, 취향이 타인에게 해를 주지 않는 한 허용되고 존중되어야 함

④ 헌법적 애국심: 국가의 정치 체제를 규정하는 헌법의 기본 이념에 대한 국민적 동의와 충성을 의미함
└─ 애국심을 과도하게 강조하는 것은 개인의 권리를 침해할 우려가 있음

(2) 공화주의적 관점

① 공공의 가치와 공동선을 존중함
• 공적 책무에 적극적으로 참여하는 의식과 태도인 시민적 덕성을 강조함
• 정치 지도자들은 시민적 덕성을 모범적으로 실천해야 하고, 국가는 시민 교육을 바탕으로 시민들이 덕성을 함양하도록 도와야 함

② 법치의 목적: 권력자의 자의적 지배와 그로 인한 시민의 타락을 방지하는 것 → 법치를 통해 시민적 덕성과 법 앞의 평등을 바탕으로 공동선을 실현하고자 함

③ 다양한 구성원들의 협력과 통합을 바탕으로 공동체의 목적을 실현하기 위해서는 관용의 덕목이 필요하다고 봄 → 각 개인의 주장과 행동이 다른 사람의 삶에 자의적인 간섭으로 여겨지지 않기 위해 필요함

④ 애국심: 정치 공동체와 시민 동료들을 향한 대승적 사랑, 시민의 덕성이자 기본적 책무임
애국심은 법으로써 시민의 자유와 행복을 지켜 주는 국가인 조국에 대한 인위적인 열정을 말함, 구성원들 간의 주종적 지배 관계가 없는 자유로운 정치 체제를 지향하는 애국이 참된 애국이라고 봄

(3) 자유주의와 공화주의의 조화 가능성 ─ 자유주의와 공화주의 모두 개인선과 공동선의 조화에 관심을 가짐

① 자유주의
• 공동체와 공동선의 가치를 무시하는 것은 아님
• 타인의 자유를 부당하게 침해하는 것에 반대함

② 공화주의
• 개인의 자유와 권리 등의 개인선을 경시하지 않음
• 개인의 자유와 권리가 보호되고 개인의 정체성을 형성할 수 있는 공동체를 추구함

◉ **공동선**
자유주의는 공동선을 개인선의 총합으로 보고, 공화주의는 개인선의 단순한 총합을 넘어 개인의 정체성을 구성하는 핵심적 내용이 된다고 봄

◉ **관용의 역설**
관용을 무제한으로 허용한 결과 인권이 침해되고, 사회 질서가 무너지는 현상을 의미함. 자유주의에서는 타인을 존중하고 관용한다고 해서 다른 사람의 인권과 자유를 침해하는 일까지 관용하는 것은 아님

◉ **다양한 애국심의 비교**

자유주의적 애국심	인권을 보장하는 헌법 정신 및 인류 공통의 보편적 가치에 대한 헌신을 의미함
민족주의적 애국심	어떤 집단에 기꺼이 다른 사람과 함께 귀속되어 자발적으로 공동의 목표를 추구하고자 하는 의지를 의미함
공화주의적 애국심	특정 공화국에 대한 애정과 충성심을 뜻함

◉ **개인선과 공동선의 조화 가능성**
자유주의는 개인이 공동체의 구성원임을 인정하며, 공화주의 또한 자유와 권리를 누리는 개인의 집합체로서의 공동체를 중시함. 따라서 자유주의는 공동선이나 공익을 경시하지 않으며, 공화주의 역시 개인선이나 사익을 경시하지 않기 때문에 서로 양립하며 조화를 이룰 수 있음

③ 관용의 역설

일반적으로 우리는 관용을 개인에 있어서 하나의 덕목으로, 사회에 있어서는 하나의 의무로 간주한다. 그러나 관용이 도덕적 불찬성과 관련된 것일 경우 그 것은 관용의 대상이 그릇된 것이며 존재해서는 안 되는 것임을 함축하고 있다. 따라서 제기되는 문제는 이와 같이 넓은 의미의 관용 속에 객관성에 대한 요구 가 연루될 경우 관용을 베푸는 것이 과연 좋은 일인가 하는 점이다. 이와 대조 해서 볼 때 관용이 단지 싫어하는 감정에만 근거하는 경우에는 그와 같은 객관 성의 문제가 제기되지 않는다. 어떤 것을 단지 싫어한다는 것은 그것이 도덕적 으로 그른 것이라는 믿음과 다른 것이기 때문이며, 그것이 존재하지 않는다고 할지라도 세계가 더 좋은 것이 된다고 할 수 없기 때문이다. 관용의 역설은 바 로 이와 같이 싫어하는 대상에 대한 약한 의미의 관용으로부터 도덕적으로 찬 성하지 않는 대상에 대한 강한 의미의 관용에까지 관용이 확대될 경우에 생겨 나게 된다.

– 황경식, 「개방 사회의 사회 윤리」 –

분석 | 관용은 다른 사람의 견해나 사상, 행동에 동의하지 않음에도 이를 참거나 허 용한다는 적극적인 태도를 포함한다. 이러한 태도는 인간의 불완전성을 전 제로 하는데, 불완전한 인간은 의사 결정 과정에서 오류를 저지를 수 있기 때문이다. 그러나 관용의 역설이 발생할 수 있기 때문에 관용의 태도가 무조 건적인 관용을 의미하지는 않는다. 다른 사람의 인권과 자유를 침해하는 일 까지 관용하는 것은 아니기 때문이다.

④ 공화주의적 애국심

── 비롤리는 공화국의 구성원이라면 그들 역사의 이야기들 속에서 소중한 경험들을 발견해 내고 그러한 경험들을 기억함으로써 자신들의 공화국을 진정한 시민 공동체로 만들겠다는 도덕적 의무감을 가져야 한다고 주장함

고전적 공화주의에서 나라 사랑은 정확히 말하자면 정치 공동체와 시민 동료들 에 대한 카리타스(caritas, 대승적 사랑)이다. … (중략) … 애국심이 그것이 정의 와 이성의 원리를 존중하므로 "이성적·합리적 사랑"이라 불릴 수 있을 때도 조국에 대한 사랑은 (보편이 아닌) 특정 공화국과 그 시민들에 대해서만 보이는 애착이다. 이러한 애착은 특히 수많은 중요한 것들 – 법, 자유, 공회당, 광장, 친 구와 적, 승리와 패배의 기억, 희망과 두려움 – 을 공유하는 자유 공화국 시민 들 사이에서 나타난다. 무엇보다 사회적·정치적 평등이 전제되어야 이러한 애 착이 나타나는데, 이 애착은 공공 의무의 이행으로, 그리고 공공선에 대한 애착 의 모습으로 보이게 된다.

– 비롤리, 「공화주의」 –

분석 | 공화주의의 애국심은 '자유와 정의가 확립된 조국을 대하는 인위적 열정'을 의미한다. 즉 구성원들 간의 주종적 지배 관계가 없는 자유로운 정치 체제를 지향하는 애정을 참된 애국으로 본다. 시민들은 이를 바탕으로 자신의 의무 를 수행할 힘을 얻고, 위정자들은 공동체의 자유를 수호하는 데 따르는 과중 한 의무를 감당해 낼 용기를 얻을 수 있다.

---

③ 다음 '이것'에 대한 자유주의의 입장으로 옳지 않은 것은?

> '이것'은 자신과 다른 견해나 행동을 승인하며, 자 신의 견해나 행동을 다른 사람에게 강요하지 않는 태도를 의미한다.

① 모든 것들에 적용될 수 있다.
② 인간의 불완전성을 전제로 한다.
③ 개인선과 공동선의 조화를 이루기 위해 필요하다.
④ 다른 사람의 견해에 대한 동의 여부에 종속되 지 않는다.
⑤ 인류의 보편적 가치에 반하는 주장까지 받아들 이는 상황이 발생할 수 있다.

정답과 해설 ▶ 제시문에서 설명하고 있는 태도는 '관용'이다. 자유주의자들에게 관용의 태도는 무조건적인 관용을 의미하 지 않는다. 관용의 역설을 경계하면서, 다른 사람의 인권과 자 유를 침해하는 일에 대해서는 반대한다.　　　**답 ①**

④ 다음 관점의 '애국심'에 대한 설명으로 옳지 않은 것은?

> 조국은 땅이 아니다. 땅은 그 토대에 불과하다. 조 국은 이 토대 위에 건립된 이념이다. 그것은 사랑 에 관한 사상이며, 이 땅의 자식들을 하나로 엮어 내는 공동체 의식이다.

① 특정 공화국에 대한 충성심을 의미한다.
② 민족에 대한 무조건적 사랑을 의미한다.
③ 조국을 대하는 인위적인 열정을 의미한다.
④ 시민 동료들을 향한 대승적 사랑을 의미한다.
⑤ 구성원들 간의 주종적 지배 관계가 없는 자유로 운 정치 체제를 지향한다.

정답과 해설 ▶ 제시문은 공화주의적 애국심에 관한 내용이 다. 공화주의의 애국심은 자유와 정의가 확립된 조국을 대하 는 인위적인 열정을 의미한다.
② 민족주의적 애국심에 관한 내용이다.　　　**답 ②**

01~04 다음 사상적 입장의 설명으로 옳으면 ○표, 틀리면 ×표 하시오.

> 갑: 자유는 최상의 정치적·사회적 가치이다. 개인의 자유를 위협하는 체제와 제도는 거부되어야 한다. 국가의 존립 목적은 구성원들이 스스로 자신의 삶을 영위할 수 있도록 하는 데 있다.
>
> 을: 자유는 권력자의 자의적 지배가 없는 상태이다. 이는 공동체의 누구도 자의적으로 간섭할 수 있는 우월한 위치에 있지 않을 때 가능하다. 법은 자의적 권력의 지배로부터 시민을 보호해 준다.

01 갑은 자유의 권리를 천부 인권으로 본다. ( )

02 갑은 애국심을 자신이 태어난 나라와 소속된 민족에 대한 무조건적인 사랑으로 본다. ( )

03 을은 관용을 비지배의 자유 보장을 위한 시민적 덕성으로 본다. ( )

04 을은 간섭과 방해가 없는 소극적 자유를 중시한다. ( )

05~07 다음 빈칸에 알맞은 말을 쓰시오.

05 관용을 무제한으로 허용한 결과 인권이 침해되고, 사회 질서가 무너지는 현상을 관용의 ( )(이)라고 한다.

06 자유주의에서 애국심이란 ( )의 기본 이념에 대한 국민적 동의와 충성을 의미한다.

07 공화주의에서 ( )은/는 자발적·대승적 사랑을 의미한다.

정답 01 ○ 02 × 03 ○ 04 × 05 역설
06 헌법 07 애국심

오답 체크 ^{Tip}
02 갑은 자유주의의 입장이고, 문제에서 설명하는 애국심은 민족주의에 관한 내용이다.
04 을은 공화주의의 입장이고, 공화주의는 비지배로서의 자유를 추구한다.

▶ 20582-0183

01 ㉠에 대한 설명으로 옳은 것만을 〈보기〉에서 있는 대로 고른 것은?

> • (㉠) 사상에 따르면 모든 인간은 타인이 침해할 수 없는 자유와 생명, 재산에 대한 권리를 가지고 있다.
> • (㉠)은/는 인간이 태어날 때 하늘로부터 부여받은 권리이다.

┤ 보기 ├
ㄱ. 천부 인권으로서의 권리이다.
ㄴ. 다른 사람이 침해할 수 있는 권리이다.
ㄷ. 자유주의의 사상적 바탕이 되는 권리이다.
ㄹ. 근대의 사회 계약론자에 의해 계승되고 발전되었다.

① ㄱ, ㄴ   ② ㄴ, ㄹ   ③ ㄷ, ㄹ
④ ㄱ, ㄴ, ㄷ   ⑤ ㄱ, ㄷ, ㄹ

▶ 20582-0184

02 그림에서 학생들이 모두 옳은 대답을 했다고 할 때, ㉠에 들어갈 내용으로 가장 적절한 것은?

① 정치 참여를 통해 형성되는 것이라고 봅니다.
② 공동체의 시민이 만들어 내는 것이라고 봅니다.
③ 시민이 만든 법에 복종함으로써 얻을 수 있습니다.
④ 정치적 의무와 충돌할 때, 의무보다 더 우선시합니다.
⑤ 법에 의한 간섭을 통해 더 잘 보호될 수 있다고 봅니다.

▶ 20582-0185

03 (가)의 사상적 입장에서 (나)의 질문에 대해 제시할 답변으로 옳은 것만을 〈보기〉에서 있는 대로 고른 것은?

(가)	공적인 일에 관심을 가지고 참여하며, 공동체에 필요한 기여와 헌신을 의무로 여기고 실천하려는 자세를 갖춘 사람만을 시민으로 봐야 한다. 따라서 자유와 권리는 시민에게만 인정된다.
(나)	법(法) 혹은 법치(法治)에 대하여 어떤 견해를 갖나요?

┤ 보기 ├

ㄱ. 시민의 전체 의견이 모여서 탄생한 것이다.

ㄴ. 법에 의한 지배는 개인의 자유와 권리를 침해한다.

ㄷ. 자의적 권력의 지배로부터 시민을 보호해 주는 역할을 담당한다.

ㄹ. 다른 시민의 자유와 권리를 침해할 때 외에는 법이 개인의 행동을 제약할 수 없다.

① ㄱ, ㄴ ② ㄱ, ㄷ ③ ㄷ, ㄹ

④ ㄱ, ㄴ, ㄹ ⑤ ㄴ, ㄷ, ㄹ

▶ 20582-0186

04 다음을 주장한 근대 서양 사상가가 부정의 대답을 할 질문으로 가장 적절한 것은?

자연 상태란 사람들이 타인의 허락을 구하거나 타인의 의지에 구애받지 않고, 자연법의 테두리 안에서 스스로 적당하다고 생각하는 바에 따라서 자신의 행동을 규율하고 자신의 소유물과 신체를 처분할 수 있는 완전한 자유의 상태이다.

① 자연권을 보장받기 위해 국가를 구성하는가?

② 모든 인간은 동등한 권리를 지닌 평등한 존재인가?

③ 자연 상태를 만인에 대한 만인의 투쟁 상태로 보는가?

④ 정당한 노동을 통해 획득한 재산은 침해받을 수 없는가?

⑤ 개인에게 의무를 부과하려면 시민들의 동의를 얻어야 한다고 보는가?

[05~06] 다음을 읽고 물음에 답하시오.

갑: 공동체는 개인의 자유와 권리를 보장하기 위한 수단이다. 따라서 사익보다 중요한 공익은 존재할 수 없다.

을: 공동체는 공동선을 자기 삶의 이념으로 받아들인 개인들로 구성된 것이다. 시민은 공익을 추구하는 존재이다.

▶ 20582-0187

05 갑, 을의 입장에 대한 설명으로 적절하지 <u>않은</u> 것은?

① 갑은 정치 참여를 필수적 의무로 여긴다.

② 갑은 공익을 위해 사익 추구를 제한하는 것에 반대한다.

③ 을은 법치를 자율에 가까운 개념으로 생각한다.

④ 을은 관용을 비지배의 조건을 보장하기 위해 필요한 것으로 본다.

⑤ 갑, 을은 모두 개인선과 공동선의 조화에 관심을 갖는다.

서술형 ▶ 20582-0188

06 갑, 을의 입장에서 애국심을 어떻게 정의하는지 서술하시오.

• 갑: _____

• 을: _____

▶ 20582-0189

07 (가)의 사상적 입장에서 (나)의 ㉠, ㉡에 대한 설명으로 가장 적절한 것은?

(가)	국가는 공동선을 구현하기 위한 공공의 것이자 인민의 것으로 규정된다. 따라서 시민은 공동체의 구성원으로서 사회적 책무와 공동선에 관심을 가져야 한다.
(나)	㉠ 훌륭한 국가는 우연과 행운이 아니라 지혜와 윤리적 결단의 산물이다. 국가가 훌륭해지려면 국정에 참여하는 시민이 훌륭해야 한다. 따라서 시민 각자가 ㉡ 훌륭한 시민이 되기 위해 어떤 노력이 필요한지 고민해야 한다.

① ㉠: 개인의 선택 보장을 가장 중요하게 생각하는 국가이다.

② ㉠: 개인의 좋은 삶에 대해서는 권장하지 않는 국가이다.

③ ㉡: 자신의 의무보다 권리를 중요하게 생각하는 존재이다.

④ ㉡: 공적 활동에 관심을 갖고 적극적으로 참여하는 존재이다.

⑤ ㉡: 공동체의 전통과 무관하게 자신의 삶을 스스로 선택하고 결정하는 존재이다.

● 근대 민주주의의 지향과 자유 민주주의

(1) 민주주의의 의미와 원칙

① 의미
- 어원 : 민주주의(Democracy)는 그리스어로 인민을 뜻하는 '데모스(demos)'와 통치를 뜻하는 '크라토스(kratos)'가 합쳐진 표현
- 의미 : 국민이 권력의 바탕이 되는 주권을 지니고 스스로 권력을 행사하는 정치 제도

② 원칙 : 인민 주권의 원리

동등한 정치 참여 권한과 기회의 원칙	모든 시민이 평등하게 공공의 일에 참여할 수 있도록 동등한 권한과 기회를 부여함
권력 구성과 집행에 대한 통제의 원칙	정치 지도자를 선출하고 정치적 행위를 감시하며, 책임을 물을 수 있음

(2) 민주주의의 발전 과정

① 민주주의의 발전 과정

고대 그리스 민주주의	• 민주주의의 사상적 기원이 됨 • 직접 민주주의 : 시민으로 구성된 민회가 국가의 주요 사항을 직접 토론하고 결정함 • 모든 시민에게 정치 참여의 기회가 보장되었고, 추첨이나 윤번제를 통해 공직에 진출할 수 있었음 • 한계 : 성인 남성만을 시민으로 규정한다는 점, 중우 정치가 될 수 있다는 점에서 한계가 있음 ┈ 여자, 노예, 외국인은 제외함
근대 자유 민주주의	• 사회 계약론을 바탕으로 함 • 민주주의와 자유주의가 결합하여 근대 자유 민주주의로 발전함 • 밀의 자유 민주주의 : 개인의 자유를 최대한 보장하는 정부가 좋은 정부이며 대의제를 이상적인 정치 체제로 제시함
현대 자유 민주주의	자유주의와 민주주의 이념을 실현하기 위해 헌법에 그 내용을 규정하고 시민의 참여와 소통을 강조함

② 사회 계약론

	자연 상태	특징
로크	• 인간은 누구나 자유와 자연법상의 권리를 평등하게 지님 • 생명, 자유, 재산에 대한 권리를 보장받기 위해 계약을 통해 정치 공동체의 구성원이 됨	• 국민 주권론을 바탕으로 권력 분립, 법치주의 주장 • 국가는 개인의 생명, 자유, 재산을 지키기 위한 것이므로, 소임을 못하면 저항권을 행사할 수 있음
루소	• 인간의 본성은 선하므로 평화롭고 자유롭게 살아감 • 사유 재산으로 인한 불평등이 인간의 자유를 속박하므로 계약을 통해 자연 상태와 같은 자유와 평화를 회복하려 함	• 국가의 구성원이 된 개인은 자연 상태의 자유에 대응하는 시민적 자유를 지님 • 국가는 사적 이익을 초월하여 공공의 이익을 추구하는 '일반 의지'를 따름

◉ **주권(sovereignty)**
국가의 최고 결정권을 의미하는 것으로, 주권의 소재에 따라 군주 주권, 귀족 주권, 국민 주권으로 나눌 수 있음(민주주의는 국민 주권을 전제로 함)

◉ **민회**
시민권을 지닌 남자는 누구나 출석할 수 있었던 아테네의 최고 결정 기관으로, 왕권이나 귀족 정치를 견제하는 역할을 함

◉ **사회 계약론**
- 모든 인간은 원래 자연 상태에서 국가의 구속 없이 살았으나 상호 동의하에 국가를 형성했다고 보는 입장
- 기존의 왕권 신수설을 부정하고 국가의 정당성을 국민의 자발적 동의에 둠으로써 근대 자유주의와 민주주의의 기반이 됨
- 대표적 사상가로 홉스, 로크, 루소가 있음

◉ **로크와 루소의 사회 계약론의 공통점**
- 국가 권위의 정당성은 국민의 동의로부터 나오는 것임
- 자연 상태에서 모든 인간은 자유롭고 평등하다고 가정함으로써 자유주의 사상의 기반을 제공함

로크는 입법부가 사회의 기본적 규칙을 침해하면 인민이 맡긴 권력을 신탁 위반으로 상실한다고 봄. 따라서 권력은 인민에게 되돌아가며 인민은 새로운 입법부를 설립할 수 있다고 봄

① 고대 아테네의 민주주의

우리의 정치 체제는 민주주의에 해당되는데, 그 까닭은 권력이 소수가 아니라 다수로부터 나오기 때문입니다. 사적인 분쟁을 해결하는 과정에서 누구나 동등하게 법의 적용을 받습니다만, 특정한 시민을 공무원에 발탁할 때 출신 성분이 아니라 실제 업무 능력을 중요하게 고려하는 경우처럼 능력의 우위는 인정됩니다. 또한 국가에 봉사하고자 하는 사람이라면 누구라도 가난 때문에 자신의 뜻을 이루지 못하는 일은 없습니다. 공공 생활이 누구에게나 자유롭게 보장되고, 일상생활에서 서로가 불신하지 않습니다.

– '페리클레스의 추도문' –

분석 | 민주주의는 고대 아테네에서 시작되었다. 아테네 민주주의를 꽃피운 페리클레스는 전사자들을 추모하는 연설에서 민주주의의 핵심인 정치 참여 기회의 평등을 강조하였다. 당시는 직접 민주주의 형태로, 성인 남자는 누구나 아테네 광장에 모여 발언하고 투표할 수 있었다. 그러나 여자와 노예는 참여할 수 없었다는 점에서 한계가 있었다.

② 로크의 사회 계약론

• 자연 상태는 이 상태에 질서를 세우는 자연의 법이라는 것을 갖고 있어, 각 개인은 이 법에 순종할 의무를 지고 있다. 이 법은 다름 아닌 이성인데, 이성은 이성과 상담할 의향이 있는 모든 인간에게 인간은 누구나 평등하고 독립적인 만큼 어느 누구도 타인의 생명, 건강, 자유, 재산을 해쳐서는 안 된다는 도리를 가르치고 있다.

• 분쟁이 발생하는 경우 분쟁 당사자들 사이에서 사안을 해결해 줄 공동의 권위가 존재하지 않는 까닭에 하늘밖에 호소할 길이 없거나, 사소한 분쟁이라도 타협 없이 일방적으로 단숨에 종료될 수 있다. 그래서 사람들은 그들 나름대로 사회를 형성하고 자연 상태를 떠났던 것이다. 사실 지상에 하나의 권위, 하나의 권력이 있다면, 사람들은 이것에 호소할 수 있어 전쟁상태는 더 이상 존재하지 않고 분쟁 역시 이 권력을 부여받은 자에 의해서 해결될 것이다.

– 로크, 「시민 통치론」 –

분석 | 로크는 자연 상태에서 모든 사람들이 평화로운 상태에서 자유롭고 평등하게 살았다고 보았다. 다만 자연 상태에서는 사람들 간의 분쟁이 발생했을 경우 분쟁을 해결할 권위가 존재하지 않기 때문에 혼란해질 수 있으므로 사람들은 계약을 맺고 국가를 형성한다고 보았다. 따라서 국가는 국민들의 생명, 자유, 재산을 보호해야 하며 그럼으로써 국가 권위의 정당성이 확보된다고 하였다.

확인학습

❶ ㉠에 들어갈 말에 대한 설명으로 옳지 않은 것은?

우리의 정치 체제는 (㉠)에 해당되는데, 그 까닭은 권력이 소수가 아니라 다수로부터 나오기 때문입니다. 사적인 분쟁을 해결하는 과정에서 누구나 동등하게 법의 적용을 받고 국가에 봉사하고자 하는 사람이라면 누구라도 가난 때문에 자신의 뜻을 이루지 못하는 일은 없습니다.

① 주권이 국민에게 있다고 본다.
② 왕권 신수설을 사상적 기반으로 하고 있다.
③ 다양한 견해가 존재할 수 있다는 점을 인정한다.
④ 국민의 선택에 따라 지도자가 바뀔 수 있다고 본다.
⑤ 모든 시민이 공직에서 일할 수 있도록 기회를 부여한다.

정답과 해설 ▶ ㉠에 들어갈 말은 '민주주의'이다. 다수결, 법치, 정치 참여의 자유와 평등 등은 모두 민주주의의 핵심적인 원리이다. ② 왕권 신수설은 왕정 체제의 사상적 기반이다.
답 ②

❷ 다음 사상가의 입장으로 옳은 것만을 〈보기〉에서 고른 것은?

자연 상태에서 모든 인간은 생명, 자유, 건강, 재산에 대한 권리를 누리며 살아간다. 그러나 분쟁이 발생하는 경우 분쟁 당사자들 사이에서 사안을 해결해 줄 공동의 권위가 존재하지 않는 까닭에 사람들은 사회를 형성하고 자연 상태를 떠났다.

┌ **보기** ┐
ㄱ. 자연 상태는 지속적인 전쟁 상태와 같다.
ㄴ. 자연 상태에서 사람들은 자연법에 따라 살아간다.
ㄷ. 국가 권력의 정당성은 구성원들의 동의로부터 발생한다.
ㄹ. 국가 형성 이후에는 국가의 권위에 절대적으로 복종해야 한다.

① ㄱ, ㄴ   ② ㄱ, ㄷ   ③ ㄴ, ㄷ
④ ㄴ, ㄹ   ⑤ ㄷ, ㄹ

정답과 해설 ▶ 제시문의 사상가는 로크이다. 로크는 자연 상태의 사람들이 자발적 동의에 따라 국가를 형성한 것이므로 국가 권력의 정당성은 구성원들의 동의에 기반한다고 보았다. ㄱ. 로크는 자연 상태는 가끔씩 분쟁이 발생하기는 하지만 비교적 평화롭다고 보았다. ㄹ. 로크는 국가가 국민의 생명, 자유, 재산을 지켜주지 못하고 계약을 위반하면 저항권을 행사할 수 있다고 보았다.
답 ③

● **현대 민주주의와 민주 시민의 자세**

(1) 현대 민주주의의 규범적 특징

① 엘리트 민주주의

의미	유권자인 시민이 적절한 대표자를 선출하여 국정을 위임하는 형태의 민주주의 예 국회의원 선거 등
특징	• 대표자의 정치 행위의 정당성은 시민의 투표에 기반함 • 인민에 의한 지배의 성격보다 정치인에 의한 지배라는 성격이 강함
한계	• 선출된 대표자가 각계 각층의 입장을 잘 대변하는지 파악하기 어려움 • 시민의 정치적 의사가 대표자들을 통해서만 표출되므로 시민의 정치 참여 기회를 제한함

② 참여 민주주의

의미	다수의 시민이 의사 결정 과정에 자발적으로 참여하는 형태의 민주주의 예 공청회, 시민 단체 활동, 행정 소송 등
특징	• 시민에게 공동체의 의사 결정 과정에 참여할 기회를 부여함 • 자율성과 책임성의 범위가 시민 전체로 확대됨
한계	• 참여자가 자신이나 자신이 속한 집단의 이익만 추구하는 경우 민주주의 실현이 어려움 • 시민 각자의 사회적 · 경제적 여건에 따라 참여의 정도가 다를 수 있음

③ 심의 민주주의

의미	시민이 직접 공적 심의 과정에 참여해 정책을 결정하는 형태의 민주주의 예 시민 배심원제, 합의 회의 등
특징	• 이해 갈등 당사자들이 공적 심의와 정책 결정 과정에 참여함으로써 소통과 신뢰에 기반한 정책을 만들어 낼 수 있음 • 정책 결정 과정에서 소통이 활성화되어 시민들 사이의 유대가 강화될 수 있음
한계	심의 과정에서 모든 시민이 동등한 기회를 부여받지 못하거나 합리적 의사 소통이 결여되어 있는 경우 심의 결과에 문제가 생길 수 있음

└─ 어떤 사항에 대해 상세하고 치밀하게 토의하는 것으로, 이성적인 토론을 통해 타협하고 문제를 해결하는 것을 목적으로 함

(2) 민주 시민의 자세

① 민주 시민으로서 필요한 자세

• 자율성과 책임성을 바탕으로 정치에 관심을 가지고 참여해야 함

• 국가의 제도나 법이 정의롭지 못할 경우 잘못을 바로잡으려는 노력을 해야함

◉ **슘페터의 엘리트 민주주의**
• 슘페터는 고전적 민주주의에서 강조하는 다수에 의한 지배를 부정하고 '정치인의 지배(the rule of the politician)'을 제시함
• 민주주의와 비민주주의의 구분은 선거 과정에서 엘리트 간의 경쟁에 있다고 봄
• 대중은 정치에 대해 이해가 부족하거나 의욕이 없을 수 있으므로 유능한 정치가에 의한 정치가 효율적이며, 대중은 정치가를 선출할 권리를 지님

◉ **공청회**
정책 결정 과정에서 해당 분야의 전문가나 이해 당사자 등의 의견을 수렴하기 위해 의회, 행정 기관, 공공단체 등에서 개최하는 회의. 법적 구속력은 갖지 않으나 정치적 구속력이 있음

◉ **행정 소송**
행정 법규의 적용에 관련된 분쟁이 있는 경우에 당사자의 불복 제기에 의해 소송 절차에 따라 판정하는 소송. 개인의 권리 구제와 상관없이 국가나 자치 단체의 위법 행위 또는 기관 상호간의 권한 쟁의에 대한 소송도 있음

◉ **시민 배심원제**
법률 전문가가 아닌 시민들이 재판 또는 기소에 참여하여 평결하는 제도. 우리나라는 '국민 참여 재판'이라고 하여 2008년 1월부터 시행되고 있음

❸ 슘페터의 엘리트 민주주의 — 심의 민주주의나 참여 민주주의가 직접 민주주의의 한 형태라면 엘리트 민주주의는 대의 민주주의의 형태임

- 민주주의는 방법으로 정의되어야 한다. 민주주의적 방법은 정치적 결정에 도달하기 위한 제도적 정치일 뿐이다.
- '인민'과 '지배'라는 용어에 대해 어떠한 명백한 인식이 있다 하더라도 민주주의는 인민이 실제로 지배하는 것을 의미하지도 의미해서도 안 된다. 민주주의는 인민이 그들을 지배할 사람을 받아들이거나 거부하는 기회를 갖는 것만을 의미한다. … (중략) … 이는 '민주주의는 정치인의 지배'라는 말로 표현할 수 있다.

– 슘페터, 「자본주의, 사회주의, 민주주의」 –

분석 | 슘페터는 민주주의를 정치적 결정에 도달하기 위한 '수단'으로 보았다. 그는 시장에서 기업인들이 이윤 극대화를 위해 노력하듯이 민주주의는 정치적 경쟁시장에서 정치적 기업인들이 인민의 지지를 극대화하기 위해 노력하는 것으로 보았다. 그 과정에서 정치적 기업인은 인민의 지지를 극대화하기 위해 자신의 선호와 상관없이 인민의 의사를 최대한 반영하게 된다고 보았다.

❹ 하버마스의 심의 민주주의

- 민주적 절차는 협상과 자기 이해의 논의 및 정의에 대한 논의들 간의 내적 연관을 창출하며, 그러한 조건하에서 이성적 내지는 공정한 결과가 얻어질 것이라는 추정의 근거를 제공한다. 이로써 실천 이성은 보편적 인간의 권리와 특정 공동체의 구체적 인륜성으로부터 그 규범적 내용을 합의 지향적 행위의 타당성의 토대, 즉 언어적 소통의 구조에 두는 토론의 규칙과 논의의 형식으로 옮겨진다.

┌ 서로간에 공동으로
인정하는 것 └ 하버마스, 「이질성의 포용」 –

- 전통적 관습이나 규약이 통용되기 어려운 상황에서, 모든 규범과 그것이 지닌 '정당한 구속력'은 오직 상호 주관적 차원에서 이루어지는 의사소통의 절차에서 도출될 수 있다. 이는 오늘날의 다양한 사회 정치적 문제들이 선험적으로 전제된 국가나 시장을 통해 해결될 수 없으며, 오직 상호 이해와 합의를 지향하는 의사소통의 절차를 통해서만 해결이 가능하다는 사실을 말해준다.

– 선우현, 「하버마스의 비판적 사회 이론」 –

분석 | 하버마스는 누구나 합리적인 절차에 따라 토론하는 과정에서 상호적이고 이성적인 합의에 도달할 수 있다고 보아, 의사소통을 위한 네트워크인 공론장(public sphere)의 중요성을 강조하였다. 또한 법을 만드는 심의 절차가 민주주의 과정의 핵심이며 민주주의 원칙을 '정당한 입법 절차를 확정'하는 것이라고 하였다.

---

❸ ㉠에 들어갈 알맞은 말을 쓰시오.

'인민'과 '지배'라는 용어에 대해 어떠한 명백한 인식이 있다 하더라도 민주주의는 인민이 실제로 지배하는 것을 의미하지도 의미해서도 안 된다. 민주주의는 인민이 그들을 지배할 사람을 받아들이거나 거부하는 기회를 갖는 것만을 의미한다. 이는 '민주주의는 (㉠)의 지배'라는 말로 표현할 수 있다.

㉢ 정치인

❹ (가)의 입장에서 (나)의 질문에 대한 답변으로 옳은 것만을 〈보기〉에서 고른 것은?

(가)	민주주의의 핵심은 심의 절차에 있다. 시민들이 공적 장소에서 합리적 의사소통이 이루어질 수 있도록 할 때 건강한 민주 사회를 유지할 수 있다. 민주적 공론장에서 이성적인 시민들이 모두가 합의할 수 있는 논증의 형태로 대화에 참가하고, 그 토론의 결과가 법체계에 반영된다면 현대 사회의 다양한 정치적, 윤리적 문제를 해결할 수 있을 것이다.
(나)	민주주의를 실현하기 위해서는 어떻게 해야 할까요?

〈보기〉
ㄱ. 입법은 전문가에게 전적으로 맡겨야 한다.
ㄴ. 합리적 의사소통이 활발히 이루어질 수 있도록 해야 한다.
ㄷ. 정책 결정 과정에서 공정성을 위해 이해 당사자를 배제해야 한다.
ㄹ. 중요한 법을 제정할 때는 시민들의 의견을 수렴하는 과정을 거쳐야 한다.

① ㄱ, ㄴ ② ㄱ, ㄷ ③ ㄴ, ㄷ
④ ㄴ, ㄹ ⑤ ㄷ, ㄹ

정답과 해설 ▶ (가)는 시민들이 직접 공적 심의 과정에 참여하여 법이나 정책을 결정할 것을 강조하는 심의 민주주의(하버마스)의 입장이다.
ㄱ. 심의 민주주의에서는 입법 과정에 시민들이 참여할 것을 강조한다. ㄷ. 심의 민주주의에서는 정책 결정 과정에서 이해 당사자들이 심의에 참여해야 한다고 본다. ㉢ ④

② 시민 불복종
- 의미: 정의롭지 못한 법이나 정책을 변화시킬 목적으로 의도적으로 법을 위반하는 행위
- 대표 사상가

사상가	입장
소로	• 근거: 개인의 양심에 따라 불의한 법이나 정책에 불복종해야 함 • 법에 대한 존경심보다 정의에 대한 존경심이 우선이라고 봄
롤스	• 근거: 시민 다수의 정의감인 공적인 정의감에 근거함 • 거의 정의로운 사회의 시민들에 의해 이루어짐 • 법에 대한 충실성 내에서 이루어져야 하며 최후의 수단이어야 함
하버마스	• 근거: 합리적 의사소통을 통해 합의한 원칙에 어긋난 경우 • 건전한 법치 국가에서 행해져야 함 • 헌법을 정당화하는 원칙에 근거하여 이루어져야 함

◉ **하버마스의 시민 불복종**
- 모든 정치적, 사회적 권력의 원천은 시민들의 의사소통에 의해 합의된 결론에 의해서만 정당성을 획득한다고 봄
- 완전히 개방된 의사소통 과정을 거치지 않았거나 의사소통 과정을 통해 도출된 결론에 어긋나는 법률이나 명령에 대해서는 불복종이 정당함(하버마스는 롤스와 마찬가지로 시민 불복종은 비폭력적이어야 하며 처벌을 감수해야 한다고 봄)

└ 소로(1817~1862)는 미국에서 태어나 사회 문제에 관심을 가지고 사회 참여를 하였으며, 1846년 멕시코 전쟁에 반대하여 인두세 납부를 거절하여 투옥됨. 이때의 경험을 바탕으로 시민 불복종에 대한 글을 씀

⑤ 소로와 롤스의 시민 불복종

(가) 우리는 먼저 인간이어야 하고, 그 다음에 국민이어야 한다고 나는 생각한다. 법에 대한 존경심보다 먼저 정의에 대한 존경심을 기르는 것이 바람직하다. 내가 떠맡을 권리가 있는 나의 유일한 책무는 어떤 때이건 간에 내가 옳다고 생각하는 일을 행하는 일이다. 단체에는 양심이 없다는 말이 있는데 그것은 참으로 옳은 말이다. 그러나 양심적인 사람들이 모인 단체는 양심을 가진 단체이다. 법이 사람들을 조금이라도 더 정의로운 인간으로 만든 적이 없다.
— 소로, 「시민 불복종」 —

(나) 우리는 보통 정치적 다수자에게 정상적인 호소를 성실하게 해 왔지만 그것이 성공적이지 않은 경우를 생각해 볼 수 있다. 합법적인 보상 수단은 아무런 소용도 없음이 판명된다. 그래서 예를 들어 현존하는 정당이 소수자의 요구에 대해 그들 스스로 무관심을 나타내고 기꺼이 그 편의를 도모해 주려는 의사를 보이지 않는 경우가 있다. 법을 폐기시키려는 시도는 무시되고 합법적인 항거와 시위가 성공을 거두지 못하게 된다. 시민 불복종은 최후의 대책이기 때문에 우리는 그것이 필요한 것임을 확신해야 한다.
— 롤스, 「정의론」 —

분석 | 소로와 롤스는 공통적으로 사회 정의 실현을 위한 시민 불복종을 정당한 것으로 보았다. 다만 소로가 시민 불복종의 근거를 개인의 양심에 두고 불의한 법이나 정책에 대한 즉각적인 불복종이 정당하다고 본 반면, 롤스는 시민 불복종의 근거를 다수의 정의감에 두고 불의한 법이나 정책을 변화시키기 위해 가능한 합법적 수단을 동원한 후에 이루어져야 하는 최후의 수단이라고 보았다.

⑤ 갑, 을 사상가의 입장으로 옳지 않은 것은?

갑: 우리는 먼저 인간이어야 하고, 그 다음에 국민이어야 한다고 생각한다. 법에 대한 존경심보다 먼저 정의에 대한 존경심을 기르는 것이 바람직하다.
을: 시민 불복종은 법에 대한 충실성 내에서 최후의 수단으로 이루어지는 것이므로 우리는 그것이 필요한 것임을 확신해야 한다.

① 갑: 법보다 개인의 양심이 더 우선시 되어야 한다.
② 갑: 시민 불복종은 사회 정의 실현을 목적으로 한다.
③ 을: 시민 불복종은 비폭력적인 방법으로 행해져야 한다.
④ 을: 다수의 정의감에 위배되는 경우 시민 불복종이 가능하다.
⑤ 갑, 을: 시민 불복종은 합법적 방법이 불가능한 경우 최후의 수단으로 행해져야 한다.

정답과 해설 ▶ 제시문의 갑은 소로, 을은 롤스이다. ⑤ 시민 불복종이 최후의 수단이라고 본 것은 롤스의 입장에만 해당하는 내용이다. **답** ⑤

01~08 다음 내용이 옳으면 ○표, 틀리면 ×표 하시오.

01 민주주의 정치 체제하에서는 모든 시민이 정치에 동등하게 참여할 수 있다. (   )

02 고대 아테네에서는 시민권을 지닌 성인 남자만 정치에 참여할 수 있었다. (   )

03 로크는 자연 상태를 '만인의 만인에 대한 투쟁' 상태, 즉 전쟁과 같은 상태라고 보았다. (   )

04 루소는 국가 구성원으로서의 개인은 사적 이익을 추구하는 일반 의지를 따라야 한다고 보았다. (   )

05 자유 민주주의는 개인의 자유를 최고의 가치로 삼는 자유주의와 주권이 국민에게 있다고 보는 민주주의가 결합된 것이다. (   )

06 엘리트 민주주의는 다수의 시민이 의사 결정 과정에 자발적으로 참여하는 형태의 민주주의이다. (   )

07 심의 민주주의는 시민이 직접 공적 심의 과정에 참여해 정책을 결정하는 형태의 민주주의이다. (   )

08 하버마스는 헌법을 정당화하는 원칙에 어긋나는 규정에 대해서 시민 불복종이 가능하다고 보았다. (   )

09~16 다음 빈칸에 알맞은 말을 쓰시오.

09 (   )은/는 '인민'을 뜻하는 'demos'와 '통치'를 뜻하는 'kratos'가 합쳐진 용어이다.

10 민주주의의 기원은 고대 (   )에서 찾을 수 있다.

11 (   )에서는 개인이 자신의 권리를 보장받기 위해 합의하여 국가를 만들었다고 본다.

12 루소는 (   )의 발생으로 인해 불평등과 예속이 시작되었다고 보았다.

13 로크는 국가가 권력을 남용할 경우 국민은 국가에게 위임한 권력을 회수하는 (   )을/를 행사할 수 있다고 보았다.

14 (   )은/는 정의롭지 못한 법이나 정책을 변화시킬 목적으로 시민들이 의도적으로 행하는 위법 행위이다.

15 소로는 법보다 개인의 (   )을/를 우선적으로 따라야 한다고 보았다.

16 롤스는 시민 불복종은 공적인 정의관에 근거한 경우에도 합법적인 방법이 불가능한 경우 (   )의 수단으로 행해져야 한다고 보았다.

정답 **01** ○ **02** ○ **03** × **04** × **05** ○ **06** × **07** ○ **08** ○ **09** 민주주의 **10** (그리스) 아테네 **11** 사회 계약론(설)
12 사유 재산 **13** 저항권 **14** 시민 불복종 **15** 양심 **16** 최후

오답 체크 ^{Tip} **03** 로크는 자연 상태는 비교적 평화롭지만 권위를 지닌 공통의 재판관이 없기 때문에 분쟁을 해결하기 어렵고 개인의 권리가 안정적으로 보장되지 않는 상태라고 보았다.
04 일반 의지는 개인의 사적 이익을 초월하여 공공의 이익을 추구하는 것으로, 루소는 국가가 일반 의지에 따라야 한다고 보았다.
06 엘리트 민주주의는 선거를 통해 전문성을 지닌 대표자를 선출하여 국정을 위임하는 형태의 민주주의이다.

▶ 20582-0190

01 ㉠에 대한 옳은 설명만을 〈보기〉에서 있는 대로 고른 것은?

> • (㉠)의 기원: 고대 그리스 아테네의 정치 제도
> • (㉠)의 의미: '인민에 의한 통치'라는 의미로 인민이 권력을 지니며 스스로 권력을 행사함

◀ 보기 ▶
> ㄱ. 권력 구성의 과정에 시민들이 참여한다.
> ㄴ. 신에 의해 주권을 부여받은 왕이 통치한다.
> ㄷ. 모든 시민들이 동등하게 정치에 참여할 수 있다.
> ㄹ. 시민들 간에 발생하는 분쟁은 법을 통해 해결한다.

① ㄱ, ㄴ   ② ㄱ, ㄷ   ③ ㄴ, ㄹ
④ ㄱ, ㄷ, ㄹ   ⑤ ㄴ, ㄷ, ㄹ

▶ 20582-0191

02 다음을 주장한 사상가의 입장으로 옳지 <u>않은</u> 것은?

> 본래 인간은 모두 자유롭고 평등하고 독립된 존재이다. 어떤 사람이 자신의 자연적 자유를 포기하고 시민 사회의 구속을 받아들이는 유일한 방도는 재산을 안전하게 향유하고 분쟁을 해결하여 안전을 확보하기 위해 공동체를 결성하기로 합의하는 것이다.

① 국민은 국가 권력을 제한하고 분산시킬 수 있다.
② 인간의 자연권은 입법부에 의해 부여되는 것이다.
③ 국민은 생명과 재산을 지키기 위해 저항권을 행사할 수 있다.
④ 자연 상태는 이성의 지배를 받으므로 비교적 평화롭게 유지된다.
⑤ 국가는 자연권을 안전하게 보장받기 위해 사람들이 형성한 것이다.

▶ 20582-0192

03 다음을 주장한 사상가의 입장에서 긍정의 대답을 할 질문으로 옳은 것은?

> 누구도 다른 사람을 지배할 천부적 권력을 가지고 있지 않다. 지배권은 폭력만으로 만들어지지 않고 계약이 필요하다. 계약 뒤 계약자의 개인 인격은 사라지고 공동 자아가 생겨난다. 이렇게 하여 구성원들은 자발적으로 일반 의지의 지배하에 들어가는 것이다.

① 일반 의지는 오직 공적 이익만을 지향하는가?
② 자연 상태는 힘이 지배하는 무질서한 상태인가?
③ 계약을 통해 주권은 정부에서 인민에게로 이전되는가?
④ 사유 재산의 발생이 인간을 속박으로부터 해방시켰는가?
⑤ 국가는 사람들이 자연 상태에서 누리던 자유를 그대로 보장해야 하는가?

▶ 20582-0193

04 밑줄 친 '나'의 입장에 대한 적절한 설명만을 〈보기〉에서 고른 것은?

> <u>나</u>는 대중에 의한 의사 결정 방식은 비효율적일 수 있다고 생각한다. 다수의 대중에 의한 지배보다는 '정치가의 지배'가 더 효과적인 방식이다. 민주주의의 본질은 유권자들이 주기적으로 유능한 정치 지도자를 선출하는 방법을 통해 실현할 수 있다.

◀ 보기 ▶
> ㄱ. 직접 민주주의를 지향해야 한다고 본다.
> ㄴ. 시민들은 선거를 통해 정치에 참여해야 한다고 본다.
> ㄷ. 대중은 합리적이므로 직접 정책을 결정해야 한다고 본다.
> ㄹ. 정부는 엘리트 간의 선거 경쟁을 통해 구성되어야 한다고 본다.

① ㄱ, ㄴ   ② ㄱ, ㄷ   ③ ㄴ, ㄷ
④ ㄴ, ㄹ   ⑤ ㄷ, ㄹ

05 다음 글의 입장으로 가장 적절한 것은?

▶ 20582-0194

> 민주주의는 주권자인 시민이 권력을 가지고 직접 그 권력을 행사하는 제도이다. 그런데 오늘날의 시민들은 주로 자신의 입장을 대신할 대표를 뽑는 방식으로 정치에 참여한다. 민주주의의 정신을 제대로 구현하기 위해서는 시민들이 정책 결정 과정에 직접 참여하여 자신들의 입장을 스스로 대변해야 한다.

① 시민의 정치 참여를 제한해야 한다.
② 정치는 선출된 대표자를 통해서만 해야 한다.
③ 민주주의는 시민의 적극적 참여를 통해 실현된다.
④ 시민적 자유를 누리기 위해 주권을 정부에 양도해야 한다.
⑤ 민주주의는 능력 있는 정치가들 간의 경쟁을 본질로 하는 제도이다.

06 다음을 주장한 사상가의 입장만을 〈보기〉에서 고른 것은?

▶ 20582-0195

> • 우리는 불의한 법에 복종해야 하는가, 아니면 그 법을 개정하려고 노력하면서 개정에 성공할 때까지는 그 법을 준수할 것인가? 나는 당장이라도 법을 어겨야 한다고 생각한다.
> • 우리는 먼저 인간이어야 하고, 그 다음에 국민이어야 한다고 나는 생각한다. 법에 대한 존경심보다 먼저 정의에 대한 존경심을 기르는 것이 바람직하다.

┤ 보기 ├
ㄱ. 개인의 양심이 법보다 우선해야 한다.
ㄴ. 시민 불복종은 최후의 수단으로 행해져야 한다.
ㄷ. 시민 불복종은 위법 행위이므로 정당화될 수 없다.
ㄹ. 특정 집단의 이익을 위한 불복종은 정당화될 수 없다.

① ㄱ, ㄴ ② ㄱ, ㄹ ③ ㄴ, ㄷ
④ ㄴ, ㄹ ⑤ ㄷ, ㄹ

단답형

07 ㉠, ㉡에 들어갈 말을 쓰시오.

▶ 20582-0196

> (㉠)은/는 부정의한 법률이나 정책 또는 명령을 변혁하기 위해 의도적으로 거부하는 시민운동의 한 형태이다. 이것은 어디까지나 일부 법률이나 정책에 대한 거부이지 정치 체제 자체를 바꾸려는 것은 아니다. 이러한 점에서 (㉠)은/는 정부가 국민의 생명, 자유, 재산을 침해하면 정부를 교체할 수 있다고 본 로크의 (㉡) 행사와는 차이가 있다.

08 갑, 을 사상가들의 입장에 대한 설명으로 가장 적절한 것은?

▶ 20582-0197

> 갑: 민주 사회에서 심각한 부정의로 고통받는 사람들은 불복종할 수 있다. 법에 대한 충실성의 한계 내에서 부정의에 항거하는 것은 질서 정연한 사회 또는 거의 정의로운 사회의 안정을 가져다준다.
> 을: 시민 불복종은 정치 문화의 정상적인 구성 요소이다. 어떠한 법의 정당성은 그 법이 정당성을 획득해 가는 과정을 거쳤느냐에 비추어 판단된다. 절차를 통한 정당화가 법에 대한 자발적 충성의 바탕이 된다.

① 갑은 부정의한 정책에 대해서는 즉시 불복종해야 한다고 본다.
② 갑은 시민 불복종이 완전히 부정의한 사회에서만 행해져야 한다고 본다.
③ 을은 합법적인 정책에 대해서는 불복종할 수 없다고 본다.
④ 갑, 을은 시민 불복종이 비폭력적인 방법으로 이루어져야 한다고 본다.
⑤ 갑은 을과 달리 시민 불복종이 다수의 정의감에 호소하는 것이어야 한다고 본다.

핵심개념정리 05 자본주의의 원리와 한계

● 자본주의의 규범적 특징

(1) 자본주의의 의미와 등장 배경

① 의미: 사유 재산 제도를 바탕으로 자유로운 경제 활동을 통해 이윤을 추구하는 자유 시장 경제 체제

② 등장 배경

자유주의	• 개인의 자유와 권리를 중시하여 국가의 부당한 간섭을 거부함 • 경제 영역에서도 자유 보장을 요구하여 자본주의에 영향을 줌
프로테스탄티즘	• 금욕주의적 직업 윤리를 강조하여 자본주의 정신의 바탕이 됨 • 칼뱅은 직업을 신의 소명으로 보아 직업 활동을 통한 합리적 이윤 추구의 정당화에 영향을 줌

　　프랑스의 종교 개혁가로 프랑스의 탄압을 피해 스위스에서 활동함. 신은 구원할 사람을 미리 정해 놓았다는 예정설과 직업 소명설 등을 주장함

(2) 자본주의의 전개 과정

	특징	대표 사상가
고전적 자본주의	• 개인의 자유로운 경제 활동을 최대한 보장할 것을 강조함 • 시장을 '보이지 않는 손'에 맡기고 국가의 간섭을 최소화 할 것을 주장함　정부의 규제가 아닌 수요와 공급에 따른 자유 시장의 기능을 의미하는 표현 • 한계: 빈부 격차 문제, 시장에서의 자원 배분의 한계 등	애덤 스미스
수정 자본주의	• 시장 실패에 대한 정부의 개입을 강조함 • 정부가 적극적으로 경제 활동에 개입하여 불황을 극복하고 복지를 확대할 것을 주장함 • 한계: 정부의 거대화로 인한 비효율성, 정부 관료의 무능과 부정부패 등	케인스
신자유주의	• 정부 실패에 대해 정부의 시장 개입을 반대함 • 시장의 자율성과 경제 효율성을 강조함 • 정부 기능을 축소하고 개인의 자유와 시장 경제 확대를 요구함 • 한계: 고전적 자본주의와 같은 빈부 격차 문제, 시장 자율성의 한계 등	하이에크

(3) 자본주의의 특징과 윤리적 의의

① 특징: 개인의 자율성과 재산권 보장, 시장에서의 자유 경쟁 허용

② 윤리적 의의

개인의 자유와 권리 신장	• 자본주의는 개인의 자유와 권리를 중시하는 경제 체제이므로 경제 활동의 자유가 보장됨 • 개인의 자유로운 직업 선택이 존중되고 사적 소유권을 보호받음
자율성과 창의성 증대	• 생산과 소비의 판단과 선택에서 개인의 자율성이 존중됨 • 더 많은 이익을 얻기 위한 경쟁 과정에서 창의성이 발휘됨
경제적 효율성 증진	• 더 많은 이윤을 얻기 위해 노력하므로 생산성이 향상됨 • 자유 경쟁을 통해 경제의 효율성을 높임으로써 경제 발전이 가능함

◉ **프로테스탄티즘**
종교 개혁에 의해 성립한 기독교 교파들의 정신을 의미하는 것으로, 베버는 성공한 사업가들 중 개신교 신자들이 많다는 사실에 흥미를 느끼고 자본주의 정신과 종교와의 관계를 밝히고자 함. 그는 대표적인 개신교 종파인 칼뱅주의자들이 성실한 직업 노동과 금욕적 절제를 통해 부를 이루는 것을 신의 축복이라고 보았고, 이러한 태도가 자본주의적 삶의 태도로 자리 잡았다고 봄

◉ **시장 실패**
시장의 자율에 맡겨 둘 경우 효율적 자원 배분 및 소득 분배가 제대로 이루어지지 못하는 상황

◉ **정부 실패**
정부의 시장에 대한 개입이 오히려 시장 경제의 효율성을 떨어뜨리는 현상

1 베버의 프로테스탄티즘

> • 세계는 오직 신의 영광에 봉사하도록 정해져 있고, 선택된 기독교는 오직 신의 율법을 집행하여 세계에 신의 영광을 각자의 몫만큼 증대시키도록 정해져 있다. 그러나 신은 기독교도의 사회적 실행을 요구한다. 왜냐하면 신은 사회적 형성이 자신의 율법에 맞게 이루어져 그 형성이 자신의 목적에 일치하기를 요구하기 때문이다. 세상에서 칼뱅 교도들의 사회적 활동은 오직 '신의 영광을 더하기 위한' 활동일 뿐이다. 그러므로 모든 이의 현세적 삶에 봉사하는 직업 노동도 역시 그러한 성격을 갖는다. _{칼뱅은 모든 직업이 신의 영광을 더하기 위한 것이므로 직업적 귀천이 없다고 봄}
>
> • 어떤 직업의 효용성과 그에 대응하는 신의 만족은 물론 첫째로는 도덕적 척도에 따라, 그리고 둘째로는 거기서 생산될 재화가 '전체'에 대해 갖는 중요성의 척도에 따라 평가되지만, 셋째로 직업의 효용성과 그에 대한 신의 만족을 평가하는 경제적 '수익성'이 실천적으로는 더욱 중요한 관점이다. 왜냐하면 청교도들이 생각하기에 신은 삶의 구석구석에 작용하고 있으며, 신이 그의 신도들 각각에게 하나의 이윤의 기회를 준다면 그것은 신 나름대로의 의도가 있기 때문이다. 따라서 기독교 신자는 그 기회를 사용하여 그러한 부르심에 따라야만 한다.
>
> – 베버, 「프로테스탄티즘의 윤리와 자본주의 정신」 –

분석 | 베버는 종교 개혁과 프로테스탄티즘이 세속적 직업 속에서의 의무 이행을 중시했다고 보았다. 이에 따라 세속적 일상 노동에서의 종교적 의미를 인정하게 되었고, 이러한 프로테스탄티즘은 합리적 이윤 추구와 금욕주의를 바탕으로 한 서구 자본주의 정신의 출발점이 되었다고 보았다.

2 애덤 스미스의 고전적 자본주의

> 우리가 매일 식사를 마련할 수 있는 것은 푸줏간 주인과 양조장 주인, 그리고 빵집 주인의 자비심 때문이 아니라, 그들 자신의 이익을 위한 그들의 고려 때문이다. 우리는 그들의 자비심에 호소하지 않고 그들에게 우리 자신의 필요를 말하지 않고 그들 자신에게 유리함을 말한다. 거지 이외에는 아무도 전적으로 동포들의 자비심에만 의지해서 살아가려고 하지 않는다. 거지조차도 전적으로 타인의 자비심에 의지하지는 않는다.
>
> – 애덤 스미스, 「국부론」 –

분석 | 애덤 스미스는 부의 원천을 노동력으로 보고, 부를 증진하기 위해서는 노동 생산성을 개선해야 한다고 주장하였다. 그러기 위해서는 국가가 시장에 무분별하게 개입하지 말고 자유 경쟁에 의해 생산성이 높아지도록 방임해야 한다고 보았다.

● 자본주의에 대한 비판과 대안

(1) 자본주의의 윤리적 문제점

빈부 격차의 심화	• 자유 경쟁을 강조하여 노동의 기회나 소득 분배에서 불평등을 심화시킴 • 사회 양극화가 심화되어 사회 구성원들 간의 통합이 어려움
물질 만능주의	• 물질을 중시하는 현상이 심화되어 인간의 존엄성과 같은 정신적 가치는 수단시되고 물질 자체가 목적이 되는 가치 전도 현상이 발생함 • 양심이나 인간다움의 보존보다 이윤 창출에 집착하는 천민자본주의가 될 수 있음
인간 소외 현상	• 인간이 만들어 낸 물질이 오히려 인간을 지배하는 인간 소외 현상이 발생함 • 인간을 상품을 만드는 부품처럼 취급할 수 있음

물질적 이익에만 집착하여 공정한 경쟁, 경제적 혁신, 일에 대한 헌신과 같은 윤리적 측면이 상실된 타락한 자본주의를 의미함

(2) 자본주의에 대한 대안적 시도

① 마르크스주의
• '공산당 선언(1848)'을 통해 사회주의 혁명을 주장함
• 자본주의 사회에서의 노동은 노동자 스스로 주체가 되지 못하고 이윤 창출을 위해 강요되며 자신이 생산한 상품으로부터 소외된다고 봄
• 노동 소외와 빈부 격차 문제는 생산 수단의 사유화로 인한 것이므로 생산 수단을 공유화하여 공산 사회로 나아가야 함
• 역사는 필연적으로 자본가와 노동자 사이의 계급 투쟁 → 자본주의 계급의 몰락 → 자본주의 국가 붕괴 → 프롤레타리아 독재 → 계급 없는 공산 사회의 도래로 나아간다고 봄

② 민주 사회주의
• 서구 사회주의자들이 1951년 '사회주의 인터내셔널'을 결성하고 '프랑크 푸르트 선언'을 통해 민주 사회주의 입장을 제시함
• 기존 사회주의의 급진적 폭력 혁명론을 비판하고 민주적인 방법으로 사회주의의 이상을 실현할 것을 강조함
• 사회주의적 공유제를 바탕으로 하면서도 농업 · 수공업 · 소매업 · 중소 공업 등의 중요한 부분의 사적 소유를 인정함
• 기본적인 인간적 삶의 보장을 강조하여 서구 복지 자본주의의 사상적 바탕이 됨

(3) 자본주의의 바람직한 발전을 위한 노력

개인적 노력	• 인간의 가치를 경제적 가치로만 평가하지 않도록 함 • 윤리적 소비와 같은 윤리적 경제 활동을 하도록 함
사회적 노력	• 공동체 의식과 연대 의식을 바탕으로 한 상생의 문화 확립 • 경제적 불평등을 완화하고 인간다운 삶을 보장할 수 있는 제도 보장
국제적 노력	• 세계 시민 의식을 바탕으로 국제 정의 실현을 위해 노력함 • 국가 간의 경제 불평등에 관심을 가지고 해결하기 위해 노력함

◉ **가치 전도 현상**
돈, 직업과 같은 수단적 가치가 생명, 존엄성과 같은 목적적 가치보다 중요하게 여겨지는 현상

◉ **노동 소외 현상**
노동은 노동자가 생산 수단을 활용하여 생산물을 만들어 내는 합목적적 활동인데, 자본주의 사회에서는 노동이 단순히 잉여 가치를 창출하기 위한 수단으로 전락하는 현상. 노동자는 자신이 생산한 물건을 소유할 수 없고, 자신이 원하는 노동이 아니라 돈을 벌기 위해 주어진 노동을 하게 되며, 분업과 기계 생산으로 인해 단순한 작업을 반복하게 됨

◉ **사회주의 인터내셔널**
민주적인 방법으로 사회주의 이념을 실현하기 위해 결성된 국제 조직. 반자본주의적 입장에서 생산 수단의 독점을 막고 모든 사람이 공동체의 평등한 일원으로 살아갈 수 있도록 하는 것을 목표로 함

❸ 마르크스의 공산당 선언

• 본래 정치권력이란 한 계급이 다른 계급을 억압하기 위해 사용하는 조직된 폭력이다. 만일 프롤레타리아가 부르주아에 대항하는 투쟁에서 반드시 계급으로 한데 뭉쳐 혁명을 통해 스스로 지배 계급이 되고 또 지배 계급으로서 낡은 생산 관계를 폭력적으로 폐지하게 된다면, 그들은 이 생산 관계와 아울러 계급적 대립의 존재 조건 및 계급 일반 또한 폐지하게 될 것이며, 따라서 자기 자신의 계급적 지배까지도 폐지하게 될 것이다.

• 노동하는 인간이 노동 수단, 즉 생활 원천을 독점한 자에게 경제적으로 예속되어 있는 것은 모든 형태의 예속, 모든 사회적 빈곤과 도덕적 타락 및 정치적 종속의 주된 원인이다. 따라서 노동자 계급의 경제적 해방이야말로 중요한 궁극적 목적이며, 모든 정치 운동은 하나의 수단으로서 이 목적 아래에 놓여야 한다.

– 마르크스, '공산당 선언' –

분석 | 마르크스는 인간의 역사를 억압자와 피억압자의 끊임없는 대립으로 보았으며, 자본주의 하에서의 프롤레타리아가 부르주아의 착취로부터 해방되기 위해서는 사적 소유를 철폐해야 한다고 보았다. 또한 국가는 부르주아 계급을 위해 존재하는 것이므로 사적 소유가 철폐되어 계급이 사라지면 국가도 소멸할 것이라고 주장하였다.

❹ 프랑크푸르트 선언

사회주의는 자본주의를 공공의 이익이 사적 이윤보다 우선하는 제도로 대치하려고 노력한다. 사회주의 정책의 직접적인 경제적 목적은 완전 고용, 보다 높은 생산, 생활수준의 향상, 사회 보장 및 소득과 재산의 공평한 분배이다. 이러한 목적을 달성하기 위하여 생산은 근로 대중의 이익을 위해서 계획되지 않으면 안 된다. 이와 같은 계획화는 소수의 수중에 경제 권력이 집중되는 것과는 양립할 수 없다. 그것은 경제에 대한 효과적인 민주적 관리를 필요로 한다. 따라서 민주 사회주의는 생산의 공공 관리와 생산물의 공평한 분배를 외면하는 자본주의적 계획이나 전체주의적 계획과 날카로운 대조를 이룬다.

– '프랑크푸르트 선언' –

┌ 북유럽 복지 국가들에 영향을 줌
분석 | 민주 사회주의는 소련의 공산주의적 입장이 폭력과 같은 과격한 방법을 사용하고 모든 생산 수단의 공유화를 추구하여 현실에 맞지 않는다고 보고 민주적인 방법으로 사회주의 이념을 구현하고자 하였다. 모든 사람들이 평등하고 자유롭게 함께 일하는 공동체를 만드는 것을 목적으로 하되, 중요한 일부 부문에 대해서는 사적 소유를 허용한다.

---

❸ 다음 사상가의 입장으로 옳지 않은 것은?

노동하는 인간이 노동 수단, 즉 생활 원천을 독점한 자에게 경제적으로 예속되어 있는 것은 모든 형태의 예속, 모든 사회적 빈곤과 도덕적 타락 및 정치적 종속의 주된 원인이다. 따라서 노동자 계급의 경제적 해방이야말로 중요한 궁극적 목적이며, 모든 정치 운동은 하나의 수단으로서 이 목적 아래에 놓여야 한다.

① 생산 수단의 사적 소유를 철폐해야 한다.
② 자본주의 체제는 인간 소외를 발생시킨다.
③ 자아실현을 위한 노동은 공산 사회에서 가능하다.
④ 국가는 자본가의 이익 실현을 위한 대변인일 뿐이다.
⑤ 노동자의 인간적인 삶은 자본가의 자선에 의해 실현할 수 있다.

정답과 해설 ▶ 제시문의 사상가는 마르크스이다. 마르크스는 자본주의 체제하에서는 빈부 격차의 심화와 인간 소외 현상 등의 문제가 발생하며 그러한 문제를 해결하기 위해서는 사적 소유를 철폐해야 한다고 주장하였다. ⑤ 마르크스는 노동자의 인간적인 삶은 자본가의 자선에 의해 해결할 수 없고 혁명을 통해 사적 소유를 폐지해야 실현할 수 있다고 주장하였다.

탭 ⑤

❹ 다음 내용이 담긴 선언문의 이름을 쓰시오.

• 사회주의자는 자유 속에서 민주주의적 방법을 통해 새로운 사회를 건설하려고 노력한다.
• 사회주의는 생산 수단을 소유 혹은 통제하는 소수자의 지배로부터 민중을 해방시킴으로써 모든 사람들이 평등한 자격으로 자유롭게 함께 일하는 공동체를 만드는 것을 목적으로 한다.
• 사회주의적 계획은 모든 생산 수단의 공공 소유를 전제하지는 않는다. 그것은 중요한 부분들, 예컨대 농업, 수공업, 소매업, 그리고 중소 공업 등에 있어서의 사적 소유와 양립할 수 있다.

탭 프랑크푸르트 선언

01~08 다음 내용이 옳으면 ○표, 틀리면 ×표 하시오.

01 서양의 근대 자본주의는 자유주의와 프로테스탄티즘을 사상적 배경으로 등장하였다. ( )

02 고전적 자본주의 입장에서는 시장의 자원 배분에 정부가 개입해야 효율적인 분배가 이루어진다고 보았다. ( )

03 신자유주의는 정부 실패에 대한 반성에서 정부 기능의 축소를 주장하며 등장하였다. ( )

04 자본주의는 시장에서 형평성을 강조하여 생산 효율성이 낮다는 한계를 지닌다. ( )

05 마르크스는 자본주의 체제하에서는 노동자가 인간답게 살 수 없다고 보았다. ( )

06 마르크스는 자본주의의 경쟁 구도 속에서 노동자는 노동을 통해 자신의 본질을 실현시킬 수 있다고 보았다. ( )

07 민주 사회주의는 폭력 혁명을 통해 사회주의 이념을 구현시키고자 하였다. ( )

08 민주 사회주의에서는 공유제를 바탕으로 하면서도 중요한 부문의 사적 소유를 인정하였다. ( )

정답 **01** ○ **02** × **03** ○ **04** × **05** ○
06 × **07** × **08** ○

오답 체크 Tip
02 고전적 자본주의 입장에서는 자원 배분을 시장의 자율에 맡기는 것이 효율적이라고 보았다.
06 마르크스는 분업화·기계화된 자본주의하에서는 노동자가 자신의 본질을 실현시키기 어려우므로 공산주의로 나아가야 한다고 주장하였다.
07 민주 사회주의는 기존 공산주의의 폭력적이고 비민주적인 경향에서 벗어나 비폭력적이고 민주적인 방법으로 사회주의를 구현하고자 하였다.

▶ 20582-0198

01 다음 사상가의 입장에서 밑줄 친 ⊙에 대해 제시할 설명으로 옳은 것만을 〈보기〉에서 고른 것은?

근대 자본주의 정신, 한 걸음 더 나아가 근대 문화의 본질을 구성하는 요소들 가운데 하나인 직업 정신에 기초한 합리적 생활 양식은 ⊙ 프로테스탄트의 금욕주의 정신에서 탄생하였다. 금욕주의가 수도원의 골방에서 나와 직업 생활 영역으로 이행하면서 세속적 도덕을 지배하기 시작하였으며 근대적 경제 질서를 건설하는 데 일조하였다.

┤ 보기 ├
ㄱ. 노동을 신이 부여한 소명이라고 보았다.
ㄴ. 자본주의의 발달에 긍정적 영향을 끼쳤다.
ㄷ. 직업적 성공에 따른 부의 축적을 부정적으로 보았다.
ㄹ. 노동을 통해 돈을 버는 것 자체가 목적이라고 주장하였다.

① ㄱ, ㄴ　　② ㄱ, ㄷ　　③ ㄴ, ㄷ
④ ㄴ, ㄹ　　⑤ ㄷ, ㄹ

▶ 20582-0199

02 ⊙에 대한 설명으로 옳지 <u>않은</u> 것은?

(⊙)은/는 사유 재산 제도를 바탕으로 시장에서의 자유로운 경쟁과 합리적인 이윤 추구 활동을 보장한다.
(⊙)은/는 자본이 지배하는 경제 체제로 상품의 가격은 수요와 공급에 따라 자율적으로 결정되어야 한다고 본다.

① 자유 경쟁이 자원의 효율적 배분에 기여한다고 보았다.
② 개인의 자율성을 강조함으로써 정치적 자유 확대에 기여하였다.
③ 물질적 가치를 지나치게 강조하여 인간 소외를 발생시킬 수 있다.
④ 사람들의 인간다운 삶을 위해 경제적 평등이 이루어져야 한다고 강조한다.
⑤ 사적 소유를 보장하여 개인의 노동 의욕을 고취하고 생산력을 높일 수 있다.

▶ 20582-0200

03 갑, 을 사상가들의 입장에 대한 설명으로 옳지 <u>않은</u> 것은?

> 갑: 각 개인이 최선을 다해 자기 자본을 국내 산업에 지원하고 자신의 노동 생산물이 최대의 가치를 갖도록 일한다면, 각 개인은 필연적으로 사회의 연간 수입이 최대치가 되도록 노력한 것이 된다. 이렇게 함으로써 그는 '보이지 않는 손'에 이끌려 그가 전혀 의도하지 않은 국가의 이익을 증진시키게 된다.
> 을: 국가는 이자율을 조정하는 정책과 국내의 고용을 최적의 수준으로 유지할 수 있는 투자 계획을 통해 유효 수요를 창출해야 한다. 이자율과 투자 규모가 최적의 수준이 유지되도록 저절로 조정된다고 보는 자유방임주의적 이론은 옳지 않다.

① 갑: 사적 이익이 공적 이익으로 연결된다고 보았다.
② 갑: 정부는 시장의 자율성을 보장해 주어야 한다고 보았다.
③ 을: 정부의 적극적 개입을 통해 불황을 극복해야 한다고 보았다.
④ 을: 정부 실패를 해결하기 위해 정부의 역할을 축소해야 한다고 보았다.
⑤ 갑, 을: 생산 수단의 사적 소유와 자유 경쟁이 경제 발전에 도움이 된다고 보았다.

단답형

▶ 20582-0201

04 ㉠, ㉡에 들어갈 말을 쓰시오.

고전적 자본주의	• 개인의 자유로운 경제 활동을 최대한 보장 • 시장을 '보이지 않는 손'에 맡기고 국가의 간섭을 최소화할 것을 주장
수정 자본주의	• (㉠) 실패 해결을 위한 정부의 개입을 강조 • 정부가 적극적으로 경제 활동에 개입하여 불황을 극복하고 복지를 확대할 것을 주장
(㉡)	• 정부의 시장 개입을 반대 • 정부 기능을 축소하고 개인의 자유와 시장 경제 확대를 요구

[05~06] 다음을 읽고 물음에 답하시오.

> 노동자 계급의 해방은 노동자 계급 자신에 의해 쟁취되어야 한다. 노동하는 인간이 노동 수단, 즉 생활 원천을 독점한 자에게 경제적으로 예속되어 있는 것은 모든 형태의 예속, 모든 사회적 빈곤과 도덕적 타락 및 정치적 종속의 주된 원인이다.

▶ 20582-0202

05 위와 같이 주장한 사상가의 입장에 대한 옳은 설명만을 〈보기〉에서 있는 대로 고른 것은?

◀ 보기 ▶

ㄱ. 자본주의가 노동 소외 현상을 가중시킨다.
ㄴ. 국가를 통해 노동자의 권리를 되찾아야 한다.
ㄷ. 노동자와 자본가의 협업을 통해 사회를 개선해야 한다.
ㄹ. 생산 수단의 공유를 통해 노동자의 삶의 질을 향상시킬 수 있다.

① ㄱ, ㄷ   ② ㄱ, ㄹ   ③ ㄴ, ㄷ
④ ㄱ, ㄴ, ㄹ   ⑤ ㄴ, ㄷ, ㄹ

▶ 20582-0203

06 다음은 어느 선언문의 일부이다. 이 선언문의 관점에서 위 사상가의 주장에 대해 제기할 비판의 내용으로 가장 적절한 것은?

> 사회주의는 최고 형태에 있어서의 민주주의이며, 자유 속에서 민주주의적 방법을 통해 새로운 사회를 건설하려고 노력한다. 생산 성과의 분배에서 인간의 필요가 최우선적으로 고려되어야 하지만 성취에 따른 긍지, 공동의 이익을 생각하는 연대와 협동 정신 등 다른 노동의 동기도 있다고 믿는다.

① 계급 없는 사회가 되어야 함을 모르고 있다.
② 국가가 소멸된 사회를 추구해야 함을 간과하고 있다.
③ 생산에서 경제적 효율성만을 지나치게 강조하고 있다.
④ 사회주의는 혁명을 통해 실현된다는 점을 모르고 있다.
⑤ 모든 생산 수단을 공유화할 것을 지나치게 강조하고 있다.

● 동서양의 평화 사상

(1) 평화의 의미

① 의미
- 물리적 폭력이 발생하지 않으며 인간의 기본적인 욕구가 충족된 상태
- 갈퉁은 폭력을 직접적 폭력과 간접적 폭력으로 나누고 진정한 평화는 직접적 폭력과 간접적 폭력 모두가 없는 상태라고 함

② 평화의 유형

소극적 평화	신체에 직접 위해를 가하는 전쟁, 테러, 폭행과 같은 직접적이고 물리적인 폭력이 없는 상태
적극적 평화	• 인간다운 삶과 자아실현이 가능한 상태 • 부정의한 사회 구조(구조적 폭력)나 폭력을 정당화하는 문화(문화적 폭력)가 없는 상태

◉ 갈퉁의 폭력의 유형

직접적 폭력	신체에 직접 위해를 가하는 직접적인 폭력으로 전쟁, 테러, 폭행 등
구조적 폭력	• 사람들 또는 집단 간에 발생하는 간접적이고 정신적인 폭력 • 사회적인 제도나 관습, 경제적 상태에 의한 억압이나 착취
문화적 폭력	직접적 폭력이나 구조적 폭력이 정당하다거나 잘못된 것이 아니라고 폭력을 합법화하거나 용인하는 종교, 사상, 예술 등

(2) 동양의 평화 사상

① 유교

사회 혼란의 원인	인간의 도덕적 타락
평화 수립 방안	• 도덕성을 회복하여 인과 의를 실현해야 함 • 통치자는 인과 의를 바탕으로 덕치(德治)와 인정(仁政)을 해야 함 • 수기이안백성(修己以安百姓), 수제치평(修齊治平)
이상 사회	도덕성을 바탕으로 모든 사람이 함께 조화롭게 사는 평화로운 사회인 대동 사회(大同社會)

┗ 수신제가 치국평천하(修身齊家治國平天下)를 의미하는 것으로, 윤리적 실천의 단계를 자신으로부터 시작하여 가정, 사회, 국가로 확대하는 유교의 입장

② 묵자

사회 혼란의 원인	존비친소(尊卑親疏)를 분별하는 차별 의식
평화 수립 방안	• 서로 사랑하고 서로 이롭게 해야 함[兼相愛交相利] → 보편적 인류애를 가져야 함 • 통치자는 이익을 일으키고 해(害)를 제거해야 하므로 전쟁을 피해야 함 • 전쟁은 불이익이 되므로 전쟁을 해서는 안 된다고 주장함[非攻]

③ 불교

사회 혼란의 원인	마음속의 탐욕, 화냄, 어리석음
평화 수립 방안	• 개인의 도덕적 수양의 통해 탐(貪), 진(瞋), 치(癡)를 제거해야 함 • 연기(緣起)를 자각하여 모든 생명체가 평등하며 상호 의존적임을 깨달아야 함 • 무차별적이고 조건이 없는 사랑인 자비를 베풀어야 함

┗ 자(慈)는 남에게 즐거움을 준다는 뜻이고, 비(悲)는 남의 괴로움을 덜어준다는 뜻으로 중생을 불쌍히 여겨 고통을 덜어주고 안락하게 해 주려는 마음을 의미함

◉ **수기이안백성**
공자의 정치에 대한 기본 사상으로 자신을 수양하고 덕행을 베풀어 모든 사람의 삶을 안정되고 평온하게 해 주어야 한다는 것

◉ **존비친소**
윗사람과 아랫사람, 친한 사람과 거리가 먼 사람의 관계를 나타내는 표현

◉ **도가(道家)의 평화 사상**

사회 혼란의 원인	그릇된 가치관과 인위적인 제도
평화 수립 방안	• 무위자연의 삶을 살아야 함 • 통치자는 무위의 다스림을 함 • 나라의 규모가 작고 백성이 적은 나라가 이상적임

◉ **연기**
모든 현상은 무수한 원인[因]과 조건[緣]으로 인해 성립되는 것이므로 모든 것이 연결되어 있다는 것. '이것이 있으므로 그것이 있고, 이것이 생기면 그것이 생긴다. 이것이 없으면 저것이 없고, 이것이 멸하면 저것도 멸한다.'로 표현됨

① 유교의 대동 사회(大同社會)

> 큰 도(道)가 행해진 세상에서는 천하가 모두의 것이 된다. 현명하고 유능한 사람을 뽑아 나라를 다스리게 하여 신의가 존중되고 화목이 두터워진다. 그러므로 사람들은 자기 부모만 부모로 여기지 않고 자기 자식만 자식으로 여기지 않는다. 노인들은 여생을 잘 마치게 되고, 장년들에게는 일할 자리가 있으며, 어린 아이는 잘 자라게 되고, 외롭고 홀로된 자나 병든 자들은 모두 보살핌을 받는다. 남자에게는 남자의 직분이 있고, 여자에게는 여자의 직분이 있다. 재화가 헛되이 땅에 버려지는 것을 싫어하지만 그렇다고 그것을 결코 자기 것으로 숨겨 두지 않으며, 스스로 일하는 것을 싫어하지 않지만 그렇다고 자기 자신만을 위해서 일하지도 않는다. 그래서 음모를 꾸미는 일이 생기지 않고 훔치거나 해치는 일도 일어나지 않는다. 그러므로 집집마다 문이 있어도 잠그지 않는다. 이를 '대동'이라고 한다.
>
> – 『예기』 –

분석 | 대동 사회는 유교의 이상 사회로 모두가 조화롭고 행복하게 사는 사회이다. 사회의 구성원들 누구나 할 일이 있고 물질적으로 여유가 있으며 서로 배려하며 도덕적으로 살아가면 다툴 일이 없게 된다. 이렇게 본다면 대동 사회는 단순히 폭력이 존재하지 않는 소극적 평화만이 아니라 구성원들 모두 인간다운 삶을 살 수 있는 적극적 평화가 실현된 사회라고 할 수 있다.

② 묵자의 겸애(兼愛)

> 천하의 재난과 찬탈과 원한이 일어나는 까닭은 서로 사랑하지 않는 데에서 생겨나는 것이다. 그래서 어진 사람들은 그것을 비난한다. 그것을 비난한다면 무엇으로써 이를 대신해야 하는가? 모두가 아울러 서로 사랑하고 모두가 서로 이롭게 하는 방법으로써 이에 대신해야 한다. 그러니 아울러 서로 사랑하고 모두가 서로 이롭게 하는 방법이란 어떻게 하는 것인가? 남의 나라 보기를 자기 나라 보듯 하고, 남의 집안 보기를 자기 집안 보듯 하며, 남의 몸 보기를 자기 몸 보듯 하는 것이다.
>
> – 『묵자』 –

묵자는 특히 당시 유교의 '인'이 차별적 사랑이라고 비판함 ┐

분석 | 묵자는 천하의 혼란의 원인이 서로 사랑하지 않는 차별 의식에서 비롯된다고 보았다. 따라서 평화를 구현하기 위해서는 반드시 겸애(兼愛)해야 한다고 주장하였다. 겸애를 하지 않으면 차별적 사랑으로 인해 재앙과 원한이 생겨나고 그로 인해 국가가 혼란하게 된다는 것이다. 다른 사람을 사랑하는 것은 일방적인 것이 아니라 상대로부터 보답을 얻는 호혜적인 것이다. 즉 자신이 다른 사람을 사랑하고 이익이 되게 행동하면 상대도 나에게 그렇게 해 준다고 본 것이다.

확인학습

① 다음 사회에 대한 설명으로 가장 적절한 것은?

> 대도(大道)가 행해지고 현명하고 유능한 자를 뽑아 다스리게 하니, 사람들은 자기 부모만 부모로 여기지 않고 자기 자식만 자식으로 여기지 않는다. 재화가 땅에 버려지지 않으며 사람들은 자기만을 위해 일하지 않는다.

① 인륜이 실현된 도덕적인 사회이다.
② 상과 벌로 백성들을 통제하는 사회이다.
③ 문명이 발달하지 않는 소규모의 사회이다.
④ 존비친소의 구분이 완전히 사라진 사회이다.
⑤ 개인의 자유와 권리를 최상의 가치로 여기는 사회이다.

정답과 해설 ▶ 제시문의 사회는 '대동 사회'이다. 대동 사회는 유교의 이상 사회로, 모든 사람들이 조화롭게 살아가는 도덕적인 사회이며 물질적으로 안정적인 사회이다. ③ 도가의 이상 사회에 대한 설명이다. ⑤ 서양의 자유주의에 대한 설명이다. **답 ①**

② 다음 사상가의 입장으로 옳은 것만을 〈보기〉에서 고른 것은?

> 천하의 재난과 찬탈과 원한은 서로 사랑하지 않는 데서 생겨나는 것이다. 그러니 서로 이롭게 하고 서로 사랑해야 한다. 서로 사랑하고 모두가 서로 이롭게 하는 방법이란 어떻게 하는 것인가? 남의 나라 보기를 자기 나라 보듯 하고, 남의 집안 보기를 자기 집안 보듯 하며, 남의 몸 보기를 자기 몸 보듯 하는 것이다.

◁ 보기 ▷
ㄱ. 무위자연의 소박한 삶을 살아야 한다.
ㄴ. 사랑은 보답과 무관한 일방적 행위이다.
ㄷ. 차별 의식 때문에 사회 혼란이 발생한다.
ㄹ. 서로 이익을 주고받아야 평화 실현이 가능하다.

① ㄱ, ㄴ ② ㄱ, ㄷ ③ ㄴ, ㄷ
④ ㄴ, ㄹ ⑤ ㄷ, ㄹ

정답과 해설 ▶ 제시문의 사상가는 묵자이다. 묵자는 서로 무차별적으로 사랑하는 겸애와 서로 이익을 나누는 교리를 통해 평화로운 삶을 살 수 있다고 보았다. ㄱ. 도가(노자)의 입장이다. ㄴ. 묵자는 사랑은 상호적인 것이라고 보았다. **답 ⑤**

(3) 서양의 평화 사상

① 에라스뮈스 — 네덜란드의 인문주의자. 교회의 타락을 비판하여 르네상스와 종교 개혁에 영향을 줌

- 정전론(正戰論) 입장을 비판하면서 전쟁은 일반적으로 선보다 악을 초래한다고 주장함
- 전쟁은 평화를 추구하는 종교 정신에 위배되는 것이므로 부당하다고 봄
- 전쟁이 발생하게 되면 많은 희생자들이 생겨나므로 도덕적으로 옳지 않다고 봄
- 경제적 측면에서도 전쟁은 많은 비용이 들기 때문에 평화로운 상태를 유지하는 것이 더 바람직하다고 봄
- "부당한 평화란 거의 있을 수 없으며, 아무리 정당한 전쟁이라도 부당한 평화만 못하다"라고 주장함

② 생 피에르 — 프랑스의 성직자로 '영원한 평화의 계획'이라는 글에서 영원한 평화를 이루기 위한 방법을 제시하였고, 칸트에게 영향을 줌

- 전쟁은 인간의 이기심에 의해 시작됨
- 평화를 실현하기 위해서는 종교나 도덕성에 호소하기보다는 인간의 이기심과 합리적 이성에 호소해야 함
- 공리적 관점에서 평화에 따르는 이익이 전쟁에 따르는 불이익보다 크다는 점을 군주에게 제시하면 평화를 실현할 수 있음
- 항구적 평화는 군주들의 연합을 형성함으로써 이룰 수 있음
- 군주들의 연합: 각국은 주권과 영토를 보장받고, 국가 간의 분쟁 발생 시 국가 대표들로 구성된 상설 기구를 통해 평화롭게 해결함

③ 칸트

- 전쟁은 인간을 국가의 이해관계를 위한 수단으로 대우하는 것이므로 도덕적으로 정당화될 수 없음
- 평화 실현을 위해 이성의 명령에 따라 도덕적 의무를 이행해야 함
- 영구 평화론: 전쟁은 인류를 멸망으로 이끌 것이므로 이를 막고 영구 평화를 보장하기 위해서 전쟁을 막는 국제 조직을 만들 것을 주장함

제1의 확정 조항	'모든 국가의 시민적 정치 체제는 공화정이어야 한다.' → 공화정체의 국가는 시민들로부터 전쟁 결정의 동의를 얻어야 하므로 전쟁을 개시하기가 어려움
제2의 확정 조항	'국제법은 자유로운 국가들의 연방 체제에 기초하지 않으면 안 된다.' → 국민 국가의 존재를 인정하는 국제 연맹을 통해 국제법을 실현할 수 있는 권력 기구 수립이 필요함
제3의 확정 조항	'세계 시민법은 보편적 우호의 조건에 국한되어야 한다.' → 각 국가는 억압, 약탈, 식민 지배 등을 배제하고 우호 관계 속에서 자유롭게 교류할 것을 강조함

◉ **정전론**
권위 있는 지도자가 악을 징벌하기 위한 목적으로 수행하는 전쟁은 정당화될 수 있다는 입장으로, 중세의 아우구스티누스나 아퀴나스와 같은 신학자들은 정전론의 입장을 취하였음

◉ **영구 평화론**
- 칸트는 세계 국가를 건설하는 것이 이상적이지만 현실적으로 불가능하므로 '국제 연맹'을 만들어 영구 평화를 실현해야 한다고 주장함
- 영구 평화론은 예비 조항(6항), 확정 조항(3항), 추가 조항(2항), 부록으로 구성됨

③ 에라스뮈스의 평화 사상

> 주교관과 전투 헬멧, 목자의 지팡이와 군인의 창, 복음서와 방패가 도대체 어떻게 조화될 수 있단 말인가? 온 세상을 피비린내 나는 전장으로 몰고 가면서 어떻게 동시에 아무렇지도 않게 '평화가 당신과 함께 하기를!'하며 인사할 수 있단 말인가? 입으로는 평화를 말하면서도, 어떻게 손과 행동으로는 파괴를 일삼을 수 있단 말인가? 그리스도를 화해자요 평화의 왕이라 말하면서, 어떻게 감히 같은 입으로 전쟁을 부추길 수 있단 말인가? 이것은 그리스도와 사탄 앞에서 동시에 트럼펫을 부는 것과 같지 않은가?
>
> – 에라스뮈스, '평화의 탄식' –

분석 | 에라스뮈스가 살았던 16세기 종교 개혁 시기 유럽은 대립과 갈등이 끊이지 않았다. 그는 평화를 지켜야 할 성직자들이 전쟁을 정당화하는 것을 비판하면서 화합과 사랑을 강조한 그리스도의 정신에 충실할 것을 강조하였다. 또한 현실적으로 전쟁과 평화 중 어떤 것이 더 유리한지 손익 계산을 해 보고 모든 것을 앗아가는 전쟁을 선택하지 말아야 한다고 주장했다.

④ 칸트 영구 평화론의 예비 조항

> 첫째, 장래의 전쟁에 대비하여 물자를 비밀리에 간직해 두고서 맺어진 평화 조약은 인정해서는 안 된다. 미래의 전쟁 원인이 될 현존하는 모든 원인들이 평화 조약을 통해 제거되어야 한다.
> 둘째, 어떠한 독립된 국가도 상속, 교환, 매수, 증여로써 다른 국가의 소유가 될 수 없다. 무릇 국가는 하나의 소유물이 될 수 없다.
> 셋째, 상비군은 점차 철폐되어야 한다. 상비군은 항상 전쟁을 위해 무장을 갖추고 있어 다른 국가를 위협하기 때문이다.
> 넷째, 국가는 대외적인 분쟁과 관련하여 국채를 발행해서는 안 된다.
> 다섯째, 어떠한 국가도 다른 국가의 제도와 통치에 대해 폭력으로 개입해서는 안 된다.
> 여섯째, 어떠한 국가도 타국과의 전쟁에 있어서는 장래의 평화에 대한 상호간의 신뢰를 불가능하게 하는 암살자 고용, 항복 조약의 파기, 상대국에서 반역 선동 등을 행해서는 안 된다.
>
> – 칸트, 「영구 평화론」 –

분석 | 칸트의 "영구 평화론"은 '예비 조항'과 '확정 조항'으로 구성되어 있다. '예비 조항'은 영구 평화의 실현에 장애가 되는 여섯 가지 경우를 제시하고 그것을 금하는 내용이고, '확정 조항'은 영구 평화를 실현하기 위한 조건을 제시한 것이다.

---

③ 다음을 주장한 사상가의 입장으로 옳은 것만을 〈보기〉에서 고른 것은?

> 주교관과 전투 헬멧, 목자의 지팡이와 군인의 창, 복음서와 방패가 도대체 어떻게 조화될 수 있단 말인가? 그리스도를 화해자요 평화의 왕이라 말하면서, 어떻게 감히 같은 입으로 전쟁을 부추길 수 있단 말인가? 이것은 그리스도와 사탄 앞에서 동시에 트럼펫을 부는 것과 같지 않은가?

◀ 보기 ▶
ㄱ. 전쟁은 그리스도 정신에 위배되는 것이다.
ㄴ. 전쟁은 도덕적으로 정당하지 않은 것이다.
ㄷ. 성직자가 개입되지 않은 전쟁은 정당한 것이다.
ㄹ. 국가 이익 실현을 위한 전쟁은 정당화 될 수 있다.

① ㄱ, ㄴ ② ㄱ, ㄷ ③ ㄴ, ㄷ
④ ㄴ, ㄹ ⑤ ㄷ, ㄹ

정답과 해설 ▶ 에라스뮈스는 전쟁은 본성상 선보다 악을 초래하는 것이며 종교적으로나 도덕적으로 정당화될 수 없는 것이라고 보았다.
ㄷ. 에라스뮈스는 성직자의 개입 여부와 상관없이 전쟁을 부당한 것으로 보았다. ㄹ. 에라스뮈스는 국가 이익 실현을 위한 전쟁을 부당하다고 보았다. **답 ①**

④ 다음을 주장한 사상가의 입장으로 가장 적절한 것은?

> 전쟁의 완전한 종식과 영구 평화는 도덕적 입법의 최고 자리에 위치한 이성이 명령하는 의무이다. 영구 평화를 실현하기 위해 모든 전쟁 수단의 금지와 국가 간 연맹의 확장이 필요하다.

① 국제 연맹에 참여하는 국가들은 공화정이어야 한다.
② 세계 정부의 수립을 통해 영구 평화를 보장해야 한다.
③ 영구 평화를 위해서는 상비군이 최소한으로 유지돼야 한다.
④ 영구 평화를 위해서는 도덕보다 정치적 결단에 의존해야 한다.
⑤ 부정의한 국가의 내정에 강제로 개입하는 것은 정당한 것이다.

정답과 해설 ▶ 칸트는 공화정이 독립 국가들의 연맹을 통해 영구 평화가 가능하다고 보았다. **답 ①**

● 세계 시민주의와 세계 시민 윤리의 구상

(1) 세계 시민주의의 의미와 특징

① 의미 : 특정 민족이나 국가를 초월하여 인류를 단일한 세계의 시민이라고 보는 입장

② 특징

전 지구적 관심	인류를 하나의 운명 공동체로 인식하여 지구적 문제에 관심을 가지고 해결하기 위해 노력함
다양성 존중	인류 구성원들의 다양성을 인정하고 관용을 베풀 것을 강조함
갈등의 평화적 해결	• 인류애를 바탕으로 대화와 타협을 통해 문제를 해결함 • 평화적인 갈등 해결을 위해 다양한 국제기구를 만들기도 함
보편적 가치	• 인간의 존엄성 존중을 바탕으로 함 • 인종, 민족, 국가라는 경계를 넘어 서로 관용하고 존중할 것을 강조함

③ 세계 시민주의의 전개

• 애피아 : 세계 시민주의를 지지하면서도 동시에 국가나 민족 정체성도 인정함

• 스토아학파 : 모든 인간은 이성을 바탕으로 자연적 질서에 따르므로 인종, 국가를 초월하여 세계의 시민이라고 봄

• 누스바움 : 자국 중심의 배타주의를 극복하고 인류의 보편적인 인간애를 중시해야 함

(2) 해외 원조에 대한 입장

> 롤스는 질서 정연한 사회의 만민은 고통받는 사회에 대한 원조 의무가 있다고 봄. 그러나 무력을 사용하여 자유 사회를 위협할 수 있는 호전적 국가인 무법 국가에 대한 원조 의무는 없다고 봄

롤스	• 국제주의적 입장 • 질서 정연한 사회의 만민은 불리한 여건으로 인해 고통을 받는 사회를 원조해야 할 의무가 있음 • 원조의 목적: '고통받는 사회'가 '질서 정연한 사회'가 되도록 돕는 것 → 사회 구조와 제도의 개선이 목적이므로 물질적 평준화를 위해 원조할 필요는 없음 • 「정의론」에서 제시한 '차등의 원칙'은 국내적으로 적용되는 원칙이며 해외 원조에는 적용되지 않음
싱어	• 세계 시민주의적 입장 • 고통을 감소시키고 쾌락을 증진시키는 것은 모든 사람의 의무라는 공리주의적 관점에서 고통받는 전 인류를 원조의 대상으로 함 • 원조의 목적: 전 인류의 복지 향상 → 커다란 희생 없이 어려운 사람을 도울 수 있다면 무조건 돕는 것이 의무라고 봄 • 고통을 겪는 모든 인간을 차별 없이 공평하게 원조해야 함 → '이익 평등 고려의 원칙'

◉ **세계 시민주의**

세계 시민주의는 고대 그리스의 스토아학파에서 '모든 인간은 이성을 지녔다는 점에서 평등하다'고 본 것에서 발전해 옴

◉ **국제주의와 세계 시민주의**

국제주의	• 국제 사회가 독립적인 국가들로 구성되어 있음을 전제로 함 • 독립적 국가들 간의 연대와 협력을 지향함
세계 시민주의	• 국가나 인종 등과 상관없이 모든 인간의 이익을 평등하게 고려함 • 보편적 인류애를 강조함

◉ **질서 정연한 사회**

롤스가 말하는 질서 정연한 사회란 구성원들의 선을 증진해 주면서도 정의관에 의해 효율적으로 규제되는 사회로, 시민들의 기본적인 정치적 권리가 보장되는 사회

◉ **이익 평등 고려의 원칙**

쾌락과 고통을 느끼는 모든 존재의 이익을 동등하게 고려해야 한다는 원칙

5 세계 시민주의

— 로고스(logos), 즉 자연의 법칙

우리의 사고하는 능력이 모든 인류에 공통된 것이라면, 마찬가지로 우리의 이성도 모든 인류에 공통된다. 이렇게 된다면 우리들에게 해야 할 일과 해서는 안 될 일을 지시해 주는 이성의 법칙도 보편적이다. 그래서 우리는 모두 같은 시민이며 동료이다. 나아가 이 세계는 하나의 국가라고 볼 수 있으며 모든 인류는 정치적 공동체라 할 수 있다. 결국 세계가 한 국가라는 생각은 우리들 마음속에서 나오는 것이며, 우리가 반드시 지켜야 할 법도 역시 그것에서 비롯된 것이다.

– 아우렐리우스, 『명상록』 –

분석 | 스토아학파는 세계 전체가 오직 하나의 이성적 법칙만이 존재한다고 보았다. 인간은 모두 이 세계의 일부, 즉 하나의 세계 시민이므로 어떤 국가에 속하는지 어떤 언어를 사용하는지에 따라 구별할 필요가 없다는 것이다. 스토아학파의 이러한 입장에서 모든 인간을 동등하게 대우하라는 세계 시민주의를 찾아볼 수 있다.

6 해외 원조에 대한 롤스의 입장

질서 정연한 사회가 고통을 겪는 사회를 위해 원조의 의무를 수행할 경우 다음과 같은 목적으로 이루어져야 한다. 즉 원조의 목적은 고통을 겪는 사회가 자신의 문제들을 합당하게, 합리적으로 관리할 수 있도록 도와주어 결과적으로 그 사회가 질서 정연한 만민의 사회가 되도록 하는 것이다. 이러한 목표가 성취된 후에는 비록 여전히 빈곤하다고 할지라도 더 이상 원조할 필요가 없다. 원조의 궁극적인 목적은 고통을 겪는 사회에 자유와 평등을 확립하는 것이다. 국가들 간의 부와 복지의 수준들은 다양할 수 있고 그럴 것이라고 추정된다. 그러나 이런 부와 복지의 수준을 조정하는 것은 원조 의무의 목표가 아니다. 모든 질서 정연한 사회가 부유한 것이 아닌 것과 마찬가지로 모든 사회가 가난한 것은 아니다. 천연자원과 부가 빈약한 사회라 할지라도 만약 그들의 종교, 도덕적 신념들과 문화를 떠받쳐 주는 그 사회의 정치적 평등, 법, 재산, 계급 구조가 자유적 사회나 적정 수준의 사회를 유지하게 하는 것이라면 질서 정연해질 수 있다.

– 롤스, 『만민법』 –

분석 | 롤스는 해외 원조를 의무라고 보면서도 원조의 목적이 빈곤을 해결해 주는 것이 아니라 고통받는 사회가 질서 정연한 사회가 되도록 하는 것이라고 주장하였다. 즉 원조의 목적이 인류의 복지 향상에 있는 것이 아니라 고통받는 사회가 제도를 개선하여 그 사회 구성원들의 인권을 존중할 수 있는 민주적 사회가 될 수 있도록 돕는 것이라고 본 것이다.

5 스토아학파의 관점에서 ㉠, ㉡에 들어갈 말을 쓰시오.

우리는 모두 (㉠)의 법칙을 따른다는 점에서 같은 시민이며 동료이다. 나아가 (㉡)은/는 하나의 국가라고 볼 수 있으며 모든 인류는 정치적 공동체라 할 수 있다. 결국 세계가 한 국가라는 생각은 우리들 마음속에서 나오는 것이며, 우리가 반드시 지켜야 할 법도 역시 그것에서 비롯된 것이다.

답 ㉠ 이성, ㉡ 세계

6 다음 사상가의 입장에서 긍정의 대답을 할 질문만을 〈보기〉에서 있는 대로 고른 것은?

질서 정연한 사회에 살고 있는 사람들은 불리한 여건으로 인해 고통받는 사회에 대해 원조를 해야 한다. 원조의 목적은 고통받는 사회가 자유와 평등이 보장되는 질서 정연한 사회가 되도록 하는 것이다.

◀ 보기 ▶
ㄱ. 원조는 의무 차원에서 이루어져야 하는가?
ㄴ. 인류 전체의 이익을 최대화하기 위해 원조하는 것인가?
ㄷ. 빈곤한 사람들에게 복지를 제공하는 것이 원조의 목적인가?
ㄹ. 원조는 고통받는 사회가 민주적으로 운영되도록 돕는 것인가?

① ㄱ, ㄷ　　　② ㄱ, ㄹ　　　③ ㄴ, ㄷ
④ ㄱ, ㄴ, ㄹ　　⑤ ㄴ, ㄷ, ㄹ

정답과 해설 ▶ 제시문의 사상가는 롤스이다. 롤스는 국제주의 입장에서 원조는 고통받는 사회를 제도적으로 개선하기 위해 이루어져야 하는 의무라고 보았다.
ㄴ. 싱어의 입장에서 긍정의 대답을 할 질문이다. ㄷ. 롤스는 원조의 목적이 빈부 격차의 완화 또는 복지의 제공이 아니라 민주적 제도를 안착시키는 것이라고 보았다. **답** ②

개념 체크

01~08 다음 내용이 옳으면 ○표, 틀리면 ×표 하시오.

01 유교에서는 사회적 갈등의 원인이 도덕적 타락에 있다고 보았다. ( )

02 묵자는 존비친소를 분별하는 사랑을 해야 사회 혼란을 막을 수 있다고 보았다. ( )

03 불교에서는 평화로운 삶을 위해서는 마음속의 삼독(三毒)인 탐, 진, 치를 제거해야 한다고 보았다. ( )

04 도가에서는 통치자가 주변국과 교류를 활성화하여 백성들의 물질적인 삶을 풍요롭게 해 주어야 한다고 보았다. ( )

05 에라스뮈스는 악을 징벌하기 위한 침략은 정당화될 수 있다고 보았다. ( )

06 생 피에르는 평화를 위해서는 도덕성에 호소하기보다는 인간의 이기심과 합리적 이성에 호소해야 한다고 보았다. ( )

07 칸트는 공화 정체의 국가가 전쟁을 일으킬 확률이 낮다고 보았다. ( )

08 칸트는 전쟁을 예방하기 위해서는 세계 정부를 구성하여야 한다고 주장하였다. ( )

09~16 다음 빈칸에 알맞은 말을 쓰시오.

09 유교에서는 통치자가 인과 의를 바탕으로 한 ( )을/를 해야 한다고 보았다.

10 유교에서는 도덕성을 기반으로 모든 사람들이 화합하여 잘 사는 이상 사회로 ( )을/를 제시하였다.

11 묵자는 천하의 혼란을 막기 위해서는 모든 사람을 똑같이 사랑해야 한다는 ( )을/를 주장하였다.

12 불교에서는 모든 것이 원인과 조건에 의해 발생한다는 ( )을/를 깨달을 것을 강조한다.

13 생 피에르는 ( ) 관점에서 평화의 이익과 전쟁의 불이익을 계산해보면 군주 스스로 평화를 추구할 것이라고 보았다.

14 생 피에르는 ( )을/를 통해 항구적 평화를 실현할 수 있다고 보았다.

15 칸트는 전쟁이 인간을 국가 이익을 위한 ( )(으)로 대우하는 것이므로 도덕적으로 옳지 않다고 보았다.

16 칸트는 평화의 실현은 이성의 명령이므로 반드시 실행해야 할 ( )(이)라고 주장하였다.

정답 **01** ○ **02** × **03** ○ **04** × **05** × **06** ○ **07** ○ **08** × **09** 덕치 **10** 대동 사회 **11** 겸애 **12** 연기
13 공리적 **14** 군주들의 연합 **15** 수단 **16** (도덕적) 의무

오답 체크 **Tip**
02 묵자는 공자가 존비친소를 구별하는 것을 차별적 사랑이라고 비판하면서 모두를 똑같이 사랑할 것을 강조하였다.
04 도가에서는 통치자가 백성들이 자급자족적으로 살아갈 수 있도록 무위의 통치를 해야 한다고 보았다.
05 에라스뮈스는 악을 징벌하기 위한 목적이라 하더라도 침략 전쟁은 정당화될 수 없다고 보았다.
08 칸트는 전쟁을 예방하기 위해서는 단일한 세계 정부가 아니라 독립적인 공화국들로 구성된 국제 연맹을 창설해야 한다고 주장하였다.

17~20 다음 내용이 옳으면 ○표, 틀리면 ×표 하시오.

17 민족이나 국가를 넘어서 전 인류를 단일한 세계의 시민이라고 보는 입장을 세계 시민주의라고 한다. ( )

18 롤스는 '차등의 원칙'을 국제 사회에 적용시키고자 하였다. ( )

19 롤스와 싱어는 모두 해외 원조를 의무라고 보았다. ( )

20 싱어는 해외 원조의 목적은 물질적 삶의 향상이 아니라 제도의 개선이라고 하였다. ( )

21~24 다음 빈칸에 알맞은 말을 쓰시오.

21 롤스는 개별 국가를 전제로 하면서 국가들 간의 연대와 협력을 강조하는 ( ) 입장이다.

22 롤스는 원조의 목적이 고통받는 사회가 ( ) 사회가 되도록 하는 것이라고 보았다.

23 싱어는 ( )에 따라 모든 인간의 이익을 동등하게 고려하여 원조해야 한다고 하였다.

24 싱어는 ( ) 관점에서 인류의 고통을 감소시키는 것이 의무라고 보았다.

정답 17 ○ 18 × 19 ○ 20 × 21 국제주의
22 질서 정연한 23 이익 평등 고려의 원칙
24 공리주의

오답 체크 Tip
18 롤스는 '차등의 원칙'은 국내에 적용되는 원칙이며 국제 사회에는 적용되지 않는다고 하였다.
20 싱어는 해외 원조의 목적은 전 인류의 복지 향상이라고 보았으므로 물질적 삶의 향상도 원조의 목적이라고 보았다.

기본 문제

01 ㉠, ㉡에 들어갈 말을 쓰시오.

㉠	범죄, 테러, 전쟁 등과 같은 직접적 폭력이 발생하지 않는 상태
㉡	직접적 폭력뿐만 아니라 구조적·문화적 폭력도 사라져 자아실현이 가능한 상태

02 (가), (나) 사상의 입장으로 옳지 않은 것은?

(가)	자신을 수양한 이후에 집안을 잘 다스리고, 집안을 잘 다스린 이후에 나라를 잘 다스리고, 나라를 잘 다스린 이후에 천하를 평화롭게 한다.
(나)	하늘의 뜻을 따르는 사람은 모두 서로 이롭게 하여 반드시 하늘의 상을 받을 것이다. 하늘의 뜻에 반하는 자는 사람을 차별하여 서로 미워하고 해쳐서 반드시 하늘의 벌을 받을 것이다.

① (가): 통치자가 덕으로 다스릴 때 천하가 평화롭게 된다.
② (가): 도덕성을 회복해야 사회적 갈등을 해결할 수 있다.
③ (나): 서로 이익을 주고받으면 다툴 일이 없어진다.
④ (나): 존비친소를 가려 사람을 대해야 조화롭게 살 수 있다.
⑤ (가), (나): 사람을 사랑하는 마음이 있어야 화평할 수 있다.

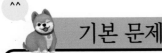

▶ 20582-0206

03 (가) 사상의 관점에서 (나)의 질문에 대해 제시할 대답으로 옳지 <u>않은</u> 것은?

(가)	모든 현상은 무수한 원인[因]과 조건[緣]으로 인해 성립되는 것이므로 모든 것은 연결되어 있습니다. 즉 '이것이 있으므로 그것이 있고, 이것이 생기면 그것이 생긴다. 이것이 없으면 저것이 없고, 이것이 멸하면 저것도 멸한다.'는 것입니다.
(나)	어떻게 하면 평화를 이룰 수 있을까요?

① 만물의 상호 의존성을 깨달아야 합니다.
② 세속적 이익에 대한 집착을 버려야 합니다.
③ 개인적 수양을 통해 진리를 깨우쳐야 합니다.
④ 모든 생명이 평등하다는 것을 자각해야 합니다.
⑤ 불변하는 존재의 실체를 깨닫고 인정해야 합니다.

▶ 20582-0207

04 갑, 을의 입장으로 가장 적절한 것은?

갑: 신법(神法)을 지키고 공동선과 평화를 위한 전쟁은 정의롭다. 그렇기 위해서는 전쟁은 적법한 권위를 지닌 군주에 의해서 수행되어야 하며 공격의 정당한 이유와 올바른 의도가 있어야 한다.
을: 주교관과 전투 헬멧, 목자의 지팡이와 군인의 창, 복음서와 방패가 어떻게 조화될 수 있는가? 그리스도는 화해와 평화의 왕이므로 그를 따르는 자는 전쟁을 부추길 수 없다.

① 갑: 종교적 문제는 정당한 전쟁의 이유가 안 된다.
② 갑: 권위를 지닌 군주에 의한 전쟁은 모두 정당하다.
③ 을: 국익 실현을 위한 공격 전쟁을 정당화하면 안 된다.
④ 을: 신의 뜻을 실현시키기 위한 전쟁은 허용되어야 한다.
⑤ 갑, 을: 공격 전쟁의 일부는 도덕적으로 정당화된다.

▶ 20582-0208

05 다음을 주장한 사상가의 입장으로 가장 적절한 것은?

왜 시민은 다른 시민을 두려워하지 않을까? 그것은 사회를 이루고 있기 때문이다. 그렇다면 국가는 왜 다른 국가를 두려워하고 있을까? 그것은 사회를 이루고 있지 못하기 때문이다. 따라서 군주들의 연합을 만들고 상설 기구를 설치해서 국가들의 갈등을 평화로운 방법으로 해결해야 한다.

① 평화는 힘의 균형을 통해서만 이룰 수 있다.
② 전쟁은 인간들의 이기심 때문에 발생하는 것이다.
③ 이익이 충돌할 경우에 대화보다 무력을 사용해야 한다.
④ 군주의 도덕성에 호소함으로써 평화를 실현할 수 있다.
⑤ 주권을 포기하고 군주들의 연합에서 대표 군주를 뽑아야 한다.

▶ 20582-0209

06 다음을 주장한 사상가의 입장으로 옳은 것은?

제1의 확정 조항	모든 국가의 시민적 정치 체제는 공화정이어야 한다.
제2의 확정 조항	국제법은 자유로운 국가들의 연방 체제에 기초해야 한다.
제3의 확정 조항	세계 시민법은 보편적 우호의 조건에 국한되어야 한다.

① 세계 정부를 통해 영구 평화를 실현시켜야 한다.
② 목적이 정당한 전쟁은 도덕적으로 허용 가능하다.
③ 전쟁은 인간을 수단으로만 대우하는 것이므로 부도덕하다.
④ 군주에게 전쟁 개시 결정권을 맡겨야 평화 유지가 잘 된다.
⑤ 국가적 이해관계를 따져서 전쟁 수행 여부를 결정해야 한다.

▶ 20582-0210
단답형

07 ⊙, ⓒ에 들어갈 말을 쓰시오.

(⊙)은/는 특정 민족과 국가의 입장을 넘어서 모든 인간은 인류의 성원이라고 보는 입장으로 고대 그리스의 스토아학파로부터 발전되어 왔다. (⊙)은/는 인류 구성원들의 다양성과 서로 다름을 인정하는 (ⓒ)을/를 베풀 것을 강조한다.

▶ 20582-0211

08 다음을 주장한 사상가의 입장만을 〈보기〉에서 고른 것은?

질서 정연한 사회가 고통을 겪는 사회를 위해 원조의 의무를 수행할 경우 다음과 같은 목적으로 이루어져야 한다. 즉 원조의 목적은 고통을 겪는 사회가 자신의 문제들을 합당하게, 합리적으로 관리할 수 있도록 도와주어 결과적으로 그 사회가 질서 정연한 만민의 사회가 되도록 하는 것이다.

보기

ㄱ. 원조는 질서 정연한 사회의 도덕적 의무이다.
ㄴ. 원조는 질서 정연하지 않은 모든 사회를 대상으로 해야 한다.
ㄷ. 원조의 목적은 국가들 간의 경제 격차를 완화시키는 것이다.
ㄹ. 원조는 대상국 국민들의 자유와 평등을 증진시키기 위해서 이루어진다.

① ㄱ, ㄴ   ② ㄱ, ㄹ   ③ ㄴ, ㄷ
④ ㄴ, ㄹ   ⑤ ㄷ, ㄹ

▶ 20582-0212

09 다음 사상가의 입장에서 긍정의 대답을 할 질문으로 옳은 것은?

만약 우리가 어떤 나쁜 일이 일어나지 못하도록 방지할 힘이 있고, 또 그렇게 함으로써 그것에 비견될만한 도덕적으로 중요한 어떤 것을 희생하지 않으면서 그것을 할 수 있다면 우리는 도덕적으로 그 일을 해야 한다.

① 개인이 아닌 국가적 차원에서 원조해야 하는가?
② 국가별 빈부 격차를 없애기 위해 원조해야 하는가?
③ 의무가 아닌 개인의 자선에 따라 원조해야 하는가?
④ 인류 전체의 행복을 증진시키기 위해 원조해야 하는가?
⑤ 빈곤 완화보다 제도 개선을 중심으로 원조해야 하는가?

▶ 20582-0213

10 갑 사상가에 비해 을 사상가가 갖는 해외 원조에 대한 입장의 상대적 특징을 그림의 ⊙~ⓜ 중에서 고른 것은?

갑: 고통받는 사회의 정치·사회적 제도를 개선하기 위해 원조가 이루어져야 한다. 우리는 불리한 여건으로 인해 고통받는 사회의 국민을 도와야 한다.
을: 인류의 고통 감소와 이익 증진을 위해 원조는 국적과 상관없이 이루어져야 한다. 우리는 세계 시민으로서 원조에 동참해야 한다.

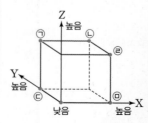

• X: 전 인류의 이익을 동등하게 고려하는 정도
• Y: 개인보다 국가적 차원의 원조를 강조하는 정도
• Z: 개인의 고통 감소를 원조의 목적으로 보는 정도

① ⊙   ② ⓒ   ③ ⓒ   ④ ⓔ   ⑤ ⓜ

IV 단원 대단원 마무리 정리

Self Note

01 사회사상과 이상 사회

(1) 인간의 삶과 사회사상의 지향

→ 자유주의는 개인의 자유와 권리를 강조하는 데 비해 공화주의는 인간의 상호 의존성과 사회성을 강조함

① 사회사상: 사회 현상에 대한 체계적인 사유와 해석. 예 자유주의, 공화주의, 민주주의, 사회주의 등

② 이상 사회: 인간이 바람직하다고 여기는 모습의 사회로 현실을 개혁하는 데 기준과 목표를 제시함

(2) 동서양의 이상 사회

☆ 동양의 이상 사회	• 공자의 ① : 사회적 재화가 고르게 분배되며 모든 구성원들이 도덕적인 사회
	• 노자의 ② : 인위적인 분별과 차별 없이 모두가 소박한 무위의 삶을 사는 사회
	• 불교의 ③ : 모든 중생이 고통에서 벗어나 즐거움을 누리는 사회
☆ 서양의 이상 사회	• 플라톤의 정의로운 국가: 국가를 구성하는 세 부류인 ④ , 방위자, 생산자가 각각 지혜, 용기, 절제의 덕을 잘 발휘하여 조화를 이루는 국가, ⑤ 이/가 통치하는 국가
	• 모어의 ⑥ : 계급이 없이 생산과 소유의 평등이 실현되고 도덕적인 사회
	• 마르크스의 ⑦ : 사유 재산과 계급이 없고 생산 수단을 공유하는 사회

02 국가와 윤리

	국가의 기원과 본질	국가의 역할과 정당성
유교	⑧ 이/가 확대되어 형성된 도덕 공동체	인본주의를 바탕으로 군주는 덕치를 해야 함
아리스토텔레스	인간의 본성에 따라 형성된 자연적 산물	시민의 참여와 행복한 삶을 보장해야 함
공화주의	시민의 자유 보장을 위해 법과 공동선에 기반을 둔 공동체	시민의 자유와 정치 참여를 보장하고 법치를 바탕으로 공동선을 실현해야 함
☆ 사회 계약론	개인들이 권리를 보장받기 위해 계약을 통해 형성	개인의 생명과 자유 등의 권리를 보장해야 함
마르크스	지배 계급이 피지배 계급을 착취하기 위한 수단	계급 소멸과 더불어 국가도 소멸되어야 함

마르크스는 국가는 지배 계급의 이익을 보호하기 위한 기구로 보아 혁명을 통해 계급이 소멸되면 자연스럽게 국가도 소멸될 것이라고 봄

03 시민과 윤리

	시민적 자유와 권리의 근거	공동체와 공동선 및 시민적 덕성
☆ 자유주의	• 자연권 사상을 바탕으로 모든 인간이 자유와 권리를 지녔다고 봄 • 법의 간섭을 최소화 하여야 함 → ⑨ 자유	• 정치 공동체는 개인의 자유와 권리를 보장하기 위해 존재함 → 공동선 보다 ⑩ 이/가 우선 • 애국심은 개인의 양심 문제로 봄
☆ 공화주의	• 시민의 권리는 자연적으로 주어지는 것이 아니라 공동체 속에서 만들어지는 것임 • 법을 통해 자의적 지배로부터 시민의 자유를 보장할 수 있음	• 공동선을 존중하고 공적 책무에 적극적으로 참여하는 시민적 덕성을 강조함 • 애국심은 공동체와 시민들을 향한 ⑪ 을/를 뜻함

답 ① 대동 사회
② 소국과민
③ 불국정토
④ 통치자
⑤ 철학자(철인)
⑥ 유토피아
⑦ 공산 사회
⑧ 가족
⑨ 소극적
⑩ 개인선
⑪ 대승적 사랑

Self Note

04 민주주의의 이상 실현

의미	국민이 권력의 바탕이 되는 ① _____ 을/를 지니고 스스로 권력을 행사하는 정치 제도
발전 과정	• 고대 그리스 민주주의: 시민들이 국가 주요 사항을 직접 결정하는 ② _____ • 근대 자유 민주주의: 사상적으로 ③ _____ 을/를 바탕으로, 민주주의와 자유주의가 결합함 • 현대 자유 민주주의: 시민의 참여와 소통을 강조함
☆ 현대 민주주의	• 엘리트 민주주의: 인민에 의한 지배보다 ④ _____ 에 의한 지배를 강조 • 참여 민주주의: 시민이 의사 결정 과정에 직접 참여하여 자신의 선호를 반영할 수 있음 • 심의 민주주의: 서로 다른 이해관계를 가진 시민과 전문가가 공적 심의 과정에 참여함
민주 시민의 자세	• 소로: ⑤ _____ 에 어긋나는 법과 정책에 복종하지 않을 수 있음 • 롤스: 공적인 정의관에 어긋나는 경우 법에 대한 ⑥ _____ 한도 내에서 불복종이 가능함 • 하버마스: 합리적 의사소통을 통해 합의한 원칙에 어긋난 경우 불복종이 가능함

> → 시민 불복종이 정당화되기 위한 요건은 학자마다 다르지만, 사적 이익 추구가 아닌 정의 실현을 목적으로 하며 처벌을 감내하고 일부 정책 또는 법을 대상으로 한다는 점에서 공통적임

05 자본주의의 원리와 한계

배경	자유주의, 프로테스탄티즘
☆ 전개 과정	• 고전적 자본주의: 국가 개입을 최소화하고 경제적 자율성을 강조함 • 수정 자본주의: ⑦ _____ 실패 문제를 보완하기 위해 정부의 적극적 시장 개입을 주장함 • 신자유주의: 정부 실패 문제를 해결하고자 정부 기능 축소를 주장함
자본주의에 대한 대안	• 마르크스: 자본주의 사회에서 노동자는 노동의 주체가 되지 못함, 혁명을 통해 생산 수단을 공유화하여 경제적 평등을 실현해야 함 • 민주 사회주의: 소련식 사회주의의 급진적 폭력 혁명을 비판하고 중요 부문의 ⑧ _____ 을/를 인정함

06 평화와 세계 시민

☆ 동서양의 평화 사상	• 유교: 도덕성을 실현해야 함 →덕치, 수기안인, 수제치평 • 묵자: 모든 사람을 똑같이 사랑해야 함→겸애, 교리 • 불교: 수양을 통해 삼독을 제거하고 만물이 상호 의존적이라는 ⑨ _____ 을/를 자각해야 함 • 에라스뮈스: 전쟁은 종교적, 도덕적, 비용적 측면에서 모두 옳지 않음 • 생 피에르: 공리적 관점에서 전쟁은 옳지 않으며 군주 연합을 만들어야 함 • 칸트: 공화국으로 구성된 ⑩ _____ 창설을 통해 영구 평화가 가능함
☆ 세계 시민주의	• 특징: 지구적 문제에 관심을 가지고 다양성을 존중하며 평화로운 방식으로 문제를 해결함 • 롤스: 개별 국가를 전제로 국가 간의 협력을 강조하는 ⑪ _____ 적 입장을 바탕으로 '고통받는 사회'가 '질서 정연한 사회'가 되도록 돕는 것을 의무라고 봄 • 싱어: 인종·국가를 초월하는 ⑫ _____ 적 입장을 바탕으로 인류 전체의 복지를 증진시켜야 한다고 봄

> → 싱어는 '이익 평등 고려의 원칙'을 제시하며 국적이나 인종, 성별 등과 상관없이 전인류의 이익을 동등하게 고려해야 한다고 주장함

답 ① 주권
② 직접 민주주의
③ 사회계약론
④ 정치인
⑤ 양심
⑥ 충실성
⑦ 시장
⑧ 사적 소유
⑨ 연기
⑩ 국제 연맹
⑪ 국제주의
⑫ 세계 시민주의

▶ 20582-0214

01 다음을 주장한 사상가의 입장만을 〈보기〉에서 있는 대로 고른 것은?

나라의 크기는 작고 백성의 수는 적다[小國寡民]. 많은 도구가 있더라도 쓸 일이 없다. 백성들은 생명을 중히 여겨 멀리 이사 가는 일이 없다. 배와 수레가 있더라도 탈 일이 없고, 갑옷과 무기가 있더라도 펼칠 일이 없다. 자기의 음식을 달게 여기고 자기의 옷을 아름답게 여기며 자기의 거처를 편안해하고 자기의 풍속을 즐거워한다.

┤ 보기 ├
ㄱ. 수기 · 수양하여 분별적 지혜를 키워야 한다.
ㄴ. 자연의 질서를 따르며 인위를 멀리해야 한다.
ㄷ. 백성들은 무지 · 무욕하며 소박한 삶을 살아야 한다.
ㄹ. 통치자는 문명을 발달시켜 백성들의 삶을 넉넉하게 해 주어야 한다.

① ㄱ, ㄷ   ② ㄱ, ㄹ   ③ ㄴ, ㄷ
④ ㄱ, ㄴ, ㄹ   ⑤ ㄴ, ㄷ, ㄹ

단답형

▶ 20582-0215

02 다음은 플라톤의 주장이다. ㉠에 들어갈 말을 쓰시오.

(㉠)들이 모든 나라의 왕이 되거나, 아니면 현재의 왕이나 최고 권력자들이 진정으로 철학을 하게 되지 않는 한, 그리하여 정치권력과 철학을 하나로 결합하지 않는 한, 모든 나라에 있어서 아니 인류 전체에 있어서 악은 사라지지 않을 것이다.

▶ 20582-0216

03 갑, 을 사상가들의 입장에 대한 설명으로 옳은 것은?

갑: 시민들에게는 빈곤도 없고 사치나 낭비도 없다. 성인들은 남녀를 가리지 않고 생산적 노동에 종사한다. 노동은 매일 6시간으로 제한되고 남은 시간은 정신적 오락이나 연구에 사용된다. 집집마다 열쇠를 채우지 않는데, 어느 하나 개인의 소유가 없기 때문이다.
을: 사람들은 능력에 따라 생산하고 필요에 따라 분배받는다. 따라서 사람들은 사냥꾼, 어부, 양치기, 비평가라는 직업을 가지지 않더라도 자신이 하고 싶은 대로 아침에는 사냥을 하고 오후에는 물고기를 잡고 저녁에는 양을 치고 식사 후에는 비평을 할 수 있게 된다.

① 갑은 생산과 소유의 평등이 실현된 사회가 이상적이라고 하였다.
② 갑은 풍요로운 사회를 만들기 위해 노동 시간을 최대한 늘려야 한다고 보았다.
③ 을은 덕을 지닌 통치자가 다스리는 국가가 이상적이라고 보았다.
④ 을은 갑과 달리 사유 재산제를 폐지하여 불평등을 해소하고자 하였다.
⑤ 갑, 을은 각자의 업적과 능력에 따라 재화를 분배해야 한다고 보았다.

▶ 20582-0217

04 ㉠에 들어갈 말을 쓰고, 다음을 주장한 사상가의 입장에서 제시할 국가의 역할을 서술하시오.

모든 사람은 본래 자유로우며 그 자신의 동의를 제외한 그 어떤 것도 그를 지상의 권력에 복종시킬 수 없다. 어떤 정부의 영토 일부분을 소유하거나 향유하는 사람은 묵시적 (㉠)을/를 한 셈이며, 적어도 그러한 향유를 지속하는 동안 그 정부하에 있는 사람들과 같은 정도로 그 정부의 법률에 복종할 의무를 진다고 보아야 한다.

단답형
(1) ㉠: _____

서술형
(2) 입장: _____

▶ 20582-0218

05 ㉠에 대한 설명으로 옳지 <u>않은</u> 것은?

(㉠)은/는 시민들이 직접 정책 심의 과정에 참여하여 정책을 결정하는 정치 형태이다. (㉠)을/를 따르면 서로 다른 이해관계를 가진 당사자들이 함께 토론 과정을 거쳐 공공성을 추구하는 정책을 만들어 나가게 된다.

① 사회 계약 사상을 바탕으로 발전하였다.
② 시민의 자율적 참여를 전제로 하고 있다.
③ 고대 그리스 아테네 정치에서 기원을 찾을 수 있다.
④ 시민들 간의 소통이 활성화되어 유대가 강화될 수 있다.
⑤ 능력 있는 정치가에 의한 정책 결정을 이상적으로 본다.

▶ 20582-0220

07 ㉠~㉢에 대한 설명으로 옳은 것은?

㉠	㉡	㉢
• 개인의 자율성을 최대한 보장하는 경제 사상 • 대표 사상가: 스미스	• 시장 기능을 보완하기 위한 정부의 적극적 역할을 강조하는 사상 • 대표 사상가: 케인스	• 정부의 비효율성을 비판하면서 시장의 자율성을 강조하는 사상 • 대표 사상가: 하이에크

① ㉠은 정부가 정책과 규제로 시장에 개입할 것을 강조한다.
② ㉡은 정부 실패 문제를 개선하기 위해 정부 기능을 축소해야 한다고 본다.
③ ㉢은 불황과 실업 등의 문제 해결을 위한 정부의 역할을 강조한다.
④ ㉡은 ㉠과 달리 수요와 공급에 따른 시장의 가격 조절 기능이 효과적이라고 본다.
⑤ ㉠, ㉢은 개인의 자유와 시장 경제의 자율성 확대를 강조한다.

서술형 ▶ 20582-0219

06 갑, 을 사상가들의 '시민 불복종'에 대한 입장이 지니는 공통점과 차이점을 각각 하나씩 서술하시오.

갑: 법에 대한 존경심보다 먼저 정의에 대한 존경심을 기르는 것이 바람직하다. 내가 떠맡을 권리가 있는 나의 유일한 책무는 내가 옳다고 생각하는 일을 행하는 것이다.
을: 다수자가 제정한 법이 부정의하다 할지라도 그에 따라야 할 의무가 있다. 하지만 대체로 질서 정연한 사회 안에서, 정의의 원칙에 어긋나는 법이 심각하게 부정의하다면 시민 불복종을 고려하게 된다.

(1) 공통점: _____

(2) 차이점: _____

▶ 20582-0221

08 갑, 을 사상가들의 입장으로 옳지 <u>않은</u> 것은?

갑: 한 사회의 부와 복지 수준을 결정하는 주된 요인은 정치 문화이다. 질서 정연한 사회는 고통받는 사회를 도와 국가들 간의 정의를 실현해야 한다.
을: 가난한 나라 사람들이 겪는 고통은 무관심 때문이다. 우리는 모든 사람들의 이익 관심을 동등하게 고려해야 한다.

① 갑: 인권 향상은 복지 수준 향상에 도움이 된다.
② 갑: 차등의 원칙을 국제 사회에도 적용시켜야 한다.
③ 을: 원조의 목적은 인류 전체의 복지 향상에 있다.
④ 을: 국가들 간의 경제적 불평등은 인정될 수 있다.
⑤ 갑, 을: 원조는 정의 실현을 위해 주어진 의무이다.

▶ 20582-0222

1 고대 동양 사상가 갑, 근대 서양 사상가 을의 입장에 대한 설명으로 옳지 <u>않은</u> 것은?

> 갑: 자연의 순리에 따라 살아가는 무위자연(無爲自然)의 삶이 이상적입니다. 그러기 위해서는 작은 규모의 공동체에서 소박하면서도 자연스러운 삶을 살아야 합니다.
> 을: 자연을 이용하기 위해 지식을 쌓아야 합니다. 자연에 대한 인간의 지배권은 오직 기술과 학문에 달려 있기 때문입니다. 그래서 아는 것이 힘이 되는 것입니다.

① 갑은 인의의 덕이 구현된 도덕 공동체를 지향하였다.
② 갑은 인위적 제도가 인간의 본성을 그르친다고 보았다.
③ 을은 인간의 이익을 위해 자연을 정복해야 한다고 보았다.
④ 을은 기술 발달을 통해 인류의 삶을 개선할 수 있다고 보았다.
⑤ 갑은 을과 달리 자연의 질서에 순응하는 삶을 살아야 한다고 보았다.

▶ 20582-0223

2 다음을 주장한 고대 서양 사상가의 입장만을 〈보기〉에서 고른 것은?

> 정의는 각자가 자기의 성향에 가장 맞는 일 한 가지에 종사하며 타인에게 참견하지 않는 것이다. 이렇게 해야 지혜, 용기, 절제가 국가 안에 생기고 이것들이 잘 보전될 수 있기 때문이다.

┤보기├
ㄱ. 선(善)의 이데아를 인식한 사람이 통치자가 되어야 한다.
ㄴ. 모든 계층의 사유 재산을 제한하여 공정함을 실현해야 한다.
ㄷ. 개인은 자신의 사회적 역할을 자유롭게 선택할 수 있어야 한다.
ㄹ. 정의란 각 계층의 사람들이 각자 직분에 충실하여 조화를 이룬 상태이다.

① ㄱ, ㄴ   ② ㄱ, ㄹ   ③ ㄴ, ㄷ
④ ㄴ, ㄹ   ⑤ ㄷ, ㄹ

▶ 20582-0224

3 (가)의 갑, 을 사상가들의 입장을 (나) 그림으로 나타낼 때, A~C에 해당하는 진술로 옳은 것은?

(가)	갑: 자연은 인간에게 공공의 안녕에 헌신하는 덕성을 부여하였다. 따라서 시민은 자유로운 시민적 자유와 정치적 평등을 누리면서도 정의와 공동선을 위해 협력한다. 을: 자연 상태에서 인간은 평화를 누리지만 자연권을 향유하는 것이 불확실하다. 따라서 인간은 각자의 권리를 공동체에 위임하여 생명, 자유, 재산을 보존하고자 한다.
(나)	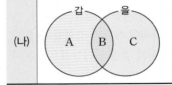

〈범 례〉
A: 갑만의 입장
B: 갑, 을의 공통 입장
C: 을만의 입장

① A: 국가는 공동선보다 개인선을 우선해야 한다.
② A: 시민은 자신의 권리를 지키기 위해 정치에 참여한다.
③ B: 국가는 시민들의 자유를 보장해주어야 한다.
④ B: 시민은 자연적 본성에 따라 국가의 구성원이 된다.
⑤ C: 국가는 소수의 이익 추구를 위한 지배를 하지 말아야 한다.

▶ 20582-0225

4 갑, 을 사상가들의 입장으로 옳은 것은?

> 갑: 백성이 귀하고 사직은 그 다음이고 군주는 하찮다. 그러므로 백성의 마음을 얻으면 천자가 되고, 천자의 마음을 얻으면 제후가 되고, 제후의 마음을 얻으면 대부가 된다.
> 을: 국가는 소수자가 아니라 다수자의 이익을 위해 통치하고, 법 앞에서 만인은 평등하다. 공직 취임에는 개인의 탁월성이 우선시되며 가난한 사람이라도 능력이 있으면 공직에서 배제되지 않는다.

① 갑: 통치 권력을 지닌 피치자에 의한 정치를 해야 한다.
② 갑: 국가 정책은 피치자의 참여를 통해 결정되어야 한다.
③ 을: 모든 사람들이 순번제로 정치에 참여해야 한다.
④ 을: 통치자는 법이나 형벌보다 도덕성에 따라 통치해야 한다.
⑤ 갑, 을: 국가 권력의 정당성은 피치자로부터 나온다.

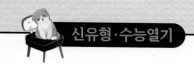
▶ 20582-0226

5 그림의 강연자가 지지할 주장만을 〈보기〉에서 있는 대로 고른 것은?

> 모든 규범의 '정당한 구속력'은 오직 상호 주관적 차원에서 이루어지는 의사소통의 절차에서 도출될 수 있습니다. 오늘날의 다양한 사회 정치적 문제들은 오직 상호 이해와 합의를 지향하는 의사소통의 절차를 통해서만 해결이 가능한 것입니다.

┌─ 보기 ┐

ㄱ. 합리적 의사소통 과정을 거친 법만이 정당하다.

ㄴ. 시민들의 정치적 의사는 대표자들을 통해서만 전달되어야 한다.

ㄷ. 의사소통 절차에 참여할 때는 개인적 이해관계를 포함시킬 수 있다.

ㄹ. 공정성 확보를 위해 정책 결정 과정에서 이해 당사자들을 배제해야 한다.

① ㄱ, ㄴ   ② ㄱ, ㄷ   ③ ㄷ, ㄹ
④ ㄱ, ㄴ, ㄹ   ⑤ ㄴ, ㄷ, ㄹ

▶ 20582-0227

6 갑~병의 입장에서 서로에게 제시할 비판의 내용으로 가장 적절한 것은?

> 갑: 개인의 자유와 권리는 최대한 보장되어야 한다. 정부는 시장에 간섭하지 말아야 한다.
> 을: 인간 소외는 사적 소유 때문에 발생한다. 생산 수단을 공유해야 인간다운 삶을 살 수 있다.
> 병: 인간답게 살기 위해서는 의회를 중심으로 공유제를 실현해야 한다. 다만 중요 부분의 사적 소유는 인정된다.

① 갑이 을에게: 시장의 자율성이 인간의 삶을 풍요롭게 한다는 점을 모르고 있다.

② 갑이 병에게: 개인의 소유권 보장을 지나치게 강조하고 있다.

③ 을이 갑에게: 사적 소유의 보장이 생산성을 향상시킨다는 점을 모르고 있다.

④ 을이 병에게: 민주적 방법으로 공유제를 실현해야 함을 간과하고 있다.

⑤ 병이 갑에게: 경제적 평등의 필요성을 지나치게 강조하고 있다.

▶ 20582-0228

7 (가)의 갑~병의 입장을 (나) 그림으로 탐구하고자 할 때, A~D에 들어갈 질문으로 옳은 것은?

(가)
> 갑: 전쟁은 신법(神法)을 지키고 공동선과 평화를 위한 것이다. 전쟁이 정의롭기 위해서는 적법한 권위를 지닌 군주에 의해 수행되어야 한다.
> 을: 전쟁은 군주들과 신민들의 불행을 절감하는 데 도움이 되지 않는다. 군주들 간의 연합을 통해 전쟁으로 인한 손실을 막고 평화를 확보할 수 있다.
> 병: 전쟁에 승리하였다는 명예를 생각해보면 아무런 소용이 없다. 전쟁으로 얻을 이익을 생각해봐도 잃을 것이 더 크다. 따라서 서로 사랑하고 이익을 나누어야 한다.

(나)
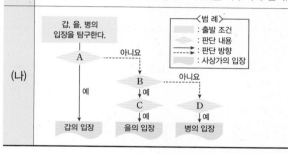

① A: 국익 실현을 위한 전쟁에서 도덕성은 배제되어야 하는가?

② A: 정의 실현을 위한 전쟁의 선포는 모든 사람들에게 허용되는가?

③ B: 종교적 목적 실현을 위한 전쟁은 정당화될 수 있는가?

④ C: 국가들 간의 연합을 통해 전쟁을 예방할 수 있는가?

⑤ D: 자국의 이익 실현을 위한 침략 전쟁은 정당한 것인가?

▶ 20582-0229

8 갑, 을 사상가들의 입장으로 적절한 것은?

> 갑: 모든 사람의 이익을 평등하게 고려하여 인류 전체의 이익을 증진시켜야 한다.
> 을: 질서 정연한 사회의 만민은 불리한 여건의 사회가 질서 정연한 사회가 되도록 도와야 한다.

① 갑: 보편적 인류애 실현을 위해 원조해야 한다.

② 갑: 원조의 목적은 정치·사회·문화의 개선이다.

③ 을: 원조는 자선의 차원에서 시행되어야 한다.

④ 을: 빈곤한 개인을 원조의 대상으로 삼아야 한다.

⑤ 갑, 을: 원조를 통해 국가 간 빈부 격차를 해소해야 한다.

Memo

올림포스

[국어, 영어, 수학의 EBS 대표 교재, 올림포스]

2015 개정 교육과정에 따른 모든 교과서의 기본 개념 정리
내신과 수능을 대비하는 다양한 평가 문항
수행평가 대비 코너 제공

국어, 영어, 수학은 EBS 올림포스로 끝낸다.

[올림포스 16책]

국어 영역 : 국어, 현대문학, 고전문학, 독서, 언어와 매체, 화법과 작문
영어 영역 : 독해의 기본1, 독해의 기본2, 구문 연습 300
수학 영역 : 수학(상), 수학(하), 수학 I, 수학 II, 미적분, 확률과 통계, 기하

고교 국어 입문 1위
베스트셀러

윤혜정의 개념의 나비효과 입문편 & 입문편 워크북

윤혜정 선생님

입문편

시, 소설, 독서. 더도 말고 덜도 말고 딱 15강씩.
영역별로 알차게 정리하는 필수 국어 개념 입문서
3단계 Step으로 시작하는 국어 개념 공부의 첫걸음

입문편 | 워크북

'윤혜정의 개념의 나비효과 입문편'과 찰떡 짝꿍 워크북
바로 옆에서 1:1 수업을 해 주는 것처럼 음성 지원되는
혜정샘의 친절한 설명과 함께하는 문제 적용 연습

2015 개정 교육과정

EBS
특별부록

개념 완성

사회탐구영역

중간고사 · 기말고사 대비 4회분

범위별 비법 노트 + 모의 중간/기말고사 + 꼼꼼해설

윤리와 사상

1 인간의 다양한 특성

> 인간의 특징을 유형별로 정리하고 인간은 탁월한 이성 능력을 지니고 있다는 점을 기억해 두자.

특성	내용
이성적 존재	고도의 사고 능력을 활용하여 자신과 세계에 대해 끊임없이 사유하고 해석하는 존재
사회적 존재	사회 속에서 비로소 온전하게 성장하고 삶을 영위할 수 있는 존재
정치적 존재	단순히 무리를 이루어 사는 것을 넘어 정치 활동을 하는 존재
도구적 존재	자신의 필요에 따라 다양한 유형·무형의 도구를 만들어 사용하는 존재
유희적 존재	삶의 재미와 즐거움을 추구하는 존재
문화적 존재	인간 생활 양식의 총체인 문화를 창조하고 상징 체계를 통하여 문화를 계승하는 존재
종교적 존재	유한한 세계를 넘어 초월적이고 무한한 것을 추구하는 존재
윤리적 존재	보편적으로 타당한 선(善)을 파악하는 능력과 자신을 반성할 수 있는 능력을 지닌 존재

인간은 욕구를 지니고 있고 자연 법칙에 영향을 받는다는 점에서 동물과 공통점을 지니고 있다고 볼 수 있다.

요것만은 꼭 체크!
동물과 달리 인간은 고도의 사고 능력을 지닌 ① ☐☐☐ 존재일 뿐만 아니라 스스로 옳고 그름을 판단해 도덕 법칙을 수립하고 실천할 수 있는 ② ☐☐☐ 존재이기도 하다.　　정답 | ① 이성적 ② 윤리적

2 인간 본성에 대한 다양한 관점

> 인간 본성에 관한 세 가지 입장의 특징을 알아야 해. 인간 본성에 관한 입장에 어떤 사상가가 해당되는지를 기억해 두자.

 사람은 누구나 남의 고통을 차마 외면하지 못하는 선한 마음을 가지고 있다.

 사람은 태어나면서부터 이익을 좋아하기 때문에 인간의 본성은 악하다.

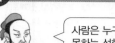 인간의 본성은 본래 선한 것도 악한 것도 아니다.

인간 본성에 관한 대표적인 관점에는 성선설(性善說), 성악설(性惡說), 성무선악설(性無善惡說)이 있다. 맹자, 순자, 고자는 각각 성선설, 성악설, 성무선악설의 대표적인 사상가이다.

요것만은 꼭 체크!
인간의 본성이 선하다고 보는 입장을 ① ☐☐☐(이)라고 하고, 악하다고 보는 입장을 성악설이라고 한다. 또한 인간의 본성이 본래 선이나 악으로 결정되지 않았다고 보는 입장을 ② ☐☐☐☐☐(이)라고 한다.　　정답 | ① 성선설 ② 성무선악설

3 인간 본성에 관한 공통점과 차이점

> 맹자와 순자는 인간 본성의 선악이 태어날 때부터 정해져 있다고 주장하였고, 순자와 고자는 후천적인 노력을 강조했다는 점을 기억해야 해.

공통점	• 맹자·순자·고자 모두에게 해당하는 공통점: 인간다움의 실현에 관심이 있다는 점, 선한 삶을 살기 위한 윤리적 노력을 강조한다는 점 • 맹자·순자의 공통점: 인간의 본성의 선악이 태어날 때부터 정해져 있다고 주장한 점 • 순자·고자의 공통점: 후천적인 노력(교육 등)을 통해서만 선한 삶이 가능하다는 점

차이점		
	맹자	성선설 → 본래 선한 마음의 확충을 강조
	순자	성악설 → 본래 악한 마음의 교화를 강조
	고자	성무선악설 → 인간 본성의 선악이 본래 정해져 있지 않음을 강조

인간 본성에 대한 각기 다른 주장을 한 맹자, 순자, 고자의 주장들 사이에는 공통점과 차이점이 존재한다.

요것만은 꼭 체크!
맹자와 순자는 인간 ① ☐☐의 선악이 태어날 때부터 정해져 있다고 하였고, 순자와 ② ☐☐은/는 교육 등의 후천적 노력을 통해서만 선한 삶이 가능하다고 주장하였다.　　정답 | ① 본성 ② 고자

4 윤리 사상과 사회사상

> 윤리 사상과 사회사상의 정의를 정확하게 파악해 두어야 해. 그리고 각각이 지향하는 바의 공통점과 차이점을 정리해 두자.

윤리 사상은 어떻게 사는 것이 올바르고 좋은 삶인지에 대한 논리적이고 체계적인 생각으로서, 바람직한 인간의 삶에 대해 이론적으로 정당화한 것이다. 반면에 사회사상은 사회적 삶에서 나타나는 현상에 대한 해석과 사회 체제나 제도의 바람직한 모습 및 그것의 구현에 관한 구체적인 사유를 말한다. 윤리 사상이 도덕적인 삶에 관해 탐구한다면, 사회사상은 바람직한 사회의 모습을 탐구한다는 차이점이 있지만, 양자는 궁극적으로 인간다움과 행복을 실현하고자 한다는 공통점이 있다.

인간다움의 핵심은 윤리성이고, 이러한 인간다움을 실현하기 위해서 윤리 사상과 사회사상은 구체적인 지침을 제공한다.

요것만은 꼭 체크!
① ☐☐ ☐☐은/는 어떻게 사는 것이 올바르게 사는 것이고 잘 사는 것인지에 대한 체계적인 사유이다. 그리고 ② ☐☐☐☐은/는 바람직한 사회의 모습과 그것의 구현 방법에 대한 체계적인 사유이다. 양자는 궁극적으로 인간다움과 행복을 실현하고자 한다.　　정답 | ① 윤리 사상 ② 사회사상

⑤ 윤리 사상과 사회사상의 관계

> 윤리 사상과 사회사상은 매우 밀접한 관련이 있으며, 상호 보완적인 관계로 이해해야 해.

> 가장 좋은 정치의 형태는 가장 좋은 사람들에 의해 통치되는 것이다. 이것은 1인, 한 가족 전체, 또는 여러 명의 사람들이 다른 사람들보다 뛰어난 선(善)을 가졌고, 지배자나 피지배자 모두 그들의 역할을 수행하기에 적합할 때 이룩할 수 있는 형태이다. 사람이 선을 이룩하는 것과 똑같은 방식과 수단으로 귀족 정치나 왕정의 유형을 따르는 정의로운 국가를 건설해야 한다는 결론에 도달한다.
> – 아리스토텔레스, 『정치학』 –

아리스토텔레스는 가장 좋은 정치의 형태는 가장 좋은 사람들에 의하여 통치되는 것이라고 주장한다. 이러한 그의 견해는 개인의 도덕성과 사회의 도덕성은 밀접한 관계에 있다는 점을 보여 준다.

요것만은 꼭 체크!
도덕적인 인간이 모인 사회가 정의롭게 될 가능성이 크며, 사회나 국가가 정의로워야 그 구성원이 ① ◻◻◻◻ 사람이 될 가능성이 크다. 따라서 윤리 사상과 사회사상은 상호 의존적이고 ② ◻◻◻◻ 관계로 볼 수 있다.
정답 | ① 도덕적인 ② 보완적인

⑥ 개인과 사회의 도덕성의 구분

> 니부어는 개인의 도덕성과 사회의 도덕성을 구분하여 이해해야 한다고 주장하였다는 점을 기억해야 해.

> 개개인의 인간은 자신의 이해관계뿐만 아니라 다른 사람의 이해관계도 고려하며, 때에 따라서는 행위의 문제를 결정하는 데 다른 사람의 이익을 더욱 존중할 수 있다는 의미에서 도덕적이다. …(중략)… 하지만 모든 인간 집단은 개인과 비교할 때 충동을 올바르게 인도하고 때에 따라 억제할 수 있는 이성과 자기 극복 능력, 그리고 다른 사람의 욕구를 수용하는 능력이 훨씬 결여되어 있다. 집단 윤리가 이처럼 개인 윤리에 비해 열등한 이유는, 부분적으로는 자연적 충동에 버금갈 만한 합리적인 사회 세력을 형성하기가 어렵기 때문이며, 이는 오직 개인의 이기적인 충동으로 이루어진 집단 이기주의(group egoism)의 표출이기도 하다.
> – 니부어, 『도덕적 인간과 비도덕적 사회』 –

니부어는 개인과 달리 사회 집단은 비록 그 구성원이 윤리적일지라도 이기적이 된다고 주장하였다. 따라서 그는 개인의 도덕성과 사회의 도덕성을 구분해서 이해해야 한다고 보았다.

요것만은 꼭 체크!
미국의 사회 윤리학자 ① ◻◻◻은/는 한 개인이 도덕성을 갖추고 있다고 할지라도 정의롭지 못한 ② ◻◻ 속에서는 이러한 도덕성이 제대로 구현되지 못할 수 있음을 지적하였다.
정답 | ① 니부어 ② 집단

⑦ 공자의 사상

> 공자는 유교 사상에 있어 가장 중요한 사상가이기 때문에 단독 문제로 출제될 가능성이 있어. 따라서 공자의 핵심 사상인 인(仁)의 의미나 이를 실천하는 구체적인 방법인 충서(忠恕)에 대해 정확하게 정리해 두어야 해.

> 제자: 스승님, 사회가 혼란해진 원인은 무엇입니까?
> 공자: 인간이 도덕적으로 타락했기 때문이라네.
> 제자: 이러한 문제를 해결하려면 어떻게 해야 합니까?
> 공자: 자신이 서고자 할 때 남을 서게 해 주고, 가까이 자기를 비추어 보아 남을 헤아리며 인(仁)을 실천해야 한다네.

공자는 유교를 대표하는 사상가로서, 당시 사회적 혼란을 인(仁)의 실현으로 극복하려고 하였다. 인의 기본적인 덕목으로 효제(孝悌)를 제시하였고, 구체적인 방법으로 충서(忠恕)를 주장하였다.

요것만은 꼭 체크!
공자는 인(仁)을 실천하기 위한 구체적인 방법으로 ① ◻◻의 덕목을 제시하였는데, ② ◻은/는 조금의 속임이나 허식이 없이 자신의 마음을 성실하게 하는 것이고, ③ ◻은/는 자신을 미루어 다른 사람의 마음을 헤아리는 것이다.
정답 | ① 충서 ② 충 ③ 서

⑧ 공자와 맹자의 정치 사상

> 맹자는 공자에 비해 좀 더 적극적으로 민본 사상을 강조하면서 구체적인 방법들을 제시했다는 점에 유념하자.

> 공자: 정치에서 중요한 것은 명분을 바로 세우는 것이다. 명분이 바로 서지 않으면 말[言]이 순조롭지 않고, 말이 순조롭지 않으면 일이 이루어지지 않는다. 군주는 군주답고 신하는 신하다워야 한다.
> 맹자: 무력을 바탕으로 인(仁)을 가장하는 것이 패도(覇道)이고, 덕을 바탕으로 인을 실천하는 것이 왕도(王道)이다. 통치자는 이익[利]의 추구보다는 인의(仁義)의 실현에 힘써야 한다.

공자는 정명(正名)에 입각하여 덕치(德治)를 주장하였고, 맹자는 이를 계승하여 왕도 정치를 주장하였다.

요것만은 꼭 체크!
공자는 각자가 자신의 신분과 직책에 맞게 행동하라는 ① ◻◻을/를 바탕으로 사회적 안정을 추구하였고, 맹자는 백성의 경제적 안정 보장을 ② ◻◻ 정치의 시작으로 보았다.
정답 | ① 정명 ② 왕도

9 맹자와 순자의 사상 (1)

> 맹자와 순자의 인간 본성론 및 정치 사상 등을 잘 정리해 두어야 해. 맹자와 순자의 궁극적인 지향점은 모두 도덕적 사회 건설이었다는 점을 기억해 두어야 해.

> 맹자: 사람은 모두 남에게 차마 하지 못하는 마음[不忍人之心]을 가지고 있다. 선왕은 이런 마음으로 차마 하지 못하는 정치를 하였다. 이와 같이 한다면 천하의 다스림은 손바닥 위에서 움직이는 것과 같은 것이다.
>
> 순자: 천자처럼 귀해지고 부유해지는 것은 사람의 성정(性情)으로서 모두가 바란다. 하지만 욕심을 충족할 만큼 물건이 충분하지 않기 때문에 선왕(先王)은 예의를 제정하고 지혜로운 자와 어리석은 자를 분별할 수 있도록 하였다.

맹자는 정치도 도덕적 마음에 바탕을 두어야 한다고 보고 인(仁)에 기초한 왕도 정치를 주장하였고, 순자는 악한 인간의 본성을 성인에 의해 제정된 예(禮)를 통해 선하게 만들어야 한다고 주장하면서 예치(禮治)를 제시하였다.

요것만은 꼭 체크!

맹자는 올바른 ① ☐☐의 기반이 타고난 도덕성이라는 점을 강조하였고, 반면에 순자는 인위적인 ② ☐을/를 통해 악한 본성을 교화해야 한다고 주장하였다.

정답 | ① 정치 ② 예

10 맹자와 순자의 사상 (2)

> 맹자는 하늘을 인륜의 모범으로 삼아 인의의 도덕을 실현해야 한다고 보았고, 순자는 하늘이 인간의 일에 직접 관여하지 않는다고 주장한 점을 기억해 두자.

> 맹자: 자기의 마음을 다하는 사람은 자기의 본성을 알게 되고, 본성을 알면 하늘을 알게 된다. 자기의 마음을 보존하여 본성을 기르는 것은 하늘을 섬기는 것이다.
>
> 순자: 하늘의 직무(職務)는 작위[僞]를 가하지 않고도 이루어지고, 추구하지 않아도 얻어지는 것이다. 사람은 하늘에 대해 생각을 더하거나 능력을 보태려 하지 않아야 한다. 하늘을 이용하나, 직무를 두고 하늘과 다투지 않아야 한다.

맹자는 하늘을 인간이 행해야 하는 도리의 근원으로 보았다. 반면에 순자는 자연과 인간의 일은 구분된다[天人分二]고 주장함으로써 인간의 능동적 측면을 강조하였다.

요것만은 꼭 체크!

맹자는 ① ☐☐을/를 도덕의 근거로 삼아야 한다고 주장하였고, 순자는 자연과 인간의 일은 구분된다는 ② ☐☐☐☐의 입장을 바탕으로, 인간의 능동적인 측면을 강조하였다.

정답 | ① 하늘 ② 천인분이

11 주희의 성리학

> 주희는 유학에서 매우 중요한 위치를 차지하고 있는 사상가이므로 그의 우주론, 심성론, 수양론 등의 내용을 정확하게 정리해 두어야 해.

> • 이(理)가 있으면 반드시 기(氣)가 있고, 기가 있으면 반드시 이가 있다. 맑은 기를 부여받은 사람은 성인이 되고, 흐린 기를 부여받은 사람은 어리석은 자가 된다.
>
> • 마음은 성(性)과 정(情)을 통괄한다. 하늘이 만물을 생성함에 기(氣)로 형체를 만들고 성 또한 부여하였다. 기질의 차이로 누구나 성이 고유함을 알아 온전하게 할 수는 없다. 사물의 이치를 궁구[窮理]해야 앎을 지극히 할 수 있다.

주희는 이기론과 심성론을 통해 도덕 행위의 근거와 원리를 탐구하였고, 격물치지(格物致知)와 같은 수양론을 제시하였다.

요것만은 꼭 체크!

① ☐☐☐은/는 우주 만물의 구조를 이해하고 설명하는 주희의 이론으로, 모든 존재와 현상은 이(理)와 기(氣)로 결합되어 있다고 본다. 또한 ② ☐☐☐은/는 도덕 행위의 근거와 실천 이론을 해명한 것이다.

정답 | ① 이기론 ② 심성론

12 주희와 왕수인의 입장 비교(1)

> 주희는 마음[心]은 성(性)과 정(情)을 통괄한다고 보았고, 왕수인은 마음과 본성이 구별되는 것은 아니라고 주장했다는 점은 꼭 알아야 해.

> 주희: 성(性)은 곧 이(理)이다. 마음[心]에서는 성이라고 부르고, 일[事]에서는 이라고 부른다. 성이란 사람이 하늘로부터 부여받은 이(理)여서 온전하게 선하지 않음이 없다.
>
> 왕수인: 심(心)은 곧 이(理)이다. 천하에 마음 밖의 일이 없고, 마음 밖의 이치가 없다. 마음이 사사로운 욕심에 가려지지 않은 것이 곧 천리(天理)이니, 마음 밖에서 조금이라도 보탤 필요가 없다.

주희는 인간에게 선천적으로 갖추어진 선한 본성은 곧 우주 만물의 보편적 법칙인 이(理)라는 성즉리(性卽理)를 주장하였다. 반면에 왕수인은 '마음 밖에는 이치가 없다.'라고 보아, 마음이 곧 이치라는 심즉리(心卽理)를 주장하였다.

요것만은 꼭 체크!

주희는 ① ☐☐☐을/를 주장하여 도덕적 행위의 근거를 우주 자연의 이치와 연결지어 규정지었고, 왕수인은 ② ☐☐☐을/를 주장하여 도덕 법칙은 처음부터 인간의 마음속에 있다고 보았다.

정답 | ① 성즉리 ② 심즉리

> 주희와 왕수인의 공통점과 차이점을 묻는 문제는 자주 출제된다는 점을 기억해야 해.

13 주희와 왕수인의 입장 비교(2)

구분	주희	왕수인
공통점	• 학문의 목적 : 도덕적 인격 완성 • 수양 방법 : 천리(天理)를 보존하고 인욕(人欲)을 제거해야 함 • 지행일치(知行一致) 추구	
차이점	• 모든 사물에 이치[理]가 내재 • 격물치지: 사물에 나아가 그 이치를 탐구하여 자신의 앎을 극진히 하는 것 • 이론적 학습 강조 • 지행병진 · 선지후행 주장	• 오직 마음 안에 이치가 존재 • 격물치지 : 바르지 못한 마음을 바로잡아 양지를 실현하는 것 • 이론적 학습이 필요 없음을 강조 • 지행합일 주장

요것만은 꼭 체크!
① ☐☐☐☐에 대하여 주희는 사물의 이치를 탐구하여 앎을 이루어 나가야 한다는 의미로 설명하였고, 왕수인은 바르지 못한 마음을 바로 잡아 자기 마음의 ② ☐☐을/를 실현하는 것으로 보았다.

정답 | ① 격물치지 ② 양지

> 이황과 이이의 사단 칠정론은 자주 출제되는 내용임을 기억해야 해. 작용(用)에 있어 '이'의 능동성을 인정하는지의 여부와 사단 및 칠정의 관계에 대하여 정확하게 정리할 필요가 있어.

14 이황과 이이의 사상

이황: 주희가 '이(理)에서 발한다, 기(氣)에서 발한다.'고 말한 것은 사단과 칠정을 이를 위주로 말하거나 기를 위주로 말할 수 있다는 것을 뜻한다. 사단은 이가 발하고 기가 이를 따른 것이고, 칠정은 기가 발하고 이가 기를 탄 것이다.

이이: 주희가 '이에서 발한다, 기에서 발한다.'고 한 말의 본뜻은 사단은 오로지 이만을 말하고 칠정은 기를 겸(兼)한다는 것이다. 결코 사단은 이가 먼저 발하고 칠정은 기가 먼저 발하는 것이 아니다.

이황은 이(理)의 능동성을 강조하면서 사단과 칠정을 엄격히 구분한다. 반면에 이이는 사단과 칠정이 부분과 전체의 관계임을 지적하며, 사단을 포함한 칠정은 기가 발한 것이라고 주장한다.

요것만은 꼭 체크!
① ☐☐은/는 이와 기가 모두 발한다고 보면서 사단과 칠정의 연원은 서로 구분된다고 주장하였다. 반면에 ② ☐☐은/는 발할 수 있는 것은 기라고 하면서 사단은 칠정에 포함된다고 보았다.

정답 | ① 이황 ② 이이

> 성리학을 비판한 정약용의 사상은 단독으로 출제되거나 주희 및 한국의 성리학자들과 비교하는 문제가 자주 출제된다는 점을 기억해야 해.

15 정약용 사상의 특징

하늘은 인간에게 자주지권(自主之權)을 주어, 선(善)을 하고자 하면 선을 할 수 있고, 악(惡)을 하고자 하면 악을 할 수 있게 하였다. 인간의 마음은 이리저리 움직여서 고정되어 있지 않으니, 자주지권은 자기에게 있다. 이것은 동물에게 정해진 마음이 있는 것과 같지 않다. 그러므로 선을 행하면 자기의 공이 되고 악을 행하면 자기의 죄가 되는 것이니, 이것은 마음의 자주지권이며, 이른바 본성이 아니다.

– 정약용, 『맹자요의』 –

인간의 본성은 기호(嗜好)라는 주장을 펼친 정약용은 자주지권을 바탕으로 도덕 행위에 대한 책임이 인간에게 있다는 점을 명확하게 하였다.

요것만은 꼭 체크!
정약용은 기존의 성리학 입장 대신 인간의 본성을 마음의 ① ☐☐라고 보면서, 인간은 선하고자 하면 선하게 할 수 있고 악하고자 하면 악할 수 있는 자유 의지, 즉 ② ☐☐☐☐을/를 부여받은 존재라고 주장하였다.

정답 | ① 기호 ② 자주지권

> 사단과 사덕의 관계에 대하여 단서설(端緒說)을 주장한 주희와 단시설(端始說)을 주장한 정약용의 차이점을 잘 정리해 두자.

16 정약용과 주희의 관점의 차이

주희: 성(性)은 순수하고 선한 것이다. 성은 마음의 이(理)이고, 정(情)은 성이 움직인 것이다. 측은수오사양시비(惻隱羞惡辭讓是非)는 정이며 인의예지(仁義禮智)는 성이다.

정약용: 사덕은 사단을 확충한 것이다. 확충하는 데에 이르지 못하면 인의예지라는 이름은 끝내 성립할 수 없다. 어린 아이가 우물에 빠지려는 것을 보고 측은해 하면서도 가서 구하지 않으면 그의 마음에 인이 있다고 할 수 없다.

주희는 사덕이 인간의 타고난 본성이고, 사단은 사덕의 단서라고 하였고, 정약용은 사덕은 사단을 실천함으로써 형성되기 때문에 사단을 사덕의 시작이라고 주장하였다.

요것만은 꼭 체크!
정약용은 성리학과 달리 ① ☐☐을/를 인간의 선천적 본성으로 보지 않고, 일상적 ② ☐☐을/를 통해 형성되어 가는 것으로 보았다.

정답 | ① 사덕 ② 실천

1. (가), (나)를 통해 알 수 있는 인간의 특성을 바르게 짝지은 것은?

> (가) ○○○ 씨는 10년 전 건강하던 시어머니가 중풍으로 쓰러져 거동을 못하자 곁에서 지극 정성으로 모시고 있다. 현재 90세인 시어머니는 1년 전 노인성 치매에 걸려 기억하저 점점 잃어가고 있지만, 자신을 돌보고 있는 며느리만큼은 기억한다고 말한다.
>
> (나) 인간의 활동에서 빼놓을 수 없는 중요한 행위가 바로 놀이 하는 것이다. 놀이가 동물에게 식욕과 성욕 등의 원초적인 욕구를 충족시켜 주는 행위라면, 인간에게는 기본적인 욕구뿐만 아니라 그 이상의 욕구를 충족시켜 주는 활동이다. 인간은 놀이를 통해 자신을 표현하며 삶을 재충전한다.

	(가)	(나)
①	정치적 존재	종교적 존재
②	정치적 존재	유희적 존재
③	윤리적 존재	종교적 존재
④	윤리적 존재	유희적 존재
⑤	유희적 존재	윤리적 존재

2. 갑, 을이 공통으로 강조하는 삶의 자세로 가장 적절한 것은?

검토되지 않은 삶은 살 만한 가치가 없습니다. 자신을 돌아보면 참된 삶을 살 수 있습니다.

나는 날마다 나 자신을 돌이켜 봅니다. 남에게 정성스러웠는지, 친구에게 신의를 보였는지, 배운 것을 잘 익혔는지 말입니다.

갑   을

① 삶의 재미와 즐거움을 추구해야 한다.
② 자신의 행동과 판단을 끊임없이 성찰해야 한다.
③ 인간의 한계를 깨닫고 초월적 존재에 귀의해야 한다.
④ 타고난 본능과 욕망을 충족시키기 위해 노력해야 한다.
⑤ 외부에서 주어지는 타율적인 도덕 법칙을 충실히 따라야 한다.

3. (가)의 갑, 을, 병 사상가의 입장을 (나) 그림으로 탐구하고자 할 때, A~D에 들어갈 질문으로 가장 적절한 것은?

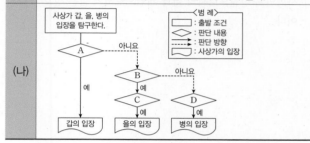

(가)	갑: 사람은 누구나 남의 고통을 차마 외면하지 못하는 마음을 가지고 있다. 만약 어린아이가 우물에 빠지려 하는 것을 본다면, 누구나 측은하게 여기게 된다. 을: 사람은 태어나면서부터 이익을 좋아한다. 이 때문에 반드시 스승의 예의로 인도한 뒤에 서로 사양하고 아름다운 형식을 갖추게 되는 것이다. 병: 인간의 본성은 자연적인 욕구일 뿐이다. 본성은 재료의 나무이며, 인의(仁義)는 만들어진 바구니와 같다.
(나)	

① A: 인간의 본성은 선천적인가?
② A: 인간의 본성은 태어날 때부터 선이나 악으로 정해져 있는가?
③ B: 인의(仁義)는 인위적으로 형성되는 것인가?
④ C: 교육을 통해 누구나 도덕적인 사람이 될 수 있는가?
⑤ D: 인간의 본성은 욕구이므로 악한 것인가?

4. ㉠, ㉡에 대한 설명으로 옳은 것만을 〈보기〉에서 있는 대로 고른 것은?

> (㉠)은/는 "어떻게 사는 것이 바람직하고 좋은 삶인가?"라는 물음에 대한 체계적인 답으로서, 바람직하고 좋은 삶에 대한 방향을 제시한다. (㉡)은/는 사회적 삶에서 나타나는 현상에 대한 해석과 사회 체제나 제도의 바람직한 모습 및 그것의 구현에 관한 체계적인 사유를 의미한다.

〈보기〉
ㄱ. ㉠은 자아 탐색의 근거를 제공한다.
ㄴ. ㉠은 삶의 목적 및 가치 체계를 제공한다.
ㄷ. ㉡은 현 사회의 진단과 평가에 도움을 준다.
ㄹ. ㉠과 ㉡은 완전히 상호 독립적인 성격을 지닌다.

① ㄱ, ㄴ   ② ㄱ, ㄹ   ③ ㄷ, ㄹ
④ ㄱ, ㄴ, ㄷ   ⑤ ㄴ, ㄷ, ㄹ

5. 다음 글을 통해 추론할 수 있는 내용으로 가장 적절한 것은?

> 한 개인의 정의(正義)도 있지만 국가 전체와 관련된 정의도 있다. 큰 것과 관련되는 정의는 더 큰 규모일 것이며 따라서 파악하기가 더 쉽다. 따라서 국가에 있어서의 정의가 무엇인지를 우선 살펴보고 그 후에 보다 작은 것에 있어서의 정의가 무엇인지 탐구하는 것이 좋을 것이다.

① 개인과 사회의 이념적 정체성은 상호 독립적이다.
② 개인의 도덕성과 집단의 도덕성은 별개의 관계이다
③ 윤리 사상은 사회사상을 완전히 포함하는 관계이다.
④ 인간에 대한 판단과 사회에 대한 판단은 긴밀하게 연결된다.
⑤ 사회의 구성원으로서의 삶과 개인으로서의 삶은 상호 배타적이다.

6. 다음을 주장한 고대 동양 사상가의 입장으로 옳은 것은?

> 예의를 비난하는 사람은 스스로를 해치는[自暴] 자이고, 자신이 어질고 의로울 수 없다고 하는 사람은 스스로를 버리는[自棄] 자이다. 인(仁)은 사람의 마음이고, 의(義)는 사람의 길이다. 학문에는 다른 길이 없다. 그 방치된 마음을 구하는 것뿐이다.

① 서로가 차별 없이 사랑하고[兼愛] 이로움을 나누어야 한다.
② 마음 밖에 있는 의(義)를 실천하여 호연지기를 길러야 한다.
③ 통치자는 타고난 본성을 잃지 않도록 민생 안정과 교육에 힘써야 한다.
④ 인의(仁義)를 형성하기 위하여 외적 환경과 인위적 노력에 힘써야 한다.
⑤ 통치자는 백성이 항산(恒産)보다는 먼저 항심(恒心)을 유지할 수 있도록 해야 한다.

7. 다음 대화에서 스승이 강조하는 삶의 태도로 가장 적절한 것은?

① 시비와 선악을 구별하지 않고 자유롭게 살아간다.
② 인의(仁義)를 실현하여 악한 본성을 억제해야 한다.
③ 자기의 사욕을 극복하고 진정한 예를 회복해야 한다.
④ 존비친소의 구별 없는 무조건적 사랑을 베풀어야 한다.
⑤ 도덕적 질서의 확립을 부정하고 대자연의 섭리를 따라야 한다.

8. 갑, 을은 고대 동양 사상가들이다. 갑은 부정, 을은 긍정의 대답을 할 질문만을 〈보기〉에서 있는 대로 고른 것은?

> 갑: 자기의 마음을 다하는 사람은 자신의 본성을 알게 되고, 본성을 알면 하늘을 알게 된다. 자기의 마음을 보존하여 본성을 기르는 것은 하늘을 섬기는 것이다. 몸을 닦아서 천명(天命)을 기다리는 것은 천명을 온전히 하는 것이다.
>
> 을: 하늘의 직무(職務)는 작위[僞]를 가하지 않고도 이루어지고, 추구하지 않아도 얻어지는 것이다. 사람은 하늘에 대해 생각을 더하거나 능력을 보태려 하지 않아야 한다. 그러므로 하늘을 이용하나, 직무를 두고 하늘과 다투지 않아야 한다.

〈보기〉
ㄱ. 자연의 일과 인간의 일은 구분되는가?
ㄴ. 하늘은 인간이 행하는 도리의 근원인가?
ㄷ. 하늘은 인간의 일에 직접 관여하지 않는가?
ㄹ. 인간의 도덕적 완성과 사회 안정을 추구해야 하는가?

① ㄱ, ㄴ   ② ㄱ, ㄷ   ③ ㄷ, ㄹ
④ ㄱ, ㄴ, ㄹ   ⑤ ㄴ, ㄷ, ㄹ

9. (가)의 고대 동양 사상가 갑, 을, 병의 입장에서 서로에게 제기할 수 있는 비판을 (나) 그림으로 표현할 때, A~E에 해당하는 내용으로 가장 적절한 것은?

(가)	갑: 정치는 이름을 바로 잡는 것[正名]에서 시작된다. 이름이 바로 잡히지 않으면 예악(禮樂)이 세워지지 않고, 예악이 세워지지 않으면 형벌의 집행이 공정하게 되지 않는다. 을: 선비가 머물러야 할 곳은 어디인가? 바로 인(仁)이다. 선비가 걸어야 할 길은 어디에 있는가? 바로 의(義)이다. 인에 머물며 의를 따르면 대인(大人)의 일이 이루어진다. 병: 배움은 예(禮)에 지극해지는 경지를 추구해야 한다. 예는 성정(性情)으로 인한 혼란을 바로잡고자 성왕(聖王)들이 제정한 것이다. 군자의 배움은 귀로 들어가 마음에 담긴다.
(나)	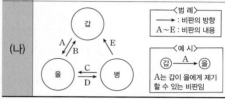

① A: 인의의 실천을 통해 군자가 될 수 있음을 간과한다.
② B: 자신의 이익보다는 형벌의 공정성이 중요함을 간과한다.
③ C: 성인과 일반 백성은 모두 동일한 본성을 갖고 태어남을 간과한다.
④ D: 인성에는 도덕적 선의 단서가 내재되어 있음을 간과한다.
⑤ E: 통치자는 자기 수양을 통해 사람들을 다스려야 함을 간과한다.

10. 다음을 주장한 동양 사상가의 관점에 해당하는 진술에만 '∨'를 표시한 학생은?

> 효의 이치[理]는 마음에 있을 뿐이니 마음 밖에서 조금이라도 보탤 필요가 없다. 그런데 의식(儀式)과 절차에 맞는 것을 지극한 선[至善]이라고 한다면, 연극배우가 의식과 절차에 맞게 효를 연기한 것도 지극한 선이라고 해야 할 것이다. 그러나 이는 옳지 않다.

관점 \ 학생	갑	을	병	정	무
마음 밖에는 어떠한 효의 이치도 없다.	∨	∨		∨	
효도를 하려면 이치를 먼저 알아야 한다.			∨	∨	∨
양지(良知)는 군자와 소인의 구별 없이 모두 가지고 태어난다.	∨			∨	∨
효도를 할 때 부모에게서 효의 이치를 구해야 한다.		∨	∨		∨

① 갑   ② 을   ③ 병   ④ 정   ⑤ 무

[11~12] 갑, 을, 병은 유교 사상가들이다. 물음에 답하시오.

> 갑: 이치[理]가 천지 사이에 있을 때에는 선(善)일 뿐이고, 만물이 생길 때 비로소 본성[性]이라 부르게 되며, 마음[心] 안에 이치가 있게 된다. 이치가 곧 본연지성(本然之性)이고, 이치와 기질[氣]이 결합하여 기질지성(氣質之性)이 있게 된다.
> 을: 마음이 곧 이치이다. 어찌 마음 밖에 본성이 있겠으며 본성 밖에 이치가 있겠는가? 또 어찌 이치 밖에 마음이 있겠는가? 마음 밖에는 이치와 본성을 구하면 이는 '옳음[義]이 밖에 존재한다.'는 고자(告子)의 이론이다.
> 병: 측은지심은 인(仁)의 단(端)이고, 수오지심은 의(義)의 단이며, 사양지심은 예(禮)의 단이고, 시비지심은 지(智)의 단이다. 사람에게 이 사단(四端)이 있는 것은 팔다리가 있는 것과 같다.

11. 갑, 을의 입장을 다음 그림으로 표현할 때, A~C에 해당하는 내용으로 가장 적절한 것은?

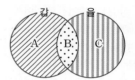

① A: 도덕적 앎[知]과 도덕적 실천[行]은 일치해야 한다.
② B: 마음과 무관하게 모든 사물에는 이치가 존재한다.
③ B: 천리[天理]를 보존하고 인욕(人欲)을 제거해야 한다.
④ C: 인간은 누구든지 성인(聖人)이 될 가능성을 갖고 있다.
⑤ C: 외부 사물의 이치를 깨닫기 위한 공부가 반드시 필요하다.

12. 갑, 을, 병 사상가가 모두 긍정으로 대답할 질문만을 〈보기〉에서 있는 대로 고른 것은?

> 〈보기〉
> ㄱ. 사단은 인간이 선천적으로 지니고 있는가?
> ㄴ. 사람은 누구나 착한 성품을 가지고 태어나는가?
> ㄷ. 사람은 누구나 도덕적 실천 능력을 타고나는가?
> ㄹ. 격물(格物)은 내 마음의 본체를 바로잡는 것인가?

① ㄱ, ㄷ   ② ㄱ, ㄹ   ③ ㄴ, ㄹ
④ ㄱ, ㄴ, ㄷ   ⑤ ㄴ, ㄷ, ㄹ

13. 다음 가상 편지를 쓴 한국 사상가의 입장으로 가장 적절한 것은?

> ○○에게
> 주희가 '이에서 발한다, 기에서 발한다.'고 한 말의 본뜻은
> 사단은 오로지 이만을 말하고 칠정은 기를 겸(兼)한다는 것
> 입니다. 결코 사단은 이가 먼저 발하고 칠정은 기가 먼저 발
> 하는 것이 아닙니다. 따라서 사단이 이가 발하고 기가 이를
> 따른 것이라는 선생님의 주장은 이치에 맞지 않습니다.

① 기질지성을 본연지성으로 변화시켜야 한다.
② 기쁨은 선으로, 슬픔은 악으로 드러나는 정이다.
③ 도덕 감정은 일반 감정의 순선한 측면을 가리킨다.
④ 이(理)는 무형(無形)의 존재이지만 운동성을 지닌다[有爲].
⑤ 칠정(七情)은 이가 올라탄 것이기 때문에 순선한 감정이다.

[14~15] 갑은 중국, 을은 한국 사상가이다. 물음에 답하시오.

> 갑: 배가 고프면 먹을 것을 찾고자 하는 것은 날 때부터 그런 것
> 이니 우왕과 걸왕이 다르지 않다. 성(性)은 주어진 것이어서
> 배우거나 일삼을 수 없으나, 예의(禮義)는 성인이 만든 것이
> 어서 배워서 할 수 있고 일삼아서 이룰 수가 있다.
> 을: 배가 고프면 먹을 것을 찾고자 하는 것은 사람과 짐승이 다
> 를 것이 없다. 기질(氣質)의 성은 사람과 짐승이 모두 지닌
> 것이고, 도의(道義)의 성은 사람에게만 있다.

14. 갑, 을 사상가들의 입장을 다음 그림으로 탐구할 때, A~C에
들어갈 질문으로 옳은 것만을 〈보기〉에서 있는 대로 고른 것은?

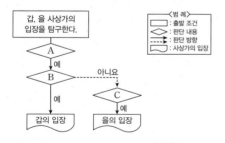

> 〈보기〉
> ㄱ. A: 사단을 인간의 본성으로 보지 않아야 하는가?
> ㄴ. A: 본성을 확충하면 누구나 성인(聖人)이 될 수 있는가?
> ㄷ. B: 예(禮)는 실천적 행위에 의해 형성되는가?
> ㄹ. C: 인간의 고유한 성은 선을 좋아하게 되어 있는가?

① ㄱ, ㄴ   ② ㄱ, ㄹ   ③ ㄴ, ㄷ
④ ㄱ, ㄷ, ㄹ   ⑤ ㄴ, ㄷ, ㄹ

15. 을 사상가가 다음 동양 사상가에게 제기할 수 있는 반론으
로 적절한 것만을 〈보기〉에서 있는 대로 고른 것은?

> 마음은 성(性)과 정(情)을 통괄한다. 하늘이 만물을 생성함에 기
> (氣)로 형체를 만들고 성 또한 부여하였다. 기질의 차이로 누구
> 나 성이 고유함을 알아 온전하게 할 수는 없다. 사물의 이치를
> 궁구[窮理]해야 앎을 지극히 할 수 있다.

> 〈보기〉
> ㄱ. 인간의 본성이 마음의 경향성인 것을 간과한다.
> ㄴ. 기질(氣質)의 욕구를 좇으면서 악이 쌓이게 됨을 간과한다.
> ㄷ. 인간만이 덕을 좋아하는 성향[嗜好]인 본성이 있음을 간과한다.
> ㄹ. 도덕적 행위를 통해 자주지권(自主之權)을 형성할 수 있음을
> 간과한다.

① ㄱ, ㄴ   ② ㄱ, ㄷ   ③ ㄷ, ㄹ
④ ㄱ, ㄴ, ㄹ   ⑤ ㄴ, ㄷ, ㄹ

16. 그림은 서술형 평가 문제와 학생 답안이다. 학생 답안의
㉠~㉤ 중 옳지 않은 것은?

> **서술형 평가**
>
> ● 문제: 한국 사상가 갑, 을의 입장을 비교하여 설명하시오.
>
> > 갑: 이(理)가 발하고 기(氣)가 따른다는 것은 이를 주(主)로 하여
> > 말한 것일 뿐이지 이가 기에서 벗어난다는 것은 아니니, 사
> > 단이 바로 그것입니다.
> > 을: 이가 발하고 기가 따른다는 것은 이기에 선후가 있다는 주
> > 장이므로 옳지 않습니다. 사단을 비롯한 모든 정(情)은 기가
> > 발하고 이가 타는 것입니다.
>
> ● 학생 답안
> 갑, 을의 입장을 비교해 보면, 갑은 ㉠ 이와 기는 모두 발하는 것이
> 며, ㉡ 사양하는 마음[辭讓之心]은 이가 발한 것이라고 보았다. 이
> 에 비해 을은 ㉢ 이는 발하게 하는 까닭일 뿐 스스로 발할 수 없다
> 고 보았으며, ㉣ 사단과 칠정의 연원은 같지 않다고 보았다. 한편,
> 갑, 을은 모두 ㉤ 칠정은 기가 발하여 이가 탄 것이라고 보았다.

① ㉠   ② ㉡   ③ ㉢   ④ ㉣   ⑤ ㉤

[17~18] 다음을 읽고 물음에 답하시오.

(가)	자연계의 동물은 본능의 지배를 받아 행동할 뿐이다. 그러나 인간은 본능에서 벗어나 자신의 의지로 여러 선택을 할 수 있지만 그것이 다른 사람에게 피해를 줄 때에는 그에 따른 대가를 치러야 한다.
(나)	A는 친구와 모둠별 수행 과제를 함께 하기로 약속했지만 늦잠을 자느라 그 약속을 지키지 못했다.

`단답형`

17. (가)를 통해 알 수 있는 인간의 특성을 두 단어로 쓰시오.

_____

`단답형`

18. (가)의 입장에서 (나)의 A에게 다음과 같이 조언을 하고자 할 때, 빈칸에 들어갈 적절한 말을 서술하시오. (단, 제시문에 있는 내용을 그대로 쓰지 말 것)

> 자신의 행동에 _____ 사람이 되어야 한다.

_____

[19~20] 다음을 읽고 물음에 답하시오.

> 동양 윤리 사상은 유기체적(有機體的) 세계관을 바탕으로 한다. 이는 _____ ㉠ _____ 관점을 의미한다. 이러한 관점을 바탕으로 유교는 자연 세계의 원리를 인간 도덕 규범의 원천으로 파악하였고, 도가 및 도교는 자연과 인간이 분리될 수 없는 하나라고 보았다. 또한 불교는 모든 존재가 (㉡) 관계에 있다는 것을 강조하였다.

`서술형`

19. ㉠에 들어갈 적절한 말을 서술하시오.

_____

`단답형`

20. ㉡에 들어갈 적절한 말을 두 단어로 쓰시오.

_____

[21~22] 갑, 을은 고대 동양 사상가들이다. 물음에 답하시오.

> 갑: 김매고 밭 가는 일을 계속하면 농부가 되고, (㉠)을/를 쌓으면 군자가 된다. 그러나 타고난 성정(性情)에 따라 행동하고 학문을 닦지 아니하면 소인이 된다.
>
> 을: 측은히 여기는 마음은 인(仁)의 단(端)이요, 잘못을 부끄러워하는 마음은 의(義)의 단이며, 공경하는 마음은 (㉠)의 단이고, 시비를 가리는 마음은 지(智)의 단이니, 이는 진실로 나에게 있는 것이다.

`단답형`

21. ㉠에 공통으로 들어갈 말을 한 글자로 쓰시오.

_____

`서술형`

22. 갑, 을 사상가의 입장에서 ㉠의 연원을 바라보는 차이점을 서술하시오.

_____

_____

`서술형`

23. 갑은 중국 사상가, 을은 한국 사상가이다. (가)의 갑, 을 입장에서 (나)의 ㉠과 ㉡의 인과적 관계를 각각 한 문장으로 서술하시오.

(가)	갑: 성(性)이란 사람이 하늘로부터 부여받은 이(理)여서 온전하게 선하다. 보통 사람들은 사욕에 빠져 그것을 잃지만 성인(聖人)은 사욕의 폐단이 없어서 그 본성을 실현해 낼 수 있다. 을: 성(性)은 이(理)가 아니다. 이(理)는 속성에 불과한 것인데, 어떻게 성이 될 수 있겠는가? 성은 마음 안에 있는 좋아하고 싫어하는 기호(嗜好)일 뿐이다.
(나)	측은지심(惻隱之心)과 수오지심(羞惡之心)은 사람마다 다 가지고 있다. ㉠ 측은지심은 ㉡ 인(仁)의 단(端)이요, 수오지심은 의(義)의 단이다.

• 갑: _____

• 을: _____

1학기 중간고사

1. ④	2. ②	3. ④	4. ④	5. ④
6. ③	7. ③	8. ②	9. ④	10. ①
11. ③	12. ④	13. ③	14. ②	15. ②
16. ④	17. 윤리적 존재		18. 책임질 수 있는	
19. 해설 참조		20. 상호 의존		
21. 예(禮)	22. 해설 참조		23. 해설 참조	

1. 인간의 특성 파악

(가)에서 주인공은 병든 시어머니를 지극 정성으로 모시고 공경하고 있다. 그는 그렇게 하는 것이 인간으로서 마땅히 옳은 일이라고 생각한다. 이를 통해 우리는 인간을 윤리적 존재라고 부를 수 있다. (나)는 인간이 놀이를 하는 존재라는 것을 밝히고 있다.

① 정치적 존재는 인간이 단순히 무리를 이루어 사는 것을 넘어 정치 활동을 하는 존재라는 의미이고, 종교적 존재는 인간이 유한한 세계를 넘어 초월적이고 무한한 것을 추구하는 존재라는 뜻이다. ✕
② (나)에만 올바른 특성이 제시되어 있다. ✕
③ (가)에만 올바른 특성이 제시되어 있다. ✕
④ (가), (나) 모두 올바른 특성이 제시되어 있다. ⭘
⑤ (가), (나)에 들어갈 특성이 서로 바뀌어 있다. ✕

2. 윤리적 삶의 자세 파악

갑은 소크라테스, 을은 공자의 제자 증자이다.

① 유희적 존재로서의 인간의 특성이다. 갑, 을은 모두 윤리적 존재로서의 특징을 강조하고 있다. ✕
② 갑, 을은 모두 자신의 행동과 판단을 끊임없이 성찰하여 참된 삶을 살라고 한다. ⭘
③ 종교적 존재로서의 인간의 특성을 설명하고 있다. ✕
④ 쾌락주의적인 삶의 태도를 설명하고 있다. 갑, 을은 본능과 욕망의 절제를 강조하였다. ✕
⑤ 갑, 을은 모두 자율적으로 사는 삶을 중시하는 사상가들이다. ✕

3. 맹자 · 순자 · 고자의 인간 본성론의 비교

갑은 맹자, 을은 순자, 병은 고자이다. 인간 본성론과 관련하여 맹자는 성선설을, 순자는 성악설을, 고자는 성무선악설을 주장하였다.

① 맹자와 순자는 인간의 본성이 각각 선과 악으로 선천적으로 결정되어 있다고 주장했기 때문에 모두 긍정으로 대답할 질문이다. ✕

② 맹자는 인간의 본성이 선으로, 순자는 악으로 정해져 있다고 주장하였기 때문에 모두 긍정으로 대답할 질문이다. ✕
③ 순자와 고자는 인의(仁義)와 같은 도덕적인 덕이 후천적인 노력에 의해 형성된다고 보았다. 따라서 모두 긍정으로 대답할 질문이다. ✕
④ 순자는 성인이 제정한 예를 통해 인간의 악한 본성을 교화하면 누구나 도덕적인 사람이 될 수 있다고 보았다. 따라서 순자가 긍정으로 대답할 질문이다. ⭘
⑤ 순자의 입장이다. 고자는 인간의 본성에 선악이 정해져 있다고 보지 않기 때문에 부정으로 대답할 질문이다. ✕

4. 윤리 사상과 사회사상의 비교

㉠에는 '윤리 사상'이, ㉡에는 '사회사상'이 들어가야 한다. 개인과 사회를 분리하여 생각하기 어려운 것처럼 윤리 사상과 사회사상도 서로 밀접한 관계가 있다.

ㄱ. 윤리 사상은 자아를 발견하고 성찰할 수 있도록 자기 이해에 필요한 올바른 기준을 제공한다. ⭘
ㄴ. 윤리 사상은 우리가 삶의 목적과 방향을 설정할 때 고려해야 할 바람직한 가치를 알려준다. ⭘
ㄷ. 사회사상은 다양한 사회 문제를 비판하고 개선할 수 있는 기준을 제공하고 사회 제도나 정책을 판단하는 근거가 되기도 한다. ⭘
ㄹ. 윤리 사상과 사회사상은 밀접한 관계가 있으며, 상호 의존적이고 보완적인 관계에 있다. ✕

5. 윤리 사상과 사회사상 관계 파악

제시문은 플라톤의 주장이다. 플라톤은 정의로운 인간과 정의로운 국가의 모습이 서로 닮았다고 주장함으로써 윤리 사상과 사회사상이 연결되어 있음을 주장하였다.

① 플라톤은 개인과 사회가 밀접한 관련이 있다고 볼 것이다. ✕
② 플라톤은 개인의 도덕성과 집단의 도덕성이 서로 밀접한 관계에 있다고 볼 것이다. ✕
③ 플라톤은 윤리 사상과 사회사상이 서로 밀접한 관련이 있는 것으로 보았다고 추론할 수 있지만, 윤리 사상이 사회사상을 완전히 포함하는 관계로 본 것으로 추론할 수는 없다. ⭘
④ 플라톤은 인간에 대한 판단과 사회에 대한 판단은 상호 연관성이 있다고 볼 것이다. ⭘
⑤ 플라톤은 사회 구성원으로서의 삶과 개인으로서의 삶이 서로 유기적인 관계에 있다고 볼 것이다. ✕

6. 맹자의 윤리 사상 이해

제시문은 맹자의 주장이다. 맹자는 인간의 본성이 선하다는 성선설을 주장하였다.

① 모든 사람을 차별 없이 사랑하는 겸애(兼愛)를 제시한 사상가는 묵자이다. ✕

② 맹자는 의(義)를 인간이 타고난 도덕적인 덕성으로 보았다. ✕

③ 맹자는 인간이 선천적으로 선한 도덕심이 있고 이를 잃지 않도록 노력해야 한다고 주장하였다. ○

④ 맹자에 의하면, 인의(仁義)는 후천적으로 형성되는 것이 아니라 인간의 타고난 도덕적 덕성이다. ✕

⑤ 맹자에 의하면, 백성은 먼저 경제적 안정[恒産]이 있어야 도덕적인 마음[恒心]을 유지할 수 있다. ✕

7. 공자의 사상 이해

제시된 대화에서 스승은 공자이다. 공자는 도덕적인 사회를 이룩하기 위해서는 인(仁)을 실현해야 한다고 주장하였다.

① 시비와 선악을 구별하지 않고 자유롭게 살아가라고 주장하는 사상가는 도가의 장자이다. ✕

② 악한 본성을 억제하라고 주장하는 사상가는 순자이다. ✕

③ 공자는 극기복례를 통해 인과 예의 덕을 갖춘 군자를 이상적인 인간상으로 보았다. ○

④ 존비친소의 구별이 없는 무조건적 사랑을 베풀어야 한다고 주장한 사상가는 묵자이다. ✕

⑤ 공자는 도덕적 질서의 확립을 부정하지 않았다. ✕

8. 맹자와 순자의 윤리 사상 비교

갑은 맹자, 을은 순자이다. 맹자는 도덕의 근원을 하늘과 결부하여 파악하였다. 반면에 순자는 자연과 인간의 일은 구분된다[天人分二]는 입장을 바탕으로, 인간의 능동적인 측면을 강조하였다.

ㄱ. 맹자는 부정으로, 순자는 긍정으로 대답할 질문이다. ○

ㄴ. 맹자는 긍정으로 대답할 질문이다. ✕

ㄷ. 맹자는 부정으로, 순자는 긍정으로 대답할 질문이다. ○

ㄹ. 맹자와 순자는 모두 인간의 도덕적 완성과 사회 안정을 추구하였다. 따라서 모두 긍정으로 대답할 질문이다. ✕

9. 공자·맹자·순자의 윤리 사상 비교

갑은 공자, 을은 맹자, 병은 순자이다. A는 공자가 맹자에게, B는 맹자가 공자에게, C는 순자가 맹자에게, D는 맹자가 순자에게, E는 순자가 공자에게 제기할 반론이다.

① 공자와 맹자는 누구나 군자가 될 가능성이 있다고 보았다. ✕

② 공자는 이익보다 형벌의 공정성을 더 중요하게 생각한다. ✕

③ 순자와 맹자 모두 성인과 일반 백성이 동일한 본성[性]을 갖고 태어남을 인정한다. ✕

④ 맹자는 인간의 본성에는 도덕적 선의 단서인 사단이 내재되어 있다고 주장하고, 순자는 인간의 본성은 악하다고 주장한다. ○

⑤ 공자와 순자는 모두 자기 수양을 통해서 다른 사람들을 다스려야 한다[修己治人]고 주장한다. ✕

10. 왕수인의 윤리 사상 분석

제시문은 왕수인의 주장이다. 왕수인은 마음 밖에 이치가 없다고 보고, '마음이 곧 이치'라는 심즉리(心卽理)를 주장하였다.

• 왕수인의 심즉리에 따르면, 마음 밖에는 어떠한 효의 이치도 없다.(갑, 을, 정만 해당)

• 왕수인에 따르면, 효의 이치는 이미 마음 속에 있기 때문에 효의 이치를 먼저 공부할 필요가 없다.(갑, 을만 해당)

• 왕수인에 따르면, 양지(良知)는 군자와 소인의 구별 없이 모두 가지고 태어난다. (갑, 정, 무만 해당)

• 왕수인에 따르면, 효의 이치는 마음속에 이미 내재되어 있다.(갑, 정만 해당) 따라서 답은 갑이다.

11. 주희와 왕수인의 윤리 사상 비교

제시문의 갑은 주희이고, 을은 왕수인이다.

① 주희와 왕수인 모두 지행일치(知行一致)를 추구한다. 따라서 A가 아니라 B에 해당되는 내용이다. ✕

② 마음과 관계없이 모든 사물에 이치[理]가 존재한다고 주장하는 사상가는 주희이다. 왕수인은 오직 마음 안에 이치가 존재한다고 주장하였다. 따라서 A에 해당되는 내용이다. ✕

③ 주희와 왕수인은 모두 수양 방법으로 존천리거인욕을 제시한다. ○

④ 주희와 왕수인 모두 누구든지 성인(聖人)이 될 가능성을 갖고 있다고 주장하였다. 따라서 C가 아니라 B에 해당되는 내용이다. ✕

⑤ 사물의 이치를 깨닫는 공부가 반드시 필요하다고 보는 사상가는 주희이다. 따라서 C가 아니라 A에 해당되는 내용이다. ✕

12. 주희·왕수인·맹자의 공통된 입장 파악

제시문의 갑은 주희이고, 을은 왕수인, 병은 맹자이다. 세 사상가는 모두 인간은 누구나 착한 성품을 가지고 태어난다고 보았다.

ㄱ. 세 사상가에 의하면 사단은 선천적인 것이다. ○

ㄴ. 세 사상가에 의하면 인간은 누구나 착한 성품을 가지고 태어난다. ○

ㄷ. 세 사상가 모두 타고난 도덕적 실천 능력인 양능(良能)을 인정한다. ○

ㄹ. 주희는 격물을 내 마음의 본체를 바로잡는 것으로 보지 않고 사물에 나아가 그 이치를 탐구하는 것으로 본다. ✕

13. 이이의 사단칠정론에 대한 분석

그림의 가상 편지를 쓴 사상가는 이이다. 이이는 이황과는 다르게 사단과 칠정은 부분과 전체의 관계라고 주장하였다.

① 본연지성과 기질지성은 인간 본성의 다른 두 측면일 뿐 서로 분리되는 것이 아니기 때문에 기질지성을 본연지성으로 변화시킬 수 있는 것은 아니다. ✕

② 기쁨과 슬픔은 칠정에 속하는 감정이며, 이는 선과 악으로 드러날 수 있는 감정이다. ✕

③ 이이는 사단이라는 도덕 감정이 칠정이라는 일반 감정의 순선한 측면이라고 보았다. ◯

④ 이이는 이(理)가 무형무위(無形無爲)의 특징을 가지고 있다고 보았다. ✕

⑤ 칠정은 선, 악으로 나타날 가능성을 모두 갖는 감정이다. ✕

14. 순자와 정약용의 윤리 사상 비교

A에는 순자와 정약용이 모두 긍정할 질문이 들어가야 하고, B에는 순자는 긍정, 정약용은 부정의 대답을 할 질문이 들어가야 한다. C에는 정약용이 긍정의 대답을 할 질문이 들어가야 한다.

ㄱ. 두 사상가는 모두 사단을 인간의 본성으로 보지 않았다. 따라서 두 사상가 모두 긍정의 대답을 할 질문이다. ◯

ㄴ. 순자는 인간의 본성이 악하다고 보았기 때문에 본성의 확충이 아니라 교화를 주장하였다. 따라서 순자는 부정의 대답을 할 질문이다. ✕

ㄷ. 순자와 정약용은 예와 같은 도덕적 덕이 후천적으로 형성된다고 보았다. 따라서 모두 긍정의 대답을 할 질문이다. ✕

ㄹ. 정약용은 인간만이 선을 좋아하는 영지(靈知)의 기호를 가지고 있다고 보았다. ◯

15. 정약용이 주희에게 제기할 수 있는 반론 파악

제시문은 주희의 입장이다. 주희는 인간의 본성을 하늘이 부여한 이치[理]라고 보았고, 정약용은 인간의 본성을 선을 좋아하고 악을 싫어하는 마음의 경향성, 즉 기호라고 보았다.

ㄱ. 정약용은 인간의 본성을 마음의 기호라고 보았기 때문에 정약용이 주희에게 제기할 수 있는 반론이다. ◯

ㄴ. 주희와 정약용 모두 기질의 욕구를 따름으로써 악이 형성된다고 보았기 때문에 정약용이 주희에게 할 수 없는 반론이다. ✕

ㄷ. 정약용이 주희에게 할 수 있는 반론이다. ◯

ㄹ. 자주지권은 형성하는 것이 아니라 선천적인 것이기 때문에 정약용이 주희에게 할 수 있는 반론이 아니다. ✕

16. 이황과 이이의 사단칠정론 비교

제시문의 갑은 이황, 을은 이이이다.

㉠ 이황은 이와 기가 모두 발한다는 이기호발설(理氣互發說)을 주장하였다. ◯

㉡ 이황은 사양지심과 같은 사단은 이가 발한 것으로 보았다. ◯

㉢ 이이는 기만이 발할 수 있다고 주장하면서 이는 발하게 하는 까닭일 뿐 스스로 발할 수 없다고 보았다. ◯

㉣ 이이는 사단은 칠정의 선한 부분으로서 사단과 칠정은 부분과 전체의 관계임을 지적하였다. 따라서 사단과 칠정은 그 연원이 같다고 볼 수 있다. ✕

㉤ 이황과 이이는 모두 칠정이 기가 발하여 이가 탄 것이라고 보았다. ◯

17. 인간의 특성 파악

문제접근 (가)에서 보면, 인간은 스스로 옳고 그름을 판단해 도덕 법칙을 수립하고 실천할 수 있는 도덕적 자율성을 지닌 존재이다.

단답형 답안 윤리적 존재

18. 윤리적 존재로서의 삶의 자세 파악

문제접근 윤리적 존재로서 인간은 도덕적 자율성을 갖고 있지만, 자율성을 갖고 있는 만큼 자신의 행동에 책임을 져야 한다.

단답형 답안 책임질 수 있는

19. 동양 윤리 사상의 특징 파악

문제접근 제시문에서 설명하고 있는 동양 윤리 사상의 특징은 유기체적 세계관을 바탕으로 한다는 것이다.

서술형 답안 만물이 부분과 부분, 부분과 전체로서 밀접한 관련을 맺으며 하나의 통일체를 이루고 있다고 보는

20. 불교 윤리 사상의 유기체적 세계관 파악

문제접근 불교에서는 모든 존재가 상호 의존 관계에 있다는 것을 강조하였다.

단답형 답안 상호 의존

21. 순자와 맹자의 예에 대한 이해

문제접근 제시문의 갑은 순자이고, 을은 맹자이다. ㉠에 공통적으로 들어갈 말은 '예'이다.

단답형 답안 예(禮)

22. 순자와 맹자의 예에 대한 비교

서술형 답안 순자는 예를 후천적인 노력을 통해 형성되는 것으로 보았고, 맹자는 예를 선천적으로 인간의 본성에 내재되어 있다고 주장하였다.

23. 주희와 정약용의 사단과 사덕의 관계에 관한 비교

서술형 답안 • 갑: 사단은 사덕의 단서이다.
• 을: 사단은 사덕의 시작이다.

1 연기의 세계관

> 불교의 연기설과 관련된 문제가 자주 출제된다는 점을 기억해야 해. 이 자료를 통해 불교의 연기설의 의미에 대해 정리해 보자.

이 법은 내가 만든 것도 아니요, 또한 다른 사람이 만든 것도 아니다. 그러므로 그것은 여래가 세상에 나오거나 세상에 나오지 않거나 법계(法界)에 항상 머물러 있다. 모든 여래는 이 법을 스스로 깨닫고 바른 깨달음을 이룬 뒤에 모든 중생들을 위하여 분별해 언설하고 이렇게 드러내어 보이신다. 이른바 "이것이 있기 때문에 저것이 있고, 이것이 일어나기 때문에 저것이 일어난다. 곧 무명(無明)이 인연하여 행(行)이 있고, 나아가 온통 괴로움뿐인 덩어리가 생긴다. 무명이 멸(滅)하기 때문에 행이 멸하고, 나아가서는 온통 괴로움뿐인 덩어리가 멸한다."라는 것이 그것이다.
－『잡아함경』－

연기설은 불교의 근간을 이루는 이론으로 인간과 우주 만물의 상호 의존성을 강조한다. 불교에서는 연기에 대한 자각을 통해 만물의 소중함을 깨닫고 자비의 윤리를 실천할 것을 강조한다.

요것만은 꼭 체크!
연기설의 의미는 모든 존재와 현상은 ① ☐☐과 ② ☐☐의 상호 관계에 의해 생겨난다는 것이다.
　　　　　　　　　　　　　　　정답 | ① 원인 ② 조건

2 불교의 사성제

> 불교의 사성제와 관련된 문제는 출제 빈도가 높아. 이 자료를 통해 불교의 사성제의 의미와 특징을 잘 알아 두어야 해.

'이것이 괴로움이다.'라고 있는 그대로 꿰뚫어 안다. '이것이 괴로움의 일어남이다.'라고 있는 그대로 꿰뚫어 안다. '이것이 괴로움의 소멸이다.'라고 있는 그대로 꿰뚫어 안다. '이것이 괴로움의 소멸로 인도하는 도 닦음이다.'라고 있는 그대로 꿰뚫어 안다. 비구들이여, 그러므로 그대들은 '이것이 괴로움이다.'라고 수행해야 한다. '이것이 괴로움의 일어남이다.'라고 수행해야 한다. '이것이 괴로움의 소멸이다.'라고 수행해야 한다. '이것이 괴로움의 소멸로 인도하는 도 닦음이다.'라고 수행해야 한다.
－『상응부경』－

불교의 사성제는 석가모니가 수행을 통하여 깨달은 네 가지 성스러운 진리를 말하며, 고성제와 집성제, 멸성제, 도성제를 일컫는다.

요것만은 꼭 체크!
사성제는 현실 세계는 고통으로 가득 차 있다는 ① ☐☐☐, 고통이 생기는 원인인 집성제, 괴로움이 소멸된 상태인 ② ☐☐☐, 열반에 도달하기 위한 중도의 수행인 도성제이다.
　　　　　　　　　　정답 | ① 고성제 ② 멸성제

3 중도 사상

> 불교의 중도 사상의 의미는 잘 정리해 두어야 해. 불교에서는 중도를 실천하기 위해 팔정도를 제시하고 있어.

비구들이여, 출가자가 가까이하지 않아야 할 두 가지 극단이 있다. 두 가지 극단은 무엇인가? 그것은 저열하고 촌스럽고 범속하고 성스럽지 못하고 이익을 주지 못하는 감각적 욕망들에 대한 쾌락의 탐닉에 몰두하는 것과, 괴롭고 성스럽지 못하고 이익을 주지 못하는 자기 학대에 몰두하는 것이다. 비구들이여, 이러한 두 가지 극단에 의지하지 않고 여래는 중도를 완전하게 깨달았나니, 이 중도는 안목을 만들고 지혜를 만들며, 고요함과 최상의 지혜와 바른 깨달음과 열반으로 인도한다.
－『상응부경』－

석가모니는 감각적 욕망에 탐닉하는 것과 자기 학대에 몰두하는 것 모두 양극단에 치우친 것이라고 보았다. 이러한 양극단에서 벗어나 중도를 깨닫고 수행해야 한다고 강조하였다.

요것만은 꼭 체크!
석가모니는 수행을 통해 ① ☐☐과 고통이라는 양극단에 치우치지 않고 ② ☐☐을/를 따를 때 비로소 깨달음을 얻을 수 있다고 보았다.
　　　　　　　　　　　　정답 | ① 쾌락 ② 중도

4 선종의 돈오 사상

> 선종의 돈오 사상과 관련된 문제는 자주 출제돼. 이 자료를 통해 선종의 돈오 사상의 의미를 잘 정리해 둘 필요가 있어.

반야에는 크고 작음이 없으나, 모든 중생이 스스로 미혹하여 밖으로 닦아 부처를 찾으므로 자기의 성품을 깨닫지 못한다. 그러나 단박에 깨닫는 가르침을 듣고, 밖으로 닦는 것을 믿지 아니하고 오직 자기의 마음에서 항상 바른 견해를 일으키면, 번뇌(煩惱)에 빠진 중생이라도 모두 당장에 깨닫게 된다. 이는 마치 큰 바다가 모든 물의 흐름을 받아들여서 작은 물과 큰 물이 합하여 한몸이 되는 것과 같다.
－『육조단경』－

선종은 교종을 지나치게 이론적이고 추상적이라고 비판하면서, 우리가 본래 완성된 부처라는 것을 직관해야 한다는 돈오 사상을 강조하였다.

요것만은 꼭 체크!
선종에서는 누구든 자신의 ① ☐☐을/를 보면 어떠한 외부의 도움 없이도 즉각적으로 깨달음에 이를 수 있다는 ② ☐☐을/를 주장하였다.
　　　　　　　　　　정답 | ① 자성(본성) ② 돈오

5 원효의 일심 사상

> 원효의 일심 사상과 관련된 문제가 자주 출제된다는 점을 기억해야 해. 이 자료를 통해 원효의 일심 사상에 대해 정리해 보자.

'하나인 마음[一心]'이란 무엇일까? 더러움[染(염)]과 깨끗함[淨(정)]은 그 성품이 둘이 아니고, 참과 거짓 또한 서로 다르지 않다. 그러므로 '하나[一]'라고 한다. 그러나 이 둘이 없는 자리는 모든 법의 진실됨이 허공과는 달라 스스로 아는 성품이니 이를 '마음[心]'이라고 한다. 그러나 이 둘이 없는데 어찌 하나가 있으며 하나가 없는데 무엇을 일러 마음이라 하겠는가! 이 같은 마음의 도리는 말을 여의고 생각을 초월했으니, 무엇이라고 지목할 바를 몰라 억지로 이름하여 '하나인 마음[一心]'이라고 한다.
－ 원효, 「대승기신론소」 －

원효에게 있어서 일심은 모든 생각의 갈래를 묶는 벼리이며, 불성의 유무와 같은 다양한 불교 이론에 대한 논쟁을 종합할 수 있는 근거가 된다.

요것만은 꼭 체크!
원효는 일체의 모든 이론은 ① □□을/를 바탕으로 조화를 이룰 수 있다고 보고 있으며, 서로 다른 이론은 하나인 ② □□의 진리를 다른 시각에서 본 것일 뿐이라고 보았다.　　정답 | ① 일심 ② 마음(일심)

6 원효의 화쟁 사상

> 원효의 화쟁 사상과 관련된 문제가 자주 출제된다는 점을 기억해야 해. 이 자료를 통해 원효의 화쟁과 원융회통 사상의 의미에 대해 정리해 보자.

부처가 세상에 있었을 때는 부처의 원음(圓音)에 힘입어 중생들이 한결같이 이해하였으나 …(중략)… 쓸데없는 이론들이 구름 일어나듯 하여 혹은 말하기를 "나는 옳고 남은 그르다."라고 하며, 혹은 "나는 그러하나 남들은 그렇지 않다."라고 주장하여 드디어 하천과 강을 이룬다. …(중략)… 비유컨대, 청(靑)과 남(藍)이 같은 바탕이고, 얼음과 물이 같은 원천이고, 거울이 만 가지 형태를 다 용납함과 같다.
－ 원효, 「십문화쟁론」 －

원효는 어떤 경전을 중시하는가를 따지는 중국 불교와는 달리 일심을 근거로 하여 종합적으로 불교 사상을 이해하면서 다양한 이론을 종합하고자 하였다.

요것만은 꼭 체크!
원효의 사상은 '모든 종파와 사상을 분리하여 고집하지 말고, 보다 높은 차원에서 하나로 종합해야 한다.'라는 ① □□□□ 사상으로 정립되었다. 이것이 모든 논쟁을 조화시키고자 하였던 ② □□ 사상이다.　　정답 | ① 원융회통 ② 화쟁

7 지눌의 돈오점수

> 지눌의 돈오점수와 관련된 문제가 자주 출제된다는 점을 기억해야 해. 혜능과 지눌의 돈오점수의 차이점도 구별할 줄 알아야 해.

돈오(頓悟)를 하여 비록 본성(本性)이 부처와 다를 것이 없음을 깨달았으나, 시작 없는 과거부터 익혀온 나쁜 습관[習氣]을 단박에 제거할 수 없기 때문에 깨달음[頓悟]에 의지해 닦으면서 점진적으로 변화하여 공부를 이룩하는 것이다. 이렇게 성인(聖人)의 태아를 잘 기르고 배양함이 오래된 뒤에야 진정한 성인이 될 수 있다. 때문에 이를 점수(漸修)라고 한다.
－ 지눌, 「수심결」 －

지눌의 돈오점수는 오랫동안 수행하면 깨닫게 된다는 말만 믿고, 본성을 직관하려 하지 않고 단지 습관적으로 좌선을 하려고 하는 사람들을 비판한 것이다.

요것만은 꼭 체크!
지눌은 돈오하더라도 오랫동안 누적된 그릇된 인식과 ① □□은/는 바로 제거되지 않기 때문에 이를 제거하기 위해서는 점진적이고 지속적인 수행인 ② □□이/가 필요하다고 보았다.
정답 | ① 습기 ② 점수

8 노자의 유교 비판

> 노자가 유교에 대해 비판하는 내용은 자주 출제가 되기 때문에 잘 알고 있어야 해. 이 자료를 통해 노자가 유교에 대해 어떤 측면을 비판하는지를 정리해 보자.

뛰어난 덕은 무위하며 또 그것으로 무엇을 하려고 하지 않는다. 뛰어난 인은 사랑하지만 또 그것으로 무엇을 하려고 하지 않는다. 그런데 뛰어난 의는 행하면서 또 그것으로 무엇인가 하려고 한다. 뛰어난 예는 예를 따르면서 사람이 응하지 않으면 팔을 걷어붙이고 사람을 억지로 하게 한다. 그러므로 도를 잃게 된다. 도를 잃은 후에 덕이 나오고, 덕을 잃은 후에 인이 나오고, 인을 잃은 후에 의가 나오고, 의를 잃은 후에 예가 나온다.
－ 노자, 「도덕경」 －

노자는 인의나 예와 같은 인위적 규범이 사회 혼란의 원인이며, 사람들의 타고난 소박한 본성을 해친다고 보았다.

요것만은 꼭 체크!
노자는 유교에서 강조하는 ① □□의 도덕이나 효의 윤리는 사회와 가정이 혼란하여 생겨난 ② □□□ 규범에 불과하다고 보았다.
정답 | ① 인의 ② 인위적

9 도가의 상대적 세계관과 평등적 세계관

> 도가의 상대적 세계관과 평등적 세계관과 관련된 문제가 출제되기도 한다는 점을 기억해야 해. 이 자료를 통해 도가의 세계관에 대해 정리해 보자.

지극한 덕으로 다스려지는 세상에서는 짐승과 함께 어울려 살았고, 만물과 무리지어 다 같이 살았다. 그러니 어찌 군자와 소인이 있음을 알겠는가? 다 같이 무지하여 그의 타고난 덕(德)을 떠나지 않았다. 다 같이 욕망이 없으므로 이것을 소박함이라 말하였다. 소박함으로써 백성들의 본성이 보존되었던 것이다.

– 장자, 『장자』 –

장자는 아름다운 것과 추한 것, 옳고 그름, 선한 것과 악한 것 등을 구분하는 차별과 편견은 자기 중심적 관점에서 비롯된다고 비판하며, 이러한 관점에서 벗어나 만물을 도(道)의 관점에서 평등하게 인식할 것을 강조하였다.

요것만은 꼭 체크!
장자는 절대적인 도의 관점에서 사물을 인식할 때, 만물의 소중함과 ① □□□을/를 깨우치고 자유롭게 평화로운 이상적인 삶을 살아갈 수 있다고 보았다. 장자는 이러한 이상적인 경지로 ② □□와/과 소요를 제시하였다.

정답 | ① 평등함 ② 제물

10 장자의 좌망과 심재

> 장자의 좌망과 심재와 관련된 문제가 자주 출제된다는 점, 잊지 말아야 해. 이 자료를 통해 장자의 좌망과 심재의 의미는 꼭 알아 두자.

• 자기의 신체나 손발의 존재를 잊어버리고, 눈이나 귀의 움직임을 멈추고, 형체가 있는 육체를 떠나 분별 작용[知]을 버린다면 도(道)와 한 몸을 이루어 두루 통하게 된다. 이것을 좌망(坐忘)이라고 한다.
• 너의 뜻을 하나로 통일하여 귀로만 듣지 말고 마음으로 들어라. 마음으로만 듣지 말고 기(氣)로 들어라. 기라는 것은 텅 비움으로써 바깥 사물을 있는 그대로 맞아들인다. 도(道)는 오로지 텅 비우는 곳에 모이는 법이다. 이처럼 텅 비우는 경지에 이르는 것을 심재(心齋)라고 한다. – 장자, 『장자』 –

장자는 외물에 본심을 어지럽히지 않고 도와 일치하는 삶을 이상적인 삶이라고 보았고, 이를 위한 수양 방법으로 좌망과 심재를 주장하였다.

요것만은 꼭 체크!
① □□은/는 조용히 앉아서 자신을 구속하는 잡념들을 잊고 무아의 경지에 들어가는 것이며, ② □□은/는 잡념을 없애고 마음을 비워 깨끗이 하는 것이다.

정답 | ① 좌망 ② 심재

11 장자의 이상적 인간상

> 장자의 이상적 인간상과 관련된 문제가 자주 출제된다는 점을 기억해야 해. 장자의 이상적 인간상의 특징과 더불어 유교의 이상적 인간상도 알아두어야 하겠지.

참된 사람[眞人]이어야만 참된 앎을 알게 된다. 참된 사람이란 어떤 사람을 말하는가? 옛날의 참된 사람은 적은 일에도 거스르지 않고, 성공을 뽐내지 않으며, 일을 꾀하지 않았다. 이런 사람은 잘못이 있어도 후회하지 않으며, 잘 되어도 만족하지 않는다. 이런 사람은 높은 곳에 올라가도 떨지 않고, 물에 빠져도 젖지 않고, 불에 들어가도 뜨거워하지 않는다. 그의 앎이 도에까지 올라가면 이와 같이 된다. – 장자, 『장자』 –

장자는 여러 외물에 얽매이지 않는 사람을 각각 다른 이름으로 부르고 있다. 궁극적으로 자연 만물과 하나가 된 경지, 즉 물아일체에 도달한 사람을 이상적 인간이라고 보았다.

요것만은 꼭 체크!
제물과 소요의 경지는 도를 따르는 삶을 통해서 실현되는 진정한 ① □□와/과 평등의 경지로서, 장자는 이러한 경지에 오른 이상적 인간을 일컬어 성인, 지인, ② □□, 천인, 신인 등으로 칭하였다.

정답 | ① 자유 ② 진인

12 동학 사상

> 동학 사상의 특징과 관련된 문제가 자주 출제된다는 점을 기억해야 해. 이 자료를 통해 동학 사상의 특징에 대해 정리해 보자.

우리 도(道)는 무위이화(無爲而化)라. 그 마음을 지키고 그 기운을 바르게 하고 하느님 성품을 거느리고 하느님의 가르침을 받으면, 자연스러운 가운데 변화[化]해 가게 된다. 서양 사람은 말에 차례가 없고 글에 순서가 없으며 도무지 하느님을 위하는 단서가 없고 다만 제 몸만을 위해 빌 따름이다. 몸에는 기화지신(氣化之神)이 없고 배움[學]에는 하느님의 가르침이 없으니 형식은 있으나 자취가 없고 생각하는 것은 같지만 주문(呪文)이 없는지라. – 최제우, 『동경대전』 –

동학은 최제우가 서학에 대항하여 만든 종교이며, 신분 차별이 사라진 자유롭고 평등한 이상 사회가 현세에서 도래할 것이라는 희망을 백성들에게 심어주었다.

요것만은 꼭 체크!
동학은 ① □□□□을/를 목표로 경천 사상의 바탕 위에 유불도 사상을 융합하여 성립하였다. 동학은 ② □□□□의 관점에서 인간 존중과 평등의 정신을 제시하였다.

정답 | ① 보국안민 ② 천인합일

13 소크라테스의 윤리 사상

> 소크라테스의 윤리 사상과 관련된 문제가 자주 출제된다는 점을 기억해야 해. 소크라테스는 소피스트와 달리 윤리적 보편주의를 주장했다는 점은 잊지 말아야겠지.

"인간들 중에서 가장 지혜로운 자가 있다면 그는 소크라테스처럼 자신이 가지고 있는 지혜가 아무것도 아니라는 것을 알고 있는 사람이다." 그래서 나는 지금도 신의 명령을 받들어 지혜롭다고 생각되는 사람들을 찾아다니며 탐구를 계속하고 있습니다. …(중략)… 자신이 모르면서도 알고 있다고 믿는 것이 인간이 가진 무지 중에서 가장 큰 무지입니다.
– 플라톤, 『소크라테스의 변론』 –

소크라테스는 인간이 추구해야 할 최고의 과업은 진리를 탐구하는 일에 헌신하는 것이며, 진리를 탐구하기 위해서는 무엇보다 먼저 자신의 무지를 자각해야 한다고 보았다.

요것만은 꼭 체크!
소크라테스는 보편타당한 절대적인 진리와 도덕규범은 존재하며 ① ☐☐ ☐을/를 지닌 사람은 도덕적인 삶을 살아가게 된다고 보았다. 또한 소크라테스는 비도덕적인 행동의 원인을 ② ☐☐에서 찾았다.
정답 | ① 참된 앎 ② 무지

14 플라톤의 이데아론

> 플라톤의 이데아론과 관련된 문제가 자주 출제된다는 점을 기억해야 해. 플라톤은 이데아를 감각 경험을 초월하여 이성을 통해 파악할 수 있다고 하였어.

지하 동굴에는 어릴 적부터 사지(四肢)와 목이 묶여 동굴의 입구를 등진 채 살아가는 죄수들이 있다. 이들은 동굴의 앞쪽만을 볼 수 있도록 묶여 있다. …(중략)… 죄수들은 불빛으로 말미암아 만들어진 벽에 비친 상(像)들의 그림자만 볼 수 있다. 하지만 누군가가 묶여 있던 줄에서 풀려나 불빛 쪽을 바라본다면 처음에는 눈이 아파서 고통스러워 할 것이다. 하지만 결국 눈은 불빛에 익숙해지고, 더 나아가 동굴을 탈출하면 그는 동굴 밖의 환한 세상을 보게 될 것이다.
– 플라톤, 『국가』 –

이데아란 모든 존재와 인식의 근거가 되는 영원하며 초월적인 실재를 의미한다. 그러므로 이데아는 어떤 개별적인 사물이 없어지더라도 계속해서 존재하는 그 사물의 원형이자, 개별자에 의해 실현되어야 할 이상이다.

요것만은 꼭 체크!
플라톤은 그림자의 세계에서 벗어나 참된 실재인 ① ☐☐☐의 세계로 나아가야 한다고 주장하였다. 플라톤은 이데아에 대한 지식은 오로지 ② ☐☐을/를 통해서만 얻을 수 있다고 보았다.
정답 | ① 이데아 ② 이성

15 플라톤의 이상적 인간과 이상적 국가

> 플라톤의 이상적 인간과 이상적 국가와 관련된 문제가 자주 출제된다는 점을 기억해야 해. 플라톤은 선의 이데아에 관한 지혜를 갖춘 철학자가 통치할 때 정의로운 국가가 실현된다고 하였어.

우리들 각자의 경우에 자신 안에 있는 영혼의 세 부분이 각각 자기 일을 하면 정의로운 사람이 될 것이다. 다시 말해 이성, 기개, 욕망이라는 영혼의 세 부분 모두가 다른 부분의 역할에 간섭하지 않고 각자의 일을 충실히 수행하여 전체적으로 음계의 세 음정처럼 조화를 이루면 정의로운 인간이 되는 것이다. 한 국가가 정의롭게 되는 것도 성향이 다른 세 계층의 사람들 모두가 남의 일에 간섭하지 않고 자기 일을 충실히 수행했을 때이다.
– 플라톤, 『국가』 –

플라톤에 따르면 국가를 구성하는 세 가지 계층이 각각 절제, 용기, 지혜의 덕을 갖추고 조화를 이룰 때 정의의 덕이 실현되며 이상적인 국가를 이룰 수 있다고 보았다.

요것만은 꼭 체크!
플라톤은 개인에 있어서는 인간 ① ☐☐의 각 부분이 자기의 할 일을 하면서 조화를 이룰 때, 국가에 있어서는 구성원들이 각자 맡은 일에 최선을 다하고 조화를 이룰 때, ② ☐☐의 덕을 실현할 수 있다고 보았다.
정답 | ① 영혼 ② 정의

16 아리스토텔레스의 행복론

> 아리스토텔레스의 행복의 의미와 관련된 문제가 자주 출제된다는 점을 기억해야 해. 이 자료를 통해 아리스토텔레스의 행복의 의미에 대해 정리해 보자.

행복은 모든 것 가운데 가장 바람직한 것이요, 여러 선들 중에서 최고의 선이다. 따라서 행복은 궁극적이고 자족적이며, 모든 행동의 목적이라고 할 수 있다. 인간만이 지닌 특별한 기능은 정신의 이성적 활동 능력이다. 행복이란 덕과 일치하는 정신의 활동이라고 할 수 있다.
– 아리스토텔레스, 『니코마코스 윤리학』 –

아리스토텔레스에 의하면 우주의 모든 존재는 고유한 목적을 향해 움직이며 인간의 행위도 목적을 가지고 있다. 인간 행위의 궁극적인 목적은 행복이며, 행복이란 덕과 일치하는 영혼의 활동이다.

요것만은 꼭 체크!
아리스토텔레스는 인간의 모든 행위에는 ① ☐☐이/가 있다고 보았다. 또한 인간은 수없이 많은 종류의 행위를 하며 살아가지만 그러한 행위들의 궁극적인 목적은 오직 하나, ② ☐☐(이)라는 것이다.
정답 | ① 목적 ② 행복

1. 다음 동양 사상가가 긍정의 대답을 할 질문만을 〈보기〉에서 고른 것은?

반야에는 크고 작음이 없으나, 모든 중생이 스스로 미혹하여 밖으로 닦아 부처를 찾으므로 자기의 성품을 깨닫지 못한다. 그러나 단박에 깨닫는 가르침을 듣고, 밖으로 닦는 것을 믿지 아니하고 오직 자기의 마음에서 항상 바른 견해를 일으키면, 번뇌(煩惱)에 빠진 중생이라도 모두 당장에 깨닫게 된다.

〈보기〉

ㄱ. 경전의 공부를 통해서만이 성불할 수 있는가?
ㄴ. 집착에서 벗어나 해탈의 경지를 추구해야 하는가?
ㄷ. 자성(自性)을 자각하여 만물의 불변함을 인식해야 하는가?
ㄹ. 누구든 자신의 본성을 보면 즉각적으로 깨달음에 이를 수 있는가?

① ㄱ, ㄴ   ② ㄱ, ㄷ   ③ ㄴ, ㄷ
④ ㄴ, ㄹ   ⑤ ㄷ, ㄹ

2. 다음 동양 사상의 입장에만 모두 'ㅍ'를 표시한 학생은?

이 법은 내가 만든 것도 아니요, 또한 다른 사람이 만든 것도 아니다. 그러므로 그것은 여래가 세상에 나오거나 세상에 나오지 않거나 법계(法界)에 항상 머물러 있다. 모든 여래는 이 법을 스스로 깨닫고 바른 깨달음을 이룬 뒤에 모든 중생들을 위하여 분별해 연설하고 이렇게 드러내어 보이신다. 이른바 "이것이 있기 때문에 저것이 있고, 이것이 일어나기 때문에 저것이 일어난다. 곧 무명(無明)이 인연하여 행(行)이 있고, 나아가 온통 괴로움뿐인 덩어리가 생긴다. 무명이 멸(滅)하기 때문에 행이 멸하고, 나아가서는 온통 괴로움뿐인 덩어리가 멸한다."라는 것이 그것이다.

입장 \ 학생	갑	을	병	정	무
오온(五蘊)을 자각하여 무명을 지향해야 한다.	∨	∨		∨	
선정과 지혜를 닦아 몸과 마음을 다스려야 한다.	∨			∨	∨
무명과 애욕에서 벗어나 해탈의 경지에 도달해야 한다.			∨	∨	
자타(自他)를 하나로 여기는 자비를 실천해야 한다.		∨	∨		∨

① 갑   ② 을   ③ 병   ④ 정   ⑤ 무

3. 다음 동양 윤리 사상의 입장으로 옳지 않은 것은?

이것이 있기 때문에 저것이 있고, 이것이 생기기 때문에 저것이 생긴다. 이것이 없기 때문에 저것이 없고, 이것이 사라지기 때문에 저것이 사라진다. 비유하면 두 개의 갈대 다발이 아무것도 없는 땅 위에 서려고 할 때 서로 의지해야 설 수 있는 것과 같다.

① 중생들의 생명에 대한 자비심을 가진다.
② 자연의 순리에 따라 무위의 덕을 실천한다.
③ 모든 현상은 원인과 조건에 의해 생겨난다.
④ 무명과 애욕에서 벗어나면 고통이 사라진다.
⑤ 자아에 대한 집착은 고통과 불행의 원인이다.

4. (가)를 주장한 사상가의 입장을 (나) 그림으로 탐구하고자 할 때, A, B에 들어갈 옳은 질문만을 〈보기〉에서 있는 대로 고른 것은?

(가)	귀명(歸命)이란 환원의 뜻이다. 중생들의 감각적·심리적 기관은 '하나인 마음[一心]'에서 생겨난 것이지만, 그것은 도리어 그 스스로의 근원을 배반하고 뿔뿔이 흩어져 부산한 먼지를 피우기에 이르렀다. 모든 번뇌가 이로부터 나온다. 이제 목숨을 들어 이 부산한 먼지를 일으키는 번뇌의 마음을 한곳으로 집중시켜 그 본래의 원천, 즉 '하나인 마음'으로 되돌아가는 까닭에 이를 귀명이라고 한다.
(나)	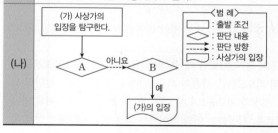

〈보기〉

ㄱ. A: 일심을 바탕으로 교종의 가르침을 극복해야 하는가?
ㄴ. A: 여러 종파들을 보다 높은 차원에서 종합해야 하는가?
ㄷ. B: 무명을 없애기 위해 바르게 수행해야 하는가?
ㄹ. B: 일체의 존재와 현상은 마음이 만들어 내는 것인가?

① ㄱ, ㄷ   ② ㄴ, ㄷ   ③ ㄴ, ㄹ
④ ㄱ, ㄴ, ㄹ   ⑤ ㄱ, ㄷ, ㄹ

5. (가)의 한국 사상가 갑, 을의 입장을 (나) 그림으로 표현할 때, A~C에 해당하는 적절한 진술만을 〈보기〉에서 있는 대로 고른 것은?

(가)	갑: 교(敎)를 공부하는 사람은 내적인 것을 버리고 외적인 것을 구하는 일이 많고, 선(禪)을 익히는 사람은 밖의 것을 잊고 내적으로 밝히기를 좋아한다. 을: 마음이 어지럽지 않음이 성(性)의 정(定)이며, 마음이 어리석지 않음이 그 성의 혜(慧)이다. 이와 같음을 깨달아서 고요함과 앎에 자재하여 정과 혜가 둘이 아니게 되면 그것이 정혜를 겸해 닦는 것이 된다.
(나)	갑 을 A (B) C 〈범례〉 A: 갑만의 입장 B: 갑, 을의 공통 입장 C: 을만의 입장

〈보기〉

ㄱ. A: 교종을 중심으로 선종과의 조화를 추구해야 한다.
ㄴ. B: 단박에 깨닫고 단박에 닦아야 한다.
ㄷ. B: 경전 읽기와 참선을 함께 수행해야 한다.
ㄹ. C: 화두를 들고 수행하는 간화선을 중시해야 한다.

① ㄱ, ㄷ   ② ㄴ, ㄷ   ③ ㄴ, ㄹ
④ ㄱ, ㄴ, ㄹ   ⑤ ㄱ, ㄷ, ㄹ

6. 다음 동양 사상가가 긍정의 대답을 할 질문으로 옳은 것은?

괴로움의 진리(眞理)란 태어남의 괴로움[生], 늙음의 괴로움[老], 병듦의 괴로움[病], 죽음의 괴로움[死]과 근심·슬픔·번민의 괴로움, 걱정의 괴로움으로서 이루 셀 수 없으며, 미운 이와 만나는 괴로움, 사랑하는 이와 헤어지는 괴로움, 구(求)해서 얻지 못하는 것도 또한 괴로움이니 취하여 말하자면 다섯 쌓임의 괴로움이다. 이것을 괴로움의 진리(眞理)라 하느니라.

① 출가 수행자는 자기 자신의 해탈만을 추구해야 하는가?
② 극단적 고행만을 추구함으로써 중도를 실천해야 하는가?
③ 연기를 깨달음으로써 윤회의 굴레에서 벗어날 수 있는가?
④ 집착과 탐욕에서 벗어나 만물이 불변함을 자각해야 하는가?
⑤ 지속적으로 자비를 실천하여 불성(佛性)을 형성해야 하는가?

7. (가)의 동양 사상가의 입장에서 대답할 때, (나)의 ㉠에 들어갈 내용으로 가장 적절한 것은?

(가)	크나큰 도의 원칙이 무너지자 인의의 도덕규범이 생겨났다. 총명한 지혜가 각광을 받게 되자 크나큰 사기가 생겨났다. 부자·형제·부부가 화목하지 않자 효도와 사랑이 있게 되었다. 나라가 혼란해지자 충신이 있게 되었다.
(나)	

바람직한 삶을 살기 위해서는 어떻게 해야 할까요?

㉠

① 삼독(三毒)을 제거하여 자비를 실천해야 합니다.
② 대자연의 순리에 따라 도덕규범을 따라야 합니다.
③ 무위의 삶을 통해 소박함의 경지를 추구해야 합니다.
④ 예의규범을 바탕으로 무위와 무욕을 실천해야 합니다.
⑤ 차별적 가치 기준에서 벗어나 분별적 지혜를 따라야 합니다.

8. 다음 고대 동양 사상가의 입장만을 〈보기〉에서 고른 것은?

지인(至人)은 물아(物我)의 구별이 없고, 신인(神人)은 공(功)을 의식하지 않으며, 성인(聖人)은 명예를 무시한다. 명예의 주인이 되지 말며, 모략의 창고가 되지 말며, 일의 책임자가 되지 말며, 지혜의 주인이 되지 마라. 다함이 없는 것을 완전히 체득해서 흔적이 없는 세계에서 노닐도록 하라. 하늘에서 받은 것을 극진히 하되 이익을 염두에 두지 마라.

〈보기〉

ㄱ. 소요의 경지를 통해 사물을 차별하지 말아야 한다.
ㄴ. 인위적인 노력을 통해 악한 본성을 교화해야 한다.
ㄷ. 시비분별에서 벗어나 대자연의 순리를 따라야 한다.
ㄹ. 주관적 편견에서 벗어나 인위적 지혜를 갖추어야 한다.

① ㄱ, ㄴ   ② ㄱ, ㄷ   ③ ㄴ, ㄷ
④ ㄴ, ㄹ   ⑤ ㄷ, ㄹ

9. (가)의 고대 중국 사상가 갑, 을의 입장을 (나) 그림으로 탐구하고자 할 때, A~C에 들어갈 질문으로 옳은 것은?

(가)	갑: 성인(聖人)은 백성들로 하여금 총명하게 하지 않고 어리석게 하였다. 백성들을 다스리기 어려운 것은 지혜가 많기 때문이다. 그러므로 지혜로 나라를 다스리는 것은 나라에 화(禍)가 된다. 을: 백성이 귀하고 사직은 그 다음이고 군주는 하찮다. 그러므로 백성의 마음을 얻으면 천자가 되고, 천자의 마음을 얻으면 제후가 되고, 제후의 마음을 얻으면 대부가 된다. 제후가 사직을 위태롭게 하면 제후를 바꾼다.
(나)	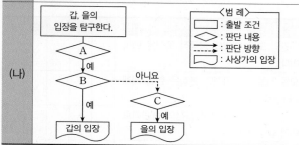

① A: 인의(仁義)의 덕을 버리고 상덕을 추구해야 하는가?
② B: 인간은 선천적 본성에 따르는 삶을 지향해야 하는가?
③ B: 인의(仁義)의 덕은 소박한 덕을 상실함으로써 나타나는 것인가?
④ C: 인간의 타고난 본성이 악행의 근본적 원인인가?
⑤ C: 일체의 구속에서 벗어나 지인(至人)의 경지에 도달해야 하는가?

10. 다음을 주장한 근대 한국 사상가의 입장만을 〈보기〉에서 고른 것은?

> 일원(一圓)은 우주 만유의 본원(本源)이며, 제불제성(諸佛諸聖)의 *심인(心印)이며, 일체 중생의 본성(本性)이며, 대소(大小)와 유무(有無)에 분별이 없는 자리며, 생멸거래(生滅去來)에 변함이 없는 자리며, 선악 업보가 끊어진 자리다.
> *심인: 글이나 말로 나타낼 수 없는 내심(內心)의 깨달음을 이르는 말

— 〈보기〉 —
ㄱ. 일원상(一圓相)의 진리를 추구해야 한다.
ㄴ. 정신과 육체를 균형 있게 발전시켜 나가야 한다.
ㄷ. 선행을 하면 질병이 낫게 되고 신선이 될 수 있다.
ㄹ. 해원상생(解冤相生)을 실천하여 후천 개벽을 이루어야 한다.

① ㄱ, ㄴ ② ㄱ, ㄷ ③ ㄴ, ㄷ
④ ㄴ, ㄹ ⑤ ㄷ, ㄹ

11. (가), (나)의 사상적 입장을 〈보기〉에서 골라 바르게 짝지은 것은?

> (가) 서양 물건의 뿌리를 뽑기 위해서는 어떻게 해야 하는가? 올바른 우리의 도(道)를 밝혀서 백성을 교화시키고 인애(仁愛)의 정신을 넓혀 나가는 데 있다.
> (나) 오도(吾道)는 원래 유(儒)도 아니고 불(佛)도 아니고 선(仙)도 아니다. 오도는 유불선 합일이니라. 곧 천도(天道)는 유불선이 아니로되, 유불선은 천도(天道)의 한 부분이니라.

— 〈보기〉 —

		신분의 차별이 없는 평등한 세상을 지향하는가?	
		예	아니요
서양 문물의 수용에 대해 부정적인가?	예	A	B
	아니요	C	D

　　(가)　(나)　　　　　(가)　(나)
① A　D　　② B　A
③ C　A　　④ C　B
⑤ D　B

12. 다음을 주장한 고대 서양 사상가의 입장만을 〈보기〉에서 있는 대로 고른 것은?

> 어떤 것들이 나에게 나타나는 대로 그것들은 나에게는 그렇게 존재하며, 어떤 것들이 당신에게 나타나는 대로 그것들은 당신에게는 그렇게 존재하는 것이다. 따라서 각 개인이 세상의 모든 것을 판단하는 척도이다.

— 〈보기〉 —
ㄱ. 선악의 판단은 각 개인마다 다를 수 있다.
ㄴ. 인간과 사회보다 자연이 진리 탐구의 주된 대상이다.
ㄷ. 덕은 욕구 충족의 수단이 아니라 그 자체로 가치가 있다.
ㄹ. 다양한 주장들을 존중하고 진리의 상대성을 인정해야 한다.

① ㄱ, ㄷ ② ㄱ, ㄹ ③ ㄴ, ㄹ
④ ㄱ, ㄴ, ㄷ ⑤ ㄴ, ㄷ, ㄹ

13. (가)의 고대 서양 사상가 갑, 을의 입장을 (나) 그림으로 표현할 때, A~C에 해당하는 적절한 진술만을 〈보기〉에서 있는 대로 고른 것은?

(가)	갑: 꽃의 모습은 다양하지만, 우리가 꽃이라고 말할 수 있기 위해서는 영원히 변하지 않는 꽃의 실재를 전제해야만 하는 것과 마찬가지로, 시시각각으로 변하는 감각 세계와 근본적으로 다른 본질적 세계가 존재한다. 을: 덕에는 지적인 덕과 도덕적인 덕 두 종류가 있다. 지적인 덕은 대체로 교육에 의해 생기고 발전하며, 많은 경험과 시간을 필요로 한다. 반면에 도덕적인 덕은 습관의 결과로 생긴다.
(나)	갑 을 A B C 〈범 례〉 A: 갑만의 입장 B: 갑, 을의 공통 입장 C: 을만의 입장

〈보기〉
ㄱ. A: 사물의 본질은 현실의 사물 안에 있는 것이다.
ㄴ. B: 행복하게 살기 위해서는 덕이 필수적인 것이다.
ㄷ. B: 도덕적 실천은 도덕적 앎이 없어도 가능한 것이다.
ㄹ. C: 도덕적인 덕은 지속적인 실천과 습관화를 통해 형성되는 것이다.

① ㄱ, ㄴ   ② ㄱ, ㄷ   ③ ㄴ, ㄹ
④ ㄱ, ㄷ, ㄹ   ⑤ ㄴ, ㄷ, ㄹ

14. 다음 고대 서양 사상가가 부정의 대답을 할 질문으로 옳은 것은?

정의가 무엇인지 먼저 알아야 그것이 덕인지 아닌지, 그것을 지닌 사람이 행복한지 불행한지를 알 수 있다. 정의는 덕이고 지혜이며, 부정의는 악덕이고 무지이다. 정의가 무엇인지를 알면서도 이를 행하지 않을 사람은 없다.

① 참된 지혜가 곧 덕이자 행복인가?
② 모든 악의 유일한 원인은 무지인가?
③ 도덕적 실천을 위해 이성적 사유가 필요한가?
④ 개인적 유용성은 도덕 판단의 기준이 되는가?
⑤ 영혼의 수련을 통해 참된 앎을 얻을 수 있는가?

15. 다음 고대 서양 사상가의 입장에만 모두 'V'를 표시한 학생은?

옳은 행동, 즉 중용은 양편에 악덕을 두고 있다. 도덕적인 덕이란 악덕인 두 극단 사이의 중도적인 것을 의미한다. 두 극단이란 한쪽에는 너무 '부족한' 악덕이 있고, 다른 한쪽에는 너무 '지나친' 악덕이 있음을 말한다. 중용이란 "올바른 이성이 명령하는 것"으로 규정된다. 따라서 덕은 우리들에게 상대적이며, 이성에 의하여 결정되는 "도덕적 목적인 중용에 대하여 생각하는 상태"라 할 수 있다.

입장 \ 학생	갑	을	병	정	무
인간의 모든 행위의 궁극적 목적은 행복이다.	V	V		V	
모든 사물의 궁극적인 본질은 현실 세계에 존재한다.	V			V	V
실천적 지혜는 도덕적 실천의 습관화로 인해 형성된다.		V	V		V
옳은 행위를 실천하기 위해서는 실천 의지를 길러야 한다.			V	V	V

① 갑   ② 을   ③ 병   ④ 정   ⑤ 무

16. 다음을 주장한 고대 서양 사상가의 입장으로 옳지 <u>않은</u> 것은?

우리들 각자의 경우에 자신 안에 있는 영혼의 세 부분이 각각 자기 일을 하면 정의로운 사람이 될 것이다. 다시 말해 이성, 기개, 욕망이라는 영혼의 세 부분 모두가 다른 부분의 역할에 간섭하지 않고 각자의 일을 충실히 수행하여 전체적으로 음계의 세 음정처럼 조화를 이루면 정의로운 인간이 되는 것이다. 한 국가가 정의롭게 되는 것도 성향이 다른 세 계층의 사람들 모두가 남의 일에 간섭하지 않고 자기 일을 충실히 수행했을 때이며, 지혜와 용기와 절제가 조화를 이루었을 때이다.

① 덕 있는 삶과 행복한 삶은 별개의 것이다.
② 선의 이데아는 불변하는 최고의 진리이다.
③ 진리를 판단하는 기준은 절대적이고 보편적이다.
④ 절제는 이상 국가에서 모든 계층이 지녀야 할 덕이다.
⑤ 영혼의 조화를 이룬 사람은 정의의 덕을 이룬 사람이다.

[17~18] 다음을 읽고 물음에 답하시오.

불교는 기원전 6세기경 고타마 싯다르타에 의해 창시되었다. 지금의 인도와 네팔의 국경 근처에 있던 카필라국의 왕자로 태어난 싯다르타는 인간이 현실 세계에서 겪는 문제들에 대해 깊이 고민하였다. 그는 인간이 태어나고 늙고 병들어 죽는 생로병사(生老病死)를 비롯한 모든 것을 괴로움으로 보고, 이러한 괴로움의 원인을 깨달아 그 원인을 제거하여 (㉠)에 이르는 방법을 찾고자 하였다.

단답형

17. 위 글의 ㉠에 들어갈 개념을 쓰시오.

_____

서술형

18. 위 글의 ㉠의 의미에 대해 서술하시오.

_____

_____

[19~20] 다음을 읽고 물음에 답하시오.

우리 육체 상태의 대부분은 과도함이나 부족함에 의해서 파괴되는 본성을 지니고 있다. 육체의 강함이나 건강이 그 좋은 예가 될 수 있다. 강한 사람과 건강한 사람은 음식물을 필요로 하는데, 너무 많거나 너무 적은 음식물을 필요로 하지는 않는다. 마찬가지로 너무 많은 훈련이나 너무 적은 훈련은 개인의 강함과 건강을 파괴할 수 있다. 그렇다면 '적절한 분량'이란 과도함과 부족함 '사이'를 의미하며, 이것이 바로 강함과 건강을 산출하는 것이다.

단답형

19. 위 글에서 아리스토텔레스가 설명하는 덕을 쓰시오.

_____

서술형

20. 위 글에서 설명하려는 덕의 구체적 의미를 서술하시오.

_____

_____

1학기 기말고사

1. ④	2. ⑤	3. ②	4. ⑤	5. ⑤
6. ③	7. ③	8. ②	9. ③	10. ①
11. ②	12. ②	13. ③	14. ④	15. ④
16. ①	17. 해탈		18. 해설 참조	
19. 중용		20. 해설 참조		

1. 혜능의 사상에 대한 이해

제시문은 선종 사상가인 혜능의 글이다. 혜능은 깨달음에 이르는 길로 중생 스스로가 자신의 본성이 곧 부처라는 것을 확실히 자각하는 돈오(頓悟)를 강조한다.

ㄱ. 혜능이 부정의 대답을 할 질문이다. 혜능은 경전의 공부가 아니라 자성을 직관하여 자신의 본래 마음이 곧 부처임을 단박에 깨우쳐야 해탈을 할 수 있다고 본다. ✕

ㄴ. 혜능이 긍정의 대답을 할 질문이다. 혜능뿐만 아니라 불교 사상가들은 집착에서 벗어나 해탈의 경지를 추구할 것을 강조한다. ◯

ㄷ. 혜능이 부정의 대답을 할 질문이다. 혜능은 자성(自性)의 자각을 강조하지만, 불교에서는 근본적으로 만물이 불변한다고 보지 않는다. ✕

ㄹ. 혜능이 긍정의 대답을 할 질문이다. 혜능은 누구든 자신의 본성을 보면 어떠한 외부의 도움 없이도 즉각적으로 깨달음에 이를 수 있다고 본다. ◯

2. 불교 사상에 대한 이해

제시문은 불교와 관련된 글이다. 불교에서는 세상의 모든 존재는 인연에 의해 생겨나며, 고정불변한 존재는 없음을 주장한다.

첫 번째 입장. 불교에서 무명(無明)은 고통의 원인이 되는 것이기 때문에 무명을 지향해야 될 대상이 아니라 벗어나야 할 것이라고 본다. ✕

두 번째 입장. 불교에서는 선정과 지혜를 닦아 몸과 마음을 다스릴 것을 강조한다. ◯

세 번째 입장. 불교에서는 고통의 원인이 되는 애욕과 무명에서 벗어나 해탈과 열반의 경지에 도달할 것을 강조한다. ◯

네 번째 입장. 불교에서는 만물이 상호 연관의 관계를 맺고 있기 때문에 자타를 구분하지 말고 자비를 실천할 것을 강조한다. ◯

3. 불교의 연기설에 대한 이해

제시문은 불교의 연기설과 관련된 글이다.

① 불교에서는 모든 존재가 상호 연관의 관계를 맺고 있기 때문에 소중하지 않은 것이 없다고 본다. ◯

② 자연의 순리에 따라 무위의 덕을 실천할 것을 강조하는 사상은 도가이다. ✕

③ 불교에서 말하는 연기는 모든 현상이 독립적으로 존재하는 것이 아니라 여러 원인과 조건에 의해 생겨나고 소멸한다는 것이다. ◯

④ 불교에서는 무명과 애욕은 고통을 일으키는 원인이기 때문에 무명과 애욕에서 벗어나야 고통이 사라진다고 본다. ◯

⑤ 불교에서는 자아에 대한 집착은 고통과 불행의 원인이라고 본다. ◯

4. 원효의 사상에 대한 이해

(가) 사상가는 원효이다. 원효는 나와 너 등 일체의 이원적 대립을 초월하는 절대불이(絕對不二)한 것을 일심이라보고, 인간답게 사는 길은 존재의 원천인 일심으로 돌아가야 한다고 본다.

ㄱ. 원효가 부정의 대답을 할 질문이다. 원효는 교종의 가르침을 극복해야 한다고 보지 않는다. ◯

ㄴ. 원효가 긍정의 대답을 할 질문이다. 원효는 화쟁을 바탕으로 당시 대립과 갈등하는 여러 불교 종파의 주장들을 높은 차원에서 하나로 아우러야 한다고 본다. ✕

ㄷ. 원효가 긍정의 대답을 할 질문이다. 원효는 무명을 없애기 위해 바르게 수행해야 한다고 본다. ◯

ㄹ. 원효가 긍정의 대답을 할 질문이다. 원효는 일체의 존재와 현상은 마음이 만들어 낸다는 일체유심조를 주장한다. ◯

5. 의천과 지눌의 사상 비교

갑은 의천, 을은 지눌이다. 의천은 교관겸수, 내외겸전의 사상을 주장한다. 지눌은 선정과 지혜를 함께 닦아야 한다는 정혜쌍수를 주장한다.

ㄱ. 의천은 교종을 중심으로 선종과의 조화를 추구해야 한다고 본다. 반면 지눌은 선종을 중심으로 교종과의 조화를 추구해야 한다고 본다. ◯

ㄴ. 단박에 깨닫고 단박에 닦아야 한다는 중국 선종의 대표적 사상가인 혜능의 돈오돈수(頓悟頓修)이다. ✕

ㄷ. 의천과 지눌은 경전 읽기와 참선을 함께 수행해야 한다고 본다. ◯

ㄹ. 지눌은 선(禪) 수행 방법의 하나인 화두를 들고 그것을 활용하여 깨우치려고 하는 간화선을 중시하였다. ◯

6. 석가모니의 사상 이해

제시문은 석가모니의 사상이다. 석가모니는 사성제를 제시하였다.

① 석가모니가 부정의 대답을 할 질문이다. 석가모니는 자기 자신의 해탈만을 추구해야 한다고 보지 않는다. ✕
② 석가모니가 부정의 대답을 할 질문이다. 석가모니가 말하는 중도는 극단적 고행만을 추구하는 것이 아니라 쾌락과 고행에 치우치지 않는 올바른 수행 방법이다. ✕
③ 석가모니가 긍정의 대답을 할 질문이다. 석가모니는 연기의 법칙을 깨닫게 되면 윤회의 굴레에서 벗어날 수 있다고 본다. ○
④ 석가모니가 부정의 대답을 할 질문이다. 석가모니는 고정 불변하는 실체는 없다고 본다. ✕
⑤ 석가모니가 부정의 대답을 할 질문이다. 석가모니는 불성의 형성을 말하지 않았다. ✕

7. 노자의 사상 이해

(가) 사상가는 도가 사상가인 노자이다. 노자는 무위자연(無爲自然)의 도(道)가 사라지자 인의(仁義)나 예(禮)와 같은 인위적 규범이 생겨나게 되었다고 본다.

① 불교의 입장이다. 불교에서는 탐(貪), 진(嗔), 치(痴)를 삼독(三毒)이라고 보며 고통을 일으키는 주요한 원인이라고 보았다. ✕
② 노자는 대자연의 순리를 따를 것을 강조하지만 도덕규범을 따라야 한다고 보지 않는다. 노자는 도덕규범을 인위적인 것이라고 본다. ✕
③ 노자는 바람직한 삶을 위해서 무위의 삶을 실천하고 타고난 소박한 본성에 따라 살아야 한다고 본다. ○
④ 노자는 예의규범을 바탕으로 무위와 무욕을 실천해야 한다고 보지 않는다. 노자가 볼 때 예의규범은 인위적인 것이다. ✕
⑤ 노자는 분별적 지혜를 인위적인 것으로 보며 벗어나야 할 것이라고 본다. ✕

8. 장자의 사상 이해

제시문은 장자의 글이다. 장자는 이상적 인간상으로 지인, 신인, 성인 등을 제시한다. 이상적 인간상은 무엇에도 집착하지 않고 자기 중심적으로 시비나 선악을 분별하지 않으며, 도와 일치하는 삶을 사는 사람이다.

ㄱ. 장자는 어떠한 외물에도 얽매이지 않고 자유롭게 살아가는 소요의 경지를 지향한다. ○
ㄴ. 장자는 인간의 본성이 악하다고 보지 않는다. 또한 본성을 교화해야 한다고 보지도 않는다. ✕
ㄷ. 장자는 모든 시비분별과 차별에서 벗어나 자연의 순리를 따라야 한다고 본다. ○
ㄹ. 장자는 주관적 편견에서 벗어나야 하며 인위적 지혜도 버려야 한다고 본다. ✕

9. 노자와 맹자의 사상 비교

갑은 도가 사상가 노자, 을은 유교 사상가 맹자이다. 노자는 통치자의 인위적인 다스림이 없는 정치, 즉 무위(無爲)의 정치를 주장한다.

① 맹자가 부정의 대답을 할 질문이다. 맹자는 인의의 덕을 추구해야 한다고 본다. ✕
② 노자와 맹자가 모두 긍정의 대답을 할 질문이다. ✕
③ 노자는 긍정, 맹자는 부정의 대답을 할 질문이다. 맹자는 인의의 덕은 인간의 본성을 해친다고 보지 않는다. ○
④ 맹자가 부정의 대답을 할 질문이다. 맹자는 인간의 본성이 선하다고 보며, 악행의 원인은 본성이 가려졌기 때문이라고 본다. ✕
⑤ 맹자가 부정의 대답을 할 질문이다. 지인의 경지를 지향하는 것은 장자의 입장이다. ✕

10. 원불교의 사상 이해

제시문은 원불교와 관련된 글이다. 원불교는 기존의 불교 사상을 개혁하여 한국형 생활 불교를 표방하였으며, 일상생활 속에서 수행할 수 있는 여러 방법을 제시하였다.

ㄱ. 원불교에서는 우주의 근본 원리를 일원상으로 표현한다. ○
ㄴ. 원불교에서는 정신과 육체를 균형 있게 발전시켜야 한다는 영육쌍전(靈肉雙全)을 주장한다. ○
ㄷ. 선행을 하면 질병이 낫게 되고 신선이 될 수 있다는 주장은 오두미교의 주장이다. ✕
ㄹ. 해원상생은 증산교의 주장이다. ✕

11. 위정척사 사상과 동학 사상의 비교

(가)는 위정척사 사상, (나)는 동학 사상이다.

② '서양 문물의 수용에 대해 부정적인가?'의 질문에 대해 위정척사 사상과 동학 사상은 모두 긍정의 대답을 한다. '신분의 차별이 없는 평등한 세상을 지향하는가?'의 질문에 대해 위정척사 사상은 부정, 동학 사상은 긍정의 대답을 한다. ○

12. 소피스트의 사상 이해

제시문은 소피스트 사상가인 프로타고라스의 글이다.

ㄱ. 프로타고라스는 각 개인이 가치 판단의 기준이라고 보아 개인마다 선악의 판단이 다를 수 있다고 본다. ○

ㄴ. 소피스트 사상가들은 자연보다 인간과 사회를 진리 탐구의 주된 대상으로 본다. ✘

ㄷ. 소피스트 사상가들은 덕은 그 자체로 가치가 있다고 보지 않는다. ✘

ㄹ. 소피스트 사상가들은 진리가 상대적인 것임을 주장하였다. ○

13. 플라톤과 아리스토텔레스의 사상 비교

갑은 플라톤, 을은 아리스토텔레스이다. 플라톤은 이데아가 현상계 너머에 실재한다고 보았다. 아리스토텔레스는 중용을 반복적으로 실천함으로써 품성적 덕을 형성하고 행복을 누릴 수 있다고 주장하였다.

ㄱ. 플라톤은 사물의 본질은 현실 세계가 아니라 이데아의 세계에 있다고 본다. ✘

ㄴ. 플라톤과 아리스토텔레스는 모두 행복하게 살기 위해서는 덕이 필수적이라고 본다. ○

ㄷ. 플라톤과 아리스토텔레스는 도덕적 실천은 도덕적 앎이 있어야 가능하다고 본다. ✘

ㄹ. 아리스토텔레스는 도덕적인 덕은 지속적인 도덕적 실천과 습관화를 통해 형성된다고 본다. ○

14. 소크라테스의 사상 이해

제시문은 소크라테스의 사상이다. 소크라테스는 모든 덕은 참된 앎에서 나오고, 모든 악은 무지에서 비롯된다고 보았다.

① 소크라테스가 긍정의 대답을 할 질문이다. 소크라테스는 참된 앎은 덕이고 덕은 행복이라고 본다. ✘

② 소크라테스가 긍정의 대답을 할 질문이다. 소크라테스는 선이 무엇인지 알면서 고의로 악을 행하는 사람은 없을 것이라고 보며 악의 유일한 원인은 무지라고 본다. ✘

③ 소크라테스가 긍정의 대답을 할 질문이다. 소크라테스는 도덕적 실천을 위해 이성적 사유가 필요하다고 본다. ✘

④ 소크라테스가 부정의 대답을 할 질문이다. 소크라테스는 보편적인 가치 판단의 기준이 존재한다고 본다. 개인적 유용성은 보편적인 가치 판단의 기준이 될 수 없다. ○

⑤ 소크라테스가 긍정의 대답을 할 질문이다. 소크라테스는 영혼의 수련을 통해 참된 앎을 얻어야 한다고 본다. ✘

15. 아리스토텔레스의 사상 이해

제시문은 아리스토텔레스의 중용에 대한 글이다.

첫 번째 입장. 아리스토텔레스는 인간의 모든 행위는 선을 목적으로 추구하며, 인간의 궁극적 목적은 행복이라고 본다. ○

두 번째 입장. 아리스토텔레스는 모든 사물의 궁극적 본질은 현실 세계에 존재하며 현실 세계에서 실현되는 것이라고 본다. ○

세 번째 입장. 아리스토텔레스는 실천적 지혜는 지적인 덕에 해당되고 주로 교육을 통해 얻어지고 길러진다고 본다. 도덕적 실천의 습관화로 인해 형성되는 것은 도덕적 덕이다. ✘

네 번째 입장. 아리스토텔레스는 옳은 행위를 실천하기 위해서는 의지의 힘을 길러야 한다고 본다. ○

16. 플라톤의 사상 이해

제시문은 플라톤의 글이다. 플라톤은 통치자는 지혜의 덕을, 방위자는 용기의 덕을, 모든 계층의 사람들은 절제의 덕을 갖추고 서로 조화를 이룰 때 정의의 덕이 실현되며 이상적인 국가가 된다고 주장하였다.

① 플라톤은 덕이 곧 행복이라는 지덕복합일설을 주장한다. ✘

② 플라톤은 선의 이데아는 불변하는 최고의 진리라고 본다. ○

③ 플라톤은 진리를 판단하는 기준은 절대적이고 보편적이라는 보편적 진리관을 주장한다. ○

④ 플라톤은 절제는 모든 계층이 지녀야 할 덕이라고 본다. ○

⑤ 플라톤은 지혜, 용기, 절제가 조화를 이루면서 정의의 덕을 갖춘 인간이 이상적인 인간이라고 본다. ○

17. 불교 사상의 이해

문제접근 제시문은 불교와 관련된 글이다. 석가모니는 명상과 지혜를 통하여 해탈에 이르는 길을 제시하였다.

단답형 답안 해탈

18. 불교 사상의 이해

서술형 답안 해탈은 번뇌의 얽매임에서 풀리고 미혹의 괴로움에서 벗어난 경지이다.

19. 아리스토텔레스의 중용에 대한 이해

문제접근 제시문은 아리스토텔레스의 글이다. 아리스토텔레스는 진정한 행복은 품성적인 덕과 지적인 덕을 갖추어야 한다고 보았으며, 품성적인 덕은 인간의 감정이나 행위가 중용을 따르는 품성 상태를 뜻하는 것이다.

단답형 답안 중용

20. 아리스토텔레스의 중용에 대한 이해

서술형 답안 중용은 과도함과 부족함 사이의 적절한 상태를 의미한다.

> 에피쿠로스학파와 스토아학파가 주장하는 행복에 이르는 방법에 대해 꼼꼼히 정리해 두자.

> 에피쿠로스학파가 지향하는 쾌락은 감각적 쾌락이 아닌 정신적 쾌락이라는 점, 그리고 아타락시아에 이르는 방법에 대해 정리해 두자.

1 헬레니즘 시대의 사상 비교

평온한 삶으로서의 행복을 추구함

에피쿠로스학파	스토아학파
• 에피쿠로스: "우리가 '쾌락이 목적이다.'라고 할 때의 쾌락은 방탕한 자들의 쾌락이나 육체적인 쾌락이 아니다. 내가 말하는 쾌락은 몸의 고통이나 마음의 혼란으로부터의 자유이다."	• 아우렐리우스: "고통스럽더라도 이 세상에서 일어나는 모든 일을 받아들여야 한다. 우주는 전체를 위해 필요한 경우가 아니면, 어떤 사람에게도 그러한 일들을 일으키지 않는다."
• 정신적이고 지속적인 쾌락을 통해 평정심에 이르고자 함 → 아타락시아 • 정신적이고 지속적인 쾌락을 추구함	• 금욕적이고 운명에 순응하는 삶을 통해 부동심에 이르고자 함 → 아파테이아 • 운명에 순응하는 삶을 추구함

에피쿠로스학파와 스토아학파는 모두 마음의 평온한 삶을 추구한다는 공통점을 가진다.

요것만은 꼭 체크!
에피쿠로스학파는 ① ☐☐을/를 통해, 스토아학파는 ② ☐☐을/를 통해 행복에 이르고자 하였다.
정답 | ① 쾌락 ② 금욕

2 에피쿠로스학파의 아타락시아

욕망의 절제와 검소한 삶	↘	
죽음, 운명, 신에 대한 잘못된 믿음의 제거	⇒	평정심 (아타락시아)
공적인 삶에서 벗어난 은둔 생활	↗	

에피쿠로스학파가 추구하는 평정심은 몸의 고통과 마음의 불안이 모두 소멸된 상태가 지속됨으로써 주어지는 정신적 쾌락의 상태이며, 이를 아타락시아라고 한다. 에피쿠로스학파는 아타락시아에 이르기 위해서는 욕망을 절제하고 검소한 삶을 살아야 한다고 강조하였다.

요것만은 꼭 체크!
에피쿠로스학파는 평정심에 이르기 위해 욕망의 ① ☐☐을/를 강조하고 공적인 삶에서 벗어난 ② ☐☐의 삶을 지향하였다.
정답 | ① 절제 ② 은둔

> 스토아학파가 주장한 부동심(아파테이아)의 의미와 부동심에 이르는 방법은 매우 중요하므로 꼼꼼히 정리해야 해. 특히 에피쿠로스학파가 제시한 평정심(아타락시아)에 이르는 방법과 비교하는 문제가 출제될 수 있으니 비교하여 정리해야 해.

> 아우구스티누스와 아퀴나스가 각각 플라톤과 아리스토텔레스의 사상을 수용하여 신학 사상을 전개했다는 점은 중세 그리스도교 사상을 이해하는 기초이므로 출제에 대비하렴.

3 스토아학파의 아파테이아

이성, 운명, 필연성에 따르는 삶	↘	
자연법에 순응하는 삶	⇒	부동심 (아파테이아)
세계 시민주의에 기초한 공동체적 삶	↗	

스토아학파가 추구한 부동심은 어떤 상황에서도 동요하지 않는 상태, 즉 정념으로부터 해방된 상태이며 이를 아파테이아라고 한다.

요것만은 꼭 체크!
스토아학파는 자신에게 일어나는 모든 일들을 ① ☐☐으로 받아들일 것을 강조했으며, 이성을 가진 인간은 모두 평등하다는 ② ☐☐☐☐☐을/를 바탕으로 공동체적 삶을 살아갈 것을 주장하였다.
정답 | ① 운명 ② 세계 시민주의

4 중세 그리스도교 사상의 형성 배경

나는 플라톤의 사상을 수용하여 그리스도교 교리를 체계화하였습니다.
아우구스티누스

나는 아리스토텔레스의 사상을 받아들여 신앙과 이성의 조화를 도모하였습니다.
아퀴나스

아우구스티누스는 플라톤 사상의 영향을 받아 이데아론을 이용하여 그리스도교 신앙과 사랑의 윤리를 체계화하였다. 아퀴나스는 아리스토텔레스의 사상을 이용하여 그리스도교의 교리를 철학적으로 논증하고자 하였다.

요것만은 꼭 체크!
아우구스티누스는 ① ☐☐☐의 사상을 수용하였으며, 아퀴나스는 ② ☐☐☐☐☐☐의 사상을 받아들였다.
정답 | ① 플라톤 ② 아리스토텔레스

5 아우구스티누스

> 아우구스티누스의 사상적 특징 중 신은 이성적 인식을 넘어서 있다는 점, 천상의 나라와 지상의 나라를 구분한 점, 악은 인간이 자유 의지를 남용한 결과라는 점 등이 출제될 수 있으니 꼼꼼히 정리해야 해.

- 신은 이성적 인식을 넘어 실존을 통해 만나야 할 인격적 존재임
- 지상의 나라와 천상의 나라를 구분함 → 신의 은총을 통해 원죄에서 벗어나 천상의 나라에 갈 수 있음
- 악은 신이 창조한 것이 아니라 인간이 자유 의지를 남용한 결과로 '선이 결여된 상태'임
- 믿음, 소망, 사랑이라는 종교적 덕 중 사랑을 최고의 덕으로 보았으며, 플라톤이 강조한 지혜, 용기, 절제, 정의도 모두 신에 대한 사랑의 다른 표현으로 해석함

아우구스티누스는 참된 행복은 오직 신앙을 통해서 온전히 신과 하나가 되는 것임을 주장하였다.

요것만은 꼭 체크!
아우구스티누스에 따르면 신은 ① ☐☐적 인식을 넘어선 대상이다. 또한 악은 신이 창조한 것이 아니라 인간이 ② ☐☐ ☐☐을/를 남용한 결과이다.

정답 | ① 이성 ② 자유 의지

6 아퀴나스

> 아퀴나스의 사상적 특징 중 신앙과 이성의 상호 보완적 관계를 강조하고 조화를 도모했다는 점을 꼭 기억하자. 또한 신의 존재를 증명하기 위한 논증, 자연법 사상 등도 출제될 수 있으니 꼼꼼히 정리해 두어야 해.

- 철학과 신학, 신앙과 이성의 조화를 강조함
- 그리스도교 교리를 철학적으로 논증하고 합리적으로 설명하고자 함 → 신의 존재는 이성적으로 증명 가능함
- 아리스토텔레스와 마찬가지로 인간 행위의 궁극적인 목적은 행복이라고 봄
- 완전한 행복은 이성적 활동을 통해 지적인 덕과 품성적인 덕을 형성하는 것뿐만 아니라 신의 은총 아래 종교적 덕을 실천하여 신과 하나가 되어야 함
- 영원법은 자연법의 근거가 되며 자연법은 실정법의 근거가 됨 → 자연법은 인간의 이성으로 인식 가능함

아퀴나스는 신앙과 이성 모두 신으로부터 주어진 것이며, 결국 하나의 진리인 신에게로 귀결된다고 보았다.

요것만은 꼭 체크!
아퀴나스는 신앙과 이성의 ① ☐☐을/를 강조하였으며, ② ☐☐ ☐☐을/를 이성적으로 증명 가능하다고 보았다.

정답 | ① 조화 ② 신의 존재

7 베이컨과 데카르트의 사상 비교

> 베이컨과 데카르트의 진리 탐구 방법의 차이점을 묻는 문제도 출제 가능해. 또한 베이컨의 우상론과 데카르트의 방법적 회의는 핵심 개념이므로 꼼꼼하게 정리해야 해.

	베이컨	데카르트
진리 탐구 방법	• 관찰과 실험 • 귀납법	• 이성적, 논리적 추론 • 연역법
특징	• '아는 것이 힘이다' → 자연 과학적 지식을 통한 자연 지배 정당화 • 선입견과 편견, 즉 우상의 타파 강조	• 방법적 회의: 확실한 진리를 찾기 위해 모든 것을 의심하는 방법 • 철학의 제1원리: '나는 생각한다. 그러므로 나는 존재한다'
공통점	인간 스스로 진리나 지식을 파악할 수 있음을 강조함	

근대 경험론의 선구자 베이컨과 합리론의 선구자 데카르트는 중세의 신 중심적 윤리 사상에서 벗어나 귀납법과 연역법 등을 활용하여 인간의 힘으로 진리를 탐구하고자 하였다.

요것만은 꼭 체크!
베이컨은 진리 탐구 방법으로 ① ☐☐☐이/가 올바른 방법이라고 보았고, 데카르트는 ② ☐☐☐을/를 올바른 방법이라고 보았다.

정답 | ① 귀납법 ② 연역법

8 스피노자의 행복에 이르는 방법

> 스피노자 사상의 키워드는 '필연성'이야. 이러한 필연성 개념은 그의 범신론에서 출발한다는 것을 기억하고 범신론의 내용을 충분히 이해한 뒤 꼼꼼히 정리해서 출제에 대비해야 해.

- 신은 곧 자연(범신론) → 우주는 수학적 질서(인과 법칙, 필연성)에 따라 움직이는 거대한 기계
- 자유 의지를 갖는 것은 불가능함
- 이성적 관조를 통한 만물의 필연성 인식

⇨ 행복 (마음의 평정과 진정한 자유)

스피노자는 범신론을 바탕으로 인간이 이성적 관조를 통해 자신이 필연적 질서의 일부분임을 받아들일 때 정념의 예속에서 벗어나 행복에 이를 수 있다고 보았다.

요것만은 꼭 체크!
스피노자는 만물의 ① ☐☐☐을/를 인식할 때 행복에 이를 수 있다고 보았으며, 인간이 ② ☐☐ ☐☐을/를 갖는 것은 불가능하다고 보았다.

정답 | ① 필연성 ② 자유 의지

9 흄의 감정 중심 윤리 사상

> 흄 사상의 키워드는 '감정', '공감', '쾌감' 등으로 정리할 수 있어. 그의 사상을 공부할 때는 도덕적 행위에서 감정과 이성이 하는 역할을 묻는 문제가 자주 출제되니 정확히 이해하고 꼼꼼하게 정리해 두어야 해.

감정	• 도덕은 느껴지는 것임 • 공감을 통해 쾌감을 주는 행위가 선임 • 감정은 도덕적 행위의 직접적 동기가 됨
이성	• 도덕적 행위를 위한 방법을 알려주는 보조적인 역할을 함 • 이성은 도덕적 행위의 직접적 동기가 될 수 없음

길가에 쓰러진 사람을 보면서 동정심을 느낄 때 우리는 그 사람을 돕는 행동이 자연스럽게 나오는 경우가 있다. 이처럼 흄은 이성보다는 감정이 도덕적 행위에서 중요한 역할을 한다고 본다.

요것만은 꼭 체크!

흄에 따르면 도덕적 행위의 직접적 동기는 ① ☐☐이다. 그래서 그는 ② ☐☐은/는 도덕적 행위의 보조적인 역할을 할 뿐이라고 보았다.

정답 | ① 감정 ② 이성

10 의무론과 결과론

> 의무론과 결과론은 옳고 그름을 판단하는 기준이 서로 많이 달라. 그래서 두 입장을 비교하는 문제가 출제될 수 있으니 미리 미리 대비해 두어야 해.

의무론의 특징	• 행위의 결과가 아니라 행위의 동기를 중시함 • 행위의 가치가 본래 정해져 있다고 봄 → 그 자체로 옳은 행위가 존재함 • 좋은 결과의 산출이라는 목적이 수단을 정당화할 수 없다고 봄
결과론의 특징	• 행위의 가치는 각 상황의 결과에 의해 결정됨 → 의무론과 달리 행위의 동기나 행위 자체의 가치를 고려하지 않음 • 좋은 결과의 산출이라는 목적에 도움이 되는 수단은 도덕적으로 정당화될 수 있음

의무론이란 인간이 마땅히 지켜야 할 의무의 준수 여부에 따라 행위의 옳고 그름을 판단하는 이론이고, 결과론은 행위의 옳고 그름이 그 행위를 수행함으로써 발생하는 결과에 의해 결정된다는 이론이다.

요것만은 꼭 체크!

의무론에서는 행위의 ① ☐☐을/를 중시하며, 결과론에서는 행위의 ② ☐☐을/를 중시한다.

정답 | ① 동기 ② 결과

11 칸트의 도덕적 행위

> 칸트의 사상은 매우 자주 출제되는 중요한 포인트임을 기억하고, 칸트가 옳고 그름의 기준으로 제시한 것이 무엇인지 꼼꼼히 정리해야 해. 또한 공리주의와 비교하는 문제가 출제될 수 있으니 두 사상을 비교하여 정리해야 해.

• 의무에서 비롯된 행위 • 정언 명령을 따르는 행위 • 선의지의 지배를 받는 행위 • 의무 의식이 동기가 된 행위 • 실천 이성의 명령을 따르는 행위 • 도덕 법칙에 대한 자발적 존중에서 비롯된 행위	⇨	행위의 동기를 중시함

칸트에 따르면 행위의 결과는 인간이 책임질 수 없는 영역이므로 오로지 행위의 동기, 즉 그 사람의 의지가 그 행위의 도덕성을 평가하는 기준이 되어야 한다고 본다. 이런 맥락에서 칸트는 선의지만이 그 자체로 선한 유일한 것이라고 본다.

요것만은 꼭 체크!

칸트는 오로지 행위의 ① ☐☐이/가 그 행위의 도덕성을 평가하는 기준이라고 주장하고, 그 자체로 선한 유일한 것은 ② ☐☐☐(이)라고 본다.

정답 | ① 동기 ② 선의지

12 벤담의 양적 공리주의

> 벤담의 양적 공리주의와 밀의 질적 공리주의를 비교하는 문제는 자주 출제되고 있어. 먼저 벤담의 사상을 꼼꼼하게 정리하고 밀의 사상과 비교해 보아야 해.

• 쾌락에는 오로지 양적인 차이만 있으며 질적인 차이는 없음 • 쾌락의 양을 측정할 수 있음(강도, 지속성, 확실성, 신속성, 다산성, 순수성, 범위) • 최대 다수의 최대 행복을 도덕과 입법의 원리로 제시함	⇨	쾌락의 총량을 증가시키는 행위가 옳은 행위임

벤담에 따르면 인간은 쾌락을 추구하고 고통을 피하려는 존재이며 사회는 개인의 집합체이므로 더 많은 사람이 쾌락을 누리는 일은 더 좋은 일이라고 본다. 또한 쾌락은 오로지 한 가지 종류이며 쾌락의 양을 측정할 수 있다고 보았다.

요것만은 꼭 체크!

벤담에 따르면 쾌락에는 질적인 차이는 없으며 오로지 ① ☐☐인 차이만 있다. 따라서 벤담은 쾌락의 ② ☐☐을/를 증가시키는 행위를 옳은 행위라고 본다.

정답 | ① 양적 ② 총량

⑬ 밀의 질적 공리주의

> 밀의 사상 중 많은 부분은 벤담의 입장에 동의하고 있어. 특히 밀이 쾌락의 양적 측면을 무시하지 않으면서도 질적으로 높은 쾌락을 추구했다는 점을 상기하면서 벤담과 밀을 꼼꼼하게 비교하여 정리해야 해.

- 쾌락의 양뿐만 아니라 질적인 차이도 고려해야 함
- 감각적 쾌락보다 정신적 쾌락이 질적으로 우월함
- 질적으로 높고 고상한 쾌락을 추구해야 함

밀은 벤담의 공리주의를 계승하고 이를 수정하면서 공리주의를 발전시켰다. 그는 쾌락에는 양적인 차이뿐 아니라 질적인 차이도 존재한다고 보고, 감각적 쾌락보다는 질적으로 높은 정신적 쾌락을 추구할 것을 강조하였다.

요것만은 꼭 체크!
밀에 따르면 쾌락에는 양적인 차이뿐만 아니라 ① ☐☐인 차이도 존재하며, 감각적 쾌락보다는 ② ☐☐☐ 쾌락을 추구해야 한다.

정답 | ① 질적 ② 정신적

⑭ 행복에 대한 칸트와 벤담의 입장 비교

> 칸트의 의무론과 벤담의 공리주의 간의 의견이 서로 대립하는 부분이 바로 '도덕적 행위와 행복의 관계'이지. 행복에 대한 칸트와 벤담의 입장을 비교하여 정리해 두어야 해.

칸트와 행복	벤담과 행복
행복은 그 자체로 포기해야 할 것은 아니다. 그러나 의무가 문제일 때는 행복을 전혀 고려하지 않아야 한다. 자기의 행복만을 촉진하는 것은 결코 직접적으로 의무일 수 없으며, 더구나 모든 의무의 원리일 수는 없다. – 칸트, 『실천 이성 비판』 –	어떠한 행위가 가져다주는 쾌락과 행복의 총량과 고통과 불행의 총량을 계산해 보라. 이 두 가지를 비교하여 차감했을 때 쾌락 쪽이 남는다면 그 행위는 좋은 성향을 지닌 것이다. – 벤담, 『도덕과 입법의 원리 서설』 –

칸트는 선의지에 따른 행위는 의무로부터 비롯된 행위이며 그 자체로 도덕적 가치가 있다고 보았다. 벤담은 행위의 옳고 그름을 판단할 때, 관련된 사람들에게 최대 행복을 가져오는 행위를 중시하였다.

요것만은 꼭 체크!
① ☐☐에 따르면 행복을 목적으로 하는 행위는 도덕적 행위가 아니다. 그러나 ② ☐☐☐☐에 따르면 결과적으로 행복을 산출한 행위가 도덕적 행위이다.

정답 | ① 칸트 ② 공리주의

⑮ 실존주의

> 실존주의 사상이 객관적이고 보편적인 지식을 반대한다는 점을 묻는 문제가 출제될 수 있어. 그리고 실존주의가 주체적인 삶의 자세를 강조한다는 점을 각 사상가들의 주요 어록과 함께 꼭 기억해 두어야 해.

키르케고르	주체적 결단을 통해 신 앞에 선 단독자로서 살아가라.
야스퍼스	한계 상황에서 실존을 자각하라.
하이데거	죽음의 자각을 통해 삶의 의미를 깨달아야 한다.
사르트르	실존은 본질에 앞선다. 주체적으로 자신의 삶을 스스로 만들어라.

→ **주체성을 강조함**

실존주의는 객관적이고 보편적인 지식이나 도덕을 강조하는 사상을 반대하고 개인이 겪는 구체적인 문제에 주목하면서 주체적인 삶의 자세를 강조하였다.

요것만은 꼭 체크!
실존주의는 인간의 ① ☐☐☐인 삶의 자세를 특히 강조한다. 그래서 사르트르는 인간이 스스로 자기 삶을 만들어 나가야 한다는 점에서 ② ☐☐은/는 본질에 앞선다고 하였다.

정답 | ① 주체적 ② 실존

⑯ 실용주의

> 퍼스의 실용주의의 격률, 제임스의 현금 가치 개념을 묻는 문제가 출제될 수 있어. 특히 듀이는 실용주의를 크게 발전시킨 사상가이므로 보다 많은 출제가 예상되고 있어. 듀이의 도구주의의 의미와 도덕은 성장하고 변화하는 것이라는 주장을 중심으로 꼼꼼히 정리해 두어야 해.

퍼스	어떤 것이 옳으려면 반드시 실용주의의 격률에 부합해야 한다.
제임스	지식은 우리 삶에 현금과 같은 유용성이 있을 때 가치를 갖는다.
듀이	지식은 인간이 환경에 적응하고 문제를 해결하기 위한 도구이다.

→ **유용성을 강조함**

실용주의는 산업화와 도시화로 인해 다양한 사회 문제와 갈등에 직면하게 되자 등장한 사상이다. 실용주의 사상가들은 옳고 그름과 선악의 절대적인 기준을 강조하는 기존의 사상으로는 혼란을 해결할 수 없다고 보았다.

요것만은 꼭 체크!
① ☐☐☐☐은/는 지식의 유용성을 강조한다. 대표적 사상가 듀이는 지식을 인간이 겪는 문제를 해결하는 ② ☐☐(이)라고 보았다.

정답 | ① 실용주의 ② 도구

1. ㉠, ㉡에 대한 설명으로 옳은 것은?

> 헬레니즘 시대에는 정복 전쟁과 정치적 혼란이 계속되었다. 그래서 사람들은 안정되고 평온한 삶으로서의 행복을 갈망하였다. 이 시기에 등장한 사상 중 쾌락주의로 불리는 (㉠)와/과 금욕주의로 불리는 (㉡)의 윤리 사상은 이와 같은 갈망을 반영하고 있다.

① ㉠은 감각적 쾌락을 통해 행복에 이르고자 하였다.
② ㉡은 자신의 의지로 운명을 개척할 것을 강조하였다.
③ ㉠은 ㉡과 달리 각자의 사회적 역할 수행을 강조하였다.
④ ㉡은 ㉠과 달리 공적인 삶에서 벗어날 것을 강조하였다.
⑤ ㉠, ㉡은 욕망의 절제를 통해 평온한 삶에 이르고자 하였다.

2. (가)의 고대 서양 사상가 갑, 을의 입장을 (나) 그림으로 표현할 때, A~C에 해당하는 적절한 진술만을 〈보기〉에서 고른 것은?

| (가) | 갑: 신들이 나에게 일어날 일에 대하여 어떤 결정을 내렸다면, 그것은 최선의 결정이다. 무슨 이유로 신들이 나에게 해를 입히겠는가? 그러나 신들이 나에 대하여 따로 결정을 내리지 않았더라도 그러한 결정의 부수 현상으로서 내게 일어나는 일들을 나는 마땅히 반기고 포용해야 한다.
을: 우리가 쾌락의 부재로 인해 고통을 느낄 때에는 쾌락을 필요로 하지만, 고통을 느끼지 않는다면 더 이상 쾌락을 필요로 하지 않는다. 우리가 '쾌락이 목적이다'라고 할 때의 쾌락은 방탕한 자들의 쾌락이나 육체적인 쾌락이 아니다. 내가 말하는 쾌락은 몸의 고통이나 마음의 혼란으로부터의 자유이다. |

| (나) | 갑 을
A (B) C
〈범 례〉
A: 갑만의 입장
B: 갑, 을의 공통 입장
C: 을만의 입장 |

〈보기〉
ㄱ. A: 자연의 필연적 질서에 따를 때 부동심에 이를 수 있다.
ㄴ. B: 모든 정념을 제거해야 평온한 삶에 이를 수 있다.
ㄷ. C: 공적인 삶을 멀리하고 지속적 쾌락을 추구해야 한다.
ㄹ. C: 쾌락을 느끼는 존재인 인류 전체에 대한 사랑을 실천해야 한다.

① ㄱ, ㄴ   ② ㄱ, ㄷ   ③ ㄴ, ㄷ   ④ ㄴ, ㄹ   ⑤ ㄷ, ㄹ

3. (가)를 주장한 고대 서양 사상가의 입장에서 (나)의 질문에 대한 옳은 대답만을 〈보기〉에서 있는 대로 고른 것은?

| (가) | 너는 작가의 의지에 의해서 결정된 그러한 인물이 연극에서의 배우라는 것을 기억하라. 만일 그가 짧기를 바란다면 그 연극은 짧고, 만일 길기를 바란다면 그 연극은 길다. 만일 그가 너에게 거지의 역할을 원한다면, 이 역할조차도 또한 능숙하게 연기해야 한다는 것을 기억하라. 만일 그가 절름발이를, 또는 평범한 사람의 역할을 원한다고 해도 이와 마찬가지이다. 너에게 주어진 그 역할을 잘 연기하는 것, 이것이 네가 해야만 하는 일이다. |
| (나) | 평온한 삶으로서의 행복을 실현하는 방법은 무엇인가? |

〈보기〉
ㄱ. 주어진 상황을 운명으로 받아들여야 한다.
ㄴ. 정신적인 쾌락만을 추구하며 살아야 한다.
ㄷ. 내면에서 생겨나는 모든 정념에 초연해야 한다.
ㄹ. 인간의 모든 욕구를 거부하고 자연의 법칙에 순응해야 한다.

① ㄱ, ㄷ   ② ㄱ, ㄹ   ③ ㄴ, ㄹ
④ ㄱ, ㄴ, ㄷ   ⑤ ㄴ, ㄷ, ㄹ

4. 다음을 주장한 고대 서양 사상가의 입장에 대한 설명으로 옳지 않은 것은?

> 죽음은 우리에게 아무것도 아니다. 우리가 존재하는 한 죽음은 존재하지 않으며, 죽음이 존재하면 우리는 더 이상 존재하지 않는다. 따라서 죽음은 산 자에게도 죽은 자에게도 아무 상관이 없다. 산 자에게는 죽음이 없으며, 죽은 자는 더 이상 존재하지 않기 때문이다.

① 평정심의 상태를 추구해야 한다고 본다.
② 쾌락은 유일한 선이며 고통은 유일한 악이라고 본다.
③ 쾌락을 얻는 데 있어 이성의 역할은 필요하지 않다고 본다.
④ 욕구의 충족이 아닌 고통의 제거를 통해 행복이 실현된다고 본다.
⑤ 죽음에 대한 잘못된 생각이 죽음에 대한 두려움의 원인이라고 본다.

5. 다음 중세 서양 사상가의 입장에 대한 옳은 설명만을 〈보기〉에서 있는 대로 고른 것은?

인간이 자연적 성향을 갖는 것은 자연법에 귀속된다. 이 가운데 인간이 이성에 따라 행위를 하려는 것은 올바르다. 선은 행하고 증진해야 하며, 악은 피해야 한다. 이것이 이 법의 첫 번째 계율이며 자연법의 다른 모든 계율의 기초가 된다.

〈보기〉
ㄱ. 영원법은 자연법의 바탕이 된다고 본다.
ㄴ. 신앙과 이성은 조화를 이룰 수 있다고 본다.
ㄷ. 신의 존재는 논리적으로 증명 가능하다고 본다.
ㄹ. 품성적 덕을 갖추면 완전한 행복에 이를 수 있다고 본다.

① ㄱ, ㄷ ② ㄱ, ㄹ ③ ㄴ, ㄹ
④ ㄱ, ㄴ, ㄷ ⑤ ㄴ, ㄷ, ㄹ

6. 근대 서양 사상가 갑은 긍정, 을은 부정의 대답을 할 질문으로 옳은 것은?

갑: 인간은 자연의 질서를 직접 관찰하고 고찰한 그만큼만 자연에 대해 무엇인가를 이해하고 또한 무엇인가를 할 수 있다.
을: '나는 생각한다. 그러므로 나는 존재한다.'라는 명제는 반드시 참이라는 결론을 내릴 수밖에 없다.

① 지식과 사유의 토대는 인간의 이성에 있는가?
② 연역적 추론을 통해 얻은 지식이 참된 지식인가?
③ 객관적 지식이란 인간의 경험에 근거해야 하는가?
④ 귀납법을 통한 지식은 단편적이고 우연한 지식인가?
⑤ 인간 내면의 우상(偶像)은 진리를 인식 가능하게 만드는가?

7. (가)를 주장한 근대 서양 사상가의 입장에서 (나)의 질문에 대한 옳은 대답만을 〈보기〉에서 있는 대로 고른 것은?

(가)	신은 절대적으로 무한한 존재, 즉 모든 것이 각각 영원하고 무한한 본질을 표현하는 무한한 속성으로 이루어진 실체이다. 사물의 본성에는 어떤 것도 우연적으로 주어진 것이 없으며, 모든 것은 일정한 방식으로 존재하고 작용하게끔 신적 본성의 필연성에 의해 결정되어 있다.
(나)	진정한 행복을 얻기 위한 방법은 무엇인가?

〈보기〉
ㄱ. 감각적 경험에 따라 선악을 분별해야 한다.
ㄴ. 자유 의지를 부정하고 주어진 운명에 순응해야 한다.
ㄷ. 인격신에 대한 믿음을 바탕으로 신에게 귀의해야 한다.
ㄹ. 이성적 관조를 통해 만물의 필연성을 깊이 인식해야 한다.

① ㄱ, ㄷ ② ㄱ, ㄹ ③ ㄴ, ㄹ
④ ㄱ, ㄴ, ㄷ ⑤ ㄴ, ㄷ, ㄹ

8. 다음 근대 서양 사상가의 관점에만 모두 'V'를 표시한 학생은?

덕과 악덕은 단지 이성에 의해 발견될 수 있는 것도 아니고 관념들의 비교에 의해 발견될 수 있는 것도 아니다. 그렇기 때문에 우리가 그들 사이의 차이를 식별할 수 있는 것은 덕이나 악덕이 유발하는 어떤 인상이나 정서를 통해서임이 분명하다.

관점 \ 학생	갑	을	병	정	무
도덕적 행위의 직접적 동기는 감정이다.	V	V		V	
타인에 대한 공감 능력이 도덕성의 기초이다.			V	V	V
도덕은 느껴지는 것이 아니라 판단되는 것이다.	V		V		V
공감을 통해 쾌감을 주는 행위가 도덕적 행위이다.		V		V	V

① 갑 ② 을 ③ 병 ④ 정 ⑤ 무

9. 근대 서양 사상가 갑, 을의 입장만을 〈보기〉에서 고른 것은?

갑: 유용한 행동은 우리의 시인(是認)을 불러일으킨다. 그러나 무엇을 위한 유용성인가? 누군가의 이익을 위한 것이다. 도대체 누구의 이익일까? 우리 자신만의 이익은 아닐 것이다.
을: 우리가 어떤 사물을 신의 본성의 필연성에 따라서 생겨나는 것으로 인식할 때 신에 대한 지적인 사랑이 생겨난다. 그리고 신에 대한 지적인 사랑으로부터 지복(至福)이 생겨난다.

〈보기〉
ㄱ. 갑: 도덕은 판단되는 것이 아니라 느껴지는 것이다.
ㄴ. 을: 참된 행복은 자연의 필연성에 대한 인식을 통해 가능하다.
ㄷ. 을: 경험적 탐구를 통해 신을 인식할 때 참된 행복이 가능하다.
ㄹ. 갑, 을: 인간의 도덕적 행위는 이성을 통해서만 가능하다.

① ㄱ, ㄴ ② ㄱ, ㄷ ③ ㄴ, ㄷ ④ ㄴ, ㄹ ⑤ ㄷ, ㄹ

10. (가)의 갑, 을 사상가의 입장을 (나) 그림으로 탐구하고자 할 때, A~C에 들어갈 옳은 질문만을 〈보기〉에서 있는 대로 고른 것은?

(가)	갑: 네 의지의 준칙이 언제나 동시에 보편적 입법의 원리가 될 수 있도록 행위하라. 또한 너 자신과 다른 모든 사람의 인격을 결코 단순히 수단으로만 대하지 말고 언제나 동시에 목적으로 대하도록 행위하라. 을: 유용성의 원리란 이해관계가 있는 모든 사람들의 행복을 증가시키거나 감소시키는 정도에 따라서 어떤 행위를 허가하거나 불허하는 원리를 뜻한다. 내가 말하는 행위란 사적인 행위뿐만 아니라 정부의 법령까지 포함한다.

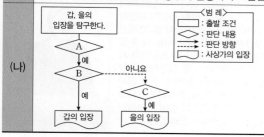

(나)

〈범례〉
☐ : 출발 조건
◇ : 판단 내용
- - → : 판단 방향
⌐ : 사상가의 입장

〈보기〉
ㄱ. A: 보편적 도덕 원리가 존재하는가?
ㄴ. B: 도덕적 행위는 행복을 목적으로 하는가?
ㄷ. B: 자연적 경향성을 따른 행위는 도덕적 행위인가?
ㄹ. C: 행위의 도덕성을 판단할 때 결과를 고려해야 하는가?

① ㄱ, ㄷ   ② ㄱ, ㄹ   ③ ㄴ, ㄹ
④ ㄱ, ㄴ, ㄷ   ⑤ ㄴ, ㄷ, ㄹ

11. 근대 서양 사상가 갑, 을 모두가 긍정의 대답을 할 질문으로 옳은 것은?

갑: 한 행위가 가져다주는 쾌락의 총량과 고통의 총량을 계산해 보라. 이 둘을 비교하여 차감했을 때 쾌락 쪽이 남는다면 그 행위는 관련자 전체 또는 개인들이 모인 사회와 관련해서 일반적으로 좋은 성향을 지닌 것이라고 할 수 있다.
을: 서로 다른 두 가지의 쾌락을 모두 경험한 사람들이 선택한 쾌락이 보다 바람직한 쾌락이다. 배부른 돼지가 되기보다는 배고픈 인간이 되는 편이 낫고, 만족한 바보가 되기보다는 불만족스러운 소크라테스가 되는 편이 낫다.

① 쾌락은 오로지 한 가지 종류만 존재하는가?
② 행위의 도덕성은 행위 그 자체의 옳음에 근거하는가?
③ 행위의 동기만이 그 행위의 도덕성을 평가하는 척도인가?
④ 감각적 쾌락과 지적인 활동에서 얻는 쾌락에는 질적 차이가 있는가?
⑤ 행위자만이 아니라 관련된 모든 사람의 행복을 증진시키는 행위는 옳은가?

12. ㉠에 대한 옳은 설명만을 〈보기〉에서 있는 대로 고른 것은?

현대 칸트주의는 칸트 의무론의 핵심을 발전적으로 계승하면서도 칸트 의무론의 한계인 도덕적 의무끼리 충돌하는 문제를 해결하기 위해 (㉠)을/를 제시한다.

〈보기〉
ㄱ. 직관적으로 알 수 있는 옳고 명백한 의무이다.
ㄴ. 특정 상황에서 의무로 채택되면 실제적 의무가 된다.
ㄷ. 어떠한 상황에서도 무조건적으로 행해야 하는 의무이다.
ㄹ. 약속 지키기, 보은, 자기 계발, 악행 금지 등이 포함된다.

① ㄱ, ㄴ   ② ㄱ, ㄷ   ③ ㄷ, ㄹ
④ ㄱ, ㄴ, ㄹ   ⑤ ㄴ, ㄷ, ㄹ

13. ㉠, ㉡에 대한 설명으로 적절하지 <u>않은</u> 것은?

> • (㉠)은/는 개별적 행위의 결과를 따지는 행위 공리주의와 달리 좋은 결과를 가져다줄 가능성이 큰 규칙을 따름으로써 공리를 극대화할 수 있다고 본다.
> • (㉡)은/는 선택할 수 있는 행위 중 그 행위에 영향을 받을 모든 사람의 선호를 가장 많이 만족하게 해 주는 행위가 옳다고 주장한다.

① ㉠은 유용성의 원리를 행위가 아닌 규칙에 적용한다.
② ㉠은 행위의 결과를 계산하기 어렵다는 고전적 공리주의의 문제를 보완했다.
③ ㉡은 좋은 결과를 '욕구하는 것' 등과 같은 선호의 실현으로 본다.
④ ㉡은 선호를 최대한 만족하게 하는 행위를 옳은 행위라고 본다.
⑤ ㉠, ㉡은 옳고 그름을 판단할 때 행위의 동기에 주목한다.

14. 다음 현대 서양 사상가의 입장에 대한 설명으로 옳은 것은?

> • 인간은 '이것이냐, 저것이냐'를 선택해야 하는 상황에서 주체적 결단을 회피하면서 절망에 빠지게 된다. 이러한 절망이 '죽음에 이르는 병'이다.
> • 실존적 상황에서는 오직 주체성만이 답을 줄 수 있으므로 '주체성이 진리'이며 진리는 주관적이다.

① 인격신의 존재를 부정하고 자연 그 자체를 신으로 본다.
② 윤리적 실존 단계에서 인간은 감각적 쾌락만을 추구한다고 본다.
③ 인간은 죽음 이후에 절망에서 벗어나 실존을 회복할 수 있다고 본다.
④ 심미적 실존 단계에서 인간은 보편적 윤리에 따라 살아간다고 본다.
⑤ 인간은 '신 앞에 선 단독자'로 살아갈 때 참된 실존을 회복한다고 본다.

15. 다음은 수행 평가 문제와 학생 답안이다. ㉠~㉤ 중 옳지 <u>않은</u> 것은?

> **수행 평가**
>
> ◉ 문제: 현대 서양 사상가 갑, 을의 입장을 비교하여 설명하시오.
>
> > 갑: 인간은 정의될 수 없다. 인간은 처음에는 아무것도 아니기 때문이다. 인간은 나중에야 스스로 만들어 내는 것이 될 것이다. 그것을 구상할 신(神)이 없기 때문이다.
> > 을: 현존재는 자신이 죽음을 향해 나아가고 있다는 사실을 받아들이고 삶의 유한성과 일회성을 깨달음으로써 일상적이고 획일화된 삶의 방식에서 벗어나고자 한다.
>
> ◉ 학생 답안
> 갑, 을의 입장을 비교해 보면 갑은 ㉠ <u>인간은 미리 정해진 목적이나 본질이 없다고 보았으며</u>, ㉡ <u>각자에게 주어진 자유를 바탕으로 자신의 삶을 만들어 나가는 존재라고 보았다.</u> 을은 ㉢ <u>인간이 죽음에 대한 불안과 염려 속에 살아가고 있다고 보았으며</u>, ㉣ <u>죽음은 인간에게 아무것도 아님을 깨달아야 함을 강조하였다.</u> 한편 갑, 을은 ㉤ <u>획일화된 삶이 아닌 주체적인 삶이 중요함을 일깨워준다.</u>

① ㉠   ② ㉡   ③ ㉢   ④ ㉣   ⑤ ㉤

16. 그림의 강연자가 지지할 내용만을 〈보기〉에서 있는 대로 고른 것은?

> 개념, 사고 체계, 도덕이 아무리 정교하고 사리에 맞는다고 하더라도 하나의 가설로 여겨야 합니다. 따라서 틀에 박힌 추상적 이론이나 과거의 관습을 그대로 따르지 말고, 개인의 삶을 개선하고 사회가 진보하는 데 도움이 되는 지성적 탐구를 해야 합니다. 이때 지성적 탐구는 과학이 보여 준 실험적이고 실천적인 방법론을 따라야 합니다. 이는 의사가 효과가 검증된 방법으로 환자를 치료하다가 새로운 병이 발견되면 그 병에 효과적인 새로운 치료법을 모색하는 것과 같습니다.

> ──── 〈보기〉 ────
> ㄱ. 도덕적 가치나 지식은 일종의 가설이다.
> ㄴ. 지식은 문제를 해결하기 위한 도구이다.
> ㄷ. 전통이나 관습이 도덕적 옳음의 기준이다.
> ㄹ. 도덕이나 윤리는 성장하고 변화하는 것이다.

① ㄱ, ㄴ   ② ㄱ, ㄷ   ③ ㄷ, ㄹ
④ ㄱ, ㄴ, ㄹ   ⑤ ㄴ, ㄷ, ㄹ

17. 다음을 읽고 물음에 답하시오.

> 에피쿠로스학파가 추구하는 쾌락은 무분별한 욕구 충족에서 오
> 는 쾌락이 아니며 사치스러운 향락에서 오는 쾌락도 아니다. 이
> 런 쾌락은 순간적일 뿐이며 오히려 쾌락으로부터 멀어지고 고통
> 이 증가하는 (㉠)을/를 초래할 수 있기 때문이다.

단답형
(1) ㉠에 들어갈 말을 쓰시오.

_____

서술형
(2) 에피쿠로스학파가 추구하는 쾌락에 대해 서술하시오.

_____

_____

[18~19] 다음을 읽고 물음에 답하시오.

> 감정 중심의 윤리 사상가인 흄은 도덕에 있어서 중요한 요인은
> ㉠ 이성이 아니라 ㉡ 감정이라고 주장하였다. 반면 이성 중심의
> 윤리 사상가인 스피노자는 수동적 감정인 정념에 예속될 때 올
> 바른 삶을 살 수 없다고 보고 ㉢ 행복에 이를 수 있는 방법을 제
> 시하였다.

서술형
18. 흄의 입장에서 볼 때, 도덕적 행위에서 ㉠과 ㉡의 역할에
대해 서술하시오.

_____

_____

서술형
19. 스피노자의 입장에서 ㉢에 이를 수 있는 방법을 서술하시오.

_____

20. 다음을 읽고 물음에 답하시오.

> 칸트에 따르면 행위의 결과는 수많은 변수와 우연에 따라 달라
> 지기 때문에 도덕의 근거가 될 수 없다. 그는 옳고 그름이란 행
> 위의 결과와 상관없이 오직 행위자가 책임질 수 있는 영역인 행
> 위자의 의지로 결정된다고 보기 때문에 (㉠)을/를 강조하
> 며, (㉠)만이 그 자체로 선한 유일한 것이라고 본다.

단답형
(1) ㉠에 공통으로 들어갈 말을 쓰시오.

_____

서술형
(2) ㉠의 의미를 서술하시오.

_____

_____

21. 다음을 읽고 물음에 답하시오.

> 공리주의에서는 (㉠)이/가 도덕의 기본 원리라고 본다. 이
> 러한 공리주의는 벤담에서 시작되었으며, 밀은 벤담의 윤리 사
> 상을 계승하고 수정하면서 공리주의 이론을 발전시켰다.

단답형
(1) ㉠에 들어갈 말을 쓰시오.

_____

서술형
(2) 벤담과 밀의 공리주의 이론의 차이점을 서술하시오.

_____

_____

2학기 중간고사

1. ⑤	2. ②	3. ①	4. ③	5. ④
6. ③	7. ③	8. ④	9. ①	10. ②
11. ⑤	12. ④	13. ⑤	14. ⑤	15. ④
16. ④	17. (1) 쾌락의 역설 (2) 해설 참조			
18. 해설 참조	19. 해설 참조			
20. (1) 선의지 (2) 해설 참조				
21. (1) 최대 다수의 최대 행복 (2) 해설 참조				

1. 스토아학파와 에피쿠로스학파의 입장 비교

㉠은 에피쿠로스학파, ㉡은 스토아학파이다.

① 에피쿠로스학파는 감각적 쾌락이 아닌 정신적 쾌락을 통해 행복에 이르고자 하였다. ✕
② 스토아학파는 자연의 필연적 질서와 법칙에 순응할 것을 강조하였다. 이는 운명에 순응하는 삶이다. ✕
③ 에피쿠로스학파에 따르면 공적인 인간관계가 고통의 원인이 될 수 있다. 그래서 그들은 사회적 삶에서 벗어나야 한다고 본다. ✕
④ 스토아학파는 세계 시민주의를 바탕으로 공동체적 삶을 중시하였다. ✕
⑤ 에피쿠로스학파는 적극적인 욕망의 충족이 아닌 고통이 없는 상태를 쾌락이라고 본다. 따라서 고통을 줄 수 있는 지나친 욕망의 절제를 강조한다. 스토아학파 역시 정념에서 해방된 상태를 추구하며, 이는 욕망의 절제를 통해 가능하다고 본다. ◯

2. 스토아학파와 에피쿠로스학파의 삶의 자세 비교

(가)의 갑은 스토아학파 사상가인 아우렐리우스, 을은 에피쿠로스이다.

ㄱ. 스토아학파는 자연의 필연적 질서에 순응하여 모든 것을 운명으로 받아들일 때 부동심에 이를 수 있다고 본다. ◯
ㄴ. 스토아학파에 따르면 모든 정념을 제거하는 것이 아니라 정념에 초연할 때 평온한 삶에 이를 수 있다고 본다. ✕
ㄷ. 사회적 역할 수행을 강조하는 스토아학파와는 달리 에피쿠로스는 공적인 삶이 고통과 불안을 일으킴을 강조하고 은둔하는 삶 속에서 친구와 친밀한 관계를 맺으며 살아가야 한다고 본다. ◯
ㄹ. 에피쿠로스는 공적인 삶에서 벗어나 은둔 생활 속에서 우정을 나누며 살아야 한다고 본다. ✕

3. 에픽테토스의 사상 이해

(가)를 주장한 사상가는 스토아학파의 에픽테토스이다.

ㄱ. 스토아학파는 자신이 처한 모든 상황을 바꾸는 것이 아니라 운명으로 받아들여야 한다고 본다. ◯
ㄴ. 정신적인 쾌락만을 추구하는 것은 에피쿠로스학파의 입장이다. ✕
ㄷ. 스토아학파는 모든 정념에 초연할 때 부동심의 경지에 이를 수 있다고 본다. ◯
ㄹ. 스토아학파에 따르면 부모에 대한 사랑이나 인류애는 자연의 섭리나 이성에도 부합한다고 본다. 따라서 인간의 모든 욕구를 거부하는 것은 아니다. ✕

4. 에피쿠로스의 입장 이해

제시문은 에피쿠로스의 주장이다.

① 에피쿠로스는 평정심의 상태, 즉 아타락시아를 추구해야 한다고 본다.
② 에피쿠로스는 쾌락은 유일한 선이며 고통은 유일한 악이라고 전제하고, 쾌락은 행복한 삶의 시작이자 끝이라고 본다. ◯
③ 에피쿠로스는 쾌락을 얻는 데 있어 이성의 역할이 중요하다고 본다. ✕
④ 에피쿠로스가 말하는 쾌락과 행복은 몸과 마음에 고통이 사라진 상태를 말한다. ◯
⑤ 에피쿠로스는 죽음에 대한 잘못된 생각이 죽음에 대한 두려움의 원인이라고 본다. ◯

5. 아퀴나스의 사상 이해

제시문은 아퀴나스의 주장이며 자연법에 대한 내용이다.

ㄱ. 아퀴나스에 따르면 영원법은 자연법의 바탕이 되며, 자연법은 실정법의 바탕이 된다. ◯
ㄴ. 아퀴나스에 따르면 신앙과 이성은 모두 신으로부터 주어진 것이기 때문에 조화를 이룰 수 있다. ◯
ㄷ. 아퀴나스는 신의 존재는 논리적으로 증명 가능하다고 보고 다섯 가지 방식으로 신의 존재를 증명하였다. ◯
ㄹ. 아퀴나스에 따르면 완전한 행복에 이르기 위해서는 지성적 덕과 품성적 덕을 갖추는 것만으로는 부족하며 종교적 덕을 실천해야 한다. ✕

6. 베이컨과 데카르트의 입장 비교

갑은 근대 경험론의 선구 베이컨, 을은 근대 합리론의 선구 데카르트이다.

① 데카르트가 긍정의 대답을 할 질문이다. 데카르트에 따르면 올바른 지식과 사유의 토대는 인간의 이성에 있다. ✕
② 데카르트가 긍정의 대답을 할 질문이다. 데카르트는 연역적 추론을 통해 얻은 지식이 참된 지식이라고 본다. ✕
③ 베이컨은 긍정, 데카르트는 부정의 대답을 할 질문이다. 베이컨은 확실한 지식의 토대는 인간의 경험에서 찾아야 한다고 보았으며, 데카르트는 인간의 이성에서 찾는다. ◯
④ 데카르트가 긍정의 대답을 할 질문이다. 데카르트에 따르면 경험을 통한 지식은 단편적이고 우연한 지식에 불과하다. ✕
⑤ 베이컨이 부정의 대답을 할 질문이다. 베이컨은 인간 내면의 우상(偶像), 즉 선입견과 편견은 인간의 경험을 왜곡하기 때문에 타파해야 한다고 본다. ✕

7. 스피노자의 사상 이해

제시문은 스피노자의 주장이다.

ㄱ. 스피노자는 이성에 따르는 삶을 강조한다. ✕
ㄴ. 스피노자에 따르면 우주는 필연적 질서에 따라 움직이는 거대한 기계이며 인간도 그 일부이므로 인간의 자유 의지란 불가능하며 주어진 운명에 순응해야 한다. ◯
ㄷ. 스피노자가 말하는 신은 인격신이 아니라 자연 그 자체이다. ✕
ㄹ. 스피노자에 따르면 이성적 관조를 통해 만물의 필연성을 깊이 인식하면 마음의 평정과 자유를 얻게 되며 그것이 행복이다. ◯

8. 흄의 사상 이해

제시문을 주장한 사상가는 감정 중심 윤리를 주장한 흄이다.

첫 번째 관점. 흄에 따르면 도덕적 행위의 동기는 감정이다. 이성은 도덕적 행위를 위한 방법을 알려주는 보조적인 역할만을 한다. ◯
두 번째 관점. 흄에 따르면 공감 능력은 인간의 도덕적 삶의 바탕이다. ◯
세 번째 관점. 흄에 따르면 도덕은 판단되는 것이 아니라 느껴지는 것이다. ✕
네 번째 관점. 흄에 따르면 어떠한 행위가 공감을 통해 시인(是認)의 쾌감을 준다면 그 행위는 도덕적 행위이다. ◯

9. 흄과 스피노자의 사상 비교

갑은 흄, 을은 스피노자이다.

ㄱ. 흄은 도덕이 인간의 공감 능력을 통해 느껴지는 것이라고 본다. ◯
ㄴ. 스피노자는 참된 행복은 자연의 필연성을 인식하여 마음의 평정과 자유를 얻을 때 가능하다고 본다. ◯
ㄷ. 스피노자는 신은 경험적 탐구가 아닌 이성적 관조를 통해 인식해야 한다고 본다. ✕
ㄹ. 흄에 따르면 인간의 도덕적 행위의 직접적 동기는 이성이 아닌 감정이다. ✕

10. 칸트와 벤담의 입장 비교

(가)의 갑은 칸트, 을은 벤담이다.

ㄱ. 갑, 을 모두 예라고 대답할 질문이다. 칸트는 보편적 도덕 법칙을 따를 것을 강조하였으며, 벤담은 최대 다수의 최대 행복의 원리를 따를 것을 강조한다. ◯
ㄴ. 갑이 아니오라고 대답할 질문이다. 칸트는 도덕적 행위는 행복이 아닌 의무에 따라야 한다고 본다. ✕
ㄷ. 갑이 아니오라고 대답할 질문이다. 칸트는 동정심과 같은 자연적 경향성을 따른 행위는 도덕적 행위가 아니라고 본다. ✕
ㄹ. 을이 예라고 대답할 질문이다. 벤담은 행위의 도덕성을 판단할 때 결과를 고려하여 판단한다. ◯

11. 벤담과 밀의 사상 비교

갑은 양적 공리주의를 주장한 벤담, 을은 질적 공리주의를 주장한 밀이다.

① 갑은 긍정, 을은 부정의 대답을 할 질문이다. 벤담은 모든 쾌락은 오로지 한 가지 종류만 존재한다고 보았다. ✕
② 갑, 을 모두 부정의 대답을 할 질문이다. 공리주의는 행위의 도덕성은 행위의 결과를 토대로 판단해야 한다고 주장한다. ✕
③ 갑, 을 모두 부정의 대답을 할 질문이다. 행위의 동기만이 그 행위의 도덕성을 평가하는 척도라고 보는 것은 의무론의 입장이다. ✕
④ 갑은 부정, 을은 긍정의 대답을 할 질문이다. 벤담은 쾌락의 질적 차이를 부정했다. ✕
⑤ 갑, 을 모두 긍정의 대답을 할 질문이다. 공리주의는 행위자만이 아니라 관련된 모든 사람의 행복을 증진시키는 행위를 옳은 행동으로 보아 '최대 다수의 최대 행복'의 원리를 강조한다. ◯

12. 로스의 조건부 의무 이해

㉠에 들어갈 말은 조건부 의무이다.

ㄱ. 조건부 의무는 절대적이고 무조건적인 의무와 달리 직관적으로 알 수 있는 옳고 명백한 의무이다. ◯
ㄴ. 로스에 따르면 의무 간의 충돌 상황에서 채택된 의무는 실제적 의무가 된다. ◯
ㄷ. 로스에 따르면 특정한 상황에서 의무는 더 중요한 다른 의무에 의해 유보될 수 있다. ✕
ㄹ. 조건부 의무에는 약속 지키기, 호의에 대한 감사(보은), 선행, 재화를 공정하게 분배하는 정의, 자기 계발, 타인에 대한 악행 금지 등이 있다. ◯

13. 규칙 공리주의와 선호 공리주의의 입장 이해

㉠은 규칙 공리주의, ㉡은 선호 공리주의이다.

① 규칙 공리주의는 유용성의 원리를 행위에 적용하는 행위 공리주의와 달리 규칙에 적용한다. ⭕
② 행위 공리주의의 문제점은 행위의 결과를 계산하기 어렵다는 것이다. 규칙 공리주의는 유용성의 원리를 규칙에 적용함으로써 이러한 문제를 보완했다. ⭕
③ 선호 공리주의는 욕구하는 것, 바라는 것, 즉 선호가 실현된 것을 좋은 결과라고 본다. ⭕
④ 선호 공리주의는 자신이 진정으로 바라는 선호를 실현하는 것이 더 좋은 결과를 산출한다고 보아 선호를 최대한 만족하게 하는 행위를 옳은 행위라고 본다. ⭕
⑤ 규칙 공리주의와 선호 공리주의는 모두 옳고 그름을 판단할 때 행위의 동기가 아닌 결과에 주목한다. ❌

14. 키르케고르의 입장 이해

제시문은 키르케고르의 주장이다.

① 키르케고르는 인격신의 존재를 인정한다. ❌
② 키르케고르에 따르면 윤리적 실존 단계에서 인간은 보편적 도덕규범에 따라 살고자 노력한다. ❌
③ 키르케고르에 따르면 인간은 종교적 실존 단계, 즉 '신 앞에 선 단독자'로서 살아갈 때 참된 실존을 회복한다. ❌
④ 키르케고르에 따르면 심미적 실존 단계에서 인간은 감각적 쾌락을 추구하며 살아간다. ❌
⑤ 키르케고르는 실존의 세 단계를 제시하고 심미적 실존 단계, 윤리적 실존 단계를 넘어 인간은 주체적 결단을 통해 '신 앞에 선 단독자'로 살아갈 때 참된 실존을 회복한다고 본다. ⭕

15. 사르트르와 하이데거의 입장 비교

갑은 사르트르, 을은 하이데거이다.

㉠ 사르트르는 인간은 미리 정해진 목적이나 본질이 없으며, 먼저 실존한 후에 스스로 자신의 본질을 만들어 나간다고 보아 '실존은 본질에 앞선다'라고 하였다. ⭕
㉡ 사르트르는 인간에게 자유가 주어져 있다고 본다. ⭕
㉢ 하이데거에 따르면 인간은 죽음에 대한 불안과 염려 속에 살아가는 존재이다. ⭕
㉣ 하이데거는 자신의 죽음으로 미리 달려가 보는 '죽음으로의 선구(先驅)'를 강조한다. 이를 통해 자신의 삶의 소중함을 깨달을 수 있다는 것이다. ❌
㉤ 실존주의 사상은 오늘날 획일화된 삶을 살아가는 현대인에게 주체적인 삶이 중요함을 일깨워준다. ⭕

16. 듀이의 입장 이해

그림의 강연자는 실용주의 사상가 듀이이다.

ㄱ. 듀이에 따르면 도덕적 가치나 지식은 유용한 결과가 예상되는 일종의 가설이므로 언제든지 수정되고 재구성될 수 있다. ⭕
ㄴ. 듀이에 따르면 인간은 환경에 적응하는 과정에서 끊임없이 문제 상황에 직면하며 지식은 이러한 문제를 해결하기 위한 도구이다. ⭕
ㄷ. 듀이는 고정적인 지식이나 가치를 거부한다. 따라서 전통이나 관습은 도덕적 옳음의 기준이 될 수 없다. ❌
ㄹ. 듀이에 따르면 지식은 문제 해결을 위한 도구이다. 따라서 새로운 문제에 직면하면 도덕이나 윤리도 변화할 수 있다. ⭕

17. 에피쿠로스학파의 쾌락주의 이해

단답형 답안 쾌락의 역설
서술형 답안 몸의 고통과 마음의 불안이 없는 상태, 즉 평정심에 이른 상태를 말한다.

18. 흄의 사상 이해

서술형 답안 이성은 도덕적 행위의 방법을 알려주는 보조적인 역할을 하며, 감정은 도덕적 행위의 직접적인 동기가 된다.

19. 스피노자의 사상 이해

서술형 답안 스피노자는 이성적 관조를 통해 만물의 필연성을 인식할 때 행복에 이를 수 있다고 보았다.

20. 칸트의 선의지 개념 이해

단답형 답안 선의지
서술형 답안 선의지란 어떤 행위가 옳다는 바로 그 이유 때문에 행위를 선택하려는 의지를 말한다.

21. 벤담과 밀의 사상 비교

단답형 답안 최대 다수의 최대 행복
서술형 답안 벤담에 따르면 모든 쾌락은 양적인 차이만 있다. 그러나 밀에 따르면 쾌락에는 양적인 차이뿐만 아니라 질적인 차이도 존재한다.

2학기 기말고사 비법노트

유교와 도가에서 추구하는 이상 사회는 통치자의 역할이나 국가의 형태 등이 다르므로 그 차이를 잘 알아두자.

플라톤이 추구한 이상 사회에서는 구성원들의 역할이 중요하게 언급되고, 모어의 이상 사회에서는 평등하고 풍요로운 생활을 할 수 있다는 점이 강조된다는 것을 알아두자.

❶ 동양의 이상 사회론

유교의 대동 사회	도가의 소국과민
큰 도가 행해지고 천하가 모두의 것이다. 현명하고 유능한 자를 뽑아 다스리게 하니, 사람들은 자기 부모만 부모로 여기지 않고 자기 자식만 자식으로 여기지 않는다. 노인은 여생을 잘 마치게 하며, 장년은 일자리가 있으며, 어린이는 잘 양육되고, 홀로된 자와 병든 자도 모두 부양받는다. …(중략)… 이런 상태를 대동(大同)이라고 한다. — 「예기」 —	나라 크기는 작고 백성들 수는 적다. 갖가지 기물이 있으나 쓰이지 않는다. 백성은 생명을 중히 여겨 멀리 이사 가는 일이 없다. 비록 탈 것이 있어도 탈 일이 없고, 갑옷과 무기가 있어도 내보일 일이 없다. …(중략)… 이웃 나라가 서로 바라다 보이고 닭과 개 소리가 서로 들려도 백성들은 늙어 죽을 때까지 서로 왕래하지 않는다. — 노자, 「도덕경」 —

공자가 말한 대동 사회는 모두 사람들이 한마음으로 서로를 돌보는 사회이다. 노자의 소국과민 사회는 나라의 규모가 작고 백성들이 적은 사회이다.

요것만은 꼭 체크!
유교에서 추구한 대동 사회는 ① ☐☐ 공동체적 성격이 강한 데 반해 도가의 소국과민은 ② ☐☐☐☐의 상태에 가깝다.

정답 | ① 도덕 ② 무위자연

❷ 서양의 이상 사회론

플라톤의 이상 국가	모어의 유토피아
한 국가를 올바른 국가라고 생각하는 것은 이 국가 안에 있는 성향이 다른 세 부류가 저마다 제 일을 했을 때이다. 그리고 이 국가가 절제와 용기가 있으며 지혜로운 국가가 된 것도 성향이 다른 세 부류가 각자에게 적합한 덕을 알맞게 획득하였기 때문이다. — 플라톤, 「국가」 —	초승달 모양의 섬 유토피아에는 같은 말과 비슷한 풍습, 시설, 법률을 가진 54개의 마을이 있다. 그곳의 시민들에게는 빈곤도 없고 사치나 낭비도 없다. 이 섬의 성인들은 남녀를 가리지 않고 생산적 노동에 종사한다. …(중략)… 집 안에 들어가도 개인 소유는 없다. 시민들은 10년마다 제비를 뽑아 집을 교환한다. — 모어, 「유토피아」 —

서양에서는 정의로운 사회를 이상적으로 보았다. 플라톤은 선의 이데아에 관한 인식과 실현이 가능한 철학자가 다스리는 국가를 이상적으로 보았다. 모어의 유토피아는 경제적으로 풍요롭고 소유와 생산에서 평등을 이루며 도덕적으로 타락하지 않은 사회이다.

요것만은 꼭 체크!
플라톤은 선의 이데아를 인식한 ① ☐☐☐이/가 통치하는 것을 이상적으로 보았고, 모어는 생산과 소유에서 ② ☐☐이/가 실현되는 것을 이상적으로 보았다.

정답 | ① 철학자 ② 평등

유교의 민본주의적 입장과 민주주의 또는 공화주의 입장의 공통점과 차이점을 알아두자.

❸ 국가의 기원과 본질에 대한 유교의 입장

천자가 사람을 하늘에 천거할 수는 있을지언정 하늘로 하여금 그에게 천하를 주게 할 수는 없으며, 제후가 사람을 천자에게 천거할 수는 있을지언정 천자로 하여금 그에게 제후를 주게 할 수는 없으며, …(중략)… 옛날 요 임금이 순을 하늘에 천거하자 하늘이 받아주셨고, 백성들에게 드러내자 백성들이 받아주셨다. 그래서 하늘은 말하지 않고 일의 결과로 보여 준다고 한 것이다. 이 때문에 '천자가 제멋대로 천하를 남에게 줄 수 없다'라고 말한 것이다. "서경"에 이르길 '하늘은 우리 백성들이 보는 것을 보고 우리 백성들이 듣는 것을 듣는다.'라고 하였으니 이를 두고 한 말이다. — 맹자, 「맹자」 —

유교에서는 국가를 가족의 확장이라고 보았으며 백성을 국가의 근본이라고 보았다.

요것만은 꼭 체크!
유교에서는 백성이 나라의 근본이라는 ① ☐☐☐☐ 입장에서 통치자는 법이나 형벌보다 ② ☐☐ 또는 덕으로 다스려야 한다고 보았다.

정답 | ① 민본주의 ② 인륜

공화주의와 자유주의에서 국가를 어떻게 파악하는지 비교해서 알아두자.

❹ 국가의 기원과 본질에 대한 공화주의 입장

공화주의는 공공선에 대한 헌신, 공적 결정에 대한 적극적인 참여와 모든 시민이 공동체로부터 배제되지 않고 권리와 혜택을 누리는 시민권의 원리, 시민적 덕에 대한 강조를 핵심 내용으로 한다. 즉 그것은 적극적 시민으로서 정치에 대한 참여와 선출된 공직자의 시민에 대한 사회적·도덕적 책임성의 윤리를 함축한다. …(중략)… 공화주의는 공익을 우선시하면서 사익이 공적 영역을 침해하면 정치가 부패하고 공공선이 훼손된다고 믿는다. — 최장집, 「민주화 이후의 민주주의」 —

공화주의에서 국가는 시민의 자유 보장을 위해 법과 공동선에 기반을 두고 주권자인 시민이 만들어 낸 정치 공동체이다.

요것만은 꼭 체크!
공화주의 입장에서 국가는 ① ☐☐☐ ☐이며, ② ☐☐☐을/를 지향하는 시민들의 자발적 공동체라고 본다.

정답 | ① 공공의 것 ② 공동선

5 아리스토텔레스의 국가

> 국가의 기원과 역할에 대한 아리스토텔레스와 사회 계약론의 입장은 많이 달라. 어떤 차이가 있는지 잘 정리해 두자.

국가는 자연의 산물이며 인간은 본성적으로 국가 공동체를 구성하는 동물임이 분명하다. 따라서 어떤 사고가 아니라 본성으로 인하여 국가가 없는 자는 인간 이하이거나 인간 이상이다. 그런 자를 호메로스는 "친족도 없고 법률도 없고 가정도 없는 자"라고 비난한다. 본성이 이러한 자는 전쟁광이며, 장기판에서 혼자 앞서 나간 말처럼 독불장군이다. 이로써 인간이 벌이나 그 밖의 군집 동물보다 더 국가 공동체를 추구하는 동물임이 분명해졌다. 자연은 어떤 목적 없이는 아무것도 만들지 않는다는 것이 우리의 주장이다.

– 아리스토텔레스, 『정치학』 –

아리스토텔레스는 국가는 시민이 행복한 삶을 이끌어야 하며 시민의 행복은 영혼의 탁월성을 발휘할 때 실현된다고 본다.

요것만은 꼭 체크!
아리스토텔레스는 국가는 최고선을 추구하는 ① ☐☐ ☐☐☐이며, 시민들 영혼의 ② ☐☐☐을/를 발휘하도록 할 때 정당하다고 보았다.

정답 | ① 도덕 공동체 ② 탁월성

6 홉스의 사회 계약론

> 교과서에는 사회 계약론자인 홉스 이외에도 로크와 루소의 사상도 나오니까, 세 사상가들의 공통점과 차이점이 무엇인지 비교 분석해 두자.

모든 사람들을 떨게 만드는 공통의 권력이 없는 상태에서 사는 한, 인간은 누구나 전쟁 상태에 놓이게 된다. 이러한 전쟁은 '만인의 만인에 대한 투쟁'이라고 할 수 있다. …(중략)… 공통의 권력을 수립하는 유일한 방법은 모든 사람들이 자신의 권리와 힘을 한 사람 또는 하나의 합의체에 양도하는 것이다. 이렇게 했을 때 탄생하는 것이 바로 리바이어던이다. 모든 사람들이 권력을 부여하였기 때문에 리바이어던은 자신에게 주어진 엄청난 권력과 힘을 사용할 수 있다. 그리고 이를 통해 내부의 평화를 유지할 수 있고 외부의 적에 대한 공동의 방어를 이끌어 낼 수 있다.

– 홉스, 『리바이어던』 –

사회 계약론은 국가를 개인들의 동의에 의해 형성된 것으로 봄으로써 개인의 권리를 보호해야 하는 국가의 역할을 강조하였고, 자유주의와 민주주의 발전에 영향을 주었다.

요것만은 꼭 체크!
홉스는 ① ☐☐ ☐☐은/는 '만인의 만인에 대한 투쟁' 상태와 같으므로 자신의 자연권을 양도하여 ② ☐☐☐☐☐ 또는 ☐☐을/를 세워야 한다고 보았다.

정답 | ① 자연 상태 ② 리바이어던, 국가

7 마르크스주의

> 다른 사상가들과 달리 마르크스는 국가의 정당성을 부정했지. 특히 자본주의를 부정했는데, 마르크스가 지적한 자본주의의 문제점과 해결 방안에 대해 잘 정리해 두자.

본래 정치권력이란 한 계급이 다른 계급을 억압하기 위해 사용하는 조직된 폭력이다. 만일 프롤레타리아가 부르주아에 대항하는 투쟁에서 반드시 계급으로 한데 뭉쳐 혁명을 통해 스스로 지배 계급이 되고 또 지배 계급으로서 낡은 생산 관계를 폭력적으로 폐지하게 된다면, 그들은 이 생산 관계와 아울러 계급적 대립의 존재 조건 및 계급 또한 폐지하게 될 것이며, 따라서 자기 자신의 계급적 지배까지도 폐지하게 될 것이다.

– 마르크스, 『공산당 선언』 –

마르크스는 자본주의 사회에서 국가는 자본가 계급을 보호할 뿐, 경제적 약자인 노동자를 보호하지 못한다고 본다.

요것만은 꼭 체크!
마르크스는 자본주의의 본질적인 문제는 생산 수단의 ① ☐☐☐에 있다고 보았으며, 혁명을 통해 궁극적으로 국가를 ② ☐☐시켜야 한다고 주장하였다.

정답 | ① 사유화 ② 소멸

8 심의 민주주의

> 현대 민주주의의 한 형태인 엘리트 민주주의 역시 시민의 참여를 강조하지만 심의 민주주의와 엘리트 민주주의에서 강조하는 참여의 방식이 다르므로 그 차이점을 알아두자.

시민들이 정치적 문제들과 관련하여 심의를 할 때, 그들은 의견을 교환하고 자신들이 지지하는 근거들을 토론한다. 이들은 자신들의 정치적 의견이 다른 시민들과 토론하면서 수정될 수 있음을 가정한다. 따라서 이러한 의견들은 단순히 자신들에게 있는 사적이거나 비정치적인 이익에서 나온 고정된 결과가 아니다. 이 지점에서 공적 이성은 아주 결정적이다. 왜냐하면 공적 이성은 헌법적 본질과 기본적 정의에 관하여 시민들이 사고할 때 바로 그 특징을 보여 주기 때문이다. – 롤스, 『정의론』 –

심의 민주주의는 시민들의 정치에 대한 관심과 책임감 있는 참여를 강조한다.

요것만은 꼭 체크!
심의 민주주의는 시민이 ① ☐☐의 문제에 대해 토론하고 심의하는 과정에 직접 ② ☐☐할 수 있어야 한다고 본다.

정답 | ① 공공 ② 참여

9 시민 불복종

> 소로와 롤스는 공통적으로 시민 불복종이 도덕적으로 정당화 될 수 있다고 해. 하지만 시민 불복종이 정당화되기 위한 조건을 다르게 제시하고 있으므로 이를 비교 분석해 두자.

> 소로: 나는 지금 당장 정부를 폐지 하라고 요구하는 게 아니다. 다만 지금 당장 더 나은 정부를 요구하는 것이다. …(중략)… 다수가 아니라 양심이 옳고 그름을 실제로 결정하는 그런 정부는 있을 수 없는 가?
>
> 롤스: 시민 불복종의 적절한 대상이 되는 부정의의 종류는 정의의 제1원칙인 평등한 자유의 원칙에 대한 심한 위반이나 제2원칙의 두 번째 부분인 공정한 기회 균등의 원칙에 대한 현저한 위배에 국한시켜야 한다. …(중략)… 또한 우리는 보통 정치적 다수자에게 정상적인 호소를 성실하게 해왔지만 그것이 성공적이 못되는 경우 최후의 수단으로 시도되어야 한다.

시민 불복종이란 정의롭지 못한 법이나 정책을 변화시킬 목적으로 의도적으로 법을 위반하는 행위를 말한다.

요것만은 꼭 체크!

소로는 ① [ ][ ]에 어긋나는 경우 즉시 시민 불복종을 할 수 있다고 하였고, 롤스는 공공의 정의관에 어긋나는 경우 ② [ ][ ][ ][ ] [ ][ ](으)로 시민 불복종을 할 수 있다고 하였다.

정답 | ① 양심 ② 최후의 수단

10 프로테스탄티즘 윤리

> 노동에 대한 프로테스탄티즘 윤리가 종교 개혁 이전의 구교의 입장과 어떻게 다른지 잘 알아두자.

> 세상에서 칼뱅 교도들의 사회 활동은 오직 '신의 영광을 더하기 위한' 활동일 뿐이다. 그러므로 모든 사람들의 현세적 삶에 봉사하는 직업 노동도 역시 그러한 성격을 갖는다. …(중략)… 신의 섭리는 만인에게 아무 차별 없이 만인이 인식하고 일해야 하는 소명을 마련했기 때문이며, 이러한 직업은 인간이 적응하고 만족해야 하는 운명이 아니라 신의 영광을 발현하기 위해 신이 각자에게 부과한 명령이다. – 막스 베버, 『프로테스탄티즘 윤리와 자본주의 정신』 –

베버는 자본주의의 기원을 칼뱅주의의 직업 윤리에서 찾았고 프로테스탄티즘 윤리가 자본주의 발달에 큰 영향을 주었다고 보았다.

요것만은 꼭 체크!

칼뱅은 직업은 신의 ① [ ][ ]이며, 근면 성실하게 일해서 이룬 직업적 성공은 신의 뜻을 세속적으로 잘 실현시킨 것으로 보아 긍정적으로 평가하였다. 따라서 직업적 성공을 통해 축적하는 부(富) 역시 긍정적으로 보아 서구 ② [ ][ ][ ][ ] 발달에 영향을 주었다.

정답 | ① 소명 ② 자본주의

11 수정 자본주의와 신자유주의

> 시장의 자율성을 얼마나 보장해 주어야 하는가에 대한 수정 자본주의 입장과 신자유주의 입장을 비교해서 정리해 두자.

> 수정 자본주의: 이 세상은 사적 이익과 사회적 이익을 항상 조화시키는 방향으로 작동되지 않는다. 개인들이 자신의 목적을 달성하려고 노력할수록 사회적 이익의 추구는 희미해지거나 무시될 수밖에 없다. – 케인스, 『자유방임주의의 종언』 –
>
> 신자유주의: 국가의 임무는 일반적 상황에 적용되는 규칙을 확립하는 일로 제한하여야 하며, 특정한 시간과 장소에서 일어나는 상황에 따라 변화하는 모든 것에 대해서는 각 개인에게 사적 자유를 허용해야 한다. – 하이에크, 『노예의 길』 –

수정 자본주의는 시장에 대한 정부의 적극적 역할을 강조하였고, 신자유주의는 정부 역할의 축소를 강조하였다.

요것만은 꼭 체크!

케인스는 시장에 대한 정부 역할의 ① [ ][ ]을/를 주장하였고, 하이에크는 정부 역할의 ② [ ][ ]을/를 주장하였다.

정답 | ① 확대 ② 축소

12 민주 사회주의

> 마르크스주의와 민주 사회주의 입장의 공통점과 차이점을 잘 알아두자.

> • 사회주의의 달성은 필연적인 것이 아니다. 민중 스스로의 적극적 참여 없이는 결코 성공할 수 없다.
> • 사회주의자는 자유 속에서 민주주의적 방법을 통하여 새로운 사회를 건설하려고 노력한다.
> • 사회주의 정책의 당면한 경제적 목표는 완전 고용, 보다 높은 생산, 생활 수준의 향상, 사회 보장 및 소득과 재산의 공평한 분배이다. – '프랑크푸르트 선언' –

민주 사회주의는 소련의 공산주의적 입장과는 다른 민주적인 방법으로 사회주의 이념을 구현하고자 하였다. 이러한 민주 사회주의의 입장은 프랑크푸르트 선언에 잘 나타나 있다.

요것만은 꼭 체크!

민주 사회주의 입장에서는 ① [ ][ ][ ] 방법으로 평등을 실현하며, 생산 수단을 완전히 ② [ ][ ][ ] 하지 않고 일부 사적 소유를 허용한다.

정답 | ① 민주적 ② 공유화

⑬ 묵자의 평화 사상

묵자가 유가의 인과 예를 어떤 점에서 비판하고 겸애를 주장했는지 알아두자.

지금 군사를 일으키려 하는데 겨울에 동원하자니 추위가 두렵고 여름에 동원하자니 더위가 두렵다. 이래서 겨울이나 여름에는 군사를 일으킬 수가 없는 것이다. 봄에 일으키면 곧 백성들이 밭 갈고 씨 뿌리는 농사일을 망치게 되고 가을에 일으키면 곧 백성들의 추수를 망치게 된다. 지금 오직 한 철을 망치기만 하면 곧 백성들이 굶주리고 헐벗어 얼거나 굶어 죽는 자가 얼마나 많을지 이루 다 헤아릴 수가 없다. – 「묵자」 –

겸애는 묵자 사상의 근간을 이루는 것으로, 모든 인간을 사랑하는 것은 하늘의 뜻에서 나온 것이며 인간에게 지워진 의무라는 것이다. 묵자는 서로 사랑하고 이익을 나누면[兼愛交利] 평화를 이룰 수 있다고 주장하였다.

요것만은 꼭 체크!
묵자는 평화를 실현하는 방법으로 모든 사람을 똑같이 사랑하는 ① ☐☐와/과 서로 이익을 나누는 ② ☐☐을/를 주장하였다.

정답 | ① 겸애 ② 교리

⑭ 칸트의 영구 평화론

칸트가 영원한 평화를 실현하기 위해 제시한 여러 요건들을 잘 정리해 두자.

국제법은 자유로운 국가들의 연방 체제에 기초하지 않으면 안 된다. 개인들의 경우에서와 마찬가지로 국가를 구성하고 있는 국민들도 자연 상태에 있을 경우에 서로 이웃하고 있는 것만으로도 벌써 서로서로 해치고 있는 것으로 생각될 수 있다. 그러므로 그들은 자신들을 보호하기 위하여 모두가 공민적 체제와 비슷한 체제에 귀속되기를 요구할 수 있고 또 요구해야만 한다. 이때 비로소 각자의 권리는 보장될 수 있다. 이것은 아마 국제 연맹일 것이다. – 칸트, 「영원한 평화를 위하여」 –

칸트는 평화 실현을 의무로 보아 영구적 평화 실현이 가능한 방법을 제시하였다.

요것만은 꼭 체크!
칸트는 영구적인 평화 실현을 달성하기 위해서는 모든 국가의 정치 체제가 ① ☐☐☐이어야 하고, 독립 국가들 간의 갈등을 조정할 수 있는 ② ☐☐ ☐☐을/를 형성해야 한다고 주장하였다.

정답 | ① 공화정 ② 국제 연맹

⑮ 갈퉁의 소극적 평화, 적극적 평화

갈퉁이 정의한 직접적 폭력과 간접적 폭력의 내용이 무엇인지, 그리고 진정한 평화는 어떤 상태인지 정리해 두자.

평화를 창조하는 것은 폭력을 줄이는 것(치료), 폭력을 피하는 것(예방)과 분명히 관계가 있다. 폭력은 해치거나 다치게 하는 것을 뜻한다. 해를 당하거나 다치는 것을 경험할 수 있는 어떠한 사물이 있다고 가정한다면, 그것은 생명을 지니고 있는 것과 동일시하는 불교적 전통에 따를 수 있다. 생명은 몸과 마음에 찾아오는 기쁨인 축복을 경험할 수 있다. 그러한 경험에 대해 '적극적 평화'라는 용어를 사용할 수 있을 것이다. – 갈퉁, 「평화적 수단에 의한 평화」 –

갈퉁은 진정한 평화는 단순히 폭력이 부재하는 상태가 아니라 사람들 모두가 자아실현할 수 있는 여건이 갖추어진 상태라고 주장하였다.

요것만은 꼭 체크!
갈퉁은 테러, 전쟁, 폭행과 같은 직접적 폭력이 없는 상태를 ① ☐☐ ☐☐(이)라고 하고, 직접적 폭력뿐만 아니라 구조적 폭력이나 문화적 폭력도 없는 상태를 ② ☐☐☐ ☐☐(이)라고 한다.

정답 | ① 소극적 평화 ② 적극적 평화

⑯ 해외 원조

해외 원조에 대한 롤스와 싱어의 입장을 비교하는 문제는 자주 출제되니까 두 사상가의 입장을 꼭 알아두자.

롤스: 질서 정연한 사회들의 장기 목표는 고통을 겪는 사회들을 질서 정연한 만민들의 사회로 가입시키는 것이어야 한다. 질서 정연한 만민은 고통을 겪는 사회들을 원조해야 할 의무가 있다. 그렇지만 이러한 원조의 의무를 실행하게 하는 유일하거나 최선인 방법이 사회들 간의 경제적, 사회적 불평등을 규제하는 분배 정의의 원칙을 따르는 것은 아니다.

싱어: 우리가 만약 어떤 사람에게 매우 나쁜 일이 일어나는 것을 방지할 힘을 가지고 있고, 그 나쁜 일을 방지함으로써 우리의 중요한 일이 희생되지 않는다면 우리는 그렇게 해야만 한다. 우리가 이 원칙에 따라 행위를 한다면 우리의 삶과 세계는 근본적으로 바뀔 것이다.

롤스는 국제주의 입장, 싱어는 세계 시민주의 입장에서 해외 원조가 의무라고 주장하였다.

요것만은 꼭 체크!
롤스는 원조의 목적을 고통받는 사회가 ① ☐☐ ☐☐☐ ☐☐이/가 되도록 하는데 있다고 주장하였고, 싱어는 원조의 목적은 곤경한 처지에 있는 사람들의 ② ☐☐을/를 경감시켜주는 데 있다고 주장하였다.

정답 | ① 질서 정연한 사회 ② 고통

1. (가)를 주장한 사상가의 입장에서 (나)에 대해 제시할 적절한 대답만을 〈보기〉에서 있는 대로 고른 것은?

(가)	정의는 각자가 자기의 성향에 가장 맞는 국가와 관련된 일한 가지에 종사하며 타인에게 참견하지 않는 것이다. 이렇게 해야 지혜, 용기, 절제가 국가 안에 생기고 이것들이 잘 보전될 수 있기 때문이다. 정의는 곧 제 것을 소유하고 제 일을 하는 것이다.
(나)	어떤 사회가 정의로운 사회인가요?

〈보기〉
ㄱ. 지혜의 덕을 지닌 사람이 통치하는 사회입니다.
ㄴ. 사회적 계층 간에 조화가 이루어진 사회입니다.
ㄷ. 모든 계층의 사유 재산 소유를 보장해 주는 사회입니다.
ㄹ. 사람들이 사회적 역할을 자유롭게 교환할 수 있는 사회입니다.

① ㄱ, ㄴ   ② ㄱ, ㄷ   ③ ㄷ, ㄹ
④ ㄱ, ㄴ, ㄹ   ⑤ ㄴ, ㄷ, ㄹ

2. 갑, 을의 입장에 대한 설명으로 옳은 것은?

갑: 국가는 개인의 생존의 차원뿐만 아니라 개인의 자아실현과 같은 좋은 삶의 차원을 충족할 때 자족적이라고 할 수 있다. 사물의 본성이 그 사물의 최후 형태 또는 궁극적 목적의 실현을 의미하듯, 자족적인 국가는 자연적으로 존재하는 결사체이다.
을: 자연 상태에서 사는 한, 인간은 누구나 전쟁 상태에 놓이게 된다. 공통의 권력을 수립하는 유일한 방법은 모든 사람들이 자신의 권리와 힘을 한 사람 또는 하나의 합의체에 양도하는 것이다.

① 갑은 국가가 구성원들이 훌륭하게 살 수 있도록 하는 도덕 공동체라고 본다.
② 을은 주권을 지닌 시민들이 통치자를 선출해야 한다고 본다.
③ 을은 국가의 역할은 자연 상태에서 누리던 평화를 보장하는 것이라고 본다.
④ 갑은 을과 달리 국가가 개인의 생존을 보장해 주어야 한다고 본다.
⑤ 갑, 을은 국가를 자연적으로 만들어진 소산이라고 본다.

3. 다음을 주장한 사상가가 부정의 대답을 할 질문으로 옳은 것은?

• 천하를 얻는 데에는 원칙이 있다. 백성을 얻으면 이미 천하를 얻은 셈이다. 백성을 얻는 데에는 원칙이 있다. 그 마음을 얻으면 백성을 얻은 셈이다. 그 마음을 얻는 데에는 원칙이 있다. 그들을 위하여 원하는 바를 베풀어 주고 그들이 싫어하는 바를 행하지 않는 것이다.
• 인(仁)을 파괴하는 자를 적(賊)이라 하고, 의(義)를 파괴하는 자를 잔(殘)이라고 한다. 잔적한 자는 하나의 필부에 지나지 않는다. 폭군을 죽이는 것은 하나의 필부를 죽이는 것이지 임금을 죽이는 것이 아니다.

① 백성의 뜻을 하늘의 뜻이라고 보아야 하는가?
② 통치자가 제 역할을 못하면 교체될 수도 있는가?
③ 통치자는 힘보다 덕을 바탕으로 다스려야 하는가?
④ 통치자는 백성의 생업을 보장해 주어야 하는가?
⑤ 모든 백성에게 동등한 정치 참여의 기회가 있어야 하는가?

4. 다음을 주장한 사상가의 입장만을 〈보기〉에서 고른 것은?

'인민'과 '지배'라는 용어에 대해 어떠한 명백한 인식이 있다 하더라도 민주주의는 인민이 실제로 지배하는 것을 의미하지도 의미해서도 안 된다. 민주주의는 인민이 그들을 지배할 사람을 받아들이거나 거부하는 기회를 갖는 것만을 의미한다. 이는 '민주주의는 정치인의 지배'라는 말로 표현할 수 있다.

〈보기〉
ㄱ. 민주주의는 정치적 결정에 도달하기 위한 하나의 수단이다.
ㄴ. 시민들이 정책 심의 과정에 참여하여 정책을 결정해야 한다.
ㄷ. 민주주의는 시민들이 직접 정치에 참여해야 실현되는 것이다.
ㄹ. 민주주의는 정치인이 대중의 지지를 받고자 자유 경쟁하는 제도이다.

① ㄱ, ㄴ   ② ㄱ, ㄹ   ③ ㄴ, ㄷ
④ ㄴ, ㄹ   ⑤ ㄷ, ㄹ

5. (가)의 갑, 을의 입장을 (나) 그림으로 탐구하고자 할 때, A~C에 들어갈 질문으로 가장 적절한 것은?

(가)	갑: 법에 대한 존경심보다는 먼저 정의에 대한 존경심을 기르는 것이 바람직하다. 내가 떠맡을 권리가 있는 유일한 의무는 어느 때든 내가 옳다고 생각하는 바를 행하는 것이다. 을: 우리는 불복종을 통해 공동 사회의 다수자가 갖는 정의감을 나타내게 되고, 우리의 신중한 경지에서 볼 때 자유롭고 평등한 인간들 간에 있어서 사회 협동체의 원칙이 존중되지 않고 있음을 선언하게 된다.
(나)	

① A: 불복종은 최후의 수단으로 행해져야 하는가?
② A: 불복종은 부정의한 정치 체제 변혁을 위해 행해져야 하는가?
③ B: 불복종은 개인의 양심에 근거할 때 정당화되는가?
④ B: 불복종은 사회 정의 실현을 위해 행해지는 위법 행위인가?
⑤ C: 불복종은 집단의 특수한 이익의 실현을 위해 행해질 수 있는가?

6. 다음 사상가의 입장으로 가장 적절한 것은?

노동은 신이 지정한 삶의 자기 목적이다. 노동 의욕의 결핍은 구원받지 못함의 징후이다. 부자도 일하지 않으면 먹지 말아야 한다. 왜냐하면 부자가 자신의 욕구 충족을 위해 노동을 필요로 하지 않는다 해도 그가 가난한 자와 함께 복종해야 하는 신의 율법이 그것을 명령하고 있기 때문이다. 신의 섭리는 만인에게 아무 차별 없이 만인이 인식하고 일해야 하는 직업을 마련했기 때문이며, 이러한 직업은 신의 영광을 낳기 위해 신이 각자에게 부과한 명령이다.

① 풍요로운 삶을 위해 부를 축적해야 한다.
② 노동을 통해 이웃 사랑을 실천하는 것은 의무이다.
③ 직업적으로 성공한 사람들은 모두 구원의 대상이다.
④ 경제적으로 여유 있는 사람들은 일하지 않아도 된다.
⑤ 성직자의 일이 세속의 노동보다 더 가치 있는 일이다.

[7~8] 다음을 읽고 물음에 답하시오.

본래 정치권력이란 한 계급이 다른 계급을 억압하기 위해 사용하는 조직된 폭력이다. 만일 노동자가 자본가에 대항하는 투쟁에서 반드시 계급으로 한데 뭉쳐 혁명을 통해 스스로 지배 계급이 되고 또 지배 계급으로서 낡은 생산 관계를 폭력적으로 폐지하게 된다면, 그들은 이 생산 관계와 아울러 계급적 대립의 존재 조건 및 계급 또한 폐지하게 될 것이며, 따라서 자기 자신의 계급적 지배까지도 폐지하게 될 것이다.

7. 위 사상가의 입장으로 가장 적절한 것은?

① 국가는 피지배 계급의 이익을 보호해 주는 수단이다.
② 국가는 인간의 정치적 본성에 따라 존재하는 것이다.
③ 합법적인 방법으로 사회 구조를 변혁해 나가야 한다.
④ 노동자는 자본가의 자선을 통해 삶을 개선할 수 있다.
⑤ 노동 소외는 생산 수단의 공유화를 통해서만 해결할 수 있다.

8. 다음 글의 입장에서 위 사상가의 입장에 대해 제기할 적절한 비판의 내용만을 〈보기〉에서 고른 것은?

개인은 자신의 이익을 추구함으로써 그 자신이 실제로 사회의 이익을 증진시키려고 의도할 때보다 더욱 효과적으로 그것을 증진시킨다. 자기의 자본을 산업의 어떠한 분야에 투자하면 좋은가, 그리고 가장 큰 가치를 가진 생산물을 생산하는 산업 분야가 무엇인가에 대해 각 개인은 자신의 상황에서 가장 잘 판단할 수 있다.

〈보기〉
ㄱ. 자유 경쟁이 사회를 정의롭게 한다는 점을 간과하고 있다.
ㄴ. 계급 간에 착취 문제가 발생할 수 있다는 점을 모르고 있다.
ㄷ. 국가가 시장에 적극적으로 개입해야 한다는 점을 모르고 있다.
ㄹ. 경제적 자유의 실현이 평등의 보장보다 중요하다는 점을 간과하고 있다.

① ㄱ, ㄴ ② ㄱ, ㄹ ③ ㄴ, ㄷ
④ ㄴ, ㄹ ⑤ ㄷ, ㄹ

9. 그림의 강연자의 입장으로 가장 적절한 것은?

이 세상은 사적 이익과 사회적 이익을 향상 조화시키는 방향으로 작동되지 않는다. 개인들이 자신의 목적을 달성하려고 노력할수록 사회적 이익의 추구는 희미해지거나 무시될 수밖에 없다. 국가는 이자율을 조정하는 정책과 국내의 고용을 최적의 수준으로 유지할 수 있는 투자 계획을 통해 유효 수요를 창출해야 한다.

① 경제 활성화를 위해 정부의 재정 지출을 늘려야 한다.
② 사적 소유를 철폐하여 경제적 평등을 실현해야 한다.
③ 경제 공황기의 일자리 창출은 시장의 자율성에 맡겨야 한다.
④ 시장 실패를 해결하기 위해서는 정부 기능을 축소해야 한다.
⑤ 국가 경제는 오직 시장 기능에 맡겨 두어야 효율적으로 발전한다.

10. 다음을 주장한 사상가의 입장에만 모두 'ㅇ'를 표시한 학생은?

평화를 창조하는 것은 폭력을 줄이는 것, 폭력을 피하는 것과 분명히 관계가 있다. 폭력은 해치거나 다치게 하는 것을 뜻한다. 역사적으로 보면 사람들은 육체에 가해지는 직접적인 폭력이 없는 상태를 평화라고 언급해왔지만 인간의 정신에 가해지는 폭력이 존재하는 한 진정한 평화라고 할 수 없다. 이제는 사회 구조적으로 가해지는 폭력, 문화적으로 가해지는 폭력까지 모두 사라진 상태를 평화라고 해야 한다.

입장＼학생	갑	을	병	정	무
평화 실현을 위한 폭력의 사용은 필요악이다.	∨			∨	∨
물리적으로 가해지는 폭력만을 폭력으로 보아야 한다.	∨	∨			
자아실현이 불가능한 상태는 진정한 평화 상태가 아니다.			∨	∨	∨
간접적 폭력을 제거하여 적극적 평화를 이루어야 한다.			∨	∨	∨

① 갑   ② 을   ③ 병   ④ 정   ⑤ 무

11. 다음을 주장한 사상가의 입장만을 〈보기〉에서 고른 것은?

인간은 자유인으로 태어났으나 어디에서나 쇠사슬에 얽매여 있다. 자신을 다른 사람의 고용주라고 생각하는 사람은 고용인보다 더 심각한 노예 상태에 있다. 이와 같은 자연 상태에서의 자유를 포기하는 대신 각자의 몸과 모든 힘을 공동의 것으로서 일반 의지의 지도 아래 둔다.

〈보기〉
ㄱ. 국가는 개인의 자유 보장을 위해 형성된 것이다.
ㄴ. 사유 재산의 발생으로 인해 인간은 불평등하게 되었다.
ㄷ. 안전 확보를 위해서는 절대 군주에게 주권을 부여해야 한다.
ㄹ. 일반 의지는 개인의 이익을 보호하고 최대화하려는 의지이다.

① ㄱ, ㄴ   ② ㄱ, ㄹ   ③ ㄴ, ㄷ
④ ㄴ, ㄹ   ⑤ ㄷ, ㄹ

12. 갑, 을의 입장에 대한 설명으로 옳은 것은?

갑: 모든 인간은 타인에게 양도할 수 없는 생명, 자유, 재산에 대한 권리를 지닌다. 이러한 권리는 인간이 태어날 때 하늘로부터 부여받은 권리이므로 국가는 개인이 지닌 이러한 권리가 침해당하지 않도록 해야 한다.
을: 자유는 자연적으로 주어지는 것이 아니라 공동체의 법과 제도적 노력에 의해 실현되는 것이다. 한 사람 또는 다수가 다른 사람들 위에 군림하지 않도록 사람들의 권리는 법에 의해 보장받는 것이다.

① 갑은 자유는 절대로 제한될 수 없는 개인의 권리라고 본다.
② 을은 자유를 천부 인권이 아닌 정치적·사회적 권리라고 본다.
③ 을은 정치적 의무와 개인의 권리가 상충하는 경우 개인의 권리가 우선한다고 본다.
④ 갑은 을보다 시민의 덕이 공적인 일에 참여하는 데 있음을 강조한다.
⑤ 갑, 을은 사적인 삶보다 공적인 삶이 더 가치 있다고 본다.

13. (가)의 갑, 을 사상가들의 입장을 (나) 그림으로 표현할 때, A~C에 해당하는 적절한 진술만을 〈보기〉에서 있는 대로 고른 것은?

(가)	갑: 정(政)으로 이끌고 형벌로 질서를 잡고자 하면 백성들은 형벌을 면하는 것만을 능사로 알고 부끄러운 줄도 모르지만, 덕으로 이끌고 예로 질서를 잡으면 부끄러운 줄도 알고 또한 바르게 된다. 을: 하늘은 모든 사람들을 똑같이 사랑하고[兼愛] 똑같이 이롭게 해주며 착한 사람이건 악한 사람이건 가리지 않고 이 세상에서 모두가 똑같이 먹고 살고 활동하게 해 주니 사람들도 그렇게 노력해야 한다.
(나)	갑 을 A B C 〈범례〉 A: 갑만의 입장 B: 갑, 을의 공통 입장 C: 을만의 입장

〈보기〉
ㄱ. A: 사랑은 친소(親疏)에 따라 실천해야 한다.
ㄴ. B: 모든 생명체는 평등하며 상호 의존적이다.
ㄷ. B: 하늘의 뜻을 따라 백성을 위하는 정치를 해야 한다.
ㄹ. C: 모두가 똑같이 사랑하고 서로 이익을 나누어야 한다.

① ㄱ, ㄴ   ② ㄱ, ㄹ   ③ ㄴ, ㄷ
④ ㄱ, ㄷ, ㄹ   ⑤ ㄴ, ㄷ, ㄹ

14. 그림은 학생의 수업 필기 내용이다. ㉠~㉤ 중 옳지 <u>않은</u> 것은?

◎ 주제: 세계 시민주의
1. 의미: 국가, 인종, 종교 등을 초월하여 전 인류를 단일한 세계의 시민으로 보는 관점 …………………… ㉠
2. 사상적 기원: 고대 그리스의 스토아학파 ………… ㉡
3. 특징
   (1) 인간 존엄성을 바탕으로 서로 관용할 것을 강조함 … ㉢
   (2) 지역 특수성을 인정하지 않고 보편적 가치를 추구함 … ㉣
   (3) 대화와 타협을 통한 평화로운 방법으로 갈등을 해결함
   (4) 전 지구적인 문제에 관심을 가지고 이를 해결하기 위해 노력함 ………………………………………… ㉤

① ㉠   ② ㉡   ③ ㉢   ④ ㉣   ⑤ ㉤

15. 다음 사상가의 입장으로 가장 적절한 것은?

국제 연맹은 국가의 권력에 대한 어떤 지배를 목표로 하지 않는다. 또한 국가 자체의 자유를 지속시키고 보호하며 그 연맹에 참가한 다른 국가들로 하여금 시민법에 복종시키거나 강제적으로 구속해야 할 아무런 이유가 없는 한, 다른 국가들의 자유를 보호하고 지속시킬 뿐이다. 이 연맹의 이념은 서서히 모든 국가로 확산되지 않으면 안 되며, 그럼으로써 영원한 평화로 인도해 이념의 실현 가능성은 분명해질 것이다.

① 강제력을 지니는 세계 정부를 수립해야 한다.
② 영원한 평화는 힘의 균형을 통해 이룰 수 있다.
③ 외국인들의 우호적인 교류와 방문이 가능해야 한다.
④ 국제 연맹 가입국들은 서로의 내정에 간섭할 수 있다.
⑤ 궁극적으로는 국제법을 폐지하고 자연법을 통해 평화를 유지해야 한다.

16. 갑, 을 사상가들의 입장에 대한 설명으로 옳지 <u>않은</u> 것은?

갑: 질서 정연한 사회의 장기 목표는 고통을 겪는 사회들을 질서 정연한 만민들의 사회에 가입시키는 것이어야 한다. 질서 정연한 만민은 고통을 겪는 사회들을 원조해야 할 의무가 있다. 그러나 원조의 의무는 명확한 목적이나 목표를 넘어서면 중단될 수 있다.
을: 도덕적으로 상응하는 중요한 것을 희생하지 않고, 나쁜 일이 일어나는 것을 막을 수 있는 힘이 우리에게 있다면, 우리는 마땅히 그러한 나쁜 일을 막아야 한다. 사람들의 이익은 그 사람의 국적이나 그 밖의 다른 어떤 조건들을 따지지 말고 동등하게 고려되어야 한다.

① 갑은 질서 정연한 빈곤국에 대한 원조를 의무라고 본다.
② 갑은 원조의 목적은 고통받는 사회의 제도 개선에 있다고 본다.
③ 을은 인류 전체의 행복 증진을 위해 원조를 해야 한다고 본다.
④ 을은 원조의 목적은 고통받는 개인의 상황을 개선하는 데 있다고 본다.
⑤ 갑, 을은 국가들 간의 빈부 격차 해소를 원조의 목적으로 할 필요가 없다고 본다.

(가) 나라의 크기는 작고 백성의 수는 적다. 많은 도구가 있더라도 쓸 일이 없다. 배와 수레가 있더라도 탈 일이 없고, 갑옷과 무기가 있더라도 펼칠 일이 없다.

(나) 우리에게는 천연의 우물이나 분수를 모방해서 만든 인공 우물이나 분수가 있다. 거기에 여러 물질을 넣어 물을 마시면 건강이 증진되고 생명이 연장된다.

단답형

17. (가)를 이상 사회로 제시한 사상가와 그 이상 사회의 명칭을 쓰시오.

_____

서술형

18. (가)를 제시한 사상가의 입장에서 (나)를 이상 사회로 제시한 사상가에게 제기할 비판의 내용을 쓰시오.

_____

_____

단답형

19. 밑줄 친 '이 사상'이 무엇인지 쓰시오.

이 사상은 국가는 자연 상태에서 자유로운 개인들이 자신들의 권리 보장을 위해 동의하여 만든 것이라고 본다. 개인의 자유와 권리를 강조하여 자유주의와 민주주의에 영향을 끼쳤다.

_____

서술형

20. 자본주의의 장점과 단점을 각각 **두 가지**씩 쓰시오.

• 장점: _____

_____

• 단점: _____

_____

2학기 기말고사

1. ①	2. ①	3. ⑤	4. ②	5. ③
6. ②	7. ⑤	8. ②	9. ①	10. ③
11. ①	12. ②	13. ④	14. ④	15. ③
16. ①	17. 노자, 소국과민		18. 해설 참조	
19. 사회 계약론 또는 사회 계약 사상				
20. 해설 참조				

1. 플라톤의 국가관 이해

(가)를 주장한 사상가는 플라톤이다. 플라톤은 사람들은 각각 지혜, 용기, 절제의 덕을 타고난다고 보았으며, 사람들이 제각기 타고난 성향(자질)에 맞는 사회적 역할을 하며 조화를 이룰 때 국가가 정의롭다고 보았다.

ㄱ. 플라톤은 선의 이데아를 인식하는 지혜의 덕을 지닌 철학자가 통치자 계급이 되어야 한다고 보았다. ○
ㄴ. 플라톤은 통치자, 군인, 생산자 계급이 각자 자신의 역할을 조화롭게 할 때 사회가 정의롭게 된다고 보았다. ○
ㄷ. 플라톤은 생산자 계급의 사유 재산 소유는 인정하지만 수호자 계급의 사적 소유는 제한해야 한다고 보았다. ✕
ㄹ. 플라톤은 사회적 역할은 타고난 성향에 따라 정해져야 하며 서로 간섭하거나 교환되어서는 안 된다고 보았다. ✕

2. 아리스토텔레스와 홉스의 국가관 비교 파악

제시문의 갑은 아리스토텔레스, 을은 홉스이다.

① 갑은 국가는 본래 정치적 존재인 사람들이 태어나면서부터 소속된 공동체로, 사람들은 국가의 일원으로 살아갈 때 자아실현이 가능하다고 보았다. ○
② 을은 이기적인 인간들의 생명을 보장하고 사회 질서를 유지하기 위해 주권은 시민이 아니라 절대 군주가 지니고 통치해야 한다고 보았다. ✕
③ 을은 자연 상태를 '만인의 만인에 대한 투쟁' 상태, 즉 무질서하고 폭력적인 상황으로 가정하였다. 국가의 역할은 자연 상태와 달리 질서를 보장하는 것이라고 보았다. ✕
④ 갑, 을 모두에 해당하는 내용이다. ✕
⑤ 갑의 입장에만 해당하는 내용이다. ✕

3. 맹자의 민본주의 입장 이해

제시문은 맹자의 주장이다. 맹자는 천명 사상을 바탕으로 하늘의 뜻은 백성을 통해 드러나므로 백성을 위한 정치를 해야 한다고 하였다.

① 맹자는 하늘의 뜻은 백성을 통해 드러나므로 백성의 뜻이 하늘의 뜻이라고 보았다. ○
② 맹자는 통치자가 덕으로 다스리지 않고 백성을 위하는 정치를 하지 못하면 혁명이 가능하다고 보았다. ○
③ 맹자는 통치자는 힘보다는 덕을 바탕으로 하는 왕도 정치를 펼쳐야 한다고 보았다. ○
④ 맹자는 통치자가 백성들의 생업[恒産]을 보장해 주어야 백성들의 도덕성[恒心]을 기대할 수 있다고 보았다. ○
⑤ 맹자는 백성의 뜻을 존중하고 백성을 덕으로 다스려야 한다고 보았으나 백성의 정치 참여까지 보장해야 한다고 하지는 않았다. ✕

4. 엘리트 민주주의 입장 이해

제시문의 사상가는 슘페터이다. 슘페터는 정치를 경제와 같은 관점에서 분석하여, 자유 경쟁의 논리에 따라 경제가 이익을 추구하듯이 정치는 대중의 신임을 추구하는 것이라고 하였다.

ㄱ. 슘페터는 민주주의를 효율적인 정치 결정에 도달하기 위한 하나의 수단이라고 보았다. ○
ㄴ. 슘페터는 시민들이 직접 정책 결정에 참여하기보다는 대표를 선출하는 과정에 참여하는 것을 민주주의라고 보았다. ✕
ㄷ. 슘페터는 민주주의는 시민들의 직접적 정치 참여가 아니라 대중의 신임을 얻기 위해 엘리트들이 자유롭게 경쟁하면서 실현되는 것이라고 보았다. ✕
ㄹ. 슘페터는 민주주의를 정치인들이 대중의 지지를 얻고자 정치적으로 자유 경쟁하는 제도라고 보았다. ○

5. 시민 불복종에 대한 소로와 롤스의 입장 비교

(가)의 갑은 소로, 을은 롤스이다. 소로는 법이나 정책이 양심에 어긋나는 경우 시민 불복종이 정당화될 수 있다고 하였다. 롤스는 공적 정의감에 위배되는 법이나 정책에 대해서는 최후의 수단으로 시민 불복종할 수 있다고 하였다.

① 갑은 부정, 을은 긍정의 대답을 할 질문이다. ✕
② 갑, 을 모두 부정의 대답을 할 질문이다. 시민 불복종은 부정의한 일부 정책이나 법에 대한 저항이다. 정치 체제 변혁을 추구하는 것은 혁명이다. ✕
③ 갑은 긍정, 을은 부정의 대답을 할 질문이다. ○
④ 갑, 을 모두 긍정의 대답을 할 질문이다. ✕
⑤ 을이 부정의 대답을 할 질문이다. 롤스는 개인이나 집단의 특수한 이익 실현을 위한 불복종은 정당화될 수 없다고 보았다. ✕

6. 프로테스탄티즘의 윤리 이해

제시문의 사상가는 칼뱅이다. 칼뱅은 예정설을 바탕으로, 세속적인 성공이 신의 구원 예정의 하나의 단서가 될 수 있다고 보았다.

① 칼뱅은 부의 축적은 신의 소명을 다하는 과정에서 이루어질 수 있지만 풍요로운 삶을 위해 부를 축적해야 한다고 하지 않았다. ✕
② 칼뱅은 노동을 통해 이웃 사랑을 실천하는 것은 신이 부여한 의무라고 보았다. ⭕
③ 칼뱅의 입장에서 직업적 성공이 구원의 한 징표일 수 있으나 성공한 사람이라고 다 구원받는 것은 아니다. ✕
④ 칼뱅은 부유한 사람이라도 일을 통해 신의 뜻을 세상에 펼쳐야 한다고 보았다. ✕
⑤ 칼뱅은 모든 일은 신의 소명이므로 평등한 것이라고 하였다. ✕

7. 마르크스의 국가관 이해

제시문의 사상가는 마르크스이다. 마르크스는 국가를 지배 계급의 이익을 대변하는 기구라고 보았다.

① 마르크스는 국가가 지배 계급의 이익을 보호해 주는 수단이라고 보았다. ✕
② 마르크스는 국가는 지배 계급의 이익을 보호하기 위한 수단이며 궁극적으로 소멸할 것이라고 보았다. ✕
③ 마르크스는 혁명을 통해 사회를 변혁해야 한다고 보았다. ✕
④ 마르크스는 혁명을 통해 사적 소유를 철폐해야 노동자의 삶이 개선된다고 보았다. ✕
⑤ 마르크스의 입장에 해당하는 내용이다. ⭕

8. 고전적 자본주의 입장 파악

고전적 자본주의는 '보이지 않는 손'인 시장 원리에 맡겨둘 때 경제가 발전할 수 있다고 보고 국가의 시장 개입을 최소화해야 한다고 주장하였다.

ㄱ. 고전적 자본주의 입장에 해당하는 내용이다. ⭕
ㄴ. 마르크스는 계급 간의 착취 문제가 심각하다고 보았으므로 마르크스에게 제기할 비판의 내용이 아니다. ✕
ㄷ. 고전적 자본주의 입장에서 제기할 비판의 내용이 아니다. ✕
ㄹ. 고전적 자본주의 입장에 해당하는 내용이다. ⭕

9. 수정 자본주의 입장 파악

그림의 강연자는 케인스이다. 케인스는 시장 기능의 한계를 지적하고 경제 활성화를 위해서는 정부의 적극적인 시장 개입이 필요하다고 주장하였다.

① 케인스의 입장에 해당하는 내용이다. ⭕
② 케인스는 정부의 적극적 시장 개입을 강조하였으나 사적 소유 철폐를 주장하지는 않았다. ✕
③ 케인스는 경제 공황에서 벗어나기 위한 정부의 적극적 역할을 강조하였다. ✕
④ 케인스는 시장 실패 문제를 해결하기 위해 정부 기능을 확대해야 한다고 보았다. ✕
⑤ 케인스는 시장 기능의 한계를 지적하고 정부가 적절히 시장에 개입해야 경제가 발전한다고 보았다. ✕

10. 갈퉁의 소극적 평화와 적극적 평화 이해

제시문의 사상가는 갈퉁이다. 갈퉁은 폭력을 직접적 폭력(물리적 폭력)과 간접적 폭력(구조적 폭력, 문화적 폭력)으로 나누고, 직접적 폭력이 없는 상태를 소극적 평화, 간접적 폭력까지 사라진 상태를 적극적 평화라고 하였다.

첫 번째 입장. 갈퉁은 평화는 평화적 수단에 의해서 이루어져야 한다고 보았다.
두 번째 입장. 갈퉁은 물리적 폭력뿐만 아니라 구조적, 문화적 폭력 역시 폭력이라고 보았다.
세 번째, 네 번째 입장. 갈퉁의 입장에 해당하는 내용이다.

11. 루소의 사회 계약론 이해

제시문의 사상가는 루소이다. 루소는 자연 상태에서 누렸던 자유와 평등을 보장받기 위해 자발적으로 동의하여 국가를 형성했다고 보았다.

ㄱ. 루소의 입장에 해당하는 내용이다. ⭕
ㄴ. 루소의 입장에 해당하는 내용이다. ⭕
ㄷ. 루소는 주권이 시민들에게 있다고 보았다. 절대 군주가 주권을 지녀야 한다고 본 것은 홉스이다. ✕
ㄹ. 루소가 제시한 일반 의지는 개인의 이익을 초월하여 공익을 추구하는 보편적 의지이다. ✕

12. 자유주의와 공화주의 비교

제시문 갑은 자유주의 입장, 을은 공화주의 입장이다.

① 갑은 개인의 자유 보장을 중요하게 여기지만 타인의 자유를 침해하는 경우에는 제한될 수 있는 것이라고 본다. ✕
② 을은 개인의 자유는 공동체를 통해 정치적, 사회적으로 주어지는 것이라고 본다. ⭕
③ 을은 개인의 권리보다 정치적 의무가 우선한다고 본다. ✕
④ 을이 갑보다 강조하는 내용이다. ✕
⑤ 을의 입장에만 해당하는 내용이다. ✕

13. 공자와 묵자의 입장 비교 이해

제시문 (가)의 갑은 공자, 을은 묵자이다. 공자는 가족 윤리를 사회 윤리로 확장 시켜 도덕 공동체를 이루고자 하였고, 묵자는 존비친소를 가리지 말고 모두를 동등하게 사랑하고 이익을 나누어야 한다고 하였다.

ㄱ. 갑의 입장에만 해당하는 내용이다. O
ㄴ. 불교의 입장에 해당하는 내용이다. ✕
ㄷ. 갑, 을 모두에 해당하는 내용이다. O
ㄹ. 을의 입장에만 해당하는 내용이다. O

14. 세계 시민주의 파악

세계 시민주의는 보편적 인류애를 강조하는 입장으로 고대 그리스의 스토아학파로부터 사상적 기원을 찾을 수 있다.

㉠ 세계 시민주의의 의미에 해당하는 내용이다. 세계 시민주의는 보편적 인류애를 강조한다. O
㉡ 세계 시민주의는 고대 그리스의 스토아학파가 모든 인간은 이성을 지녔다는 점에서 동등한 존재라고 본 데서 기원을 찾을 수 있다. O
㉢ 세계 시민주의는 모든 인간은 존엄하므로 서로를 존중하고 관용해야 한다고 강조하였다. O
㉣ 세계 시민주의는 지역적 차이를 인정한다. ✕
㉤ 세계 시민주의는 자신이나 자신이 속한 공동체 이외에도 지구적 문제에 관심을 가지고 해결을 위해 노력한다. O

15. 칸트의 영구 평화론 이해

제시문의 사상가는 칸트이다. 칸트는 전쟁은 인간을 국가 이익 실현을 위한 수단으로 대우하는 것이므로 도덕적으로 옳지 않다고 보고, 평화를 인간이 이루어야 할 의무라고 하였다.

① 칸트는 강제력을 지닌 세계 정부가 아니라 독립적인 공화국들로 이루어진 국제 연맹 형성을 주장하였다. ✕
② 칸트는 영원한 평화는 모든 국가들이 공화국이 되고 모든 국가들이 국제 연맹의 회원국이 됨으로써 이룰 수 있다고 보았다. ✕
③ 칸트는 국가들의 주권과 독립성을 인정하고 서로 간섭하지 않지만 세계 시민법을 적용하여 이방인들이 적대적으로 대우받지 않고 자유롭게 국가를 왕래할 수 있어야 한다고 보았다. O
④ 칸트는 국가들 간에는 서로 내정에 간섭하지 말고 독립성을 인정해 주어야 한다고 보았다. ✕
⑤ 칸트는 국제법을 통해 국가들 간의 대화와 타협의 기회를 마련해야 평화 수립이 가능하다고 보았다. ✕

16. 해외 원조에 대한 롤스와 싱어의 입장 비교

제시문의 갑은 롤스, 을은 싱어이다. 롤스는 원조가 질서 정연한 사회의 의무라고 하였다.

① 갑은 질서 정연한 사회에 대해서는 빈곤하더라도 원조의 의무가 없다고 보았다. ✕
② 갑은 원조의 목적은 고통받는 사회가 질서 정연한 사회가 되도록 제도적 지원을 하는 데 있다고 보았다. O
③ 을은 공리주의적 관점에서 인류 전체의 행복 증진을 원조의 목적으로 보았다. O
④ 을은 모든 개인들의 이익을 동등하게 고려하여 고통받는 개인의 상황을 개선함으로써 인류 전체의 행복을 증진시켜야 한다고 보았다. O
⑤ 갑, 을은 국가들 간의 빈부 격차에 대해서는 인정하였다. O

17. 노자의 이상 사회 이해

문제접근 제시문의 (가)는 노자가 제시한 이상 사회인 '소국과민'의 모습이다. 노자는 이상 사회를 인위적 제도가 필요 없을 만큼 작은 규모에서 사람들이 자연적 본성에 따라 사는 것으로 보았다.

단답형 답안 노자, 소국과민

18. 노자와 베이컨의 이상 사회 비교

문제접근 노자의 입장에서 베이컨의 자연관을 비판하는 내용을 서술해야 한다.

서술형 답안 인간은 자연의 일부이므로 자연을 인위적으로 조작하려고 하지 말고 소박하게 살아야 한다.

19. 사회 계약론 이해

문제접근 제시문의 밑줄 친 '이 사상'은 '사회 계약론'이다. 사회 계약론의 입장에서는 자연 상태에서 자유를 누리던 개인이 자신의 권리를 보장받기 위해 자발적 합의에 의해 국가를 형성한 것이라고 본다.

단답형 답안 사회 계약론 또는 사회 계약 사상

20. 자본주의의 특징 이해

서술형 답안 • 장점: 자본주의의 장점은 개인의 자유와 권리를 중시하고, 자유 경쟁 과정에서 자율성과 창의성이 증대되며, 물질적으로 풍요로운 삶을 가능하게 한다는 것이다.
• 단점: 자본주의의 단점은 사람들 간의 빈부 격차를 심화하고 정신적 가치는 무시하고 물질적 가치만을 중시하는 물질 만능주의가 팽배할 가능성이 있으며, 인간이 자신이 만들어 낸 물질로부터 소외되는 인간 소외 현상이 발생한다는 것이다.

수학의 왕도

수학 (상)

새 교과서, 새 수능 대비 EBS 수학 기본서

"국내 최대 1268문항**"**

개념을 시각화 했습니다. 한눈에 쏙!
591문항으로 개념다지기 누구나 할 수 있습니다.
기초에서 고득점으로 계단식 구성으로 "저절로 쑥~"

신유형·고득점문제

실력 문제

기본 문제

대표 문제

개념 문제

2015
개정
교육과정

EBS

수학의 왕도
수학 (상)
EBS

수학의 왕도
수학 (하)
EBS

수학의 왕도
수학 I
EBS

수학의 왕도
수학 II
EBS

수학의 왕도
확률과 통계
EBS

수학의 왕도
미적분
EBS

뻔한 기본서는 잊어라! 2015 개정교육과정 반영!
2년 동안 EBS가 공들여 만든 신개념 수학 기본서
수학의 왕도와 함께라면 수포자는 없다!!

1. 개념의 시각화

직관적 개념 설명으로 쉽게 이해한다.

- 개념도입시 효과적인 시각적 표현을 적극 활용하여 직관적으로 쉽게 개념을 이해 할 수 있다.
- 복잡한 자료나 개념을 명료하게 정리 제시하여 시각적 이미지와 함께 정보를 제공
  하여 개념 이해 도움을 줄 수 있다.

2. 국내 최대 문항

세분화된 개념 확인문제로 개념을 다진다.

- 개념을 세분화한 문제를 충분히 연습해보며 개념을 확실히 이해할 수 있도록 문항을
  구성하였다.
- 반복 연습을 통해 자연스럽게 대표문제로 이행할 수 있다.

3. 단계적 문항 구성

기초에서 고난도 문항까지 계단식 구성

- 기초 개념 확인문제에서부터 대표문제, 기본&실력 종합문제를 거쳐 고난도, 신유형 문항까지
  풀다보면 저절로 실력이 올라갈 수 있도록 단계적으로 문항을 구성하였다.

4. 단계별 풀이 전략

풀이 단계별 해결 전략을 구성하여 해결 과정의 구체적인 방법을 제시한다.

- 대표 문제의 풀이 과정에 해결 전략을 2~3단계로 제시하여 문항 유형에 따른 해결 방법을
  살펴볼 수 있도록 한다.

너1듀나듀

배움에 재미를 더하다

EBS 스터디 굿즈 플랫폼, 너듀나듀

그림 속 제품이 궁금하다면? ndnd.me

내신에서 수능으로
수능의 시작, 감부터 잡자!

국어, 영어, 수학I, 수학II, 확률과 통계, 미적분

내신에서 수능으로 연결되는 포인트를 잡는 학습 전략

내신형 문항
내신 유형의 문항으로
익히는 개념과 해결법

동일한 소재·유형

수능형 문항
수능 유형의 문항을
통해 익숙해지는 수능

오늘의 철학자가 이야기하는
고전을 둘러싼 지금 여기의 질문들

EBS X 한국철학사상연구회
오늘 읽는 클래식

"클래식 읽기는 스스로 묻고 사유하고 대답하는 소중한 열쇠가 된다.
고전을 통한 인문학적 지혜는
오늘을 살아가는 우리에게 삶의 이정표를 제시해준다."

- 한국철학사상연구회

한국철학사상연구회 기획 | 각 권 정가 13,000원

오늘 읽는 클래식을
원전 탐독 전, 후에 반드시 읽어야 할 이유

01/ 한국철학사상연구회 소속 오늘의 철학자와 함께 읽는 철학적 사유의 깊이와
현대적 의미를 파악하는 구성의 고전 탐독

02/ 혼자서는 이해하기 힘든 주요 개념의 친절한 정리와 다양한 시각 자료

03/ 철학적 계보를 엿볼 수 있는 추천 도서 정리

EBS

정답과 해설

개념
완성

사회탐구영역

기본 개념부터 실전 연습, 수능 + 내신까지
한 번에 다 끝낼 수 있는 **탐구영역 기본서**

윤리와 사상

**"완벽한 학교시험을 위한
특별한 준비"**

1. 특별부록 중간고사·기말고사
   대비 4회분
   범위별 비법 노트 + 모의 중간/기말고사 + 꼼꼼해설

2. 출판사별 교과서 조견표 수록

작품 감상과 지문 해석, **6**개 원리로 모두 정리됩니다!

EBS가 만든 수능·내신 대비 국어 기본서

국어 독해의 원리 시리즈

수능
신경향
반영

현대시

• 화자와 대상
• 정서와 태도
• 시어와 심상
• 발상 및 표현
• 시상 전개 방식
• 소통 구조와 맥락

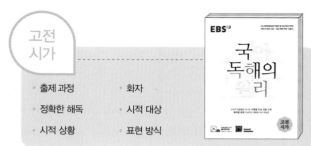

고전 시가

• 출제 과정
• 정확한 해독
• 시적 상황
• 화자
• 시적 대상
• 표현 방식

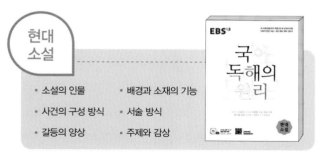

현대 소설

• 소설의 인물
• 사건의 구성 방식
• 갈등의 양상
• 배경과 소재의 기능
• 서술 방식
• 주제와 감상

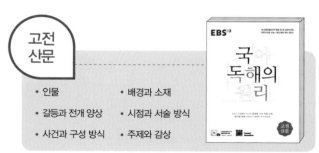

고전 산문

• 인물
• 갈등과 전개 양상
• 사건과 구성 방식
• 배경과 소재
• 시점과 서술 방식
• 주제와 감상

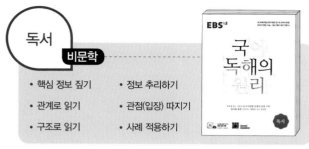

독서
비문학

• 핵심 정보 짚기
• 관계로 읽기
• 구조로 읽기
• 정보 추리하기
• 관점(입장) 따지기
• 사례 적용하기

EBS 개념완성 윤리와 사상

정답과 해설

정답과 해설

I 인간과 윤리 사상

01 윤리 사상과 사회사상의 필요성 ~
02 윤리 사상과 사회사상의 역할

기본 문제
본문 15~17쪽

01 ⑤	02 ④	03 ③	04 ④
05 종교적 존재		06 ②	07 ⑤
08 진화론	09 ④	10 ①	11 ④
12 ①	13 ④	14 자유주의	
15 해설 참조			

01 인간의 특성 이해

제시문은 인간이 결핍된 존재이기 때문에 동물과 다른 삶을 살게 되었다고 밝히고 있다. 또한 이런 결핍을 극복하기 위하여 자연을 개조하였다고 제시하고 있다.

ㄱ. 제시된 자료에서는 인간보다 동물이 감각의 예리함에서 더 뛰어나다고 밝히고 있다. ✕
ㄴ. 자연을 개조하기 위해서는 고도의 사유 능력, 즉 이성이 필요하다. ○
ㄷ. 개조시킨 자연의 총체를 문화라고 한다. ○
ㄹ. 제시된 자료에서는 인간이 결핍된 존재이지만, 이를 깨닫고 자연을 개조할 수 있다고 보았다. 이는 인간이 자신의 유한함을 깨닫고 있다는 의미와 통한다. ○

02 인간의 특성 이해

첫 번째는 소크라테스의 말이고, 두 번째는 맹자의 말이다. 소크라테스가 삶을 검토하여 의미 있게 살라고 한 것과 맹자가 인간이 마땅히 지켜야 할 도리가 있다는 점을 주장한 것은 모두 윤리적 존재로서의 인간의 특성을 제시한 것이다.

① 유희적 존재로서의 인간의 특성에 대한 설명이다. ✕
② 경제적 존재로서의 인간의 특성에 대한 설명이다. ✕
③ 도구적 존재로서의 인간의 특성에 대한 설명이다. ✕
④ 자기중심성에서 벗어나 자신을 반성할 수 있다는 것은 윤리적 존재로서의 인간의 특성을 설명한 것이다. ○
⑤ 종교적 존재로서의 인간의 특성에 대한 설명이다. ✕

03 고자의 인간 본성론에 대한 분석

갑은 동양 사상가 고자이다. 고자는 인간의 본성이 본래 선이나 악으로 결정되지 않았다는 성무선악설을 주장하였다.

ㄱ. 인간이 순수한 성품을 지니고 태어난다는 입장을 성선설(性善說)이라고 한다. ✕
ㄴ. 고자는 주변의 환경이나 교육과 같은 후천적인 요인에 따라 선악이 결정된다고 보았다. ○
ㄷ. 고자는 인간의 본성은 본래 선한 것도 악한 것도 아니라고 주장하였다. ○
ㄹ. 자신의 본성을 유지하라고 주장하는 입장은 인간의 본성이 선하다고 보는 성선설이다. ✕

> **틀린 사람을 위한 조언** 이 문제를 틀린 사람은 고자의 성무선악설을 정확하게 이해하지 못했기 때문이야. 고자는 순수한 성품을 지니고 태어난다거나 자신의 본성을 잘 유지해야 한다고 주장하지 않았음을 알고 있어야 해.

04 맹자의 인간 본성론에 대한 분석

을은 동양 사상가 맹자이다. 맹자는 인간에게 천부적으로 선한 도덕심이 갖추어져 있다는 성선설을 주장하였다. 그는 선한 도덕심을 잘 유지하고 확충하기 위해 노력해야 한다고 보았다.

① 맹자는 인간의 본성이 선천적으로 선하다고 보았기 때문에 긍정으로 대답을 할 질문이다. ✕
② 맹자는 선한 도덕심을 잘 유지하고 확충해야 한다고 보았기 때문에 긍정으로 대답을 할 질문이다. ✕
③ 맹자는 동물에게는 도덕적인 마음이 없다고 보았기 때문에 긍정으로 대답을 할 질문이다. ✕
④ 맹자는 인간이 도덕적 행위를 하는 것은 천부적인 선한 도덕심 때문이라고 주장하기 때문에 부정으로 대답을 할 질문이다. 이 내용은 성악설을 주장한 순자의 입장에서 긍정으로 대답을 할 질문이다. ○
⑤ 맹자는 인간의 본성은 본래 선하나, 욕망이나 환경에 따라 악해질 수 있다고 주장하기 때문에 긍정으로 대답을 할 질문이다. ✕

> **틀린 사람을 위한 조언** 이 문제를 틀린 사람은 맹자의 성선설을 정확하게 이해하지 못했기 때문이야. 맹자는 인간이 도덕적 행위를 하는 것은 인간의 선한 본성 때문이라고 주장한 점을 알고 있어야 해.

05 인간의 다양한 특성 파악

> **문제접근** 인간은 유한한 세계를 넘어 초월적이고 무한한 것을 추구하고, 절대적 존재에 대한 믿음을 가진다.

> **단답형 답안**
> 종교적 존재

06 순자의 인간 본성론에 대한 분석

제시문은 순자의 인간 본성론에 관한 내용이다. 순자에 의하면, 인간은 본래 이익을 좋아하고 남을 질투하며 미워하는 존재이기 때문에 인간의 본성은 악하다. 그는 교육과 같은 후천적인 노력을 통해 인간이 도덕적인 삶을 살아야 한다고 주장하였다.

① 순자는 인간의 본성이 악하다고 주장하였고, 후천적인 노력을 통해 악한 본성을 교화시켜 인간다운 삶을 실현하여야 한다고 하였다. ⭕

② 순자는 인간의 도덕적 행동은 교육과 같은 후천적인 노력에 의해서 가능하다고 주장하였다. 인간의 도덕적 행동이 본성의 발현이라고 주장하는 것은 성선설의 입장이다. ❌

③ 순자는 인간이 도덕적 행동을 하는 것은 교화의 결과이므로 도덕성을 기르기 위해서는 윤리 교육이 필요하다고 보았다. ⭕

④ 순자는 교육과 제도를 통해 인간의 욕망을 적절히 제어하고 교화할 것을 강조하였다. ⭕

⑤ 순자는 이기적 욕구와 욕망 때문에 인간들이 서로 대립한다고 보았다. ⭕

틀린 사람을 위한 조언 ▶ 이 문제를 틀린 사람은 순자의 성악설을 정확하게 이해하지 못했기 때문이야. 순자에 의하면, 인간의 본성은 악하기 때문에 이를 발현할 경우 인간은 도덕적 행동을 할 수 없다는 점을 알고 있어야 해.

07 윤리 사상의 의미와 필요성에 대한 이해

A에 들어갈 말은 '윤리 사상'이다. 윤리 사상은 '어떻게 사는 것이 도덕적이고 가치 있는 삶인가?'라는 질문에 대한 체계적인 생각을 말한다.

① 윤리 사상은 '무엇을 위해 살아야 하는가?'라는 물음과 관련하여 삶의 목적 및 가치 체계를 제공한다. ⭕

② 윤리 사상은 '나는 어떤 존재인가?'라는 물음과 관련하여 자기 이해에 필요한 올바른 기준을 제공한다. ⭕

③ 윤리 사상은 '어떻게 행동해야 하는가?'라는 물음과 관련하여 도덕적 행동 지침 및 판단 근거를 제공한다. ⭕

④ 윤리 사상은 어떤 행위가 옳은 행위이며 가치 있는 행위인지를 이론적으로 정당화한 것이다. ⭕

⑤ 윤리 사상은 가치 있는 행위가 무엇인지를 밝히기 때문에 사실 판단보다는 가치 판단을 더 중요시한다. ❌

틀린 사람을 위한 조언 ▶ 이 문제를 틀린 사람은 윤리 사상이 가치 판단과 밀접한 관련이 있다는 것을 몰랐기 때문이야. 윤리 사상은 다양한 도덕규범에 관심을 가짐으로써 사실 판단보다는 가치 판단의 중요성을 자각하게 함을 알아야 해.

08 인간 본성에 대한 현대의 진화론적 관점 이해

문제접근 현대의 진화론적 관점에서는 생존 경쟁을 위한 유전자의 이기성이 개체의 이기적인 행동과 더불어 이타적인 행동의 원인이 된다고 보았다.

단답형 답안
진화론

09 윤리 사상의 중요성 파악

제시된 대화는 거짓말과 관련된 딜레마 상황에 관한 내용이다. 윤리 사상은 우리가 살면서 부딪히는 다양한 문제 상황에서 올바른 판단을 내리는 데 도움을 줄 수 있다.

① 윤리 사상은 다양한 가치를 추구하는 데 도움을 줄 수 있다. ❌

② 딜레마 상황에서의 가치 판단을 통해서 삶을 성찰하기는 어렵다. ❌

③ 딜레마 상황에서의 가치 판단과 자아 탐색은 거리가 멀다. ❌

④ 윤리 사상은 일상생활 속에서 우리가 마주치는 도덕 문제에 관하여 올바른 도덕 판단을 내리는 데 도움을 줄 수 있다. ⭕

⑤ 딜레마 상황에서의 가치 판단과 자아실현 및 인격 완성과는 밀접한 관계가 있는 것은 아니다. ❌

10 아리스토텔레스의 입장 분석

제시문은 아리스토텔레스의 주장이다. 제시문에 따르면 좋은 국가가 없으면 인간다운 삶이 불가능하지만, 국가 역시 훌륭한 인간 없이는 제대로 운영되지 않는다. 이는 개인의 도덕성과 사회의 도덕성이 밀접한 관계에 있다는 점을 잘 보여 준다.

ㄱ. 아리스토텔레스는 철학자만이 정치에 참여해야 한다고 주장하지 않았다. ⭕

ㄴ. 제시문을 통해 윤리 사상과 사회사상이 불가분의 관계에 있다는 것을 추론할 수 있다. ⭕

ㄷ. 아리스토텔레스는 바람직한 인간 없이는 훌륭한 국가는 불가능하다고 보았다. ❌

ㄹ. 아리스토텔레스는 개인의 도덕성과 사회의 도덕성이 밀접한 관계에 있다고 보았다. ❌

11 사회사상의 의미와 중요성 파악

A에 들어갈 말은 '사회사상'이다. 사회사상은 복잡한 사회 현상에 관한 해석이나 인간의 삶과 사회의 관계 등을 이론적으로 체계화한 것이다.

ㄱ. 사회사상은 바람직한 사회의 이상을 제시한다. O
ㄴ. 사회사상은 세상을 이해하고 평가하는 일정한 기준과 체계적인 틀을 제공한다. O
ㄷ. 개인과 사회를 분리하여 생각하기 어려운 것처럼 사회사상의 구현은 윤리 사상과 불가분의 관계에 있고, 양자는 상호 보완적인 관계에 있다. ✖
ㄹ. 사회사상의 대표적인 예로는 자유주의, 공화주의, 민주주의 등이 있다. O

틀린 사람을 위한 조언 이 문제를 틀린 사람은 윤리 사상과 사회사상이 서로 밀접한 관련이 있다는 것을 몰랐기 때문이야. 윤리 사상은 사회사상의 토대가 될 수 있고, 사회사상은 개인의 윤리적 판단에 중요한 역할을 하기 때문에 상호 보완적인 관계에 있음을 알고 있어야 해.

12 윤리 사상의 역할 파악

제시문에서 A는 스마트폰 중독 증상을 보이고 있다. A는 아리스토텔레스의 가르침을 접하면서 자신의 행동을 성찰하게 되었고, 이를 바탕으로 편협한 생각이나 잘못된 행동을 바로잡게 되었다.

① 윤리 사상은 자신의 삶을 도덕적으로 성찰하게 한다. O
② 제시문을 통해서는 추론할 수 없는 내용이다. ✖
③ 제시문에 나타난 A의 스마트폰 중독은 사회 문제라기보다는 개인적인 차원의 문제이다. ✖
④ 제시문을 통해서 사회가 나아가야 할 바람직한 방향을 추론하기 어렵다. ✖
⑤ 제시문을 통해서 공동체의 중요성을 도출할 수는 없다. ✖

13 니부어의 사상에 대한 분석

니부어는 도덕성을 갖춘 개인이 도덕적이지 않은 집단 속에서는 도덕성이 제대로 구현되지 못할 수 있다고 주장한다. 또한 집단의 도덕성은 개인의 도덕성보다 열등하며, 개인의 도덕성과 사회의 도덕성을 구분하여 이해해야 한다고 보았다.

① 니부어는 집단의 도덕성은 개인의 도덕성보다 열등하다고 보았다. ✖
② 니부어는 사회의 구조나 제도의 영향이 크게 확대되면서 개인의 도덕성만으로는 해결하지 못하는 문제가 등장하게 되었다고 주장하였다. ✖

③ 니부어는 개인의 도덕성과 집단의 도덕성을 구분해서 이해해야 한다고 보았다. ✖
④ 니부어는 집단의 도덕성이 개인의 도덕성보다 타락하기 쉽다고 주장하였다. O
⑤ 니부어는 도덕적인 사회를 만들기 위해서는 사회 구조의 개선이 중요하다고 주장하였다. ✖

틀린 사람을 위한 조언 이 문제를 틀린 사람은 니부어가 집단의 도덕성이 개인의 도덕성보다 열등하다고 주장한 점을 몰랐기 때문이야. 니부어는 개인이 도덕적일지라도 사회 집단은 이기적으로 될 가능성이 매우 높다고 주장했다는 점을 알아야 해.

14 사회사상의 역할 파악

문제접근 사회사상은 인간의 삶을 개선하기 위한 방안을 제시함으로써 인류 사회의 발전에 큰 기여를 하였는데, 대표적인 예가 자유주의이다. 자유주의 사상은 '미국 독립 선언서'에 큰 영향을 주어 신분제가 철폐되는 데 기여하였다.

단답형 답안
자유주의

15 윤리 사상과 사회사상의 관계 파악

문제접근 제시문은 윤리사상과 사회사상이 매우 밀접한 관련이 있으며, 상호 보완적인 관계에 있다는 것을 보여 주고 있다. 따라서 바람직한 사회를 만들기 위해서는 윤리 사상과 사회사상을 종합적인 시각에서 바라볼 필요가 있다.

서술형 답안
윤리 사상과 사회사상이 상호 보완적 관계임을 알고 함께 탐구하여 양자를 종합적인 시각에서 바라보아야 한다.

01 인간의 특성 파악

제시문에서 주인공은 기후 변화에 적극적으로 대응하려고 노력하고 있다. 이를 통해 자신의 신념을 실천하며 가치 있는 삶을 추구하는 존재라는 점을 알 수 있다.

① 인간은 생명 활동에 필요한 욕구를 충족시켜야 하기 때문에 모든 욕구를 부정하는 것은 불가능하다. ✕
② 제시문은 종교적 존재에 대한 내용과 거리가 멀다. ✕
③ 제시문의 주인공은 주어진 운명을 따른다기보다는 자신의 신념을 적극적으로 실현하려는 모습을 보여 주고 있다. ✕
④ 유희적 존재로서의 인간의 특성에 대한 설명이다. ✕
⑤ 제시문의 주인공은 기후 변화 문제 해결이라는 자신의 신념을 실천하여 가치 있는 삶을 추구하고 있다. ○

02 아리스토텔레스의 입장 분석

제시문은 아리스토텔레스의 주장이다. 그는 인간만이 언어를 통해 좋음과 나쁨, 옳고 그름 등을 밝히고 인식할 수 있다고 보았다. 이러한 인식을 바탕으로 인간은 공동체와 국가를 생성하고 운영하는 정치적 존재라는 점을 강조하였다.

• 첫 번째 관점. 아리스토텔레스는 인간만이 언어를 통해 옳고 그름을 인식할 수 있다고 보았다.(갑, 병, 정만 해당)
• 두 번째 관점. 아리스토텔레스는 개인의 도덕성과 공동체의 도덕성은 별개가 아니라, 서로 밀접한 관련이 있다고 보았다.(갑, 정만 해당)
• 세 번째 관점. 아리스토텔레스에 의하면, 인간은 국가를 생성하고 운영하는 정치적 존재이다.(을, 정, 무만 해당)
• 네 번째 관점. 아리스토텔레스는 좋은 국가가 없으면 인간다운 삶이 불가능하다고 보았다.(갑, 병, 정, 무만 해당)
따라서 정답은 정이다.

틀린 사람을 위한 조언 이 문제를 틀린 사람은 아리스토텔레스가 개인의 도덕성과 공동체의 도덕성이 밀접한 관련이 있다고 주장한 점을 몰랐기 때문이야. 아리스토텔레스는 덕을 갖춘 훌륭한 시민에 의해 정의로운 국가가 형성된다고 주장하며, 개인과 공동체의 도덕성의 상호 연관성에 관해 긍정했음을 알아야 해.

03 맹자와 순자의 인간 본성론 비교

갑은 맹자, 을은 순자이다. 인간의 본성과 관련하여 맹자는 성선설, 순자는 성악설을 주장하였다. 맹자는 선한 도덕심의 확충을 강조하였고, 순자는 교육과 같은 후천적인 노력을 통한 악한 본성의 교화를 주장하였다.

ㄱ. 맹자는 인간의 본성이 선하다고 보았기 때문에 인간의 본성을 잘 유지해야 한다고 주장하였다. ○
ㄴ. 맹자에 의하면, 측은지심, 수오지심, 사양지심, 시비지심의 사단은 후천적으로 형성되는 것이 아니라 본래 인간에게 주어진 마음이다. ✕
ㄷ. 순자는 악한 본성의 교화를 주장함으로써 인간이 인간답게 살아갈 수 있는 방안을 제시하였다. ○
ㄹ. 순자는 도덕적인 삶을 위하여 교육과 같은 후천적인 노력이 중요하다고 역설하였다. ○

틀린 사람을 위한 조언 이 문제를 틀린 사람은 맹자의 사단이 선천적인 것임을 몰랐기 때문이야. 맹자에 의하면, 사단은 후천적으로 형성되는 것이 아니라 본래 인간에게 주어진 마음이라는 점을 알아야 해.

04 윤리 사상과 사회사상의 의미 파악

문제접근 인간다움의 실현을 위해 필요한 윤리 사상과 사회사상의 의미를 묻는 문항이다.

단답형 답안
A: 윤리 사상, B: 사회사상

05 윤리 사상과 사회사상의 관계 파악

문제접근 제시문은 유교의 입장이다. 유교에서는 자신부터 수양하여 바른 사람이 된 후에야 다른 사람을 다스릴 수 있다는 수기치인(修己治人)을 강조한다. 이는 개인의 도덕성과 사회의 도덕성이 불가분의 관계에 있다는 것을 의미한다. 따라서 윤리 사상과 사회사상과 같은 맥락에서 그 관계를 바라볼 수 있다.

서술형 답안
윤리 사상과 사회사상은 상호 의존적이고 보완적인 관계에 있다.

06 사회사상의 중요성 파악

제시문의 "빈부 격차 해결을 위해 국가가 개입해야 하는가?"라는 토론 주제에 대하여 두 사람의 견해가 다른 이유는 서로 지지하는 사회사상이 다르기 때문이다. 사회사상은 공적 삶의 영역에서 마주치는 윤리 문제와 딜레마를 해결하는 데 도움을 줄 수 있다.

① 주어진 내용을 통해 문화의 다양성에 따라 가치 판단이 달라질 수 있다는 내용을 도출하기는 어렵다. ✘
② 사회 현상을 해석하는 관점은 다양하며, 따라서 사회사상도 매우 다양하다. ✘
③ 현재 사회를 진단하고 평가하는 기준은 존재하며, 이런 역할을 하는 것이 바로 사회사상이다. ✘
④ 이상 사회의 모습을 설계하고 실현하는 것은 가능한 일이며, 이를 실현하는 방안을 모색하는 데 도움을 주는 것이 사회사상이다. ✘
⑤ 사회사상은 어떤 윤리적 문제에 대한 대안을 제시하기 때문에 어떤 사회사상을 따르느냐에 따라 각 개인의 판단은 달라질 수 있다. ○

07 니부어와 플라톤의 입장 비교

갑은 니부어, 을은 플라톤이다. 니부어는 개인의 도덕성과 집단의 도덕성을 구분하면서, 집단의 도덕성이 개인의 도덕성보다 타락하기 쉽다는 점을 지적하였다. 반면에 플라톤은 개인과 국가의 밀접한 관련을 주장하면서, 개인의 정의와 국가의 정의 역시 불가분의 관계에 있다고 보았다.

① 니부어는 개인의 도덕성과 집단의 도덕성이 구별된다고 주장하였다. ○
② 니부어는 개인의 도덕성이 집단의 도덕성보다 우월하다고 보았다. ✘
③ 플라톤은 개인의 정의와 국가의 정의가 닮았다고 보았다. ○
④ 플라톤은 개인과 국가가 서로 닮았기 때문에 밀접한 관련이 있다고 보았다. ○
⑤ 니부어와 플라톤은 모두 정의로운 사회, 즉 도덕적인 사회를 추구하였다. ○

틀린 사람을 위한 조언 이 문제를 틀린 사람은 니부어가 집단의 도덕성이 개인의 도덕성보다 열등하다고 주장한 점을 몰랐기 때문이야. 니부어가 개인의 도덕성보다 집단의 도덕성이 더 타락하기 쉽다고 주장한 점을 알아야 해.

08 윤리 사상과 사회사상의 상호 보완성 파악

개인과 사회를 분리하여 생각하기 어려운 것처럼 윤리 사상과 사회사상도 떼려야 뗄 수 없는 관계에 있다. 개인이 아무리 도덕적으로 살고자 해도 그가 살고 있는 사회 구조가 도덕적이지 않다면 도덕적인 삶을 영위하기는 어렵다. 반대로 어떤 사회 제도가 도덕적이라고 해도 개인이 도덕적이지 않으면 사회 제도의 효과는 떨어지게 된다.

ㄱ. 개인과 사회가 불가분의 관계에 있다는 것은 윤리 사상과 사회사상이 상호 의존적이라는 점을 뒷받침할 수 있다. ○
ㄴ. 도덕적인 인간과 바람직한 사회가 밀접한 관계가 있다는 것은 윤리 사상과 사회사상이 상호 의존적이라는 점을 뒷받침할 수 있다. ○
ㄷ. 개인과 사회의 추구하는 이상적인 모습이 상호 독립적이라는 설명으로 윤리 사상과 사회사상의 상호 의존성을 설명할 수 없다. ✘
ㄹ. 동서양 사상가들이 개인의 도덕성과 이상 사회의 조건을 함께 제시하기도 했다는 점은 윤리 사상과 사회사상이 상호 보완성을 가진다는 것이다. ○

09 한국 및 동양 윤리 사상의 특징 파악

문제접근 한국 및 동양 윤리 사상의 특징에 관한 문제이다. 한국 및 동양 윤리 사상에서 바라볼 때 세계에는 독립적 존재가 있을 수 없고, 모든 존재는 다른 존재와의 관계 속에서만 존재할 수 있다. 이러한 세계관을 유기체적 세계관이라고 한다.

단답형 답안
유기체적

10 한국 및 동양 윤리 사상의 현대적 의의 파악

문제접근 한국 및 동양 윤리 사상의 유기체적 세계관에 따르면, 인간과 자연은 지배와 피지배의 관계이거나 나와 남으로 분리되어 있는 독립된 개체가 아니다. 인간과 자연은 불가분의 관계에 있으며, 따라서 인간은 자연 속의 다른 존재와의 연관성 속에서만 삶을 영위할 수 있다. 이러한 점으로 보아 한국 및 동양 윤리 사상의 유기체적 세계관은 환경 파괴나 자원 고갈 문제의 해결에 도움을 줄 수 있다.

서술형 답안
환경 문제 해결에 도움을 줄 수 있다.

신유형·수능열기
본문 21쪽

| 1 ③ | 2 ② | 3 ④ | 4 ③ | | |

1 인간의 다양한 특성 파악

제시문의 A씨는 불행한 가정 환경을 비관하다가 삶의 성찰을 통해 진정한 행복의 비결을 깨닫는다. 이러한 깨달음을 바탕으로 A씨는 의학도가 되어 의료 봉사를 한다. A씨의 모습을 통해 우리는 인간은 더불어 살아갈 수밖에 없는 사회적 존재의 특성, 그리고 삶에 대한 성찰을 바탕으로 당위를 실천하는 윤리적 존재로서의 인간의 모습을 알 수 있다.

ㄱ. 도구적 존재로서의 인간의 특성을 설명하고 있다. ✕
ㄴ. 사회적 존재로서의 인간의 특성을 설명하고 있다. ○
ㄷ. 윤리적 존재로서의 인간의 특성을 설명하고 있다. ○
ㄹ. 종교적 존재로서의 인간의 특성을 설명하고 있다. ✕

2 윤리 사상과 사회사상의 중요성 이해

왜 신유형인가? 서술형 문항과 학생 답안을 제시하여 학생 답안에서 옳지 않은 내용을 찾는 문항은 자주 출제되었는데, 본 문항은 형성 평가 답안의 채점 결과를 제시하고 채점이 바르게 된 것만을 찾는 새로운 유형이다.

형성 평가의 내용은 윤리 사상과 사회사상의 중요성, 그리고 윤리 사상과 사회사상의 공통점과 관련된 내용이 주를 이루고 있다.

1. 인간의 다양한 특성 중에 가장 본질적인 특성은 인간이 윤리적 존재라는 점에 있다. 인간이 윤리적으로 살아갈 때, 비로소 인간다운 삶을 살아간다고 말할 수 있기 때문이다. 따라서 1번 문항은 'O'로 대답해야 하는 문항이기 때문에 정답으로 처리해야 한다. ○
2. 윤리 사상은 "나는 어떤 존재인가?"라는 물음과 관련하여 자아 탐색의 근거를 제공할 수 있다. 따라서 2번 문항은 'O'로 대답해야 하는 문항인데 '✕'로 대답하였기 때문에 이 문항은 오답으로 처리해야 한다. ✕
3. 사회사상은 현 사회의 진단과 평가에 도움을 줌으로써 현재 사회에 대한 반성적 성찰의 기회를 제공할 수 있다. 따라서 3번 문항은 'O'로 대답해야 하는 문항이다. 오답으로 채점했으므로 채점이 잘못됐다. ✕
4. 윤리 사상과 사회사상은 공통적으로 인간다움과 행복의 실현을 추구한다. 따라서 4번 문항은 'O'로 대답해야 한다. '✕'로 대답하였기 때문에 이 문제는 틀린 것으로 채점해야 한다. ○

3 맹자·순자·고자의 인간 본성론 비교

왜 신유형인가? 두 사상가의 입장을 벤 다이어그램으로 표현하여 공통점과 차이점을 찾는 유형은 자주 출제되었다. 본 문항은 세 명의 사상가의 입장을 벤 다이어그램을 통해 비교할 수 있도록 출제되었다.

갑은 맹자, 을은 순자, 병은 고자이다. 인간 본성과 관련하여 맹자는 성선설, 순자는 성악설, 고자는 성무선악설을 각각 주장하였다. 맹자와 순자는 인간의 본성이 생득적인 특성을 지녔다고 보았고, 순자와 고자는 도덕적 삶을 위한 후천적인 노력의 중요성을 강조하였다.

① 인간 본성의 선악을 생득적으로 본 사상가는 맹자뿐만 아니라 순자도 해당된다. 따라서 맹자만의 입장이 아니라 맹자와 순자의 공통점으로 보아야 한다. ✕
② 인간의 본성을 잘 유지하면 도덕적 인간이 된다고 주장한 사상가는 맹자이다. 왜냐하면 맹자는 인간의 본성이 본래 선하다고 보았기 때문에 이 선한 마음을 잘 유지하면 도덕적인 삶을 살 수 있다고 주장하였다. 따라서 B가 아니라 A에 들어가야 할 진술이다. ✕
③ 도덕적 삶을 위해 선행의 실천을 강조한 사상가는 맹자, 순자, 고자 모두이다. 따라서 C가 아니라 D에 해당되는 진술이다. ✕
④ 도덕적 행동은 후천적 노력에 의한 산물이라고 보는 사상가는 순자와 고자이다. 따라서 C에 들어갈 진술이 맞다. ○
⑤ 인간이 생존을 위해서 도덕적 행동을 한다고 주장하는 사람들은 현대 진화론적 입장에 있는 사상가들이다. 그들은 생존 경쟁을 위한 유전자의 이기성이 개체의 이타적인 행동의 원인이 된다고 주장하였다. 제시된 세 사상가 중 특히 맹자는 인간이 생존을 위해 도덕적인 행동을 한다고 보지 않는다. ✕

틀린 사람을 위한 조언 이 문제를 틀린 사람은 순자와 고자의 공통점을 몰랐기 때문이야. 순자와 고자는 모두 도덕적 행동이 후천적 노력에 의한 산물이라고 주장했다는 점을 알아야 해.

4 윤리 사상과 사회사상의 중요성 비교

A에 들어갈 말은 윤리 사상이고, B에 들어갈 말은 사회사상이다. 윤리 사상은 삶의 목적 및 가치 체계를 제공하고, 우리의 삶을 성찰하는 기준이 된다. 반면에 사회사상은 이상 사회를 설계하는 데 중요한 이론적 토대가 되고, 현재 사회에 대한 반성적 성찰이나 비판의 기준이 된다.

① 윤리 사상은 우리에게 어떻게 사는 것이 가치 있는 삶인지에 대한 윤리적 성찰의 기회 및 기준을 제공할 수 있다. ○

② 윤리 사상은 "무엇을 위해 살아야 하는가?"라는 물음에 대한 답을 찾는데 도움을 줄 수 있다. ○

③ 사회사상은 사회에 대한 가치 중립적인 입장을 갖게 하기보다는 옳고 그름 및 선악에 대한 가치 판단을 하도록 돕는다. ✕

④ 사회사상은 인간의 기본적인 권리인 자유, 평등 등을 보장하는 이상 사회의 실현을 위하여 우리 사회가 나아갈 방향을 제시한다. ○

⑤ 사회사상은 좋은 공동체와 좋은 시민의 모습에 대한 체계적인 관점을 담고 있기 때문에 현재 사회를 이해하고 평가하는 일정한 기준과 체계적인 틀을 제공할 수 있다. ○

틀린 사람을 위한 조언 ▶ 이 문제를 틀린 사람은 사회사상의 의미와 역할을 몰랐기 때문이야. 사회사상은 사회 체제나 제도의 바람직한 모습 및 그것의 구현에 관심이 있기 때문에 사회에 대한 가치 판단을 중시한다는 점을 알아야 해.

II 동양과 한국 윤리 사상

01 동양과 한국 윤리 사상의 연원

기본 문제
본문 28~29쪽

01 ③	02 ①	03 ②	04 ①	05 ④
06 ①				

01 유교 사상의 특징 이해

제시문은 유교 사상의 대표적 경전인 「논어」에 나오는 구절들이다. 유교 사상은 인륜과 같은 사회적 가치를 중시한다.

① 연기의 자각을 강조하는 것은 불교 사상이다. ✕
② 고통에서 벗어난 해탈을 추구하는 것은 불교 사상이다. ✕
③ 유교는 수양을 통한 인륜 실천을 중시한다. ○
④ 만물을 차별하지 말 것을 주장하는 것은 도가 사상이다. ✕
⑤ 무위자연의 삶을 추구하는 것은 도가 사상이다. ✕

02 유교 사상의 특징 이해

제시문은 유교 경전인 「중용」에 나오는 구절이다. 유교는 인(仁)을 강조하는데, 인은 사랑, 인간다움 등을 의미한다.

ㄱ. 유교는 인륜과 같은 사회적 가치를 중시한다. ○
ㄴ. 유교는 사람 사이의 사랑, 곧 인의 실현을 강조한다. ○
ㄷ. 현세의 삶은 전생에 지은 행위에 의해 결정된다고 보는 것은 불교 사상이다. ✕
ㄹ. 자유로운 삶을 위해 인위 규범의 폐지를 주장하는 것은 도가 사상이다. ✕

틀린 사람을 위한 조언 ▶ 이 문제를 틀린 사람은 유교 사상의 일반적 특징을 이해하지 못했기 때문이야. 유교는 죽음 이후보다는 현세의 삶을 중시하고, 도덕규범에 따라 살 것을 중시한다는 것을 명심해야 해.

03 불교와 도가 사상의 비교

갑은 불교의 창시자인 석가모니, 을은 도가의 대표적 사상가 노자이다.

① 인간다움으로서의 인(仁)의 실현을 주장하는 것은 유교이다. ✕
② 불교에서는 깨달음을 추구하면서 자비 실천을 강조한다. ○
③ 연기를 자각하여 고통에서 벗어나고자 하는 것은 불교이다. ✕

④ 도덕 사회의 실현을 위해 인위 규범을 따라야 한다고 보는 것은 유교이다. ✗

⑤ 불교와 도가는 주체적으로 인격을 닦을 것을 강조한다. ✗

틀린 사람을 위한 조언 이 문제를 틀린 사람은 불교 사상과 도가 사상이 유교와 다른 면을 이해하지 못했기 때문이야. 인(仁)과 인위 규범을 강조하는 것은 유교 사상의 특징임을 명심해야 해.

04 불교 사상의 특징 이해

제시문은 불교 사상이다. 불교는 연기(緣起)를 모르고 집착하기 때문에 괴로움에 빠진다고 보아, 연기를 깨닫고 괴로움에서 벗어나기 위해 선정과 지혜를 닦아야 한다고 강조한다.

① 불교는 연기를 깨닫고 고통에서 벗어나야 한다고 주장한다. ◯

② 인간의 본질을 사랑[仁]이라고 보는 것은 유교이다. ✗

③ 사회 규범으로서의 예(禮)의 실천을 주장하는 것은 유교이다. ✗

④ 세속적인 가치에서 벗어나 자연에 따라 살아야 함을 주장하는 것은 도가이다. ✗

⑤ 불교에서는 현세의 행위에 의해 다시 태어난다고 본다. ✗

틀린 사람을 위한 조언 이 문제를 틀린 사람은 불교 사상이 무엇을 추구하고 있는지 모르기 때문이야. 불교 사상은 연기(緣起)를 깨달아 윤회의 고통에서 벗어나는 것을 추구하고 있음을 명심해야 해.

05 단군의 건국 이야기의 특징 이해

제시된 그림은 단군의 건국 이야기에 대해 묻고 답하는 장면이다.

① 단군인 인간은 하늘의 환웅과 땅의 웅녀의 결합이다. ◯

② 단군의 건국 이야기에는 하늘 공경과 사람 사랑의 정신이 담겨 있다. ◯

③ 단군의 건국 이야기에는 이상적 공동체의 모습으로 신시가 제시되고 있다. ◯

④ 단군의 건국 이야기는 인간과 자연의 조화와 공존을 강조하고 있다. ✗

⑤ 단군의 건국 이야기는 인본주의적 특징을 지니고 있다. ◯

06 한국 고유 사상의 특징 이해

제시문은 한국 고유 사상의 특징을 인본주의, 조화, 생명 중시로 제시하고 있다.

① 고유 사상은 우리에게 연원을 두고 발전해 온 사상이다. 유교와 도가는 중국에서 받아들인 외래 사상이다. ✗

② 단군의 건국 이야기는 인간으로서의 단군의 탄생을 그리고 있으며 이것은 인본주의의 예가 된다. ◯

③ 원효의 화쟁은 조화 정신을 담고 있다. ◯

④ 건국 신화를 통해 고유 사상의 원형을 탐구할 수 있다. ◯

⑤ 동학에는 인본주의와 조화 정신이 담겨 있다. ◯

02 유교와 인(仁)의 윤리

기본 문제　　　　　　　　　본문 36~37쪽

01 ④	02 ②	03 ④	04 ①	05 ①
06 ①	07 ①	08 ①		

01 공자의 사상적 특징 이해

제시문을 주장한 사상가는 공자이다. 공자는 사회 구성원 각자가 자신의 신분과 처한 지위에 알맞은 역할을 해야 한다는 '정명(正名)'을 주장한다.

ㄱ. 공자는 효가 통치의 근본이라고 본다. ✘
ㄴ. 공자는 인의 실천 방법으로 충서를 제시한다. ○
ㄷ. 공자는 이로움의 추구보다 명분의 확립을 중시한다. ✘
ㄹ. 공자는 인의 실현을 위해 예가 필요하다고 본다. ○

틀린 사람을 위한 조언 ▶ 이 문제를 틀린 사람은 공자는 개인의 도덕성이 가정, 국가로 확대됨을 이해하지 못했기 때문이야. 공자는 가정에서의 효(孝)와 자(慈)가 통치의 기본이라고 봄을 명심해야 해.

02 맹자의 사상적 특징 이해

제시문을 주장한 사상가는 맹자이다. 맹자는 군주와 영토보다 백성이 더 중하다는 민본주의에 기초하여 군주는 백성의 생업을 보장해주어야 한다고 주장한다.

① 맹자는 군주는 인의의 덕으로 통치해야 함을 강조한다. ✘
② 맹자는 이상적 통치의 조건으로 백성의 생업 보장을 제시한다. ○
③ 이기적 본성의 변화를 강조하는 사상가는 순자이다. ✘
④ 맹자는 군주보다 백성이 중하다고 본다. ✘
⑤ 맹자는 군주보다는 영토, 영토보다는 백성이 더 중하다고 본다. ✘

03 순자의 사상적 특징 이해

제시문을 주장한 사상가는 순자이다. 순자는 인간의 본성은 악하다는 성악설을 주장한다. 그리고 악한 본성의 변화와 조절을 위해 예(禮)가 필요하다고 강조한다.

① 순자는 욕망의 제거가 아니라 조절을 주장한다. ✘
② 순자는 본성이 악하다고 보기 때문에 본성 발현을 주장하지 않는다. ✘
③ 순자는 본성을 악하다고 본다. ✘
④ 순자는 악한 본성을 조절하는 규범으로써 예(禮)의 필요성을 강조한다. ○
⑤ 순자는 본성이 악하다고 보기 때문에 본성 함양을 주장하지 않는다. ✘

04 맹자와 순자의 사상 비교

갑은 맹자, 을은 순자이다. 맹자는 사람은 태어날 때부터 착한 본성을 부여받았다는 성선설을, 순자는 인간은 태어날 때부터 악한 본성을 부여받았다는 성악설을 각각 주장하였다.

① 맹자와 순자는 모두 도덕적 인간을 지향하는 유교 사상가들이며, 도덕적 인간이 되기 위해 노력, 즉 수양이 필요함을 강조한다. ○
② 맹자는 성선, 순자는 성악을 주장한다. ✘
③ 순자는 인성을 거슬러야 예를 행할 수 있다고 본다. ✘
④ 순자는 본성이 악하다고 본다. 맹자에만 해당하는 진술이다. ✘
⑤ 순자에만 해당하는 진술이다. ✘

틀린 사람을 위한 조언 ▶ 이 문제를 틀린 사람은 맹자와 순자가 인성론에서는 다른 입장이지만 모두 도덕적 인간을 지향하는 유교 사상가라는 공통점이 있음을 몰랐기 때문이야. 맹자와 순자는 모두 도덕적 인간을 지향하며, 도덕적 인간이 되기 위해 수양이 필요함을 강조하고 있음을 명심해야 해.

05 공자와 맹자 사상의 특징 비교

갑은 공자, 을은 맹자이다. 공자와 맹자는 유교 사상가로서 도덕적 인간과 도덕적 사회를 지향한다. 맹자는 백성을 고통에 빠뜨리고 나라를 위태롭게 하는 통치자는 바꿀 수 있다는 역성혁명론을 주장하였다.

① 공자와 맹자는 법보다는 덕으로 다스릴 것을 강조한다. ○
② 맹자는 군주답지 못한 군주는 바꾸어야 한다고 본다. ✘
③ 본마음을 선하게 바꾸어야 함을 주장하는 것은 순자이다. ✘
④ 공자는 서(恕)라는 공감, 맹자는 사단 등의 감정을 중시한다. ✘
⑤ 맹자는 군주의 권위보다 백성의 생업이 우선시되어야 한다고 본다. ✘

06 맹자에 대한 순자의 비판 이해

제시문을 주장한 사상가는 순자이다. 순자는 본성이 악하다고 보기 때문에 본성을 변화시키고 교화해야 함을 강조한다.

① 맹자는 본성이 선하다고 보지만, 순자는 본성은 악하며 노력을 통해 본성을 변화시켜야 함을 주장한다. ○
② 맹자는 본성이 선하여도 욕망 때문에 악을 행할 수 있다고 보기 때문에 수양이 필요함을 강조한다. ✕
③ 맹자는 본성을 거스르지 않는 통치가 좋은 통치라고 본다. ✕
④ 맹자는 군주답지 못한 군주는 바꾸어야 한다고 본다. ✕
⑤ 맹자는 힘에 의한 통치보다 군주의 덕에 의한 교화를 중시한다. ✕

틀린 사람을 위한 조언 이 문제를 틀린 사람은 맹자와 순자의 차이점을 몰랐기 때문이야. 맹자와 순자는 도덕적 인간을 지향하는 유교 사상가이지만 인성을 바라보는 관점에 차이가 있어. 맹자는 태어나면서부터 인성이 선하다고 보지만 순자는 태어날 때는 인성이 악하지만, 노력을 통해 선하게 될 수 있다고 보고 있음을 명심해야 해.

07 주희의 사상적 특징 이해

제시문을 주장한 사상가는 주희이다. 주희는 만물은 이(理)와 기(氣)의 결합으로 이루어진다는 이기론(理氣論)을 기초로 하여 인간의 심성과 사회 통치를 모두 설명한다.

① 주희는 만물은 이와 기의 결합으로 이루어진다고 본다. ○
② 주희에 의하면 인간과 사물에 모두 이가 내재되어 있다. ✕
③ 주희에 의하면 이치가 없는 사물은 없다. ✕
④ 주희는 모든 사람은 인의예지의 성을 부여받는다고 본다. ✕
⑤ 주희는 본성의 변화를 주장하지 않는다. ✕

08 왕수인의 사상적 특징 이해

제시문을 주장한 사상가는 왕수인이다. 왕수인은 마음이 곧 이치라는 심즉리(心卽理), 지(知)와 행(行)은 본래 하나라는 지행합일 등을 주장한다.

ㄱ. 왕수인은 마음을 벗어나면 이치도, 사물도 없다고 본다. ○
ㄴ. 왕수인은 지와 행은 본래 하나라는 지행합일을 주장한다. ○
ㄷ. 사물의 이치를 탐구할 것을 주장하는 것은 주희이다. ✕
ㄹ. 왕수인은 이론적 학습 과정을 거치지 않아도 양지의 실천을 통해 성인이 될 수 있다고 본다. ✕

틀린 사람을 위한 조언 이 문제를 틀린 사람은 주희와 왕수인의 차이점을 몰랐기 때문이야. 주희와 왕수인은 도덕적 인간을 지향한다는 면에서는 공통되지만 그 방법에는 차이가 있어. 주희는 사물에 대한 이치를 탐구하여 앎을 지극히 해야 함을 강조하는 반면, 왕수인은 양지를 구체적으로 발휘하여 마음을 바로 잡을 것을 중시한다는 점을 명심해야 해.

03 한국 유교와 인간의 도덕적 심성

기본 문제								본문 44~45쪽
01	④	02	③	03	⑤	04	①	05 ②
06	④	07	④	08	②			

01 이황의 사상적 특징 이해

제시문을 주장한 사상가는 이황이다. 이황은 사단과 칠정의 연원을 달리 보아야 함을 강조한다.

ㄱ. 이황은 사단을 본래 선한 정으로 본다. ○
ㄴ. 이황은 사단과 칠정의 연원이 각기 다르다고 본다. ✕
ㄷ. 이황은 사단과 칠정의 연원이 다름을 강조한다. ○
ㄹ. 이황에 의하면 칠정은 본래는 선하지만 악으로 흐를 수 있다고 본다. ○

02 이황의 이기론 이해

제시문을 주장한 사상가는 이황이다. 이황은 이(理)는 존귀하고 기(氣)는 비천하다는 이귀기천설(理貴氣賤說), 기뿐만 아니라 이도 발한다는 이기호발설(理氣互發說)을 주장한다.

① 이황은 이와 기를 포함 관계로 보지 않는다. ✕
② 이황에 의하면 이는 어떤 것에 의해서도 명령받지 않는다. ✕
③ 이황은 이는 존귀하고 기는 비천하다고 본다. ○
④ 이는 사물의 원리이고, 사물을 형성하는 재료는 기이다. ✕
⑤ 모든 사물은 이와 기의 결합이다. ✕

틀린 사람을 위한 조언 이 문제를 틀린 사람은 이황이 기(氣)보다 이(理)를 귀하게 여기고 있음을 몰랐기 때문이야. 이황은 가치적인 면에서 이는 오로지 선(善)하고 기는 선과 악의 가능성을 동시에 지니고 있다고 보고 있음을 명심해야 해.

03 이황의 사상적 입장 이해

제시문을 주장한 사상가는 이황이다. 이황은 사단과 칠정이 모두 정이기는 하지만 각각 주된 바에 따라 이(理)와 기(氣)로 구분할 수 있다고 주장한다.

① 이황에 의하면 이는 순선(純善)이다. ✕
② 이황은 이와 기가 서로 섞일 수 없음을 강조한다. ✕
③ 이황은 칠정에는 선과 악의 가능성이 모두 있다고 본다. ✕
④ 이이의 주장이다. 이황은 기뿐만 아니라 이도 발한다고 본다. ✕

⑤ 이황은 성을 본연지성과 기질지성으로 구분하는 것처럼, 정도 이에 근원하는 사단과 기에 근원하는 칠정으로 구분할 수 있다고 주장한다. ○

04 이이의 기발이승일도설 이해

제시문을 주장한 사상가는 이이이다. 이이는 형태가 없는 이(理)는 발할 수 없고, 기가 발하고 이가 그것을 탄다는 기발이승(氣發理乘)만을 주장한다.

① ㉠에 들어갈 말은 기발이승이다. ○
② ㉠과 어울리지 않는 진술이다. ✕
③ ㉠과 어울리지 않는 진술이다. ✕
④ ㉠과 어울리지 않는 진술이다. ✕
⑤ ㉠과 어울리지 않는 진술이다. ✕

틀린 사람을 위한 조언 이 문제를 틀린 사람은 이이가 기발이승일도(氣發理乘一途)를 주장하는 까닭을 잘 몰랐기 때문이야. 이이는 이(理) 형체도 없고 작위도 없기 때문에 발(發)하지 못하고, 기는 형체와 작위가 있기 때문에 발할 있다고 봄을 명심해야 해.

05 이이의 기질 변화론 이해

제시문을 주장한 사상가는 이이이다. 이이는 이(理)의 본연인 선(善)의 실현을 위해 기질(氣質)을 바로잡아야 한다는 기질 변화론(氣質變化論)을 주장한다.

ㄱ. 이이는 기질을 바로잡을 것을 강조한다. ○
ㄴ. 이이에 의하면 선한 정이든 악한 정이든 연원은 같다. ✕
ㄷ. 이이는 악한 정으로 인해 인(仁)이 실현되지 않을 수 있다고 본다. ○
ㄹ. 이이는 기질이 탁하더라도 맑게 변화시키면 선행을 할 수 있다고 본다. ✕

틀린 사람을 위한 조언 이 문제를 틀린 사람은 이이의 기질변화(氣質變化)를 이해하지 못했기 때문이야. 이이는 사람은 타고나는 기질은 모두 다르지만 수양을 통해 기질을 변화시킬 수 있으며, 흐린 기질을 맑게 변화시켜 성인이 될 수 있다고 봄을 명심해야 해.

06 이황과 이이의 사상적 입장 비교

갑은 이황이고, 을은 이이이다. 이황은 사단과 칠정의 구분을 강조하고, 이이는 사단은 칠정에 포함된다고 본다. 이황은 이(理)의 능동성을 강조하면서 사단과 칠정을 엄격히 구분하였고, 이이는 사단과 칠정이

부분과 전체의 관계임을 지적하면서 사단을 포함한 칠정은 기가 발한 것이라고 주장한다.

① 사단은 칠정의 선한 부분이라고 보는 것은 이이이다. ✕
② 사단과 칠정은 성이 아니라 정이다. ✕
③ 이이는 사단은 칠정에 포함된다고 보기 때문에 칠정을 없애라고 주장하지 않는다. ✕
④ 이이에 의하면 사단이든 칠정이든 모두 기가 발하고 이가 그것을 탄 것이다. ○
⑤ 사단을 이가 발하고 기가 그것을 따르는 정이라고 보는 것은 이황의 주장이다. ✕

틀린 사람을 위한 조언 이 문제를 틀린 사람은 이황과 이이 사상의 차이점을 모르기 때문이야. 이황은 사단과 칠정의 연원이 다르다고 보고 양자를 엄격히 구분함으로써 도덕적 기준과 인간의 욕망을 혼동하는 오류를 방지하고자 했어. 반면에 이이는 이와 기가 서로 떨어져 있을 수 없기 때문에 사단과 칠정은 분리될 수 없다고 보았어. 이황과 이이의 사상은 자주 등장하기 때문에 두 사상가의 주장을 비교 분석할 줄 알아야 해.

07 정약용의 사상적 특징

제시문을 주장한 사상가는 정약용이다. 정약용은 본성에 인의예지의 덕이 주어져 있는 것이 아니며, 본성은 선을 좋아하고 악을 싫어하는 경향성, 곧 기호(嗜好)라고 본다.

① 정약용은 인성에 인의예지가 없다고 본다. ✕
② 정약용은 주체적 선택에 의해 덕행을 할 수 있다고 본다. ✕
③ 성리학의 주장에 해당한다. ✕
④ 정약용은 인의예지는 주어지는 것이 아니라 노력을 통해 형성하는 것이라고 본다. ○
⑤ 정약용에 의하면 덕을 부여받는 것이 아니라 기호(嗜好)를 부여받는다. ✕

틀린 사람을 위한 조언 이 문제를 틀린 사람은 정약용의 덕론을 이해하지 못했기 때문이야. 정약용은 성리학과 달리 인의예지의 덕이 태어날 때부터 주어지는 것이 아니라고 보고 있어. 즉 후천적 노력을 통해 형성, 획득하는 것임을 강조하고 있음을 잊지 말아야 해.

08 정약용과 이이의 덕론 비교

갑은 정약용이고, 을은 이이이다. 정약용은 덕은 선택과 실천을 통해 형성하는 것이라고 보는 반면, 이이와 같은 성리학자들은 본성 안에 이미 덕이 내재되어 있다고 본다.

① 정약용은 사단은 주어지는 것이라고 본다. ✗
② 정약용은 사덕은 노력을 통해 획득하는 것이라고 본다. ○
③ 성리학에 의하면 사단과 칠정 모두 감정이다. ✗
④ 성리학에 의하면 사단과 사덕은 모두 선천적인 것이며, 사단은 감정이고 사덕은 본성이다. ✗
⑤ 정약용은 사덕을 본성으로 보지 않는다. ✗

04 불교와 자비의 윤리

기본 문제
본문 52~53쪽

| 01 ② | 02 ④ | 03 ③ | 04 ④ | 05 ⑤ |
| 06 ① | 07 ③ | 08 ② | | |

01 초기 불교의 사성제설 이해

제시문은 초기 불교에서 석가모니가 제시한 사성제 중 고제와 집제에 대한 내용이다. 석가모니는 인간의 삶은 본질적으로 괴로움일 수밖에 없다는 고제를 제시하고, 그런 괴로움은 무명과 애욕으로 인해 생겨난다는 집제를 제시하였다. ㉠은 '괴로움(고통)'이고, ㉡은 '애욕(愛慾)'이다. ㉢은 '무명(無明)'이다.

ㄱ. 초기 불교는 괴로움이 소멸된 경지, 즉 열반을 추구한다. ○
ㄴ. 초기 불교는 애욕이 소멸된 열반의 경지를 무(無)로 보지는 않는다. ✗
ㄷ. 무명은 사성제를 바르게 알지 못하는 근원적인 무지이다. ○
ㄹ. 괴로움은 무명과 애욕으로 인해서 생겨난다. 그러므로 ㉡과 ㉢이 원인이 되어 ㉠이 생겨난다고 말해야 한다. ✗

02 초기 불교의 업(業) 이해

제시문은 초기 불교의 업(業)에 대한 내용이다. 업은 의도적으로 행한 행동을 말한다. 초기 불교는 자신이 지은 업은 반드시 자신이 그 영향을 받게 된다는 인과응보를 주장하였다. 이런 업 사상은 연기설에 바탕을 두고 있다.

① 초기 불교는 괴로움이 반드시 원인과 조건에 의하여 생겨난다고 보았다. ✗
② 초기 불교는 모든 것들이 상호 의존적인 관계로 이루어진다고 보았다. ✗
③ 초기 불교는 자신의 말이나 행동은 업이 되고, 이 업은 미래의 자신에게 영향을 미친다고 보았다. ✗
④ 초기 불교는 변하지 않고 고정된 실체는 없다고 보았다. ○
⑤ 초기 불교는 모든 것이 변하기 때문에 항상 존재하는 것은 없다고 보았다. ✗

틀린 사람을 위한 조언 이 문제를 틀린 사람은 불교의 연기(緣起) 사상을 잘 생각해 보아야 해. 연기는 모든 현상이 원인과 조건에 의해 생겨나고 사라진다고 보는 이론이야. 연기설에 따르면 변하지 않고 고정된 실체는 없는 거지. 왜냐하면 원인과 조건이 생기면 어떤 현상이 생겨나고, 원인과 조건이 사라지면 그 현상이 사라지게 되니까 말이야.

03 초기 불교의 사성제 이해

제시된 그림은 초기 불교의 사성제를 도식화한 것이다. 고성제와 집성제는 윤회하는 세계를 설명하고 있고, 멸성제와 도성제는 더 이상 윤회가 없는 열반을 설명하려는 내용이다. ㉠은 '팔정도'이고, ㉡은 '열반'이다.

① 팔정도는 삼학으로 나누어 설명되기도 한다. 그러므로 팔정도를 닦으면 계, 정, 혜가 완성된다고 할 수 있다. **O**
② 팔정도는 쾌락과 고행에 치우지지 않는 중도이다. **O**
③ 열반은 절대 자유의 경지로 세속을 넘어선, 즉 출세간적 진리이다. **X**
④ 열반은 모든 번뇌와 고통이 사라진 평화로운 경지이다. **O**
⑤ 초기 불교는 팔정도를 바르게 알고 수행할 때 열반이 실현될 수 있다고 보았다. **O**

틀린 사람을 위한 조언 이 문제를 틀린 사람은 열반의 특징을 이해하지 못하고 있어. 열반은 원인과 조건의 영향을 받지 않는 경지이며, 태어남이 없는 경지이고, 고통이 없는 절대 평화의 경지라고 해. 세속은 원인과 조건의 지배를 받는 세상이기 때문에 세속을 열반이라고 말할 수 없어.

04 중관 사상과 유식 사상의 비교

갑은 모든 것에 불변하는 실체가 없어 공하다고 주장하는 중관 사상가이고, 을은 모든 현상은 마음이 만들어 낸 허상이지만, 마음은 존재한다고 보는 유식 사상가이다.

① 중관은 중도의 진리로 바르게 통찰해야 한다는 것이다. 이런 중관을 중시한 사상이 중관 사상이다. **O**
② 중관 사상은 모든 것이 인연에 의해 발생하기 때문에 공하다고 본다. **O**
③ 유식 사상은 자기에 집착하는 의식을 없애야 한다고 본다. **O**
④ 유식 사상은 모든 것은 고정된 실체가 없더라도 마음은 존재한다고 본다. 또한 실체가 없는 것이 무(無)라고 주장하지는 않는다. **X**
⑤ 중관 사상과 유식 사상 모두 공 사상에 근거하여 집착에서 벗어나야 한다고 주장한다. **O**

틀린 사람을 위한 조언 이 문제를 틀린 사람은 무(無)라는 의미를 혼동하는 것 같아. 고정된 실체가 없다는 것은 끊임없이 변한다는 말과 같아. 즉 원인과 조건에 의해 생겨나고 사라진다는 거지. 하지만 그것들을 무(無)라고 보지는 않아. 이 세상이 무(無)라면 결국 '아무 것도 없다.' 는 말이 되지. 이것은 극단적인 허무주의적 사고 방식이야. 불교는 허무주의가 아니고 괴로움에서 벗어나려는 적극적 사고 방식이라고 볼 수 있어.

05 교종과 선종의 비교

제시문은 중국에서 생겨난 교종과 선종에 대한 내용이다. 교종은 깨달음을 얻기 위해 교리의 공부를 중시하며, 선종은 깨달음을 얻기 위해 참선을 중시한다. 선종은 교종이 경전에 집착하면서 참선을 경시한다고 비판한다. ㉠에는 교종에서 선종을 비판하는 내용이 들어가야 한다.

① 말이나 문자를 중시하면서 참선을 경시한다고 말하는 것은 선종이 교종에 대해 제시할 비판이다. **X**
② 선종은 경전과는 별도로 전해진 가르침을 중시한다. **X**
③ 교종이나 선종 모두 선정과 지혜를 닦는 수행을 중시한다. **X**
④ 선종은 마음에서 마음으로 전해지는 가르침을 중시한다. **X**
⑤ 교종은 선종이 교리를 경시하면서 참선을 통한 본성의 직관만을 강조한다고 비판한다. **O**

06 초기 불교의 사법인설 이해

제시된 그림은 초기 불교의 사법인설을 도식화한 것이다. 사법인은 모든 것은 변한다는 제행무상(諸行無常), 일체는 괴로움일 수밖에 없다는 일체개고(一切皆苦), 고정된 실체로서의 자아는 존재하지 않는다는 제법무아(諸法無我)와 열반은 고요하고 평화롭다는 열반적정(涅槃寂靜)이다. ㉠은 '제법무아'이고, ㉡은 '열반적정'이다.

① 제법무아는 연기의 영향을 받을 수밖에 없는 세계의 특징이다. **X**
② 제법무아는 '나'라고 주장할만한 고정된 실체는 없다는 의미이다. **O**
③ 제법무아는 인간이 고정된 실체가 아니라 생멸을 반복하는 오온(五蘊)에 지나지 않는다는 의미이다. **O**
④ 열반적정은 열반이 고통 없이 고요하고 평화롭다는 의미이다. **O**
⑤ 나라고 주장할만한 고정된 실체가 없다는 제법무아를 바르게 알고, 선정과 지혜를 닦으면 열반적정을 실현할 수 있다. **O**

07 초기 불교와 대승 불교의 비교

(가)는 초기 불교로 석가모니의 가르침이다. (나)는 보살행과 공을 강조하는 대승 불교의 가르침이다. 대승 불교는 위로는 깨달음을 구하고 아래로는 중생을 구제하는 보살을 이상적 인간상으로 제시하였다.

① 초기 불교와 대승 불교가 모두 부정의 대답을 할 질문이다. 불교는 열반을 목표로 하며, 열반의 실현을 위해 삼독을 제거해야 한다고 본다. **X**

② 초기 불교, 대승 불교가 모두 긍정의 대답을 할 질문이다. 불교는 모든 것이 인연에 의해 생기는 것으로 본다. ✕

③ 초기 불교는 부정, 대승 불교는 긍정의 대답을 할 질문이다. 초기 불교는 불성을 직관해야 한다고 주장하지는 않는다. 하지만 대승 불교는 연기에 따라 생기는 모든 것을 공하다고 주장하며, 불성을 직관해야 한다고 본다. ⭕

④ 초기 불교, 대승 불교가 모두 긍정의 대답을 할 질문이다. 초기 불교와 대승 불교는 불변의 실체가 있다고 주장하지는 않는다. ✕

⑤ 초기 불교, 대승 불교가 모두 긍정의 대답을 할 질문이다. 불교는 집착과 탐욕에서 벗어나 깨달음을 얻어야 한다고 본다. ✕

틀린 사람을 위한 조언 이 문제를 틀린 사람은 불성(佛性)이란 개념이 언제 생겨났는지를 혼동하는 것 같아. 불성은 '부처님의 성품'이라고 할 수 있어. 하지만 이 불성이라는 개념은 석가모니 사후에 생긴 개념으로 보는 것이 타당하다고 해. 특히 대승 불교에서 나타나고 강조된 개념으로 보고 있지. 석가모니는 '나에게 불성이 있으니, 이런 불성이 모든 중생들에게도 있어.'라는 식의 가르침을 편 적이 없어. 초기 경전에는 불성이라는 단어가 나타나지 않거든.

08 부파 불교(소승 불교)와 대승 불교의 비교

제시문은 불교의 전개 과정에 대한 내용이다. 불교는 석가모니 입멸 후 제자들에 의해 경전이 결집되고, 그 경전과 계율을 해석하는 과정에서 여러 파벌로 나뉘었다. 그 시기의 불교를 부파 불교라고 한다. 대승 불교는 그런 부파 불교를 소승 불교로 규정하면서 등장하였다. ㉠은 '부파 불교', ㉡은 '대승 불교'이다.

ㄱ. 부파 불교는 번뇌를 소멸한 아라한을 이상적 인간으로 추구하였다. ⭕

ㄴ. 부파 불교는 선정과 지혜를 닦아 깨달음을 얻을 수 있다고 보았다. 보살행을 중시한 것은 대승 불교이다. ✕

ㄷ. 대승 불교는 공의 체득과 자비의 실천을 중시하였다. ⭕

ㄹ. 대승 불교에 대한 설명으로 보기 어렵다. 대승 불교에서도 교리를 중시하기 때문이다. ✕

05 분쟁과 화합

기본 문제 본문 58~59쪽

01 ② 02 ③ 03 ③ 04 ③ 05 ②
06 ②

01 원효의 사상 이해

제시문은 한국이 불교를 수용하는 과정을 설명하는 글이다. 갑은 '원효'이다. 원효는 중국 불교와 달리 다양한 경전과 사상을 종합적으로 이해하면서 조화를 중시하는 한국 불교의 전통 정립에 기여하였다.

ㄱ. 원효는 종파들의 다양성을 인정하고 일심을 근거로 이런 종파들을 종합하고자 하였다. ⭕

ㄴ. 원효는 왕실과 귀족 중심의 불교를 일반 대중에게 널리 전파하고자 노력하였다. ✕

ㄷ. 원효는 일심으로 돌아가 모든 생명을 이롭게 해야 한다고 주장하였다. ⭕

ㄹ. 원효는 문자에 의존하지 말고 참선에만 전념해야 한다고 주장하지는 않았다. 그는 다양한 경전을 공부하고, 교리와 관련된 책들을 저술하였다. ✕

02 원효의 화쟁 사상 이해

제시문은 원효의 주장이다. 원효는 다양한 쟁론들이 모두 일심을 다른 시각에서 본 것이고, 그런 쟁론들은 일심으로 종합될 수 있다고 보았다. 그러면서 특정한 견해에 집착하는 것은 옳은 자세가 아니라고 주장하였다.

① 원효는 보살행을 중시하고, 몸소 보살행을 실천하고자 노력하였다. ✕

② 원효는 선정과 지혜를 중시했으나, 선정과 지혜를 닦아 사물과 하나가 되어야 한다고 주장하지는 않았다. ✕

③ 원효는 다양한 논쟁들은 일심으로 종합될 수 있다는 화쟁 사상을 제시하였다. ⭕

④ 원효는 인의가 아닌 선정과 지혜를 통해 깨달음을 얻을 수 있다고 보았다. ✕

⑤ 원효는 교리를 중시하였다. ✕

03 혜능과 지눌의 입장 차이 비교

제시된 그림은 혜능의 돈오 사상과 지눌의 돈오점수 사상을 도식화한 것이다. 중국 선종을 부흥시킨 혜능은 자신의 불성을 직관하여 단박에 깨달으면 곧바로 부처가 된다고 주장하였다. 반면 지눌은 돈오했더라도 오랫동안 쌓여 온 나쁜 습관[習氣(습기)]은 남아 있어, 선정과 지혜를 통해 이를 없애야 한다고 보았다. ㉠은 '돈오', ㉡은 '점수'이다.

ㄱ. 돈오는 경전의 공부를 지속적으로 해서 얻는 것은 아니다. 혜능은 참선을 통하여 단박에 깨달을 수 있다고 보았다. ✕
ㄴ. 돈오는 자신의 본성을 직관하여 단박에 깨달음을 얻는 것이다. ◯
ㄷ. 지눌이 말한 점수는 선정과 지혜를 함께 닦는 것이다. ◯
ㄹ. 지눌은 참선을 버리고 교리의 공부에 전념해야 한다고 주장하지 않았다. ✕

틀린 사람을 위한 조언 ▶ 이 문제를 틀린 사람은 혜능의 돈오와 지눌의 돈오점수를 제대로 이해하지 못하는 것으로 보여. 혜능은 자성의 직관을 통해 단박에 깨달을 수 있다고 보았어. 그리고 깨달으면 부처와 같은 존재가 된다고 보았지. 하지만 지눌은 본성을 직관하여 단박에 깨달아도 오래된 습관[習氣]이 남아 있어 부처와 같지 않다고 보았어. 그래서 선정과 지혜를 닦아야 마침내 부처가 될 수 있다고 보았어. 이 둘의 차이점을 꼭 파악해야 해.

04 의천의 교관겸수 이해

제시문은 의천이 제시한 교관겸수에 대한 내용이다. 의천은 교종에서 중시하는 교리의 연구인 교(敎)와 선종에서 중시하는 내면의 통찰인 관(觀)을 함께 닦아야 한다고 주장하였다. ㉠은 '교(敎)'이고, ㉡은 '관(觀)'이다.

① 교는 경전에 대한 연구이다. 명상을 통해 본성을 보는 것은 관(觀)이다. ✕
② 혜능은 참선을 통해 돈오할 수 있다고 주장하였다. ✕
③ 관은 현상을 있는 그대로 통찰하는 불교 수행이다. ◯
④ 사성제와 십이연기의 지적인 이해는 교이다. ✕
⑤ 교는 지적인 측면에, 관은 실천적인 측면에 해당한다. ✕

틀린 사람을 위한 조언 ▶ 이 문제를 틀린 사람은 교(敎)와 관(觀)을 바르게 이해하지 못하는 것 같아. 교(敎)는 '석가모니의 가르침, 즉 교리'를 의미해. 관(觀)은 '사물의 실상을 있는 그대로 꿰뚫어 아는 수행 방법으로 지혜를 얻기 위한 수행'이라고 할 수 있어. 그래서 관(觀)은 혜(慧)와 직접적 관련을 맺는 단어라고 생각하면 문제를 풀기 쉬울 거야.

05 지눌의 돈오점수 사상 이해

제시문은 지눌의 돈오점수에 대한 내용이다. 지눌은 혜능과 달리 자신의 자성을 단박에 깨달았다고 하더라도, 습기를 없애기가 어렵다고 보았다. 그래서 습기를 제거할 수 있는 점진적인 수행, 즉 선정과 지혜를 지속적으로 닦아야 한다고 주장하였다. ㉠은 '돈오', ㉡은 '점수'이다.

① 지눌은 돈오가 경전 연구에 의해 뒷받침되어야 한다고 주장하지는 않았다. ✕
② 지눌은 돈오가 내면의 불성을 직관하는 선을 통해 실현될 수 있다고 보았다. ◯
③ 지눌은 높은 근기의 사람들은 단박에 깨달음을 얻어 부처가 된다고 보았다. 그러므로 점수는 낮은 근기의 사람들에게 필요한 수행이라고 보았다. ✕
④ 돈오가 점수에 비해 교리 연구의 노력이 필요하다고 볼 수는 없다. ✕
⑤ 점수는 선정과 지혜를 함께 닦는 것을 말한다. ✕

06 한국 불교의 특징 이해

제시문은 한국 불교의 특징에 대한 내용이다. 한국 불교는 조화를 중시하였다. 원효의 화쟁 사상, 의천과 지눌의 교종과 선종의 조화 등이 대표적이다. 또한 한국 불교는 자신의 깨달음과 함께 다른 사람의 구제를 중시하는 보살행을 강조하였다. ㉠은 '조화 정신', ㉡은 '보살행'이다.

ㄱ. 조화 정신은 원효의 화쟁 사상에서 찾아볼 수 있다. ◯
ㄴ. 조화 정신은 교리와 참선 수행의 조화를 중시한다. ✕
ㄷ. 보살행은 대승 불교의 공 사상과 밀접한 관련을 맺고 있다. ◯
ㄹ. 보살행은 자신의 깨달음도 중시하지만 중생의 구제도 함께 중시한다. 그러므로 자신의 깨달음만을 위하여 수행한다고 말하기 어렵다. ✕

모든 구속에서 벗어나 대자연의 섭리에 자신을 맡긴 정신적 자유의 경지를 말하지. 장자는 도의 관점에서 보면 차별이나 분별에서 벗어날 수 있다고 주장해. 그런 장자의 사상을 바르게 이해하면 이런 문제는 틀리지 않을 거야.

06 도가 사상과 무위자연의 윤리

기본 문제
본문 66~67쪽

01 ②	02 ⑤	03 ⑤	04 ④	05 ③
06 ①	07 ③	08 ②		

01 유교와 도가 사상의 비교

제시문은 중국 춘추 전국 시대에 나타난 유교와 도가에 대한 내용이다. 자료의 ㉠은 '유교', ㉡은 '도가'이다. 유교는 공자, 맹자, 순자로부터 비롯된 사상으로 도덕성과 도덕적 질서를 중시하였다. 도가는 노자와 장자로부터 비롯된 사상으로, 무위자연을 중시하였다.

ㄱ. 유교는 사람들의 도덕성 상실로 인해서 사회가 혼란해졌다고 보았다. ○
ㄴ. 유교는 도덕 덕목과 같은 인위를 중시하였다. 인위에서 벗어나야 정신적 자유가 실현된다고 보는 것은 도가 사상이다. ✕
ㄷ. 도가는 사람이 자연의 순리에 따라 살아가야 한다고 보았다. ○
ㄹ. 유교의 주장이다. 도가는 도덕적 성찰로 인격 완성을 추구해야 한다고 주장하지 않았다. ✕

02 장자의 입장 파악

제시문은 도가 사상가인 장자의 주장이다. 장자는 도의 경지에서 보면 만물은 모두 평등한데, 사람들이 인간의 관점으로 만물을 편협하게 평가하려고 하기 때문에 혼란이 발생한다고 보았다.

① 장자는 도의 관점에서 볼 때는 만물이 모두 소중하고 평등하다고 보았다. ✕
② 장자는 인위가 자연의 순리에 어긋나는 인간의 의도적인 것으로 규정하였다. ✕
③ 장자는 만물이 지닌 상대적 가치를 존중해야 한다고 보았지, 이런 상대적 가치가 궁극적 가치라고 보지는 않았다. ✕
④ 장자는 인간 중심적 관점에서 사물을 평가하는 것을 부정적으로 보았다. ✕
⑤ 장자는 만물의 평등함과 소중함을 깨달을 때 정신적 자유를 누릴 수 있다고 보았다. ○

틀린 사람을 위한 조언 이 문제를 틀린 사람은 장자의 제물(齊物)과 물아일체(物我一體) 사상을 제대로 이해하고 있지 못한 것 같아. 제물은 세속의 차별에서 벗어나 만물을 평등하게 인식하는 것을 말해. 물아일체는 세속의

03 장자의 소요유 사상의 이해

제시문은 중국 춘추 시대의 사상가인 장자에 대한 내용이다. 장자는 외물의 지배에서 벗어나 정신적 자유를 누려야 한다고 주장하였다. 장자가 주장한 정신적 자유의 경지를 소요유라고 한다.

ㄱ. 장자는 분별적 지식을 부정적으로 보면서, 이런 분별적 지식을 버려야 한다고 주장하였다. ✕
ㄴ. 장자는 제물의 경지에 도달하려면 좌망과 심재를 닦아야 한다고 주장하였다. 선정은 불교의 수행 방법이다. ✕
ㄷ. 장자는 타고난 본성에 따라 소요유의 삶을 살아야 한다고 보았다. ○
ㄹ. 장자는 자연의 순리에 따라 사물과 하나가 되는 물아일체의 삶을 살아야 한다고 주장하였다. ○

04 노자의 사상 이해

제시문은 노자의 주장이다. 노자는 통치자가 백성들로 하여금 무지하고 무욕하게 해야 이상적인 사회가 이룩될 수 있다고 보았다. 그러면서 무위의 다스림을 강조하였다.

① 노자는 사람들이 도에 따르면 사회 혼란을 극복할 수 있다고 보았다. ○
② 노자는 물처럼 자신을 낮추고 남과 다투지 않고 살아가야 한다고 보았다. ○
③ 노자는 자연의 순리에 따르면서 생명을 잘 보존해야 한다고 보았다. ○
④ 노자는 수련을 중시하지만, 다시 태어남이 없는 경지, 즉 열반을 추구해야 한다고 주장하지는 않았다. ✕
⑤ 노자는 욕망을 절제하면서 소박하게 살아가야 한다고 보았다. ○

틀린 사람을 위한 조언 이 문제를 틀린 사람은 도가와 불교를 혼동하는 것 같아. 도가는 자연의 순리에 따른 삶을 중시해. 그러나 불교는 괴로움에서 벗어나는 것을 중시해. 그래서 괴로움이 없는 열반을 추구하게 되는 거지. 도가 사상가들은 괴로움의 소멸을 강조하지는 않아. 그리고 열반이라는 개념은 불교 사상에서 중시하는 개념이야. 도가에서는 찾아보기 어려운 개념이라는 것을 알았으면 해.

05 도교 사상의 이해

제시된 도표는 도교 사상을 도식화한 것이다. 도교는 한나라 초기의 황로학파, 한나라 말기의 교단 도교, 위진 시대의 현학으로 구분될 수 있다. ㉠은 교단 도교 중 '오두미교'이고, ㉡은 '현학'이다.

① 오두미교는 교단과 교리 체계를 갖추고 양생을 중시한 교단 종교이다. ○
② 오두미교는 도덕적 선행을 통해 신선이 되어야 한다고 주장하였다. ○
③ 현학은 정치 현실에서 벗어나 자연에 따라 살면서 정신적 자유를 추구한 사상이다. 법과 술로써 백성을 통치해야 한다고 주장한 사상은 법가 사상이다. ✕
④ 청담은 현실에서 벗어나 은둔하는 생활을 추구하였으며, 이런 대표적 사상가들이 죽림칠현이다. ○
⑤ 오두미교와 현학은 모두 도가 사상을 계승하면서 발전을 추구하였다. ○

06 장자의 이상적 인간상 이해

제시문은 장자의 사상이다. 장자는 외물의 지배를 받지 않고 정신적 자유를 누리는 이상적 인간상을 제시하였는데, 바로 지인, 진인, 신인 등이 대표적이다. ㉠에 들어갈 말은 '지인'이다.

① 장자가 본 지인은 만물과 하나가 되는 경지에 도달한 사람이다. ○
② 장자는 도덕 규범을 인위로 규정하였다. ✕
③ 열반은 불교에서 추구하는 이상적 경지이다. ✕
④ 장자는 인위가 사회 혼란을 초래한다고 보았다. ✕
⑤ 장자는 외적인 성공보다 내면적인 자유를 더 중시하였다. ✕

틀린 사람을 위한 조언 ▶ 이 문제를 틀린 사람은 장자가 이상적으로 생각하는 인간상, 즉 지인, 진인, 신인, 천인 등의 개념을 제대로 이해하지 못하는 것 같아. 장자는 자연의 순리에 따라 살면서 정신적 자유를 추구한 사람이라는 것을 생각한다면 장자의 이상적 인간상이 혼동되지는 않을 거야.

07 도교 사상 이해

제시문은 도덕적 선행을 실천하여 신선이 될 수 있다는 도교의 주장이다. 도교는 도덕적 선행을 통하여 불로장생을 추구하며, 불로의 경지에 도달한 신선이 되는 것을 권장하였다.

ㄱ. 도교는 도를 극복하는 것이 아니라, 도에 따른 삶을 중시하였다. ✕
ㄴ. 도교는 신선이 되려면 도덕적 선행을 실천해야 한다고 보았다. ○
ㄷ. 도교는 올바른 수련을 통해 불사의 경지에 도달할 수 있다고 보았다. 도교에서 제시한 수련은 외단과 내단이 대표적이다. ○
ㄹ. 도교는 선정을 닦아야 한다고 주장하지는 않았다. 선정을 중시한 사상은 불교 사상이다. ✕

틀린 사람을 위한 조언 ▶ 이 문제를 틀린 사람은 도교와 불교의 수양 방법을 구분하지 못하는 것 같아. 도교는 내단과 외단의 수양을 중시해. 그런 수양을 통해 신선이 되고자 하지. 그러나 도교에서 선정과 지혜를 중시하지는 않아. 선정과 지혜는 불교에서 중시하는 수양 방법이야. 반드시 구분해 두었으면 해.

08 도가와 도교 사상의 비교

(가)는 도가 사상이고, (나)는 도교 사상이다. 도가 사상가인 장자는 무위(無爲)에 따라 살면 자연과 하나가 될 수 있다고 보았다. 도교는 외단과 내단을 통해 불로(不老)의 신선이 될 수 있다고 보았다.

① 도가는 인위적 규범이 사회 혼란을 초래할 수 있다고 보며, 이런 인위에서 벗어나 정신적 자유를 누려야 한다고 주장하였다. ○
② 도가는 심재의 수양 방법을 중시하지만, 이런 심재를 통하여 도덕 덕목을 내면화해야 한다고 보지는 않는다. 도덕 덕목을 인위로 보기 때문이다. ✕
③ 도교는 약물의 복용과 같은 외단을 통하여 불로를 추구해야 한다고 주장하였다. ○
④ 도교는 인간이 자연의 순리에 따라 살아가야 한다고 주장하였다. ○
⑤ 도가와 도교는 자연에 따라 주어진 생명을 잘 보존해야 한다고 주장하였다. ○

07 한국과 동양 윤리 사상의 현대적 의의

기본 문제

본문 74~75쪽

| 01 ④ | 02 ① | 03 ④ | 04 ⑤ | 05 ④ |
| 06 ① | 07 ⑤ | 08 ② | | |

01 실학의 사상적 특징 이해

제시문은 실학의 등장 배경에 관한 설명이다.

ㄱ. 실학은 삶을 풍요롭게 하고자 하는 학문이다. ○
ㄴ. 실학은 주관적 관념보다 실증성을 중시한다. ✕
ㄷ. 실학은 공리공론을 반대하면서 등장하였다. ○
ㄹ. 실학은 우리의 역사, 지리, 풍속 등에 대한 독자적 탐구를
   전개하였다. ○

02 박지원의 사상적 특징 이해

제시문은 실학 사상가인 박지원의 주장이다. 박지원은 학문은 실생활
에 도움이 되어야 함을 강조하였다.

① 박지원은 덕을 바르게 하려면 생활이 윤택해야 한다고 본
   다. ○
② 박지원에 의하면 생활이 윤택해야 성명을 밝힐 수 있다. ✕
③ 박지원은 다른 학문의 배척을 주장하지 않는다. ✕
④ 박지원은 이기의 관계 규명과 실용적 학문을 연계시키지
   않는다. ✕
⑤ 박지원은 사물에 대한 탐구를 중시한다. ✕

> **틀린 사람을 위한 조언** ▶ 이 문제를 틀린 사람은 실학 사상의 특징을 이해하지
> 못했기 때문이야. 실학 사상은 성리학과 마찬가지로 도덕적 인간을 지향하는
> 유교 사상이야. 하지만 실학은 성리학보다는 현실의 경제적 문제 해결을 중
> 시하고 있음을 명심해야 해.

03 정제두의 사상적 특징 이해

제시문을 주장한 사상가는 정제두이다. 정제두는 양명학을 수용하여
독자적인 사상 체계를 이루었다.

①, ②, ③, ⑤ 정제두는 불교, 도가, 성리학, 고증학이 아니라
   양명학을 수용하여 독자적인 사상 체계를 이룬다. ✕
④ 정제두는 양명학을 수용하여 독자적인 사상 체계를 이룬
   다. ○

04 위정척사와 동도서기론의 비교

(가)는 위정척사, (나)는 동도서기이다. 위정척사는 유교적 가치 체계를
지키고 서양과 일본의 문물은 배척해야 한다고 주장한다. 동도서기는
유교적 가치 체계는 지키면서도 서양의 발전된 과학 기술을 수용해야
한다고 주장한다.

①, ②, ③, ④ (가), (나)의 조합과 맞지 않는다. ✕
⑤ (가)는 위정척사, (나)는 동도서기이다. ○

05 정제두와 신기선의 사상 비교

갑은 정제두, 을은 신기선이다. 정제두는 양명학을 수용하여 독자적인
사상 체계를 이루었고, 신기선은 유교적 가치 체계는 지키면서 서양의
발전된 과학 기술을 수용해야 한다고 주장하였다.

① 정제두는 인간이 도덕적 주체임을 자각해야 한다고 본다. ○
② 정제두는 사욕을 극복하고 양지를 실천해야 한다고 주장한
   다. ○
③ 정제두는 양명학을 수용하여 독자적인 학문 체계를 이루어
   강화학파의 선구가 된다. ○
④ 항일 의병의 밑거름이 되는 것은 위정척사 사상이다. ✕
⑤ 신기선은 서양의 우수한 과학 기술의 수용을 주장한다. ○

06 신기선, 이항로의 공통점 이해

제시문을 주장한 사상가는 이항로이다. 이항로는 유교적 가치 체계를
지키고 서양과 일본의 문물을 배척해야 한다는 위정척사 사상가이다.

① 신기선, 이항로 모두 유교적 가치 체계를 지키고자 하였다. ○
② 정제두에게 해당하는 진술이다. ✕
③ 신기선, 이항로 모두 서양 사상의 수용을 주장하지 않는다. ✕
④ 신기선, 이항로 모두 고유 사상을 중심으로 서양 종교의 수
   용을 주장하지 않는다. ✕
⑤ 이항로는 실학을 주장하지 않는다. ✕

> **틀린 사람을 위한 조언** ▶ 이 문제를 틀린 사람은 위정척사와 동도서기의 특징을
> 잘 몰랐기 때문이야. 위정척사와 동도서기는 모두 국난 극복을 위해 유교 사
> 상이 필요함을 강조하는 공통점이 있음을 명심해야 해.

07 동학의 사상적 특징 이해

제시문을 주장한 사상가는 최제우이다. 최제우는 고유 사상을 바탕으
로 유교, 불교, 도가를 종합하여 동학을 제창했다.

① 동학은 서구 열강의 침략에 대항하고자 하였다. ⭕
② 동학은 나라를 돕고 백성을 편안하게 한다는 보국안민(輔國安民)을 주장한다. ⭕
③ 동학은 신분, 남녀 등의 차별을 거부한다. ⭕
④ 동학은 모든 사람은 자기 안에 한울님을 모시고 있다고 본다. ⭕
⑤ 동학은 유교적 가치를 부정하지 않으며, 서양의 종교로 유교적 가치를 대체하자고 주장하지 않는다. ❌

틀린 사람을 위한 조언 이 문제를 틀린 사람은 동학이 유교를 비롯한 전통 사상을 부정하지 않고 있음을 몰랐기 때문이야. 동학은 고유 사상을 바탕으로 유교, 불교, 도가의 사상을 종합하였음을 명심해야 해.

08 박중빈과 강일순의 사상적 특징 비교

갑은 박중빈이고, 을은 강일순이다. 박중빈은 기존 불교 사상을 개혁하여 한국형 생활 불교를 표방한 원불교를 창시하였다. 강일순은 고유 사상을 바탕으로 도가의 사상을 나름대로 해석하여 증산교를 창시하였다.

ㄱ. 박중빈은 정신과 육체를 균형 있게 발전시켜야 한다는 영육쌍전(靈肉雙全)을 주장한다. ⭕
ㄴ. 박중빈은 기존 불교 사상을 개혁한 한국형 생활 불교를 표방한다. ❌
ㄷ. 강일순은 내세가 아니라 현세에서 낙원을 실현할 수 있다고 주장한다. ⭕
ㄹ. 한국형 생활 불교를 표방한 것은 강일순이 아니라 박중빈이다. ❌

틀린 사람을 위한 조언 이 문제를 틀린 사람은 원불교와 증산교가 어떤 사상을 중심으로 새로운 이념을 제시하고 있는지를 잘 몰랐기 때문이야. 원불교는 불교 사상을 중심으로 생활형 불교를 주장했고, 증산교는 도가 사상을 새롭게 해석하였음을 명심해야 해.

| 01 ① | 02 ① | 03 ③ | 04 해설 참조 |
| 05 ④ | 06 ③ | 07 ② | 08 해설 참조 |

01 유교의 이상적 인간상의 이해

제시문은 유교 사상의 주장이고, ㉠에 들어갈 말은 '군자'이다.

① 유교는 자신의 이름과 직책에 어울리는 역할을 해야 한다는 정명론을 중시하기 때문에 자신의 역할을 충실히 수행하고자 하는 사람의 본보기가 될 수 있다. ⭕
② 불교의 이상적 인간에 대한 설명이다. ❌
③ 불교의 이상적 인간에 어울리는 진술이다. ❌
④ 도가의 이상적 인간에 어울리는 진술이다. ❌
⑤ 유교는 현실을 넘어서 있는 진리를 찾고자 하지 않는다. ❌

틀린 사람을 위한 조언 이 문제를 틀린 사람은 유교의 이상적 인간상인 군자의 특징을 잘 몰랐기 때문이야. 유교의 군자는 인격 완성을 위해 도덕적 수양에 힘쓰고 사회적 책무를 충실히 이행하기 위해 노력하는 사람임을 명심해야 해.

02 맹자와 순자의 사상적 특징 비교

갑은 맹자이고, 을은 순자이다. 맹자는 힘으로 다스리는 패도를 반대하고 군주의 덕으로 다스리는 왕도 정치를 주장한다. 순자는 고대 성왕이 제정한 예로써 다스리는 예치를 주장한다.

① 맹자는 법보다는 군주의 덕으로 다스릴 것을 강조한다. ❌
② 맹자는 군주가 군주답지 않으면 바꿀 수 있다는 혁명론을 주장한다. ⭕
③ 순자는 인간의 본성은 악하다는 성악설을 주장하기 때문에 선을 인위적 노력의 결과라고 본다. ⭕
④ 순자는 고대 성왕이 제정한 예로써 다스려야 할 것을 주장한다. ⭕
⑤ 맹자와 순자 모두 도덕을 강조하는 유교 사상가들로서 군주의 도덕적 모범을 강조한다. ⭕

03 주희의 성리학 이해

제시문은 주희의 주장이다. 주희는 이기론에 기초하여 세계를 설명하고, 나아가서 인간의 본성과 마음[심성론], 통치 방법[경세론] 등을 종합적으로 설명하고자 하였다.

ㄱ. 심즉리(心卽理)를 주장하는 왕수인의 주장이다. ✗

ㄴ. 주희의 이기론에 의하면 이는 만물을 낳는 원리이고, 기는 만물의 재료이다. ◯

ㄷ. 주희의 이기론에 의하면 이와 기는 개념으로는 구분되지만 현실의 사물에서는 언제나 함께 있다. ◯

ㄹ. 본성이 선해도 욕망 때문에 악행을 할 수 있기 때문에 본성도 길러나가야 한다. ✗

틀린 사람을 위한 조언 ▶ 이 문제를 틀린 사람은 주희 성리학의 특징을 잘 몰랐기 때문이야. 주희는 이(理)와 기(氣)로 세계와 인간의 심성을 설명하고 있어. 이와 기는 서로 떨어져 있을 수 없지만 개념상으로는 확실하게 구분이 되지. 그리고 이는 만물이 생기는 근본 원리이면서 동시에 도덕 법칙이기도 하다는 점을 명심해야 해.

04 이황의 사단 칠정론 이해

문제접근 사단은 이가 발하고 기가 이를 따르는 것이며, 칠정은 기가 발하고 이가 이를 탄 것에서 이황의 사단 칠정론을 유추할 수 있다.

서술형 답안

제시문을 주장한 사상가는 이황이다. 이황은 사단과 칠정의 연원을 '이(理)'와 '기(氣)'로 나누어 본다. 이것은 사단과 칠정을 엄격하게 구분함으로써 도덕적 기준으로서의 이(理)의 절대적 지위를 확보하기 위함이다.

05 정약용의 사상적 특징 이해

제시문을 주장한 사상가는 정약용이다. 정약용은 인간의 본성은 선을 좋아하고 악을 싫어하는 경향성, 곧 기호(嗜好)라고 주장한다.

① 정약용에 의하면 사덕은 주어지지 않는다. ✗

② 정약용은 사람의 본성은 선이나 악으로 정해져 있는 것이 아니라고 본다. ✗

③ 순자의 주장에 해당한다. ✗

④ 정약용은 사람은 선을 선택하고 행할 수 있는 능력이 있다고 본다. ◯

⑤ 정약용은 인간은 선이나 악을 선택할 수 있는 능력이 있는 것이지, 선을 행하도록 결정되어 있다고 보지 않는다. ✗

06 지눌의 사상적 특징 이해

제시문을 주장한 사상가는 지눌이다. 지눌은 돈오 이후에는 점수가 필요하다고 주장하며, 점수의 구체적 방법으로 정혜쌍수를 제시한다.

ㄱ. 지눌은 돈오 이후에도 점진적 수양이 필요하다고 본다. ✗

ㄴ. 지눌은 깨달음 이후에도 수행이 필요하다고 본다. ◯

ㄷ. 부처가 되기 위해서는 반드시 깨달음이 전제되어야 한다. ◯

ㄹ. 지눌은 돈오 이후에 점수가 필요하다고 주장한다. ✗

틀린 사람을 위한 조언 ▶ 이 문제를 틀린 사람은 지눌의 돈오와 점수의 관계를 잘 몰랐기 때문이야. 지눌에 의하면 돈오와 점수는 선후가 있으며, 보통 사람은 돈오와 점수가 모두 필요해. 즉 먼저 돈오하고 난 뒤에 반드시 점수를 해야 온전한 부처가 됨을 명심해야 해.

07 노자의 사상적 특징 이해

제시문을 주장한 사상가는 노자이다. 노자는 인위적 다스림이 없는 무위(無爲)의 다스림이 가장 바람직한 정치라고 본다.

① 노자는 법과 제도를 인위적 규범으로 보아 반대한다. ✗

② 노자는 무위의 다스림을 가장 좋은 다스림이라고 본다. ◯

③ 인(仁)을 통치의 근본으로 삼아야 한다고 보는 것은 유교의 입장이다. ✗

④ 분별적 지혜를 강조하는 것은 유교의 입장이다. ✗

⑤ 본성이 악하다고 보는 것은 순자의 주장이다. ✗

틀린 사람을 위한 조언 ▶ 이 문제를 틀린 사람은 노자의 정치론을 이해하지 못했기 때문이야. 노자는 인위적 규범보다는 자연적 본성에 근거한 통치를 강조해. 즉 사회 제도에 의한 통치는 인간의 자연적 본성을 해쳐 사회를 혼란하게 하는 원인으로 보고 있음을 명심해야 해.

08 위정척사와 동도서기의 국난 극복 방안 비교

문제접근 갑은 위정척사 사상가인 최익현이고, 을은 동도서기론을 주장하는 신기선이다.

서술형 답안

위정척사 사상은 서양의 사상과 종교뿐만 아니라 과학 기술도 배척하고 성리학적 질서를 고수해야 한다고 주장한다. 반면, 동도서기론에서는 사상과 인륜 질서는 유교로 하되 서양의 발전된 과학 기술은 수용해야 한다고 주장한다.

신유형·수능열기
본문 80~81쪽

1 ③	2 ③	3 ⑤	4 ④	5 ④	6 ②
7 ⑤	8 해설 참조				

1 공자, 맹자, 순자의 사상 비교

갑은 공자이고, 을은 맹자이며, 병은 순자이다. 공자는 백성들을 덕(德)으로 인도해야 한다는 덕치(德治)를 주장하였다. 맹자는 군주가 백성들과 즐거움을 함께 해야 한다는 여민동락(與民同樂)을 강조하였고, 군주가 자신의 선한 마음을 미루어 정치하는 왕도 정치를 주장하였다. 순자는 인간의 본성을 악하게 보면서, 예(禮)로써 백성을 다스려야 한다는 예치를 주장하였다.

① 공자는 예(禮)와 법이 백성들을 통치하는 데 필요하다는 것을 인정했다. 하지만 법보다는 덕(德)으로 백성들을 다스릴 때 백성들이 도덕적 인간이 될 수 있고, 정치도 올바른 방향으로 나아갈 수 있다고 보았다. ○

② 맹자는 군주가 백성들과 더불어 즐거움을 함께 나눠야 한다는 여민동락을 주장하였다. ○

③ 순자는 예를 통한 통치를 강조하였다. 순자도 법을 활용한 정치를 인정하였다. 그러나 술수를 쓰는 정치는 인정하지 않았다. 법과 술을 활용한 정치를 강조한 것은 법가 사상이다. ✕

④ 공자와 맹자는 군주가 어진 마음으로 백성을 다스려야 한다고 보았다. ○

⑤ 맹자와 순자는 군주는 백성들이 도덕적 삶을 살도록 인도해야 한다고 주장하였다. ○

틀린 사람을 위한 조언 이 문제를 틀린 사람은 유학 사상가들의 통치관에 대해 혼동하는 것 같아. 공자, 맹자, 순자 모두 덕(德)을 근거로 한 통치, 즉 덕치(德治)를 중시해. 맹자는 이런 덕치를 왕도 정치라고 했지. 순자는 예치라고 했어. 그러나 공자, 맹자, 순자 모두 법치를 부정하지는 않아. 법치를 활용할 수밖에 없다는 사실을 인정한 거지. 그러나 공자, 맹자, 순자 모두 법치를 중시하기보다는 덕치를 중시해야 한다고 보고 있어.

2 초기 불교 사상의 이해

제시문은 초기 불교의 석가모니 사상이다. 석가모니는 고통이 없는 열반을 실현하기 위하여 팔정도를 닦아야 한다고 주장하였다. 마음챙김[念(념)]의 수행은 팔정도의 내용 중 올바른 마음챙김[正念(정념)]에 해당한다.

① 석가모니는 열반에 이르기 위해서는 선정과 지혜를 닦아야 한다고 주장하였다. 좌망과 심재는 도가에서 제시한 수행 방법이다. ✕

② 석가모니는 인연에 따라 생기는 것은 모두 무상(無常)하다고 보았지, 무(無)라고 주장하지는 않았다. ✕

③ 석가모니는 삼학을 완성하면 괴로움을 소멸할 수 있다고 보았다. ○

④ 석가모니는 팔정도의 수행을 강조하였지만, 팔정도를 닦는 이유가 사물과 하나가 되기 위한 것이라고 보지는 않았다. 사물과 하나가 되는 것을 중시한 사상은 도가이다. ✕

⑤ 석가모니는 정신적 즐거움을 누리기 위해 선정과 지혜를 닦아야 한다고 주장하지는 않았다. ✕

3 이황, 이이, 정약용의 사상 비교

왜 신유형인가? 기출에서는 세트 문항으로 이황과 이이를 비교하고 나서, 정약용과 두 사상가의 차이점을 묻는 문제로 자주 출제되고 있다. 하지만 이황, 이이, 정약용을 한 문항으로 구성하는 경우는 적고, 이렇게 하면 난이도가 높아지게 되는 경향이 있다. 그러므로 이 세 사상가를 한 문제로 다루면 그들의 차이점과 공통점을 파악하면서 문제를 풀어야 한다.

갑은 이황, 을은 이이, 병은 정약용이다. 이황은 이와 기가 모두 발할 수 있다는 이기호발설을 주장하였고, 이이는 오직 기만 발할 수 있다고 주장하였다. 정약용은 사람은 오직 사단을 타고날 뿐이고, 이런 사단을 확충하여 사덕을 형성할 수 있다고 보았다.

① 이황은 이의 작용성을 인정하면서, 이와 기가 서로 발할 수 있다는 이기호발설을 주장하였다. ○

② 이이는 이가 형태도 없고 발할 수도 없는 존재로 보고, 오직 기만이 발할 수 있다고 보았다. ○

③ 정약용은 인간의 본성이 기호라고 주장하면서, 인간은 선이나 악으로 흐를 경향성을 지니고 태어난다고 보았다. ○

④ 이황과 이이는 사람이 사단과 사덕을 타고난다고 보았다. ○

⑤ 정약용은 후천적 노력을 통해서 사덕을 형성할 수 있다고 보았다. 하지만 이이는 사덕은 타고난다고 보았다. ✕

4 주희와 왕수인의 사상 비교

갑은 주희이고, 을은 왕수인이다. 주희는 성리학을 집대성하면서 사람의 본성이 곧 이치라는 성즉리설을 주장하였다. 반면 왕수인은 양명학을 제시하면서 마음이 곧 이치라는 심즉리설을 주장하였다. 주희는 격물의 '격(格)'을 '궁구하다, 이르다'의 의미를 갖는다고 보아, 격물을 '사물의 이치를 궁구하다.'라고 해석하였다. 왕수인은 격물의 '격'이 '바로잡다'는 의미를 갖는다고 보아, 격물을 '내 마음의 뜻과 생각이 향하는 일을 바로잡는다.'라고 해석하였다.

① 주희는 자신의 본성을 함양하기 위해 노력해야 한다고 보았다. O
② 주희는 사람의 감정은 선악이 섞여 있기 때문에 본성으로 볼 수 없다고 하였다. O
③ 왕수인은 심외무리(心外無理)를 주장하면서 마음 밖에 이치가 존재하지 않는다고 주장하였다. O
④ 왕수인은 심외무물(心外無物)을 주장하면서 마음 밖에 사물이 존재하지 않는다고 보았다. 그래서 외부의 사물을 탐구해야 한다고 주장하지 않았다. X
⑤ 주희와 왕수인은 욕구를 절제하고 인격을 닦아야 한다고 주장하였다. O

틀린 사람을 위한 조언 이 문제를 틀린 사람은 주희와 왕수인의 이(理)에 대한 견해 차이를 잘 모르고 있는 것 같아. 주희는 모든 사물에 이(理)가 내재한다고 보았어. 그래서 사물에 대한 탐구를 중시하지. 하지만 왕수인은 이(理)가 마음에 있다고 봐. 심지어 마음을 떠나서는 사물이 존재할 수 없다는 심외무물(心外無物)을 주장해. 그렇기 때문에 사물에 대한 탐구를 중시하지 않아. 이 사실을 꼭 기억하고 문제를 풀어야 할 거야. 그래야 다음에 비슷한 유형의 문제가 나와도 틀리지 않을 거야.

5 지눌과 의천의 사상 비교

갑은 의천이고, 을은 지눌이다. 의천은 안과 밖을 온전히 닦아야 한다는 내외겸전을 주장하였다. 지눌은 '부처가 입으로 말한 것이 교(敎)이고, 마음으로 전한 것이 선(禪)이라고 하면서 교와 선이 서로 통한다고 주장하였다.

ㄱ. 의천은 깨달음을 얻기 위해 교와 관을 함께 닦아야 한다는 교관겸수를 주장하였다. O
ㄴ. 지눌은 교리의 공부가 참선 수행을 하는데 도움을 준다고 보면서, 교리 공부의 필요성을 인정하였다. O
ㄷ. 지눌은 정은 마음의 본체이고, 혜는 마음의 작용이라고 보면서, 정과 혜를 체용(體用)으로 이해하고자 하였다. O
ㄹ. 본성을 직관하면 곧바로 완성된 부처가 된다고 본 사상가는 혜능이다. 의천과 지눌은 본성을 직관하면 곧바로 부처가 된다고 보지는 않았다. 지눌은 돈오 이후에 점진적 수행을 해야 완성된 부처가 될 수 있다고 보았다. X

6 도가와 도교 사상 비교

왜 신유형인가? 도가의 수양 방법과 도교의 수양 방법은 유사한 측면이 있으면서도 다른 측면이 있다. 그렇기 때문에 도가와 도교 문항을 출제하면 아주 쉬운 난이도의 문제가 되든지, 정말 어려운 문제가 될 수밖에 없다. 둘의 차이점을 정확하게 파악해 두면 도가의 문제를 푸는데 도움이 된다.

(가)는 도가 사상이고, (나)는 도교 사상이다. 도가는 자연의 순리에 따라 살아야 하며, 죽음을 편히 여겨야 한다고 보았다. 도교는 적절한 수련을 통하여 신선이 될 수 있다고 주장하였다.

① 도가와 도교 모두 긍정의 대답을 할 질문이다. X
② 도가는 부정, 도교는 긍정의 대답을 할 질문이다. 도가는 도덕적 덕목을 인위로 규정하면서 인위에 따르면 사회 혼란을 초래할 수 있다고 보았다. 반면 도교는 도덕적 선행을 실천하면 신선이 될 수 있다고 주장하였다. O
③ 도가, 도교 모두 부정의 대답을 할 질문이다. 도가는 단약의 복용을 주장하지 않았다. 도교는 단약의 복용을 주장하였지만, 단약의 복용은 지인이 아닌 신선이 되기 위한 방법이었다. X
④ 도가, 도교 모두 부정의 대답을 할 질문이다. 열반은 불교에서 추구하는 목표이다. X
⑤ 도가, 도교 모두 긍정의 대답을 할 질문이다. X

7 위정척사 사상과 동도서기 사상 비교

(가)의 갑은 위정척사 사상을 주장한 이항로이고, 을은 동도서기 사상을 주장한 신기선이다. 이항로는 서양 문물은 나라에 해가 되기 때문에 모두 불태워야 한다고 주장하면서 위정척사를 강조하였다. 신기선은 우리의 도를 유지하면서 서양의 문물을 수용해야 한다는 동도서기를 주장하였다.

① 이항로, 신기선이 모두 부정의 대답을 할 질문이다. 사회 발전을 위해 유교적 질서를 변형해야 한다는 것은 급진적 개화론의 주장이다. X
② 이항로, 신기선이 모두 부정의 대답을 할 질문이다. 백성의 권리 보장을 위해 군주의 권한을 축소해야 한다는 것은 급진적 개화론의 주장이다. X
③ 이항로가 부정의 대답을 할 질문이다. 이항로는 쇄국을 주장하였다. X
④ 이항로는 부정, 신기선은 긍정의 대답을 할 질문이다. X
⑤ 신기선이 긍정의 대답을 할 질문이다. 신기선은 외국의 문물을 수용해야 한다고 주장하였다. O

8 동학과 증산교의 비교

문제접근 제시된 자료의 (가)는 동학 사상이고, (나)는 증산교이다. 동학 사상은 사람이 한울님을 모시고 있다는 시천주 사상을 제시하면서, 신분 차별을 없애야 한다고 주장하였다. 증산교도 남녀 차별이 철폐된 후천 사회가 도래할 것이라고 주장하였다.

서술형 답안
한국 근대 신흥 종교인 동학 사상과 증산교는 모두 신분 차별, 남녀 차별과 같은 사회적 차별에 반대하였다. 그러면서 그런 사회적 차별이 철폐된 이상 사회, 즉 후천 사회가 도래한다고 주장하였다.

III 서양 윤리 사상

01 서양 윤리 사상의 연원

기본 문제
본문 88~89쪽

01	④	02	해설 참조	03	④	04	④
05	③	06	③				

01 헤브라이즘의 특징에 대한 이해

제시문은 헤브라이즘과 관련된 내용이다. 서양 윤리 사상의 하나의 뿌리를 헤브라이즘에서 찾을 수 있다. 헤브라이즘은 고대 유대 민족의 유대교로부터 이후 전개된 그리스도교에 이르기까지 그 사상과 문화 및 전통을 이르는 말이다.

ㄱ. 헤브라이즘은 유일무이한 절대자로서의 신에 대한 믿음을 강조한다. O

ㄴ. 헤브라이즘은 신을 초월적이고 절대적인 존재로 상정한다. O

ㄷ. 헤브라이즘은 신에 대한 절대적인 믿음을 바탕으로 누구나 지켜야 하는 규율을 제시한다. O

ㄹ. 헤브라이즘은 현세가 아니라 내세에 구원을 받는다고 본다. ✗

틀린 사람을 위한 조언 이 문제를 틀린 사람은 헤브라이즘의 특징과 영향을 잘 몰랐기 때문이야. 헤브라이즘이 다소 낯설게 느껴지는 것은 또한 사실이야. 하지만 제시된 자료를 잘 읽어 본다면 헤브라이즘의 특징을 유추해 낼 수 있을 거야. 잘 모르는 내용이 나왔다고 쉽게 포기하지 말고 제시된 자료에 단서를 찾아내는 독해 능력을 키울 필요가 있어.

02 프로타고라스의 사상 이해

문제접근 제시문은 소피스트 사상가인 프로타고라스의 주장이다. 소피스트들은 그리스의 여러 도시 국가를 여행하면서 지역마다 서로 다른 고유한 관습이 있다는 것을 관찰하였다. 그들은 이를 바탕으로 도덕 규범의 다양성을 강조하면서, 보편타당한 도덕 법칙은 존재하지 않는다고 보았다.

서술형 답안
프로타고라스는 세상 모든 것에 대한 판단 기준은 각 개인이기 때문에 누구에게나 보편타당한 절대적인 진리는 존재하지 않는다고 본다.

⑤ 소크라테스는 선한 행위가 무엇인지 안다면 그대로 행할 것이라고 본다. ✕

틀린 사람을 위한 조언 이 문제를 틀린 사람은 소크라테스의 주지주의적 관점에 대해 몰랐기 때문이야. 주지주의는 이성이 의지나 감정보다 우위에 있다고 생각하는 철학상의 입장이야. 소크라테스는 모든 악은 무지에서 나온다고 보았기 때문에 악한 행위는 무지에서 비롯된 것이라는 점을 명심해야 해.

03 소크라테스와 소피스트 사상의 비교

갑은 소크라테스, 을은 소피스트 사상가인 트라시마코스이다. 소크라테스는 무지의 자각과 이를 기초로 참된 앎을 위한 영혼의 수련을 강조하였다. 트라시마코스는 강자들은 오직 자신의 이익을 추구하기 위하여 법률과 같은 것들을 제정하기 때문에 정의는 강자의 이익을 위한 것에 불과하다는 정의관을 제시하였다.

① 소크라테스는 참된 앎을 알면 덕이 쌓이고 행복하다는 지덕복합일설을 주장한다. ○
② 소크라테스는 참된 앎을 획득하기 위해 스스로가 무지를 깨달아야 한다고 주장한다. ○
③ 트라시마코스는 상대주의적 진리관의 관점에서 정의는 강자의 이익이라고 본다. ○
④ 트라시마코스는 절대적이고 보편적인 윤리나 진리는 없다는 상대주의적 진리관을 주장한다. ✕
⑤ 소크라테스와 트라시마코스는 학문 탐구의 주제를 인간 삶의 문제로 본다. ○

틀린 사람을 위한 조언 이 문제를 틀린 사람은 '수립된 정권의 이익이 곧 정의이다.'라는 주장이 트라시마코스의 입장이라는 것을 몰랐거나 트라시마코스가 상대주의적 진리관을 주장했다는 점도 몰랐기 때문이야. 트라시마코스와 같은 소피스트들이 절대적이고 보편적인 윤리나 진리가 없다는 상대주의적 진리관을 주장했다는 점을 알고 있어야 해.

04 소크라테스의 사상 이해

제시문은 소크라테스의 주장이다. 소크라테스는 알면서도 악을 행하는 것은 있을 수 없는 일이라고 보며, 사람들이 악행을 하는 것은 무엇이 옳고 그른지를 모르기 때문이라는 주지주의(主知主義)를 주장한다. 따라서 ㉠에 들어갈 내용은 주지주의의 관점에 해당되는 내용이 들어가야 한다.

① 아리스토텔레스의 입장이다. 아리스토텔레스는 참된 앎을 알았더라도 의지가 나약하면 악한 행위를 할 수 있다고 본다. ✕
② 소크라테스는 악한 행위를 하는 것은 선한 행위를 하는 것이 습관화되어 있지 않기 때문이 아니라 무지 때문이라고 본다. ✕
③ 아리스토텔레스의 입장이다. 아리스토텔레스는 선한 행위를 하기 위해서는 앎과 실천 의지를 결합시켜야 한다고 본다. ✕
④ 소크라테스는 악한 행위를 하는 사람은 악한 행위가 자신에게 나쁜 영향을 주는 것을 모르기 때문이라고 본다. ○

05 소크라테스의 사상 이해

제시문은 소크라테스의 주장이다. 소크라테스는 영혼을 돌보는 일을 강조하며 참된 앎을 깨달을 것을 주장한다.

① 소크라테스가 부정의 대답을 할 질문이다. 소크라테스는 악행은 무지로부터 나오는 것이라고 본다. ✕
② 소크라테스가 부정의 대답을 할 질문이다. 유용성을 선악의 가치 판단의 기준으로 보는 것은 소피스트이다. ✕
③ 소크라테스가 긍정의 대답을 할 질문이다. 소크라테스는 이성을 통해 절대적 진리를 추구함으로써 덕이 있는 사람이 될 수 있다고 본다. ○
④ 소크라테스가 부정의 대답을 할 질문이다. 덕은 좋은 행동의 실천과 습관화를 통해 형성된다고 보는 것은 아리스토텔레스의 입장이다. ✕
⑤ 소크라테스가 부정의 대답을 할 질문이다. 감각적 경험을 통해 진정한 행복에 도달할 수 있다고 보는 것은 소피스트의 입장이다. ✕

06 소크라테스와 소피스트의 사상 비교

갑은 소크라테스, 을은 소피스트 사상가인 프로타고라스이다. 소크라테스는 참된 앎을 추구하는 삶을 살아갈 것을 강조한다. 반면 프로타고라스는 각 개인이 가치 판단의 기준이 된다는 상대주의적 진리관을 주장한다.

ㄱ. 소크라테스는 긍정, 소피스트는 부정의 대답을 할 질문이다. 소피스트들은 무지의 자각을 진리 탐구의 조건으로 보지 않는다. ✕
ㄴ. 소크라테스는 긍정, 소피스트는 부정의 대답을 할 질문이다. 소피스트들은 보편타당한 진리와 도덕 법칙이 존재하지 않는다고 본다. ○
ㄷ. 소크라테스는 부정, 소피스트는 긍정의 대답을 할 질문이다. 프로타고라스는 각 개인이 가치 판단의 기준이라고 본다. ✕

ㄹ. 소피스트가 긍정의 대답을 할 질문이다. 경험과 유용성을 가치 판단 기준으로 보는 것은 소피스트이다. **O**

틀린 사람을 위한 조언 이 문제를 틀린 사람은 소피스트인 프로타고라스가 가치 판단의 기준으로 경험과 유용성을 중시했다는 점을 몰랐기 때문이야. 소피스트는 이성보다는 감각과 경험, 유용성을 가치 판단의 기준으로 중시했다는 점을 알고 있어야 해.

02 덕 있는 삶

기본 문제
본문 96~97쪽

01 ③	02 ②	03 ③	04 ⑤	05 ④
06 해설 참조		07 ④	08 ②	

01 플라톤의 사상 이해

제시문은 플라톤의 주장이다. 플라톤은 인간의 영혼은 이성, 기개, 욕구의 세 부분으로 이루어져 있듯이, 국가도 구성원의 타고난 재능에 따라 통치자, 방위자, 생산자 계층으로 구분된다고 보았다. 플라톤은 통치자는 지혜의 덕을, 방위자는 용기의 덕을, 모든 계층의 사람들은 절제의 덕을 갖추고 서로 조화를 이룰 때 정의의 덕이 실현되며 이상적인 국가가 된다고 주장하였다.

① 플라톤은 인간 영혼에서 이성적인 부분이 욕구와 기개를 잘 다스려야 하고, 욕구와 기개는 이성을 잘 따라야 한다고 본다. **O**
② 플라톤은 가장 지혜롭고 현명한 철학자가 통치자가 되어 나라를 다스려야 한다고 본다. **O**
③ 플라톤은 민주 정치를 비판하고 소수의 철학자에 의해 다스려지는 철인 정치를 주장한다. **✕**
④ 플라톤은 각 계층들이 자신에게 맡겨진 일에 최선을 다해야 하며 다른 계층의 일에 간섭하지 말아야 한다고 본다. **O**
⑤ 플라톤은 개인에게 있어서 인간 영혼의 각 부분이 자기의 할 일을 하면서 조화를 이루어야 한다고 본다. **O**

틀린 사람을 위한 조언 이 문제를 틀린 사람은 플라톤이 당시 아테네의 민주 정치를 중우 정치라고 비판했다는 점을 몰랐기 때문이야. 중우 정치란 대중이 감정적으로 선동되어 다수의 결정이 올바르지 못한 결정으로 이어지는 것을 말해. 플라톤은 민주 정치를 비판하고 철인 정치를 주장했다는 점을 알고 있어야 해.

02 아리스토텔레스의 사상 이해

제시된 그림은 아리스토텔레스의 세계관을 필기한 내용이다. 아리스토텔레스는 목적론적 세계관을 제시하고 인간의 궁극적 목적이자 최고선은 행복이라고 보며 도덕적 행위에서 아는 것과 더불어 의지의 역할이 중요하다고 본다.

① 아리스토텔레스는 플라톤이 이데아의 세계와 현실의 세계를 구분한 것을 비판하면서, 세계는 개별적인 실체들로 이루어진 하나의 세계라고 본다. **O**
② 아리스토텔레스는 변화하는 상황과 삶의 관점에 따라 좋음이 다양하게 해석될 수 있다고 본다. **✕**

③ 아리스토텔레스는 세계는 개별적인 실체로 이루어진 하나의 세계이며, 선은 이데아의 세계가 아닌 현실 세계에 존재한다고 본다. ⭕

④ 아리스토텔레스는 세상의 모든 것에는 목적이 있으며, 인간의 모든 행위에도 목적이 있다고 본다. ⭕

⑤ 아리스토텔레스는 모든 인간은 행복 그 자체를 목적으로 추구하며, 인간의 궁극적인 목적이자 최고선은 행복이라고 본다. ⭕

03 플라톤의 사상 이해

제시문은 플라톤의 주장이다. 플라톤은 지혜로운 철학자가 통치자가 되거나 통치자가 철학자가 되어 국가를 다스리는 철인(哲人) 정치를 주장하였다. 철인 정치가 실현된 정의로운 국가에서는 모든 구성원이 자신의 역할과 기능에 충실할 수 있고 조화로운 균형과 발전을 이루며 행복을 누릴 수 있다고 본다.

ㄱ. 플라톤은 이상 국가에서 계층 간의 이동이 자유롭게 이루어지지 않는다고 본다. ❌

ㄴ. 플라톤은 선의 이데아를 이성을 통해 인식한 철학자가 통치자가 되어야 한다고 본다. ⭕

ㄷ. 플라톤은 통치자는 지혜, 방위자는 용기, 생산자는 절제의 덕을 갖추어야 한다고 보는데, 이 중 절제는 모든 계층이 갖추어야 할 덕이라고 본다. ⭕

ㄹ. 플라톤은 다수결 원칙을 따르는 민주 정치를 중우 정치라고 비판하며, 소수의 철학자들이 다스리는 엘리트 정치를 주장한다. ❌

04 플라톤의 사상 이해

제시문은 플라톤의 주장이다. 플라톤이 주장한 이상 국가에서는 각 개인의 타고난 성향에 따라 계층이 분류된다. 즉, 자신의 계층은 부모의 계층에 의해서 결정되는 것이 아니라 자신의 타고난 성향에 따라 결정된다. 따라서 핏줄과 상관없이 각 개인의 타고난 성향이 있으며, 이를 일정한 점검 과정을 통해 분류하여 계층을 구분한다.

① 플라톤이 부정의 대답을 할 질문이다. 플라톤은 모든 계층이 절제의 덕을 갖추어야 한다고 본다. ❌

② 플라톤이 부정의 대답을 할 질문이다. 플라톤은 정의로운 삶은 감정과 욕구를 제거하는 삶이 아니라 지혜, 용기, 절제의 덕이 서로 조화를 이룰 때 실현된다고 본다. ❌

③ 플라톤이 부정의 대답을 할 질문이다. 플라톤은 지혜, 용기, 절제의 덕은 영혼과 관련된 덕이며 국가에서 요청되는 덕이라고 본다. ❌

④ 플라톤이 부정의 대답을 할 질문이다. 플라톤은 참된 존재는 현실 세계가 아니라 이데아의 세계에 있다고 본다. ❌

⑤ 플라톤이 긍정의 대답을 할 질문이다. 플라톤은 절대적인 선이나 도덕의 기준이 이데아의 세계에 존재한다고 본다. ⭕

틀린 사람을 위한 조언 ▶ 이 문제를 틀린 사람은 플라톤이 소크라테스의 보편주의의 입장을 계승했다는 점을 몰랐기 때문이야. 플라톤도 소크라테스의 보편주의 입장을 담고 있는 지덕복합일설을 계승했다는 점을 기억하고 있어야 해.

05 플라톤과 아리스토텔레스의 사상 비교

갑은 플라톤, 을은 아리스토텔레스이다. 플라톤은 현실 세계에 대한 지식은 감각에 의해 얻을 수 있지만, 이데아에 대한 지식은 오직 이성을 통해서만 얻을 수 있다고 본다. 특히 그는 만물을 비추는 태양처럼 각각의 이데아를 이데아이게 하는 최고의 이데아를 선의 이데아라고 본다. 아리스토텔레스는 덕을 품성적인 덕과 지적인 덕으로 나누면서 품성적인 덕은 중용의 반복적 실천과 습관화를 통해 형성된다고 보며, 지적인 덕은 교육과 탐구에 의해 형성된다고 본다.

ㄱ. 플라톤은 소크라테스의 주지주의를 계승하였기 때문에 모든 악은 무지로부터 나오는 것이라고 본다. ⭕

ㄴ. 덕을 지적인 덕과 품성적인 덕으로 구분하는 것은 아리스토텔레스이다. ❌

ㄷ. 플라톤과 아리스토텔레스는 모두 육체적 쾌락보다는 참된 앎을 추구해야 한다고 본다. ⭕

ㄹ. 아리스토텔레스는 참된 앎을 알아도 의지가 나약하면 악행을 저지를 수 있다고 본다. ⭕

06 아리스토텔레스의 사상 이해

문제접근 제시문은 아리스토텔레스의 주장이다. 아리스토텔레스는 진정한 행복은 탁월성으로서의 덕을 갖춘 삶을 통해 얻을 수 있다고 보았으며, 행복을 덕에 따른 영혼의 활동이라고 정의하였다. 그리고 아리스토텔레스는 덕(탁월성)을 품성적인 덕과 지적인 덕으로 구분하였다.

서술형 답안
아리스토텔레스는 품성적인 덕을 쌓는 방법으로 지속적인 도덕적 실천을 제시하였다. 또한 지적인 덕은 영혼의 이성적인 기능이 탁월하게 작용할 때 얻을 수 있다고 보았으며, 주로 교육을 통해 형성된다고 보았다.

07 플라톤과 아리스토텔레스의 사상 비교

갑은 플라톤, 을은 아리스토텔레스이다. 플라톤은 사회 구성원 각자가 자신의 일을 할 때 국가의 정의가 구현된다고 본다. 또한 선의 이데아에 대한 인식과 인격을 겸비한 철학자가 국가를 통치해야 한다고 주장하면서 철학과 정치권력의 결합을 강조한다. 아리스토텔레스는 플라톤의 이데아론을 비판하고, 선은 이데아의 세계가 아닌 현실 세계에 존재하며 현실 세계에서 실현되어야 하는 것이라고 본다.

ㄱ. 플라톤과 아리스토텔레스가 모두 긍정의 대답을 할 질문이다. 플라톤과 아리스토텔레스는 소크라테스의 지덕복합일설을 계승하여 덕을 지닌 삶과 행복한 삶은 일치한다고 본다. **O**

ㄴ. 플라톤은 긍정, 아리스토텔레스는 부정의 대답을 할 질문이다. 아리스토텔레스는 참된 실재는 이데아의 세계가 아닌 현실 세계에 존재한다고 본다. **O**

ㄷ. 플라톤과 아리스토텔레스가 모두 긍정의 대답을 할 질문이다. 플라톤과 아리스토텔레스는 모두 덕의 실천을 위해 이성의 역할이 반드시 필요하다고 본다. **✕**

ㄹ. 아리스토텔레스가 긍정의 대답을 할 질문이다. 아리스토텔레스는 선에 대한 참된 기준이 이데아의 세계가 아닌 현실 세계 존재한다고 본다. **O**

틀린 사람을 위한 조언 이 문제를 틀린 사람은 아리스토텔레스가 소크라테스와 플라톤의 이성주의 입장을 계승하고 있다는 점을 몰랐기 때문이야. 아리스토텔레스에 따르면 덕은 이성을 항상 잘 발휘하게 하는 습성이며, 삶의 궁극 목적으로서의 행복을 위한 기본 조건이라는 점을 알고 있어야 해.

08 아리스토텔레스의 사상 이해

제시문은 아리스토텔레스의 주장이다. 아리스토텔레스가 말하는 중용은 이성에 의해 충동, 감정들을 억제함으로써 어떤 극단에 치우치지 않으려는 의지를 습관화한 덕이다.

① 아리스토텔레스가 긍정의 대답을 할 질문이다. 아리스토텔레스는 세상의 모든 것에는 목적이 있다고 본다. **O**

② 아리스토텔레스가 부정의 대답을 할 질문이다. 아리스토텔레스는 이성적 사고를 통해 참된 앎을 얻어야 한다고 본다. **✕**

③ 아리스토텔레스가 긍정의 대답을 할 질문이다. 아리스토텔레스는 유덕한 인간이 되기 위해 무지의 자각이 필요하다고 본다. **O**

④ 아리스토텔레스가 긍정의 대답을 할 질문이다. 덕을 갖추기 위해서는 참된 앎에 대한 인식뿐만 아니라 의지의 나약함에서 벗어나 도덕적 실천을 습관화해야 한다고 본다. **O**

⑤ 아리스토텔레스가 긍정의 대답을 할 질문이다. 아리스토텔레스는 지적인 덕과 품성적인 덕을 모두 갖추어야 참된 덕을 갖추었다고 본다. **O**

틀린 사람을 위한 조언 이 문제를 틀린 사람은 아리스토텔레스가 말하는 품성적인 덕이 지적인 덕을 바탕으로 형성된다는 점을 몰랐기 때문이야. 아리스토텔레스가 말하는 지적인 덕은 영혼의 이성적 부분을 탁월하게 발휘해야 형성된다는 점을 기억하고 있어야 해.

28 EBS 개념완성 윤리와 사상

03 행복 추구의 방법

01 ②	02 ④	03 ④	04 ②	05 ②
06 ④	07 ④	08 해설 참조		

01 에피쿠로스의 사상 이해

제시문은 에피쿠로스의 주장이다. 에피쿠로스는 쾌락은 유일한 선이며 고통은 유일한 악이라고 전제하고, 쾌락은 행복한 삶의 시작이자 끝이라는 쾌락주의의 입장을 제시한다. 그에 따르면 감각적 쾌락은 순간적 만족을 줄 수 있지만, 지속적이지 않기 때문에 우리가 추구해야 할 쾌락으로서는 적절하지 않다고 본다.

ㄱ. 에피쿠로스는 감각적이고 순간적인 쾌락을 추구하는 삶은 쾌락의 역설을 초래하기 때문에 감각적 쾌락보다는 지속적인 정신적 쾌락을 추구해야 한다고 본다. O

ㄴ. 스토아학파의 주장이다. 스토아학파에서는 이성을 가진 한 모든 인간은 평등하다고 본다. X

ㄷ. 에피쿠로스는 평정심에 이르기 위해 공적인 삶을 멀리할 것을 강조한다. 에피쿠로스는 공적으로 맺은 인간관계가 집착과 다툼, 좌절과 분노 등 고통과 불안을 일으킬 수 있기 때문이라고 본다. X

ㄹ. 에피쿠로스는 평정심에 이르기 위해 욕망을 절제하고 검소한 삶을 살아야 한다고 본다. 따라서 자연적이고 필수적인 욕구도 최소한으로 충족해야 한다고 본다. O

틀린 사람을 위한 조언 ▶ 이 문제를 틀린 사람은 에피쿠로스학파가 말하는 자연적이고 필수적인 욕구도 최소한으로 충족해야 한다는 점을 몰랐기 때문이야. 에피쿠로스학파는 자연적이지만 필수적이지 않은 욕구와 자연적이지도 필수적이지도 않은 욕구는 극복해야 하며, 자연적이고 필수적인 욕구는 최소한으로 충족해야 한다고 보았음을 기억하고 있어야 해.

02 에피쿠로스의 사상 이해

에피쿠로스는 욕구를 적극적으로 충족하는 것이 아니라 불필요한 욕구를 갖지 않음으로써 '몸에 고통이 없고 마음에 불안이 없는 평온함'을 유지하려고 했다. 이러한 쾌락을 누리기 위해서는 사려 깊고 고상하며 정의롭게 살아야 하며, 죽음의 두려움을 극복해야 한다고 본다.

• 첫 번째 입장. 에피쿠로스는 몸의 고통과 마음의 불안이 모두 소멸한 상태가 지속됨으로써 주어지는 정신적 쾌락을 추구한다. 그러한 상태가 평정심, 즉 아타락시아라고 본다. O

• 두 번째 입장. 에피쿠로스는 쾌락주의의 입장이기 때문에 금욕적 삶을 살아야 한다고 주장하지 않는다. X

• 세 번째 입장. 에피쿠로스는 필수적이지 않은 욕망들은 충족되지 않아도 고통을 발생시키지 않기 때문에 극복해야 할 대상이라고 본다. O

• 네 번째 입장. 에피쿠로스는 평정심에 이르기 위해 우주, 신, 죽음 등에 대한 잘못된 생각에서 벗어나야 한다고 강조한다. O

03 스토아학파의 사상 이해

제시문은 스토아학파 사상가인 에픽테토스의 주장이다. 스토아학파에서는 이성에 따른 삶은 자연의 필연적 질서와 법칙에 순응하는 삶이며 신의 섭리와 예정에 따른 삶을 의미한다고 본다. 스토아학파는 이성에 따르는 삶을 통해 자신에게 주어진 상황과 조건을 변화시키기보다는 그것을 자신의 운명으로 받아들임으로써 부동심에 이르러야 한다고 본다.

ㄱ. 스토아학파에서는 정념에서 벗어나 부동심에 이르는 방법으로 이성에 따르는 삶을 제시한다. O

ㄴ. 스토아학파에서는 자연 안에 일어나는 모든 일은 이미 신에 의해 운명 지어져 있기 때문에 자연의 필연적 질서에 순응하는 삶을 살아야 한다고 본다. O

ㄷ. 스토아학파에서는 평온한 삶을 위해 정념으로부터 해방되고 초연해야 한다고 본다. O

ㄹ. 스토아학파에서는 신으로부터 주어진 운명은 바꿀 수 없는 것이라고 본다. X

틀린 사람을 위한 조언 ▶ 이 문제를 틀린 사람은 스토아학파가 이성을 통해 자연의 필연적 인과 질서를 인식하고 순응해야 함을 주장했다는 점을 몰랐기 때문이야. 스토아학파는 모든 정념에서 해방되어 자연의 섭리와 자신의 운명에 순응해야 행복한 삶을 살 수 있다는 점을 주장했음을 알고 있어야 해.

04 에피쿠로스의 사상 이해

제시문은 에피쿠로스의 주장이다. 에피쿠로스는 죽음에 대해 두려움을 가질 필요가 없다고 본다. 죽음은 우리가 살아 있는 동안에는 아직 오지 않았고, 죽음이 왔을 때는 우리가 그 어떤 것도 감각할 수 없기 때문이다.

① 에피쿠로스가 긍정의 대답을 할 질문이다. 에피쿠로스는 정신적 쾌락을 얻기 위해 사려 깊고 고상하며 정의로운 삶을 살아야 한다고 본다. O

② 에피쿠로스가 부정의 대답을 할 질문이다. 에피쿠로스는 지속적인 쾌락을 위해서 공적인 삶을 멀리할 것을 강조한다. X

③ 에피쿠로스가 긍정의 대답을 할 질문이다. 에피쿠로스는 추구해야 할 쾌락은 순간적인 쾌락이 아니라 지속적인 쾌락이라고 본다. ◯

④ 에피쿠로스가 긍정의 대답을 할 질문이다. 에피쿠로스는 고통과 불안의 제거를 통해 정신적 쾌락, 즉 평정심을 얻을 수 있다고 본다. ◯

⑤ 에피쿠로스가 긍정의 대답을 할 질문이다. 에피쿠로스는 즐거운 삶을 살기 위해서 욕망을 절제하고 검소한 삶을 살아야 한다고 본다. ◯

틀린 사람을 위한 조언 ▶ 이 문제를 틀린 사람은 에피쿠로스가 공적인 삶에서 벗어나야 함을 주장했다는 점을 몰랐기 때문이야. 에피쿠로스는 공적인 삶에서 벗어나 작은 공동체에서 가까운 친구들과 우정을 나누며 살아가야 한다고 주장했음을 기억해야 해.

05 스토아학파와 에피쿠로스학파의 사상 비교

갑은 스토아 사상가, 을은 에피쿠로스이다. 스토아학파는 정념의 지배에서 벗어나야 한다고 강조한다. 그들은 정념이 없는 상태를 아파테이아라고 하였는데, 이는 어떠한 외부 상황에도 동요하지 않는 정신의 의연함을 뜻한다. 에피쿠로스는 지혜를 통해 마음에 불안이 없고 육체에 고통이 없는 상태에 도달할 것을 지향한다. 그들은 이러한 평정심의 상태를 아타락시아(ataraxia)의 경지라고 본다.

ㄱ. 스토아학파의 이성은 신과 자연 등으로 표현되기도 한다. ◯

ㄴ. 스토아학파는 세계 시민으로서 부여된 공적인 책임을 다해야 한다고 본다. 반면에 에피쿠로스는 참된 행복을 위해 공적인 삶에서 벗어날 것을 강조한다. ✕

ㄷ. 스토아학파와 에피쿠로스학파는 진정한 행복이 감각적 욕구를 최대한 충족시킴으로써 얻어질 수 있다고 보지 않는다. ◯

ㄹ. 에피쿠로스는 모든 욕망을 충족해야 한다고 보지 않는다. 에피쿠로스는 자연적이고 필수적인 욕망을 최소한으로 충족해야 한다고 본다. ✕

06 스토아학파의 사상 이해

제시문은 스토아학파의 주장이다. 스토아학파에 따르면, 이 세계는 질서 있는 하나의 전체이고, 신적인 이성(理性, logos)은 이 세계 안에서 일어나는 모든 일을 지배한다고 본다. 그래서 신, 우주, 자연, 인간과 같은 세계 안의 모든 것은 이성으로 연결되어 있고, 이성의 법칙을 통해 구체화된다고 본다.

① 스토아학파는 모든 정념이나 욕구를 제거해야 한다고 보지 않는다. 스토아학파에서는 자식에 대한 부모의 사랑, 인류에 대한 사랑과 같은 몇몇 감정들은 허용한다. ✕

② 스토아학파는 신과 우주, 자연, 인간이 하나의 이성으로 연결되어 있기 때문에 자연 법칙을 따르는 삶이 곧 이성을 따르는 삶이라고 본다. ✕

③ 스토아학파는 은둔자적인 삶을 살아야 한다고 보지 않는다. 스토아학파는 세계 시민으로서의 공적인 의무를 다할 것을 강조한다. ✕

④ 스토아학파는 헬레니즘 시대의 사회적 혼란 속에서 마음의 평정을 얻을 것을 강조한다. ◯

⑤ 스토아학파는 세계 내의 모든 일은 필연적으로 결정되어 있기 때문에 이를 변화시키거나 극복하려고 하지 말고 운명에 순응하는 자세를 강조한다. ✕

틀린 사람을 위한 조언 ▶ 이 문제를 틀린 사람은 스토아학파가 주장하는 이성(logos)의 의미를 몰랐기 때문이야. 스토아학파는 우주의 질서가 신의 질서이며 이는 다름 아닌 거대한 이성임을 주장하고, 인간이 자신의 삶에서 직면하는 모든 대상을 이성적으로 파악해야 한다는 점을 주장했음을 알아야 해.

07 에피쿠로스학파와 스토아학파의 사상 비교

갑은 에피쿠로스, 을은 스토아 사상가이다. 에피쿠로스학파는 쾌락을 좋아하고 고통을 싫어하는 인간의 자연스러운 본성에 근거하여 윤리 사상을 전개한다. 에피쿠로스에 따르면, 쾌락이야말로 우리가 진정으로 바라고 원하는 것이자 가장 좋은 것, 즉 최고선이라고 본다. 스토아학파는 세계 안의 모든 일은 이성의 인과 법칙에 따라 필연적으로 일어나며, 그것은 우리에게 운명으로 다가온다고 본다. 또한 그 운명은 신적인 것이자 이성적인 것이며, 자연적이고 필연적인 것이라고 본다.

ㄱ. 에피쿠로스와 스토아 사상가가 모두 긍정의 대답을 할 질문이다. 에피쿠로스학파와 스토아학파는 모두 마음의 평온한 상태를 추구한다. ◯

ㄴ. 에피쿠로스는 긍정, 스토아 사상가는 부정의 대답을 할 질문이다. 에피쿠로스는 쾌락을 위해 고통을 수용할 수 있다고 본다. ◯

ㄷ. 에피쿠로스와 스토아 사상가가 모두 긍정의 대답을 할 질문이다. 두 사상가 모두 실제 생활 태도는 검소하고 절제 있는 삶을 살 것을 강조한다. ✕

ㄹ. 스토아 사상가가 긍정의 대답을 할 질문이다. 스토아 사상가는 신적인 이성의 법칙이 곧 필연적인 자연의 법칙이며, 이를 따르는 삶을 행복한 삶이라고 본다. ◯

08 스토아학파의 사상 이해

문제접근 제시문은 스토아학파의 주장이다. 스토아학파에서는 전체 속의 모든 것은 서로 연결되어 있고 모든 일은 신의 법칙, 즉 이성의 법칙에 따라 필연적으로 일어난다고 본다. 또한 자연의 일부인 인간도 신적 이성을 나누어 가지므로 자연을 지배하는 이성의 법칙을 이해할 수 있다고 본다.

서술형 답안
스토아학파는 아파테이아의 상태에 도달하는 것을 이상으로 삼아 이성과 자연법에 따르는 평온한 삶을 지향하였다.

---

04 신앙과 윤리

기본 문제
본문 110~111쪽

01 ④	**02** ①	**03** ③	**04** 해설 참조
05 ④	**06** ①		

01 아우구스티누스의 사상 이해

제시문은 아우구스티누스의 주장이다. 아우구스티누스는 플라톤의 사상을 수용하여 그리스도교 신앙과 사랑의 윤리를 체계화하였다. 플라톤은 완전한 이데아 세계와 불완전한 현실 세계를 구분하고 선의 이데아를 모방하는 삶을 살아야 한다고 주장한다. 이에 영향을 받은 아우구스티누스는 영원한 천상의 나라와 유한한 지상의 나라를 구분하고, 영원하고 완전한 존재인 신을 사랑해야 한다고 주장한다.

• 첫 번째 입장. 아우구스티누스는 인간의 모든 악은 자유 의지에서 비롯되었다고 보며 신을 사랑하는 사람은 악에 빠지지 않는다고 본다. **O**
• 두 번째 입장. 아우구스티누스는 지상의 국가는 자신을 사랑하지만 신을 경멸함으로써, 천상의 국가는 신을 사랑하지만 심지어 자신조차도 경멸함으로써 형성된다고 본다. **O**
• 세 번째 입장. 아우구스티누스는 신이 이성적 인식의 대상을 넘어선 신앙을 통해 실존적으로 만나야 할 인격적 존재라고 본다. **✕**
• 네 번째 입장. 그리스도교의 전통에 따라 아우구스티누스는 원죄로부터의 구원은 신의 은총에 의해서만 가능하다고 본다. **O**

틀린 사람을 위한 조언 ▶ 이 문제를 틀린 사람은 아우구스티누스는 악의 원인을 신으로 보지 않았다는 점을 몰랐기 때문이야. 아우구스티누스에 따르면 악은 선한 것의 결여로만 존재할 뿐이며 신이 창조한 것이 아니야.

02 아퀴나스의 사상 이해

제시문은 스콜라 철학자인 아퀴나스의 주장이다. 아퀴나스는 아리스토텔레스의 영향을 받아 인간 행위의 궁극적인 목적을 행복이라고 보며, 이성을 탁월하게 발휘함으로써 행복한 삶을 살 수 있다고 본다. 하지만 아리스토텔레스와는 다르게 아퀴나스는 완전한 행복이란 내세에 신에게 도달함으로써 주어지는 것이라고 본다.

① 아퀴나스가 부정의 대답을 할 질문이다. 아퀴나스는 종교적인 덕을 믿음, 소망, 사랑이라고 보며, 그중에 최상의 덕은 사랑이라고 본다. **✕**
② 아퀴나스가 긍정의 대답을 할 질문이다. 아퀴나스는 이성적인 논증을 통해 신의 존재를 증명할 수 있다고 본다. **O**
③ 아퀴나스가 긍정의 대답을 할 질문이다. 아퀴나스는 신앙

과 이성이 구분되지만 신앙과 이성이 상호 보완적인 역할을 하기 때문에 조화를 이룰 수 있다고 본다. ⭕

④ 아퀴나스가 긍정의 대답을 할 질문이다. 아퀴나스는 인간 사회의 질서를 유지하기 위해 만들어진 실정법이 자연법을 위반할 경우, 그 실정법은 정당성을 상실하게 된다고 본다. ⭕

⑤ 아퀴나스가 긍정의 대답을 할 질문이다. 아퀴나스는 완전한 행복을 위해 지적인 덕과 품성적인 덕, 그리고 믿음, 소망, 사랑이라는 종교적 덕을 실천해야 한다고 본다. ⭕

03 아퀴나스와 아우구스티누스의 사상 비교

갑은 아퀴나스, 을은 아우구스티누스이다. 아퀴나스는 이성에 의해 인식된 영원법을 자연법이라고 한다. 이러한 자연법은 이성을 지닌 인간이라면 누구나 동의할 수밖에 없고 언제 어디서나 지켜야 하는 도덕법칙이라고 본다. 아우구스티누스는 믿음, 소망, 사랑이라는 종교적 덕 중 사랑을 최고의 덕으로 보며, 플라톤이 강조한 절제, 용기, 정의, 지혜도 모두 신에 대한 사랑의 다른 표현이라고 본다.

ㄱ. 아퀴나스와 아우구스티누스의 공통점이다. 두 사상가 모두 신은 믿음의 대상이며 신의 존재는 증명될 수 있다고 본다. ❌
ㄴ. 아퀴나스와 아우구스티누스는 모두 믿음을 통해서 신과 하나가 되는 것을 이상적인 경지로 본다. ⭕
ㄷ. 아퀴나스와 아우구스티누스는 모두 악은 신이 만든 것이 아니라, 인간의 자유 의지의 남용으로부터 나오는 것이라고 본다. ⭕
ㄹ. 아퀴나스와 아우구스티누스는 모두 신학적 진리가 철학적 진리보다 우월한 것이라고 본다. ❌

틀린 사람을 위한 조언 이 문제를 틀린 사람은 신의 존재가 증명될 수 있다는 점이 아퀴나스와 아우구스티누스의 공통점이라는 점을 몰랐기 때문이야. 두 사상가 모두 신은 믿음의 대상이며, 신의 존재는 증명될 수 있다고 주장한다는 점을 기억해야 해.

04 아퀴나스의 사상 이해

문제접근 제시문은 스콜라 사상가 아퀴나스의 주장이다. 아퀴나스에 따르면, 인간이 내세의 진정한 행복에 이르려면 신학적 덕을 지녀야 한다. 그는 아리스토텔레스의 윤리학과 신학을 접목하여, 덕을 자연적 덕과 신학적 덕으로 구분한다. 자연적 덕은 지성의 덕과 품성의 덕으로, 인간이 현세에서 올바른 삶을 살도록 하여 행복에 이를 수 있게 한다. 신학적 덕은 믿음, 소망, 사랑으로, 인간을 신에게 안내함으로써 내세의 진정한 행복으로 인도한다.

서술형 답안 아퀴나스가 말하는 궁극적인 행복은 신의 은총을 통해 내세에 신과 하나가 되고, 신의 무한한 선을 향유할 때 도달할 수 있는 완전하고 자기 충족적인 행복인 것이다.

05 아우구스티누스와 아퀴나스의 사상 비교

갑은 아우구스티누스, 을은 아퀴나스이다. 아우구스티누스는 플라톤의 철학을 받아들여 그리스도교의 교리를 체계화하는 데 크게 기여하였다. 아우구스티누스는 플라톤이 완전한 실재로 상정했던 선(善)의 이데아를 신으로 대체하였으며, 신은 완전한 실재성을 지닌 영원불변한 존재로, 최고의 선이라고 본다. 아퀴나스는 그리스도교를 새롭게 설명하고자 아리스토텔레스의 사상을 활용한다. 아퀴나스는 인간이 추구하는 궁극적인 목적은 행복이며, 행복은 덕에 의해 실현된다는 아리스토텔레스의 생각을 받아들인다. 하지만 품성적 덕과 지성적 덕만으로는 완전한 행복에 이를 수 없으며, 믿음·소망·사랑이라는 종교적 덕이 필요하다고 본다.

ㄱ. 아우구스티누스와 아퀴나스가 모두 긍정의 대답을 할 질문이다. 아우구스티누스와 아퀴나스는 신은 만물을 창조한 초월적 존재라는 점을 주장한다. ⭕
ㄴ. 아우구스티누스와 아퀴나스가 모두 긍정의 대답을 할 질문이다. 아우구스티누스와 아퀴나스는 인간은 신이 부여한 자유 의지를 지니고 있는 존재라고 본다. ❌
ㄷ. 아퀴나스는 신앙과 이성 모두 신으로부터 주어진 것이며, 결국 하나의 진리인 신에게로 귀결된다고 본다. ⭕
ㄹ. 아퀴나스는 신법은 인간이 신의 계시를 통해 부여받은 법이라고 본다. ⭕

06 루터의 사상 이해

제시문은 루터의 주장이다. 루터는 '오직 믿음, 오직 은총, 오직 성서'를 주장한다. 루터는 교회의 독점적 권위를 부정하고, 교회와 성직자를 통하지 않고도 누구나 성서와 기도를 통해 신과 대화할 수 있다고 주장한다. 또한 루터는 이 세상에서 신의 뜻에 맞게 살아가는 것이 종교적으로나 윤리적으로 중요하다고 강조한다.

① 루터가 긍정의 대답을 할 질문이다. 루터는 모든 신앙인이 곧 성직자라는 만인 사제주의를 주장한다. ⭕
② 루터가 부정의 대답을 할 질문이다. 루터는 직업적 성공이 구원의 현세적 징표라고 보지 않는다. ❌
③ 루터가 부정의 대답을 할 질문이다. 루터는 진리를 전하는 최고의 권위자를 교황이라고 보지 않으며, 개인의 신앙 및 성서 중심의 신앙을 강조한다. ❌

④ 루터가 부정의 대답을 할 질문이다. 루터는 교황이 발행하
   는 면벌부가 인간을 구원하지 못하며, 예수의 가르침과 사
   랑을 믿고 이를 실천해야 구원과 행복에 이를 수 있다고 본
   다. ✘

⑤ 루터가 부정의 대답을 할 질문이다. 루터는 교회와 성직자
   를 통하지 않고도 누구나 성서와 기도를 통해 신과 대화할
   수 있다고 주장한다. ✘

틀린 사람을 위한 조언 이 문제를 틀린 사람은 종교 개혁가인 루터의 사상을
몰랐기 때문이야. 루터가 신앙주의, 성서주의, 만인 사제주의를 주장했음을
알고 있어야 해.

05 도덕적 판단과 행동의 근거

기본 문제

본문 118~119쪽

01 ②　　**02** ⑤　　**03** (1) 연역법 (2) 해설 참조

04 ⑤　　**05** ④　　**06** ②

07 (1) 공감 (2) 해설 참조　　**08** ③

01 데카르트의 사상 이해

제시문은 데카르트의 주장이다. 데카르트는 지식을 찾기 위한 토대와
방법을 탐색하는 과정에서 의심의 여지가 있는 것은 진리나 지식이 될
수 없다고 보고, 모든 것을 의심하는 '방법적 회의'를 통해 확실한 진리
를 찾고자 하였다.

ㄱ. 근대 합리주의 사상의 토대를 닦은 데카르트는 지식과 사
   유의 원천을 이성(理性)이라고 본다. ⭕

ㄴ. 귀납적 방법을 통해 진리를 파악하고자 하는 것은 근대 경
   험론의 입장이다. ✘

ㄷ. 데카르트는 의심할 수 없는 확실한 진리를 찾기 위해 방법
   적 회의가 필요하다고 보았다. ⭕

ㄹ. 관찰과 실험을 통해 참된 지식을 얻고자 하는 것은 근대
   경험주의의 입장이다. ✘

틀린 사람을 위한 조언 이 문제를 틀린 사람은 데카르트가 경험론을 비판하고
연역법을 통한 진리 탐구를 강조한다는 사실을 몰랐기 때문이야. 데카르트가
감각적 경험을 통해 얻은 지식은 단편적이고 주관적이며 우연한 지식이므로
확실한 진리가 될 수 없다고 비판했음을 꼭 기억해두어야 해.

02 스피노자의 사상 이해

제시문은 스피노자의 주장이다. 그는 인간이 참된 행복을 누리기 위해
서는 자연의 필연성을 깨달아야 한다고 보았다. 스피노자에 따르면 자
연의 필연성을 깨닫기 위해서는 인간의 이성을 통해 자연의 인과 법칙
을 인식해야 하며, 이를 통해 인간은 정념의 예속에서 벗어나게 된다고
하였다.

① 도덕적 판단과 행동의 근거를 경험에서 찾는 입장은 근대
   경험주의이다. 스피노자는 경험이 아닌 이성이 도덕적 판
   단과 행동의 근거임을 강조한다. ✘

② 인격신의 은총을 통해 참된 삶을 실현하고자 하는 것은 중
   세 윤리 사상의 입장이다. 스피노자가 말하는 신은 인격신
   이 아니며 자연 그 자체이다. ✘

③ 도덕적 판단과 행동의 근거를 경험에서 찾는 입장은 근대
   경험주의이다. 스피노자는 이성 중심의 윤리 사상을 전개
   하였다. ✘

④ 스피노자에 따르면 자연은 필연적 질서에 따라 움직이기 때문에 모든 일은 우연적인 것이 아니다. 그래서 그는 인간의 자유 의지를 부정하고 만물의 필연성을 인식하라고 주장한다. ✗

⑤ 스피노자는 이성적 관조를 통해 만물의 필연적 질서를 인식할 때 진정한 자유와 행복이 실현된다고 본다. ○

틀린 사람을 위한 조언 ▶ 이 문제를 틀린 사람은 인간의 자유 의지를 부정한다는 점을 이해하지 못했기 때문이야. 스피노자는 자연이 필연적 질서와 인과 법칙에 따라 움직이는 거대한 기계라고 보기 때문에 인간도 자연의 필연성을 벗어날 수 없고 자유 의지를 지닐 수 없다고 본다는 점을 꼭 기억해야 해.

03 근대 합리주의 윤리 사상의 특징 파악

문제접근 갑은 데카르트, 을은 스피노자이다. 이들은 모두 근대 합리주의 사상가로 지식과 사유의 원천은 이성이라고 보았다. 특히 데카르트는 이성을 통해 파악한 자명한 원리로부터 추론을 통해 지식을 연역하고자 하였는데, 이러한 진리 탐구 방법을 연역법이라고 한다. 한편 데카르트, 스피노자와 같은 근대의 합리주의 사상가들은 공통적으로 도덕적 판단과 행동의 근거가 인간의 이성임을 강조하고 이성 중심의 합리주의 윤리 사상을 전개하였다.

단답형 답안
연역법
서술형 답안
도덕의 판단과 행동의 근거를 이성이라고 보는 합리주의 윤리 사상을 제시하였다.

04 스피노자가 제시하는 올바른 삶의 모습 이해

제시문은 스피노자의 주장이다. 스피노자에 따르면 자연의 필연성을 인식하지 못한 사람들은 슬픔, 불안과 같은 정념에 예속된 불행한 삶을 살아가게 된다. 스피노자는 정념에 예속된 삶에서 벗어나 참된 자유와 행복을 누리기 위해서는 이성을 통해 자연의 필연적 인과 법칙을 인식해야 한다고 보았다.

① 자연에 대한 지식을 확충하여 자연을 지배해야 한다고 주장한 사상가는 베이컨이다. 스피노자는 자연을 곧 신이라고 여기는 범신론을 주장하였으며, 인간은 자연의 필연성을 인식해야 한다고 보았다. ✗

② 스피노자에 따르면 자연은 필연적 질서와 인과 법칙에 따라 움직이는 거대한 기계이므로, 인간은 자연의 모든 일이 필연적으로 발생한다는 것을 깨달아야 한다. ✗

③ 타인에게 즐거운 감정이 공감될 수 있는 행위를 실천해야 한다고 주장한 사상가는 근대 경험주의 사상가인 흄이다. ✗

④ 방법적 회의를 통해 더 이상 의심할 수 없는 진리를 찾아야 함을 강조한 사상가는 데카르트이다. ✗

⑤ 스피노자는 정념에 예속된 삶을 경계하고 이성을 통해 필연성을 인식하는 삶이 올바른 삶이라고 본다. ○

05 베이컨의 입장 이해

제시문은 베이컨의 주장이다. 경험주의 사상가 베이컨은 관찰과 실험 등 경험을 통해 얻은 지식이 참된 지식임을 강조하였다. 그에 따르면 자연에 대한 지식은 인간이 자연을 지배하고 인간생활에 유용한 지식을 가져다 줄 수 있다. 이러한 그의 생각은 '아는 것이 힘이다.'라는 말속에 잘 나타나 있다. 그러나 한편으로 그는 인간 정신에 내재된 선입견과 편견을 우상으로 규정하고 이러한 우상에서 벗어나 자연을 있는 그대로 관찰해야 함을 강조하였다.

ㄱ. 베이컨이 부정의 대답을 할 질문이다. 위대한 학자의 주장을 비판 없이 수용할 경우 극장의 우상에 빠지는 것이며, 극장의 우상이란 전통이나 권위를 무비판적으로 수용하는 데서 비롯되는 편견이다. ✗

ㄴ. 베이컨이 긍정의 대답을 할 질문이다. 경험주의 사상가인 베이컨은 관찰과 실험을 통해 얻은 경험적 지식만을 참된 지식이라고 본다. ○

ㄷ. 베이컨이 부정의 대답을 할 질문이다. 베이컨에 따르면 자연에 대한 지식은 인간이 자연을 지배하고 인간생활을 개선하는 데 도움이 된다. ✗

ㄹ. 베이컨이 긍정의 대답을 할 질문이다. 베이컨은 자연에 대한 관찰과 실험 과정에서 참된 지식을 방해하는 선입견과 편견을 우상이라고 규정하고 우상을 타파해야 한다고 본다. ○

틀린 사람을 위한 조언 ▶ 이 문제를 틀린 사람은 베이컨이 경험론자이며, 우상론을 주장했다는 것을 기억하지 못했기 때문이야. 베이컨은 관찰과 경험을 통해 얻은 지식만이 참된 지식이며, 그 과정에서 선입견과 편견을 배제할 것을 강조했다는 것을 명심해야 해.

06 흄의 윤리 사상 이해

제시문은 흄의 주장이다. 경험주의 사상가 흄은 타인의 상황에 공감할 수 있는 감정을 도덕적 판단과 행동의 근거로 두면서 감정 중심의 윤리 사상을 전개하였다. 이러한 맥락에서 흄은 어떤 행동이 그것을 바라보는 사람에게 시인(是認)의 즐거운 감정을 공감하게 한다면 도덕적 행위이며, 부인(否認)의 불쾌한 감정을 공감하게 했다면 비도덕적인 행위라고 보았다. 흄에 따르면 어떤 행위가 시인의 감정을 불러일으키는 것은 그 행위가 사회적으로 유용한 행위라고 느껴지기 때문이다.

ㄱ. 흄에 따르면 인간은 감정 자체를 통해 선악을 구별한다고 보고, 도덕은 판단되는 것이 아니라 느껴지는 것임을 강조하였다. **O**

ㄴ. 흄은 개인의 주관적 감정이 도덕의 판단 기준은 아니며, 사람들이 보편적으로 느끼는 감정이 도덕 감정이라고 본다. **X**

ㄷ. 합리주의 사상가들은 도덕적 행위는 이성적 판단의 산물이라고 본다. 그러나 흄은 도덕적 행위의 동기는 이성이 아닌 감정이라고 본다. **O**

ㄹ. 흄에 따르면 도덕적 행위의 직접적인 동기는 오로지 감정이다. 그러나 그는 이성도 도덕을 실천하는 과정에서 진위를 판단하거나 방법을 알려주는 보조적인 역할을 한다고 본다. **X**

07 흄의 윤리 사상 이해

문제접근 제시문은 흄의 주장이다. 베이컨을 계승한 근대 경험주의 사상가 흄은 도덕적 삶의 근거를 감정이라고 보았다. 그에 따르면 도덕적 행위의 직접적인 동기는 이성이 아닌 연민, 동정심과 같은 감정이다. 이러한 감정들은 우리를 도덕적 행위로 안내하는 원동력이 된다는 것이다. 그러나 이성은 사실의 참이나 거짓을 밝히는 역할과, 도덕적 행위를 수행하기 위한 방법이나 절차를 가르쳐 주는 역할을 한다고 보았다. 한마디로 이성은 감정의 보조적인 역할을 할 뿐이라는 것이다. 이처럼 도덕적 삶의 토대를 감정이라고 본 흄은 어떠한 행위가 타인에게 공감을 통해 쾌감을 느끼게 했다면 이를 도덕적 행위라고 보았다.

단답형 답안
공감

서술형 답안
감정은 도덕적 행위의 직접적인 동기가 된다. 반면에 이성은 도덕적 행위의 동기가 되지 못하며, 도덕적 행위를 수행하기 위한 수단을 가르쳐 줄 뿐이다.

08 스피노자와 흄의 사상 비교

갑은 스피노자, 을은 흄이다. 근대 합리주의 사상가 스피노자는 인간이 자연의 필연성을 인식하지 못하면 정념에 예속된 노예 같은 삶을 살아가게 된다고 보고 진정한 자유와 행복을 실현하기 위해서는 만물이 필

연적 질서에 따른다는 것을 이성적 관조를 통해 깨달아야 한다고 보았다. 한편 근대 경험주의 사상가 흄은 이성 중심의 윤리 사상에 대해 비판적이다. 흄은 이성이 도덕적 행위의 동기가 될 수 없으며 오로지 감정이 도덕적 행위의 동기가 된다고 본다. 이성은 단지 행위를 수행하기 위한 방법을 알려 줄 수 있을 뿐이라는 것이다.

① 스피노자는 이성을 통해 필연성을 인식하고 정념을 올바르게 조절할 때 행복한 삶이 실현된다고 본다. **X**

② 경험적 방법을 통해 참된 지식을 얻을 수 있다는 주장은 경험주의의 입장이다. 스피노자는 이성주의 사상가이다. **X**

③ 흄은 도덕 판단과 행동의 근거를 감정이라고 본다. 그래서 그는 도덕이란 판단되는 것이 아니라 느껴지는 것이라고 본다. **O**

④ 자연에 대한 이성적 관조가 올바른 삶이라고 보는 사상가는 스피노자이다. **X**

⑤ 도덕적인 삶에서 공감과 같은 정서의 역할을 강조하는 것은 흄만의 입장이다. 스피노자의 경우 도덕 판단과 행동의 근거를 이성이라고 본다. **X**

틀린 사람을 위한 조언 이 문제를 틀린 사람은 스피노자가 강조하는 이성적 관조와 흄의 감정 중심 윤리 사상을 정확하게 이해하지 못했기 때문이야. 스피노자는 이성적 관조를 통해 자연의 필연적 질서를 인식하는 삶을 올바른 삶이라고 보았다는 것을 꼭 기억해야 하고, 흄의 경우 이성은 도덕적 행위의 직접적인 동기가 될 수 없고 감정이 도덕적 행위의 동기가 된다고 주장했다는 것을 알아두어야 해.

06 옳고 그름의 기준

본문 126~127쪽

01	①				
02	(1) ㉠ 선의지, ㉡ 도덕 법칙 (2) 해설 참조				
03	㉠ 의무론, ㉡ 결과론	**04**	①	**05**	⑤
06	⑤	**07**	⑤	**08** 해설 참조	**09** ④
10	①				

01 칸트의 사상 이해

제시문은 칸트가 도덕 법칙으로 제시한 대표적인 정언 명령이다. 첫 번째 자료는 보편주의를 강조한 것으로, 칸트에 따르면 자신이 하고자 하는 행위가 보편화 가능한 행위라면 실천하고 그렇지 않다면 멈춰야 한다. 두 번째 자료는 인격주의를 강조한 것으로, 칸트에 따르면 자신이 하고자 하는 행위가 인간을 단지 수단이 아닌 목적으로 대우하는 행위, 즉 인격체인 인간을 존엄성의 주체로 대우하는 것이면 실천하고 그렇지 않다면 멈춰야 한다.

ㄱ. 칸트는 인간의 존엄성을 존중하는 것을 우리가 마땅히 따라야 할 도덕 법칙이라고 본다. ○
ㄴ. 칸트는 보편적인 도덕 법칙의 준수를 강조한다. 도덕 법칙은 결과와 상관없이 무조건 실천해야 하기 때문이다. ○
ㄷ. 칸트는 행위의 결과가 아닌 행위의 동기를 중시한다. ✕
ㄹ. 칸트는 행복이 도덕적 행위의 동기가 될 수 없으며, 의무가 문제일 때는 자신의 행복을 고려하지 말아야 한다고 본다. ✕

틀린 사람을 위한 조언 이 문제를 틀린 사람은 칸트의 의무론과 결과론의 차이를 정확하게 이해하지 못했기 때문이야. 의무론은 결과에 상관없이 도덕 법칙이나 의무를 따르는 행위를 중시하기 때문에 행위의 동기를 중시하며, 결과론은 행위의 결과가 좋다면 동기와 상관없이 그 행위를 옳다고 보는 이론이라는 점을 비교하여 알아두어야 해.

02 칸트의 사상 이해

문제접근 제시문은 칸트의 주장이다. 칸트는 자율적 존재로서 인간은 선의지를 가지고 있다고 본다. 그에 따르면 선의지는 무조건적으로 선한 것으로, 옳은 행위를 오로지 그것이 옳다는 이유에서 따르려는 마음가짐이다. 이러한 선의지는 도덕 법칙을 따르려는 의지이기도 하다. 도덕 법칙은 우리 안의 실천 이성이 자율적으로 수립한 법칙이므로 자연 법칙과 달리 자연 만물 중 오로지 이성적 존재인 인간에게만 적용되며, 도덕 법칙을 준수하기 위해서 인간은 본능적 욕구를 극복해야 한다.

단답형 답안
㉠ 선의지, ㉡ 도덕 법칙

서술형 답안
행위의 옳고 그름은 결과가 아닌 행위의 동기에 따라 판단해야 한다.

03 의무론과 결과론의 특징 비교

문제접근 (가)는 의무론, (나)는 결과론이다. 의무론은 인간이 마땅히 지켜야 할 의무의 준수 여부에 따라 행위의 옳고 그름을 판단해야 한다는 이론으로 행위의 동기를 중시한다. 반면 결과론은 행위의 옳고 그름이 그 행위를 수행함으로써 발생하는 결과에 의존하며, 올바른 행위란 최선의 결과를 가져오는 행위라고 주장하는 이론이다.

단답형 답안
㉠ 의무론, ㉡ 결과론

04 의무론과 결과론의 특징 이해

의무론은 행위의 결과가 아니라 행위의 동기를 중시한다. 또한 의무론은 행위의 가치가 본래 정해져 있다고 본다. 그리고 의무론은 좋은 결과의 산출이라는 목적이 수단을 정당화할 수 없다고 본다. 반면 결과론은 행위의 가치가 각 행위의 결과에 의해 결정된다고 본다. 또한 좋은 결과의 산출이라는 목적에 도움이 되는 수단은 도덕적으로 정당화될 수 있다고 본다.

① 의무론은 목적이 수단을 정당화할 수 없다고 본다. 거짓말을 하거나 약속을 어기는 것은 어떤 경우에도 옳지 않은 것이므로, 아무리 좋은 목적을 위해서라도 이러한 행위를 해서는 안 된다는 것이다. ✕
② 의무론은 행위의 가치가 본래 정해져 있다고 본다. 예를 들어 진실을 말하는 행위는 본래 옳고, 거짓말을 하는 행위는 본래 그르다는 것이다. ○
③ 결과론은 행위의 동기보다 결과가 중요하다고 본다. 결과론의 대표적인 사상인 공리주의는 쾌락과 행복을 산출한 행위가 선한 행위라고 본다. ○
④ 결과론은 행위의 가치가 결정되어 있지 않다고 본다. 어떠한 행위는 그 행위가 산출한 결과에 따라 가치가 결정된다는 것이다. ○
⑤ 대표적인 사상가로 의무론은 칸트, 결과론은 벤담과 밀이 있다. ○

05 칸트와 로스의 사상 비교

갑은 의무론 사상가인 칸트, 을은 칸트의 사상을 비판적으로 수용한 현대 칸트주의 사상가 로스이다. 칸트에 따르면 인간이 마땅히 지켜야 할 의무의 준수 여부에 따라 행위의 옳고 그름을 판단해야 한다. 칸트는 보편타당한 도덕 법칙의 준수를 무조건적 명령으로 받아들이고 이를 실천할 것을 강조하였다. 현대 칸트주의 사상가 로스는 칸트의 사상을 수용하면서도 조건부 의무론을 통해 칸트의 사상을 보완하였다. 그에 따르면 약속 지키기, 호의에 대한 감사, 성실, 선행, 정의, 자기 계발, 악행 금지 등은 우리가 직관적으로 알 수 있는 옳고 명백한 의무이다. 그러나 의무 간에 갈등이 발생하면 더 중요한 의무가 실제적 의무가 되고, 그렇지 않은 의무는 유보된다. 예를 들어 '생명을 보호하라.'라는 의무와 '거짓말을 하지 마라.'라는 의무가 충돌할 경우 생명 보호를 위해 거짓말을 하지 않을 의무는 유보될 수 있다는 것이다.

① 칸트는 행위의 결과는 도덕적 행위의 판단 기준이 될 수 없다고 본다. ✕
② 최선의 결과를 강조하는 결과론의 대표적인 사상은 공리주의이며, 칸트는 결과가 아닌 행위의 동기를 중시한다. ✕
③ 로스에 따르면 우리가 언제 어디서나 따라야 할 절대적 의무는 없다. 그가 제시한 조건부 의무는 언제든지 더 중요한 의무의 이행을 위해 그렇지 않은 의무는 유보될 수 있다. ✕
④ 로스는 의무 간에 충돌이 발생할 경우 직관적으로 볼 때 덜 중요한 의무는 유보될 수 있다고 본다. ✕
⑤ 칸트의 윤리는 의무 간에 충돌이 발생할 경우 어떻게 해야 하는지 구체적인 해답을 제시하지 않았다. 그러나 로스는 의무 간에 갈등이 발생하면 더 중요한 의무를 따라야 함을 주장하였다. ○

틀린 사람을 위한 조언 ▶ 이 문제를 틀린 사람은 칸트의 의무론과 로스의 조건부 의무론의 차이점을 이해하지 못했기 때문이야. 칸트의 의무론의 문제점은 절대적인 도덕적 의무들이 상충하는 경우 어느 것을 우선시해야 하는지 알 수 없다는 문제가 있어. 그러나 로스의 조건부 의무론은 의무들 사이에 갈등이 발생할 경우 상대적으로 약한 의무는 유보되고 강한 의무가 우리의 실제적인 의무가 된다는 입장임을 꼭 기억해두렴.

06 벤담의 사상 이해

제시문은 벤담의 주장이다. 벤담은 인간의 모든 행위는 고통과 쾌락에 의해 결정된다고 주장하였다. 벤담에 따르면 고통과 쾌락은 우리가 어떠한 행위를 해야 할지를 알려 준다. 인간은 누구나 고통을 피하고 쾌락을 추구하는 존재라는 것이다.

ㄱ. 벤담이 부정의 대답을 할 질문이다. 그에 따르면 행위의 본래적 가치는 존재하지 않으며 그 행위가 산출한 결과에 따라 정해진다. ✕

ㄴ. 벤담이 부정의 대답을 할 질문이다. 벤담은 옳고 그름의 기준은 행위의 동기가 아닌 결과라고 본다. ✕
ㄷ. 벤담이 긍정의 대답을 할 질문이다. 그는 쾌락에는 오로지 양적인 차이만 있다는 양적 공리주의를 주장하였다. ○
ㄹ. 벤담이 긍정의 대답을 할 질문이다. 그는 행위의 옳고 그름을 판단할 때 관련된 사람들에게 최대 행복을 가져오는 행위를 중시하여 최대 다수의 최대 행복을 도덕과 입법의 원리로 제시하였다. ○

틀린 사람을 위한 조언 ▶ 이 문제를 틀린 사람은 벤담의 양적 공리주의 개념을 깊이 이해하지 못했기 때문이야. 벤담은 모든 쾌락에는 질적인 차이가 없고 양적인 차이만 있음을 강조했다는 점을 꼭 기억하고 밀의 질적 공리주의와 비교해보면서 차이점을 꼼꼼히 정리해두어야 해.

07 밀의 사상 이해

갑은 질적 공리주의를 주장한 밀이다. 벤담의 양적 공리주의를 비판적으로 계승한 밀은 쾌락에는 양적인 차이뿐만 아니라 질적인 차이도 있음을 강조하였다.

① 밀은 인간은 쾌락을 추구하고 고통을 피하려는 존재임을 강조한다. 따라서 쾌락은 선이며, 고통은 악이라고 본다. ○
② 밀은 공리주의 사상가이며 공리주의는 대표적인 결과론이다. 따라서 밀은 목적이 수단을 정당화할 수 있다고 본다. ○
③ 밀은 행복이 도덕의 목적이라고 본다. ○
④ 밀은 옳고 그름의 기준은 행위의 결과라고 본다. 즉 행위의 결과 쾌락이 증가하고 고통이 감소했다면 옳은 행위이다. ○
⑤ 밀은 모든 쾌락이 양적 차이뿐 아니라 질적인 차이도 있다고 본다. 따라서 밀의 입장으로 옳지 않은 진술이다. ✕

08 벤담의 양적 공리주의와 밀의 질적 공리주의 비교

문제접근 ▶ 을은 양적 공리주의를 주장한 벤담이다. 벤담에 따르면 쾌락은 오로지 한 가지이며 양적인 차이만 존재할 뿐이다. 따라서 행위의 옳고 그름을 판단하는 기준은 쾌락과 고통의 양이다. 이처럼 양적 공리주의를 주장한 벤담은 쾌락의 양을 측정하는 계산법을 제시하였는데, 강도, 지속성, 확실성, 신속성, 다산성, 순수성, 범위가 그것이다. 밀은 벤담의 양적 공리주의를 비판적으로 계승하여 질적 공리주의를 주장하였다. 즉 쾌락에는 질적인 차이가 있으며 쾌락의 양뿐만 아니라 질적인 차이도 고려해야 한다는 것이다. 이때 질적으로 높은 쾌락이란 정신적 쾌락을 말하며, 질적으로 낮은 쾌락은 감각적 쾌락을 말한다. 그래서 밀은 어떤 쾌락이 더 우월한지 판단하려면 두 가지 쾌락을 모두 경험해보았고 어떤 쾌락이 더 우월한지 판단할 수 있는 사람, 즉 쾌락의 전문가의 선택을 존중해야 함을 강조하였다.

서술형 답안

쾌락에는 질적인 차이가 있으며 쾌락의 양뿐만 아니라 질적인 차이도 고려해야 한다.

09 행위 공리주의와 규칙 공리주의 비교

(가)는 행위 공리주의, (나)는 규칙 공리주의이다. 행위 공리주의는 공리의 원리를 개별적 행위에 직접 적용하여 각각의 행위의 결과를 토대로 옳고 그름을 판단한다. 이러한 행위 공리주의는 행위의 결과를 정확하게 계산하기 어렵다는 점과 우리의 상식적인 도덕에 어긋나는 역직관성의 문제가 있다. 이러한 행위 공리주의의 문제점을 보완하면서 등장한 규칙 공리주의는 공리의 원리에 부합하는 규칙을 따르는 행위를 옳은 행위라고 판단함으로써 우리 사회의 전통이나 직관과 상충하지 않을 가능성이 높으며, 개별 행위의 결과를 계산하는 것보다 효율적이라는 장점이 있다.

① 행위 공리주의는 행위 자체의 유용성을 강조한다. ✘
② 행위 공리주의는 행위의 결과가 중요함을 강조하는 결과론의 입장이다. ✘
③ 규칙 공리주의는 행위의 동기가 아닌 결과를 강조한다. ✘
④ 규칙 공리주의는 유용성이 검증된 규칙의 준수를 강조하여 개별 행위의 결과를 계산하려는 행위 공리주의에 비해 효율적이다. ⭕
⑤ 행위 공리주의와 규칙 공리주의는 행복이 도덕의 목적임을 강조한다. ✘

10 벤담과 칸트의 사상 비교

갑은 벤담, 을은 칸트이다. 벤담은 최대 다수의 최대 행복을 도덕과 입법의 원리로 제시했으며, 관련된 사람들의 행복을 공평하게 고려할 것을 요구하였다. 이러한 벤담의 사상은 개인적 차원의 행복주의를 사회적 차원으로 확대시켜 행위의 옳고 그름을 판단할 때 관련된 사람들에게 최대 행복을 가져오는 행위를 할 것을 강조하였다. 칸트는 행복은 결코 도덕의 목적이 아니라고 보았으며, 자신의 행복을 증진하는 것은 우리의 직접적인 의무가 될 수 없다는 입장이다. 이러한 칸트의 입장은 행복을 도덕의 목적이라고 보는 공리주의의 입장과 구별된다.

① 공리주의는 사익과 공익의 조화를 실현하고자 하였다. ⭕
② 감각적 쾌락이 아닌 정신적 쾌락 추구를 강조한 사상가는 질적 공리주의를 주장한 밀이다. 벤담은 모든 쾌락은 한 가지 종류이며 오로지 양적인 차이만 있다고 보았다. ✘
③ 칸트는 도덕 법칙을 준수하고자 하는 동기에서 비롯된 행위가 도덕적 행위라고 보았다. 그는 동정심과 같은 자연적 경향성이 동기가 된 행위는 도덕적 행위가 아니라고 보았다. ✘
④ 도덕의 가치가 행복 실현에 기여하는 정도에 달려 있다고 보는 것은 공리주의의 입장이다. ✘

⑤ 다수의 고통을 감소시키는 행위가 도덕적 행위라고 보는 것은 공리주의만의 입장이다. ✘

틀린 사람을 위한 조언 이 문제를 틀린 사람은 칸트가 동정심 등 자연적 경향성에서 비롯된 행위는 도덕적 행위로 보지 않는다는 것을 몰랐기 때문이야. 칸트는 도덕 법칙을 자율적으로 준수하려는 의지에서 비롯된 행위를 도덕적 행위로 인정한다는 점을 유의해야 해.

07 현대의 윤리적 삶

기본 문제

본문 134~135쪽

01 ⑤	02 ⑤	03 죽음	04 ①
05 (1) 실존 (2) 해설 참조		06 ④	07 ③
08 ④			
09 (1) ㉠ 실존주의, ㉡ 실용주의 (2) 해설 참조			
(3) 해설 참조			

01 야스퍼스의 입장 이해

제시문은 야스퍼스의 주장이다. 실존주의 사상가 야스퍼스는 죽음이나 고통처럼 어떤 방법으로도 결코 해결할 수 없고, 피할 수도 변화시킬 수도 없는 상황을 한계 상황이라고 하였다. 그에 따르면 인간은 한계 상황에서 절망과 좌절을 겪게 되는데, 이러한 한계 상황은 인간이 실존을 각성하게 되는 근본적인 계기이다.

ㄱ. 실존주의 사상은 근대 이성주의가 추구한 객관적이고 보편적인 진리를 거부하고 개개인의 주체성을 중시한다. ✕

ㄴ. 근대 이성주의는 객관적이고 보편적인 도덕과 지식을 강조했으나 개인이 겪는 구체적인 삶의 문제를 도외시하였다. 그래서 실존주의는 이성의 명령이 아닌 주체적인 삶을 통해 실존을 회복할 수 있다고 본다. ✕

ㄷ. 야스퍼스에 따르면 그 어떤 방법으로도 피하거나 해결할 수 없는 죽음, 고통과 같은 한계 상황에서 깊은 절망과 좌절을 경험하게 되는데, 인간은 한계 상황을 직시할 때 참된 실존에 이를 수 있다. ○

ㄹ. 야스퍼스는 한계 상황에서 유한성을 깨달은 인간은 스스로의 결단을 통해 실존을 회복하고 초월자에 대한 경험도 할 수 있다고 본다. ○

02 키르케고르의 입장 이해

제시문은 키르케고르의 주장이다. 키르케고르는 선택 앞에 놓인 개인은 늘 불안을 느끼며 주체적 결정을 회피하면서 '죽음에 이르는 병', 즉 절망에 빠지게 된다고 보았다. 그래서 그는 불안과 절망에서 벗어나 참된 실존을 회복하기 위해서는 심미적 실존 단계와 윤리적 실존 단계를 거쳐 최종적으로 종교적 실존 단계인 '신 앞에 선 단독자'의 삶을 살아가야 한다고 보았다.

① '신은 곧 자연이며 인격신은 존재하지 않는다.'라는 주장은 범신론에 해당한다. 이러한 관점은 신을 자연 그 자체로 보는 것이다. 그러나 키르케고르는 인격신이 존재한다고 보는 유신론적 실존주의 사상가이다. ✕

② 감각적 쾌락을 추구하는 삶은 키르케고르가 말하는 심미적 실존 단계이다. 그에 따르면 감각적 쾌락을 추구하는 삶 속에서 인간은 허망함을 느끼면서 절망하게 되므로 참된 나를 찾을 수 없다. ✕

③ 키르케고르는 '주체성이 진리'라고 하여 실존적 상황에서는 객관적이고 보편적인 진리가 아닌 오직 주체성만이 답을 줄 수 있다고 본다. ✕

④ 보편적 윤리에 따르는 삶은 키르케고르가 말하는 윤리적 실존 단계이다. 그에 따르면 윤리적 실존 단계에서 인간은 윤리 규범을 어기면서 죄책감을 느끼고 인간의 유한성 앞에 또다시 절망하기 때문에 절망을 극복할 수 없다. ✕

⑤ 키르케고르는 신 앞에 선 단독자로 살아갈 때 절망과 불안에서 벗어나 참된 실존을 회복할 수 있다고 본다. ○

> **틀린 사람을 위한 조언** 이 문제를 틀린 사람은 키르케고르가 주장하는 참된 실존에 이르는 과정에 대해 몰랐기 때문이야. 키르케고르는 심미적 실존 단계와 윤리적 실존 단계는 절망에 이를 수밖에 없으며, 신 앞에 선 단독자로 살아갈 때 참된 실존을 회복할 수 있다고 주장했다는 점을 꼭 알고 있어야 해.

03 죽음에 대한 하이데거의 입장 이해

문제접근 제시문을 주장한 사상가는 하이데거이다. 그에 따르면 인간은 다른 사람의 시선을 의식하며 타인이 규정한 삶의 방식에 자신을 끼워 맞추며 살아가면서 주체성을 상실한 채 불안 속에 살아간다. 또한 인간은 죽음에 대한 불안과 염려를 안고 살아간다. 하이데거는 이와 같은 불안과 염려에서 벗어나 참된 실존을 회복하기 위해서는 죽음의 자각이 필요함을 강조하였다.

단답형 답안
죽음

04 하이데거의 사상 이해

하이데거는 인간이 동물과 달리 자신의 죽음을 인식할 수 있는 존재임을 강조하고 자신의 가장 확실한 가능성인 죽음을 직시하는 자각을 통한 참된 실존의 회복을 강조하였다.

ㄱ. 하이데거에 따르면 인간의 근원적인 불안에서 벗어나기 위해서는 자신의 죽음으로 미리 달려가 보는 죽음으로의 선구(先驅), 즉 죽음의 자각이 필요하다고 보았다. ○

ㄴ. 하이데거에 따르면 동물과 달리 인간만이 자신의 죽음을 예견하고 존재의 의미를 물을 수 있다. ○

ㄷ. 실존주의 사상은 근대 이성주의에 대한 반성으로부터 시작되었다. 근대 이성주의는 이성을 도구로 삼아 자연을 정복하고 사회를 진보시키고자 하였다. 그러나 이성의 반성적 측면을 무시하고 이성의 도구적 기능만을 강조한 나머지 인간 소외, 물질 만능주의를 초래하였고, 이로 인해 인간의 삶은 불안해졌다. 또한 20세기 초 세계 대전은 인간의 이성적 능력에 대한 근본적인 회의감을 불러일으키게 되었다. 따라서 실존주의는 이성의 도구적 기능을 발휘하는 삶이 아닌 자신의 참된 실존의 회복에 관심을 갖는다. ✗

ㄹ. 근대 사상은 보편적 도덕 원리에 따르는 삶을 강조한다. 예를 들어 칸트의 경우 보편적 도덕 원리의 준수를 자신의 의무로 받아들일 것을 강조한다. 그러나 실존주의 사상가들은 이러한 근대 사상이 개별적이고 구체적이며 결코 상대화할 수 없는 인간의 실존 문제를 도외시했다고 비판하고 주체적인 삶을 통해 실존을 회복할 것을 강조하였다. ✗

틀린 사람을 위한 조언 이 문제를 틀린 사람은 하이데거가 참된 실존을 위해서는 죽음에 대한 자각이 필요하다고 주장했음을 몰랐기 때문이야. 하이데거는 인간만이 자신의 죽음을 예견하고 존재의 의미를 물을 수 있으며, 죽음을 회피하기보다는 수용하는 주체적 결단을 내림으로써 참된 실존을 회복할 수 있다고 주장했음을 꼭 기억해야 해.

05 사르트르의 사상 이해

문제접근 사르트르에 따르면 인간이 아닌 사물의 경우 본질이나 목적이 먼저 존재하고 그 다음에 실존하게 된다. 예를 들어 칼의 경우 '자른다'는 본질이나 목적이 먼저 존재하고 나중에 장인에 의해 칼이 만들어진다. 그러나 인간은 인간의 본질을 정해 줄 신이 존재하지 않기 때문에 인간의 본질이나 목적은 존재하지 않으며, 인간은 세계 내에 '내던져진 존재'이다. 즉 인간은 본질이나 목적이 계획되거나 창조된 존재가 아니라 먼저 실존하는 존재라는 것이다. 이러한 맥락에서 사르트르는 '실존은 본질에 앞선다'라고 하였으며, 인간에게 주어진 자유를 바탕으로 주체적인 자세로 자신을 스스로 만들어 나가고 그 결과에 책임지는 삶을 살아야 한다고 보았다.

단답형 답안
실존

서술형 답안
인간에게 주어진 자유를 바탕으로 주체적인 선택과 결단에 따라 자신을 스스로 만들어 나가고 그 결과에 대하여 책임지는 삶을 살아야 한다.

06 실용주의 사상의 특징 파악

제시문은 실용주의 사상에 대한 설명이다. 실용주의는 19세기 말 미국의 시대 상황을 배경으로 등장하였다. 당시의 미국은 산업화와 도시화가 빠르게 진행되면서 인종 차별 문제, 남북 갈등과 같은 다양한 사회 문제와 갈등에 직면하였다. 이러한 상황에서 실용주의 사상가들은 옳고 그름과 선악의 절대적인 기준을 강조하는 기존의 도덕이나 사상으로는 혼란을 해결할 수 없다고 보고 경험적이고 과학적인 방법을 바탕으로 문제 해결을 위한 유용한 지식을 강조하였다.

ㄱ. 실용주의는 다윈의 진화론의 영향을 받아 도덕이나 윤리도 성장하고 변화하는 것이며, 고정적이고 절대적인 지식이나 도덕은 존재하지 않는다고 본다. ✗

ㄴ. 실용주의에 따르면 사고나 지식은 인간이 당면한 문제를 해결하는 데 도움이 되는 유용한 것일 때 가치를 갖는다. ○

ㄷ. 실용주의는 영국 경험론의 영향을 받아 논리적 추론을 통한 지식보다는 관찰과 실험 등 경험적 방법을 통해 얻은 지식을 중시해야 한다고 본다. ✗

ㄹ. 실용주의에 따르면 절대적이고 고정적인 지식이나 도덕은 존재하지 않으며, 지식이나 도덕은 인간의 문제를 개선하는 데 도움이 될 때 의미가 있다. ○

틀린 사람을 위한 조언 이 문제를 틀린 사람은 실용주의의 등장 배경에 대해 잘 몰랐기 때문이야. 특히 실용주의가 형성되는 과정에서 진화론과 경험론이 큰 영향을 주었다는 것을 꼭 알아두어야 해.

07 제임스의 현금 가치 개념 파악

제시문은 제임스의 주장이다. 제임스는 현금 가치라는 개념을 통해 지식과 신념의 유용성을 강조하였다. 현금 가치란 지식과 신념은 우리의 삶에 실제적으로 이롭고 유용할 때 비로소 가치를 지닌다는 것으로 문학이나 철학 등도 인간이 삶을 의미 있게 살아가는 데 도움이 되기 때문에 현금 가치를 지닌다고 보았다.

ㄱ. 제임스에 따르면 지식과 신념은 현금 가치를 지녀야 한다. 즉 실생활에 유용할 때 그 지식과 신념은 의미를 갖는다는 것이다. 따라서 지식은 그 자체로 의미 있는 것은 아니다. ✗

ㄴ. 제임스의 현금 가치라는 개념은 지식과 신념은 실생활에 쓸모가 있을 때 가치가 있다는 것을 강조한다. 그는 이롭다는 것과 옳은 것을 같은 맥락이라고 본다. ○

ㄷ. 실용주의 사상가 제임스는 지식의 실제적인 유용성을 중시한다. 따라서 고정적이고 절대적인 진리는 존재하지 않는다고 본다. ○

ㄹ. 제임스의 현금 가치라는 개념은 경제적 가치만을 강조한 것이 아니라 삶에 실제적인 도움이 되거나 의미 있는 삶을 살아나가는 데 필요한 지식을 추구할 것을 강조한 것이다. ✗

08 듀이의 사상 이해

제시문은 듀이의 주장이다. 실용주의 사상가 듀이에 따르면 지식은 그 자체가 목적이거나 가치가 있는 것이 아니라 인간이 직면한 문제를 해결하는 과정에서 유용성이 있을 때 가치가 있다. 그는 지성적 탐구를 통한 문제 해결을 강조하였으며, 이를 통해 사회의 성장과 진보가 가능하다고 보았다. 이때 지성적 탐구란 관찰과 실험 등 근대 경험론적 방법을 말한다. 이러한 맥락에서 듀이는 도덕이나 윤리는 성장하고 변화하는 것이라고 보았으며, 고정적이고 절대적인 가치는 존재하지 않는다고 보았다.

ㄱ. 실용주의가 등장한 19세기 말 미국은 다양한 사회적 갈등에 직면하게 되었다. 실용주의 사상가들은 고정적이고 절대적인 진리나 지식을 강조하는 기존의 근대 사상으로는 문제를 해결하기 어렵다고 보고 인간의 삶에 유용한 지식을 추구하였다. 따라서 보편적 도덕이나 원리보다는 실용적이고 유용한 지식을 추구하게 되었다. ✗

ㄴ. 다윈의 진화론의 영향을 받은 듀이는 인간도 환경에 적응하면서 문제를 해결해 나가는 존재라고 보고 지식은 인간이 직면한 삶의 문제를 해결하는 데 도움이 되는 도구라고 보았다. ○

ㄷ. 듀이에 따르면 절대적 진리는 존재하지 않으며 모든 지식은 하나의 가설이다. 이러한 가설을 실제 삶에 적용했을 때 유용한 결과를 산출하면 그때 비로소 참이 된다는 것이다. 따라서 유용성을 강조하는 듀이의 사상은 옳고 그름의 판단 기준을 행위의 동기가 아닌 결과라고 본다. ✗

ㄹ. 듀이에 따르면 고정적이고 불변하는 도덕이나 윤리는 존재하지 않으며, 도덕이나 윤리는 늘 성장하고 변화한다. ○

(틀린 사람을 위한 조언) 이 문제를 틀린 사람은 듀이의 도구주의에 대해 잘 몰랐기 때문이야. 듀이가 지식은 그 자체가 목적이 아니라 인간이 직면한 문제를 해결하여 환경에 적응하는 데 유용한 수단이나 도구가 된다고 주장했다는 점을 꼭 알고 있어야 해.

09 실존주의와 실용주의의 현대적 의의 파악

(문제접근) ⊙에 들어갈 말은 실존주의, ⓒ에 들어갈 말은 실용주의이다. 실존주의와 실용주의는 객관적이고 보편적인 도덕 원리나 법칙을 강조하는 근대 윤리학의 입장에 반대한다. 실존주의는 오늘날 우리에게 인간의 개성과 주체적인 삶의 중요성을 일깨워 주고 있다. 또한 실용주의는 현대 사회에서 우리가 지성적인 방식으로 문제를 해결하는 데 도움을 줄 수 있으며, 절대적인 진리나 도덕은 존재하지 않는다고 보는 실용주의의 태도는 가치의 다양성을 긍정하는 다원주의 사회의 정착에 도움을 줄 수 있다.

(단답형 답안)
(1) ⊙ 실존주의, ⓒ 실용주의

(서술형 답안)
(2) 인간의 개성을 긍정적으로 본다. 주체적인 삶을 강조한다.
(3) 지성적인 방식으로 우리 삶을 개선하는 데 도움을 줄 수 있다. 다원주의 사회가 정착하는 데 도움을 줄 수 있다.

대단원 종합 문제
본문 138~139쪽

01 ②   **02** ③   **03** ②

04 (1) ㉠ 스토아, ㉡ 에피쿠로스 (2) 해설 참조

05 ②

06 (1) ㉠ 목적, ㉡ 선의지 (2) 해설 참조

07 ②   **08** ③

01 소피스트와 소크라테스의 사상 비교

갑은 프로타고라스, 을은 소크라테스이다. 대표적인 소피스트였던 프로타고라스는 '인간은 만물의 척도'라고 하여 모든 진리는 상대적인 것이며 보편적인 진리는 존재하지 않음을 강조하였다. 반면 소크라테스는 소피스트의 상대주의를 비판하면서 보편적이고 객관적인 윤리가 존재한다고 주장하였다. 그는 선하게 사는 것과 정신적인 가치를 중시하였으며, 지식을 모든 덕과 행복의 근원으로 여기는 주지주의적 입장을 취하였다.

ㄱ. 소피스트는 절대적 진리와 보편타당한 윤리의 존재를 부정하고 개인이 모든 가치 판단의 기준이라고 본다. **O**

ㄴ. 소피스트는 인간의 감각적 경험을 지식과 도덕의 근원으로 보았다. **✗**

ㄷ. 부와 명예 등 세속적 가치를 중시한 소피스트와 달리 소크라테스는 도덕적인 삶과 정신적 가치를 중시하였다. 그는 '성찰하지 않는 삶은 살아갈 가치가 없다.'라고 하면서 영혼의 수련을 통해 참된 앎을 추구할 것을 강조하였다. **O**

ㄹ. 상대적 진리관을 가진 소피스트와 달리 소크라테스는 절대적이고 보편적인 진리를 추구할 것을 강조하였다. **✗**

틀린 사람을 위한 조언 이 문제를 틀린 사람은 소피스트가 상대주의적 진리관을, 소크라테스가 절대주의적 진리관을 가진 사상가라는 점을 몰랐기 때문이야. 소피스트는 보편적인 진리는 존재하지 않음을, 소크라테스는 보편적인 진리가 존재한다는 입장임을 꼭 유의해야 해.

02 아리스토텔레스와 소크라테스의 사상 비교

갑은 아리스토텔레스, 을은 소크라테스이다. 아리스토텔레스에 따르면 인간은 무엇이 선인지 알면서도 의지의 나약함 내지는 자제력 없음으로 인해 비도덕적 행위를 하게 된다. 그래서 그는 일상생활에서 올바른 행위를 하게 할 수 있는 품성적 덕을 기를 것을 강조한다. 소크라테스는 지식을 덕과 행복의 근원으로 보는 주지주의를 바탕으로 그의 사상을 전개하였다. 그에 따르면 무지는 모든 악행의 원인이다. 다시 말하면 선(善)을 아는 사람은 그것을 실천하게 된다는 것이다. 나아가 소

크라테스는 참된 앎은 덕이며, 덕은 행복이라는 지덕복합일설을 주장하였다.

① 아리스토텔레스와 소크라테스 모두 부정의 대답을 할 질문이다. 아리스토텔레스와 소크라테스는 모두 이성이 지식과 도덕의 근원이라고 본다. **✗**

② 아리스토텔레스와 소크라테스 모두 긍정의 대답을 할 질문이다. 두 사상가는 모두 도덕적 삶은 덕에 대한 지식에 바탕을 둔다고 보았으며, 아리스토텔레스는 이에 더해 덕을 실천하고자 하는 의지를 강조하였다. **✗**

③ 아리스토텔레스는 긍정, 소크라테스는 부정의 대답을 할 질문이다. 아리스토텔레스의 경우 선(善)을 아는 사람도 의지의 나약함으로 인해 실천하지 않는 경우가 있다고 보았지만, 소크라테스는 참된 앎은 실천으로 이어진다는 지행합일설을 주장하였다. **O**

④ 아리스토텔레스와 소크라테스 모두 긍정의 대답을 할 질문이다. 아리스토텔레스는 지적인 덕이 영혼의 이성적인 부분과 관련이 있으며, 대표적인 지적인 덕인 실천적 지혜는 중용을 인식하게 하여 행복한 삶에 이르게 한다고 본다. 소크라테스 역시 이성을 통해 얻은 참된 앎은 곧 덕이며, 덕은 행복으로 이어진다는 지덕복합일설을 주장하였다. **✗**

⑤ 아리스토텔레스와 소크라테스 모두 긍정의 대답을 할 질문이다. 두 사상가는 모두 절대적인 진리와 보편타당한 윤리가 존재한다고 본다. **✗**

03 플라톤의 사상 이해

제시문은 플라톤의 주장이다. 플라톤은 인간의 영혼을 이성, 기개, 욕망으로 구분하고, 영혼의 이성적 부분이 기개와 욕망을 잘 다스려야 한다고 보았다. 다시 말해 기개와 욕망은 이성을 잘 따라야 한다는 것이다. 따라서 영혼의 각 부분이 자신의 맡은 일을 잘 수행하는 것이 중요하기 때문에 욕구는 절제, 기개는 용기, 이성은 지혜의 덕을 갖추어야 하며, 이러한 덕이 조화를 이룰 때 정의가 실현되어 행복한 삶을 살 수 있다고 보았다. 이는 국가에 대해서도 마찬가지로 통치자는 지혜를, 수호자는 용기를, 생산자는 절제의 덕을 갖고 서로 조화를 이룰 때 정의로운 국가가 실현된다고 보았다.

• 첫 번째 입장. 플라톤은 생산자의 사유 재산은 허용될 수 있다고 본다. **✗**

• 두 번째 입장. 플라톤에 따르면 절제는 이상 국가의 모든 계층이 갖추어야 할 덕이다. **O**

• 세 번째 입장. 플라톤에 따르면 이상 국가의 구성원인 통치자, 수호자, 생산자는 모두 각자의 역할에 충실할 때 정의가 실현되고 행복한 삶으로 나아갈 수 있다고 본다. **O**

• 네 번째 입장. 플라톤에 따르면 모든 시민이 아닌 소수의 통치자만이 정치에 참여해야 한다. ✕

틀린 사람을 위한 조언 이 문제를 틀린 사람은 플라톤의 이상 국가론에 대해 잘 몰랐기 때문이야. 플라톤은 이상 국가의 구성원 중 통치자와 수호자는 사유 재산을 가질 수 없다고 보았지만, 생산자는 사유 재산이 허용될 수 있다고 보았다는 점을 알고 있어야 해.

04 스토아학파와 에피쿠로스학파의 입장 이해

문제접근 제시된 자료는 헬레니즘 시대의 사상이 등장하게 된 배경을 설명하고 있다. 이 시기에 등장한 스토아학파와 에피쿠로스학파는 혼란한 시대 속에서 각각 금욕과 정신적 쾌락을 추구해야 할 가치로 내세웠으며, 궁극적으로 스토아학파는 아파테이아의 경지를, 에피쿠로스학파는 아타락시아의 경지를 이상적 경지로 제시하였다.

단답형 답안
㉠ 스토아, ㉡ 에피쿠로스

서술형 답안
스토아학파는 어떤 상황에서도 동요하지 않는 부동심의 경지인 아파테이아를 이상적 경지로 제시하였다. 에피쿠로스학파는 몸의 고통과 마음의 불안이 모두 소멸된 정신적 쾌락의 상태인 아타락시아를 이상적 경지로 제시하였다.

05 베이컨과 데카르트의 사상 비교

갑은 베이컨, 을은 데카르트이다. 베이컨은 경험을 통한 진리 탐구를 강조하였다. 즉 관찰과 경험을 통해 얻은 지식만이 참된 지식이라는 것이다. 이러한 베이컨의 사상은 '아는 것이 힘이다.'라는 말에 잘 담겨 있다. 데카르트는 감각적 경험을 통해 얻은 지식은 단편적이고 우연한 지식이라고 보고 경험론의 귀납적 탐구 방법은 지식을 얻는 올바른 방법이 아니라고 보았다. 그에 따르면 진리란 의심의 여지가 없는 것이어야 한다. 이에 그는 확실한 진리를 찾기 위해 모든 것을 의심하는 방법적 회의를 통해 '나는 생각한다. 그러므로 나는 존재한다.'라는 철학의 제1원리를 확립하고 이로부터 지식을 연역하고자 하였다.

① 베이컨은 근대 경험주의 사상가로, 경험주의 사상가들은 경험이야말로 지식을 얻는 올바른 방법임을 강조하고 연역법이 아닌 귀납적 방법을 강조한다. ✕

② 베이컨은 자연에 대한 관찰과 실험은 인간에게 유용한 지식을 준다고 보았다. 그러나 올바른 인식을 방해하는 선입견과 편견, 즉 우상은 올바른 인식을 방해한다고 보아 이를 타파해야 한다고 본다. ◯

③ 합리주의 사상가인 데카르트는 지식과 사유의 원천을 이성으로 보고 귀납법이 아닌 연역적 방법을 통해 지식을 찾고자 한다. ✕

④ 데카르트는 관찰 및 실험과 같은 경험적인 방법을 통해 얻은 지식은 단편적이고 우연한 지식이므로 진리가 될 수 없다고 보고 의심의 여지가 없는 원리로부터 지식을 연역해야 한다고 본다. ✕

⑤ 자연의 필연성에 대한 이성적 관조가 필요함을 강조한 사상가는 스피노자이다. ✕

틀린 사람을 위한 조언 이 문제를 틀린 사람은 경험주의 사상가인 베이컨과 합리주의 사상가인 데카르트의 진리 탐구 방법론의 차이점을 몰랐기 때문이야. 베이컨은 귀납법을, 데카르트는 연역법을 올바른 진리 탐구 방법이라고 보았다는 점을 비교하여 기억해 두어야 해.

06 칸트의 사상 이해

문제접근 제시문의 첫 번째 자료는 칸트가 제시한 도덕 법칙 중 인격주의의 내용이며, 두 번째 자료는 선의지와 관련된 것이다. 칸트는 인간이 자연 법칙의 지배를 받기 때문에 본능적 욕구, 즉 자연적 경향성에 따르기 쉽다고 보았다. 그러나 칸트는 인간이 이성을 가진 자율적 존재로서 도덕 법칙을 따를 수 있으며, 도덕 법칙을 따를 때 그 행위는 도덕적 가치를 지닌다고 보았다. 반면에 욕구나 이기심 등 자연적 경향성을 따른 행위는 도덕적 행위가 될 수 없다고 보았다. 이러한 맥락에서 칸트는 인간이 자율적으로 도덕 법칙을 준수할 수 있는 존재라는 점에서 존엄한 존재이며, 언제 어디서나 단지 수단이 아닌 목적으로 대우받아야 한다고 보았다. 한편 칸트는 선의지를 그 자체로 유일하게 선한 것이라고 보았다. 그에 따르면 선의지는 오직 어떤 행위가 옳다는 바로 그 이유 때문에 행위를 선택하려는 의지이다. 따라서 선의지에서 비롯된 행위는 도덕적 행위가 된다.

단답형 답안
㉠ 목적, ㉡ 선의지

서술형 답안
선의지에서 비롯된 행위가 아니라 자신과 회사의 이익을 위한 행위이므로 도덕적 행위가 아니다.

07 흄과 스피노자의 사상 비교

갑은 흄, 을은 스피노자이다. 베이컨의 경험론을 계승한 흄은 도덕의 판단과 행동의 근거는 감정임을 강조하고 타인의 상황에 공감(共感)할 수 있는 감정을 도덕적 삶의 토대로 보았다. 즉 어떠한 행위가 타인에게 시인의 감정을 공감하게 한다면 도덕적 행위라는 것이다. 반면 스피노자는 신은 세계 자체이자 자연이라는 범신론을 주장하였다. 그에 따르면 자연은 필연적 질서와 인과 법칙에 따라 움직이는 거대한 기계이며, 인간은 이러한 필연성을 이성적 관조를 통해 인식할 때 참된 자유와 행복을 누릴 수 있다고 보았다.

ㄱ. 흄에 따르면 이성은 도덕적 행위의 직접적인 동기가 될 수 없으며 동정심과 같은 감정이 도덕적 행위의 동기이다. ⭕

ㄴ. 흄은 도덕적 행위의 동기가 감정이라고 보지만 이성도 보조적인 역할을 한다고 본다. 감정에서 시작된 도덕적 행위를 수행하기 위한 방법을 알려주는 역할을 한다는 것이다. ❌

ㄷ. 스피노자에 따르면 자연에서 일어나는 모든 일은 원인과 결과의 필연적인 관계로 연결되어 있으며, 자연에 속한 존재인 인간도 필연성을 벗어날 수 없다. 따라서 스피노자는 인간이 자유 의지를 갖는 것은 불가능하다고 본다. ⭕

ㄹ. 스피노자는 유용성을 선악 판단의 기준으로 보지 않는다. 스피노자는 도덕의 판단과 행동의 근거는 이성이며, 이성의 능력을 발휘할 때 도덕적인 삶을 살아갈 수 있다고 보았다. ❌

틀린 사람을 위한 조언 이 문제를 틀린 사람은 흄이 도덕적 행위에서 이성과 감정이 어떤 역할을 한다고 주장했는지 잘 몰랐기 때문이야. 흄은 도덕적 행위의 직접적인 동기는 감정이며, 이성은 도덕적 행위를 위한 방법이나 절차를 알려주는 보조적인 역할만을 한다고 주장했음을 꼭 알아두어야 해.

08 벤담과 듀이의 사상 비교

갑은 공리주의 사상가 벤담, 을은 실용주의 사상가 듀이이다. 벤담에 따르면 인간은 누구나 고통을 피하고 쾌락을 추구하려는 경향을 지닌다. 그는 이러한 인간관을 바탕으로 행위의 옳고 그름을 판단하는 기준은 행위의 결과인 쾌락과 고통의 양이라는 양적 공리주의를 주장하였다. 한편 듀이는 지식을 인간이 환경에 적응하고 삶과 세계를 개선하기 위한 도구로 보고 자신의 실용주의를 도구주의라고 불렀다. 그에 따르면 지식은 그 자체가 목적이거나 가치가 있는 것이 아니라 인간이 직면한 문제를 해결하는 과정에서 유용성이 있을 때 가치가 있다. 따라서 도덕이나 윤리는 고정적인 것이 아니라 성장하고 변화하는 것이라고 본다.

ㄱ. 쾌락에는 질적인 차이가 존재한다는 주장은 질적 공리주의를 주장한 밀의 입장이다. ❌

ㄴ. 벤담과 듀이의 공통점이다. 벤담은 최대 다수의 최대 행복의 결과를 산출하는 행위를, 듀이는 인간이 당면한 문제를 유용하게 해결하는 지식을 참으로 본다. 따라서 두 사상가 모두 행위의 결과가 도덕 판단의 기준이다. ⭕

ㄷ. 벤담과 듀이의 공통점이다. 벤담은 사회적으로 유용한 결과를 중시하며, 듀이 역시 문제 해결에 유용한 도덕이나 지식을 중시한다. 그러므로 두 사상가 모두 유용성이 행위의 옳고 그름의 기준이다. ⭕

ㄹ. 듀이에 따르면 지식이란 인간이 당면한 문제를 해결하기 위한 도구이다. 따라서 지식은 그 자체가 목적이 아니라 상황의 변화에 따라 수정될 수 있다. 이러한 맥락에서 듀이는 고정적이고 절대적인 도덕을 거부하고 도덕이나 윤리도 성장하고 변화하는 것이라고 본다. ❌

1 ⑤	2 ③	3 ④	4 ③	5 ②	6 ②
7 ④					

1 스피노자의 사상 이해

그림의 강연자는 스피노자이다. 스피노자는 신은 세계 자체이자 자연이며, 자연은 필연적 질서와 인과 법칙에 따라 움직이는 거대한 기계라고 본다. 다시 말해 신은 존재하는 유일한 실체이며, 인간을 포함한 자연의 개별 사물은 하나의 실체가 보여 주는 여러 가지 모습인 양태라는 것이다. 이러한 맥락에서 스피노자는 자연에 속한 존재인 인간도 필연성을 벗어날 수 없다고 보았다. 그는 인간의 진정한 자유와 참된 행복이 자연의 필연적 질서를 인식하는 것임을 강조하고 이러한 행복에 이르기 위해서는 자연의 필연성에 대한 이성적 관조가 필요하다고 보았다.

① 스피노자가 말하는 신은 인격신이 아니라 자연 그 자체이며 모든 사물의 내재적 원인이다. 그는 인간이 자연의 필연적 질서를 철저히 인식할 때 정념에서 벗어나 참된 행복에 이를 수 있다고 보았다. ✗

② 스피노자에 따르면 인간은 자연 법칙에 따라 살아가는 존재이며 자기 보존을 위해 노력하는 존재이다. 그래서 인간은 자기 보존이 증대할 때 기쁨과 같은 능동적 감정을 느끼며, 자기 보존이 감소할 때 수동적인 감정인 정념을 느낀다는 것이다. 이러한 스피노자의 입장은 모든 감정과 욕망을 버릴 것을 강조한 것이 아니라, 능동적 감정은 향유하면서도 수동적 감정인 정념을 적절히 조절하여 정념에 휘둘리지 않아야 함을 강조한 것이다. ✗

③ 스피노자는 신의 존재를 부정하지 않았다. 다만 그가 말하는 신은 인격신이 아니라 필연성에 따라 움직이는 자연 그 자체이다. ✗

④ 스피노자는 인간의 자유 의지를 부정한다. 자연에서 일어나는 모든 일은 원인과 결과의 필연적인 관계로 연결되어 있기 때문에 인간이 필연성에서 벗어나 자유 의지를 갖는 것은 불가능하다는 것이다. ✗

⑤ 스피노자에 따르면 신은 모든 것의 내재적 원인이다. 그래서 그는 이성적 관조를 통해 신을 인식할 때 만물의 필연성을 인식할 수 있으며 정념에서 벗어나 올바른 삶을 살 수 있다고 본다. ◯

틀린 사람을 위한 조언 이 문제를 틀린 사람은 스피노자의 자유 의지에 대한 입장을 잘 몰랐기 때문이야. 스피노자는 자연에서 일어나는 모든 일은 원인과 결과로 필연적으로 연결되어 있다고 보기 때문에 인간이 필연성에서 벗어나 자유 의지를 가지는 것은 불가능하다고 본다는 점을 명심해야 해.

2 데카르트와 베이컨의 사상 비교

갑은 데카르트, 을은 베이컨이다. 데카르트에 따르면 진리는 의심의 여지가 없는 것이어야 한다. 그는 의심할 수 없는 진리를 찾기 위해 모든 것을 의심한 결과 무엇인가를 의심하고 있는 나는 존재한다는 것을 깨닫고 '나는 생각한다. 그러므로 나는 존재한다.'라는 명제를 철학의 제1원리로 삼았다. 베이컨은 자연에 대한 참된 인식을 위해서는 편견과 선입견, 즉 우상을 타파해야 한다고 주장하였다. 그에 따르면 개별적인 사실의 관찰만으로는 진리를 파악할 수 없으며, 진리 탐구의 과정에서 반드시 지성이 활용되어야 한다.

① 데카르트에 따르면 관찰과 실험 등 경험을 통해 얻은 지식은 단편적이며 우연한 지식에 불과하므로 진리 탐구를 위한 적절한 방법이 아니다. ✗

② 데카르트는 방법적 회의를 통해 의심하고 있는 나의 존재는 의심할 수 없는 확고한 진리라고 본다. ✗

③ 베이컨에 따르면 진리 탐구의 과정에서 지성이 활용되어야 하며, 지성이 올바르게 발휘되는 것을 방해하는 인간 내면의 선입견과 편견을 우상이라고 부르고 이를 타파해야 한다고 본다. ◯

④ 베이컨은 감각적 경험, 즉 관찰과 실험 등의 자연 과학적 탐구 방법만이 객관적 지식의 토대가 될 수 있다고 본다. ✗

⑤ 베이컨은 자연 과학적 지식은 인간에게 매우 유용한 지식이라고 보았다. 왜냐하면 자연을 지배할 수 있게 하고, 인간의 풍요로운 삶을 실현할 수 있게 돕기 때문이다. 따라서 그는 인간에게 유용한 지식을 참된 지식으로 본다. 그러나 데카르트는 의심의 여지가 없는 확실한 지식만을 참된 지식으로 본다. ✗

3 칸트, 벤담, 듀이의 사상 비교

왜 신유형인가? 기존의 벤 다이어그램 문제나 순서도 문제도 사상가 간의 공통점이나 차이점을 묻는 고난도의 문제 유형에 속한다. 그러나 이 문제의 경우 갑, 을, 병의 비판의 방향이 더 복잡하게 얽혀 있어 더욱 어려운 트라이앵글형 문제이다. 이러한 트라이앵글형 문제를 효과적으로 대비하기 위해서는 개념을 단순히 암기하는 데 그칠 것이 아니라 깊이 있게 이해하려고 노력해야 하며, 다른 사상가들과 비교하여 어떠한 공통점과 차이점이 있는지 더욱 꼼꼼하게 정리할 필요가 있다.

갑은 칸트, 을은 벤담, 병은 듀이이다. 칸트에 따르면 인간은 이성적이며 자율적인 존재이므로 존엄성의 주체이다. 그래서 그는 이러한 존엄한 인간을 단지 수단이 아닌 목적으로 대우해야 함을 강조하였다. 벤담은 모든 쾌락은 질적으로 동일하며 오로지 양적인 차이만 있다는 양적 공리주의를 주장하고, 최대 다수의 최대 행복을 도덕과 입법의 원리로 제시하였다. 듀이에 따르면 인간의 삶이란 끊임없는 문제 상황의 연속이며, 환경에 적응해 나가는 과정이다. 그래서 그는 인간이 겪는 문제의 해결과 환경 적응에 도움이 되는 유용한 지식을 강조하였다. 나아가 지식이나 도덕은 고정적인 것이 아니라 변화하는 것이라고 보았다.

① 벤담은 인간이 쾌락과 행복을 추구하는 존재라고 규정한다. 따라서 행복은 행위의 목적이 될 수 있다고 본다. 그러나 칸트는 행복과 도덕이 서로 갈등할 경우 반드시 도덕을 따라야 한다고 본다. 즉 행복은 도덕의 목적이 될 수 없다는 것이다. ✕
② 벤담은 어떠한 행위의 결과로 산출된 행복의 총량을 중시한다. 듀이 역시 어떠한 지식이나 도덕이 유용한 결과를 산출했다면 그것은 좋은 것이라고 본다. 따라서 두 사상가 모두 행위의 결과에 비추어 도덕 판단을 내린다. ✕
③ 벤담과 듀이 모두 유용성은 가치 판단의 기준이 될 수 있다고 본다. 벤담은 어떠한 행위의 결과가 유용한 결과를 산출했다면 그 행위는 옳은 행위라고 보며, 듀이 역시 어떠한 지식을 적용하여 행위를 한 결과 유용성이 증진되었다면 그 지식은 참이라고 보기 때문이다. ✕
④ 벤담과 듀이는 행위의 옳고 그름을 그 행위의 결과를 토대로 판단한다. 그러나 칸트는 도덕 법칙을 준수하겠다는 의무 의식이 동기가 된 행위만이 도덕적 행위라고 본다. 따라서 행위의 동기에 비추어 도덕 판단을 내려야 함을 간과한다는 말은 칸트가 벤담과 듀이에게 제기할 수 있는 비판의 내용이다. ○
⑤ 벤담과 듀이는 행위의 옳고 그름은 행위의 결과를 바탕으로 판단한다. 그러나 칸트는 결과와 관계없이 그 자체로 도덕적인 행위가 있다고 본다. 예를 들어 진실을 말하는 것은 결과와 관계없이 그 자체로 도덕적인 행위라는 것이다. ✕
틀린 사람을 위한 조언 이 문제를 틀린 사람은 행복에 대한 벤담과 칸트의 입장이 어떻게 다른지 잘 몰랐기 때문이야. 벤담은 최대 다수의 최대 행복을 줄 수 있는 행위가 도덕적 행위라고 보지만, 칸트는 행복이 결코 도덕의 목적이 될 수 없다는 입장이라는 점을 알고 있어야 해.

4 스토아학파와 소크라테스의 사상 비교

갑은 스토아학파 사상가인 아우렐리우스, 을은 소크라테스이다. 스토아학파에서는 이성을 신과 자연과 인간의 본성으로 보고 이성에 따르는 삶의 자세를 강조하였다. 이때 이성에 따르는 삶이란 자연의 필연적 질서와 법칙에 순응하는 삶이자 신의 섭리에 따르는 삶을 말한다. 소크

라테스는 참된 앎, 즉 지식은 모든 덕과 행복의 원천이라는 지덕복합일설을 주장하고 비도덕적인 행위의 원인은 무지 때문이라고 보았다.

① 스토아학파는 자연법의 구체적인 내용으로 가족, 친구, 동료, 시민, 나아가 인류 전체에 대한 사랑을 제시하고 자신에게 부여된 사회적 역할과 의무에 충실할 것을 강조하였다. ○
② 스토아학파는 사건 자체보다 사건에 대한 자신의 생각이 정념의 원인이라고 본다. 정념이란 외부의 자극으로 일어나는 마음의 모든 격렬한 움직임으로 평온한 삶을 깨뜨리는 원인이다. 이에 스토아학파는 정념에 대한 초연한 자세를 바탕으로 자연의 필연적 질서와 법칙에 순응하는 삶의 자세를 강조하였다. ○
③ 소크라테스는 보편타당한 객관적 가치는 존재하지 않는다는 소피스트의 사상을 비판하고 보편적이고 절대적 진리가 존재함을 강조하였다. ✕
④ 소크라테스에 따르면 인간은 선이 무엇인지 알면 선을 행하며, 무지로 인해 악을 행하게 된다. ○
⑤ 스토아학파와 소크라테스는 모두 진정한 행복을 위해 이성에 부합하는 삶을 살아야 한다고 본다. ○

5 아우구스티누스의 입장 파악

제시문은 아우구스티누스의 주장이다. 아우구스티누스는 영원한 천상의 나라와 유한한 지상의 나라를 구분하고, 영원하고 완전한 존재인 신을 사랑할 때 선을 실현할 수 있으며 참된 행복에 이를 수 있다고 보았다.

ㄱ. 아우구스티누스에 따르면 신을 온전히 사랑하고 이웃을 진정으로 사랑할 수 있는 길은 오직 신앙을 통해 신과 하나가 되는 것이며, 이러한 삶을 살 때 참된 행복을 이룰 수 있다. ○
ㄴ. 아우구스티누스에 따르면 악은 신이 창조한 것이 아니라 인간이 자유 의지를 남용함으로써 생겨난 것이다. ✕
ㄷ. 아우구스티누스에 따르면 신은 이성적 인식의 대상을 넘어선 신앙적 체험의 대상이다. ○
ㄹ. 아우구스티누스에 따르면 인간은 신의 은총을 통해서만 구원을 받을 수 있다. ✕
틀린 사람을 위한 조언 이 문제를 틀린 사람은 아우구스티누스가 천상의 나라와 지상의 나라를 어떻게 규정하는지 잘 몰랐기 때문이야. 아우구스티누스는 신을 사랑하는 자들에 의해 천상의 나라가, 자신을 사랑하는 자들에 의해 지상의 나라가 이루어진다고 주장했다는 점을 꼭 알고 있어야 해.

6 아퀴나스의 입장 파악

왜 신유형인가? 이 문제는 다른 문제와 달리 스무고개 형식으로 사상가에 대한 단서를 제공하고 있는 새로운 형식의 문제이기 때문에 학생들은 다소 어려움을 느낄 수도 있다. 평소 개본 개념을 철저히 익힌다면 어떠한 형식으로 출제되더라도 정답을 고를 수 있음을 명심하고 기본에 충실한 학습 태도를 유지하도록 노력하자.

사상가 맞추기 게임의 답은 아퀴나스이다. 아퀴나스는 아리스토텔레스의 사상을 이용하여 그리스도교 교리를 철학적으로 논증하고 합리적으로 설명하고자 하였다. 그는 신앙과 이성의 조화를 강조하였으며 신의 존재를 증명할 수 있다고 보았다.

① 아퀴나스는 신앙이 이성보다 우월한 지위를 가진다고 본다. ✗

② 아퀴나스는 이성적 논증을 통해 신의 존재를 증명할 수 있다고 보아 이를 다섯 가지 방법으로 논증하였다. 예를 들어 움직이는 모든 것의 원인을 거슬러 올라가면 그 어떤 것으로부터도 비롯되지 않는 제1운동 원인이 있으며 그것이 신이라는 것이다. O

③ 아퀴나스에 따르면 영원법은 자연법의 근거이며, 자연법은 실정법의 근거가 된다. ✗

④ 아퀴나스는 신의 피조물인 인간에게는 자유 의지가 있다고 본다. ✗

⑤ 아퀴나스에 따르면 완전한 행복은 내세에 신과 하나가 됨으로써 실현된다. ✗

7 키르케고르와 사르트르의 입장 파악

갑은 키르케고르, 을은 사르트르이다. 키르케고르에 따르면 인간은 끊임없이 이것이냐 저것이냐를 선택해야 하는 상황에 놓이게 되는데, 선택을 회피하면서 불안과 절망에 빠지게 된다. 그는 이러한 절망에서 벗어나 참된 실존을 회복하기 위해서는 신 앞에 선 단독자로서 살아야 한다고 보았다. 사르트르에 따르면 인간을 제외한 사물은 목적이나 본질이 먼저 존재하고 그 후 인간에 의해 만들어짐으로써 존재하지만, 인간은 먼저 존재한 뒤 스스로 자신의 본질이나 목적을 만들어 나가는 존재이다. 그는 인간에게 주어진 자유를 토대로 스스로 자신의 삶을 만들어 나가고 그 결과에 책임지는 자세를 강조하였다.

① 키르케고르는 모든 것을 신에게 맡기고 살아갈 때 신의 사랑에 의해 불안과 절망에서 벗어나 참된 실존을 회복할 수 있다고 본다. ✗

② 키르케고르에 따르면 감각적 쾌락을 추구하는 삶은 심미적 실존 단계에 해당하며, 인간은 감각적 쾌락을 추구하는 삶 속에서 허망함을 느끼고 절망하게 된다. ✗

③ 사르트르에 따르면 인간은 본질이나 목적이 정해진 존재가 아니며 스스로 자기 삶을 만들어 나가야 한다. ✗

④ 사르트르에 따르면 인간에게 주어진 자유를 통해 자신의 삶을 스스로 만들어 나가고 그 결과에 책임지는 삶을 살아야 한다. O

⑤ 키르케고르와 사르트르와 같은 실존주의 사상가들은 객관적이고 보편적인 윤리 규범에 따라 살아가는 것이 아니라 주체적으로 살아가는 삶의 자세를 강조한다. ✗

틀린 사람을 위한 조언 이 문제를 틀린 사람은 사르트르가 주장한 '실존은 본질에 앞선다'라는 말의 속뜻을 잘 몰랐기 때문이야. 사르트르의 이 말은 인간은 먼저 실존한 다음 자신의 주체적인 선택을 통해 스스로를 형성해 가는 존재임을 강조하는 것임을 꼭 기억해야 해.

IV 사회사상

01 사회사상과 이상 사회

기본 문제			본문 148~149쪽
01 ⑤	02 ⑤	03 ④	04 ④
05 ㉠ 유토피아, ㉡ 뉴 아틀란티스			
06 ①	07 ①	08 해설 참조	

01 사회사상의 역할 파악

㉠에는 사회사상의 역할이 들어가야 한다. 공자가 인의(仁義)의 정치를 추구하고, 플라톤이 정의로운 국가를 이루고자 하며, 롤스가 질서 정연한 사회를 실현하고자 했던 것은 현실의 부조리가 개선된 더 나은 사회를 만들기 위함이다.

① 사회사상은 사회 현상을 평가하는 사실적 기준보다는 규범적 기준을 제시한다. ✕
② 제시문은 사회적 삶과 관련된 개념을 정의하고 분석하는 것과 거리가 멀다. ✕
③ 사회사상은 인간의 사회적 삶에서 어떤 가치가 중요한지에 대한 다양한 관점을 제시한다. ✕
④ 제시문의 내용과는 거리가 먼 사회사상의 역할이다. ✕
⑤ 사회사상은 이상 사회의 모습을 제시함으로써 이를 바탕으로 현실의 부조리가 개선된 더 나은 사회의 모습을 제시한다. ○

02 이상 사회를 추구하는 이유 파악

이상 사회를 추구하는 이유는 미래 사회에 대한 전망을 제시해 주고, 현실을 개혁하는 데 필요한 기준과 목표를 제시하기 때문이다.

① 우리가 이상 사회를 추구하는 이유는 현실을 개혁하는 데 필요한 기준과 목표를 제시하기 때문이다. ○
② 이상 사회가 제시하는 기준과 목표는 더 나은 사회로 나아갈 수 있는 원동력이 될 수 있다. ○
③ 우리가 이상 사회를 추구하는 이유는 더 나은 사회를 만들고자 하는 신념과 의지를 부여하기 때문이다. ○
④ 이상 사회는 새로운 사회를 추구하려는 변혁 의식과 활력을 고취한다. ○
⑤ 이상 사회는 사회적 존재로서의 삶을 완성하는 데 도움을 준다. ✕

03 노자의 이상 사회에 대한 이해

제시문은 노자의 이상 사회인 소국과민(小國寡民)에 대한 설명이다. 소국과민 사회는 나라의 규모가 작고 백성이 적은 사회이다.

① 베이컨이 이상 사회로 제시한 '뉴 아틀란티스'와 관련된 설명이다. 뉴 아틀란티스는 과학 문명에 대한 무한한 신뢰를 보여 주는 사회이다. ✕
② 소국과민의 사회에 사는 백성들은 온갖 문명의 이기(利器)에 무관심하고 소박한 삶을 살아간다. ✕
③ 노자는 도덕적 선에 관한 분별적 지식을 추구하지 않는다. 노자에 의하면 분별적 지식은 무위자연의 삶을 사는데 방해가 된다. ✕
④ 소국과민의 사회는 인위적인 제도와 규범에서 벗어나 자연의 순리에 따른 삶을 추구하는 사회이다. ○
⑤ 유교에서 강조하는 삶의 자세이다. ✕

틀린 사람을 위한 조언 ▶ 이 문제를 틀린 사람은 노자가 무위자연의 삶을 강조했다는 점을 몰랐기 때문이야. 노자는 인위적인 규범에서 벗어나 자연의 순리대로 살아가야 한다고 주장했다는 점을 알아야 해.

04 공자의 이상 사회에 대한 이해

제시문은 공자의 이상 사회인 대동 사회(大同社會)에 관한 내용이다. 대동 사회는 어질고 능력 있는 사람이 등용되는 사회이고, 사회적 재화가 고르게 분배된다. 또한 사회적 약자를 보호하는 사회이다.

ㄱ. 대동 사회는 사회적 약자를 보호하는 사회이기 때문에 긍정으로 대답할 질문이다. ✕
ㄴ. 대동 사회는 도덕적인 공동체이기 때문에 경제적 이익보다는 도덕적 옳음을 추구한다. 따라서 부정으로 대답할 질문이다. ○
ㄷ. 대동 사회는 어질고 능력 있는 사람이 등용되는 사회이기 때문에 긍정으로 대답할 질문이다. ✕
ㄹ. 대동 사회는 생산의 효율성보다 재화의 공정한 분배를 중시하는 사회이다. 따라서 부정으로 대답할 질문이다. ○

05 모어와 베이컨의 이상 사회에 대한 이해

문제접근 영국의 사상가 모어는 이상 사회로 '유토피아'를 제시하였고, 베이컨은 이상 사회로 '뉴 아틀란티스'를 제시하였다. 뉴 아틀란티스는 과학 기술에 의해 이룩된 사회로 인간의 지식과 기술, 과학 문명에 대한 무한한 신뢰를 보여 주는 사회이다.

단답형 답안
㉠ 유토피아, ㉡ 뉴 아틀란티스

06 모어, 마르크스, 플라톤의 이상 사회에 대한 비교

갑은 모어, 을은 마르크스, 병은 플라톤이다. 이들은 각각 이상 사회의 모습으로 유토피아, 공산 사회, 철인 통치 국가를 제시하였다. 유토피아는 경제적으로 풍요롭고 소유와 생산에서 평등을 이루며 도덕적으로 타락하지 않은 사회이다. 공산 사회는 사유 재산과 계급이 소멸하고 생산력이 고도로 발전되어 경제적으로 안정된 사회이다. 또한 자신의 능력에 따라 일하고 필요에 따라 분배받는 평등한 사회이다. 철인 통치 국가는 선의 이데아에 관한 인식과 실현이 가능한 철학자가 다스리는 국가이다. 이 국가는 통치자, 군인, 생산자 계층의 엄격한 구별을 중시하였다.

① 모어의 유토피아와 마르크스의 공산 사회에서는 사유 재산을 인정하지 않는다. 따라서 두 명이 부정으로 대답할 질문이다. O

② 생산과 소유에 있어 평등을 강조하는 사상가는 모어와 마르크스이다. 따라서 한 명이 부정으로 대답할 질문이다. X

③ 모어, 마르크스, 플라톤은 모두 구성원들이 행복하고 빈곤하지 않은 사회를 지향하였다. 따라서 모두 긍정으로 대답할 질문이다. X

④ 모어, 마르크스, 플라톤은 각각이 제시한 방법으로 모든 사람들이 인간답게 살 수 있는 사회를 추구하였다. 따라서 모두 긍정으로 대답할 질문이다. X

⑤ 세 사상가는 각각의 이상 사회의 모습을 제시함으로써 모든 사람들이 행복하게 살 수 있는 사회를 추구하였다. 따라서 모두 긍정으로 대답할 질문이다. X

틀린 사람을 위한 조언 ▶ 이 문제를 틀린 사람은 모어와 마르크스의 이상 사회에서 사유 재산의 인정 여부를 몰랐기 때문이야. 모어의 유토피아와 마르크스의 공산 사회에서는 사유 재산을 인정하지 않는다는 점을 알아야 해.

07 마르크스의 이상 사회 파악

을은 마르크스이다. 마르크스는 생산 수단을 소유한 지배 계급이 생산 수단을 소유하지 못한 피지배 계급을 억압하고 착취하는 것이 가장 큰 문제라고 보았다. 또한 물질 만능주의, 각종 범죄와 같은 사회 문제들이 사유 재산 제도 때문에 발생한다고 주장하였다. 이에 그는 사회 구성원 모두가 생산 수단을 공유하면 문제를 해결할 수 있다고 보았다.

① 마르크스는 생산 수단의 공유를 통해 사회 문제를 해결하려고 하였다. O

② 마르크스는 사회 문제가 발생하는 원인이 사유 재산 제도에 있다고 주장하였다. X

③ 마르크스는 자신의 능력에 따라 일하고 필요에 따라 분배받는 평등한 사회를 지향하였다. X

④ 개인의 경제적 자유를 최대한 보장하려는 경제 체제는 자본주의이다. 마르크스는 공산 사회를 꿈꾸었다. X

⑤ 문명의 이기(利器)로부터 벗어난 사회를 이상 사회로 꿈꾸었던 사상가는 노자이다. X

틀린 사람을 위한 조언 ▶ 이 문제를 틀린 사람은 마르크스의 이상 사회인 공산 사회를 몰랐기 때문이야. 마르크스는 각종 사회 문제가 사유 재산 제도 때문에 발생했다고 보고, 사유 재산 제도를 철폐하여 생산 수단의 공유를 주장했다는 점을 알아야 해.

08 롤스의 질서 정연한 사회의 의미 이해

문제접근 현대 사상가 롤스는 이상 사회의 모습으로 질서 정연한 사회를 제시하였다. 질서 정연한 사회는 구성원들의 선(善)을 증진해 주면서도 공공적 정의관에 의해 효율적으로 규제되는 사회를 의미한다.

서술형 답안 각 구성원의 선을 증진하고, 공공적 정의관에 따라 효율적으로 규제되는 사회이다.

02 국가와 윤리

기본 문제   본문 154~155쪽

01 ④	02 ⑤	03 ④	04 ⑤	05 ③
06 국가	07 해설 참조			

01 유교의 국가관 이해

가상 대화의 스승은 유교 사상가이다. 유교에서는 국가를 가족의 질서가 확장된 공동체로 인식하였다. 유교는 가족 윤리가 국가의 정치 원리와 서로 통한다고 보았고, 국가 안에서 효제(孝悌)의 인륜을 실천하여 백성들이 도덕적인 삶을 살 수 있도록 하는 것이 군주가 해야 할 일이라고 주장하였다.

① 유교에서는 백성을 근본으로[民本] 하는 정치를 이상적인 정치로 보았다. ◯
② 유교는 효제와 같은 가족 윤리가 국가를 다스리는 토대가 된다고 보았다. ◯
③ 유교에서는 국가의 목적을 백성들의 도덕성을 구현하는 것으로 보았다. ◯
④ 유교에서는 국가의 본질을 통치자에게 이익을 제공하는 것이 아니라 백성들의 도덕적인 삶을 위한 도덕 공동체로 인식하였다. ✕
⑤ 유교에서는 효제의 인륜을 바탕으로 인의(仁義)의 정치를 구현하고자 하였다. ◯

틀린 사람을 위한 조언 이 문제를 틀린 사람은 유교에서 주장하는 국가의 본질을 몰랐기 때문이야. 유교에서는 백성이 국가의 근본이라고 주장했다는 점을 알아야 해.

02 아리스토텔레스의 국가관 분석

제시문의 사상가는 아리스토텔레스이다. 아리스토텔레스는 국가가 인간의 사회적·정치적 본성에 의해 자연스럽게 생겨났다고 주장하였다. 또한 국가는 구성원의 훌륭한 삶을 실현하여 구성원이 행복한 삶을 살 수 있도록 하고, 이를 위해 국가는 구성원들이 영혼의 탁월성을 온전히 발휘할 수 있도록 노력해야 한다고 주장하였다.

ㄱ. 아리스토텔레스에 의하면, 국가의 목적은 구성원들이 행복한 삶을 영위하게 하는 것이다. ◯
ㄴ. 아리스토텔레스는 국가가 인간의 본성에 의해 자연스럽게 생긴 것이라고 주장하였다. ✕
ㄷ. 아리스토텔레스는 국가를 사회적·정치적 본성에 의해 생겨난 인간 간의 결합으로 보았다. ◯

ㄹ. 아리스토텔레스는 시민이 행복한 삶을 살도록 하는 것이 국가의 역할이며, 이를 위해서 시민들이 영혼의 탁월성을 온전히 발휘해야 한다고 보았다. 따라서 국가는 구성원들의 영혼의 탁월성 함양에 관심을 가져야 한다고 주장하였다. ◯

틀린 사람을 위한 조언 이 문제를 틀린 사람은 아리스토텔레스가 국가가 인간의 사회적·정치적 본성에 의해 자연스럽게 형성된 공동체라고 주장했다는 것을 몰랐기 때문이야. 국가가 개인의 자발적 동의에 의해 형성된다고 주장한 사람들은 사회 계약론자라는 것에 유의해야 해.

03 공화주의 국가관 이해

(가)의 사상가는 로마의 정치 사상가 키케로이다. 그는 공화주의를 주장하였는데, 공화주의는 시민들의 예속되지 않을 자유를 위해 국가가 적극적인 역할을 해야 한다고 보았다. 즉 국가는 시민의 정치 참여를 활성화하고, 법치를 보장함으로써 소수의 독재를 방지하는 역할을 해야 한다고 주장하였다.

ㄱ. 공화주의에서는 시민의 자유를 위하여 시민의 정치 참여가 필수적이라고 보았다. ◯
ㄴ. 공화주의에서는 공동선을 위한 시민의 헌신과 자발적 참여라는 시민적 덕성을 강조한다. ◯
ㄷ. 공화주의에서는 국가를 특권층의 소유가 아닌 공공의 것으로 만들 때 정당성을 얻게 된다고 보면서, 이를 위해 법치를 보장함으로써 소수의 독재를 방지해야 한다고 주장하였다. ◯
ㄹ. 유교의 국가관에 대한 설명이다. 유교에서는 국가를 가족의 질서가 확장된 공동체로 보며, 효제(孝悌)라는 가족 윤리를 국가적 차원으로 확대하여 인의(仁義)를 실현하고자 한다. ✕

04 홉스와 로크의 국가관 비교

갑은 홉스, 을은 로크이다. 홉스와 로크는 모두 사회 계약자론자이며, 이들은 국가의 기원을 자신의 권리를 보장받기 위해 개인이 동의한 계약에 있다고 보았다.

① 홉스는 자연 상태에서 각 개인이 가진 권력을 절대 군주인 리바이어던에게 전면적으로 양도했기 때문에, 정치적 저항은 불가능하다고 보았다. 그러나 홉스는 각 개인이 자신의 신체와 생명을 부당하게 위협당하면, 개별적으로 반발할 수 있다고 보았다. ✕
② 홉스의 리바이어던은 국가를 상징하며, 이는 사회 질서를 보장할 수 있는 막강한 권력의 소유자로, 인간을 복종시킬

수 있는 존재로 묘사된다. 즉 리바이어던이 가진 권력은 절
대적이며 분할될 수 없다고 보았다. ✗

③ 국가가 절대적 권력을 갖고 통치해야 한다고 본 사상가는
홉스이다. 로크는 리바이어던과 같은 절대 군주를 비판하
며 국가 권력의 분립성과 의회 중심주의를 옹호하였다. ✗

④ 국가를 최고선을 추구하는 도덕 공동체로 인식한 사상가는
아리스토텔레스이다. ✗

⑤ 홉스와 로크는 모두 사회 계약론자로서, 자유로운 개인들
의 동의로부터 국가가 형성되었다고 보았다. ○

틀린 사람을 위한 조언 이 문제를 틀린 사람은 홉스와 로크가 모두 사회 계약
론자라는 점을 몰랐기 때문이야. 사회 계약론에서는 시민이 자신의 생명, 안
전, 자유를 보장받고자 국가와 계약을 한 것이라는 점을 알아야 해.

05 루소의 국가관에 대한 이해

제시문의 사상가는 루소이다. 루소는 사회 계약론자로서 국가의 기원
을 개인들 간의 동의에 의한 계약으로 보았다. 그는 일반 의지라는 개
념을 제시하면서, 일반 의지란 공동체의 공동선을 향한 의지로서, 공동
체 구성원 개개인의 의지의 총합과는 구분된다고 하였다.

• 루소는 국가가 개인들 간의 동의에 의한 계약으로 형성되었
다고 보았다. 국가를 인간의 사회적 본성에 의해 발생되었다
고 보는 사상가는 아리스토텔레스이다.(병, 정, 무만 해당)

• 루소는 국가의 기원을 사회 계약론적인 입장에서 설명한
다.(갑, 병, 무만 해당)

• 루소가 주장하는 일반 의지는 개개인의 의지의 총합과는 다
르다. 루소는 정치 공동체는 각 개인의 사적 이익을 초월하
여 오로지 공공의 이익만을 지향하는 보편적인 의지인 일반
의지에 근거하여 운영되어야 한다고 주장하였다.(갑, 병만
해당)

• 루소는 자연 상태에서 누리던 자유를 보장받기 위해 국가를
형성했다고 보았다. 따라서 국가는 시민의 자유를 보장받기
위한 수단으로 보았다.(병, 정, 무만 해당)

따라서 네 관점을 모두 올바르게 대답한 사람은 병이다.

06 국가의 의미 파악

문제접근 가로 열쇠 (A)는 '모국', (B)는 '가족'이다. 그러므로 세로 열
쇠 (C)는 '국가'이다.

단답형 답안

국가

07 마르크스의 국가관 이해

문제접근 마르크스는 국가의 부정적인 기능을 강조하면서, 국가는
사람들이 기존의 계급 구조를 정당한 것으로 받아들이도록 사회 구조
와 제도를 만들어 낸다고 보았다. 따라서 마르크스가 생각하는 국가의
본질은 소수의 지배 계급이 다수의 피지배 계급을 억압하고 착취하기
위한 수단이다.

서술형 답안

국가의 본질은 지배 계급의 특권을 유지하기 위한 수단에 불
과하다.

03 시민과 윤리

01	⑤	02	④	03	②	04	③	05	①
06	해설 참조			07	④				

01 자연권 사상 이해

㉠에 들어갈 말은 '자연권'이다. 자연권은 타인이 침해할 수 없는 자유와 생명, 재산에 대한 권리를 의미한다. 자연권은 천부 인권(天賦人權)으로서의 권리이고, 이는 홉스, 로크 등 근대의 사회 계약론자에 의해 계승되고 발전되었다.

ㄱ. 자연권은 인간이 태어날 때 하늘로부터 부여받은 천부 인권으로서의 권리이다. ⭕

ㄴ. 자연권은 다른 사람이 침해할 수 없는 권리이다. ❌

ㄷ. 근대 자연권 사상은 중세 유럽과 르네상스 시대의 절대 왕권에 대항하면서 확립되었다는 점에서 근대 자유주의의 발전 과정과 밀접한 관계를 가진다. ⭕

ㄹ. 자연권 사상은 홉스, 로크 등 근대의 사회 계약론자에 의해 계승되고 발전되었다. ⭕

틀린 사람을 위한 조언 ▶ 이 문제를 틀린 사람은 자연권이 불가침의 권리라는 점을 몰랐기 때문이야. 자연권 사상가들은 자연권이 시대나 장소에 상관없이 모든 인간에게 보편적으로 내재해 있으며, 다른 사람이 침해할 수 없는 권리라고 주장했다는 점을 알아야 해.

02 자유주의의 시민적 권리에 대한 분석

그림의 교사는 자유주의가 주장하는 시민적 권리가 무엇인지 물어보고 있다. 자유주의는 자유를 최상의 정치적·사회적 가치로 삼으며, 개인의 자유를 위협하는 체제와 제도에 반대한다. 따라서 시민적 권리가 정치적 의무와 충돌할 때 의무보다 시민적 권리를 우선시한다.

① 자유주의 사상가들은 시민의 권리를 자연적으로 주어지는 천부 인권으로 본다. ❌

② 시민적 권리가 공동체 내의 시민이 만들어 내고 향유하는 정치적·사회적 권리라고 주장하는 것은 공화주의 사상가들이다. ❌

③ 시민적 권리가 시민의 참여로 만든 법에 복종함으로써 얻을 수 있다는 것은 공화주의 사상가들의 주장이다. 자유주의 사상가들은 천부 인권인 자연권을 근거로 시민적 권리를 주장한다. ❌

④ 자유주의에서는 국가를 비롯한 공동체가 개인의 생활에 간섭하여 자유를 제한하는 것은 바람직하지 않다고 보기 때문에, 정치적 의무보다 시민의 자유나 권리를 더 중시한다. ⭕

⑤ 자유주의는 다른 시민의 자유와 권리를 침해할 때 외에는 공권력과 법이 개인의 행동을 제약할 수 없다고 본다. ❌

틀린 사람을 위한 조언 ▶ 이 문제를 틀린 사람은 시민적 권리와 자유에 대하여 자유주의적 관점을 몰랐기 때문이야. 자유주의에서는 시민적 권리와 정치적 의무가 충돌할 때, 시민적 권리를 더 중시했다는 점을 알아야 해.

03 공화주의 입장에서 본 법치에 대한 이해

제시문의 사상적 입장은 공화주의이다. 공화주의는 시민의 자유를 보호하는 것을 가장 중요한 국가의 역할이라고 보았다. 여기서 말하는 자유는 권력자의 자의적 지배가 없는 상태를 말하며, 이는 법치(法治)를 통해 보장 가능하다고 주장하였다. 공화주의에서 법은 자의적 권력의 지배로부터 시민을 보호해 주는 방패 역할을 담당하고, 시민의 권리가 공동체 구성원들의 심의를 통해 구성되고 법에 의해 보장받는다.

ㄱ. 공화주의에서는 타인에게 지배받지 않는 자유를 누리려면 특정한 개인이나 집단의 뜻이 아니라 모두의 뜻에 의한 지배가 실현되어야 한다고 보았고, 따라서 법은 전체의 의견이 모여서 탄생된 것이라고 주장하였다. ⭕

ㄴ. 공화주의에서는 법에 의한 지배가 시민의 자유를 침해하는 것이 아니라 시민의 자유와 권리를 보호해 주는 것이라고 주장하였다. ❌

ㄷ. 공화주의에서 법은 독재나 다수의 횡포로부터 시민의 자유를 보호해 주는 역할을 한다고 보았다. ⭕

ㄹ. 법의 간섭을 최소화해야 한다는 주장은 자유주의의 입장에 해당한다. ❌

04 로크의 입장 파악

제시문은 로크의 입장이다. 로크는 자기 보존 이외에 자유와 재산권도 자연권으로 봄으로써 자연권을 확장하였다. 그의 자연권 사상은 근대 자유주의 사상의 형성에 큰 영향을 주었다.

① 로크는 근대 사회 계약론자로서 개인의 권리를 보장받기 위해 계약을 통해 국가를 구성하였다고 보았기 때문에 긍정의 대답을 할 것이다. ❌

② 자연권 사상에 따르면 모든 인간은 타인에게 양도할 수 없는 자유와 생명, 재산에 대한 권리를 평등하게 가졌다고 보기 때문에 긍정의 대답을 할 것이다. ❌

③ 자연 상태를 '만인에 대한 만인의 투쟁 상태'로 보는 사상가는 로크가 아니라 홉스이기 때문에 부정의 대답을 할 것이다. ○

④ 로크에 따르면, 인간은 자신의 소유물과 신체를 처분할 수 있는 자유를 갖고 있기 때문에, 정당한 노동을 통해 획득한 재산은 침해받을 수 없다고 보았다. 따라서 긍정의 대답을 할 것이다. ✕

⑤ 로크에 따르면, 인간은 생명권, 자유권, 재산권과 같은 자연적 권리를 확실하게 보호받기 위해 사회 계약을 통해 정부를 만든다. 따라서 개인에게 의무를 부과하려면, 시민들의 동의를 얻어야 한다고 보았다. 따라서 긍정의 대답을 할 것이다. ✕

틀린 사람을 위한 조언 ▶ 이 문제를 틀린 사람은 로크가 주장하는 자연 상태를 몰랐기 때문이야. 로크가 주장하는 자연 상태는 비교적 평화로운 상태라는 점을 알아야 해.

05 자유주의와 공화주의 사상의 입장 비교

갑은 자유주의적 입장, 을은 공화주의적 입장이다. 자유주의에서는 정치 참여를 시민의 의무로서 강조하지는 않으나, 자유에 대한 국가의 부당한 규제를 없애고 더 나은 환경을 만드는 데 필요하다는 점은 인정한다. 반면에 공화주의에서는 정치 참여를 비지배로서의 자유를 누릴 수 있게 하며 공동선을 실현한다는 점에서 필수적 의무로 여긴다.

① 정치 참여를 필수적 의무로 여기는 입장은 공화주의이다. ✕
② 자유주의는 공동선보다 개인의 행복과 자아실현 등 개인선의 추구를 중시한다. 따라서 공익을 위해 사익 추구를 제한하는 것에 반대한다. ○
③ 공화주의에서 주장하는 법치는 시민들이 서로 합의하여 스스로 세운 법률을 스스로 준수하는 것이란 점에서 자율에 가깝다. ○
④ 공화주의의 관용은 서로의 차이를 단순히 묵인하거나 허용하는 데에서 한 걸음 더 나아가 비지배의 조건을 보장하기 위해 타인의 자율성 및 구성원 간의 평등을 존중하는 보다 적극적인 시민 의식으로 규정된다. ○
⑤ 자유주의는 개인이 공동체의 구성원임을 인정하며, 공화주의 또한 자유와 권리를 누리는 개인의 집합체로서 공동체를 중시한다. 따라서 자유주의는 공동선이나 공익을 경시하지 않으며, 공화주의 또한 개인선과 사익을 경시하지 않고, 개인선과 공동선의 조화를 추구한다고 볼 수 있다. ○

06 자유주의와 공화주의의 애국심 비교

문제접근 자유주의와 공화주의에서 말하는 애국심의 의미는 차이가

있다. 자유주의에서 애국심이란 국가의 정치 체제를 규정하는 헌법의 기본 이념에 대한 국민적 동의와 충성을 의미하며, 헌법 애국주의라고 불린다. 반면에 공화주의에서 애국심이란 시민의 자유를 지켜주는 정치 공동체와 동료 시민에 대한 대승적·자발적 사랑을 의미한다.

서술형 답안
• 갑: 애국심이란 헌법의 기본 이념에 대한 국민적 동의와 충성을 의미한다.
• 을: 애국심이란 시민의 자유를 지켜 주는 정치 공동체와 동료 시민에 대한 대승적·자발적 사랑을 의미한다.

07 공화주의 입장 분석

(가)는 공화주의이다. 공화주의에서 말하는 훌륭한 국가는 구성원 모두의 뜻과 의지가 반영된 법에 의해 개인의 자유와 권리가 보호되는 공동체이다. 또한 공화주의에서의 훌륭한 시민은 정치 공동체에 참여함으로써 공동선을 실현하고, 관용 및 애국심과 같은 시민적 덕성을 갖춘 사람이다.

① 자유주의 국가에 대한 설명이다. 자유주의 국가에서는 개인의 자유 보장을 최우선으로 생각한다. ✕
② 개인의 좋은 삶에 대하여 권장하지 않는 국가는 자유주의이다. 공화주의에서 국가는 시민들에게 좋은 삶이 무엇인지를 제시하고 권장해야 한다고 본다. ✕
③ 자유주의의 시민에 관한 설명이다. 공화주의에서는 공동체의 시민으로서 이행해야 할 의무와 공동체적 삶의 중요성을 강조한다. ✕
④ 공화주의에서는 개인과 공동체의 관계를 상호 유기적인 관계로 이해한다. 따라서 개인은 국가 구성원으로서 입법 과정에 적극 참여하는 것을 시민의 자유인 동시에 책무로 받아들인다. ○
⑤ 자유주의의 시민에 관한 설명이다. 자유주의에서는 개인을 독립된 존재로 보기 때문에 개인의 자유를 가장 중시한다. 따라서 자유주의에서 각 개인은 공동체의 전통과 무관하게 자신의 삶을 스스로 선택하고 결정하는 존재이다. ✕

04 민주주의의 이상 실현

기본 문제
본문 168~169쪽

01	④	02	②	03	①	04	④	05	③
06	②	07	㉠ 시민 불복종, ㉡ 저항권			08	④		

01 민주주의 개념 이해

㉠에 들어갈 말은 '민주주의'이다. 민주주의는 '인민'을 의미하는 'demos'와 '통치'를 의미하는 'kratos'의 합성어로, 주권이 인민에게 있다고 보는 정치 제도이다.

ㄱ. 민주주의에서는 시민들이 투표를 통해 대표자를 선출하는 방식으로 권력 구성의 과정에 참여한다. O

ㄴ. 민주주의는 주권이 인민에게 있다고 보는 정치 제도이다. 신이 주권을 왕에게 부여했다고 보는 것은 '왕권신수설'에 대한 설명이다. X

ㄷ. 민주주의에서는 모든 시민들에게 동등한 정치 참여의 기회가 주어진다. O

ㄹ. 민주주의는 법치주의를 근간으로 하기 때문에 시민들 간의 분쟁은 법을 통해 해결한다. O

02 로크의 사회 계약론 이해

제시문의 사상가는 로크이다. 로크는 자연 상태에서 인간은 생명, 자유, 재산에 대한 자연권을 지닌다고 보았다. 자연 상태는 이성에 의해 지배되므로 비교적 평화로우나 사람들은 자연권을 보다 안정적으로 누리기 위해 계약을 맺어 국가를 형성한다고 보았다.

① 로크는 주권이 국민에게 있으므로 국민에 의해 국가 권력이 제한되고 분산될 수 있다고 보았다. O

② 로크는 자연 상태에서 누리는 인간의 자연권은 자연법상 주어지는 것이라고 보았다. X

③ 로크는 국가가 구성원들의 생명, 자유, 재산의 권리를 보장해주지 못할 경우 구성원들은 저항권을 행사할 수 있다고 보았다. O

④ 로크는 자연 상태는 이성, 즉 자연법의 지배하에 비교적 평화롭다고 보았다. O

⑤ 로크는 국가를 사람들이 자연권을 안정적으로 누리기 위해 인위적으로 형성한 것으로 보았다. O

틀린 사람을 위한 조언 이 문제를 틀린 사람은 사회 계약론 중 로크의 입장의 특징을 아직 잘 모르고 있는 거야. 사회 계약론은 국가와 사회의 기원은 사람들의 '동의'로 본다는 점에서 공통적이지만 홉스, 로크, 루소의 입장이 서로 다르니까 차이점을 잘 정리해야 해.

03 루소의 사회 계약론 이해

제시문의 사상가는 루소이다. 루소는 자연 상태에서 모든 사람들은 자유롭고 평등하게 평화로운 상태에서 살아가지만, 사유 재산이 발생하면서 불평등과 예속에 시달리게 된다고 보았다. 이러한 예속에서 벗어나기 위해 합의에 의해 국가를 형성하고 일반 의지의 지배하에 들어간다고 보았다.

① 루소는 사적 이익을 떠나 오직 공적 이익만을 추구하는 보편적 의지를 일반 의지라고 하였다. O

② 루소는 자연 상태를 자유롭고 평화로운 상태라고 보았다. X

③ 루소는 계약을 통한 국가 형성 이후에 주권은 국가에게 있다고 보았다. X

④ 루소는 사유 재산의 발생으로 인해 사람들이 불평등과 예속에 시달리게 되었다고 보았다. X

⑤ 루소는 국가 형성 후 사람들은 자연 상태에서 누리던 자유를 포기하지만 시민적 자유를 얻게 된다고 하였다. X

04 엘리트 민주주의 입장 파악

밑줄 친 '나'는 '인민에 의한 통치' 대신 '정치인에 의한 지배'를 주장하는 엘리트 민주주의의 입장이다. 엘리트 민주주의 입장에서는 대중이 일반적으로 편견을 지니거나 충동적일 수 있다고 보고 정치는 엘리트가 해야 한다고 주장한다.

ㄱ. '나'는 시민들이 직접 정치에 참여하는 직접 민주주의 대신 엘리트 정치인에게 정치를 위임해야 한다고 본다. X

ㄴ. '나'는 시민들이 유능한 정치인을 선출하는 데 참여해야 한다고 본다. O

ㄷ. '나'는 대중에 의한 의사 결정 방식이 비효율적일 수 있으므로 '정치가의 지배'가 이루어져야 한다고 본다. X

ㄹ. '나'는 유능한 정치 지도자를 통해 민주주의를 구현할 수 있다고 본다. O

틀린 사람을 위한 조언 이 문제를 틀린 사람은 현대의 다양한 민주주의 중 엘리트 민주주의의 특징을 아직 잘 모르고 있는 거야. 민주주의가 어원상 사람들의 직접적인 참여를 강조하기는 하지만 엘리트 민주주의는 엘리트(정치가)에 의한 정치를 주장한다는 점을 기억해 두어야 해.

05 참여 민주주의 입장 파악

제시문은 주권자인 시민이 자율적이고 적극적으로 정치에 참여해야 한다는 참여 민주주의의 입장이다.

① 참여 민주주의 입장에서는 시민들의 정치 참여를 확대해야 한다고 본다. X

② 참여 민주주의 입장에서는 주권자인 시민들의 직접적인 정치 참여가 바람직하다고 본다. ✕
③ 참여 민주주의 입장에서는 시민들의 적극적 참여를 통해 민주주의의 본질을 실현시킬 수 있다고 본다. ○
④ 참여 민주주의 입장에서는 주권을 지닌 시민이 직접 주권을 행사하는 것이 바람직하다고 본다. ✕
⑤ 참여 민주주의 입장에서는 민주주의의 본질은 시민들의 직접적인 참여에 있다고 본다. ✕

06 소로의 시민 불복종 이해

제시문의 사상가는 소로이다. 소로는 개인의 양심에 근거하여 부정의한 정부의 정책이나 법에 대해서는 즉각 불복종할 수 있다고 보았다.

ㄱ. 소로는 개인의 양심이 법보다 우선해야 한다고 보았다. ○
ㄴ. 소로는 부정의한 정책이나 법에 대해서는 즉각 불복종할 수 있다고 보았다. ✕
ㄷ. 소로는 시민 불복종이 도덕적으로 정당하다고 보았다. ✕
ㄹ. 소로는 시민 불복종이 개인이나 특정 집단의 이익 실현을 위해서가 아니라 정의 실현을 위한 경우에 정당하다고 보았다. ○

틀린 사람을 위한 조언 이 문제를 틀린 사람은 시민 불복종에 대한 소로의 입장을 아직 잘 모르고 있는 거야. 소로는 다른 사상가들과 달리 불복종을 최후의 수단으로 보고 있지 않고, 불의한 정책이나 법에 대해 즉각적으로 불복종해야 한다고 주장한다는 점을 기억해야 해.

07 시민 불복종 이해

문제접근 시민 불복종은 정권을 바꾸기 위한 운동이 아니라 부정의한 일부 법이나 정책을 정의롭게 변화시키기 위한 것이다. 한편 로크는 국가가 국민의 생명, 자유, 재산을 침해한다면 정부를 교체할 수 있다는 저항권을 제시하였다.

단답형 답안
㉠ 시민 불복종, ㉡ 저항권

08 롤스와 하버마스의 시민 불복종 이해

제시문의 갑은 롤스, 을은 하버마스이다. 롤스는 시민 불복종은 거의 정의로운 국가에서 일부 부정의한 법이나 정책을 바꾸기 위해 다수의 정의감에 호소하는 행위라고 보았다. 다만 시민 불복종은 불법 행위이며 자칫 사회 질서를 어지럽힐 수 있으므로 법에 대한 충실성의 한계 내에서 이루어져야 한다고 주장하였다. 한편 하버마스 역시 시민 불복종은 건전한 법치 국가에서 행해지는 것이며 다수의 통찰력과 정의감에 호소할 의도에서 이루어지는 것이라고 보았다.

① 갑은 시민 불복종이 최후의 수단으로 이루어져야 한다고 본다. ✕
② 갑은 시민 불복종이 거의 정의로운 국가에서 행해질 수 있다고 본다. ✕
③ 을은 합법적인 정책이라 할지라도 헌법에 위배되는 경우 불복종할 수 있다고 본다. ✕
④ 갑, 을 모두 시민 불복종은 비폭력적인 방법으로 이루어져야 한다고 본다. ○
⑤ 갑, 을 모두 시민 불복종이 다수의 정의감에 호소하는 행위라고 본다. ✕

틀린 사람을 위한 조언 이 문제를 틀린 사람은 롤스와 하버마스의 시민 불복종의 특징을 아직 잘 모르고 있는 거야. 시민 불복종이 정당화될 수 있는 요건은 학자마다 조금씩 다르니까 강조점을 잘 비교해서 정리해 두어야 해.

05 자본주의의 원리와 한계

기본 문제
본문 174~175쪽

01 ①	02 ④	03 ④
04 ㉠ 시장, ㉡ 신자유주의	05 ②	06 ⑤

01 프로테스탄트 윤리 이해

제시문의 사상가는 베버이다. 베버는 프로테스탄티즘이 부의 축적에 대해 긍정적으로 생각할 수 있는 사상적 기반을 제공하였다고 보았다.

ㄱ. 프로테스탄티즘은 노동을 신의 소명이라고 여긴다. O
ㄴ. 프로테스탄티즘은 노동을 통한 부의 축적을 긍정적으로 보아 자본의 축적과 자본주의 발달에 긍정적으로 영향을 끼쳤다. O
ㄷ. 프로테스탄티즘은 직업적 성공에 따르는 부의 축적을 긍정적으로 보았다. X
ㄹ. 프로테스탄티즘은 노동을 통해 돈을 버는 것을 긍정적으로 보았으나 돈 버는 것 자체를 목적이라고 하지는 않았다. 노동을 통해 신의 소명을 다하는 것을 목적으로 보았다. X

틀린 사람을 위한 조언 ⟶ 이 문제를 틀린 사람은 베버의 프로테스탄티즘에 대한 내용을 아직 잘 모르고 있는 거야. 베버가 프로테스탄티즘의 소명 의식이 서구 자본주의 발달에 어떤 방식으로 기여했는지 제시한 특징과 내용을 잘 정리해 두어야 해.

02 자본주의의 규범적 특징 파악

㉠은 '자본주의'이다. 자본주의는 사적 소유를 전제로 시장에서의 자유 경쟁을 강조하는 사상적 입장이다. 자본주의의 긍정적 측면은 개인의 자유와 권리 신장에 기여하였고, 개인의 자율성과 창의성을 증진시키고, 경제적 효율성을 높였으며 민주주의의 정착과 발전에 기여한 점이다. 한편 자본주의의 부정적 측면은 빈부 격차를 심화시킬 수 있고, 물질 만능주의가 팽배할 수 있으며, 인간 소외 현상을 심화시키거나 천민 자본주의가 될 수 있다는 점이다.

① 자본주의는 시장의 자율성에 맡겨둘 때 자원이 효율적으로 배분된다고 본다. O
② 자본주의는 자유를 강조함으로써 민주주의 발전에 기여하였다. O
③ 자본주의는 물질적 가치를 지나치게 강조하여 인간이 자신이 만든 물질에 의해 지배되는 인간 소외를 야기할 수 있다. O

④ 자본주의는 경제적 평등이 이루어져야 한다고 하지 않는다. 경제적 평등을 주장하는 것은 사회주의이다. X
⑤ 자본주의는 사유 재산을 인정함으로써 더 많은 이윤을 창출해서 소유하고자 하는 개인의 노동 의욕을 고취하여 결과적으로 생산력을 높일 수 있다. O

03 고전적 자본주의와 수정 자본주의 입장 이해

갑은 스미스, 을은 케인스이다. 스미스는 개인의 자유로운 경제 활동을 보장하기 위해 국가의 시장 개입을 최소화할 것을 강조하였고, 케인스는 경기 불황과 같은 시장 문제에 정부가 적극적으로 개입하여 조정할 것을 강조하였다.

① 갑은 개인의 이윤 추구 활동이 공적 이익으로 연결된다고 보았다. O
② 갑은 시장의 자율성 보장을 강조하며 정부의 시장 개입에 반대하였다. O
③ 을은 시장 실패 문제 해결에 정부가 적극적으로 개입해야 한다고 보았다. O
④ 을은 시장 실패 해결을 위해 정부의 역할을 확대해야 한다고 보았다. X
⑤ 갑, 을은 공통적으로 자본주의 입장에서 생산 수단의 사적 소유와 자유 경쟁을 긍정적으로 보았다. O

틀린 사람을 위한 조언 ⟶ 이 문제를 틀린 사람은 고전적 자본주의와 수정 자본주의의 특징을 아직 잘 모르고 있는 거야. 고전적 자본주의, 수정 자본주의, 신자유주의의 특징을 잘 비교해서 정리해 두어야 해.

04 수정 자본주의와 신자유주의 입장 이해

문제접근 수정 자본주의에서는 시장 실패를 해결하기 위해서는 정부가 시장에 적극적으로 개입해야 한다고 주장하였으며, 신자유주의는 정부의 비효율성과 무능력함으로 인한 정부 실패를 지적하며 정부의 기능을 축소할 것을 주장하였다.

단답형 답안
㉠ 시장, ㉡ 신자유주의

05 마르크스의 공산주의 입장 파악

제시문의 사상가는 마르크스이다. 마르크스는 자본주의의 몰락과 공산주의의 필연적인 도래를 주장하며 프롤레타리아 혁명을 주장하였다. 그는 자본주의 체제하에서는 인간 소외, 노동 소외, 빈부 격차의 심화

문제가 해결되기 어려우므로 사적 소유를 폐지하고 공산 사회로 나아가야 한다고 주장하였다.

ㄱ. 마르크스는 자본주의가 노동 소외 현상을 심화시킨다고 보았다. ◯
ㄴ. 마르크스는 노동자의 권리는 노동자 스스로 혁명을 통해 사적 소유를 철폐시킴으로써 찾아야 한다고 보았다. ✕
ㄷ. 마르크스는 프롤레타리아 혁명을 통해 사회를 변혁해야 한다고 보았다. ✕
ㄹ. 마르크스는 사적 소유를 철폐하고 생산 수단을 공유함으로써 노동자의 인간다운 삶을 보장할 수 있다고 보았다. ◯

06 민주 사회주의 입장 이해

제시문은 '프랑크푸르트 선언문'의 일부이다. 프랑크푸르트 선언문에 나타나 있는 민주 사회주의는 공산주의와 마찬가지로 평등을 지향하지만, 소련식 공산주의의 폭력성을 비판하면서 민주적인 방법으로 평등을 실현할 것을 주장하였다.

① 마르크스는 계급 없는 사회가 되어야 한다고 주장하였다. ✕
② 마르크스는 궁극적으로 국가가 소멸된 사회를 추구하였다. ✕
③ 마르크스는 경제적 효율성보다 형평성을 더 강조하였다. ✕
④ 마르크스는 혁명을 통해 사회를 변혁해야 한다고 주장하였다. ✕
⑤ 마르크스는 모든 생산 수단의 공유화를 주장했지만, 민주 사회주의는 일부 사적 소유를 허용하는 입장이다. ◯

틀린 사람을 위한 조언 ▶ 이 문제를 틀린 사람은 민주 사회주의의 특징을 아직 잘 모르고 있는 거야. 기존의 공산주의와 달리 민주 사회주의는 민주적(평화적) 방법으로 평등을 실현하려는 입장으로, 공산주의와 비교해서 민주 사회주의가 지니는 특징을 잘 정리해 두어야 해.

06 평화와 세계 시민

기본 문제
본문 183~185쪽

01 ㉠ 소극적 평화, ㉡ 적극적 평화		**02** ④
03 ⑤ **04** ③ **05** ② **06** ③		
07 ㉠ 세계 시민주의, ㉡ 관용 **08** ②		**09** ④
10 ④		

01 적극적 평화와 소극적 평화 이해

문제접근 평화학자인 갈퉁은 평화를 직접적 폭력이 없는 소극적 평화와 직접적 폭력뿐만 아니라 사회 구조적이고 문화적인 모든 폭력이 사라진 적극적 평화로 나누었다. 갈퉁은 사람들이 인간다운 삶을 살 수 있고 자아실현이 가능한 적극적 평화 상태를 진정한 평화라고 보았다.

단답형 답안
㉠ 소극적 평화, ㉡ 적극적 평화

02 공자와 묵자의 입장 비교

(가)는 공자의 유교, (나)는 묵자의 입장이다. 유교에서는 개인이 수기·수양하여 덕을 쌓고 그 덕을 주변 사람들과 사회로 확장시킬 것을 강조하며, 사회적 갈등도 덕을 바탕으로 해결할 수 있다고 보았다. 묵자는 사회적 갈등의 원인을 차별 의식으로 보아 모든 사람을 똑같이 사랑하고 이익을 나눌 것을 강조하였다.

① (가)는 통치자가 덕으로 다스리는 덕치를 주장하였다. ◯
② (가)는 도덕성이 무너져서 사회적 혼란이 발생하므로, 도덕성을 회복해야 갈등을 해결할 수 있다고 보았다. ◯
③ (나)는 서로 사랑하고 서로 이익을 주고받으면 갈등이 발생하지 않을 것이라고 보았다. ◯
④ (나)는 존비친소를 가리지 말고 모두를 똑같이 사랑하라고 하였다. ✕
⑤ (가), (나)는 타인을 사랑하고 덕을 베풀 것을 강조하였다. ◯

틀린 사람을 위한 조언 ▶ 이 문제를 틀린 사람은 유가와 묵가의 입장을 아직 잘 모르고 있는 거야. 묵가는 유가에서 강조하는 인, 예가 지니는 문제점을 비판하고 있으므로 그 내용을 잘 정리해 두어야 해.

03 평화에 대한 불교의 입장 이해

(가)는 불교의 연기설이다. 불교는 연기설을 통해 만물이 상호 연결되어 있고 상호 의존적이라고 하였으며, 이러한 연기의 법칙을 깨달으면 다른 생명을 함부로 대할 수 없을 것이라고 보았다.

① 불교에서는 만물이 상호 의존적이라고 본다. ⭕
② 불교에서는 집착이 모든 고통의 근원이라고 보아 집착을 버릴 것을 강조한다. ⭕
③ 불교에서는 진리를 깨우치기 위한 수양을 강조한다. ⭕
④ 불교에서는 모든 생명이 평등하다고 보아 불살생을 주장한다. ⭕
⑤ 불교에서는 불변하는 존재의 실체는 없으며, 불변하는 실체에 대한 집착이 고통을 낳게 되므로 집착하지 말 것을 강조한다. ❌

04 정의 전쟁에 대한 아퀴나스와 에라스뮈스의 입장 파악

갑은 아퀴나스의 정의 전쟁론 입장이고, 을은 정의 전쟁론에 반대하는 에라스뮈스의 입장이다. 정의 전쟁론의 입장에서는 전쟁의 목적이나 수단 등 일정한 조건이 충족되면 전쟁이 도덕적으로 정당화될 수 있다고 본다. 한편 에라스뮈스는 종교나 국익 실현을 위한 전쟁은 정당화될 수 없다고 본다.

① 갑의 입장에 해당하지 않는 내용이다. ❌
② 갑은 권위를 지닌 군주에 의한 전쟁이라도 전쟁의 이유와 올바른 의도가 있어야 정당한 전쟁이라고 본다. ❌
③ 을은 국익 실현을 위한 전쟁은 결과적으로 이익이 되지도 않으며 정당하지도 않다고 보았다. ⭕
④ 을은 종교적 이유로 전쟁을 해서는 안 된다고 보았다. ❌
⑤ 갑의 입장에만 해당하는 내용이다. ❌

틀린 사람을 위한 조언 ▶ 이 문제를 틀린 사람은 아퀴나스와 에라스뮈스의 전쟁에 대한 입장을 아직 잘 모르고 있는 거야. 에라스뮈스는 평화주의자로, 이번 교과서에 새로 등장한 사상가이니까 아퀴나스와 비교해서 잘 알아 두어야 해.

05 평화에 대한 생 피에르의 입장 파악

제시문의 사상가는 생 피에르이다. 생 피에르는 전쟁이 인간의 이기심 때문에 발생하는 것이므로 종교나 도덕성에 호소하기보다는 공리적 관점에서 전쟁의 불이익과 평화의 이익을 계산해 보아야 한다고 주장하였다. 또한 영원한 평화를 위해서는 군주들의 연합을 만들 것을 주장하였다.

① 생 피에르는 힘이 아닌 군주들의 합리적 이성과 타협을 통해 평화를 이룰 수 있다고 보았다. ❌
② 생 피에르는 전쟁이 인간들 간의 이기심이 대립하여 발생한다고 보았다. ⭕

③ 국가들 간의 이익이 대립되는 경우 국가 대표로 구성된 상설 기구를 통해 대화와 타협을 통해 해결해야 한다고 보았다. ❌
④ 생 피에르는 군주들의 도덕성 대신 손익 계산을 하는 이기심과 합리적 이성에 호소해야 한다고 보았다. ❌
⑤ 생 피에르는 각 국가는 군주들의 연합에서 주권을 인정받는다고 하였다. ❌

틀린 사람을 위한 조언 ▶ 이 문제를 틀린 사람은 생 피에르의 평화에 대한 입장을 아직 잘 모르고 있는 거야. 생 피에르는 신학자이면서도 전쟁에 대해 공리주의적으로 접근하면서 영구 평화론을 제시했고, 나중에 칸트의 영구 평화론에도 영향을 준 사상가이니까 잘 알아 두어야 해.

06 평화에 대한 칸트의 입장 이해

제시문의 사상가는 칸트이다. 칸트는 전쟁은 국가 이익 실현을 위해 인간을 수단으로만 대우하는 것이므로 도덕적으로 정당화될 수 없다고 보았다. 또한 국제 연맹 결성을 통해 영구 평화가 가능하다고 주장하였다.

① 칸트는 세계 정부가 아닌 국제 연맹 결성을 주장하였다. ❌
② 칸트는 목적이 정당해도 전쟁은 도덕적으로 허용될 수 없다고 보았다. ❌
③ 칸트는 전쟁이 인간을 국가적 이익 실현을 위한 수단으로만 대우하는 것이라고 보았다. ⭕
④ 칸트는 공화정인 국가는 시민들의 전쟁 결정 동의를 얻기 힘들기 때문에 평화 유지가 용이하다고 보았다. ❌
⑤ 칸트는 평화가 누구나 따라야 할 이성의 명령이라고 보았다. ❌

07 세계 시민주의 관점 이해

문제접근 세계 시민주의는 개인들을 세계를 구성하는 동등한 한 구성원으로 본다. 스토아학파에서는 모든 인간은 이성을 지녔다는 점에서 동등하다는 만민 평등 사상과 세계 시민주의를 제창하였다.

단답형 답안
㉠ 세계 시민주의, ㉡ 관용

08 해외 원조에 대한 롤스의 입장 파악

제시문의 사상가는 롤스이다. 롤스는 고통받는 사회를 돕는 것은 질서 정연한 사회의 의무이며, 원조는 직접적으로 물질적 원조를 하는 것이 아니라 고통받는 사회의 정치·사회적 제도를 개선하는 것이어야 한다고 주장하였다.

ㄱ. 롤스는 원조가 질서 정연한 사회에 주어지는 의무라고 보았다. ○

ㄴ. 롤스는 원조의 대상이 고통받는 사회라고 보았다. 무법 국가와 같이 국제적 개입이 어려운 국가는 원조의 대상에서 제외될 수 있다. ✗

ㄷ. 롤스는 원조의 목적을 경제 격차의 완화가 아니라 정치·경제적 제도의 안정화라고 보았다. ✗

ㄹ. 롤스는 원조를 통해 대상국 국민들이 자유와 평등을 누릴 수 있도록 제도를 개선해야 한다고 보았다. ○

틀린 사람을 위한 조언 ▶ 이 문제를 틀린 사람은 롤스의 해외 원조에 대한 입장을 아직 잘 모르고 있는 거야. 롤스는 국가 내 정의의 문제와 국제 정의의 문제에 대한 기준이 다르므로 해외 원조에 대한 롤스의 입장을 잘 정리해 두어야 해.

09 해외 원조에 대한 싱어의 입장 파악

제시문의 사상가는 싱어이다. 싱어는 공리주의적 관점에서 '이익 평등 고려의 원칙'을 제시하여 인류의 고통을 감소시키고 행복을 증진시키는 것을 의무라고 보았다. 이익 평등 고려의 원칙이란 쾌락과 고통을 느끼는 모든 존재의 이익을 동등하게 고려해야 한다는 원칙을 말한다.

① 싱어는 개인적 차원에서도 원조해야 한다고 보았다. ✗
② 싱어는 국가별 빈부 격차는 있을 수 있다고 보았다. ✗
③ 싱어는 원조를 의무라고 보았다. ✗
④ 싱어는 원조의 목적이 인류 전체의 행복을 증진하는 데 있다고 보았다. ○
⑤ 싱어는 빈곤 완화를 중요하게 보았다. ✗

틀린 사람을 위한 조언 ▶ 이 문제를 틀린 사람은 싱어의 해외 원조에 대한 입장을 아직 잘 모르고 있는 거야. 싱어는 공리주의를 바탕으로 '이익 평등 고려의 원칙'을 제시하고, 그의 이러한 입장은 세계 시민주의로 나타난다는 점을 잘 기억해 두어야 해.

10 해외 원조에 대한 롤스와 싱어의 입장 비교

갑은 롤스, 을은 싱어이다. 싱어는 세계 시민주의 입장에서 국가나 인종 등과 상관없이 모든 인간의 이익을 평등하게 고려하는 보편적 인류애를 바탕으로 해외 원조를 주장하였다. 롤스는 국제 사회가 독립적인 국가들로 구성되어 있음을 전제로 해외 원조를 주장하였다.

롤스에 비해 싱어는 전 인류의 이익을 동등하게 고려하는 정도는 높고, 개인보다 국가적 차원의 원조를 강조하는 정도는 낮고, 개인의 고통 감소를 원조의 목적으로 보는 정도는 높으므로 ㉣이 된다.

틀린 사람을 위한 조언 ▶ 이 문제를 틀린 사람은 갑과 을의 사상가가 누구인지를 몰랐기 때문이야. 정치·사회적 제도 개선을 위해 원조가 필요하다고 보는 것은 롤스이고, 세계 시민주의 입장에서 원조를 바라보는 것은 싱어에 해당돼.

대단원 종합 문제		본문 188~189쪽
01 ③	**02** 철학자(철인)	**03** ①
04 (1) 동의 (2) 해설 참조		**05** ⑤
06 해설 참조	**07** ⑤	**08** ②

01 노자의 이상 사회 이해

제시문의 사상가는 노자이다. 노자는 소규모의 공동체에서 구성원들 모두가 자연의 흐름에 따라 소박한 삶을 사는 것을 이상적으로 보았다.

ㄱ. 노자는 분별적 지혜를 멀리해야 한다고 보았다. ✗
ㄴ. 노자는 인위를 멀리하고 자연의 질서에 따라 살아야 한다고 보았다. ○
ㄷ. 노자는 백성들이 분별적 지식이나 욕심 없이 소박한 삶을 살아야 한다고 보았다. ○
ㄹ. 노자는 통치자가 인위적인 문명을 발달시키지 않고 백성들이 자율적으로 조화롭게 살아갈 수 있도록 무위(無爲)의 통치를 해야 한다고 보았다. ✗

02 플라톤의 이상 사회 이해

문제접근 플라톤은 국가를 구성하는 세 계층, 즉 통치자, 방위자, 생산자가 각자 지혜, 용기, 절제의 덕을 잘 발휘해야 정의로운 국가가 될 수 있다고 보았다. 특히 통치자는 지혜를 지닌 철학자가 되어야 한다고 주장하였다.

단답형 답안
철학자(철인)

03 모어의 유토피아와 마르크스의 공산 사회 비교

갑은 모어, 을은 마르크스이다. 모어는 시민들이 행복한 삶을 살기 위해서는 사유 재산제가 폐지되어야 하며 모든 사람들이 필요 이상의 노동을 하지 않는 사회를 이상적으로 보았다. 한편 마르크스는 사유 재산제가 폐지되고 누구나 필요한 만큼 분배받아 인간다운 삶을 살 수 있는 사회를 이상적으로 보았다.

① 갑은 재화가 평등하게 분배된 사회를 이상적으로 보았다. ○
② 갑은 필요 이상의 노동을 하지 않아도 된다고 보았다. ✗
③ 을은 국가 없이 모든 사람들이 함께 나누는 사회를 이상적이라고 보았다. ✗
④ 갑, 을은 공통적으로 사유 재산제를 폐지하여 불평등을 해소하고자 하였다. ✗

⑤ 을은 업적과 능력이 아닌 필요에 따른 재화 분배를 주장하였다. ✗

틀린 사람을 위한 조언 이 문제를 틀린 사람은 모어와 마르크스의 이상 사회를 이해하지 못했기 때문이야. 모어의 유토피아는 사유 재산제가 폐지되고 모든 사람들이 필요 이상의 노동을 하지 않고 재화가 평등하게 분배되는 이상적인 사회를 의미하는 것이지. 이것은 마르크스의 이상 사회와 매우 흡사하다고 할 수 있어.

04 로크의 사회 계약론 파악

문제접근 제시문의 사상가는 로크이다. 로크는 자연 상태에서 자유롭고 평등했던 개인들이 동의를 통해 국가를 형성하는 이유는 생명권, 재산권 등을 보장받기 위해서라고 보았다. 그는 동의에는 명시적 동의와 묵시적 동의가 있다고 주장하였다.

단답형 답안
동의

서술형 답안
국가는 시민들의 생명권, 재산권과 같은 기본권을 보장해주어야 한다.

05 심의 민주주의 이해

㉠에 들어갈 말은 '심의 민주주의'이다. 심의 민주주의는 시민이 직접 공적 심의 과정에 참여해 정책을 결정함으로써 소통과 신뢰에 기반하는 정책을 만들어 내고자 하는 입장이다.

① 심의 민주주의는 사회 계약론을 바탕으로 하는 근대 민주주의 이후 등장한 현대 민주주의의 한 형태이다. ○
② 심의 민주주의는 시민의 자발적 참여를 전제로 하고 있다. ○
③ 심의 민주주의의 기원은 시민의 자발적 정치 참여가 강조된 고대 그리스 아테네에서 찾을 수 있다. ○
④ 심의 민주주의는 정부와 시민, 시민과 시민의 소통을 활성화하여 사회적 유대를 강화시킬 수 있다. ○
⑤ 심의 민주주의는 합리적인 공론장에 이성적인 시민들이 참여하여 정책이 결정되는 것을 이상적으로 본다. ✗

06 소로와 롤스의 시민 불복종 입장 비교

문제접근 갑은 소로, 을은 롤스이다. 소로와 롤스는 사회 정의 실현을 위한 시민 불복종은 정당화될 수 있다고 보았다. 다만 소로가 그 근거로 개인의 양심을 제시하면서 즉각적으로 불복종할 수 있다고 본 데 반해, 롤스는 다수의 정의감을 근거로 최후의 수단이어야 한다는 조건을 제시하였다.

서술형 답안

• 공통점: 사회 정의 실현을 위한 시민 불복종은 정당화될 수 있다.
• 차이점: 시민 불복종의 근거를 소로는 개인의 양심에 있다고 본 데 반해 롤스는 다수의 정의감에 있다고 보았다. / 소로는 시민 불복종은 양심에 어긋나면 즉시 시행할 수 있다고 본 데 반해 롤스는 다수의 정의감에 어긋나면 최후의 수단으로 시행할 수 있다고 보았다.

07 자본주의의 발달 과정 이해

㉠은 '고전적 자본주의', ㉡은 '수정 자본주의', ㉢은 '신자유주의'이다.

① ㉠은 정부의 시장 개입을 최소화할 것을 강조한다. ✕
② ㉡은 시장 실패 문제를 개선하기 위해 정부 기능을 확대해야 한다고 본다. ✕
③ ㉢은 정부의 비효율성을 지적하면서 정부 역할을 축소해야 한다고 강조한다. ✕
④ ㉠의 입장에서 더 강조할 내용이다. ✕
⑤ ㉠, ㉢의 입장에서 공통적으로 강조할 내용이다. ○

08 해외 원조에 대한 롤스와 싱어의 입장 비교 이해

갑은 롤스, 을은 싱어이다. 롤스는 국제주의적 입장에서 질서 정연한 사회는 고통받는 사회를 원조할 의무가 있다고 보았고, 싱어는 세계 시민주의적 입장에서 전 인류의 이익을 동등하게 고려하여 원조해야 한다고 보았다.

① 갑은 인권이 향상되는 것은 정치·사회 제도가 발전하는 것이므로 복지 수준 향상에 도움이 된다고 본다. ○
② 갑은 차등의 원칙은 국제 사회에 적용되지 않는다고 보았다. ✕
③ 을은 공리주의적 관점에서 원조를 통해 전 인류의 복지를 향상시키고자 하였다. ○
④ 을은 국가들 간의 경제적 불평등은 인정될 수 있다고 보았다. ○
⑤ 갑, 을은 모두 원조를 의무라고 보았다. ○

본문 190~191쪽

신유형·수능열기

| 1 ① | 2 ② | 3 ③ | 4 ⑤ | 5 ② | 6 ① |
| 7 ④ | 8 ① | | | | |

1 노자와 베이컨의 이상 국가 비교

갑은 노자, 을은 베이컨이다. 노자는 인간을 자연의 일부로 파악하여 사람들이 자연에 순응하며 사는 사회를 이상적으로 보았다. 한편 베이컨은 인간에 대한 신뢰를 바탕으로, 과학 기술이 발달하여 인간의 삶이 풍요로운 사회를 이상적으로 보았다.

① 갑은 무위자연의 삶을 살 수 있는 소규모 공동체를 지향하였다. ✕
② 갑은 인위적 제도가 소박한 인간의 본성을 그르친다고 보았다. ○
③ 을은 인간의 복지 향상을 위해 자연을 이용해야 한다고 보았다. ○
④ 을은 과학 기술이 인간의 삶을 개선할 것이라고 보았다. ○
⑤ 을은 자연을 정복의 대상으로 보았으나 갑은 자연에 순응할 것을 강조하였다. ○

틀린 사람을 위한 조언 이 문제를 틀린 사람은 노자의 무위자연을 이해하지 못했기 때문이야. 노자의 자연관은 자연에 순응하는 것을 의미해. 반면 베이컨의 자연관은 인간을 위해 자연을 개발할 수 있다는 서양의 자연관을 의미하는 것이지. 따라서 동양의 자연관과 서양의 자연관의 차이점을 잘 비교해서 이해해야 해.

2 플라톤의 이상 국가 이해

제시문의 사상가는 플라톤이다. 플라톤은 사람마다 타고나는 덕이 있으며, 각자가 타고난 덕에 맞는 일을 할 때 국가가 정의롭게 된다고 보았다.

ㄱ. 플라톤은 선의 이데아를 인식한 철학자가 통치해야 한다고 보았다. ○
ㄴ. 플라톤은 모든 계층의 사유 재산 소유를 제한하지 않았다. 생산자 계층은 사유 재산을 지닐 수 있다고 보았다. ✕
ㄷ. 플라톤은 사회적 역할은 개인의 선택이 아니라 타고난 덕에 따라 결정되어야 한다고 보았다. ✕
ㄹ. 플라톤은 각 계층의 사람들이 조화를 이룰 때 정의가 구현된다고 보았다. ○

3 키케로의 공화주의 입장과 로크의 사회 계약론 입장 비교

왜 신유형인가? 공화주의는 이번 교육 과정에 처음 들어온 내용이다. 공화주의와 사회 계약론의 국가관을 비교하는 문제는 출제된 적이 없다. 두 국가관의 공통점과 차이점을 알아두자.

(가)의 갑은 키케로, 을은 로크이다. 키케로는 공화주의 입장에서 국가는 공동선 실현을 위한 것이며 공공의 것이라고 보았다. 한편 로크는 국가는 개인의 권리 보호를 위해 형성된 것이며 주권이 국민에게 있다고 보았다.

① 갑은 국가는 개인의 이익보다 공공의 이익을 우선해야 한다고 보았다. ✗
② 갑은 인간은 자연적 덕성에 따라 정치에 참여한다고 보았다. ✗
③ 갑, 을 모두에 해당하는 내용이다. ○
④ 을은 국가를 계약을 통해 형성되는 것이라고 보았다. ✗
⑤ 갑, 을 모두에 해당하는 내용이다. ✗

4 민본주의와 민주주의 입장 비교

갑은 맹자, 을은 페리클레스이다. 맹자는 민본주의 입장에서 백성의 뜻을 하늘의 뜻으로 보았으며 군주는 인륜에 따라 통치해야 한다고 보았다. 페리클레스는 민주주의 입장에서 시민들 누구나 정치권력 앞에서 동등한 기회를 지녀야 한다고 보았다.

① 갑은 통치 권력이 피치자에게 있다고 보지 않았다. ✗
② 갑은 피치자가 정책 결정에 참여해야 한다고 보지 않았다. ✗
③ 을은 능력이 있는 사람이 공직을 수행해야 한다고 보았다. ✗
④ 을은 법에 의한 통치를 주장하였다. ✗
⑤ 갑, 을 모두에 해당하는 내용이다. ○

5 심의 민주주의 입장 파악

그림의 강연자는 하버마스이다. 하버마스는 심의 민주주의 입장에서 시민들이 공론장에 직접 참여하여 합리적인 의사소통을 할 수 있어야 한다고 강조하였다.

ㄱ. 하버마스는 정치권력의 정당성을 합리적 의사소통에서 찾았다. ○
ㄴ. 하버마스는 시민들이 직접 공적 심의 과정에 참여할 수 있어야 한다고 보았다. ✗

ㄷ. 하버마스는 의사소통 과정에서 시민들은 자신의 이해관계를 표출할 수 있다고 보았다. ○
ㄹ. 하버마스는 이해 당사자들이 정책 결정 과정에 참여할 수 있어야 한다고 보았다. ✗

틀린 사람을 위한 조언 이 문제를 틀린 사람은 하버마스의 의사소통론을 제대로 이해하지 못했기 때문이야. 하버마스는 심의 민주주의의 입장으로, 시민들이 직접 공론장에 참여하여 합리적인 의사소통을 해야 한다고 주장하였어. 따라서 시민들은 적극적으로 정책 결정 과정에 참여할 수 있음을 잘 기억해 두어야 해.

6 고전적 자본주의, 공산주의, 민주 사회주의 입장 비교

갑은 고전적 자본주의, 을은 공산주의, 병은 민주 사회주의의 입장이다.

① 갑은 시장의 자율성이 인간의 삶을 풍요롭게 한다고 보았다. ○
② 갑에 비해 병은 개인의 소유권 보장을 강조하지 않는다. ✗
③ 갑이 을에게 제기할 비판의 내용이다. ✗
④ 병이 을에게 제기할 비판의 내용이다. ✗
⑤ 갑이 병에게 제기할 비판의 내용이다. ✗

7 전쟁에 대한 다양한 사상가들의 입장 비교

왜 신유형인가? 생 피에르와 묵자의 평화 사상은 이번 교육 과정에 처음 들어온 내용이다. 생 피에르와 묵자는 전쟁을 정당화할 수 있다는 입장을 비판하면서 평화를 실현할 수 있는 방안을 제시한 사상가들이다. 전쟁을 정당화할 수 있다고 주장하는 입장과 어떤 점이 다른지 알아두자.

(가)의 갑은 정전론을 주장한 아퀴나스, 을은 전쟁의 부당함을 주장한 생 피에르, 병은 전쟁의 부당함을 주장한 묵자이다. 정전론의 입장에서는 정당한 목적, 정당한 수단 등 일정한 요건을 갖춘 전쟁은 정당화될 수 있다고 주장한다.

① 갑, 을, 병 모두 부정의 대답을 할 질문이다. ✗
② 갑, 을, 병 모두 부정의 대답을 할 질문이다. ✗
③ 을이 부정의 대답을 할 질문이다. ✗
④ 을이 긍정의 대답을 할 질문이다. ○
⑤ 병이 부정의 대답을 할 질문이다. ✗

8 해외 원조에 대한 싱어와 롤스의 입장 비교

갑은 싱어, 을은 롤스이다. 두 사상가 모두 원조를 의무의 관점에서 파악하였으나, 롤스는 원조의 목적을 정치·사회적 제도의 개선에 있다고 보았고, 싱어는 전 인류의 행복 증진에 있다고 보았다.

① 갑은 세계 시민주의 입장에서 보편적 인류애 실현을 강조하였다. ⭕
② 갑은 원조의 목적은 전 인류의 행복 증진에 있다고 보았다. ❌
③ 을은 원조를 의무라고 보았다. ❌
④ 을은 개인이 아니라 고통받는 사회를 원조의 대상으로 보았다. ❌
⑤ 갑, 을 모두에 해당하지 않는 내용이다. ❌

틀린 사람을 위한 조언 ▶ 이 문제를 틀린 사람은 해외 원조에 대한 싱어와 롤스의 입장에 대한 이해가 부족했기 때문이야. 싱어와 롤스의 입장을 비교하는 문제는 매우 자주 등장하고 있어. 따라서 싱어와 롤스의 입장에 어떤 차이가 있는지 잘 비교 분석해야만 해.

Memo

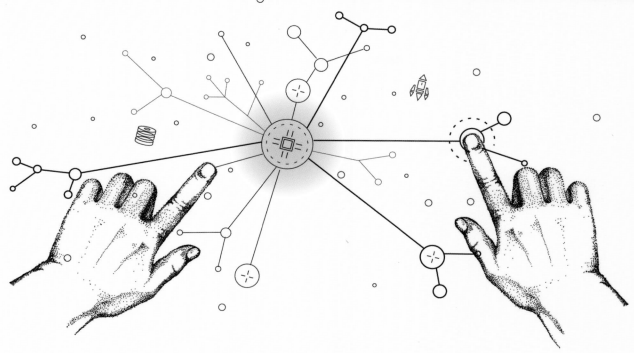

개념
완성
사회탐구영역

윤리와 사상
정답과 해설

고1~2 내신 중점 로드맵

과목	고교 입문	기초	기본	특화	+	단기
국어	고등 예비과정	내 등급은?	윤혜정의 개념의 나비효과 입문편/워크북 / 어휘가 독해다!	**기본서** 올림포스 / 올림포스 전국연합학력평가 기출문제집 / **유형서** 올림포스 유형편	**국어 특화** 국어 독해의 원리 | 국어 문법의 원리	단기 특강
영어			정승익의 수능 개념 잡는 대박구문		**영어 특화** Grammar POWER | Reading POWER / Listening POWER | Voca POWER / **고급** 올림포스 고난도	
수학			**기초** 50일 수학 / 매쓰 디렉터의 고1 수학 개념 끝장내기		**수학 특화** 수학의 왕도	
한국사 사회		**인공지능** 수학과 함께하는 고교 AI 입문 수학과 함께하는 AI 기초	**기본서** 개념완성 / 개념완성 문항편	고등학생을 위한 多담은 한국사 연표		
과학						

과목	시리즈명	특징	수준	권장 학년
전과목	고등예비과정	예비 고등학생을 위한 과목별 단기 완성	●	예비 고1
	내 등급은?	고1 첫 학력평가+반 배치고사 대비 모의고사	●	예비 고1
국/영/수	올림포스	내신과 수능 대비 EBS 대표 국어·수학·영어 기본서	●	고1~2
	올림포스 전국연합학력평가 기출문제집	전국연합학력평가 문제 + 개념 기본서	●	고1~2
	단기 특강	단기간에 끝내는 유형별 문항 연습	●	고1~2
한/사/과	개념완성 & 개념완성 문항편	개념 한 권+문항 한 권으로 끝내는 한국사·탐구 기본서	●	고1~2
국어	윤혜정의 개념의 나비효과 입문편/워크북	윤혜정 선생님과 함께 시작하는 국어 공부의 첫걸음	●	예비 고1~고2
	어휘가 독해다!	7개년 학평·모평·수능 출제 필수 어휘 학습	●	예비 고1~고2
	국어 독해의 원리	내신과 수능 대비 문학·독서(비문학) 특화서	●	고1~2
	국어 문법의 원리	필수 개념과 필수 문항의 언어(문법) 특화서	●	고1~2
영어	정승익의 수능 개념 잡는 대박구문	정승익 선생님과 CODE로 이해하는 영어 구문	●	예비 고1~고2
	Grammar POWER	구문 분석 트리로 이해하는 영어 문법 특화서	●	고1~2
	Reading POWER	수준과 학습 목적에 따라 선택하는 영어 독해 특화서	●	고1~2
	Listening POWER	수준별 수능형 영어듣기 모의고사	●	고1~2
	Voca POWER	영어 교육과정 필수 어휘와 어원별 어휘 학습	●	고1~2
수학	50일 수학	50일 만에 완성하는 중학~고교 수학의 맥	●	예비 고1~고2
	매쓰 디렉터의 고1 수학 개념 끝장내기	스타강사 강의, 손글씨 풀이와 함께 고1 수학 개념 정복	●	예비 고1~고1
	올림포스 유형편	유형별 반복 학습을 통해 실력 잡는 수학 유형서	●	고1~2
	올림포스 고난도	1등급을 위한 고난도 유형 집중 연습	●	고1~2
	수학의 왕도	직관적 개념 설명과 세분화된 문항 수록 수학 특화서	●	고1~2
한국사	고등학생을 위한 多담은 한국사 연표	연표로 흐름을 잡는 한국사 학습	●	예비 고1~고2
기타	수학과 함께하는 고교 AI 입문/AI 기초	파이선 프로그래밍, AI 알고리즘에 필요한 수학 개념 학습	●	예비 고1~고2